☎ **112 :** c'est le numéro d'urgence commun à la France et à tous les pays de l'UE, à composer en cas d'accident, agression ou détresse. Il permet de se faire localiser et aider en français, tout en améliorant les délais d'intervention des services de secours.

LA RÉDACTION DU ROUTARD

(sans oublier nos 50 enquêteurs, aussi sur le terrain)

© R. Delalande et E. Dessons

Jean-Sébastien, Olivier, Mathilde, Thierry, Alain, Gavin's, Éléonore, Anne-Caroline, André, Laura, Florence, Véronique, Isabelle, Géraldine, Fiona, Amanda, Benoît, Emmanuelle, Bénédicte, Philippe, Carole, Diane, Anne, Marie.

La saga du *Routard* : en 1971, deux étudiants, Philippe et Michel, avaient une furieuse envie de découvrir le monde. De retour du Népal germe l'idée d'un guide différent qui regrouperait tuyaux malins et itinéraires sympas, destiné aux jeunes fauchés en quête de liberté. 1973. Après 19 refus d'éditeurs et la faillite de leur première maison d'édition, l'aventure commence vraiment avec Hachette. Aujourd'hui, le *Routard*, c'est plus d'une cinquantaine d'enquêteurs impliqués et sincères. Ils parcourent le monde toute l'année dans l'anonymat et s'acharnent à restituer leurs coups de cœur avec passion.

Merci à tous les Routards qui partagent nos convictions : liberté et indépendance d'esprit ; découverte et partage ; sincérité, tolérance et respect des autres.

NOS SPÉCIALISTES ROME

Géraldine Lemauf-Beauvois : ch'ti et fière de sa région natale vers laquelle elle revient toujours, elle est dotée d'une curiosité qui l'a poussée à voyager aux quatre coins du monde. Géraldine est passionnée d'histoire et d'art, auxquels elle a consacré ses études. Son œil aiguisé, son appétit pour les belles et bonnes choses font d'elle une routarde qui aime partager ses découvertes culinaires et culturelles.

Grégory Dalex : engagé avec le *Routard* depuis près de 20 ans, il a choisi le voyage en solo et en immersion totale. Le moyen d'être au plus près de son sujet en privilégiant les rencontres humaines… et leurs bonnes adresses ! Une immersion jusque dans la mer, l'autre passion de sa vie, qu'il brûle en travaillant aussi dans l'archéologie sous-marine.

Jean Tiffon : passionné par les cartes depuis l'enfance, il a commencé à voyager dans les livres. Longtemps éditeur de guides de voyage, il aime parcourir le monde avec ses obsessions pour bagages : manger local et penser global. Ce qui lui donne envie de repartir ? Une grande ville méconnue, un jardin qu'il n'a pas arpenté ou la promesse d'une nuit de fête.

UN GRAND MERCI À NOS AMI(E)S SUR PLACE ET EN FRANCE

Pour cette nouvelle édition, nous remercions particulièrement :

- **Federica Galbesi,** responsable Enit France ;
- **Anne Lefèvre,** chargée des relations avec la presse à l'ENIT ;
- **Antonella Botta,** service marketing à l'ENIT ;
- **Ivano, Elena et Valérie** de Visiterome, pour leur disponibilité, leur gentillesse et leur inépuisable connaissance sur la Ville Éternelle ;
- **Caroline Yon-Raoux** pour sa redoutable efficacité.

Pictogrammes du Routard

Établissements

- Hôtel, auberge, chambre d'hôtes
- Camping
- Restaurant
- Terrasse
- Pizzeria
- Boulangerie, sandwicherie
- Pâtisserie
- Glacier
- Café, salon de thé
- Café, bar
- Bar musical
- Club, boîte de nuit
- Salle de spectacle
- Boutique, magasin, marché

Infos pratiques

- Office de tourisme
- Poste
- Accès Internet
- Hôpital, urgences
- Adapté aux personnes handicapées

Sites

- Présente un intérêt touristique
- Point de vue
- Plage
- Spot de surf
- Site de plongée
- Recommandé pour les enfants
- Inscrit au Patrimoine mondial de l'Unesco
- Pas de côté

Transports

- Aéroport
- Gare ferroviaire
- Gare routière, arrêt de bus
- Station de métro
- Station de tramway
- Parking
- Taxi
- Taxi collectif
- Bateau
- Bateau fluvial
- Piste cyclable, parcours à vélo

UNE PANDÉMIE INOUÏE !

Depuis toujours, ***Le Routard*** **apporte son soutien aux hôteliers et restaurateurs** qui accueillent nos lecteurs avec sourire et professionnalisme. Inlassablement, nos enquêteurs sont à l'affût de ces établissements, pour le plus grand bonheur de nos lecteurs. Malgré toute notre vigilance, certains d'entre eux auront fermé quand ce livre sortira. Cette terrible **pandémie de Coronavirus** a, on le sait, des conséquences importantes pour tous les professionnels du tourisme. **Nous sommes de tout cœur avec eux** et nous continuerons plus que jamais de soutenir et mettre en valeur des adresses familiales et accueillantes.

Le *Routard* est imprimé sur un papier issu de forêts gérées.

I.S.B.N. 978-2-01-787109-5

NORD
Viale G. Mazzini
PIAZZA G. MAZZINI
Via Angelico
PZA GIOVINE ITALIA
PZA DELLE CINQUE GIORNATE
Circonvallazione Trionfale
Via Trionfale
Via della Giuliana
V. G. Bettolo
V. S. Pellico
V. A. Brofferio
V. Damiata
V. G. Ferrari
V. Lepanto
V. M. Colonna
Milizie
Lepanto
Cesare
V. Scipioni
Viale delle Milizie
LARGO TRIONFALE
Ottaviano S. Pietro Musei Vaticani
V. Barletta
PRATI
Viale Giulio Cesare
Viale Germanico
degli
PIAZZA DEL QUIRITI
V. Ezio
Via Cola di Rienzo
V. A. Farnese
Gracchi
PIAZZA DELLA LIBERTÀ
Lung. Michelangelo
Lung. A. da Brescia
PIAZZALE DEGLI EROI
V. La Goletta
Via Candia
Via Cipro
V. Leone IV
V. Vespasiano
V. Ottaviano
PIAZZA DELL'UNITÀ
PIAZZA DEL RISORGIMENTO
V. Virgilio
V. Cicerone
Tacito
L. Caro
Via Crescenzio
Lung. dei Mellini
PIAZZA CAVOUR
V. V. Colonna
Lung. Prati
Musei Vaticani
CITTÀ DEL VATICANO
PZA A. CAPPONI
Borgo Vittorio
Borgo Pio
Castel Sant'Angelo
Cappella Sistina
PIAZZA SAN PIETRO
BORGO
PIAZZA PIA
Lung. Castello
Basilica San Pietro
V. della Conciliazione
Borgo San Spirito
Lung. Tor di Nona
Palazzo Altemps
San Luigi d. Francesi
Chiostro del Bramante, Santa Maria della Pace
Corso Vittorio Emanuele II
NAVONA
PIAZZA NAVONA
PZA DI SANTA MARIA ALLE FORNACI
V. Innocenzo III
GIANICOLO
Lung. dei Sangallo
Lungotevere Gianicolense
Via Giulia
CAMPO DEI FIORI
Palazzo Farnese
Lungotevere dei Tebaldi
Tevere
Galleria Spada
Lung. dei Vallati
Villa Farnesina
Via Nuova delle Fornaci
Palazzo Corsini
Lungotevere della Farnesina
Lung. R. Sanzio
PIAZZALE G. GARIBALDI
Garibaldi
Santa Maria in Trastevere
Via Aurelia Antica
LARGO DI PORTA SAN PANCRAZIO
Via Garibaldi
TRASTEVERE
PZA SAN COSIMATO
PIAZZA MASTAI
PIAZZA FRANCESCO CUCCHI
Viale di Trastevere
Via di San Pancrazio
Viale dei Quattro Venti
Via Giacinto Carini
PZA PORTA PORTESE
0
250
500 m

Museo nazionale etrusco villa Giulia
Gall. nazionale d'Arte mod.
Giardino Zoologico
PIAZZA FERDOWSI
Viale Regina Margherita
Galleria Borghese
Viale dell' Uccelliera
VILLA BORGHESE
Villa Albani
V. di Villa Albani
Via Savoia
Flaminio
Piazza del Popolo
PIAZZA DI SIENA
Via Pinciana
Via Po
Via Salaria
Via Tevere
PIAZZALE FLAMINIO
Flaminia
PIAZZA DEL POPOLO
Via del Corso
PIAZZA FIUME
Corso d'Italia
Via Nomentana
Via Sardegna
Via Sicilia
Cimitero monumentale del Verano
P. DELLA CROCE ROSSA
V. del Babuino
Viale Trinità
Villa Medici
Ripetta
V. Vitt. Veneto
Via Boncompagni
Via Piave
PIAZZA DI SPAGNA
PIAZZA SALLUSTIO
Chiesa della Trinitá dei Monti
Via dei Monti
TERMINI
Settembre
Cernaia
Spagna
Convento dei Cappuccini
Chiesa Santa Maria della Vittoria
SCALINATA DELLA TRINITÀ DEI MONTI
PZA AUGUSTO IMPERATORE
Via Sistina
Barberini
V. Barberini
Via Venti
Terme di Diocleziano
PIAZZA BARBERINI
Repubblica
PIAZZA DELLA REPUBBLICA
PZA SAN SILVESTRO
PZA DEL PARLAMENTO
Via del Tritone
Chiesa di San Carlo alle Quattro Fontane
PIAZZA DEI CINQUECENTO
PIAZZA COLONNA
Fontana di Trevi
QUIRINALE
Via del Quirinale
Palazzo Massimo
Termini
PIAZZA DELLA ROTONDA
Corso
Palazzo del Quirinale
Via Nazionale
V. A. Depretis
Via Palermo
Via Torino
Via Cavour
V. G. Amendola
Via Giovanni Giolitti
PZA DEL QUIRINALE
Pantheon
Santa Maria sopra Minerva
PZA DELLA PILOTTA
Palazzo Colonna
Basilica Santa Maria Maggiore
PANTHEON
Gall. Doria Pamphilj
Via 4
V. del Plebiscito
PIAZZA VENEZIA
LARGO MAGNANAPOLI
Via Panisperna
MONTI
Chiesa del Gesù
CAPITOLE
Monumento a Vittorio Emanuele II
Mercati Traianei
Cavour
Via G. Lanza
Vittorio Emanuele
Arenula
Santa Maria in Aracoeli
Forums impériaux
Via Cavour
PZA SAN PIETRO IN VINCOLI
Viale del Monte Oppio
ESQUILINO
Pal. Nuovo
GHETTO
Via dei Fori Imperiali
Teatro di Marcello
Musei Capitolini
Foro Romano
Colosseo
Domus Aurea
Via Mecenate
Via Merulana
Isola Tiberina
Lung. Pierleoni
Lung. degli Anguillara
V. di S. Teodoro
PIAZZA DEL COLOSSEO
Il Colosseo
Arco di Costantino
Via Labicana
Basilica di San Clemente
PIAZZA BOCCA DELLA VERITÀ
ROME ANTIQUE
Via di San Gregorio
Via Claudia
SAN GIOVANNI IN LATERANO
Santa Maria in Cosmedin
Basilica dei Santi Quattro Coronati
PIAZZA S. GIOVANNI IN LATERANO
Lung. Ripa
Aventino
Via dei Cerchi
Circo Massimo
Via del Circo Massimo
Basilica di San Giovanni in Laterano
Porto di Ripa Grande
Lungotevere
PIAZZA DI PORTA CAPENA
V. della Navicella
Via dell' Amba Aradam
Viale Aventino
Circo Massimo
Basilica San Paolo Fuori le Mura
AVENTINO
Terme di Caracalla
PIAZZA PORTA METRONIA

ROME

Le temple de Castor et Pollux, sur le Forum romain

« Le véritable cœur de Rome n'est pas dans le marbre du Sénat mais dans le sable du Colisée. »
Tiré du film Gladiator *de Ridley Scott*

C'est bien connu, tous les chemins mènent à Rome… un chemin qu'emprunteront avec bonheur tous les amoureux de l'Italie, mais aussi les passionnés d'histoire et d'art. Nulle part ailleurs il est aussi facile de parcourir 28 siècles d'histoire. Amateurs de vieilles et belles pierres, cette ville est faite pour vous ! Car Rome demeure véritablement un **musée à ciel ouvert,** une cité qui affiche une profonde homogénéité architecturale. Les temples et les amphithéâtres antiques – certains étonnamment intacts – semblent parfaitement intégrés au plan urbanistique moderne. Les innombrables **églises** s'imposent comme de passionnants témoignages de la tumultueuse histoire religieuse européenne. Les nombreux **palais,** qui hésitent entre perfection Renaissance et faste baroque, rivalisent de magnificence, tout comme les **fontaines** ou certaines places, quant aux **ruelles** du centre, elles possèdent encore un charme puissant hérité de l'époque médiévale. Rome, c'est une **ville qui conserve toute sa beauté** et où tous les styles se côtoient, en parfaite harmonie !
Quant aux amateurs de bonne chère, ils seront forcément conquis par la **gastronomie romaine.** À eux les spécialités romaines comme les *tonnarelli Cacio e peppe,* les *bucatini all'amatriciana,* les *carciofi alla giudea,* l'*abbacchio al forno,* et autres *trippa alla romana,* accompagnés d'un vin gouleyant des Castelli Romani, région vinicole située au sud-est de Rome ! Poussez l'aventure romaine pour découvrir **Tivoli** et sa magnifique villa d'Este, aux jardins chargés d'histoire ; ou encore la villa Hadrien, datant du Ier s apr. J-C. en excellent état de conservation.
Et, surtout, n'oubliez pas de jeter une pièce dans la fontaine de Trevi pour être sûr de revenir dans la Ville Éternelle…

Le château Saint-Ange

NOS COUPS DE CŒUR

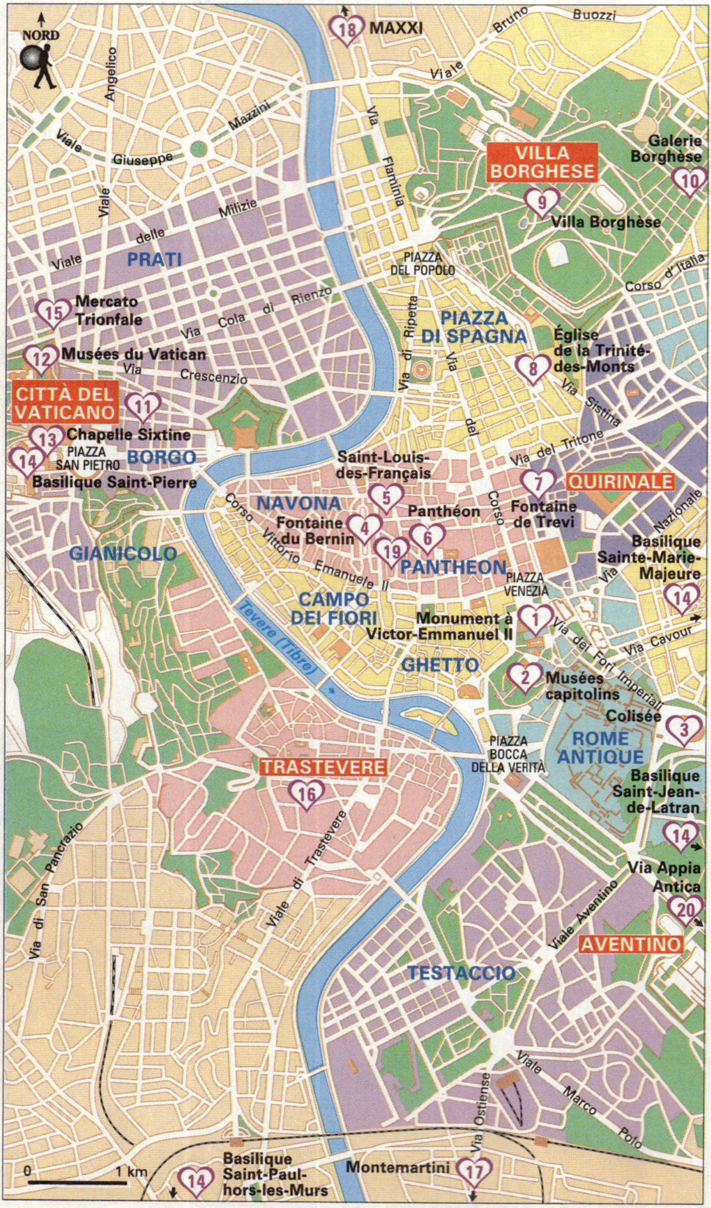

1 S'émerveiller d'un coucher de soleil magique sur la Ville Éternelle, depuis la terrasse du monument à Victor-Emmanuel II, construit fin XIXe-début XXe, sur la piazza Venezia.

Les Romains ont donné d'amusants surnoms à cette imposante construction striée de colonnades : la *Macchina da scrivere* (la « Machine à écrire »), la *Torta nuziale* (le « Gâteau de la mariée »)... Accessible gratuitement par une série d'escaliers, sa terrasse panoramique offre une formidable vue sur la Ville Éternelle ! Une vision à 360° sur ses principaux vestiges antiques, grands monuments, collines et toits... Le mieux est d'y monter par temps dégagé, pour profiter d'un coucher de soleil d'anthologie. *p. 84*

© Mattes René/Hemis.fr

2 Se mesurer à la fabuleuse statue équestre de l'empereur Marc Aurèle qui trône aux Musées capitolins.

Cette authentique statue antique – à l'origine en bronze doré – a échappé à la destruction : on a confondu Marc Aurèle avec Constantin, le premier empereur à s'être converti au christianisme ! Sans cette confusion, il est probable que la prestigieuse statue aurait été fondue et transformée en cloche – sort généralement réservé aux effigies païennes au Moyen Âge. Ouf ! *p. 86*

© Sonnet Sylvain/hemis.fr

3 **Imaginer la vie tumultueuse des gladiateurs le temps d'une visite du Colisée, monument emblématique de Rome !**

Construit entre 72 et 82 apr. J.-C., le Colisée demeure la plus grande enceinte destinée aux spectacles jamais réalisée par les Romains ; et largement imitée par la suite. Plus de 50 000 personnes pouvaient prendre place sur les gradins portés par les voûtes des galeries intérieures. Dans l'arène, les combats de gladiateurs avaient la préférence du public. Ces derniers étaient des héros avec de véritables mises en scène, des décors (maisons, arbres) et des animaux sauvages (lions, tigres)… En signant leur contrat, ils s'engageaient à consacrer leur corps et leur vie à leur maître et à supporter « le feu, les chaînes et les coups » ainsi que « la mort par le fer ». Vaste programme ! *p. 105*

4 **Admirer, de préférence au petit matin, la célèbre fontaine des Quatre-Fleuves du Bernin, sur la belle et élégante piazza Navona, bâtie sur les ruines d'un stade antique.**

Œuvre du Bernin, cette fontaine évoque les jeux d'eau que les aristocrates organisaient au XVIe s sur la place à l'occasion du carnaval et pendant les canicules d'été ; la piazza Navona était alors inondée. D'une grotte de rocailles surgissent un lion et un cheval marin ! Et les grandes statues allégoriques – le Danube, le Gange, le Nil, le Río de la Plata – symbolisent respectivement l'Europe, l'Asie, l'Afrique et l'Amérique. Le tout surmonté d'un obélisque égyptien et coiffé d'une colombe, emblème du pape Innocent X. *p. 194*

5 **S'émerveiller devant les trois chefs-d'œuvre du Caravage que renferme jalousement l'église Saint-Louis-des-Français, dans la cinquième chapelle de sa nef gauche.**

Réalisées à la fin du XVIe s, il s'agit des 3 grandes étapes de la vie de saint Matthieu. Dans *La Vocation de saint Matthieu*, le Caravage privilégie un traitement réaliste du sujet. Il s'agit plus d'une scène dans laquelle chaque protagoniste porte le costume de l'époque que d'un épisode biblique au sens strict du terme. Une approche audacieuse peu appréciée de ses contemporains, car l'artiste dut reprendre ses pinceaux pour *L'Inspiration de Matthieu*, jugée alors blasphématoire. Ce qui ne l'a pas empêché de présenter enfin le *Martyre de saint Matthieu* tout aussi atypique et d'une rare brutalité. Œuvres superbes et effets de lumière prodigieux à condition de pouvoir les voir éclairées. Il suffit simplement d'insérer 1 € pour admirer pleinement les tableaux. *p. 197*

Bon à savoir : *pour ne rien rater dans la visite de cette formidable église, voir • saint-louis-rome.net •*

6 Se demander comment l'étonnante coupole à ciel ouvert du Panthéon a été construite, tout comme la parfaite harmonie de ses colonnes.
Un volume monumental impressionnant ! Faire le tour de la piazza della Rotonda permet d'apprécier les proportions de cet autre colosse – édifié sous Hadrien en 125 apr. J.-C. – et d'en détailler le portique gréco-romain (largeur : 35 m ; profondeur : 16 m et 16 colonnes corinthiennes sculptées chacune dans un seul bloc de granit). À l'intérieur, la plus grande coupole de toute l'Antiquité (43,30 m !), ouverte sur le ciel par un oculus central (9 m de diamètre). Elle servit de référence à Bramante et Michel-Ange, qui travaillèrent à la réalisation de celle de Saint-Pierre… avec des dimensions plus modestes… *p. 199*

7 **Jeter une ou deux pièces dans la fontaine de Trevi, de la main droite en lui tournant le dos… pour être certain de revenir un jour dans la Ville Éternelle !**

Immortalisée par *La Dolce Vita* de Fellini, avec la sublime Anita Ekberg et le facétieux Marcello Mastroianni, cette fontaine demeure un lieu emblématique de Rome. Alimentée depuis 2 000 ans par le même aqueduc, elle présente le visage monumental que lui a donné Nicola Salvi au XVIIIe s. On y remarque plusieurs allégories autour de la figure centrale d'une divinité fluviale. Aujourd'hui, une foule de touristes vient sacrifier à ce rituel : jeter une ou deux pièces par-dessus l'épaule ; l'une pour un premier vœu, l'autre, avant de partir, pour revenir un jour à Rome ! *p. 119*

8 Descendre les célèbres marches de l'église de la Trinité-des-Monts, tout en admirant la curieuse fontaine de la piazza di Spagna.

Inaugurée en 1727, cette magnifique *scalinata* relie l'église à la fameuse place en 137 marches, bordées d'azalées (en saison). Un lieu de rendez-vous qu'affectionnent Romains et touristes, immortalisé au cinéma dans *Vacances romaines,* avec Audrey Hepburn et Gregory Peck… Sur la piazza di Spagna, la *Barcaccia,* jolie fontaine dessinée au XVIIe s par le père du Bernin, et achevée par le Bernin lui-même, demeure une petite merveille d'ingéniosité ! Pour pallier la faible pression hydraulique, on lui donna l'apparence d'un bateau qui coule dans un bassin à peine plus grand que lui. Malin les Bernin ! *p. 146*

Bon à savoir : *il est interdit désormais de s'asseoir et de manger sur les 135 marches sous peine d'amende.*

9 **Respirer une bonne dose de chlorophylle dans l'immense parc de la villa Borghèse.**
Fier de ses 80 ha, c'est un lieu magnifique chargé d'art et d'histoire. À l'origine, il fut exploité en 1633 pour agrémenter la propriété du cardinal Scipion Borghèse, neveu « chéri » du pape Paul V. Transformé en partie en jardin d'inspiration anglaise au XIXe s, le parc est ouvert au public depuis 1902. Dans ce haut lieu de respiration urbaine, Romains et touristes cohabitent – en famille ou entre amis – et pratiquent de nombreuses activités culturelles (musées, cinéma) et ludiques (parc zoologique, location de bicyclettes et de barques). *p. 152*

10 **Crouler sous l'extraordinaire profusion d'œuvres d'art à la galerie Borghèse, l'une des plus grandes collections privées au monde !**
Construite en 1613 comme simple pied-à-terre pour la famille Borghèse, cette *galleria* connut une tout autre destinée avec le cardinal Scipion Borghèse, qui prit sous son aile le Bernin, le Caravage, Rubens, Guido Reni, le Dominiquin… Plus qu'une entreprise de mécénat, sa villa devint l'école d'un art nouveau : le baroque romain, qui allait se répandre dans toute l'Europe. Les œuvres sont exposées plus ou moins comme elles l'étaient à l'origine, et les visiteurs ont donc l'impression d'être invités chez les Borghèse ! *p. 152*

11 Suivre le flot des soutanes pour visiter – sans passeport ! – l'un des plus petits États souverains au monde : le Vatican.

Il s'étale sur 44 ha, dont la moitié est occupée par des jardins… auxquels il faut ajouter 50 ha de propriétés extraterritoriales, dans et autour de Rome ! Si le latin demeure sa langue officielle, du moins pour les textes juridiques, la langue véhiculaire est l'italien, et celle de la diplomatie, le français. Quant aux gardes suisses, ils parlent… l'allemand ! L'État émet des timbres, possède un tribunal, une centrale électrique, une radio et une gare. Sans compter sa belle place Saint-Pierre dominée par son immense basilique d'où – au sommet de la coupole – on a le sentiment d'être « plus près de toi, mon Dieu » ! *p. 171*

© Stephen Bisgrove/Alamy/Hemis

12 Rêver dans les appartements de Jules II aux musées du Vatican, et plus particulièrement devant les magnifiques fresques des chambres de Raphaël.

Réalisées de 1508 à 1524, ces fresques sont l'œuvre de peintres illustres tels que Luca Signorelli ou le Pérugin. Dans le célèbre tableau l'*École d'Athènes,* Raphaël s'est amusé à mettre en scène les grands penseurs de l'histoire, dont certains ont les traits de ses amis artistes… Ainsi y trouve-t-on Platon avec la tête de Léonard de Vinci, Héraclite en Michel-Ange, et Euclide n'est autre que l'architecte Bramante. Enfin, l'homme au béret noir… c'est Raphaël en personne ! *p. 180*

© Pompe Ingolf/hemis.fr

13 **Attendre le jugement dernier sous la voûte de la chapelle Sixtine, chef-d'œuvre aérien et titanesque de Michel-Ange.**

Achevées en 1512 par le maestro, voici de sublimes séquences de la Genèse : la *Création du Soleil et de la Lune*, la *Création de l'Homme* – l'une des images les plus universelles qui soient –, le *Péché originel* d'une extraordinaire volupté, le fantastique *Déluge*… Les volumes incroyables laissent transparaître tout le génie du sculpteur derrière celui du peintre. Quant aux fresques des murs latéraux, elles retracent les vies de Moïse et du Christ par le Pérugin, Pinturicchio, Botticelli, Signorelli… Quelle orgie artistique ! *p. 182*

14 **Visiter les quatre basiliques majeures de Rome, Saint-Pierre, Saint-Jean-de-Latran, Sainte-Marie-Majeure et Saint-Paul-hors-les-Murs.** On ne peut passer à côté de Saint-Pierre et de sa place elliptique, admirable pour ses proportions un rien démesurées… Saint-Jean-de-Latran demeure un pilier de la chrétienté. C'est ici que l'empereur Constantin fit édifier la toute première basilique au IVe s. Aussi est-elle considérée comme la mère de toutes les églises du monde chrétien. La façade de Sainte-Marie-Majeure, typiquement baroque, est quant à elle flanquée d'un campanile roman qui reste le plus haut de Rome ! Enfin, ne manquez pas l'imposante Saint-Paul-hors-les-Murs, dans le quartier d'Ostiense. Précédée d'un large portique et d'un atrium, elle est la plus grande de Rome après Saint-Pierre. *p. 112, 133, 172, 272*

15 Faire ses provisions de *prosciutto* et de *parmigiano* au Mercato Trionfale, près du Vatican.

Connu dans tout Rome, ce grand marché couvert moderne est réputé pour la variété et la qualité de ses goûteux produits – fromages, charcuteries, pâtes fraîches, huile d'olive, etc. – vendus à prix doux. Une belle adresse authentique et populaire ! *p. 167*

Bon à savoir : *via Andrea Doria, 3. Lun-sam 7h-14h (jusqu'à 19h le mar et le ven).*

16 **Faire battre son cœur à l'unisson avec celui de sa moitié en se baladant et en dînant dans le charmant quartier du Trastevere.**

Une balade romantique à conseiller aux amoureux : situé de l'autre côté du Tibre, l'ancien quartier populaire du Trastevere regorge de charme : petits immeubles, échoppes d'un autre âge, labyrinthe de ruelles *(vicoli),* linge aux fenêtres et la ravissante place Santa Maria in Trastevere. C'est aussi l'un des quartiers de la ville les plus riches en restos et bars en tout genre… Aussi appelé *l'ombelico di Roma* (« le nombril de Rome »), le Trastevere est, vous l'aurez compris, un des quartiers plébiscités par les noctambules romains. *p. 223*

17 **Visiter la centrale Montemartini, l'étonnant musée de statues antiques installé dans une ancienne centrale électrique.**

C'est un mélange détonnant de styles ! Les statues antiques des Musées capitolins ont pris les commandes de la première usine électrique (1912) construite pour éclairer la Ville Éternelle. Et ça fonctionne ! Les turbines à charbon et les tuyauteries soulignent la blancheur des muscles de marbre et les courbes des corps affûtés. Un contraste magique et fascinant entre l'antique et l'industriel ! *p. 271*

18 Vivre la Rome du XXIe s en mode MAXXI, musée d'Art contemporain remarquable par son architecture et ses expos temporaires.

Construit sur d'anciennes casernes, cet énorme bâtiment de 30 000 m² aux courbes d'acier et de béton détonne dans le quartier populaire de Flaminio. À l'intérieur, on est frappé par les imposants escaliers noirs et les murs immaculés… et penchés. L'architecte anglo-irakienne Zaha Hadid a vraiment vu les choses en grand ! Plus qu'un musée, le MAXXI se veut un lieu de culture, d'échanges et d'expos temporaires. *p. 283*

Bon à savoir : *via Guido Reni, 4a. Pour y aller, tram n° 2 à prendre piazza del Popolo. Arrêt : Appolodoro.*

19 Siroter d'un trait un délicieux *espresso* à la *Casa del Caffè Tazza d'Oro,* l'un des meilleurs cafés de Rome.

On le piste rien qu'à l'odeur délicieuse qui flotte dans les ruelles alentour… Alors, faites comme les innombrables habitués : prenez votre ticket à la caisse et accoudez-vous au comptoir pour déguster – à l'italienne – les différentes spécialités de cette maison née en 1944. Les cafés sont torréfiés sur place et font l'objet de mélanges au secret jalousement gardé. *p. 191, 193*

20 **Se balader en famille – à pied ou à vélo – sur la via Appia Antica, l'une des routes romaines les mieux conservées d'Italie.**

Construite en 312 av. J.-C. pour relier Rome à Capoue puis Brindes, la voie Appienne est bordée de pins parasols ombrageant son vieux pavage marqué par le passage des chariots. Elle offre ainsi la vision romantique de la décadence antique ; image amplifiée par la présence de part et d'autre de beaux monuments dans leur décrépitude, et puis d'impressionnantes catacombes chrétiennes. Une belle balade à la campagne, à deux pas du centre de Rome ! *p. 277*

Le quartier pittoresque de Trastevere

ITINÉRAIRES CONSEILLÉS

En un week-end

Envolez-vous (si vous le pouvez) pour la Ville Éternelle dès le vendredi en fin de journée pour profiter pleinement de vos 2 jours. Le premier jour, débuter dans le centre historique par le **Panthéon (1).** Y admirer la plus importante coupole réalisée dans l'Antiquité et les sépultures célèbres, dont le tombeau de Raphaël. Dirigez-vous ensuite vers la **piazza Navona (2)** pour embrasser son incroyable perspective. Dans le coin, on trouve de nombreux restos. Puis prendre la pittoresque via dei Coronari et rejoindre le Vatican, en traversant le Tibre par l'antique Ponte Sant'Angelo (pont Saint-Ange), face au **castel Sant'Angelo (3).** Au **Vatican (4),** visite éclair – en début d'après-midi – des **chambres de Raphaël,** de la **chapelle Sixtine** et de la **basilique Saint-Pierre** (en ayant eu soin de réserver au préalable vos entrées sur Internet). Compter alors 2-3h.

Le lendemain, commencer par une balade vers le **Campidoglio** (place du Capitole ; **5**), emprunter la via dei Fori Imperiali, passer devant le **Forum romain (6)** et pousser jusqu'au **Colisée (7).** Sur le chemin du retour, reprendre la via dei Fori Imperiali, puis la via del Corso jusqu'à la fameuse **fontaine de Trevi (8).** Ne rien faire d'autre qu'apprécier le charme du lieu, le bruit de l'eau (et de la foule malheureusement !). Remonter vers la **piazza di Spagna (9)** et profiter de la vue sur Rome depuis les marches de la Scalinata (interdiction de s'asseoir !). Et pour celles et ceux qui veulent profiter d'une pause bucolique, rien de mieux que le parc de la **Villa Borghèse (10).**

En 4 jours

1er jour : Le Vatican et ses environs

Consacrer une journée à la Cité du Vatican n'est pas de trop ! Commencez par les **musées du Vatican (1)** avec le judicieux billet coupe-file (acheté bien à l'avance sur le site internet officiel). Puis enchaîner sur la **basilique Saint-Pierre (2),** avec sa sublime

Pietà de Michel-Ange à droite en entrant… Compter au moins 4h de visite. Et si vous n'êtes pas rassasié, poursuivez sur la **via della Conciliazione (3)** jusqu'à l'imposant **castel Sant'Angelo (4)** et son célèbre pont antique érigé de statues du Bernin.

2e jour : la Rome antique
Selon votre humeur et la météo, à vous de décider de visiter les musées ou de vous contenter de passer devant. Ne pas hésiter à parcourir les **Musées capitolins (5)** qui donnent un bon aperçu de l'art antique et permettent de découvrir l'imposante statue équestre de Marc Aurèle. Passez devant le **Forum romain (6)** et le **Colisée (7).** En fonction de votre appétit culturel, poussez jusqu'aux **thermes de Caracalla** (8 ; plus au sud) ou encore jusqu'au fabuleux musée archéologique du **palazzo Massimo** (9 ; près de la gare de Termini).

3e jour
Les plus courageux se rendront – à l'ouverture – à la **galerie Borghèse (10),** au nord-est du parc éponyme (en ayant pris soin de réserver plusieurs jours à l'avance), et profiteront pleinement des 2h autorisées à la visite de ce musée, considéré comme l'une des plus belles collections privées d'Italie ! Ensuite, il suffit de traverser le parc pour regagner le centre historique : **piazza del Popolo (11), piazza di Spagna (12), Panthéon (13), piazza Navona (14)…** Tout à pied, évidemment ! En profiter pour admirer au passage les innombrables fontaines de Rome, les églises baroques, les façades de palais… Et puis il faut prendre le temps de boire un *espresso* au comptoir ou de savourer un repas *alla romana* !

4e jour

On vous conseille d'arriver tôt le matin dans le **quartier du Trastevere (15)** et de grimper la **colline du Janicule (16)** offrant de superbes panoramas au fil de son ascension. Puis, visite im-pé-ra-tive de la **villa Farnesina** (17 ; tlj sauf dim, 9h-14h) pour admirer les magnifiques fresques de Raphaël. Petite halte dans une *trattoria* : le secteur regorge d'adresses sympa. Entamez une promenade digestive vers le **campo dei Fiori (18)** et poursuivez dans les surprenantes ruelles du **Ghetto (19),** le quartier juif de la ville.

En une semaine ou plus

En une semaine, on découvre la ville en prenant son temps. On s'attarde dans les **musées du Vatican (1),** les musées de la villa Borghèse avec non seulement la **galleria Borghese** mais aussi le **Museo nazionale etrusco** ou la fantastique **galleria nazionale d'Arte moderna (2).** Ne manquez pas non plus le **palazzo Barberini (3)** en passant par la **fontaine de Trevi (4)** où vous jetterez 1 ou 2 petites pièces, le **palazzo Altemps (5)** et, bien sûr, si ce n'est pas encore fait, les **Musées capitolins (6)** et celui du **palazzo Massimo (7).** Sans oublier la magnifique **basilica Santa Maria Maggiore (8),** les petites églises charmantes comme la **basilica San Clemente (9)** ou encore la basilique **Saint-Jean-de-Latran (10),** certes excentrée mais dont le cloître est une merveille. On pousse aussi jusqu'aux quartiers moins fréquentés, comme celui de la **Garbatella** au sud de Rome, cher à Nanni Moretti ; non loin, vous découvrirez la **centrale Montemartini (11),** un extraordinaire musée de statues antiques avec, en toile de fond, une ancienne centrale électrique ; ou encore le **quartier de l'EUR (12),** encore plus au sud, créé de toutes pièces par Mussolini pour l'Exposition

universelle de 1942, qui n'a jamais eu lieu… Et pour les passionnés d'art contemporain, le **MAXXI (13),** au nord de Rome, ouvre grandes ses portes à proximité des curieuses installations sportives fascistes du **Foro Italico (14),** construites dès les années 1920 et conservées en l'état.

Si vous restez plus de 5 jours, la visite du site d'**Ostia Antica** (accessible en train) s'impose ! Sans compter les **catacombes** au sud de la ville sur la via Appia Antica et, pourquoi pas, les 2 villas de **Tivoli** (à condition de louer une voiture pour la journée) ou les villages des **Castelli Romani.** Bref, en une semaine, on se fait plaisir tout en prenant son temps… la vraie *dolce vita* !

SI VOUS ÊTES…

Avec vos enfants et en famille : le Colisée, la Circo Maximo Experience, la fontaine de Trevi, la basilique Saint-Pierre, la terrasse du monument à Vittorio Emanuele II pour la vue, la Bocca della Verità, le château Saint-Ange, le palazzo Valentino pour ses explications en 3D sur l'histoire romaine, le parc de la villa Borghèse, sans oublier les pâtes, les pizzas mais aussi les pauses glaces.

Amateur de vieilles pierres : le Forum romain, le Colisée, les Musées capitolins, la Domus Aurea, les thermes de Caracalla, le palazzo Massimo, Ostia Antica…

Sur la piste de Marcello Mastroianni, d'Audrey Hepburn, de Nanni Moretti et des autres : la fontaine de Trevi, la chiesa Santa Maria in Cosmedin et la Bocca della Verità, le quartier du Trastevere, le quartier de la Garbatella et les studios Cinecittà au sud de Rome.

Amateur d'art contemporain : le MAXXI, le MACRO, la galerie d'Art moderne (GNAM) au nord du parc de la villa Borghèse, les expos temporaires de la fondazione Roma Museo (palazzo Sciara) ou celles du Palazzo delle esposizioni ainsi que le quartier de l'EUR.

En goguette pour faire la fête : le Testaccio, animé le soir, le quartier étudiant de San Lorenzo qui regorge de bars, Il Pigneto à l'ouest de la ville, ou encore, en plein centre, le quartier des Monti, où jeunesse romaine et touristes se retrouvent dans les bars branchés.

À la recherche d'espaces verts et de tranquillité : la villa Borghèse, le Janicule, les jardins de la villa Médicis, la via Appia, la Villa Torlonia, la villa d'Este et la villa d'Hadrien.

Admirateur de Michel-Ange : pour ses peintures et ses sculptures : la chapelle Sixtine, la *Pietà* de la basilique Saint-Pierre, la chiesa San Pietro in Vincoli. Pour son architecture : la place et les façades du Capitole, la Porta Pia, la chapelle Sforza de la basilique Sainte-Marie-Majeure, la basilique Saint-Pierre et le palais Farnèse.

… ou de Raphaël : la galerie Borghèse, la pinacothèque du Vatican, la villa Farnesina ou le palazzo Barberini.

… ou encore du Caravage : les Musées capitolins, l'église Saint-Louis-des-Français, la basilicata Sant'Agostino in Campo Marzio, la basilica Santa Maria del Popolo, la galerie Barberini et la galerie Doria-Pamphilj.

… ou enfin du Bernin et de ses merveilleuses sculptures : la galerie Borghèse, la piazza Navona, la basilique Saint-Pierre, la chiesa Santa Maria della Vittoria pour l'*Extase de Sainte-Thérèse,* et le ponte Sant'Angelo.

Vue depuis la colline du Janicule

Interview #experienceroutard

Par la rédaction du *Routard*

En quoi cette destination est-elle unique ?

Rome est un véritable mille-feuille historique, culturel, artistique et gourmand. On plonge avec plaisir dans l'époque romaine avec le Colisée, le Forum et le Capitole puis on survole la Renaissance avec ses merveilleux palais, la chapelle Sixtine au Vatican avant d'atterrir dans la période plus récente qui a vu naître le MAXXI de Zaha Hadid et l'auditorium de Renzo Piano... Question nourriture, c'est la régalade assurée... Une bonne tomate mûrie au soleil italien, une parfaite cuisson de pâtes et hop, on est heureux ! Tous les chemins mènent à Rome... *Andiamo !*

Un moment à partager ?

Partir à la recherche des grands lieux de tournage du cinéma italien : la fontaine de Trevi et le film mythique *La Dolce Vita,* la Bocca della Verità pour y introduire la main comme Audrey Hepburn dans *Vacances romaines,* du côté de la piazza Venezia sur les traces de l'inoubliable Marcello Mastroianni et la magnifique Sophia Loren dans *Une journée particulière* ou plus récemment le quartier Garbatella, quartier de prédilection de Nanni Moretti. Et pourquoi ne pas assister à une projection en plein air du cinéma *Nuovo Sacher* dans le quartier du Trastevere, dont le propriétaire est... Nanni Moretti en personne ! Et même si vous ne comprenez pas tout, peu importe... pourvu qu'il y ait l'ivresse ! C'est en effet un lieu convivial avec une ambiance incroyable !

Une activité à faire absolument ?

La marche à pied et le nez en l'air, c'est comme cela que vous apprécierez le mieux la ville ! C'est un vrai dédale de ruelles... On débouche sur des placettes, des fontaines, comme la fameuse fontaine de Trevi, où l'on vient faire un vœu, de dos, en jetant une pièce de la main droite ! On fait de la barque sur le petit lac dans les jardins de la villa Borghèse, on écoute un concert de musique classique dans les différents jardins de la ville, on loue un vélo sur la via Appia le dimanche parmi les ruines romaines... interdite aux voitures.

Un souvenir de voyage ?

Visiter la Domus Aurea, villa grandiloquente que Néron s'est fait construire peu de temps avant de mourir. C'est un grand plongeon artistique de contempler les grotesques (ces petits motifs découverts à la Domus Aurea sont à l'origine d'un style caractéristique de la Renaissance) en parfait état de conservation sur ces murs millénaires. D'ailleurs, le peintre Raphaël s'y glissait en cachette pour s'en inspirer. Aujourd'hui, on replonge dans le quotidien de la villa en la visualisant avec un casque 4D, on a l'impression d'y être. Magique !

La spécialité locale à goûter absolument ?

Les *tonnarelli Cacio e pepe,* à base de poivre noir et de *pecorino romano,* sont avec les *penne all'arrabbiata* des recettes romaines typiques de pâtes. Elles peuvent paraître simplissimes mais il faut avoir le coup de main et les conseils d'une *nonna* (grand-mère) cordon-bleu pour les réussir parfaitement ! Et pour les becs sucrés, les *frappè,* que l'on déguste au moment du carnaval, ou encore, lors de la Saint-Joseph le 19 mars, les *bignè di San Giuseppe* qu'on trouve partout dans les bonnes pâtisseries romaines.

LES QUESTIONS QU'ON SE POSE AVANT LE DÉPART

• Infos détaillées dans le chapitre « Rome utile » *p. 43*

➢ Quels sont les documents nécessaires pour aller à Rome ?

– Pour les ressortissants de l'Union européenne et de la Suisse, la carte nationale d'identité ou le passeport en cours de validité suffisent pour entrer sur le territoire italien.
– Pour les ressortissants canadiens, un passeport valide est nécessaire.
– Les ***mineurs*** voyageant seuls (sans leurs parents) doivent être munis de leur propre pièce d'identité (carte d'identité ou passeport) ainsi que d'une autorisation de sortie du territoire ***signée par l'un des parents.*** Renseignements auprès des services de votre commune et sur • *service-public.fr* •

➢ Quelle est la meilleure saison ?

Les mois de mai et juin, ainsi que l'automne (septembre-octobre) sont désormais les mois de la pleine saison. Le temps y est agréable sans être trop chaud. Les mois d'hiver ont un avantage : fréquentation et tarifs de la basse saison, avec une météo souvent clémente. Attention, contrairement à ce qu'on pourrait croire, Rome est déserte en août : de nombreuses adresses sont alors fermées pour congés annuels.

➢ Quel budget prévoir ?

Il faut prévoir en conséquence pour l'hébergement (surtout en haute saison). Côté nourriture, on mange facilement sur le pouce pour trois fois rien (*panini*, parts de pizza...). Et pour les musées, la *Roma Card* existe (versions 48h ou 72h), mais elle ne permet pas l'entrée gratuite partout. Les jeunes de moins de 18 ans bénéficient de la gratuité dans les musées nationaux.

➢ Peut-on visiter le centre de Rome à pied ?

C'est le meilleur moyen de découvrir la ville ! De toute façon, la voiture est à proscrire vu la ZTL (zone à trafic limité) et le nombre très élevé de rues interdites à toute circulation ! Rien de mieux en effet que de se promener le nez au vent à la découverte du centre-ville. Au-delà (Garbatella, EUR, San Lorenzo, Pigneto, Testaccio, via Appia Antica), mieux vaut utiliser le métro ou les bus : sur le plan, ça a l'air tout près, mais en réalité...

➢ Y a-t-il des problèmes de sécurité ?

Si vous avez une voiture au parking, assurez-vous tout de même de ne rien laisser dedans : les effractions sont assez fréquentes, surtout près des sites touristiques.

➢ Y a-t-il un décalage horaire ?

Non, été comme hiver, la France et l'Italie affichent la même heure, car les passages heure d'été/heure d'hiver se font aux mêmes dates.

➢ Quel est le temps de vol ?

Compter 2h pour un Paris-Rome.

➢ Côté santé, quelles précautions ?

Pas de précautions particulières : être à jour des vaccins traditionnels et, en été, prévoir de la crème solaire. Et puis c'est l'Europe, donc penser à emporter sa carte européenne d'assurance maladie (CEAM).

➢ Peut-on y aller avec des enfants ?

Les enfants, à partir de 8-10 ans, seront heureux de découvrir 2 millénaires

d'histoire (Forum, Capitole, Colisée, fontaines, parcs). Et question nourriture, c'est le top ! Pizzas, pâtes, glaces… En revanche, alterner les balades (via Appia Antica, parc de la villa Borghèse…) et les musées, qui risquent de les fatiguer… et vous aussi !
Repérez nos meilleurs sites grâce au symbole .

➢ Comment payer sur place ?

La monnaie est l'euro, ce qui est bien pratique pour les Français. Pour nos amis canadiens et suisses, le taux de change est d'environ 1 € = 1,55 $Ca = 1,08 Fs. Sur place, nombreux distributeurs de billets, change aisé et on peut régler à peu près partout avec une carte de paiement, hormis dans certaines petites pensions ou dans les bars.

➢ Quelle langue parle-t-on ?

L'italien bien sûr ! Quelques notions sont donc toujours utiles et facilitent les échanges. Les jeunes communiquent de plus en plus en anglais, tout comme les commerçants.

COMMENT Y ALLER ?

EN AVION

▲ **AIR FRANCE**

Rens et résas au ☎ 36-54 (coût d'un appel local – tlj 6h30-22h), sur • airfrance.fr • dans les agences Air France et dans ttes les agences de voyages. Depuis l'aéroport de Paris-CDG, 6 vols directs/j. Paris-Rome (davantage avec escale).

Air France propose à tous des tarifs attractifs toute l'année. Pour consulter les meilleures offres du moment sur Internet, allez directement sur la page « nos meilleurs tarifs » sur *• airfrance.fr • Flying Blue,* le programme de fidélité gratuit d'Air France-KLM, permet de gagner des miles en voyageant sur les vols Air France, KLM, Transavia et les compagnies membres de Skyteam, mais aussi auprès des nombreux partenaires non aériens Flying Blue... Les miles peuvent ensuite être échangés contre des billets d'avion ou des services (surclassement, bagage supplémentaire, accès salon...) ainsi qu'auprès des partenaires. Pour en savoir plus, rendez-vous sur *• flyingblue.com •*

▲ **ALITALIA**

Infos et résas sur • alitalia.fr • et dans les agences de voyages.

➢ De Paris-CDG à Rome-Fiumicino, 4 vols/j. (dont des vols communs avec Air France).

Les compagnies *low-cost*

▲ **EASY JET**

• easyjet.com •

➢ Vols tlj de Paris-Orly, Lyon, Nice et Toulouse vers Rome-Fiumicino.

▲ **RYANAIR**

• ryanair.com •

➢ Vols quotidiens pour Rome-Ciampino de Paris-Beauvais et de Brest et pour Rome-Fiumicino de Marseille.

▲ **VUELING**

• vueling.com •

➢ Compagnie espagnole qui assure tlj des A/R directs entre Paris-Orly ou Paris-CDG et Rome-Fiumicino.

LES ORGANISMES DE VOYAGES

En France

▲ **COMPTOIR DES VOYAGES**

• comptoir.fr • Lun-sam 9h30-18h30.

– Paris : 2-18, rue Saint-Victor, 75005. ☎ 01-53-10-30-15. Ⓜ Maubert-Mutualité.

– Bordeaux : 26, cours du Chapeau-Rouge, 33800. ☎ 05-35-54-31-40.

– Lille : 76, rue Nationale, 59160. ☎ 03-28-04-68-20.

– Lyon : 10, quai Tilsitt, 69002. ☎ 04-72-44-13-40. Ⓜ Bellecour.

– Marseille : 12, rue Breteuil, 13001. ☎ 04-84-25-21-80. Ⓜ Estrangin.

– Nice : 62, rue Giofreddo, 06000. ☎ 04 97 03 64 80.

– Toulouse : 43, rue Peyrolières, 31000. ☎ 05-62-30-15-00. Ⓜ Esquirol.

En plus de 30 ans, Comptoir des Voyages s'est imposé comme la référence incontournable du voyage sur mesure en immersion, avec plus de 90 destinations sur les 5 continents. Ses conseillers-spécialistes construisent des voyages uniques en s'adaptant à votre budget, vos goûts et vos envies. Pour favoriser les rencontres et l'immersion dans la vie locale, ils privilégient des hébergements typiques et des expériences authentiques. Sur place, des *greeters* francophones partagent avec vous conseils et bonnes adresses le temps d'un café. Sur votre smartphone, l'application mobile Luciole vous informe sur le déroulé de votre voyage et vous guide grâce à un GPS hors connexion. Comptoir des Voyages

est membre d'Agir pour un Tourisme Responsable depuis 2009, labellisation ATR renouvelée par Écocert Environnement en 2019.

▲ ITALIE AUTHENTIQUE

• italie-authentique.com •

Contactez Italie authentique, une agence locale de confiance, pour organiser votre voyage sur mesure en Italie. Nos conseillers, fins connaisseurs du terrain et de la réalité du pays, vous accompagnent dans la préparation de votre voyage, en couple, en famille ou en groupe d'amis. Vous avez ainsi accès à un service personnalisé en bénéficiant d'un prix accessible. Étant membre de *bynativ*, la communauté des agences de voyages locales, Italie authentique vous propose un maximum de garanties et de services : règlement de votre voyage en ligne et ce de façon sécurisée, possibilité de souscrire à une assurance de voyage et de bénéficier de garanties solides en cas d'imprévu. De quoi voyager de façon authentique et en toute tranquillité !

▲ LA ROUTE DES VOYAGES

Agences ouv lun-jeu 9h-19h, ven 18h. Rdv conseillé. • laroutedesvoyages.com •

– Paris : 10, rue Choron, 75009. ☎ 01-55-31-98-80. Ⓜ Notre-Dame-de-Lorette.

– Angers : 6, rue Corneille, 49000. ☎ 02-41-43-26-65.

– Annecy : 4 bis, av. d'Aléry, 74000. ☎ 04-50-45-60-20.

– Bordeaux : 19, rue des Frères-Bonie, 33000. ☎ 05-56-90-11-20.

– Lorient : 42, av. de la Perriere, 56100. ☎ 06-15-48-82-69. Sur rdv lun-mer.

– Lyon : 59, rue Franklin, 69002. ☎ 04-78-42-53-58.

– Toulouse : 9, rue Saint-Antoine-du-T, 31000. ☎ 05-62-27-00-68.

25 ans d'expérience de voyage sur mesure sur les 5 continents ! 15 pays en Europe complètent à présent leur offre. Cette équipe de voyageurs passionnée a développé un vrai savoir-faire du voyage personnalisé : écoute, conseils, voyages de repérage réguliers et des correspondants sur place soigneusement sélectionnés avec qui ils travaillent en direct. Son engagement à promouvoir un tourisme responsable se traduit par des possibilités de séjours solidaires à insérer dans les itinéraires de découverte individuelle. Elle a aussi créé un programme de compensation solidaire qui permet de financer des projets de développement locaux.

▲ VOYAGEURS DU MONDE EN ITALIE

– Paris : La Cité des Voyageurs, 55, rue Sainte-Anne, 75002. ☎ 01-42-86-17-20. Ⓜ Opéra ou Pyramides. Lun-sam 9h30-19h. Avec une librairie spécialisée sur les voyages.

Également des agences à Bordeaux, Grenoble, Lille, Lyon, Marseille, Montpellier, Nantes, Nice, Rennes, Rouen, Strasbourg et Toulouse. Également Bruxelles, Genève et Lausanne.

• voyageursdumonde.fr •

Parce que chaque voyageur est différent, que chacun a ses rêves et ses idées pour les réaliser, Voyageurs du Monde conçoit, depuis plus de 30 ans, des projets sur mesure. Les séjours proposés sur 120 destinations sont élaborés par leurs 180 conseillers voyageurs. Spécialistes par pays et même par région, ils vous aideront à personnaliser les voyages présentés à travers une trentaine de brochures d'un nouveau type et sur le site internet où vous pourrez également découvrir les hébergements exclusifs et consulter votre espace personnalisé. Au cours de votre séjour, vous bénéficiez des services personnalisés Voyageurs du Monde, dont la possibilité de modifier à tout moment votre voyage, l'assistance d'un concierge local, la mise en place de rencontres et de visites privées et l'accès à votre carnet de voyage via une application iPhone et Android. Voyageurs du Monde est membre de l'association ATR (Agir pour un Tourisme Responsable) et a obtenu sa certification Tourisme Responsable AFAQ AFNOR.

En Belgique

▲ CONNECTIONS

Rens et résa : ☎ 070-233-313. • connections.be •

Fort d'une expérience de plus de 20 ans dans le domaine du voyage, Connections dispose d'un réseau de 32 *travel shops* dont une à Brussels Airport. Connections propose des vols dans le monde entier à des tarifs avantageux et des voyages destinés à des voyageurs désireux de découvrir la planète de façon autonome. Connections propose une gamme complète de produits : vols, hébergements, locations de voitures, autotours, vacances sportives, excursions...

▲ TAXISTOP

Pour ttes les adresses Taxistop : ☎ 070-222-292. • taxistop.be •
– Bruxelles : rue Thérésienne, 7a, 1000.
– Gent : Maria Hendrikaplein 65, 9000.
– Gembloux : rue Buisson-Saint-Guilbert, 1b, 5090.

Taxistop propose un système de covoiturage, ainsi que d'autres services comme l'échange de maisons ou le gardiennage.

▲ VOYAGEURS DU MONDE

– Bruxelles : 23, chaussée de Charleroi, 1060. ☎ 02-543-95-50. Le spécialiste du voyage en individuel sur mesure. • voyageursdumonde.com •

Voir texte dans la partie « en France ».

En Suisse

▲ ROUTE DES VOYAGES

☎ 022-552-34-46. • laroutedesvoyages.com •

Rendez-vous par tél. (Voir texte dans la partie « en France »).

▲ STA TRAVEL

• statravel.ch • ☎ 058-450-49-49.
– Fribourg : rue de Lausanne, 24, 1700. ☎ 058-450-49-80.
– Genève : rue Pierre-Fatio, 19, 1204. ☎ 058-450-48-00.
– Genève : rue Vignier, 3, 1205. ☎ 058-450-48-30.
– Lausanne : bd de Grancy, 20, 1006. ☎ 058-450-48-50.
– Lausanne : à l'université, Anthropole, 1015. ☎ 058-450-49-20.

Agences spécialisées notamment dans les voyages pour jeunes et étudiants. 150 bureaux STA et plus de 700 agents du même groupe répartis dans le monde entier sont là pour donner un coup de main *(Travel Help)*.

STA propose des tarifs avantageux : vols secs *(Blue Ticket)*, hôtels, écoles de langues, *work & travel*, circuits d'aventure, voitures de location, etc. Délivre la carte internationale d'étudiant et la carte Jeune.

▲ VOYAGES ARTISANS AUX PIEDS NUS

– Carouge : rue Saint-Victor, 3, 1227. ☎ 022-301-01-50. • apnvoyages.ch • En sem sur rdv.

Voyages APN propose des destinations hors des sentiers battus, particulièrement en Europe (Grèce, Italie et pays nordiques), avec un contact direct avec les prestataires, notamment dans le cadre des agritourismes. Certains programmes sont particulièrement adaptés aux familles. L'accent est mis sur le tourisme responsable et durable. Dans ce cadre, une sélection de destinations telles que la Mongolie ou le Burkina Faso est également proposée.

▲ VOYAGEURS DU MONDE

• voyageursdumonde.com •
– Genève : rue de la Rôtisserie, 19, 1204. ☎ 022-514-12-10. Lun-ven 9h30-19h, sam 9h30-18h30.
– Lausanne : rue du Bourg, 6, 1003 (2e étage). Ouverture prévue courant 2020. Lun-ven 9h-18h30, sam sur rdv uniquement.

Le spécialiste du voyage en individuel sur mesure. Voir le texte dans la partie « En France ».

Au Québec

▲ EXPÉDITIONS MONDE

• expeditionsmonde.com •

Expéditions Monde est à l'avant-garde du voyage d'aventure, de découverte, de trekking, de vélo, et d'alpinisme sur tous les continents. Les voyages en petits groupes facilitent les déplacements dans les régions les plus reculées et favorisent l'interaction avec les peuples locaux pour vivre une expérience authentique. Expéditions Monde offre aussi la possibilité de voyager en Europe à pied, ou à vélo en liberté.

▲ **TOURS CHANTECLERC**
• tourschanteclerc.com •
Tours Chanteclerc est un tour-opérateur qui publie différentes brochures de voyages : Europe, Amérique du Nord, Amérique du Sud, Asie et Pacifique sud, Afrique et le Bassin méditerranéen en circuits ou en séjours. Il s'adresse aux voyageurs indépendants qui réservent un billet d'avion, un hébergement (dans toute l'Europe), des excursions ou une location de voiture. Également spécialiste de Paris, le tour-opérateur offre une vaste sélection d'hôtels et d'appartements dans la capitale française.

EN TRAIN

Au départ de Paris et de la province

La société italienne ***Thello*** gère les trains de nuit entre la France et l'Italie. *À Paris, point de vente à Paris-gare de Lyon : hall 1, niveau du quai « N » (sortie « Tour de l'Horloge »), pl. Louis-Armand, 75571 Paris Cedex 12. ☎ 01-83-82-00-00. • thello.com • Lun-sam 9h30-19h30 sauf j. fériés. Et sur le parvis de la gare de Nice, rue Thiers, lun-ven 7h30-18h30. Également dans les bornes en libre-service de Marseille, Toulon, Cannes et Monaco. En Italie, dans les guichets Trenitalia des gares italiennes.*

➢ ***Au départ de Paris-gare de Lyon ou Dijon :*** 1 A/R par j. en train de nuit avec un départ le soir vers 19h15 (ou de Dijon vers 21h) et une arrivée vers 6h à la gare centrale de Milan, puis liaisons Milan-Rome avec *Le Frecciarossa,* le train à grande vitesse de la compagnie nationale *Trenitalia.*

➢ ***Au départ de Nice-gare pour Milan :*** 3 départs/j. Puis liaisons pour Rome avec *Le Frecciarossa.*

Les avantages européens avec la SNCF

Rens au ☎ 36-35 (0,40 €/mn hors surcoût éventuel de votre opérateur). • tgv.com • oui.com • thello.com • interrailnet.com •

Avec les ***Pass InterRail,*** les résidents européens peuvent voyager dans 30 pays d'Europe, dont l'Italie. Plusieurs formules et autant de tarifs, en fonction de la destination et de l'âge.

À noter que le *Pass InterRail* n'est pas valable dans votre pays de résidence (cependant l'*InterRail Global Pass* offre une réduction de 50 % de votre point de départ jusqu'au point frontière en France). *• interrail.eu •*

– Pour les grands voyageurs, l'***InterRail Global Pass*** est valable dans l'ensemble des 33 pays européens concernés, intéressant si vous comptez parcourir plusieurs pays au cours du même périple. Il se présente sous 7 formes au choix.

5 formules flexibles utilisables 4, 5 ou 7 j. sur une période de validité de 1 mois (246-335 € selon formule en version adulte), ou utilisables 10 ou 15 j. sur une période de validité de 2 mois (401-493 € selon formule en version adulte).

5 formules « continues » : *pass* 15 j., 22 j., 1 mois, 2 mois ou 3 mois (443-902 € selon formule en version adulte).

Ces formules existent aussi en version 1re classe !

Les voyageurs âgés de moins de 27 ans et de plus de 60 ans bénéficient d'une réduction sur le tarif de l'*InterRail Global Pass* en 1re et 2de classes.

– Si vous ne parcourez que l'Italie, le ***One Country Pass*** vous suffira. D'une période de validité de 1 mois et utilisable, selon les formules, 3, 4, 5, 6 ou 8 j. en discontinu : tarif selon pays et formule. Là encore, ces formules se déclinent en version 1re classe (mais ce n'est pas le même prix, bien sûr). Pour voyager dans 2 pays, vous pouvez combiner 2 *One Country Pass.* Au-delà, il est préférable de prendre l'*InterRail Global Pass.*

InterRail offre également la possibilité d'obtenir des réductions ou avantages

à travers toute l'Europe avec ses partenaires bonus (musées, chemins de fer privés, hôtels, etc.).
Tous ces prix ne sont qu'indicatifs.

Une autre manière de réserver vos billets de train

▲ **TRAINLINE**
Une nouvelle façon simple et rapide d'acheter vos billets de train sur le Web, mobile et tablette. Réservez vos billets pour voyager en France et dans plus de 45 pays européens. Consultez les tarifs et les horaires dans une interface claire et sans publicité. Trainline compare les prix de plusieurs transporteurs européens pour vous garantir le meilleur tarif.
Réservations et paiements sur • *trainline.fr* • et sur mobile avec l'application Trainline pour iPhone et Android.

EN VOITURE

Covoiturage

Le principe est économique, écologique et convivial. Il s'agit de mettre en relation un chauffeur et des passagers afin de partager le trajet et les frais, que ce soit de manière régulière ou exceptionnelle (pour les vacances, par exemple). Les conducteurs sont invités à proposer leurs places libres sur BlaBlaCar • *blablacar.fr* • (disponible sur Web et sur mobile). L'inscription est gratuite.

Itinéraires

➢ ***De Paris :*** prendre l'A 6 (direction Lyon) jusqu'à Mâcon. Puis Bourg-en-Bresse (A 40), Bellegarde et Chamonix (N205). Puis prendre la E 25 direction Aoste en traversant le tunnel du Mont-Blanc (compter 46 € la traversée, 58 € l'A/R ; attention, le retour est valide 7 j. max après la date d'émission). Continuer jusqu'à Aoste (E 25) direction Milan en passant par Ivrea. Ensuite, direction Bologne (A 50-E 35)) et Florence (voir ci-après).
➢ ***Par l'autoroute du Sud :*** descendre jusqu'à Marseille, puis Nice et Menton, la frontière italienne et Vintimille. Le voyage se poursuit sur les autoroutes à péage italiennes (E 25). De Gênes, prendre l'autoroute A 10-E 80 (appelée plus communément la via Aurelia) jusqu'à Rome en longeant la côte toscane. Autre solution, plus rapide, prendre à partir de Gênes l'A 15 jusqu'à Lucques (Lucca), puis l'A 11 jusqu'à Florence (Firenze) et enfin l'A 1 jusqu'à Rome. Très bien indiqué.
➢ ***Par le tunnel du Fréjus :*** autoroute du Sud jusqu'à Lyon, autoroute A 43 Lyon-Chambéry-Montmélian, puis la vallée de la Maurienne jusqu'à Modane (compter 46 € le péage, 58 € l'A/R), Turin, Florence.
➢ ***Ceux qui habitent l'est ou le nord de la France*** ont avantage à prendre l'autoroute en Suisse ***à partir de Bâle.*** Passer par Lucerne et le tunnel du Gothard, puis aller en direction de Milan, Florence et Rome. À prendre en compte : 36 € environ la vignette annuelle en Suisse.
– *Attention :* en Italie, sur l'autoroute, les panneaux indicateurs sont de couleur verte ; les bleus concernent les autres routes, notamment les nationales ou les routes secondaires. Les feux de croisement sont obligatoires sur les autoroutes et les routes nationales italiennes... sous peine d'amende.

EN BUS

2 compagnies se partagent désormais le réseau des bus longue distance : Flixbus.fr et Blablabus. De nouvelles dessertes sont régulièrement mises en place entre de nombreuses villes de l'Hexagone et en Europe. Afin de vous

aider à faire votre choix, il existe des sites de comparaison et de réservations de billets, certains comparent plusieurs modes de transports (train, bus, covoiturage) et permettent d'acheter directement son billet : kombo, comparabus.

▲ **CLUB ALLIANCE**

– Paris : 33, rue de Fleurus, 75006. ☎ *01-45-48-89-53.* • *cluballiancevoyages.com* • Ⓜ *Notre-Dame-des-Champs, Saint-Placide ou Rennes.* Spécialiste des week-ends et des ponts de 3 ou 4 j. Circuits économiques de 1 à 16 j. en Europe, y compris en France. Pour l'Italie, Club Alliance propose un circuit combiné de 6 jours. Florence-Rome-Venise. Brochure gratuite sur demande.

ROME UTILE

ABC de Rome

- ***Superficie :*** 1 285 km².
- ***Population :*** 2 873 000 hab.
- ***Maire de la ville :*** Virginia Raggi (du *Movimento Cinque Stelle,* depuis juin 2016).
- ***Nombre de touristes par an :*** près de 10 millions.
- ***Nombre de fontaines :*** près de 300.
- ***Nombre d'églises :*** 421 selon le diocèse de Rome.
- ***Les sept collines :*** Capitole, Palatin, Aventin, Quirinal, Viminal, Esquilin, Cælius.

AVANT LE DÉPART

Adresses utiles

En France

Office national italien de tourisme (ENIT) : *23, rue de la Paix, 75002 Paris. Infos : ☎ 01-42-66-03-96. • infoitalie.paris@enit.it • enit.it • italia.it • (site très complet à consulter absolument avt de partir). Ⓜ Opéra ; RER A : Auber. Lun-ven 11h-16h45.* Pas d'infos par courrier postal, uniquement par e-mail.

■ ***Consulats d'Italie en France :***
– Paris : 5, bd Émile-Augier, 75116. ☎ 01-44-30-47-00 (standard automatique qui oriente en fonction de l'appel, lun-ven 9h-17h). • segreteria.parigi@esteri.it • consparigi.esteri.it • Ⓜ La Muette ; RER C : Boulainvilliers. Ouv au public lun-ven 9h-12h plus mer ap-m, 14h30-16h30.
– Consulats honoraires et correspondants consulaires à Lyon, Marseille, Metz et Nice.

■ ***Institut culturel italien :*** *hôtel de Gallifet, 50, rue de Varenne, 75007 Paris. ☎ 01-85-14-62-50. • iicparigi@esteri.it • iicparigi.esteri.it • Ⓜ Varenne, Rue-du-Bac ou Sèvres-Babylone. Lun-ven 10h-13h, 15h-18h. Bibliothèque de consultation : ☎ 01-01-85-14-62-55. Mêmes horaires sauf lun mat et fermé de mi-juil à début sept.*

■ ***Ambassade d'Italie :*** *51, rue de Varenne, 75007 Paris. ☎ 01-49-54-03-00. • ambasciata.parigi@esteri.it • ambparigi.esteri.it • Ⓜ Rue-du-Bac, Varenne ou Sèvres-Babylone.* Superbe hôtel particulier ouvert au public uniquement lors des Journées du patrimoine en septembre.

Quelques sites à consulter avant de partir

• ***routard.com*** • Le site de voyage nº 1, avec plus de 800 000 membres et plusieurs millions d'internautes chaque mois. Pour s'inspirer et s'organiser, près de 300 guides destinations actualisés, avec les infos pratiques, les incontournables et les dernières actus, ainsi que les reportages terrain et idées week-end de la rédaction. Partagez vos expériences avec la communauté de voyageurs : forums de discussion avec avis et bons plans, carnets de route et photos de voyage. Enfin, vous trouverez tout pour vos vols, hébergements, voitures et activités, sans oublier notre sélection de bons plans, pour réserver votre voyage au meilleur prix.

• *turismoroma.it* • Traduit en français, le site officiel de l'office de tourisme de Rome où l'on trouve toutes les informations mises à jour des ouvertures des musées et des sites, ainsi que les événements culturels en ville.
• *italia.it* • Le site officiel de l'office de tourisme italien (en français) fourmille de renseignements ; très utile pour préparer son voyage. Permet aussi de faire un tour d'horizon complet des régions italiennes.
• *radici-press.net* • Un site franco-italien qui offre un large choix d'articles sur la politique, l'économie et la culture italiennes.

En Belgique

Office de tourisme : *rue Émile-Claus, 28, Bruxelles 1050. ☎ 02-647-11-54. • brussels@enit.it • enit.it • Lun-ven 9h-17h.*
■ **Ambassade d'Italie :** *rue Émile-Claus, 28, Bruxelles 1050. ☎ 02-643-38-50. • ambbruxelles.esteri.it • Lun-ven 9h-13h, 14h30-18h.*
■ **Consulat d'Italie :** *rue de Livourne, 38, Bruxelles 1000. ☎ 02-543-15-50. • segr.consolare.bruxelles@esteri.it • ambbruxelles.esteri.it • Lun-ven 9h-12h30, plus lun et mer 14h-16h.*

En Suisse

■ **Ambassade d'Italie :** *Elfenstrasse, 14, 3006 Berne. ☎ 031-350-07-77. • berna.ambasciata@esteri.it • ambberna.esteri.it • Lun-jeu 9h-13h, 14h-17h ; ven 8h30-13h, 13h30-16h30.*
■ **Consulats d'Italie :**
– Genève : rue Charles-Galland, 14, 1206. ☎ 022-839-67-44. • consolato.ginevra@esteri.it • consginevra.esteri.it • Lun, mer et ven 9h-12h30 ; mar et jeu 14h-17h.
– Autres consulats à Lausanne et Zurich.

Au Canada

Office national de tourisme : *365, Bay St, suite 503, Toronto (Ontario) M5H 2V1. ☎ (416) 925-4882. • toronto@enit.it • enit.it • Lun-ven 9h-17h.*
■ **Ambassade d'Italie :** *275, Slater St, 21st floor, Ottawa (Ontario) K1P 5H9. ☎ (1-613) 232-2401. • ambasciata.ottawa@esteri.it • ambottawa.esteri.it • Lun, mar, jeu et ven 9h-12h ; mer 9h-12h, 14h-16h.*
■ **Consulat général :** *136, Berverley St, Toronto (Ontario) M5T 1Y5. ☎ (416) 977-1566. • constoronto.esteri.it • Lun, mar, jeu et ven 9h-12h ; mer 14h-16h.*

Formalités d'entrée

Pas de contrôle aux frontières, car l'Italie fait partie de l'espace Schengen. Néanmoins, quelques précautions d'usage.
– ***Pour un séjour de moins de 3 mois :*** carte d'identité en cours de validité ou passeport pour les ressortissants de l'Union européenne et de la Suisse. Ressortissants canadiens : passeport en cours de validité.
– Les ***mineurs*** doivent être munis de leur propre pièce d'identité (carte d'identité ou passeport) et d'une ***autorisation de sortie du territoire :*** formulaire signé par l'un des parents titulaires de l'autorité parentale accompagné de la photocopie de la pièce d'identité du parent signataire. Infos auprès des services de votre commune et sur • *service-public.fr* •
– ***Pour une voiture :*** permis de conduire, carte grise et carte verte d'assurance internationale. Munissez-vous d'une procuration si vous n'êtes pas propriétaire du véhicule.

Pensez à scanner passeport, carte de paiement, billet d'avion et *vouchers* d'hôtel. Ensuite, adressez-les-vous par mail, en pièces jointes. En cas de perte ou de vol, les démarches administratives n'en seront que bien plus rapides !

Assurances voyages

■ ***Routard Assurance par AVI International :*** *40, rue Washington, 75008 Paris. ☎ 01-44-63-51-00. • avi-international.com • Ⓜ George-V.* Enrichie au fil des années par les retours des lecteurs, *Routard Assurance* est devenue une assurance voyage référence des globe-trotters. Tout est inclus : frais médicaux, assistance rapatriement, bagages, responsabilité civile... Avant votre départ, appelez *AVI* pour un conseil personnalisé. Besoin d'un médecin, d'un avis médical, d'une prise en charge dans un hôpital ? Téléchargez l'appli mobile AVI international pour garder le contact avec *AVI Assistance* et disposez de l'un des meilleurs réseaux médicaux à travers le monde. *AVI Assistance* est disponible 24h/24 pour une réponse en temps réel. De simples frais de santé en voyage ? Envoyez les factures à votre retour, *AVI* vous rembourse sous une semaine.

■ ***AVA :*** *25, rue de Maubeuge, 75009 Paris. ☎ 01-53-20-44-20. • ava.fr • Ⓜ Cadet.* Un autre courtier fiable pour ceux qui souhaitent s'assurer en cas de décès-invalidité-accident lors d'un voyage à l'étranger, mais surtout pour bénéficier d'une assistance rapatriement, perte de bagages et annulation. Attention, franchises pour leurs contrats d'assurance voyage.

■ ***Pixel Assur :*** *18, rue des Plantes, BP 35, 78601 Maisons-Laffitte. ☎ 01-39-62-28-63. • pixel-assur.com • RER A : Maisons-Laffitte.* Assurance de matériel photo et vidéo tous risques (casse, vol, immersion) dans le monde entier. Devis en ligne basé sur le prix d'achat de votre matériel. Avantage : garantie à l'année.

Carte internationale d'étudiant (carte ISIC)

Elle prouve le statut d'étudiant dans le monde entier et permet de bénéficier de tous les avantages, services et réductions dans les domaines du transport, de l'hébergement, de la culture, des loisirs, du shopping...

La carte ISIC permet aussi d'accéder à des avantages exclusifs (billets d'avion spécial étudiants, hôtels et auberges de jeunesse, assurances, cartes SIM internationales, location de voitures...).

Renseignements et inscriptions

- ***En France :*** *• isic.fr • 13 € pour 1 année scolaire.*
- ***En Belgique :*** *• isic.be •*
- ***En Suisse :*** *• isic.ch •*
- ***Au Canada :*** *• isiccanada.com •*

Carte d'adhésion internationale aux auberges de jeunesse (carte FUAJ)

Cette carte vous ouvre les portes des 4 000 auberges de jeunesse du réseau *HI-Hostelling International* en France et dans le monde. Vous pouvez ainsi loger dans plus de 80 auberges à des prix avantageux et bénéficier de tarifs préférentiels avec les partenaires des auberges de jeunesse *HI.* Enfin, vous intégrez une communauté mondiale de voyageurs partageant les mêmes valeurs : plaisir de la rencontre, respect des différences et échange dans un esprit convivial. Il n'y a pas de limite d'âge pour séjourner en auberge de jeunesse. Il faut simplement être adhérent.

Renseignements et inscriptions

- ***En France :*** • *hifrance.org* •
- ***En Belgique :*** • *lesaubergesdejeunesse.be* •
- ***En Suisse :*** • *youthhostel.ch* •
- ***Au Canada :*** • *hihostels.ca* •

Si vous prévoyez un séjour itinérant, vous pouvez réserver plusieurs auberges en une seule fois en France et dans le monde : • *hihostels.com* •

ARGENT, BANQUES

Les banques

Les banques sont généralement ouvertes du lundi au vendredi de 8h30 à 13h30 et de 14h30 à 16h. Elles sont fermées le week-end (parfois ouvertes le samedi matin, mais c'est rare) et les jours fériés. Elles disposent généralement d'un distributeur de billets en façade. On trouve désormais de nombreux ATM (distributeurs de billets amovibles) dans les commerces ou lieux touristiques. Attention aux commissions supplémentaires qui y sont souvent prélevées. Il peut même y avoir quelques cas de piratage...

Avertissement

Si vous comptez effectuer des retraits d'argent aux distributeurs, il est **très vivement conseillé** d'avertir votre banque avant votre départ (pays visités et dates). En effet, votre carte peut être **bloquée dès le premier retrait pour suspicion de fraude.** C'est de plus en plus fréquent. Bonjour les tracasseries administratives pour faire rentrer les choses dans l'ordre et on se retrouve vite dans l'embarras !

En cas d'urgence

Quand vous partez à l'étranger, pensez à relever le plafond de retrait aux distributeurs et pour les paiements par carte, quitte à le faire rebaisser à votre retour.

Avant de partir, notez donc bien le numéro d'opposition propre à votre banque (il figure souvent au dos des tickets de retrait, sur votre contrat, ou à côté des distributeurs de billets), ainsi que le numéro à 16 chiffres de votre carte. Bien entendu, conservez ces informations en lieu sûr et séparément de votre carte.

Par ailleurs, l'assistance médicale se limite aux 90 premiers jours du voyage et l'assistance véhicule aux cartes bancaires haut de gamme (renseignez-vous auprès de votre banque). Et surtout, n'oubliez pas aussi de VÉRIFIER LA DATE D'EXPIRATION DE VOTRE CARTE DE PAIEMENT avant votre départ !

En zone euro, pas de frais bancaires sur les paiements par carte. Les retraits sont soumis aux mêmes conditions tarifaires que ceux effectués en France (gratuits pour la plupart des cartes).

Une carte perdue ou volée peut être rapidement remplacée. En appelant sa banque, un système d'opposition, d'avance d'argent et de remplacement de carte pourra être mis en place afin de poursuivre son séjour en toute quiétude.

En cas de perte, de vol ou de fraude, quelle que soit la carte que vous possédez, chaque banque gère elle-même le processus d'opposition et le numéro de téléphone correspondant. Le plus simple est de faire opposition en ligne via le site de votre agence bancaire ou leur application mobile, ou en les appelant directement. Sinon, voici les numéros des centres d'assistance des différentes cartes.

– **Carte Visa :** numéro d'urgence (Europ Assistance), ☎ (00-33) 1-41-85-85-85 (24h/24). • visa.fr •
– **Carte MasterCard :** numéro d'urgence, ☎ (00-33) 1-45-16-65-65. • mastercardfrance.com •
– **Carte American Express :** numéro d'urgence, ☎ (00-33) 1-47-77-72-00. (nº accessible tlj 24h/24). • american express.fr •

Petite mesure de précaution : si vous retirez de l'argent dans un distributeur, utilisez de préférence les distributeurs attenants à une agence bancaire. En cas de pépin avec votre carte (carte avalée, erreurs de code secret...), vous aurez un interlocuteur dans l'agence, pendant les heures ouvrables.

Besoin urgent d'argent liquide

– Envoyer de l'argent par ***La Poste :*** le bénéficiaire, muni de sa pièce d'identité, peut retirer les fonds dans n'importe quel bureau du réseau local. Le transfert s'effectue avec un mandat ordinaire international (jusqu'à 3 500 €) et la transaction prend 4-5 jours en Europe. Plus cher, mais plus rapide, le mandat express international permet d'envoyer de l'argent (montant variable selon la destination – 34 au total) sous 2 jours maximum, 24h lorsque la démarche est faite en ligne. *Infos :* • *labanquepostale.fr* •

– Vous pouvez être dépanné en quelques minutes grâce au système ***Western Union Money Transfer.*** L'argent vous est transféré en moins de 1h. La commission, assez élevée, est payée par l'expéditeur. Possibilité d'effectuer un transfert auprès d'un des bureaux *Western Union* ou, plus rapide, en ligne, 24h/24 par carte de paiement (*Visa* ou *MasterCard*).

Même principe avec d'autres organismes de transfert d'argent liquide comme ***MoneyGram, PayTop*** ou ***Azimo.*** Transfert en ligne sécurisé, en moins de 1h.

Dans tous les cas, se munir d'une pièce d'identité. Toutefois, en cas de perte/vol de papiers, certains organismes permettent de convenir d'une question/réponse type pour pouvoir récupérer votre argent. Chacun de ces organismes possèdent aussi des applications disponibles sur téléphone portable. Consulter les sites Internet pour connaître les pays concernés, les conditions tarifaires (frais, commission) et trouver le correspondant local le plus proche :

• *westernunion.com* • *moneygram.fr* • *paytop.com* • *azymo.com/fr* •

ACHATS

Fringues et accessoires

Où acheter la petite paire de chaussures... malgré les innombrables paires qui dorment chez vous ? L'accessoire que vous reluquez depuis des lustres ? Si votre portefeuille est bien garni, vous pourrez toujours aller faire un tour chez *Prada, Gucci, Dolce & Gabbana* et autre *Armani* que vous trouverez vers la ***via dei Condotti, dans le quartier Piazza di Spagna,*** où se sont installés tous les grands noms de la mode italienne. Également de belles boutiques plus abordables du côté du Vatican, ***via Cola di Rienzo*** et vers le Panthéon, ***via di Campo Marzio,*** notamment pour la mode masculine (petites marques italiennes de qualité et bien taillées !). Les meilleures affaires, vous les ferez pendant les périodes des *saldi* (soldes) : de début juillet à début août et, en général, de janvier à mi-février.

Quelques affaires en perspective du lundi au samedi de 9h à 16h30 au ***mercato di via Sannio*** *(plan détachable d'ensemble, F5 ; en dehors de la muraille d'Aurélien, juste derrière San Giovanni ; Ⓜ S. Giovanni),* dédié aux fringues, fripes et autres puces. Également, les ***grands magasins*** comme ***Rinascente*** *(2 magasins,* *l'un piazza Fiume, plan détachable d'ensemble, E1-2 et l'autre, via del Tritone, 61, plan détachable d'ensemble, D2),* **Coin** *(stazione Termini ; via Cola di Rienzo, 173 ; piazzale Appio, 7 ; ou viale Regina Margherita, 18-26),* ou ***Upim*** *(via Gioberti, 64 à côté de la basilica Santa Maria Maggiore),* qui proposent une mode plus abordable. Toujours de bonnes affaires à saisir, notamment durant la période des soldes.

Sachez qu'il existe une différence (de taille !) entre les étiquettes du prêt-à-porter français et italien :

Tailles en France	34	36	38	40	42	44	46	48	50
Tailles en Italie	38	40	42	44	46	48	50	52	54

Pour les chaussures, la pointure française taille une unité de plus que l'italienne :

France	36	37	38	39	40	41	42	43	44
Italie	35	36	37	38	39	40	41	42	43

Outlets

Enfin, on peut aussi trouver de beaux articles à prix moins agressifs chez :

Outlet Fausto Santini *(plan détachable Monti et Esquilin, E4)* **:** *via Cavour, 106. Tlj.* Les créations du célèbre chausseur à prix cassés !

Castel Romano Designer Outlet : *voir le chapitre « Les environs de Rome. Ostia Antica. Achats dans les environs ». Tlj 10h-20h. • mcarthurglen.com •* Certainement le meilleur plan si vous êtes motorisé !

Antiquités

Rome se distingue pour la qualité de ses antiquaires et de ses artisans ébénistes, sans parler des créateurs de céramiques splendides (qui font des copies d'ancien, mais aussi des créations contemporaines). Évidemment, tout ce savoir-faire a un prix !

– Si le cœur vous en dit et si votre compte en banque est bien rempli, vous trouverez votre bonheur non loin de la piazza di Spagna, notamment : ***via del Babuino*** et ***via Margutta.***

– Ailleurs, mais toujours dans la plaine du champ de Mars, d'autres rues regorgent également d'antiquaires : la ***via dei Coronari,*** notamment, de l'autre côté du Corso, non loin de la piazza Navona.

– Idem sur la ***via di Monserrato,*** non loin de l'ambassade de France.

– Enfin, dans le quartier du ***campo dei Fiori*** (vers la via dei Cappellari), vous verrez de nombreux artisans restaurer de vieux meubles.

Attention à l'arnaque ! Les prix sont rarement affichés.

Cuisine

Dans les quincailleries de quartier (eh oui, il en reste encore quelques-unes !), souvent bien fournies, sans oublier les marchés alimentaires, il est facile de trouver les grands classiques qui mettront votre cuisine à l'heure italienne : cafetières ***Bialetti,*** machine à pâtes ***Imperia,*** accessoires design ***Alessi*** et autres rutilantes cocottes à pâtes ***Lagostina.*** Mais attention aux différences de prix d'une adresse à l'autre !

Livres anciens

Les ***livres anciens*** s'achètent au ***mercato delle Stampe*** *(plan détachable Piazza di Spagna, C3),* qui se tient du lundi au samedi de 7h à 13h sur le largo della Fontanella di Borghese (la rue du même nom qui part du largo constitue le prolongement de la via dei Condotti). On y trouve aussi des cartes postales, des timbres rares et de vieilles gravures à des prix souvent étonnants...

Les marchés alimentaires

La fréquentation des marchés en plein air procure de belles sensations olfactives... et, surtout, permet de remplir son cabas à moindre prix. Les fruits et légumes sont peu chers comparés à la France. Les marchés se tiennent tous les jours sauf le dimanche, de 7h30 à 14h. Idéal pour rapporter de l'huile d'olive, des charcuteries, du fromage, du vin... Et même des tomates séchées, des sauces pour pâtes et, bien sûr, des pâtes ! D'intéressants marchés alimentaires se déploient le matin dans tous les quartiers.

– ***Mercato Trionfale*** *(plan détachable d'ensemble, A2)* **:** via A. Doria, 41. Pas loin du Vatican, c'est un grand marché couvert moderne, réputé pour la variété et la qualité de ses goûteux produits, vendus à prix justes. Les Romains le savent bien et ils accourent de toute la ville !

– ***Mercato del campo dei Fiori*** *(plan détachable centre, C4)* **:** il charme, même s'il donne une 1re vision éminemment touristique (et ça l'est !). Fruits et légumes, fromage, charcuterie, huile d'olive, ustensiles de cuisine... On ne peut évidemment pas éviter les stands de fringues, pas toujours de bon goût !

– ***Nuovo Mercato dell'Esquilino (ex-mercato della piazza Vittorio Emanuele II*** ; *plan détachable d'ensemble, E-F3)* **:** à deux pas de la gare de Termini, on y entre par la via Principe Amedeo, 184 (non loin de la piazza Vittorio Emanuele II). On s'approvisionne en fruits et légumes, mais aussi en épices fraîches. Tous les habitants du quartier viennent ici faire leurs courses.

– ***Mercato di San Giovanni di Dio*** *(hors plan détachable d'ensemble par B6)* **:** à Monteverde (bus nº 44). Propose la même qualité et les mêmes prix que celui de la piazza Vittorio Emanuele II (mais pas d'épices).

– Près du Panthéon, un petit marché d'alimentation appelé l'*Antica frutteria delle Coppelle* (fruits, légumes et fleurs) anime la ***piazza delle Coppelle*** *(plan détachable centre, C3)*. Beaucoup plus cher que les précédents.

– À signaler encore, le ***mercato coperto della piazza dell'Unità*** (à deux pas de la piazza del Risorgimento, dans le quartier de Prati ; *plan détachable d'ensemble, B2*), qui est ouvert jusqu'à 19h30, le ***mercato di Testaccio*** (piazza Testaccio ; *plan détachable d'ensemble, C5*), où l'on trouve de très bons poissons, le ***mercato Nomentano,*** sur la piazza Alessandria (situé à proximité de la porta Pia ; *plan détachable d'ensemble, F2*), qui conviendra à ceux qui séjournent dans le quartier de la gare de Termini.

– Il existe bien d'autres petits ***marchés de quartier,*** comme celui situé pas loin de la fontaine de Trevi, dans la via in Arcione, au croisement avec la via delle Scuderie ; un autre pas loin de la piazza Navona, vers l'église et le vicolo della Pace ; un *mercato bio* tous les dimanches de 9h à 19h sur le vicolo della Moretta, au niveau du pont Giuseppe Mazzini, où les produits bio sont à l'honneur ; le mercato Campo Marzio *(plan détachable Piazza di Spagna, C3),* non loin de la via Corso (du lundi au samedi de 7h à 15h) ou encore dans le Trastevere, sur la piazza San Cosimato...

Le marché aux puces de la Porta Portese

Chaque dimanche matin, un marché aux puces s'étend sur près de 1 km sur la via Portuense depuis la Porta Portese au sud du Trastevere *(plan détachable d'ensemble, B-C5).* Principalement de la fripe, mais on y recèle aussi quelques objets anciens.

BUDGET

Hébergement

L'hébergement est vraiment le poste le plus lourd, surtout en haute saison. À cette période-là, les petits budgets opteront pour un dortoir, dans une auberge de jeunesse privée, une institution religieuse ou un petit hôtel du quartier de la gare de Termini. Louer un appartement peut aussi constituer une alternative avantageuse pour ceux qui restent plusieurs jours ou voyagent entre amis ou en famille. Se reporter à notre rubrique « Hébergement ».

Les prix sont rarement affichés. Ils sont de plus extrêmement fluctuants en fonction des saisons et du remplissage de l'hôtel et peuvent varier du simple au quintuple ! À titre d'exemple, un hôtel dont le prix moyen des chambres doubles varie entre 100 et 120 € en période « normale » peut très bien brader ses chambres à 70 € en semaine au cœur de l'hiver, alors que le prix de la même chambre peut grimper autour de 300 € lors d'un pont du mois de mai !

Pour une chambre double en haute saison (hors ponts, événements, etc.), il faut compter :

- ***Bon marché :*** de 60 à 80 €.
- ***Prix moyens :*** de 80 à 160 €.
- ***Chic :*** de 160 à 250 €.
- ***Très chic :*** des établissements exceptionnels à prix très élevé (au-delà de 250 €), que nous citons surtout en fonction de leur renommée, de leur situation et de leur décor, en souhaitant que votre budget vous permette, un jour, d'y descendre, serait-ce hors saison !

Taxe de séjour

Rome (comme toutes les villes en Italie) applique une taxe de séjour à tous les touristes (sauf aux enfants de moins de 10 ans). Elle varie suivant la catégorie de l'établissement et la durée du séjour. ***Attention, même ceux qui ont réservé leur hôtel par Internet ou par le biais d'une agence de voyages doivent s'acquitter sur place de cette taxe.***

Elle peut varier de 2 à 7 € par nuitée et par personne. Elle tourne généralement autour de 3,50 € pour les hôtels de la catégorie « Bon marché ». Et si vous restez plus de 10 jours dans le même hôtel (5 jours pour les campings), le 11e jour, vous ne la paierez plus, petits veinards !

Restaurants

Les restaurants ont en général des cartes très complètes avec tous les prix indiqués. Il faut penser à ajouter le *pane e coperto* qui doit être impérativement indiqué sur le menu (2-3 € en moyenne, quoique cette pratique tende à se raréfier à Rome...) ainsi que la bouteille d'eau minérale (1,50-3 €) servie systématiquement. Faire cependant attention, d'une part aux *antipasti* au buffet, car ils ne sont pas à volonté et d'autre part aux poissons, facturés la plupart du temps au poids (et souvent chers).

Rassurez-vous, on peut très bien manger en choisissant quelques adresses dites « sur le pouce », à prix modique : une part de pizza, un *panino,* une salade ou un plat chaud.

Pour un repas complet (entrée, plat, dessert, boisson, pain et couvert) permettant de goûter aux spécialités régionales ou familiales, compter entre 30 et 50 € selon la catégorie du restaurant. Beaucoup moins si on se contente d'un plat de pâtes *(primi),* d'une « formule déjeuner » ou d'une pizza. Un peu plus si on se laisse tenter par un poisson frais ou une bonne bouteille de vin (la plupart des restos propose aussi un honnête *vino della casa,* servi au pichet à prix raisonnable). Au-dessus de 50 € : c'est un repas d'une grande classe ou... carrément l'arnaque, surtout dans certains quartiers très touristiques !

- ***Sur le pouce :*** moins de 12 €.
- ***Bon marché :*** de 12 à 20 €.
- ***Prix moyens :*** de 20 à 40 €.
- ***Chic :*** de 40 à 50 €.
- ***Très chic :*** plus de 50 €.

Réductions

Recommandation à ceux qui souhaitent profiter des réductions et avantages proposés dans le *Routard* par les hôteliers et les restaurateurs.

À l'hôtel, pensez à les demander au moment de la **réservation** ou, si vous n'avez pas réservé, **à l'arrivée.** Ils ne sont valables que pour les réservations en direct et ne sont pas cumulables avec d'autres offres promotionnelles (notamment sur Internet). Au restaurant, poser votre *Routard* sur la table ne suffit pas : le personnel de salle n'est pas toujours au courant. Parlez-en **au moment** de la commande et surtout **avant** que l'addition ne soit établie. La loi italienne oblige le restaurateur à vous remettre une ***ricevuta fiscale*** qui ne peut en aucun cas être modifiée après impression. Ce serait dommage qu'il vous refuse ces avantages pour cette raison. En cas de doute, montrez la notice relative à l'établissement dans le *Routard* de l'année, bien sûr, et ne manquez pas de nous faire part de toute difficulté rencontrée.

Visites culturelles

En raison du COVID et de ses suites, les horaires sont susceptibles d'être momentanément modifiés et la réservation devient parfois obligatoire. De même, certains services (audioguide, consigne ou café et restaurant) proposés par les musées peuvent être momentanément suspendus. Il est donc impératif de vous renseigner au préalable pour éviter toute mauvaise surprise.

Bien sûr, l'entrée des églises est gratuite (sauf l'accès aux « trésors » et l'éclairage de certaines chapelles ou œuvres : 1 à 2 €). Les tarifs des grands sites et musées varient de 8 à 22 € d'un lieu à l'autre et selon que s'y déroule une exposition temporaire (elles sont fréquentes) ou pas et si on a effectué une réservation avant de venir. ***Car il est aujourd'hui quasi impossible de visiter certains grands musées, sites ou expos SANS AVOIR RÉSERVÉ PLUSIEURS JOURS À L'AVANCE. Prenez donc vos dispositions, surtout si vous envisagez de ne passer qu'un court séjour à Rome*** (le coût de la résa en ligne varie entre 2 et 4 € par personne). Les musées secondaires ont des tarifs allant de 4 à 8 € (variant selon les mêmes conditions). Certains sont totalement gratuits (demander la liste aux P.I.T., les points infos touristiques – kiosques verts – de la ville).
Les enseignants, ainsi que les étudiants de 18 à 25 ans, ont souvent droit à une réduction de 50 %, à condition d'être ressortissants de l'Union européenne et de présenter une carte professionnelle ou une carte d'étudiant (en plus de la carte d'identité). Les visiteurs européens ou non de moins de 18 ans et les Parisiens (jumelage Rome-Paris) bénéficient de la gratuité, mais pour certains musées seulement (les musées municipaux dont les Musées capitolins, la centrale Montemartini, le museo dell'Ara Pacis, la galleria d'Arte moderna...). Le 1er dimanche du mois, les sites et musées nationaux sont gratuits la plupart du temps pour tous (attention, ne sont pas compris les musées municipaux), mais il n'est pas possible de faire des pré-réservations ce jour-là. Pour plus d'infos : ● *museodiroma.it* ●
Quant au Vatican, c'est le dernier dimanche du mois que l'entrée y est gratuite (attention, il y a foule !), sauf si cela tombe un dimanche de Pâques, le 29 juin ou le 25 décembre.

Il existe aussi plusieurs formules avantageuses de ***pass.*** Pour plus de détails, consultez la rubrique « Musées et sites » et renseignez-vous dans les points d'informations touristiques dès votre arrivée.

CLIMAT

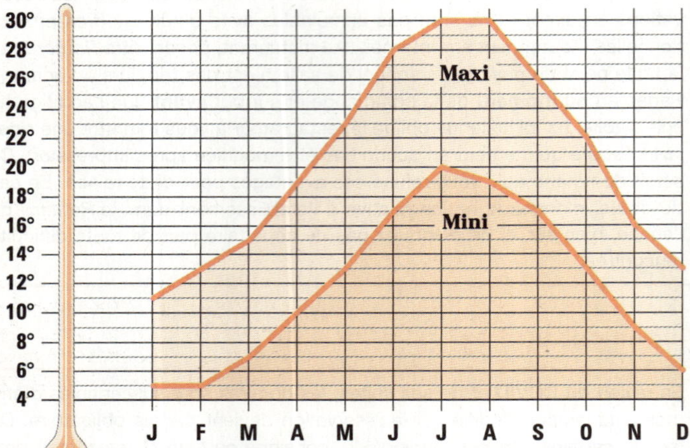

Moyenne des températures atmosphériques

Nombre de jours de pluie

ROME

On peut se rendre à Rome toute l'année, les meilleures saisons étant le printemps et l'automne. L'été, c'est caniculaire et les touristes y sont plus nombreux que les Romains, qui vont généralement se réfugier en bord de mer ! La température peut parfois dépasser 35 °C et il est alors conseillé d'effectuer les visites le matin ou le soir et... de faire la sieste entre 14h et 17h, comme les autochtones ! Enfin, l'hiver, souvent doux et ensoleillé, s'avère aussi une bonne option, d'autant que les prix et la fréquentation sont au plus bas.

DANGERS ET ENQUIQUINEMENTS

Sécurité

En cas de vol, rendez-vous au ***poste des carabinieri de la piazza Venezia*** *(plan détachable centre, D4)*, afin d'y faire établir un constat (formulaires en français) pour votre compagnie d'assurances. En cas de ***vol de votre téléphone portable,*** il vous faut un procès-verbal traité informatiquement. En effet, certaines assurances ne prennent pas en compte la déposition manuscrite. De plus, il faudrait avoir sur vous le nº IMEI du téléphone (numéro d'immatriculation). Adressez-vous à l'antenne du consulat français seulement en cas de vol ou de perte des papiers d'identité (et surtout insistez pour être reçu !). Quelques petits rappels...

- Ne portez jamais de sac sur l'épaule mais toujours en bandoulière.
- Ne laissez jamais rien dans vos poches, surtout arrière, trop facilement accessibles.
- Si vous avez une voiture, ne mettez rien en évidence et laissez le moins de temps possible vos bagages dans le coffre.

Contrefaçons

Les vendeurs à la sauvette sont présents dans les rues, tout autour des sites touristiques (Colisée, Forum romain, Vatican, fontaine de Trevi, via del Corso). Évitez de succomber aux imitations des grandes marques de luxe. En rentrant chez vous, vous risquez une grosse amende ; d'autant plus que les autorités italiennes et françaises ont renforcé les contrôles.

Amendes

Si vous avez eu la mauvaise idée de venir à Rome en voiture et que vous devez payer une amende (PV) après avoir été verbalisé (excès de vitesse, mauvais stationnement, infraction au code de la route...), faites-le ! Ne quittez pas l'Italie sans l'avoir payée. La police italienne vous retrouvera de toute façon, même en France, et vous devrez payer le double ou même le triple du montant initial. Cela concerne aussi les voitures de location (l'agence de location vous prélève même des frais de dossier !).

ENFANTS (ET PARENTS !)

Musée à ciel ouvert, la capitale italienne regorge d'endroits originaux et ludiques à visiter avec les enfants. Attention, le séjour n'est pas idéal avec de très jeunes enfants... C'est sans doute ***à partir de 8-9 ans*** qu'ils profitent au mieux des richesses de la Ville Éternelle, à condition d'avoir préparé le voyage avec eux au préalable. Avant tout, ***évitez d'aller à Rome en été,*** la chaleur y est vraiment étouffante. Si vous ne pouvez vraiment pas faire autrement, les quelque 300 fontaines permettent de se rafraîchir facilement (comme à la romaine, on bouche le conduit et un petit jet jaillit par un trou situé sur le dessus du tuyau !)...

Puis on marche beaucoup à Rome ; les ruines antiques et les musées peuvent vite lasser. N'hésitez pas à prendre les transports en commun, ils sont gratuits pour les moins de 10 ans. Idem pour les nombreux musées (nationaux ou privés) et sites qui proposent la gratuité pour les moins de 18 ans ressortissants de l'Union européenne.

Sur place, optez plutôt pour un parcours sélectif et spectaculaire : la Rome antique, avec le ***Colisée,*** bien sûr, mais aussi le ***Circus maximus, que l'on découvre avec un casque 4D,*** tout comme les ruines des ***thermes de Caracalla.*** Pensez à réserver en ligne bien à l'avance pour ce dernier, vraiment spectaculaire et demandé ! S'impose aussi, un petit tour sur le ***Forum romain*** (évitez d'enchaîner avec le Palatin, moins parlant pour des jeunes) et sur la place du Capitole. Là, les formidables ***Musei capitolini*** proposent un audioguide en français pour les enfants, émaillé d'une foule d'anecdotes amusantes sur quelques-unes de leurs œuvres majeures. Sans compter le ***palazzo Valentini*** (tout à côté de la piazza Venezia), qui propose une ***visite avec des reconstitutions virtuelles en 3D,*** intéressante, ludique et en français d'une prestigieuse villa antique, découverte dans les sous-sols d'un palais du XVIe s ; une expérience qui donne un bon aperçu du quotidien des Romains de cette époque... Avec les plus grands, prévoyez d'aller à la ***basilique Saint-Pierre*** et, pour les plus ambitieux (ou déjà passionnés par les arts !), une visite éclair aux ***musées du Vatican ;*** la ***chapelle Sixtine*** demeurant le point d'orgue (préférer l'après-midi, il y a moins de monde) de la découverte du Vatican... N'hésitez pas à utiliser les ***audioguides ou vidéoguides spécialement étudiés pour les enfants.*** Et, pour ne pas risquer l'overdose culturelle, alternez les pauses pizzas, pâtes ou glaces avec les balades au vert : dans les ***jardins de la villa Borghèse,*** où l'on peut louer des vélos ou faire de la barque sur le ***laghetto ;*** ou sur la belle ***via Appia Antica*** (le dimanche seulement), qui se prête idéalement au vélo (à louer sur place) dans une longue portion pittoresque et sans voiture... Également un bon moyen de divertir les enfants, le ***Bioparco*** (dans le parc de la villa Borghèse), – LE zoo de la ville – où les petits Romains font aux beaux jours une balade agréable. Et ne manquez pas, bien sûr, d'aller leur faire jeter quelques pièces dans la ***fontaine de Trevi !*** Et puis, non loin du quartier du Trastevere, vous pouvez profiter de la vue magnifique sur la ville en grimpant sur la ***colline du Janicule...***

Côté pratique et logistique, en famille et à condition de rester plusieurs jours, ***la location d'un appartement s'avère avantageuse*** (voir la rubrique « Hébergement »). À prix égal, voire moindre qu'un hôtel, vous disposez de plus d'espace, de liberté et d'intimité et les enfants peuvent vaquer à leurs jeux sans déranger personne. Pas de contraintes horaires, possibilité de prendre certains repas « à la maison », solution évidemment plus économique que le restaurant et souvent plus pratique avec de jeunes enfants, le soir notamment. Rome dispose d'un bon réseau de supermarchés et d'épiceries de quartier, sans oublier les marchés traditionnels (lire plus haut « Achats. Les marchés alimentaires »). Enfin, pour faciliter et préparer le séjour, il existe de nombreux livres dans la littérature enfantine évoquant l'Antiquité. Ce qui leur permet, une fois sur place, de mieux se représenter ce que fut la puissance de l'Empire romain et la beauté de son architecture...

FÊTES ET JOURS FÉRIÉS

Jours fériés

Ne pas confondre *giorno feriale* qui, en italien, signifie « jour ouvrable » (samedi compris), avec *giorno festivo,* qui se traduit par « jour férié » (dimanche et fêtes)... Ah ! Ces faux amis !

Les jours fériés et chômés sont à peu près identiques aux nôtres, à savoir :

- ***1er janvier :*** *Primo dell'Anno.*
- ***6 janvier :*** *Epifania.*
- ***Lundi de Pâques :*** *Pasquetta.*
- ***25 avril :*** *Liberazione del 1945* (fête nationale).

SORCIÈRE D'UN JOUR

Pour les Italiens, l'Épiphanie est le jour de la Befana, *une gentille sorcière qui circule à califourchon sur son balai de paille. Elle visite les enfants ; aux méchants, elle dépose du charbon dans leurs chaussettes pendues à la cheminée et, aux gentils, de jolis cadeaux et de merveilleuses confiseries. Ah ! qu'il est loin le bon temps de l'enfance !*

– ***1er mai :*** *festa del Lavoro.*
– ***2 juin :*** fête de la proclamation de la République.
– ***29 juin :*** *Saint-Pierre* et *Saint-Paul* (les saints patrons de Rome).
– ***15 août :*** *festa dell'Assunta, Ferragosto.*
– ***1er novembre :*** *Ognissanti.*
– ***8 décembre :*** *festa dell'Immacolata Concezione* (fête de l'Immaculée Conception).
– ***25 et 26 décembre :*** *Natale* et *San Stefano.*
– Sont aussi considérés comme des jours semi-fériés les 14 août, 24 et 31 décembre *(capodanno).* Certaines fêtes, comme celle du 15 août, peuvent durer plusieurs jours et paralyser une grande partie de la vie économique. Attention à la fermeture des banques, notamment.

Fêtes et événements à ne pas rater à Rome

En hiver

– ***La fête de l'Immaculée Conception :*** *8 déc, dans l'apr-m.* Présence du pape dans la foule de la piazza di Spagna.
– ***Les messes de minuit :*** *24 déc,* dans la plupart des églises.
– ***Le marché de Noël :*** *début déc à début janv, piazza Navona.*
– ***Le Nouvel An :*** *31 déc.* Feux d'artifice (voir aussi plus bas).
– ***Le carnaval :*** *en fév.* Défilés déguisés dans les rues de Rome, et aussi bonne occasion de déguster beignets et fritures.
– ***La fête de la Saint-Joseph :*** *19 mars.* Dans le quartier Trionfale situé au pied du monte Mario, entre le Vatican et le Tibre. Fête du saint charpentier pendant toute la journée et une partie de la nuit... avec de pantagruéliques festins à base de beignets et de crêpes.

Au printemps

– ***Le chemin de Croix :*** *Vendredi saint, à 21h.* Conduit par le pape, il débute au Vatican pour s'achever au Colisée.
– ***La naissance de Rome (Natale a Roma) :*** *21 avr, piazza del Campidoglio.* Feux d'artifice et événements toute la semaine.

En été

● estate-romana.it ● En italien. Site regroupant les événements de l'été à Rome, de juin à septembre.
– ***Rome sur Tibre :*** *mi-juin à mi-sept.* Les berges du Tibre sont aménagées depuis le palais de justice (Prati) au nord jusqu'à l'île Tibérine au sud. Le *Tevere* s'écoule alors au rythme des nombreux concerts. Aller à « Rome-plage » (aux alentours du château Saint-Ange) ou encore musarder le long des stands exotiques. Aussi une autre *spiaggia del Tevere* au niveau du ponte Marconi...
– ***Les concerts et opéras en plein air :*** *juin-août.*
– ***La fête de la Saint-Jean :*** *24 juin.* La fête commence dès la nuit du 23 juin, avec ce qu'on appelle la « nuit des sorcières ». Selon cette ancienne tradition populaire, les sorcières se réunissent pour un sabbat à la basilique Saint-Jean, lors de la nuit la plus courte de l'année. Les Romains se devaient de les chasser, armés de torches et de lanternes. Aujourd'hui, c'est une occasion de se remplir la panse avec de la *porchetta,* cochon de lait rôti et des escargots, servis traditionnellement à l'occasion de cette fête.
– ***Les fêtes des saints Pierre et Paul :*** *29 juin, au Vatican.* Également des feux d'artifice sur la piazza del Popolo.
– ***La fête de Saint-Laurent :*** *10 août, dans le quartier San Lorenzo.*

En automne

– ***La sagra dell'Uva :*** *début oct.* Festivités qui durent plusieurs jours et s'étendent dans le centre historique de Rome.

– ***La Notte bianca :*** *en sept.* La réplique romaine des Nuits blanches parisiennes. Les sites culturels restent ouverts toute la nuit.
– ***Le festival international du film de Rome :*** *en oct.* Concerts, danse et théâtre. • *romacinemafest.it/festa-del-cinema-di-roma* •
– ***Le Roma Jazz Festival :*** *en été.* • *romajazzfestival.it* • À l'auditorium Parco della Musica.
– ***La fête du Vin nouveau :*** autour de nov.

De septembre à juin

– ***Le Calcio*** (championnat de foot italien) draine tous les dimanches après-midi une foule énorme au *stadio olimpico,* où 2 équipes, évoluant en 1re division (l'*AS Roma* et la *Lazio*) jouent à tour de rôle. Billetterie sur place (voir la rubrique « Sports. Assister à un match de foot » dans « Hommes, culture, environnement » en fin de guide).

Et pour les sorties et autres manifestations culturelles, n'hésitez pas à jeter un œil sur le site • ***romeing.it*** • En anglais. Site très complet couvrant les sorties (nocturnes ou non) et événements artistiques et culturels en tout genre à Rome. Bien tenu et à jour.

La fête de Noantri

Du 15 au 30 juil, dans le Trastevere. Elle commence par une procession, à partir du château Saint-Ange jusqu'au Trastevere. On transporte alors la Vierge depuis l'église de Sant'Agata le long des rues du Trastevere. On la dépose une semaine durant dans l'église San Crisogono face au cinéma *Reale,* piazza Sidney Sonnino. Les fidèles viennent y allumer un cierge. À la fin de la fête, elle retrouve sa place dans son église d'origine et tout se termine par un feu d'artifice au-dessus du château Saint-Ange.
Au moment du départ de la procession, vers la piazza Mastai, commence la contre-manifestation avec la bande des *bersaglieri* et leurs superbes chapeaux ornés de plumes de coq de bruyère, qui jouent les musiques garibaldiennes de la Libération. Un exemple de l'éternelle guéguerre entre les catholiques et les laïcs de Rome, façon *Don Camillo* et *Peppone.* Les Romains aimant la fête, après avoir entendu les *bersaglieri,* on les voit courir comme des dératés pour voir passer la Vierge... ponctuellement en retard.

Le Nouvel An (Primo dell'Anno)

Dans le même style de manifestation/contre-manifestation. *À 12h, le 1er janv,* le pape adresse ses vœux à la foule rassemblée *place Saint-Pierre ;* c'est la fameuse bénédiction *Urbi et Orbi.* Au même moment, comme tous les ans pendant plus de 20 ans, Mister OK, Rick de Sonay, un Italo-Belge, plongeait traditionnellement du pont Cavour dans le Tibre glacé ! Après sa mort, des jeunes ont pris la relève, pour le plus grand bonheur de la télé régionale, qui répercute toujours l'information. Une petite armada, composée d'embarcations de toutes sortes, se forme rapidement pour assister à l'événement... Une tradition qui perdure depuis 1946 !

HÉBERGEMENT

La majorité de vos dépenses sera consacrée à l'hébergement. La réservation s'avère indispensable durant les périodes de printemps et d'automne, qui correspondent à la haute saison. Pensez aussi aux périodes de fêtes, aux festivals locaux, aux salons et aux foires qui génèrent une hausse des prix et une occupation maximale des hôtels. Enfin, petit détail qui a son importance : tous les hôtels consentent des réductions importantes aux tour-opérateurs. C'est pourquoi, parfois, on a tout intérêt à passer par une agence.

Quant à la location d'appartement, c'est une excellente formule à condition de venir à plusieurs et de séjourner au moins 3 jours. Restent encore les institutions religieuses qui sont légion à Rome, mais il faut là aussi s'y prendre plusieurs mois à l'avance pour séjourner en période de fêtes religieuses comme Pâques ou Noël et accepter de se coucher tôt et de prendre son petit déj avant 9h ! Enfin, sachez que le petit déjeuner est majoritairement inclus dans les prix des *B & B*, hôtels et pensions.

Le camping

On paie environ 25 à 45 € pour 2 personnes avec une petite tente et une voiture en haute saison. Se faire préciser si la douche (chaude) est comprise dans le prix et possible à tout moment de la journée. Si vous êtes avec des enfants, il existe un tarif spécial « *bambini* » pour les moins de 12 ans. Une liste complète est éditée par le *Touring Club Italien* : *Campeggi in Italia,* que vous pouvez trouver dans les librairies sur place. Attention, cependant, les campings sont excentrés et il vous faudra prendre en compte le temps et le prix du transport pour gagner le centre-ville.

■ ***Fédération française de camping et caravaning :*** *☎ 01-42-72-84-08.* *• info@ffcc.fr • ffcc.fr •* Achat de la *Carte de membre FFCC Multi-avantages* en ligne qui permet de bénéficier d'assurances spécifiques dont l'assurance annulation/interruption de séjour ainsi que de nombreuses réductions chez quelque 1 500 partenaires. La *Carte FFCC* comprend également la *Camping Card International* qui vous permettra d'obtenir de multiples réductions dans les campings d'Europe, dont l'Italie.

Les auberges de jeunesse

On compte ***2 auberges de jeunesse officielles*** à Rome, accessibles avec la carte des AJ, que vous pouvez vous procurer en France. L'organisation *Hostelling International* est représentée à Paris par la *Fédération unie des auberges de jeunesse (FUAJ).* Coordonnées plus haut dans « Avant le départ ». On peut acheter la carte sur place, mais, bien sûr, c'est plus cher. En cas d'oubli, elle est aussi disponible sur Internet. En haute saison, il est ***conseillé de réserver*** à l'avance. Plusieurs possibilités : soit sur *• hihostels.com •,* soit par téléphone ou e-mail en contactant directement l'AJ.

Sinon, les ***auberges de jeunesse privées*** (appelées aussi *ostello per la gioventù*) pullulent à Rome, notamment autour de la gare de Termini. Méfiez-vous des appartements médiocres et mal agencés, où le proprio privilégie son tiroir-caisse au détriment du confort de ses hôtes. D'autres auberges privées sont, à l'inverse des précédentes, d'excellente qualité, joliment décorées, équipées de tout le confort moderne (cuisine, clim, wifi, etc.), propres, et dotées d'un accueil chaleureux. Dans tous les cas, mieux vaut réserver le plus tôt possible. Essayer par exemple les sites *• hostelworld.com •* et *• hostels.com •* Vous pouvez aussi vous adresser directement au central de réservation des auberges de jeunesse italiennes pour plus d'informations :

■ ***Associazione italiana Alberghi per la gioventù :*** *viale Mazzini, 88, Pal. B int. 1, 00195 Roma. ☎ 06-982-614-62.* *• info@aighostels.com • aighostels.com •*

Le logement dans les institutions religieuses

Pour être hébergé dans les couvents, l'essentiel est de se montrer respectueux des règles. Toutefois, couples non mariés, se renseigner avant ! Certaines communautés n'acceptent que les filles. On est logé soit dans des dortoirs, soit dans des chambres individuelles ou doubles. Points forts : la tranquillité et la propreté ! Mais il faudra compter avec le réveil aux aurores et un couvre-feu le soir. Malgré ces inconvénients, le rapport qualité-prix reste intéressant si on souhaite loger dans le centre historique et éviter le quartier bon marché mais relativement excentré de la gare de Termini.

Les Bed & Breakfast

Vous pouvez loger chez l'habitant en ville dans un *B & B.* Une formule qui a vu ses adeptes se multiplier... Mais attention, la prestation offerte est souvent moins élaborée que dans d'autres pays : on se prépare parfois le petit déj soi-même, la chambre proposée peut être très imbriquée dans la maison du proprio (peu d'intimité) ou, au contraire, dans un appartement que l'on partage seul avec d'autres touristes. Bref, généralement la qualité y est, mais on peut avoir quelques surprises...

La location d'appartements

C'est devenu depuis quelques années la solution très pratique et plutôt économique pour les familles et les amis qui voyagent en petits groupes, à condition de rester plusieurs jours. Votre budget nourriture s'en trouvera sérieusement allégé, car il y a toujours un supermarché à proximité indiqué par l'agence qui gère les lieux.

■ ***Loc'appart :*** *75, rue de la Fontaine-au-Roi, 75011 Paris (sur rdv seulement).* ☎ *01-45-27-56-41.* • *locappart.com* • *Accueil téléphonique assuré à Paris par des responsables de destinations ayant une bonne connaissance de l'Italie lun-jeu 10h30-13h, 14h-19h ; ven 9h30-13h, 14h-18h.* Loc'appart propose la location d'appartements à Rome, du studio jusqu'au 4-pièces, pour un minimum de 3 nuits à partir de n'importe quel jour d'arrivée. Dossiers suivis par des chargés de destinations à Paris et accueil assuré par des spécialistes sur place qui interviennent en cas de besoin. Une agence sympathique et sérieuse, avec 20 ans d'expérience, que nous recommandons volontiers. Service d'appartements également proposé dans les grandes villes italiennes comme à la campagne (Toscane, Ombrie, Côte amalfitaine, Sicile).

L'échange d'appartements

Il s'agit, pour ceux qui possèdent une maison, un appartement ou un studio, d'échanger leur logement contre celui d'un adhérent du même organisme, dans le pays de leur choix, pendant la période des vacances. Cette formule offre l'avantage de passer des vacances à l'étranger à moindres frais, en particulier pour les jeunes couples avec enfants. Voici 2 agences qui ont fait leurs preuves :

■ ***Intervac France :*** *230, bd Voltaire, 75011 Paris.* ☎ *05-46-66-52-76.* • *info@intervac.fr* • *intervac.fr* • Adhésion annuelle avec diffusion d'annonce sur Internet : 125 €.

■ ***Homelink France :*** *19, cours des Arts-et-Métiers, 13100 Aix-en-Provence.* ☎ *04-42-27-14-14.* • *homelink.org* • Adhésion annuelle avec diffusion d'annonce sur Internet : 125 €.

HORAIRES

Les horaires officiels sont donnés *à titre indicatif,* car ils ne sont pas toujours respectés et demeurent sujet à modifications... On conseille donc de s'adresser à l'office de tourisme, qui distribue gratuitement une liste régulièrement mise à jour des lieux de visite (très utile pour les expos temporaires).

– ***Banques :*** du lundi au vendredi de 8h30 à 13h30 et de 14h30 à 16h. Certaines sont ouvertes le samedi matin.

– ***Bureaux de poste :*** du lundi au vendredi, approximativement de 9h à 13h30, le samedi de 8h30 à 13h. La poste centrale reste ouverte l'après-midi.
– ***Bureaux et administrations :*** ouverts le matin seulement.
– ***Restaurants :*** grosso modo 12h30-15h et 19h30-23h (ouvre un peu plus tôt et ferme un peu plus tard le soir dans les endroits touristiques). Il faut savoir que déjeuner avant 13h, voire 13h30, est une hérésie ! Quant au dîner, c'est rarement avant 21h. La possibilité d'être servi jusqu'à 23h et au-delà n'a rien d'exceptionnel à Rome. Si bien que dans les restaurants, les touristes étrangers fournissent souvent le gros du 1er service ; les Italiens venant prendre le relais en 2de partie de soirée...
– ***Églises :*** ouvertes, généralement, tôt le matin pour la messe, elles ferment souvent à l'heure du déjeuner (et de la sieste !), soit de 12h à 16h, pour rouvrir jusqu'au soir.
– ***Musées :*** voir plus loin « Musées et sites ».
– ***Magasins :*** leurs horaires varient selon la période de l'année. En règle générale, ouverts 9h-13h et 16h-20h (certains ferment à 19h30) et presque toujours fermés le dimanche et le lundi matin. Sauf dans les zones touristiques où jours d'ouverture et horaires demeurent plus larges.

LANGUE

Comme vous le découvrirez vite, l'italien est une langue facile pour les francophones. En peu de temps, on apprend quelques rudiments suffisants pour se débrouiller. Pour vous aider à communiquer, n'oubliez pas notre ***Guide de conversation du routard en italien.***

L'Italie, c'est aussi le foisonnement des dialectes : sicilien, sarde, romagnol, napolitain, milanais, bergamasque, ainsi que des langues grecque, albanaise et slovène. Ne vous découragez pas : il vous restera toujours la possibilité de joindre le geste à la parole. Plus bas, un petit vocabulaire de secours à ajouter au lexique donné dans la rubrique « Cuisine » (partie « Hommes, culture, environnement » en fin de guide), indispensable pour déchiffrer une carte de restaurant. Attention à certains faux amis : les jours *feriali* sont les jours ouvrables (par opposition aux jours *festivi,* qui sont les dimanches et jours fériés).

CIAO !

Le mot le plus utilisé en Italie vient de sciavo *qui signifie « esclave ». En effet, cette interjection signifie « Je suis votre esclave », ce qui est une façon un peu appuyée pour dire : « Je suis à votre service. »*

Quelques éléments de base

Politesse

Bonjour	*Buongiorno*
Bonsoir	*Buonasera*
Au revoir	*Arrivederci*
Excusez-moi	*Scusi*
S'il vous plaît	*Per favore*
Merci	*Grazie*
De rien	*Prego*

Expressions courantes

Pouvez-vous me dire... ?	*Può dirmi... ?*
Avez-vous ?	*Lei ha ?*
Je ne comprends pas	*Non capisco*

Parlez lentement	*Parli lentamente*
Combien coûte... ?	*Quanto costa... ?*
C'est trop cher	*È troppo costoso*

Le temps

Lundi	*Lunedì*
Mardi	*Martedì*
Mercredi	*Mercoledì*
Jeudi	*Giovedì*
Vendredi	*Venerdì*
Samedi	*Sabato*
Dimanche	*Domenica*
Aujourd'hui	*Oggi*
Hier	*Ieri*
Demain	*Domani*
Dans x jours	*Fra x giorni*
Tout à l'heure	*Dopo*
Le matin	*La mattina*
L'après-midi	*Il pomeriggio*
Midi/minuit	*Mezzogiorno/mezzanotte*

Les nombres

Un	*Uno*
Deux	*Due*
Trois	*Tre*
Quatre	*Quattro*
Cinq	*Cinque*
Six	*Sei*
Sept	*Sette*
Huit	*Otto*
Neuf	*Nove*
Dix	*Dieci*
Quinze	*Quindici*
Vingt	*Venti*
Cinquante	*Cinquanta*
Cent	*Cento*
Mille	*Mille*

Les transports

Un billet pour...	*Un biglietto per...*
À quelle heure part... ?	*A che ora parte... ?*
À quelle heure arrive... ?	*A che ora arriva... ?*
Gare	*Stazione*
Horaire	*Orario*
Quai	*Binario*
À gauche	*A sinistra*
À droite	*A destra*

À l'hôtel

Hôtel	*Albergo*
Une pension de famille	*Una pensione familiare*
Une réservation	*Una prenotazione*
Je désire une chambre	*Vorrei una camera*
À un lit ; à deux lits	*Con un letto ; con due letti*
Lit double	*Letto matrimoniale*
Une serviette de bain	*Un asciugamano*

Un sèche-cheveux	*Un asciugacapelli*
Le papier toilette	*La carta igienica*
Pourrais-je avoir... ?	*Potrei avere... ?*
Il n'y a pas/plus de...	*Non c'è* (*ci sono* au pluriel)*/non c'è più...*
Est-ce que le petit déjeuner est compris ?	*È inclusa la colazione ?*

Un zeste de romain *(romanesco)*

Le dialecte romain se différencie des autres dialectes de la péninsule car il est beaucoup plus proche de l'italien ; la grande différence se trouve au niveau du lexique. Cependant, le romain conserve ses origines latines en gardant la locution vocative, très utilisée en latin mais complètement oubliée en italien ! Ce parler reste un langage populaire dans les rues de Rome et y exprime toute son exubérance... Sachez qu'en romain les consonnes en début de mot deviennent facilement des doubles et que le « l » peut se transformer en « r » ; et lisez ce petit glossaire qui pourra vous être utile.

PARLER AVEC LES MAINS

Voilà une spécificité locale. Plus les Italiens sont excités, plus les mains s'agitent. Autre constatation : les gestes augmentent dès qu'on descend dans le Sud ! Attention, chaque mouvement est codifié et précis. Une explication : l'unité italienne ayant été tardive (1861), peu de gens parlaient l'italien, la plupart s'exprimant dans leur dialecte.

Numéro	*Nummero*
Je mange chez vous	*Veng'a magnà dda voi*
Viens dormir	*Viè a dormmi'*
Écoute-la	*Stall'a senti*
Où ?	*Andove ?*
Je n'aime pas	*Nu' mme piace*
Un bout de pain	*Un boccon de pane*
Un verre de vin	*Un bicchier de vino*
Allez ! (pour le foot par exemple)	*Daje !* (prononcez « *dayé* »)

Le vocatif

Monsieur...	*A signno'*

Le vocatif renforcé

Eh François	*Aho', a France'*
Eh Monsieur	*Aho', a siggno'*

LIVRES DE ROUTE

– ***Les Ragazzi*** (1955), de Pier Paolo Pasolini (Points, 2017). Le premier roman de Pasolini dépeint le monde cruel de la banlieue de Rome, dont il réinvente le langage.
– ***La Storia*** (1974), d'Elsa Morante (Gallimard, Folio n° 4024, 2004). L'histoire d'une femme juive dans la Rome occupée. Une œuvre avec quelques lenteurs qui, selon Alberto Moravia (son mari), évoque bien le sentiment de la petite-bourgeoisie vis-à-vis de l'Histoire. Adapté au cinéma par Luigi Comencini.
– ***Nouvelles romaines*** (1954), d'Alberto Moravia (Flammarion, GF n° 389, 1993). La description de Rome, la ville moderne, à travers le récit des vies de la petite bourgeoisie romaine. Les vices et les misères éclatent au grand jour sous la plume de l'auteur.

– ***Ceux qui vont mourir te saluent*** (1994), de Fred Vargas (J'ai lu policier n° 5811, 2005). Un dessin de Michel-Ange, provenant probablement de la Bibliothèque vaticane, fait une apparition discrète sur le marché. Qui se risquerait à dérober les trésors des archives papales ? Lorsque l'expert parisien Valhubert arrive à Rome pour élucider l'affaire, les péripéties commencent...
– ***Pietra viva*** (2013), de Léonor de Récondo (À vue d'œil, 2017). Un pan de vie de Michel-Ange narrant les quelques mois de l'artiste passés à Carrare (pour y choisir le marbre du futur tombeau de Jules II). Il y fait des rencontres joyeuses, qui le font réfléchir à des questions existentielles. C'est en rencontrant le jeune et espiègle Michele qu'il se réconcilie avec lui-même et son enfance...
– ***Désir d'Italie*** (1996), de Jean-Noël Schifano (Gallimard, Folio essais, 2019). Recueil de 80 portraits, chroniques, croquis pris sur le vif, conversations et interviews entre Milan et Naples, Rome et Palerme, qui tracent un parcours initiatique et baroque à travers l'Italie d'aujourd'hui, avec ses violences, ses voluptés, ses enfers, ses beautés et sa promesse de bonheur toujours renouvelée. Indispensable pour aborder un pays et sa civilisation multimillénaire.
– ***M. L'enfant du siècle*** (2020), d'Antonio Scurati. Couronné par le prix Strega en 2019, ce pavé de 850 pages est le premier d'une trilogie consacrée au Duce. Dans ce premier tome, l'auteur relate l'ascension de Mussolini, magistralement rédigée à l'aide d'archives, de correspondances et d'articles de journaux. Passionnante reconstitution d'une partie de l'histoire fasciste italienne.
– ***La Course à l'abîme*** (2003), de Dominique Fernandez (Le Livre de Poche n° 30317, 2005). Rome, 1600. Caravage est un peintre à succès prisé des princes et des hauts prélats, mais marginal et scandaleux ; il aime tout aussi passionnément son travail que la bagarre. L'auteur brosse l'éphémère carrière d'un artiste hors norme qui a révolutionné l'histoire de la peinture.
– ***Le Caravage*** (2015 et 2018), de Milo Manara (Glénat BD). La biographie du Caravage en BD et en 2 tomes réalisés sous le coup de crayon de cet auteur italien reconnu pour ses BD érotiques. Ce dernier retrace la vie dissolue de l'artiste brillant mais torturé. L'un de ses meilleurs albums.
– ***Michel-Ange*** (2006), de Nadine Sautel (Gallimard, Folio biographies n° 9). Sculpteur, peintre, architecte, poète, urbaniste, le *Divin Michel-Ange* incarne l'homme universel de la Renaissance italienne. Toscan de naissance, remarqué très tôt par Laurent le Magnifique, il se partagea entre Florence et Rome. Ses colères légendaires tinrent en respect 7 papes pour lesquels il créa une œuvre titanesque, dont le plafond de la chapelle Sixtine en rédemption de son « péché d'imperfection ».
– ***Artemisia*** (1998), d'Alexandra Lapierre (Pocket n° 10640, 2012). Rome 1611, dans un atelier du quartier des artistes, la jeune Artemisia se révolte contre son père, le peintre Orazio Gentileschi pour imposer son talent. À la fois son maître et son rival, celui-ci voudrait cacher au monde la sensualité et surtout le génie de sa fille. Une douloureuse rivalité entre deux artistes familiers des papes et des rois en un temps où art rimait avec pouvoir et politique.
– ***Les Bons Garçons*** (2020), de Pierre Adrian (Équateurs). Une plongée dans les années 1970, les années de plomb. Une rencontre entre garçons biens nés et filles du peuple. Un roman noir qui commence bien et qui bascule dans l'irrémédiable. Un fait divers largement commenté à l'époque et que l'auteur retrace avec une tension progressive et sans aucune autre interprétation que la vérité...
– ***Natures mortes au Vatican*** (2009), de Michèle Barrière (Le Livre de Poche, coll. Policier/Thriller). Spécialiste des polars gastronomico-historiques, l'auteur nous entraîne, en pleine Renaissance, à la suite de son héros devenu secrétaire du cuisinier du pape, chargé de rédiger un traité de recettes. On y croise, au fil de péripéties rocambolesques, toute la faune artistique de l'époque, dont le fantasque Arcimboldo. L'occasion aussi d'apprendre qu'au XVIe s la tomate n'a pas encore fait son apparition dans les plats italiens ! À consommer sans modération.
– ***Vengeances romaines ; Rouge abattoir ; Vert Palatino ; Bleu catacombes ; Jaune Caravage ; Roma enigma ; Wonderland ; Le Saut de Tibère,*** de Gilda

Piersanti ; Pocket et éditions Le Passage. Enquêtes policières réalistes à la psychologie fouillée, du cycle les *Saisons meurtrières* centrées autour de la Questura de Rome et de sa jeune inspectrice principale, Mariella De Luca, aux prises avec les méandres des bas-fonds de la Ville Éternelle.

– ***Meurtres à la romaine*** (2013), de Colette et Monique Veaute (Le Masque Poche). Muté à Rome après avoir combattu la Mafia en Sicile, l'inspecteur Barone entame une nouvelle carrière dans une brigade chargée des vols d'œuvres d'art. La violence le rattrape lorsqu'il doit enquêter sur un meurtre atroce commis à la villa Médicis. Une plongée dans une galerie de personnages aussi baroques qu'inquiétants.

– ***Murena,*** de Jean Dufaux et Philippe Delaby (puis Théo Caneschi) ; (Dargaud). Fresque de 10 albums qui a contribué à renouveler la bande dessinée historique. À l'époque troublée des règnes de Claude et de Néron, le péplum illustré d'une Rome vivante, trouble et authentique aux couleurs de la tragédie antique. Le tome 1 est disponible aussi en latin et s'accompagne d'un dossier didactique à l'usage des jeunes latinistes.

– ***À Rome avec Nanni Moretti*** (2017), de Paolo Di Paolo et Giorgio Biferali (Quai Voltaire). Les deux auteurs partent sur les traces du cinéma de Nanni Moretti dans la capitale italienne à travers les personnages, les lieux de tournage et les répliques incontournables de ses films.

– ***Romanzo criminale ; La Saison des massacres ; Suburra ; Rome brûle,*** de Giancarlo de Cataldo et Carlo Bonini (Points Policiers). Ces romans noirs appartiennent tous au même univers, celui du récit fictionnel (mais terriblement réaliste...) d'une Rome corrompue, au cœur de la pègre. Des trafics de drogue aux luttes de territoires entre mafieux, Giancarlo de Cataldo plonge ses lecteurs dans une ambiance sombre et violente. Il a coécrit ses deux derniers romans avec le journaliste Carlo Bonini, ce qui rend ses fictions d'autant plus proches de la réalité romaine.

– ***La Vie quotidienne à Rome à l'apogée de l'Empire*** (1939), de Jérôme Carcopino (Pluriel, 2011). La Rome des Césars comme si vous y étiez... Avec un luxe incroyable de détails, l'auteur nous fait découvrir les maisons, les thermes, l'éducation, les jeux du cirque, mais aussi les mœurs des Romain(e)s. On sent bien qu'il aurait aimé vivre aux alentours du IIe s ; chacun ses goûts !

– ***L'Italie sur le fil du rasoir*** (2009), de Marc Lazar (Perrin, 2009). Écrit par l'un des spécialistes de l'Italie contemporaine, cet essai explore l'histoire d'une Italie en pleine mutation, qui a jusqu'à présent toujours réussi à échapper à une crise interne, laquelle semble pourtant chaque jour de plus en plus proche. Utile pour comprendre l'Italie de l'intérieur.

– ***Mémoires d'Hadrien*** (1951), de Marguerite Yourcenar (Gallimard, Folio nº 921, 1919). Rome racontée par son empereur, Hadrien. Yourcenar traduit en langage littéraire le travail des archéologues et rend une œuvre à la fois littéraire, historique et poétique. Œuvre magnifique et grand succès mondial.

– ***Mémoires d'Agrippine*** (1992), de Pierre Grimal (Le Livre de Poche nº 13508, 2013). Arrière-petite-fille d'Auguste, sœur de Caligula, nièce puis épouse de Claude, mère de Néron, Agrippine la Jeune est une des figures les plus fascinantes de la Rome impériale. L'auteur retrace l'itinéraire d'une femme, véritable tueuse en série et sûre de son essence divine, qui, toute sa vie durant, œuvrera pour assurer le pouvoir suprême à un fils dont les astres lui ont prédit qu'il la tuerait.

MUSÉES ET SITES

Les horaires

En principe, les grands ***sites et musées*** sont ouverts du mardi au dimanche de 9h à 17h, voire 19h ou 20h. Ils sont ***fermés pour la plupart le lundi*** (en principe !) mais le gouvernement italien a décidé aussi d'ouvrir tous les jours certains sites (forums romains, Colisée, marchés de Trajan, Musées capitolins, Ara Pacis...).

Et les horaires d'ouverture de certains musées ont même été étendus, parfois jusqu'à 22h ! ***De nombreux sites à ciel ouvert sont aussi accessibles de 9h à l'heure précédant le coucher du soleil.*** Et puis la mairie, ne voulant pas être en reste, a parfois pris la décision de rallonger les journées des établissements culturels pour une durée indéterminée. Mais, qu'on se le dise, cette « révolution culturelle » ne concerne pas tous les musées ni tous les sites archéologiques.
Afin de vous organiser au mieux, on ne saurait trop vous conseiller de consulter le site internet de l'office de tourisme de Rome : ● *turismoroma.it* ●
Sachez que la haute saison touristique s'étend de mars à juin et de septembre à mi-novembre. La Ville Éternelle étant une étape incontournable du circuit européen classique, il faut s'attendre, durant ces périodes, à des queues aux allures de manifs devant les principaux monuments ! Par conséquent, venir tôt ou tard (comme au Forum ou au Vatican où les groupes sont plutôt matinaux). ***Il vous faudra pour certains sites réserver à l'avance,*** comme pour la galleria Borghese ou le Colisée. ***LE MIEUX EST DE RÉSERVER EN LIGNE – MALGRÉ UN SURCOÛT LOIN D'ÊTRE NÉGLIGEABLE, PARFOIS JUSQU'À 4 € PAR PERSONNE – CAR ON OBTIENT UN BILLET COUPE-FILE.*** Par ailleurs, les intéressants ***pass,*** qui font souvent office de coupe-file, s'achètent dans les points d'informations touristiques ou sur les sites eux-mêmes...

Les tarifs

La plupart des tarifs demeurent élevés. Et, de plus en plus, les nombreuses expositions temporaires (été comme hiver !) viennent gonfler le prix d'entrée. Heureusement, les fameux ***pass*** (billets combinés) offrent d'appréciables gratuités et réductions, tout en permettant justement d'échapper aux surcoûts occasionnés par les expositions temporaires. On les achète dans les musées et dans les différents points d'informations touristiques de la ville (voir plus loin le chapitre « Infos pratiques sur place. Adresses et infos utiles »), mais aussi sur le site de l'office de tourisme ● *turismoroma.it* ● ou ● *060608.it* ●
– Le ***Roma Pass 72h*** *(52 € ; valable 3 j. ; ● romapass.it ●)* est une option intéressante, car il permet d'entrer gratuitement dans 2 musées ou sites archéologiques au choix, puis offre des tarifs préférentiels pour tous les autres et donne un accès illimité à tout le réseau de transport urbain (bus et métro) pendant sa validité. Attention, si vous optez pour cette carte lors d'un week-end prolongé à Rome : choisissez plutôt un séjour du vendredi au dimanche car, la plupart des musées et sites étant fermés le lundi (à l'exception notable du Colisée, du Forum romain, du Palatin, des Musées capitolins, des marchés de Trajan, de l'Ara Pacis...), votre carte ne serait pas forcément amortie pour un séjour du samedi au lundi... Au demeurant, ni ***ce pass*** ni aucun autre d'ailleurs ***ne s'applique aux musées du Vatican, qui ont leurs propres billets*** (l'entrée au Vatican est gratuite le dernier dimanche du mois... mais c'est bondé !). Et puis ***activez votre pass le matin,*** car si vous l'entamez en milieu de journée ou, pire, le soir, cela vous décompte quand même la 1re journée ! ***Cette carte demeure aussi un coupe-file bien appréciable,*** mais elle ne vous dispense pas de faire la queue partout pour retirer votre ticket ! Enfin, elle ne vous dispense pas non plus de réserver votre entrée dans les musées (2-4 € de frais par personne) et notamment à la galerie Borghèse pour laquelle la réservation est obligatoire. La carte ***Roma Pass 48h*** *(32 € ; valable 2 j.)* fonctionne de la même façon mais pour 48h seulement et permet d'entrer gratuitement dans 1 seul musée (et non 2 comme le *pass* précédent).
– La ***Mia Appia Card*** *(10 €, 12 € si on l'achète en ligne ; ● coopculture.it ●)* est une carte d'abonnement ***valable 1 an,*** qui donne un ***accès illimité*** aux monuments de la via Appia Antica.
– ***L'Omnia Card*** *(114 € ; valable 3 j. consécutifs)* est un *pass* onéreux mais complet, qui inclut les musées du Vatican et l'accès prioritaire partout. À vos calculettes ! En réservant sur Internet, vous pouvez ensuite retirer votre *pass* sur

place à 3 endroits : Opera Romana Pellegrinaggi – Piazza Pio XII, 9 (basilique Saint-Pierre) lun-sam 9h-16h, dim 9h-13h ; Largo Argentina, Via dei Cestari 21 (Pantheon) lun-sam 10h-16h, dim 10h-13h ; Opera Romana Pellegrinaggi – Piazza di Porta S. Giovanni (Saint-Jean-de-Latran) à l'intérieur de la basilique sur le côté droit lun-sam 9h-16h, dim 9h-13h.

– ***Les jeunes de moins de 25 ans ressortissants ou non*** de l'Union européenne (ça dépend des sites) ***bénéficient de la gratuité dans les musées de la ville.*** Les réductions étudiantes (18-25 ans) sont fréquentes pour les musées d'État, ce qui leur permet de faire des économies. Parfois des réductions pour les enseignants, à condition de présenter une carte de l'année en cours.

Pour les Parisiens, dans le cadre d'un jumelage entre les municipalités de Paris et de Rome, la plupart des musées municipaux sont gratuits sur présentation d'une pièce d'identité sur laquelle figure l'adresse. Liste des musées sur le site ● *museiincomuneroma.it* ●

ORIENTATION

Le centre ancien demeure circonscrit par le mur d'Aurélien (le *Muro Torto*), dont les vestiges sont visibles au sud de la villa Borghèse, au nord-est de la gare de Termini et au sud des thermes de Caracalla. Au-delà s'étendent les faubourgs, le boulevard périphérique *(raccordo anulare)* et les prairies de l'Agro Romano. Le découpage par quartiers que vous trouverez dans le guide procède à la fois d'une cohérence géographique, historique et d'une homogénéité sociale.

À partir de la ***piazza Venezia,*** nombril de la ville ancienne, le ***secteur antique*** s'étend plein est, plus ou moins du Capitole aux thermes de Caracalla. Là se concentre l'essentiel de la Rome monumentale romaine, excepté le Panthéon. Plus à l'est encore, on s'aventure dans le quartier tranquille de ***Saint-Jean-de-Latran*** en suivant la rue du même nom. Si on s'égare en revanche au sud du Capitole et du Palatin, on découvre au-delà du circo Massimo le quartier populaire du ***Testaccio,*** qui connaît un incroyable renouveau depuis quelques années. Changement de décor au nord du secteur antique. La célèbre via Cavour dessert le quartier artisan éminemment romain des ***Monti.*** De colline en vallon, on atteint le quartier de la gare de ***Termini,*** avant de gagner un autre secteur authentique : ***San Lorenzo*** et ***Il Pigneto,*** quartiers étudiants et plutôt festifs en soirée.

De retour à la ***piazza Venezia,*** on fait face plein ouest au ***centro storico,*** le quartier médiéval de Rome. Délimité par la via del Corso et le Tibre, il offre aux promeneurs le mystère de son labyrinthe de ruelles, qui ne relâche son étreinte qu'aux abords de la ***piazza Navona*** et du ***Panthéon.*** Puis on va chercher un peu d'espace plus au nord, vers la ***piazza di Spagna*** et la ***piazza del Popolo,*** reliées par la via del Babuino, à moins de poursuivre son chemin encore plus au nord vers les jardins de la ***villa Borghèse.***

En revanche, pour arpenter les rues tirées au cordeau du quartier du ***Vatican*** ou les venelles étroites du ***Trastevere,*** il faut dans les 2 cas traverser le Tibre depuis le *centro storico* : à l'ouest pour le Vatican, au sud pour le Trastevere.

Et gardez bien à l'esprit que la plus historique des cités européennes est également la plus anémique en matière de transports en commun. Le métro se heurte aux vestiges innombrables et étend péniblement son réseau, tandis que les bus circulent avec difficulté dans le maillage étroit des venelles pittoresques de la vieille ville. Par conséquent, le centre historique se visite de préférence *pedibus cum jambis* !

Nos incontournables...

– ***Les lieux où tout le monde va et qu'on ne peut décemment pas rater :*** le Panthéon, les musées du Capitole, les forums, le Colisée, la piazza di Spagna, le Vatican, la villa Borghèse, la fontaine de Trevi, la piazza Navona, le campo dei Fiori, le quartier du Trastevere.

– ***Les lieux peu fréquentés, mais que les routards découvrent avec ravissement :*** l'église Santa Maria del Popolo, le parc de la villa Borghèse, les marchés de Trajan, le MAXXI, la basilique San Clemente, la basilique Santa Prassede, le musée du Palazzo Massimo, le Palazzo Altemps, les thermes de Dioclétien, les thermes de Caracalla, la villa Farnesina, Ostia Antica.

PERSONNES HANDICAPÉES

– Pour répondre à la loi, de nombreux hébergements sont équipés d'au moins une chambre pour personnes handicapées avec douche et portes élargies. Seul hic : il n'est pas rare que l'accès, lui, n'ait pas été aménagé, les rendant de fait inaccessibles ! Pour les pensions et *affittacamere,* souvent situées au 2ᵉ ou 3ᵉ étage sans ascenseur, la question ne se pose pas. N'hésitez pas à appeler pour vous renseigner même si le symbole ♿ ne figure pas dans l'adresse que nous indiquons, car de plus en plus d'hôtes aménagent leur structure en conséquence.
– ***Les personnes handicapées ainsi que leur accompagnateur bénéficient également d'une gratuité dans les musées municipaux sur présentation de justificatifs.*** Il leur est aussi fortement recommandé de téléphoner au musée avant de s'y rendre, pour savoir si l'ascenseur est en état de fonctionnement, ou tout simplement pour que le personnel puisse le mettre en service avant leur arrivée.
– Plusieurs musées à Rome sont équipés de panneaux tactiles en relief pour les personnes à handicap visuel, ainsi que de textes en braille et de livres-guide en braille. Certains offrent aussi des parcours adaptés aux personnes à handicap visuel ou auditif. Parmi ces musées, on peut citer les Musées capitolins, la galleria Borghese, le musée Ara Pacis ou encore le MACRO (musée d'Art contemporain).

POSTE

– La poste italienne a mis en circulation un timbre *Posta prioritaria* ou *Postamail internazionale,* obligatoire vers les pays européens (à 1,15 € en format « normalisé », puis les tarifs augmentent selon le poids de la lettre pour le format « compact »).
– Vous pouvez acheter vos timbres *(francobolli)* à la poste centrale ou dans certains bureaux de tabac signalés par un grand T blanc sur fond noir (mais tous n'en ont pas). Le libellé des adresses en Italie est du même type que le nôtre. Les ***boîtes aux lettres de couleur rouge*** sont disséminées un peu partout dans la ville. ***C'est la poste officielle*** (évitez les opérateurs postaux privés).
– ***Poste vaticane*** *(plan détachable d'ensemble, A2)* **:** *piazza San Pietro. Lun-sam 8h30-18h30.* Vous pouvez également poster vos cartes depuis le Vatican ; tout d'abord, les timbres du Vatican sont beaux et le cachet de la cité papale impressionnera leur destinataire ! De plus, la poste vaticane (sans faire de miracles !) fonctionne plutôt bien. Attention cependant : vous ne pouvez pas envoyer de courrier avec des timbres italiens depuis la poste vaticane ; en revanche, si vous envoyez vos lettres avec le timbre du Vatican à l'extérieur de la cité papale, ça fonctionne, alléluia ! Service numismatique très prisé par les collectionneurs.

ROME GRATUIT

La Ville Éternelle offre quelques belles possibilités de visites à peu de frais.
– Les ***églises*** sont généralement gratuites ! Et vu le nombre de grands peintres et sculpteurs qui travaillèrent à leur décoration, c'est un vrai musée essaimé dans

la ville qui s'offre au visiteur. L'occasion aussi de découvrir toute la palette des courants architecturaux : paléochrétien, médiéval (rare), Renaissance et baroque... Vous n'échapperez pas aux tirelires permettant d'illuminer certaines chapelles aux tableaux de peintres célèbres... C'est fou d'ailleurs de voir le nombre de touristes rappliquer dès qu'une bonne âme met 1-2 € dans l'urne !
Enfin, nombre de monuments de la ville (le monument à Victor-Emmanuel II par exemple ; sauf le toit), ses places, ses fontaines, ses ponts, l'accès à ses villas-jardins (la villa Borghèse, les jardins de l'Aventino, la villa Sciarra, le Janicule) offrent un accès gratuit.
Toujours pour tous, mais ponctuellement, ***la plupart des musées et sites nationaux de la ville sont gratuits le 1er dimanche du mois*** ainsi que lors de *Natale a Roma* (la naissance de Rome, le 21 avril) et lors aussi de la *Notte bianca* (en septembre) : en revanche, vous ne serez pas vraiment seul à vouloir en profiter... ***Les musées du Vatican*** ouvrent leurs portes gratuitement ***le matin du dernier dimanche du mois pour tous*** (sauf lors de certaines fêtes, où les portes restent closes). Attendez-vous à voir du monde ! Pour les horaires précis, se reporter au chapitre du Vatican.
Les ressortissants ou non (tout dépend des musées) de l'Union européenne de moins de 18 ans bénéficient de la gratuité dans tous les musées nationaux et communaux, c'est-à-dire l'essentiel des musées de Rome. Les 18-25 ans ont eux aussi droit aux tarifs réduits... Les enfants de moins de 6 ans bénéficient de la gratuité dans la plupart des musées. Reste alors seulement à payer les éventuels frais de réservation : 2-4 € par personne.
Quant au quartier du Trastevere, il accueille en juillet un festival, la fête de No' Antri, où la plupart des animations sont gratuites.
Enfin, pour les Parisiens, dans le cadre d'un jumelage entre les municipalités de Paris et de Rome, les musées municipaux sont gratuits (ou presque) sur présentation d'une pièce d'identité. Liste des musées sur le site ● *museiincomuneroma.it* ●

SANTÉ

Carte européenne d'assurance maladie

Pour un séjour de courte durée à Rome, pensez à vous procurer la carte européenne d'assurance maladie. Il vous suffit d'appeler le ☎ *36-46,* de vous connecter par Internet sur votre compte Ameli ou d'en faire la demande sur une borne de votre centre de Sécu. Vous la recevrez sous une quinzaine de jours. C'est une carte plastifiée bleue du même format que la carte Vitale. Elle est valable 2 ans, gratuite et personnelle (chaque membre de la famille doit avoir la sienne, y compris les enfants). Conservez bien toutes les factures pour obtenir les remboursements au retour.

Vaccins

Aucun n'est obligatoire, mais il est préférable d'avoir son rappel antitétanique à jour. Nous vous recommandons chaudement un répulsif antimoustiques (ces charmantes petites bêtes étant très virulentes en période estivale).

TABAC

En Italie, ***la cigarette est interdite dans TOUS les lieux publics*** (restaurants, cafés, bars, discothèques et trains). En cas d'infraction, une grosse amende vous attend à la moindre cigarette allumée ; quelques centaines d'euros s'il y a des enfants ou des femmes enceintes à proximité !
Le soir, lorsque les tabacs ferment, leur devanture se transforme en un distributeur automatique en façade, qui n'est pas toujours bien approvisionné.

Il est aussi interdit de jeter son mégot dans la rue sans discernement : il en coûte de 30 à 150 € (et ça vaut aussi pour les chewing-gums !).

TÉLÉPHONE ET INTERNET

Le téléphone portable en voyage

Un voyageur européen titulaire d'un forfait dans son pays d'origine peut utiliser son téléphone mobile ***au tarif national*** dans les 28 pays de l'Union européenne, sans craindre de voir flamber sa facture. Des plafonds sont néanmoins fixés par les opérateurs pour éviter les excès. Cet accord avantageux signé entre l'UE et ses opérateurs télécoms concerne aussi la consommation de ***données internet 3G ou 4G,*** dont le volume utilisable sans surcoût dépend du prix du forfait national (se renseigner). En revanche, si le voyageur réside plusieurs mois en dehors de son pays, des frais peuvent lui être prélevés.

La connexion internet en voyage

À Rome, de plus en plus d'hôtels, de restos, de bars et même certains espaces publics disposent du ***wifi gratuit.*** Mieux que la connexion 3G et 4G qui peut entraîner des frais en usage intensif, le wifi permet aussi de profiter d'un débit parfois supérieur. Une fois connecté, on accède aussi à tous les services de ***messagerie et de téléphonie par Internet. WhatsApp, Messenger*** (la messagerie de *Facebook*), ***Skype, Viber*** permettent d'appeler, d'envoyer des messages, des photos et des vidéos aux 4 coins de la planète, sans frais. Il suffit de télécharger – gratuitement – l'une de ces applis sur son smartphone, qui reconnaît automatiquement dans votre liste de contacts ceux qui sont aussi connectés.

Urgence : en cas de perte ou de vol de votre téléphone portable

Suspendre aussitôt sa ligne permet d'éviter de douloureuses surprises au retour du voyage ! Voici les numéros des 4 opérateurs français, accessibles depuis la France et l'étranger :

- ***Orange :*** *depuis la France,* ☎ *0800-100-740 ; depuis l'étranger :* ☎ *+ 33-800-100-740.*
- ***Free :*** *depuis la France,* ☎ *3244 ; depuis l'étranger :* ☎ *+ 33-1-78-56-95-60.*
- ***SFR :*** *depuis la France,* ☎ *1023 ; depuis l'étranger :* 📱 *+ 33-6-1000-1023.*
- ***Bouygues Télécom :*** *depuis la France comme depuis l'étranger,* ☎ *+ 33-800-29-1000.*

Vous pouvez aussi demander la suspension de votre ligne depuis le site internet de votre opérateur.

– ***Italie → France :*** 00 + 33 + numéro à 9 chiffres de votre correspondant (c'est-à-dire le numéro à 10 chiffres sans le 0 initial).
Code des autres pays francophones : Belgique, 32 ; Luxembourg, 352 ; Suisse, 41 ; Canada, 1.
– ***France → Italie :*** 00 + 39 + indicatif de la ville (6 pour Rome) + numéro de votre correspondant (6 ou 7 chiffres). Tarification selon votre opérateur.
– ***Italie → Italie :*** il faut impérativement composer le numéro de votre correspondant précédé du 0 et de l'indicatif de la ville.

Internet, wifi

Quasi tous les hébergements proposent un accès wifi, gratuit la plupart du temps. Et nombre de bars et de restaurants leur emboîtent le pas.

TRANSPORTS INTÉRIEURS

Le bus

Les tickets de bus des réseaux urbains sont en vente dans les kiosques à journaux, les bureaux de tabac, certains distributeurs automatiques, ainsi que dans quelques magasins autorisés (signalés par un autocollant). En revanche, une fois monté dans le bus, impossible de trouver un titre de transport. Seules exceptions : les minibus électriques qui parcourent le centre historique et les lignes de tramway les plus récentes, qui sont équipés de distributeurs de tickets. Prévoir la monnaie (ils ne fonctionnent pas toujours !). Pour les sites les plus excentrés, prévoyez le ticket retour, car vous n'y trouverez pas forcément de commerces où en acheter.

Le métro

Voir plus loin la partie « Infos pratiques sur place ».

Le vélo

On trouve de plus en plus de loueurs de vélos. Le souci (et pas le moindre), ça descend... et ça monte ! Cela explique peut-être le lent développement du vélo et le peu de pistes cyclables. De plus, il faut savoir éviter les voitures et ça, franchement, ce n'est pas gagné ! Un conseil, la ***via Appia Antica*** (au sud) – réservée totalement le dimanche aux piétons et aux vélos – offre l'occasion d'une belle balade romantique, aux portes de Rome mais déjà à la campagne. Et puis en août entre 6h et 8h du matin pour explorer le ***centre historique*** : Rome est vide !

Le taxi

Il a mauvaise réputation et ce n'est pas totalement injustifié. Ne prendre que des taxis officiels, de couleur blanche. Des suppléments affichés dans tous les taxis peuvent être exigés pour des bagages, des services de nuit ou les jours de fête. En cas d'absence de compteur, changer de taxi !

La voiture

Totalement déconseillée pour Rome. Pour ceux pour lesquels Rome est une étape, quelques conseils à tenir :

- ***ZTL :*** « zone de trafic limité » ou *fascia blu* (zone bleue). ***Tout véhicule ne possédant pas le* Permesso Centro Storico *ne peut pas circuler, grosso modo, aux horaires suivants*** (vérifier les dernières évolutions sur • *romamobilita.it* •) : *lun-ven 6h30-18h et sam 14h-18h (dans le Trastevere, tlj 6h30-10h), ainsi que (dans certains quartiers) les ven-sam soir 23h-3h (21h30-3h dans le Trastevere).*
La ZTL correspond à peu près au centre historique, délimité à l'ouest par le Tibre, au nord par la muraille d'Aurélien, à l'est par la colline des Jardins et au sud par la piazza Venezia. Mais la *fascia blu* s'étend à d'autres parties du centre : entre la via XX Settembre et la via Cavour, sans oublier la partie nord du Trastevere. En tant que touriste, vous n'aurez pas de permis, alors ***demandez à votre hôtel si vous pouvez y accéder en voiture.*** On vous le (re)dit : sauf avis contraire de l'hôtelier, ***si vous voyez un panneau « Varco attivo », ne vous engagez pas,*** sous peine de forte amende !
- ***Fourrière... ou parking :*** si votre voiture disparaît, 2 possibilités. Le vol ou les *rimozioni auto* (fourrière). La 2de option vous pend au nez si vous ne respectez pas le code local (au mieux, ce sera la *multa,* l'amende). Dans ce cas, restez calme et téléphonez au ☎ *06-676-923-03 ou 06-67-691.* Ils vous indiqueront dans quelle fourrière vous rendre, en général au ***deposito Farnesina*** *(via San Giuliano ; ☎ 06-332-205-27).* L'amende vous en coûtera environ 100 € + la TVA

pour l'enlèvement du véhicule (un forfait d'enlèvement plus un supplément kilométrique entre le lieu d'enlèvement et la fourrière) et 5 € + la TVA pour chaque jour de gardiennage.
Alors, évitez les galères romaines et garez-vous en lieu sûr : dans les ***parkings gardés,*** même s'ils ne sont pas très nombreux et souvent chers, comme celui de la *villa Borghèse (viale del Galoppatoio, 33)* ou de la *gare de Termini* (via Paolina, à 2 pas de Santa Maria Maggiore ; un autre *via Giovanni Giolitti,* le long de la gare). Le plus intéressant de tous demeure de loin le *parking communal d'Ostiense* au sud de la ville (face à la gare ferroviaire d'Ostiense, piazzale dei Partigiani, mais c'est excentré). Sous la colline du Janicule, aussi un grand parking a été construit (accès depuis les quais : en tournant le dos au ponte Pr. A.S. Aosta, ne pas s'engager dans le tunnel sous la colline, mais prendre la rampe d'accès à droite).
En conclusion, évitez la voiture à Rome !

URGENCES

On ne vous demande pas de les apprendre par cœur, mais c'est bon à savoir, au cas où...

■ ***Urgences médicales :*** *☎ 118.*
■ ***Police :*** en cas de vol ou d'agression, composez le ☎ *113* (police nationale) ou bien le ☎ *112 (carabinieri)* ; on vous communiquera l'adresse du commissariat *(questura)* le plus proche de l'endroit où vous êtes.
■ ***Commissariat de police principal :*** *via S. Vitale, 15. ☎ 06-46-861.*
■ ***Pompiers*** *(Vigili del Fuoco)* ***:*** *☎ 115.*
■ ***Quelques adresses d'hôpitaux :***
– En cas d'urgences ophtalmologiques, on ira plutôt à l'***Ospedale Monospecialistico Oculistico*** *(plan détachable d'ensemble, A2 ; piazzale degli Eroi, 11 ; ☎ 06-683-51 ; Ⓜ Cipro – Musei Vaticani).*
– Pour des traumatismes de l'ordre des fractures, voir le ***CTO – Centro Traumatologico Ortopedico*** *(hors plan détachable d'ensemble par D6 ; via S. Nemesio, 21 ; ☎ 06-510-01).*
– Pour les urgences pédiatriques, aller à l'***Ospedale Pediatrico del Bambino Gesù*** *(plan détachable d'ensemble, B4 ; piazza di S. Onofrio, 4 ; ☎ 06-685-91).*
■ ***Pharmacies :*** aller à la ***Farmacia Piram*** *(via Nazionale, 228 ; ☎ 06-488-44-37 ; 7h30-23h)* ; ou encore la ***Farmacia Internazionale*** *(piazza Barberini, 49 ; ☎ 06-487-11-95 ; tlj 8h-minuit). Sinon, pharmacie de garde* (farmacia di turno) *en appelant le ☎ 06-22-89-41.*

☎ **112 :** c'est le numéro d'urgence commun à la France et à tous les pays de l'UE, à composer en cas d'accident, d'agression ou de détresse. Il permet d'être aidé en français, tout en étant localisé et en réduisant les délais d'intervention des services de secours adaptés.

INFOS PRATIQUES SUR PLACE

- Pour se repérer, voir les plans détachables de Rome et le plan des lignes de bus, de métro et de tramway en fin de guide.

Arrivée à Rome

EN AVION

Aéroport de Fiumicino

✈ ***Aeroporto Fiumicino-Leonardo-da-Vinci :*** *via dell'Aeroporto di Fiumicino, 320, à* ***Fiumicino.*** ☎ *06-659-51 (24h/24).* • *adr.it* • *À 32 km au sud-ouest de Rome.* ***Terminal 1*** avec les compagnies régulières *(Air France, Alitalia...)* et ***terminal 3*** pour les compagnies *low-cost (Ryanair, EasyJet, Vueling...). Service gratuit de bus-navettes ttes les 15 mn entre les terminaux.*

– Point d'informations touristiques : dans le hall d'arrivée du terminal 3 (tlj 8h-20h45).

– Service des ges : ☎ *06-65-940* (Alitalia) *et 06-656-349-56.*

– Pharmacies : ☎ *06-650-109-74 (terminal 1) et 06-650-108-40 (terminal 3). Tlj 7h-22h.*

– Poste : *au terminal 1. Lun-ven 8h30-15h30.*

Liaisons Fiumicino/centre-ville

En train

Sans aucun doute, le moyen le plus pratique et le moins cher pour rejoindre le centre-ville. La gare est à la sortie du terminal 3. Le terminal 1 est relié à la gare de l'aéroport par un réseau de passerelles couvertes et de tapis roulants (compter au moins 10-15 mn à pied). Achat du billet aux guichets ou aux bornes automatiques (simples d'emploi, instructions en français, CB acceptées) juste devant les quais. *Infos :* • *trenitalia.com* •

➢ ***Train direct Leonardo Express*** (depuis/vers Termini) ***:*** le plus rapide mais... le plus cher. Départs ttes les 15-30 mn. Depuis l'aéroport, 6h23-23h23 ; depuis Termini 5h35-22h35. Env 35 mn de trajet. Tarif : 14 € ; réduc. Gratuit moins de 12 ans. Attention, après avoir scanné le portique de sécurité, n'oubliez pas d'oblitérer votre billet ! Dans le sens retour, si on vous dépose à ***Termini*** en taxi, le mieux est d'entrer dans la gare ***via Giovanni Giolitti,*** à l'entrée des *Ferrovie Laziali* (trains régionaux), afin d'éviter de la traverser entièrement à pied. Distributeurs automatiques et guichet (ouvert seulement en journée) juste devant les ***quais nos 23 et 24*** du *Leonardo Express*. Possibilité d'acheter son billet en ligne et de le présenter directement sur son mobile

➢ ***Train régional Fiumicino-Orte*** (FL1) ***:*** env 2 fois plus lent... mais moins cher. Prix du billet : 8 €. Fonctionne tlj 5h-22h env ; départs ttes les 15-30 mn. ***Dessert les gares de Trastevere, Ostiense, Tuscolana et Tiburtina.*** Prévoir 30 mn jusqu'à ***Ostiense*** (proche du Testaccio), d'où l'on rejoint facilement Termini (env 30 mn supplémentaires, transfert compris) par le métro (ligne B, 4 stations seulement) direction Rebibbia. L'arrêt ***Trastevere*** permet de rejoindre soit le quartier éponyme par le tram n° 8, qui pousse jusqu'à la piazza Venezia, en plein cœur de la Rome historique, soit le Vatican grâce à une correspondance en train (FL5) jusqu'à la station de San Pietro...

➢ ***Train à grande vitesse Frecciargento :*** direct pour rejoindre certaines grandes villes italiennes du Nord ;

2 départs/j. à 11h08 et 15h08 pour ***Florence, Bologne, Padoue*** et ***Venise.***

En bus

Les bus des différentes compagnies se prennent ***à la sortie du hall des arrivées du terminal 3 ; sauf les bus*** **Cotral** ***qui partent du terminal 1, zone des arrivées.*** Chacune propose des liaisons pour Termini (plus ou moins directes), à des fréquences et des prix quasi équivalents *(aller simple env 6 €, A/R 9-11 € ; achat des billets en ligne, dans le bus et au guichet s'il existe).* Attention, cependant, ils peuvent avoir du retard. ***Si vous êtes pressé, mieux vaut prendre le train !***

➢ ***Bus direct Fiumicino – Termini*** *(via Marsala)* **:** avec *Terravision.* ● *terravision.eu* ● Tlj 5h20-21h35 (retour 4h40-18h45 env) ; départs ttes les 30 mn-1h. Durée : 55 mn. Également ***d'autres bus directs Fiumicino – Termini*** *(via Giolitti, 34)* avec la compagnie **Rome Airportbus-Schiffini.** ● *romeairportbus.com* ● Tlj 6h05-minuit (retour 5h10-23h) ; départs ttes les 25 mn-2h. Durée : 50 mn.

➢ ***Bus Fiumicino – Vatican*** *(via Crescenzio, 2)* ***– Termini*** *(via Marsala, 5)* **:** avec *Sitbus Shuttle.* ● *sitbusshuttle.com* ● Tlj 7h15-0h40 (retour 4h45-20h30 env) ; départs ttes les 30-50 mn. Durée : 40 mn-1h.

➢ ***Bus Fiumicino-Ostiense*** *(piazzale 12 Ottobre 1492, devant* Eataly*)-* ***Termini*** *(via Giolitti, 34)* **:** avec *T.A.M.* ● *tambus.it* ● presque 24h/24 (pause 2h-5h) ; départs ttes les 25 mn-1h20. Durée : 40 mn-1h.

➢ ***Bus Fiumicino-Termini-Tiburtina*** *(ligne de métro B)* **:** avec *Cotral* (terminal 1). ● *cotralspa.it* ● Fonctionne presque 24h/24 (mais peu de départs la nuit). Durée : 1h. Cotral propose aussi une liaison plus régulière en journée Fiumicino – EUR-Magliana (ligne de métro B)...

En taxi

À 4 personnes, il est plus judicieux et plus économique de prendre un taxi. ***Forfait officiel de 48 €*** (ges et 4 personnes maximum) pour Rome intra-muros ; identique au retour. Même prix la nuit ! Attention : évitez les faux taxis qui vous accostent à l'arrivée. Les vrais sont blancs, le numéro d'identification de la licence est inscrit sur les portes extérieures et ils disposent d'un taximètre... qu'ils ne doivent d'ailleurs pas mettre en route sous risque d'arnaque, car le prix est fixe et placardé en gros sur leur portière !

– Pour les grandes familles ou groupes d'amis : attention, la plupart des taxis ne prennent que 4 personnes max. Plus compliqué pour les familles et groupes de 5, mais quelques taxis peuvent rajouter un siège. Cela vaut le coup d'attendre.

Aéroport de Ciampino

✈ **Aeroporto di Ciampino :** *via Appia Nuova, 1651.* ☎ *06-65-951 (24h/24).* ● *adr.it* ● *À 15 km au sud-est de Rome.* Essentiellement desservi par la compagnie *low-cost Ryanair.* Point d'informations touristiques dans les halls des arrivées internationales *(tlj 9h-18h).*

Liaisons Ciampino/ centre-ville

En bus

Les bus se prennent ***devant l'entrée du terminal des départs internationaux.*** Là, quelques compagnies proposent des liaisons pour Termini, à des fréquences et des prix semblables *(aller simple env 6 €, A/R env 9 € ; achat des billets en ligne, dans le bus et au guichet s'il existe).*

➢ ***Bus direct Ciampino – Termini :*** avec *Sitbus Shuttle (● sitbusshuttle.com ● ; tlj 7h45-23h30, retour 4h30-21h30 ; départs ttes les 30 mn-1h15 ; arrivée via Marsala, 5, à Termini)* ; les bus *Terravision (● terravision.eu ● ; tlj 8h15-23h10, retour 4h30-18h20 ; départs ttes les 20 mn-1h40 ; arrivée via Marsala, 29, à Termini)* ; et la compagnie *Rome Airportbus-Schiffini (● romeairportbus.com ● ; tlj 4h-23h45, retour 4h20-minuit ; départs ttes les 30 mn-1h30 ; arrivée via Giolitti, 34, à Termini).* Durée : 40 mn.

➢ ***Bus Ciampino – station de métro :*** avec *Atral (● atral-lazio.com ● ; rejoint la station Anagnina-ligne A ; tlj 6h10-22h40, retour 6h30-23h10 ; ttes les*

30-40 mn) ; et les bus urbains *ATAC (● atac.roma.it ● ; ligne 720 vers la station Laurentina-ligne B ; ligne 520 vers la station Cinecittà-ligne A ; tlj 5h30-23h30).* Durée : 20 mn, puis 20 mn de métro pour gagner le centre de Rome.

En taxi

Forfait officiel de 30 € pour se rendre en centre-ville, quels que soient le taxi et le point de chute intra-muros. Éviter les taxis non déclarés (voir plus haut dans « Aéroport de Fiumicino. En taxi »).

Liaisons entre les aéroports de Fiumicino et Ciampino

Pas de liaison directe entre les 2 aéroports. ***Tarif officiel en taxi : 50 €.*** Sinon, il faut transiter par le centre de Rome via les transports détaillés précédemment (train et/ou bus).

EN TRAIN

Stazione Termini *(plan détachable d'ensemble, E3) : infos et résa sur ● trenitalia.it ● ou auprès du guichet de la plate-forme 1. Et pour mieux s'y retrouver dans les services que propose la gare : ● romatermini.com ●* L'énorme gare principale de Rome concentre, dans une agitation et un va-et-vient incessants, TOUT ce dont le voyageur peut avoir besoin : douches au sous-sol, cafés, cafétérias, distributeurs de billets, bureau de poste, supermarchés, magasins en tout genre, pharmacies, librairie, consignes à ges et un ***ufficio turistico*** *(côté via Giovanni Giolitti, 34a ; quai 24 ; tlj 8h-18h45).* La gare est également à la jonction des ***2 lignes du métro principales*** et une importante gare de bus urbains occupe l'esplanade juste devant.

– ***Consigne à bagages Kipoint*** *(Deposito bagagli ; plan détachable d'ensemble, E3) : située côté via Giolitti (au niveau de l'office de tourisme et le long du quai nº 1). Tlj 6h-23h. Compter 6 € les 5h et 1 €/h supplémentaire (20 kg/bagage max).* Attention aux récups lors des week-ends et fêtes, prévoir un peu de temps, l'attente peut être longue. Également, un service de livraison *9h-19h, ☎ 06-890-14069* (on vient chercher ou vous apporter votre bagage directement à votre hôtel).

– ***Location de voitures*** *(Noleggio auto) : comptoirs situés côté via Giolitti (au niveau de l'office de tourisme). Tlj 8h-20h (18h sam et 13h dim).* Vous y trouverez toutes les grandes agences : *Avis, Budget, Hertz, Europcar, Sixt...*

EN BUS

Autostazione Tibus *(hors plan détachable d'ensemble par G2-3) : largo G. Mazzoni. ● tibusroma.it ● Face à la gare ferroviaire Tiburtina. Ouv 24h/24.* La principale gare routière de Rome. ***Station de métro Tiburtina-ligne B*** à proximité et ***bus nº 492*** (pour rallier Termini, puis le centre historique ; terminus au Vatican). C'est ici que vous arriverez probablement si vous venez en bus depuis la France ou un pays étranger...

EN VOITURE

Évidemment, ce moyen de transport n'a aucun intérêt si vous venez passer quelques jours à Rome et ses environs. En revanche si Rome est une étape dans votre découverte de l'Italie, alors prenez bien en compte le fait qu'il **faut avant tout *une autorisation spéciale*** (que vous n'obtiendrez pas comme simple touriste !) ***pour entrer dans le cœur de Rome (zone ZTL). Ne pénétrez surtout pas dans les secteurs affichant un panneau lumineux « Varco attivo »*** : de retour en France, vous auriez à payer une amende (même avec une voiture de location !). Le mieux est de vous garer dans les parkings situés juste avant la zone ZTL. ***Pour plus d'infos :*** *● muoviamo.it/parking ● parkingroma.it ●* ***Quelques parkings intéressants du côté de la villa Borghèse :*** **P Abruzzi,** *via Abruzzi 3 ;* **P Veneto,** *via Sicilia, 9 ;* **P Pinciano,** *via Sardegna, 38b et tout au sud de la ville avec* **P Testaccio,** *via Galvani, 57...* D'autres parkings privés fleurissent un peu partout.

– L'autoroute A 90, plus connue comme ***GRA*** *(Grande Raccordo Anulare),* demeure le périphérique de Rome, construit dans les années 1950. À l'intérieur, vous êtes dans la commune de Rome, qui couvre environ 40 000 ha... contre 12 500 pour Paris intra-muros ! Les 3/4 des habitants de Rome résident dans les quartiers situés entre le GRA et la muraille d'Aurélien. Long de 64 km, il permet de contourner la capitale, mais aussi d'y accéder par l'axe le mieux adapté pour éviter une fastidieuse traversée de l'hyper-centre. Les entrées et sorties du GRA sont numérotées de 1 à 27. Elles permettent, selon l'endroit d'où l'on vient, de rejoindre au mieux le quartier visé. Chaque sortie porte un nom évoquant une page d'histoire qui correspond bien souvent aux anciennes voies consulaires : n° 1, Aurelia ; n° 6, Flaminia ; n° 23, Appia.

Les ***circonvallazioni,*** Gianicolense (sud-ouest), Tiburtina (sud-est), Nomentana (nord-est) et autres *via del Foro Italico* (nord), *Olimpico* (nord-ouest) dessinent un périphérique nettement plus petit... mais tout aussi encombré.

– ***Lungotevere :*** les boulevards le long du Tibre portent tous le nom de *lungotevere.* Ces grands boulevards – toujours à sens unique – sont d'un grand secours pour les automobilistes dépourvus d'un *Permesso Centro Storico* (l'autorisation de circuler dans le centre historique). Ils demeurent souvent l'unique moyen de se rapprocher du centre historique en voiture... sans outrepasser ses droits !

Adresses et infos utiles

Informations touristiques

ℹ ***Points d'informations touristiques*** *(Punti Informativi Turistici) :* *☎ 06-06-08 (9h-19h). • turismoroma.it • 060608.it* • Il n'y a pas d'office de tourisme principal à Rome, mais ***plusieurs kiosques d'info (structure hexagonale de couleur vert foncé),*** plutôt bien répartis dans les endroits stratégiques du centre-ville. Plan de la ville, vente du *Roma Pass...*

> *• turismoroma.it •* En français et en italien. Le site officiel de l'office de tourisme où l'on trouve toutes les informations mises à jour des ouvertures des musées et sites ainsi que les événements culturels à Rome.

– ***Fori Imperiali*** *(plan détachable d'ensemble, D3) : via dei Fori Imperiali. Tlj 9h30-19h.*

– ***Piazza Navona*** *(plan détachable centre, C3) : piazza delle Cinque Lune ; juste au nord de la piazza Navona. Tlj 9h30-19h.*

– ***Minghetti*** *(plan détachable centre, D3) : via Marco Minghetti (angle via del Corso) ; à 2 pas de la fontaine de Trevi. Tlj 9h30-19h.*

– ***Castel Sant'Angelo*** *(plan détachable d'ensemble, B2) : piazza Pia. Tlj 9h30-19h (8h30-18h nov-mars).*

– ***Piazza Barberini*** *(plan détachable d'ensemble, D2) : via di San Basilio, 51. Proche du palazzo Barberini. Lun-jeu 8h-18h, ven 8h-17h. Infos seulement, pas de vente de romapass.*

– ***San Pietro*** *(plan détachable d'ensemble, A2-3) : largo del Colonnato, 1 ; sur le côté de la piazza San Pietro, au Vatican. Tlj 9h-18h.*

– ***Ghetto*** *(plan détachable centre, C4) : piazza Campitelli, 7. Lun-ven 9h-18h45.*

– ***Stazione Termini*** *(plan détachable d'ensemble, E3) : via Giovanni Giolitti, 34 ; dans la gare ferroviaire, à côté du quai 24. Tlj 8h-18h45.*

– Aussi ***d'autres points d'info dans chaque aéroport.***

Découvrir Rome autrement

Beaucoup d'associations et de guides proposent leurs services pour une visite de la ville, mais attention cependant aux associations non officielles et aux guides abusifs. Le mieux est de se renseigner à l'office de tourisme pour avoir la liste des guides officiels *(• turismoroma.it • ou ☎ 06-06-08).*

■ ***Visiterome :*** *📱 377-492-87-08. • guidesvisiterome@gmail.com • visiterome.com* • Elena, Valérie et Ivano sont des guides officiels ultra-compétents, agréables et sympathiques qui vous proposent des visites guidées en français et à la carte, de la ville et de ses environs, de ses musées et même de ses expositions temporaires. Leur statut de guide officiel leur permet un accès prioritaire aux sites (ce qui est déjà en soi un atout non négligeable !). Spécialisés en histoire de l'art et de l'architecture, en archéologie, en histoire, leurs visites sont très pointues mais très agréables et ultra-claires. Elles s'adaptent aussi à vos besoins, à vos envies. Ainsi, vous pouvez opter pour une visite classique en petit groupe (6-10 personnes), selon un calendrier préétabli *(3h de visite ; à partir de 25 €/pers ; forfaits famille et réduc enfants)* ou, encore mieux, pour une visite privée (en couple ou en famille) sur un thème de votre choix *(3h ; 150 € pour 1-6 pers ; billets d'entrée aux sites non inclus).* Option intéressante : ils se chargent également de l'achat des billets des musées si vous le souhaitez. Résa conseillée le plus tôt possible, surtout si vous souhaitez avoir accès à des sites habituellement fermés. Indispensable même, pour bien comprendre la ville.

Argent, banques

On trouve des distributeurs automatiques un peu partout dans le centre historique.

Poste

Les principaux bureaux de poste sont signalisés sur le plan détachable par le picto ✉.

Représentations diplomatiques

■ ***Consulat de France*** *(plan détachable centre, C4,* ***2****) : via Giulia, 252. ☎ 06-686-015-00 et 📱 335-715-94-56 (urgences nuit, w-e et j. fériés seulement). • consulat-rome-amba@diplomatie.gouv.fr • Lun-ven 9h-12h30 et sur rdv.* Le consulat peut vous assister dans vos démarches juridiques en cas de problème.

■ ***Ambassade de Belgique*** *(plan détachable d'ensemble, C1) : via Giuseppe de Notaris, 6. ☎ 06-360-95-11. 📱 335-234-157 (seulement pour les Belges en cas d'urgence). • rome@diplobel.fed.it • Au nord-ouest de la villa Borghèse. Lun, mer et ven 9h-12h30 ; mar et jeu 13h30-15h.*

Représentations culturelles

■ ***Libreria Stendhal – Librairie française de Rome*** *(plan détachable centre, C3,* ***1****) : piazza San Luigi dei Francesi, 23. ☎ 06-683-075-98. • librairiefrancaiserome.com • Juste à droite de l'église Saint-Louis-des-Français. Tlj sauf dim 10h-19h.* LA grande librairie française de Rome, bien connue pour l'importance et la diversité de son choix. Marie-Ève, à la tête de cette antenne française, fourmille d'idées pour offrir aux habitués des conférences, des rencontres-dédicaces et des ateliers, mais aussi aux touristes de passage, son savoir-faire et son sens de l'accueil. Et question livres, vous aurez l'embarras du choix (en français comme en italien) : littérature, histoire de l'art, cuisine, pratique, jeunesse... et bien sûr les dernières parutions des grandes maisons d'édition françaises. Accueil charmant et personnel hyper compétent.

■ ***Institut français – Centre Saint-Louis*** *(plan détachable centre, C3,* ***3****) : largo Toniolo, 20-22. ☎ 06-680-26-26. • ifcsl.com • Médiathèque : mar-ven 13h-19h, sam 10h-14h.* C'est le centre culturel de l'ambassade de France « près du Saint-Siège ». On peut, entre autres, consulter gratuitement la presse française du jour à la médiathèque. Organisation de concerts, de spectacles ainsi que des projections de films.

■ ***Centre d'accueil Saint-Louis-des-Français*** *(plan détachable centre, C3,* ***4****) : via Santa Giovanna d'Arco, 10. ☎ 06-681-924-64. • accueilrome@gmail.com • centreaccueilrome.com • Tlj sauf ven ap-m et w-e 10h-12h30, 14h30-17h.* Le centre peut également se charger de réserver des places pour les audiences (demande préalable gratuite auprès du Vatican) et cérémonies pontificales et fournir divers renseignements culturels. Ils aident aussi touristes et pèlerins à dénicher un hébergement dans une institution religieuse, une pension ou un hôtel, en échange d'une participation financière...

Alimentation

Beaucoup de supérettes bien fournies dans le centre-ville. Vous n'aurez que l'embarras du choix !

– ***Coop :*** *via Giustiniani, 18 (petite rue entre le Panthéon et l'église Saint-Louis-des-Français ; tlj 8h30-22h) ; via dei Coronari.*

– Autre enseigne qui fleurit dans le centre-ville, les ***Carrefour Express*** *(généralement tlj 8h-21h)* : *via del Gesù, 56 (à 5 mn de la piazza Venezia) ; via del Governo Vecchio, 119, via dei Coronari, 187 (à proximité de la piazza Navona) ; via Monterone, 5 (pas trop loin non plus du Panthéon) ; via Vittoria, 22 (pas loin de la piazza di Spagna) ; via del Viminal, 35 (quartier Quirinal) ; via delle Fornaci, 136 et via Cola di Rienzo, 173 (dans le quartier de Saint-Pierre et du Vatican) ; via del Teatro di Marcello, 2 (Ghetto). Également des supermarchés plus conséquents comme celui via Alesia, 37 (près de Saint-Jean-de-Latran) ou via Flaminia (au-dessus de la piazza del Popolo).*

– On trouve aussi ***SMA*** : *piazza Santa Maria Maggiore, 3 (angle avec la via Gioberti, en sous-sol) ; lun-sam 8h-21h, dim 8h30-20h30.*

– ***Punto Simply :*** *via Monti della Farina (près du campo dei Fiori).*

– ***Conad :*** *galerie marchande au sous-sol de la gare de Termini ; tlj 6h-minuit ; via Merulana, 61 (piazza Vittorio Emanuele) ou via del Boschetto, 52 (quartier Monti).*

– ***Pam :*** *via Barberini, 10-16 (jusqu'à 22h) ; via delle Botteghe Oscure, 1-3.*

– Et pour les amateurs de bio, ***Natura Si,*** *piazza Farnese, juste à côté du campo dei Fiori ; via Bettolo (Vatican) ou encore via dei Prefetti 13/14 (quartier piazza di Spagna).* ***Il Canestro,*** *via di S. Francesco a Ripa, 106, dans le Trastevere et via della Robbia, 12 dans le Testaccio. Tlj sauf dim 9h-20h.*

Comment se déplacer ?

Plan et billets

Rome est sillonnée par un important réseau de transport en commun associant métro, bus, minibus électrique, tram et train urbain, mis en œuvre par l'***ATAC*** *(● atac.roma.it ●)*. Pour des plans, des horaires, des simulations d'itinéraires, infos sur les parkings, les vélos en libre-service, etc., consulter leur site internet.

Où acheter un billet de bus, tram, train urbain ou métro ?

Pour des tickets, dans les bureaux de tabac *(tabbachiere)* et aux guichets ou billetteries automatiques des stations de métro (attention, la carte bancaire ne fonctionne pas). *Attention* d'ailleurs, il est souvent impossible d'acheter un billet à l'intérieur des bus et des trams, à l'exception des minibus électriques qui parcourent le centre historique et des véhicules de dernière génération... Aussi, pensez au billet retour si vous visitez des sites excentrés... Pour une carte rechargeable, uniquement dans les stations de métro. Depuis quelque temps, il est également possible de passer les portiques du métro en passant sa carte bancaire au-dessus du lecteur sans contact. Vous n'avez en revanche pas de ticket papier si vous choisissez cette option.

Quel billet acheter ?

Les touristes peuvent désormais acheter une carte magnétique ***Metrebus Roma,*** qu'ils peuvent commander en ligne à l'avance ou sur place dans les principales stations de métro. Même utilisation qu'avec des tickets. Valable pour le bus, le métro et le tram (sauf les trajets pour les aéroports).

– Le ***BIT*** (***billet normal*** – *biglietto a tempo* – 1,50 €), valable 100 mn pour le bus mais limité à un seul trajet pour le métro et le train urbain. Pour les forfaits suivants, prévoyez vos déplacements et trajets en fonction...

– Le ***Roma 24h*** (*biglietto giornaliero* ; BIG, 7 €) ou le ***Roma 48h,*** 12,50 €, seront utiles selon votre programme.
– Pour un séjour de moins de 4 j., pensez au ***Roma 72h*** (*biglietto turistico integrato ;* BTI, 18 €). Au-delà, il existe le billet hebdomadaire ***CIS*** (*carta integrata settimanale* ; 24 €). Signalons aussi que ***le Roma Pass comprend un BTI, valable 3 j.*** (voir « Musées et sites » dans « Rome utile »). Pour les enfants de moins de 10 ans, les transports sont gratuits.
Et puis compostez vos billets ! Sinon l'amende *(multa)* sera supérieure à 100 €, en plus du prix du billet… Beaucoup de contrôles, même le dimanche !

- Pour info, se reporter au plan détachable pour le métro, le bus et le tramway.

Le métro

2 lignes de métro A (Battistini-Anagnina) et ***B*** (Laurentina-Rebibbia) dessinent une sorte de grand X sur la commune de Rome. Elles sont complétées par moult lignes de bus et de trams, mais aussi de trains au parcours plus ou moins urbain ou encore un embranchement au niveau de la station Bologna : la ***ligne B1*** qui se poursuit jusqu'à l'arrêt Jonio fonctionne 5h30-23h30 (1h30 ven-sam). Env une rame ttes les 7-10 mn ; env 3 mn entre chaque station du centre. Accès partiel aux personnes handicapées. Malheureusement limité à 2 lignes (A et B, seul point de jonction à ***Termini***), le métro est pratique pour traverser la ville de part en part ou changer de quartier.
Quant à la nouvelle ***ligne C,*** dont une grande partie a déjà été construite partant de l'est de la ville (Monte Compatri-Montano), elle sera transversale aux lignes existantes, tout en traversant le centre de Rome. La station *San Giovanni in Laterano* a déjà vu le jour, connectée à la ligne A. L'avancement des travaux sur : • *metrocspa.it* • Les stations Colosseo, piazza Venezia et Ottaviano-San Pietro devraient suivre, mais cette portion en plein cœur du centre-ville suscite de nombreux litiges, notamment à cause de la présence de vestiges archéologiques dans le sous-sol… la date de mise en route est repoussée d'une année sur l'autre…

Le bus et le tramway

– ***Le bus :*** les lignes classiques fonctionnent 5h30-23h30 ; puis une vingtaine de lignes spéciales de nuit *(linee notturne),* indiquées en noir sur les panneaux de l'ATAC et distinguées par la lettre « N ».
Un dispositif annonce le prochain arrêt qui se dit « Fermata », repérable à un panneau jaune. Par ailleurs, à certains arrêts de bus est affiché le temps d'attente (ce qui n'exclut ni des valeurs fantaisistes ni quelques modifications impromptues de l'itinéraire). Un chiffre accolé à un nom indique le nombre d'arrêts dans une même rue. Les bus express, par définition, marquent beaucoup moins d'arrêts.
– ***Attention :*** les lignes de bus nocturnes ont des trajets qui n'ont rien à voir avec les numéros équivalents des bus diurnes.
– ***Le tramway :*** les 6 lignes de tramway quadrillent la ville en des points stratégiques. Elles circulent généralement 5h30-23h30.
– Ligne 2 : piazzale Flaminio – piazza Mancini.
– Ligne 3 : piazzale Ostiense (stazione Trastevere) – valle Giulia.
– Ligne 5 : piazza dei Gerani – stazione Termini.
– Ligne 8 : via del Casaletto – Argentina (piazzale Venezia).
– Ligne 14 : via P. Togliatti – via Giovanni Amendola (stazione Termini).
– Ligne 19 : piazza dei Gerani – piazza Risorgimento.

La voiture

TOTALEMENT DÉCONSEILLÉE POUR VISITER ROME, d'autant qu'une bonne partie de la ville est en accès restreint pour les seuls résidents. Pour ceux qui insistent, se reporter à la rubrique « Transports » dans « Rome utile » en début de guide.

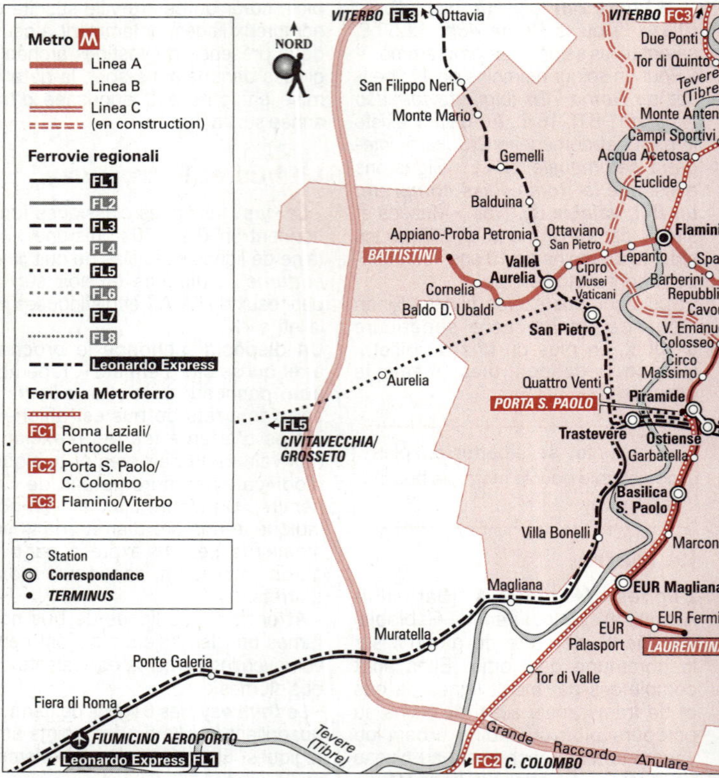

Le taxi

Les taxis officiels sont blancs et équipés d'un compteur. Pas de paranoïa ; si vous avez peur de vous faire avoir, on trouve dans chaque taxi blanc une fiche officielle bien lisible (portant le numéro du taxi) dressant la longue liste des différents suppléments à ajouter au prix indiqué par le compteur. En gros, compter de 6 à 15 € pour une course dans le centre-ville et un forfait de 48 € pour l'aéroport de Fiumicino et de 30 € pour celui de Ciampino. Vous pouvez aussi estimer le coût de votre trajet sur ● *worldtaximeter.com/rome* ● Ça marche assez bien !

Il n'est pas toujours facile de trouver un taxi à Rome à certaines heures. ***La nuit,*** par exemple, vous en trouverez ***piazza dei Cinquecento*** (devant la gare de Termini), ***piazza Venezia, largo Torre Argentina, corso Rinascimento ou piazza di Tor Sanguina*** (à côté de la piazza Navona), ***piazza del Popolo, piazza del Risorgimento*** (Prati)... mais rien au Vatican, alors qu'en pleine journée les voitures blanches y stationnent...

Quelques sociétés de taxis : ***Taxi Tevere,*** ☎ *06-49-94 ;* ***Radiotaxi 3570,*** ☎ *06-35-70 ;* ***Pronto Taxi 6645,*** ☎ *06-66-45 ;* ***Samarcanda Taxi,*** ☎ *06-55-51 ;* ***Chiama Taxi 8822,*** ☎ *06-88-22. On peut aussi charger leurs applications sur le mobile : pratique car réduit le temps d'attente.*

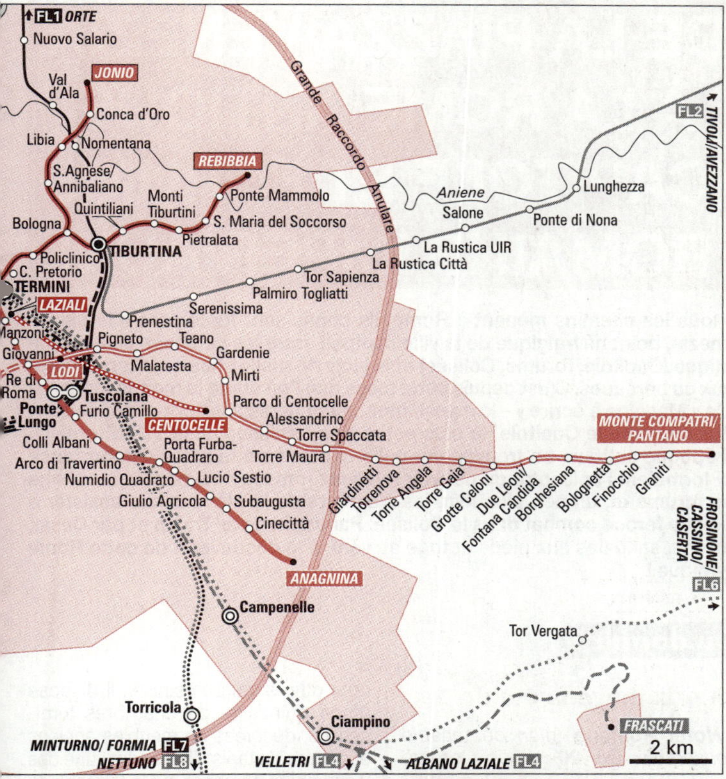

MÉTRO ET TRAINS RÉGIONAUX

Le vélo

Si le cœur vous en dit, à moins que ce ne soient vos pieds qui vous l'imposent, vous pouvez partir à la découverte de Rome à vélo (attention, ça monte !). De nombreuses zones piétonnes (*isole pedonali*, zone du Tridente avec ses principales rues : via del corso, via di Ripetta et via del Babuino) permettent de s'adonner aux plaisirs du 2-roues. Le dimanche, ces zones s'étendent aux *Fori Imperiali* et à la belle *via Appia Antica* au sud-est de la ville... Voici un bon loueur :

■ ***Collalti*** *(plan détachable centre, B-C4) : via del Pellegrino, 82. ☎ 06-688-010-84. • collaltibici.com • Tlj sauf lun mat et dim 9h-13h30, 15h-19h (sam 9h30-19h). Compter 15 €/j.*

On trouve désormais en libre-service, comme dans de nombreuses villes européennes, les vélos électriques et partagés de la société ***JUMP,*** gérée par Uber. • *jump.com* •

Le scooter

Rejouer *Vacances romaines* à la manière de Gregory Peck peut être charmant et romantique à souhait, mais présente de ***GROS RISQUES*** vu la circulation romaine ; un accident en 2-roues étant toujours grave, parfois mortel... On trouve dans le centre plusieurs loueurs de *Vespa,* mais on ne recommande donc pas vraiment ce transport : on tient à vous !

DE LA PIAZZA VENEZIA À LA ROME ANTIQUE (CAPITOLE ET FORUMS ROMAINS IMPÉRIAUX)

Si tous les chemins mènent à Rome, ils conduisent forcément à la piazza Venezia, point névralgique de la ville campée entre les colonnes de la Rome antique (Capitole, forums, Colisée) et le lacis de ruelles des quartiers médiévaux ou baroques. C'est depuis cette place que l'on quitte le monde moderne et la « Machine à écrire » – le massif monument dédié à Vittorio Emanuele II – pour rejoindre le Capitole, la plus petite des 7 collines de la Ville Éternelle. À l'époque antique, on trouvait sur celle-ci plusieurs temples d'importance qui formaient l'épicentre du pouvoir religieux romain, dominant le brouhaha des forums et, un peu plus loin, les clameurs de la plèbe venue assister à quelque féroce combat dans le Colisée. Par Jupiter, par Trajan et par César, partons, sandales aux pieds et toge au vent, à la découverte de cette Rome mythique !

Où dormir ?

De prix moyens à chic

🏠 ***Hotel Romano*** *(plan détachable d'ensemble, D3, **20**)* **:** *largo Corrado Ricci, 32. ☎ 06-678-68-40. • info@hotelromano.it • hotelromano.it • Doubles 60-175 € ; pas de petit déj.* Situation idéale pour ce petit établissement planté au cœur de la Rome antique, entre 2 terrasses très touristiques. Une quinzaine de chambres plaisantes et confortables, à la déco pseudo-baroque un poil kitsch. Bon rapport qualité-prix, en particulier hors saison. Accueil agréable et personnel serviable.

🏠 |●| ***Hotel Lancelot*** *(plan détachable d'ensemble, E4, **22**)* **:** *via Capo d'Africa, 47. ☎ 06-704-506-15. • info@lancelothotel.com • lancelothotel.com • ♿ Doubles 100-200 € ; parking 10 € (sur résa). Resto ouv le soir seulement : menu 3 plats 20 €.* Coup de cœur pour ce charmant hôtel situé au pied du *Celio,* à mi-chemin entre le Colisée et la basilique Saint-Jean-de-Latran. Installé dans un immeuble des années 1930 doté d'un superbe escalier, il dispose d'une quinzaine de chambres lumineuses, décorées de meubles anciens et garnies de tapis. Demander l'une des 2 chambres perchées sur la terrasse du 6e étage, offrant des vues sublimes sur le Colisée et les toits de la ville ! Personnel attentionné. L'élégante salle du petit déjeuner se transforme en resto (accessible à tous) le soir venu, servant une bonne cuisine de famille. Délicieux patio à l'arrière, histoire de prendre le frais.

🏠 ***Hotel 1st e 2nd Floor*** *(plan détachable d'ensemble, E4, **23**)* **:** *via San Giovanni in Laterano, 10. ☎ 06-960-492-56 (2nd floor) ou 06-704-948-85 (1st floor). • secondfloor.colosseo@gmail.com • 2floor.it • Doubles 80-150 €.* Un boutique-hôtel *gay friendly* qui accueille aussi les couples hétéros et les familles. Réparties sur 2 étages, ses chambres bénéficient d'un design tendance. Les moins chères – plus calmes – donnent sur l'arrière, alors que les « supérieures » sont dotées d'un balcon sur rue (très bruyant en soirée !), avec vue latérale sur le Colisée.

Imperial Rooms *(plan détachable d'ensemble, E4, **23**) : via San Giovanni in Laterano, 10. ☎ 06-770-720-51 ou 06-979-968-32. • info@imperialrooms.com • imperialrooms.com • Doubles 85-200 €.* Dans un immeuble coquet en face du Colisée, au cœur d'un quartier animé en soirée, de belles chambres aménagées dans un style rococo à la limite du kitsch, avec meubles peints, dorures et tout le tralala. Certaines possèdent même un jacuzzi, et les plus grandes une méridienne pour accueillir une 3e personne. Aux beaux jours, le petit déj est servi sur une petite terrasse à l'arrière. Excellent accueil.

Très chic

Nerva Boutique Hotel *(plan détachable d'ensemble, D3, **21**) : via Tor de Conti, 3. ☎ 06-678-18-35. • info@hotelnerva.com • hotelnerva.com • Doubles 130-350 €.* Caché dans une rue paisible derrière les forums impériaux, voici un hôtel chic à l'atmosphère arty. Une vingtaine de chambres tout confort, à la déco contemporaine agrémentée d'œuvres d'art et de photos originales ; certaines disposent d'une miniterrasse, d'autres d'une mezzanine. Une adresse très centrale, dont les prix ont malheureusement un peu tendance à exploser en haute saison.

Où manger ?

Sur le pouce

Alimentari Carmela Panella *(plan détachable d'ensemble, D4, **242**) : via dei Fienili, 61. Tlj sauf dim 8h-14h30, 17h-20h. Compter entre 5 € (panini) et 10 € (planches).* Cette épicerie italienne est un vrai régal, pour les yeux comme pour les papilles. On vous y confectionne un sandwich à la demande, ainsi que des planches de charcutaille ou fromages. Succulent ! Et en plus, ils sont hyper gentils. Une vraie pépite dans ce quartier hautement touristique.

Grano, la Cucina di Traiano *(plan détachable d'ensemble, D3, **306**) : via Magnapoli, 9. Tlj 11h-22h. Formules 6-10 €.* Dans l'escalier qui mène au forum de Trajan, voici un local qui ne paie pas de mine mais qui fera l'affaire pour avaler une part de pizza, une *foccacia* ou une salade. Rien d'exceptionnel certes, mais une adresse pratique à 2 pas des forums. Quelques tables.

De prix moyens à chic

La Taverna dei Fori Imperiali *(plan détachable d'ensemble, D3, **203**) : via della Madonna dei Monti, 9. ☎ 06-679-86-43. • info@latavernadeiforiimperiali.com • Tlj sauf mar, midi et soir. Plats 12-20 € ; repas env 40 €.* À 2 pas de la Rome antique mais déjà sur les contreforts des Monti, une longue salle voûtée chaleureuse, aux murs chargés d'une déco hétéroclite. Dans l'assiette, bonne cuisine typiquement romaine. Et puis des spécialités plus travaillées, mais plus chères aussi, comme le confit de canard. Très touristique en saison, mais la qualité demeure !

Caffè Propaganda *(plan détachable d'ensemble, E4, **202**) : via Claudia, 15. ☎ 06-945-342-55. • info@caffepropaganda.it • Tlj sauf lun 8h30-2h. Aperitivo 18h-20h30. Plats 18-28 €.* De hauts plafonds voûtés, un comptoir en zinc, des lustres en cristal, des murs couverts de carrelage métro et un parquet en bois sombre ; voici un beau et bon bistrot pour un début de soirée autour d'un *aperitivo*. Quelques plats à l'ardoise, aux tarifs un peu élevés.

Ristorante In Roma *(plan détachable d'ensemble, D4, **205**) : via dei Fienili, 56. ☎ 06-691-910-24. • inroma@inroma.eu • Tlj 12h30-15h30, 19h-23h. Résa conseillée le soir. Repas env 40 €.* Au pied du Capitole et à l'écart du flux touristique, un resto imprégné du cinéma italien des années 1950-1960, aux murs constellés de photos de stars et de réalisateurs de l'époque. Dans ce cadre charmant, où furent tournées quelques scènes de *Nous nous sommes tant aimés* d'Ettore Scola, service soigné et plats romains traditionnels de qualité, aux tarifs un poil élevés. Agréable terrasse verdoyante aux beaux jours.

Il Bocconcino *(plan détachable d'ensemble, E4,* ***201****) : via Ostilia, 23. ☎ 06-770-791-75. • info@ilbocconcino.com • Tlj sauf mer. Plats 10-22 € ; repas env 30 €.* Trouver une adresse valable dans le secteur du Colisée relève du défi... Ici, on privilégie les recettes romaines, servies dans 2 agréables salles voûtées. Cuisine de marché ou spécialités incontournables à la carte, et viandes grillées un peu plus chères... Belle sélection de vins. Petite terrasse sur rue. Une adresse constante.

Enoteche (bars à vins)

Enoteca Cavour 313 *(plan détachable d'ensemble, D3,* ***680****) : via Cavour, 313. ☎ 06-678-54-96. • info@cavour313.it • Tlj midi et soir. Fermé en août. Plats 9-15 €, repas 25-30 €, verres de vin 5-9 €.* Dans une salle chaleureuse remplie d'innombrables bouteilles, ce bar à vins fait la part belle aux crus italiens depuis 1935. On y accompagne volontiers un bon verre d'une assiette de charcuterie et de fromages, ou d'un plat du jour. En hiver, c'est l'étape idéale après la visite du Colisée.

Divin Ostilia Wine Bar *(plan détachable d'ensemble, E4,* ***540****) : via Ostilia, 4. ☎ 06-704-965-26. • divinostilia@tiscali.it • Tlj 12h-1h (la cuisine ferme à 23h). Plats 8-22 € ; repas 25-30 € avec un verre de vin.* Toute petite *enoteca* avec quelques tables plantées dans un décor contemporain de casiers à bouteilles grimpant jusqu'aux vieilles voûtes en brique. Belle carte explorant les régions viticoles italiennes, avec des crus de qualité. Petite cuisine d'accompagnement (*tagliere, bruschette, pizzette,* etc.). Bon accueil.

Où boire un verre ?

Oppio Caffè *(plan détachable Monti et Esquilin, E4,* ***543****) : via delle Terme di Tito, 72. ☎ 06-474-52-62. • info@oppiocaffe.it • Tlj 7h-2h.* Dans cette rue perchée au-dessus du Colisée, un bistrot fréquenté par les guides-conférenciers en pause et les touristes. Aux beaux jours, en terrasse, on a tendance à y laisser filer les heures en profitant de la vue...

Coming Out *(plan détachable d'ensemble, E4,* ***23****) : via San Giovanni in Laterano, 8. ☎ 06-700-98-71. • info@comingout.it • Tlj 7h-2h.* Clientèle plutôt hétéroclite dans ce bar *gay friendly*. Intérieur moderne et épuré, avec de rares tables en terrasse, offrant une vue sur le Colisée. Le soir, ça s'agite sacrément et une foule d'apollons (plus que de vénus) déborde alors dans la rue. Concerts certains soirs. On peut aussi y grignoter si la faim se fait sentir.

Terrazza Caffarelli *(plan détachable centre, D4,* ***669****) : au 1er étage des Musées capitolins, entrée par la piazza Caffarelli, à droite du musée en montant la pente. Tlj 9h30-19h (cuisine ferme à 15h).* On indique surtout cette adresse pour son immense terrasse et sa vue magnifique sur la ville. Comment résister ? Parfait pour admirer le panorama en buvant un verre. En revanche, y manger revient assez cher.

À voir

LA PIAZZA VENEZIA (plan détachable centre, D4)

➢ **Accès :** *Ⓜ Colosseo ou Cavour (ligne B) ; à 5 mn à pied de la piazza Venezia. Ⓣ n° 8. Bus nos 30, 40, 60, 62, 63, 64, 70, 85, 87, 95, 119, 160, 170, 175, 186, 271, 492, 630, 716, 810 et 850.*

Cette immense place emblématique est bordée par le palazzo di Venezia, mais surtout par le flamboyant monument à Victor-Emmanuel II. Laetitia Bonaparte, mère de Napoléon Ier, contrainte à l'exil après Waterloo, résida dans le palazzo Bonaparte, juste à l'angle de la via del Corso, jusqu'à sa mort, en 1836, à l'âge de 85 ans...

LE BALCON DE MUSSOLINI

En 1929, Mussolini installe son bureau au palazzo di Venezia, centre absolu de la ville et du pouvoir fasciste. C'est du balcon, véritable tribune pour ses violents talents d'orateur, que le Duce annonce la naissance de « l'Empire italien » en 1936. On dit qu'il n'éteignait jamais la lumière de son bureau, espérant faire croire qu'il veillait toujours sur son pays... Aujourd'hui, le lieu demeure un point de rendez-vous. Quand on dit « sotto il balcone », *soit : « rendez-vous sous le balcon » ; on sait toujours de quel balcon on parle...*

🎭🎭 ***Museo nazionale del palazzo di Venezia*** *(musée national du palais de Venise ; plan détachable centre, D4)* **:** *via del Plebiscito, 118.* ☎ *06-699-943-88.* ● *museopalazzovenezia.beniculturali.it* ● *Tlj sauf lun 8h30-19h30. Dernière admission 1h avt. Fermé 1er janv et 25 déc. Entrée : 10 € (augmenté l'été dans le cas d'un billet cumulatif valable 3 j. avec la visite du castel Sant'Angelo) ; réduc ; gratuit - 18 ans et 1er dim du mois oct-mars ;* Roma Pass *accepté.*

C'est un cardinal, le futur pape Paul II, qui ordonna en 1455 la construction d'un palais sur cette place. Mort avant son achèvement, le malheureux n'eut pas le privilège d'y essuyer les plâtres, ce qui dut le chagriner outre-tombe, car il servit de résidence aux papes jusqu'en 1564, avant de devenir le pied-à-terre des ambassadeurs de Venise, d'où son nom. Cet imposant bâtiment fut ensuite la propriété de l'Autriche de 1797 à 1916, avant de devenir un musée en 1921, puis le quartier général fasciste de 1929 à 1943. C'est d'ailleurs depuis le balcon du palais que Mussolini avait l'habitude de haranguer la foule...

La ***façade*** du palais présente l'architecture sévère, presque fortifiée, du Moyen Âge. Un monumental ***escalier Renaissance*** mène au musée, au 2e étage.

Pour commencer – si une exposition temporaire n'en limite pas l'accès –, jeter un œil aux ***immenses salles d'apparat*** couvertes de fresques, qui ont abrité durant quelques années le siège du pouvoir fasciste. Celle donnant sur le fameux balcon utilisé par le Duce accueille sur son sol des mosaïques de style antique à la gloire du fascisme. Tout est resté en place, comme pour garder la mémoire de cette période sombre... Quant à la ***salle des Batailles,*** elle a accueilli un concert du jeune Mozart en 1770.

On entre ensuite dans le musée proprement dit. Remarquez les élégants sols en terre cuite polychromes typiques de la Renaissance, ainsi que les plafonds à caissons, dont une jolie voûte céleste frappée des signes du zodiaque... Ne manquez pas de détailler ce coffre en bois ciselé du Xe s exécuté à Terracina et représentant Adam et Ève, puis la *sala Altoviti,* joliment décorée de grotesques par ***Vasari*** avec, à chaque extrémité, 2 femmes : l'une représente le Tibre, l'autre l'Arno ; allégories de Rome et de Florence... À voir également, le superbe *Double Portrait (Dopio Ritratto)* du grand peintre vénitien ***Giorgione,*** ainsi qu'un fragment de fresque montrant une tête du Christ *(testa di Cristo)* de ***Beato Angelico.***

La visite se poursuit dans les autres ailes du palais, avec une riche présentation d'art décoratif : céramiques asiatiques et européennes, bas-reliefs en marbre, foule de statuettes en bronze d'époques antique, Renaissance et baroque, et surtout des ***ébauches en terre cuite de Michel-Ange*** et de ***Guido Reni...***

Dominant le cloître verdoyant, la ***vaste galerie extérieure*** a été convertie en *lapidarium* (collection de sculptures) *:* sarcophages, éléments d'architecture, bas-reliefs, baptistères, fragments de sculptures... l'ensemble a beaucoup de charme.

– ***Le jardin de Paul II :*** *entrée par la piazza San Marco. Mêmes horaires que le musée. Accès libre et gratuit pour tous.* Ne manquez pas de pénétrer dans ce charmant jardin secret, planté de palmiers et rafraîchi par une élégante fontaine de style baroque.

Basilique San Marco : *piazza San Marco, 48. Mar-ven 10h-13h, 16h-18h ; sam-dim 10h-13h, 16h-20h.* Jouxtant le jardin de Paul II, cette église d'origine paléo-chrétienne collectionne les styles : la façade est d'époque Renaissance, tout comme les élégants plafonds à caissons de la nef ; quant à la magnifique mosaïque byzantine de l'abside, elle daterait du IXe s.

UN REPAS VENTRU

Lors de l'inauguration de la statue équestre de Victor-Emmanuel II, les architectes qui ont participé à la réalisation de l'œuvre ont fait le dîner inaugural... à l'intérieur du ventre du cheval... long de 12 m, la taille d'un autobus !

Monumento a Vittorio Emanuele II *(Vittoriano ; plan détachable centre, D4)* **:** de la piazza Venezia, vous ne manquerez pas d'admirer le ***Vittoriano,*** construit en 1885 (mais inauguré en 1911) en mémoire de Victor-Emmanuel II et en hommage à l'Unité italienne. Durant les travaux de terrassement, en 1890, on retrouva sur le site le squelette pétrifié d'un éléphant. Seule une petite partie du squelette a pu être récupérée, les fragments restants se trouvent toujours sur place... Étant donné son allure, les Romains ont surnommé cette imposante bâtisse striée de colonnades la *Macchina da scrivere* (la « Machine à écrire ») ou le « Gâteau de la mariée » !
Tout de blanc vêtu donc, ce monument est chargé de symboles, dont voici quelques clés. Tout d'abord, ses proportions énormes et l'éblouissant marbre blanc de Botticino (petite ville à l'est de Brescia, en Lombardie) imposent l'idée de la Rome capitale. À sa base, les bas-reliefs évoquent les principales villes d'Italie ; 2 fontaines, situées de part et d'autre de l'escalier central, représentent les mers Tyrrhénienne (à droite) et Adriatique (à gauche) ; un escalier flanqué de 2 groupes allégoriques en bronze doré conduit à l'autel de la Patrie, qui rend symboliquement hommage au Soldat inconnu ; 2 rampes le prolongent, permettant ensuite de parvenir jusqu'à la statue équestre de Victor-Emmanuel II, l'unificateur de l'Italie. Enfin, le portique concave dominant le monument et qui le fait ressembler à une machine à écrire, est surmonté aux extrémités par 2 énormes quadriges, installés seulement en 1925.
– Sous le « clavier », on trouve le ***museo centrale del Risorgimento*** *(☎ 06-679-35-98 ; tlj 9h30-18h30 ; dernière admission 45 mn avt ; entrée : 5 €, réduc, gratuit - 18 ans ressortissants de l'UE ; Roma Pass refusé).* Expo de peintures héroïques, statues, armes et autres souvenirs de guerre à la gloire des artisans de l'unité italienne (une curiosité : la civière surmontant un canon avec laquelle Garibaldi fut évacué à la bataille d'Aspromonte !)... Sur place, également le ***museo sacrario delle Bandiere delle Forze armate*** *(entrée sur la gauche du monument ; ☎ 06-473-550-02 ; tlj sauf lun et j. fériés 9h30-15h ; GRATUIT ; en restauration lors de notre dernière visite),* consacré aux drapeaux des forces armées italiennes (avec une préférence pour la marine), qui d'ailleurs se relaient sur le monument pour y veiller le Soldat inconnu...
– ***Roma dal Cielo*** *(Rome vue du Ciel)* **:** *ascenseur situé sur la terrasse tout en haut du monument. Tlj 9h30-19h30 (dernière admission à 19h). Entrée : 10 € (cher !) ; réduc ; gratuit - 10 ans ; CB refusées.* Cet ascenseur de verre permet de grimper sur le toit du monument Vittorio Emanuele II et d'accéder à la terrasse des quadriges. Vue extraordinaire sur la ville, à 360°. Le mieux est d'y monter par temps dégagé, et surtout au coucher du soleil ! Tables d'orientation là-haut. Petite astuce : on peut aussi s'arrêter à la terrasse juste en dessous à laquelle on accède gratuitement à pied... et où la vue est tout aussi belle... Un *bar* perché vous permettra même de vous offrir un verre en profitant d'un panorama unique sur la Rome antique.

LA ROME ANTIQUE : DU CAPITOLE AU COLISÉE

• Plan *p. 87*

Le Capitole (Campidoglio ; plan détachable centre, D4)

➢ ***Accès :*** *Ⓜ Cavour ou Colosseo (ligne B) ; à 10 mn à pied du Capitole. Ⓣ nº 8. Bus nºs 30, 40, 60, 62, 63, 64, 70, 81, 85, 87, 95, 119, 160, 170, 175, 186, 271, 492, 628, 630 et 716.*

2 sommets pour une même colline (le Capitolium proprement dit à l'ouest, et l'Arx à l'est) séparés par une dépression centrale, l'Asylum. Une véritable forteresse naturelle par conséquent, dont la fonction militaire décline, au fil du temps, au profit de l'ambition religieuse. C'est ici, en effet, qu'est construit par les Tarquins, puis constamment embelli, le grand temple dédié à la fameuse triade capitoline : Jupiter, Junon et Minerve. Ce sanctuaire devient le centre de la vieille religion romaine, jusqu'à sa destruction au Vᵉ s par les Vandales...

Puis le Moyen Âge voit peu à peu disparaître les anciens monuments de la Colline sacrée, annexée par les bénédictins du couvent de Santa Maria in Aracoeli. Ensuite, avec le réveil des idées de liberté municipale, le Capitole retrouve son faste d'antan. Tous les grands acteurs de la scène locale (de Cola Di Rienzo au général Clark en passant par Bonaparte et Garibaldi) s'y produisent, car c'est ici que les grandes messes politiques sont dites depuis 1143, à l'extérieur, sur la place, comme à l'intérieur du *palazzo dei Senatori,* où siègent les institutions locales.

L'Asylum (la dépression centrale) : la place du Capitole

🚶🚶🚶 De la piazza d'Aracoeli, située en contrebas du Capitole, il suffit de gravir les marches de la Cordonata, rampe d'accès majestueuse, flanquée à sa base comme à son sommet de statues antiques réemployées. On remarque en passant les ***statues des Dioscures*** (Castor et Pollux) aux côtés de leurs chevaux (ils datent de la fin de l'empire) ainsi que les ***trophées de Marius*** (placés sur la balustrade, ils commémorent les victoires de Domitien sur les Daces et Teutons).

🚶🚶🚶 ⇚ ***Piazza del Campidoglio*** *(place du Capitole)* **:** la dépression centrale de la Colline sacrée est occupée par la piazza del Campidoglio telle qu'imaginée par ***Michel-Ange*** ; lui-même mandaté par Paul III, qui voulait donner à Rome une grande place digne de recevoir les têtes couronnées du XVIᵉ s. L'artiste florentin prit donc le parti de « réorienter » la place. Elle serait désormais tournée vers la basilique San Pietro, devenue centre politique de Rome et non plus vers le Forum romain comme elle l'était auparavant. Les cartons du maître furent exécutés dès 1538, mais les travaux avancèrent si lentement que l'artiste – mort en 1564 – ne put apprécier qu'une toute petite partie de son œuvre. Ce sont ***Giacomo Della Porta*** puis ***Carlo Rainaldi*** qui achèveront son projet un siècle plus tard !

MARC AURÈLE L'A ÉCHAPPÉ BELLE !

Au centre de la place du Capitole se trouve la copie de la célèbre statue équestre de Marc Aurèle, déménagée du Latran par Paul III (l'original se contemple au museo del palazzo dei Conservatori). À l'origine en bronze doré, cette œuvre magnifique a échappé à la destruction grâce à une méprise : on a confondu Marc Aurèle avec Constantin, le premier empereur à s'être converti au christianisme. Sans cette confusion, il est probable que la statue de Marc Aurèle eût été recyclée, sort généralement réservé aux effigies païennes au Moyen Âge !

Aussi, 3 des 4 côtés sont occupés par des palais : le *palazzo dei Senatori* (palais des Sénateurs) agrémenté d'une fontaine et, se faisant face, 2 palais jumeaux : le *palazzo dei Conservatori* (palais des Conservateurs, remanié ensuite) et le *palazzo Nuovo* (palais Neuf), contenant aujourd'hui les fameux *Musei capitolini.* Le 4e côté, ouvert sur la ville, achève d'aérer cet espace.
Au fond de la place (sur le côté du *palazzo dei Senatori*), on accède à une ***terrasse offrant une vue imprenable sur le* Foro Romano** (Forum romain). Notez, au passage, la reproduction de la ***Louve du Capitole*** (l'original se trouve au *museo del palazzo dei Conservatori*).
Des édifices qui, au temps des Césars, couvraient cette partie du Capitole, il ne reste pour ainsi dire quasiment rien... en dehors d'une partie du *Tabularium* (visible depuis le *Foro Romano* et accessible par la galerie souterraine reliant les 2 palais des *Musei capitolini*) qui fait aujourd'hui office de soubassement au *palazzo dei Senatori.*

Musei capitolini (Musées capitolins)

Installés dans le palazzo dei Conservatori et le palazzo Nuovo, les 2 palais sont face à face et reliés entre eux par une galerie souterraine. ☎ 06-06-08. • museicapitolini.org • museiincomuneroma.it • ♿ Tlj 9h30-19h30 (ferme à 14h les 24 et 31 déc). Dernière admission 1h avt. Fermé 1er janv, 1er mai et 25 déc. Entrée : 15 € ; billet cumulatif avec la centrale Montemartini (valable 7 j.) : 17 € ; réduc ; gratuit ts, les 1ers dim du mois, pour les Parisiens (carte d'identité à présenter) et - 6 ans ; Roma Pass *accepté. Audioguides en français : parcours classique 6 € ; enfant 4 € (on le conseille !) ; sinon appli à télécharger disponible en français 5,50 € (voir le site internet).* Les Musei capitolini ne regroupent que des œuvres d'art uniques et exceptionnelles (sculptures antiques, mosaïques, bas-reliefs et peintures des XIVe-XVIIIe s), bien mises en valeur dans le cadre aéré et grandiose de ces 2 vieux palais. Leur visite n'a rien d'ennuyeux, même pour le profane qui découvre avec étonnement tant de délicatesse et de beauté. Une visite incontournable, donc !

Museo del palazzo dei Conservatori *(musée du palais des Conservateurs)* **:** ce palais du XIVe s, qui abritait les délibérations des conseillers municipaux, renferme sans aucun doute le plus vieux musée public du monde ! Sa création remonte à 1471, date à laquelle le pape Sixte IV fit don de sa collection de bronzes antiques. Les conservateurs n'eurent de cesse d'étoffer cette riche donation, à laquelle on ajouta par la suite une magnifique pinacothèque.
– ***Cortile*** *(cour intérieure)* **:** on y aperçoit les fragments impressionnants d'une *statue colossale de Constantin* (empereur du IVe s) provenant de la basilique de Maxence et de Constantin. La tête mesure 2,60 m, le pied 2 m... On a beau être grand et fort, on se sent vraiment tout petit à côté de telles proportions, car la statue entière mesurait plus de 12 m de haut !
– ***Appartamento dei Conservatori*** *(appartement des Conservateurs)* **:** correspondant aux salles d'apparat de la municipalité romaine. On y remarque d'abord dans l'escalier, à l'entresol, quelques beaux bas-reliefs antiques provenant d'arcs de triomphe et consacrés à Marc Aurèle et Hadrien ; avant de pénétrer dans la ***sala degli Orazi e Curiazi*** *(salle des Horaces et des Curiaces).* Son nom provient des gigantesques fresques décorant les murs, réalisées fin XVIe s-début XVIIe s par Giuseppe Cesari dit ***Cavalier d'Arpin,*** évoquant l'histoire antique de la ville dont le célèbre duel entre Rome et Albe pour la conquête du Latium. De part et d'autre de la salle, 2 statues attirent

MON MEILLEUR ENNEMI

Un beau symbole que la salle des Horaces et des Curiaces : c'est ici même que la France et l'Allemagne signèrent, le 25 mars 1957, les fameux traités de Rome donnant naissance à la CEE, devenue aujourd'hui l'Union européenne.

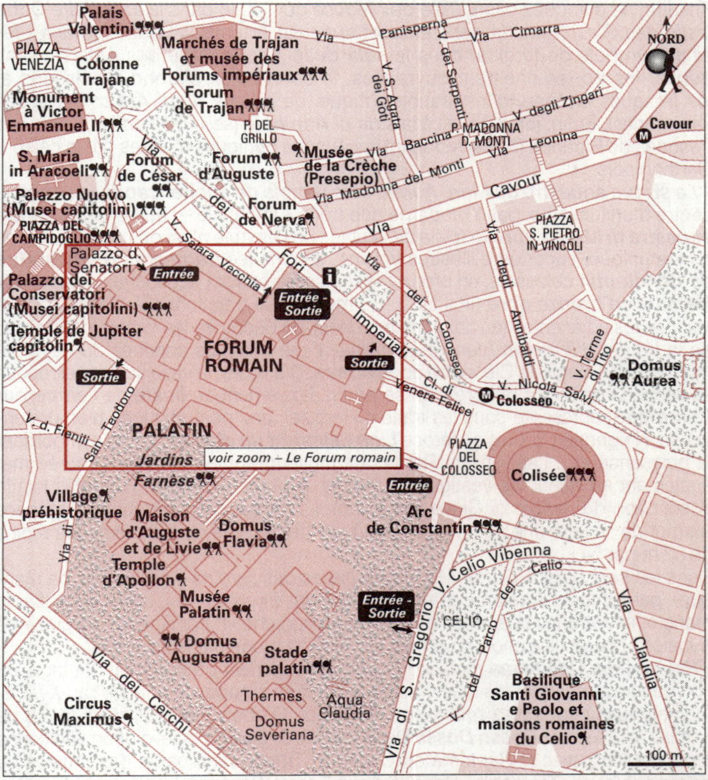

LA ROME ANTIQUE

l'attention : la première, en marbre, œuvre du Bernin, représente Urbain VIII ; la seconde, en bronze, produite par l'Algarde, représente Innocent X.

Ensuite, dans la ***sala dei Capitani*** *(salle des Capitaines),* d'autres fresques du XVIe s retracent des épisodes légendaires de la Rome républicaine. Après avoir jeté un coup d'œil sur le joli plafond doré à caissons et les statues en marbre des généraux de l'armée pontificale, on passe alors dans la ***sala dei Trionfi*** (*salle des Triomphes* ; il s'agit du triomphe du général romain Lucius Emilius Paulus – une frise représente, en effet, le cortège du vainqueur au retour de sa campagne contre les Cimbres et les Teutons...).

Dans celle-ci, arrêtez-vous absolument devant le buste en bronze de *Bruto Capitolino* (IVe-IIIe s av. J.-C.), qui a conservé ses yeux. Et contemplez l'une des statues en bronze les plus célèbres du musée : le *Tireur d'épine* (Ier s av. J.-C.), œuvre aussi gracieuse qu'originale montrant un jeune garçon occupé à se retirer une épine du pied. Cette statue, très populaire en son temps, fut largement copiée pour orner les maisons... Passez maintenant dans la ***sala della Lupa*** *(salle de la Louve)* pour admirer... la fameuse *Louve du Capitole,* symbole de Rome. Il s'agit d'un bronze du Ve s av. J.-C. auquel on a ajouté les jumeaux Romulus et Rémus... à la Renaissance !

Ensuite, ne manquez pas la *Tête de Méduse* du Bernin dans la ***sala delle Oche*** *(salle des Oies)* ; puis la généreuse et curieuse Artémis d'Éphèse *(Diana Efesina),* symbole de fertilité, dans la ***sala delle Aquile*** *(salle des Aigles)* ; sans oublier les portes finement ouvragées, le somptueux plafond à caissons et les fresques en frise, d'inspiration antique, de la ***sala degli Arazzi*** *(salle des Tapisseries).* Enfin, jetez un œil à la ***sala di Annibale*** *(salle d'Hannibal),* avec ses fresques de Ripanda (XVe s) retraçant les guerres puniques menées par le célèbre Carthaginois.

– ***La statue équestre de Marc Aurèle et le temple de Jupiter capitolin :*** c'est au centre d'un lumineux patio moderne que trône – impériale – l'authentique ***statua equestre di Marco Aurelio*** (celle de la place du Capitole n'est qu'une copie). Une œuvre unique, escortée d'illustres voisins, comme les ***fragments d'une statue de Constantin*** colossale, en bronze, et, en contrebas sur la gauche, un lumineux ***Hercule en bronze doré*** (IIe s av. J.-C.) muni de sa traditionnelle massue ! Dans les galeries adjacentes (en haut des marches), on découvre les formes délicieuses de la ***Vénus d'Esquilin*** *(Venere Esquilina),* l'une des plus connues du genre au monde, car il s'agit de Cléopâtre adolescente. D'ailleurs, le vase sur lequel repose sa serviette de lin est décoré d'un serpent... Également un ***buste de l'empereur Commode*** représenté sous les traits d'Hercule ; une posture jugée bien prétentieuse à l'époque ! Et puis ce féroce ***Lion dévorant un cheval*** ; le lion symbolisant la puissance et... l'appétit de Rome ! La muséographie moderne et aérée met également en valeur les vestiges du *temple de Jupiter capitolin* (voir plus loin la description du *tempio di Giove capitolino*). La masse des fondations dégagées permet de se faire une petite idée de la taille démesurée du bâtiment, pas moins de 62 m par 54 !

Dans les ***sale degli Horti di Mecenate*** *(salles des Jardins de Mécène),* ne manquez pas l'impressionnante ***statue de Marsia,*** musicien qui, après avoir fait le mariole, se retrouve suspendu à un arbre et écorché vif par Apollon en guise de punition ! Notez ici le choix d'un marbre veiné de rouge par le sculpteur.

– ***Pinacoteca Capitolina*** *(pinacothèque)* **:** changement de décor au 2e étage, où l'on découvre des œuvres majeures de la peinture européenne du XIVe au XVIIIe s, malheureusement assez mal mises en valeur. D'abord, ***salle 2,*** voici la *Sainte Famille* réalisée par ***Dosso Dossi.*** Dans la ***salle 3,*** place à la révolution vénitienne de la couleur, avec le *Baptême du Christ* du ***Titien,*** sans parler des œuvres du ***Véronèse*** et du ***Tintoret...*** Dans la ***salle 7*** (sala Santa Petronilla)**,** vaste salon dominé par une immense toile du ***Guerchin*** *(Les Funérailles de sainte Pétronille),* on trouve 2 œuvres du ***Caravage*** : *La Diseuse de bonne aventure* (une autre version est au Louvre) et *Saint Jean-Baptiste* représenté de manière révolutionnaire ; sans attribut religieux, le saint est surpris dans une torsion athlétique comme un jeune berger. Les traits des 2 jeunes hommes se ressemblent beaucoup ; le Caravage avait l'habitude de se représenter lui-même dans ses tableaux... C'est aussi dans cette salle qu'on admire la grande toile que ***Rubens*** peignit à Anvers autour de 1617 : *Romulus et Rémus,* blondinets et replets à souhait ! La ***salle 6*** est consacrée au renouveau radical introduit dans la peinture bolonaise par la fondation de l'académie des Carrache. Ainsi, dans le *Saint Sébastien* de ***Guido Reni,*** le mysticisme est-il privilégié (après la souffrance, place à l'extase !). La ***salle 8*** permet d'admirer des œuvres importantes de ***Pierre de Cortone,*** dont l'*Enlèvement des Sabines.* Le couloir, consacré en grande partie aux arts décoratifs, présente quelques tapisseries anciennes ainsi que de la peinture du XVIIe s. On notera les 2 ***Van Dyck,*** dont l'un représente les peintres *Lucas* et *Cornelis de Wael.* Également un autoportrait de ***Vélasquez...***

Museo del palazzo Nuovo *(musée du palais Neuf)* **:** à la fin du XVIIe s, l'accroissement des collections du *palais des Conservateurs* menaçait ce dernier d'asphyxie. L'inauguration en 1654 du palazzo Nuovo tombait à pic ! On y transféra très vite le trop-plein d'œuvres... bien avant son statut officiel de musée, confirmé seulement en 1734.

– ***La galerie souterraine :*** aujourd'hui, les visiteurs rejoignent le palazzo Nuovo en empruntant un souterrain qui passe sous la piazza del Campidoglio. Et comme les entrailles du Capitole sont pleines de surprises, on tombe nez à nez avec une belle collection de stèles funéraires... Au bout de la galerie, un escalier sur la droite conduit, dans un premier temps, aux vestiges du temple de Véiovis (Ier ou IIe s av. J.-C.), dont une statue de culte décapitée du jeune dieu, découverte pendant les fouilles (les spécialistes pensent que Véiovis est une représentation primordiale de Jupiter). Intéressant, certes, mais la surprise est de taille lorsque le couloir débouche sur la galerie du Tabularium. C'est dans ce complexe construit au Ier s av. J.-C. que les Romains conservaient les *Tabulae,* les archives de l'État. De là, vue à couper le souffle sur le Forum romain et le mont Palatin...
– ***Au rez-de-chaussée*** du palazzo Nuovo, ne manquez pas – dans le patio – la fontaine antique figurant une divinité fluviale couchée, provenant du forum d'Auguste. Pendant plusieurs siècles, cette « statue parlante » porta – sous forme de graffitis – les critiques anonymes envers les hommes politiques, avant de prendre sa place ici au XVIIe s. Elle est flanquée de 2 satyres expressifs d'époque hellénistique et surmontée du buste de Clément XII.
– ***À l'étage,*** une longue galerie rassemble, avec quelques salles adjacentes, une sublime collection de statues gréco-romaines. Dans la ***sala del Galata*** *(salle du Gaulois),* un magnifique Gaulois mourant qui est probablement une copie romaine du Ier s av. J.-C., peut-être de l'époque de César. Notez la dignité du visage, sa moustache, qui permet de l'identifier comme Gaulois, et ses traits qui reflètent à la fois une angoisse profonde et le courage. Représenté enchaîné, il était destiné à symboliser la puissance de Rome.
On remarque également *L'Amazone blessée,* dont le drapé rappelle celui des Amazones présentes dans la décoration du Parthénon, ou encore les tendrissimes *Amour et Psyché.* Ensuite, passant par la ***sala del Fauno*** *(salle du Faune),* le regard se porte naturellement sur la musculature hyperréaliste du *Faune* en marbre rouge, qui est une autre réplique romaine d'un bronze hellénistique provenant de la villa Adriana. Puis, dans le ***Salone*** *(salon),* jetez un coup d'œil à l'extraordinaire plafond baroque, sans oublier les 2 centaures en marbre noir (l'un riant, l'autre grimaçant, l'un jeune et l'autre vieux). Dans la ***sala dei Filosofi*** *(salle des Philosophes)* voisinent plus de 80 bustes, tant de philosophes que de poètes. C'est amusant de mettre enfin un visage sur des noms fameux tels que Pythagore, Sophocle, Homère, Socrate... ! Dans la ***sala degli Imperatori*** *(salle des Empereurs),* testez vos connaissances en matière de civilisation romaine en tentant de mettre quelques noms sur ces nombreux visages. Vous y verrez une ***belle statue d'Hélène,*** la mère de Constantin. Pour la petite histoire, cette collection un peu extravagante fut acquise par Clément XII avec l'argent des jeux publics... Puis le ***gabinetto della Venere*** *(cabinet de Vénus)* nous montre la déesse dans le plus simple appareil (IIe s). Dans la ***galerie centrale,*** voir l'*Hercule enfant,* occupé à jouer avec des serpents ; la *Vecchia Ebbra,* vieille femme éméchée serrant contre elle une amphore à vin ; sans oublier l'élégant *Éros ailé* avec son arc en main. Enfin, la ***sala delle Colombe*** *(salle des Colombes)* doit son nom aux belles mosaïques provenant de la villa d'Hadrien et représentant des colombes en train de boire. Dans la même salle, admirez aussi les *Masques de scène,* autres mosaïques retrouvées quant à elles sur l'Aventin.

Le Capitolium : le souvenir du temple de Jupiter capitolin

La hauteur occidentale, le Capitole proprement dit, joua naguère un rôle de premier plan du fait de la présence, sur son sol, du ***temple de Jupiter capitolin,*** le principal sanctuaire de l'Antiquité.
C'est en contrebas du temple de Jupiter capitolin que l'on situe la ***roche Tarpéienne.*** Son histoire remonte à Romulus qui, fondant Rome, promit l'impunité à tous ceux qui viendraient s'y établir. Manquant cruellement de femmes, Romulus

organisa quelques agapes afin de faciliter l'enlèvement de ses voisines, les Sabines. Furieux, le roi des Sabins, Titus Tatius, promit des épousailles à Tarpeia, fille du gouverneur du Capitole, tombée raide dingue de lui, afin qu'elle lui ouvre les portes de la ville. Cela obtenu, le roi, très peu galant, ordonna à ses Sabins d'écraser Tarpeia. L'usage s'installa chez les Romains de précipiter les traîtres du haut de cette roche...

Tempio di Giove capitolino *(temple de Jupiter capitolin)* **:** son histoire remonte à la plus haute Antiquité, à l'époque étrusque, quand débuta la construction du temple de la triade capitoline par les derniers rois de Rome, les Tarquins. Pour être politiquement correcte, la date d'inauguration de ce temple a été décrétée en 509 av. J.-C., soit au début de la République romaine (exit ses origines étrusques !).
Mais 3 incendies (83 av. J.-C., 69 et 80 apr. J.-C.) obligèrent les Romains à rebâtir ce sanctuaire jusqu'au passage des Vandales en 455, lesquels achevèrent de le détruire.
Un important escalier frontal (que l'on situe au niveau de la via del Tempio di Giove) permettait d'accéder au porche dont la profondeur est suggérée par la présence de 3 colonnes frontales successives. 2 autres colonnades, latérales celles-ci, achevaient de repousser vers le fond de l'édifice le cœur du sanctuaire, à savoir les 3 *cellae* (la statue cultuelle de Jupiter *optimus maximus* se tenant, comme il se doit, dans la pièce centrale). Regardant vers le sud, où se trouvait alors le centre de Rome, le sanctuaire devait avoir belle allure du fait, notamment, qu'il était, telle une statue sur son socle, dressé sur un podium, lequel dominait de ses 9 m la place publique située à ses pieds. Une esplanade précédait ce sanctuaire. Ce qu'il en reste est maintenant occupé par le jardin public du temple de Jupiter.

L'Arx : chiesa di Santa Maria in Aracoeli et le Vittoriano

La hauteur orientale, l'Arx, possédait également à l'époque romaine son sanctuaire : le ***temple de Junon.*** Ces vieilles constructions, gommées par les siècles et les hommes, ont cédé la place à l'église Santa Maria in Aracoeli, un peu à l'étroit depuis la construction du monstre voisin : le *monumento a Vittorio Emanuele II* (le *Vittoriano*).

Chiesa di Santa Maria in Aracoeli : *scala dell'Arce Capitolina, 12. ☎ 06-697-638-39. Mai-sept, tlj 9h-12h30, 15h-18h30 (9h-12h30, 14h30-17h30 oct-avr). Depuis l'extrémité gauche de la pl. du Capitole (pour vous éviter de descendre et de remonter), on accède à l'église par une porte latérale.*
De la piazza d'Aracoeli, un bel escalier en marbre – bâti en 1348 – conduit à la ***façade*** austère en brique de cette église bâtie sur les ruines du temple de Junon Moneta avec de nombreux éléments antiques (les colonnes, notamment). Elle tire son nom de l'autel (*ara coeli* signifiant « autel du ciel ») qu'aurait érigé l'empereur Auguste à la suite d'une apparition qu'il aurait eu d'une femme tenant dans ses bras un enfant (de là à y voir une Vierge à l'Enfant, il n'y a qu'un pas...). Construite à l'origine par des bénédictins aux IXe-Xe s, l'église fut cédée en 1250 par Innocent X aux franciscains, qui la reconstruisirent entièrement. Elle dut, par la suite, connaître maintes modifications.
À l'intérieur, appréciez en premier lieu ses impressionnantes proportions, ses 3 nefs soutenues par des colonnes antiques dépareillées, son plafond à caissons dorés représentant – de façon symbolique – la bataille de Lépante remportée en 1571 par les chrétiens sur les Turcs, et le pavement « cosmatesque » (du nom de Cosmati, ou Cosma, célèbre famille de marbriers romains) des XIIIe-XIVe s. Dans la 1re chapelle de droite, belles ***fresques du Pinturicchio*** illustrant la vie et la mort de San Bernardino. Au fond de la nef de gauche, la *cappella del Santo Bambino* : sculpté dans un olivier du jardin de Gethsémani (où le Christ passa sa dernière nuit, on le rappelle !), la légende veut que ce divin enfant soit miraculeusement habillé par les anges... Cela n'a pas empêché quelques voyous de dérober

l'original il y a quelques années ! Le *Santo Bambino* en place n'est désormais qu'une copie. Revenez donc sur terre et observez le sol, pavé de nombreuses pierres tombales superbes, sculptées en bas-reliefs (nef de gauche) ou marquetées de marbre (nef centrale). Autrefois, les moines pouvaient, entre deux offices, déambuler tout en ruminant de saintes pensées dans un cloître attenant à l'église. Celui-ci, comme l'ensemble des bâtiments conventuels, a été détruit en 1888 pour permettre la construction du *monumento a Vittorio Emanuele II* (le *Vittoriano*).

Domus Romane di palazzo Valentini : *via Foro Traiano, 85 (face à la colonne de Trajan). ☎ 06-227-612-80. • palazzovalentini.it • Visites guidées (1h30) tlj sauf mar 9h30-18h30 (dernière visite). 1 visite programmée à 11h30 en français. Fermé 1er janv, 1er mai et 25 déc. Entrée : 12 € + 1,50 €/pers de coût de résa (obligatoire, 15 places seulement par visite) ; réduc ; gratuit - 6 ans ;* Roma Pass *accepté (téléphoner pour réserver dans ce cas-là).*

D'abord, on admire les vestiges des marbres polychromes, mosaïques, fresques, colonnes, tête d'une statue, murs, escaliers, et autres somptueux vestiges de ***2 prestigieuses villas patriciennes du IVe s.*** Le tout à travers un sol de verre et à grand renfort d'effets multimédias 3D qui font revivre admirablement les lieux, ses salons, ses thermes privés, ses jardins... Selon les archéologues, ces maisons romaines se sont probablement effondrées à cause d'un séisme, suivi d'un incendie. Le site a continué à vivre au Moyen Âge, comme en attestent les objets découverts lors des fouilles, avant de servir de fondation au palazzo Valentini, édifié à la Renaissance.

Ensuite, la 2de partie de la visite est consacrée à la ***colonne de Trajan.*** Là, un film (20 mn) nous détaille les bas-reliefs ciselés en marbre (à l'origine colorés) enroulés autour de la colonne – tel un ruban de 200 m ! – et commémorant la victoire de l'empereur sur les Daces... On passe enfin par un souterrain pour aller admirer la base du monument, qui inspira la fameuse colonne Vendôme de Napoléon Ier, érigée à Paris.

UNE VISION TRANCHÉE DE L'ARCHITECTURE...

Apollodore de Damas fut l'architecte de l'empereur Trajan. Bâtisseur d'un pont sur le Danube, il crée aussi son forum, la fameuse colonne Trajane, et travaille même sur le projet du Panthéon, bâtiment qui a inspiré l'architecture de la Renaissance... Et pourtant, ce vrai génie eut la tête tranchée après avoir contesté des plans du temple de Vénus et de Rome proposés par l'empereur Hadrien, architecte amateur à ses heures, mais visiblement un tantinet soupe au lait !

Les forums impériaux *(Fori Imperiali ; plan détachable d'ensemble, D3)*

➢ ***Accès :*** *Ⓜ Cavour ou Colosseo (ligne B). Ⓣ nº 8. Bus nos 30, 40, 60, 62, 63, 64, 70, 81, 85, 87, 95, 119, 160, 170, 175, 186, 271, 492, 628, 630 et 716.*

– ***Visite :*** *2 forums impériaux (forums de César et de Trajan) se visitent avec le billet du Forum romain ; les autres s'observent pour l'essentiel en surplomb, depuis la* ***via dei Fori Imperiali.*** *En préambule à la compréhension des lieux, on conseille vivement la visite des* mercati di Traiano e museo dei Fori Imperiali *(marchés de Trajan et musée des Forums impériaux).*

– ***Petite introduction :*** les *Fori Imperiali* (forums impériaux) correspondent aux vestiges situés essentiellement à gauche de la via dei Fori Imperiali en se dirigeant vers le Colisée. Ils s'étendent de la colonne Trajane à la via Cavour. Dès le Ier s av. J.-C., le Forum romain devint trop exigu pour répondre aux nouveaux besoins (politiques, judiciaires, commerciaux) d'une ville devenue la capitale d'un

vaste empire. Il fallut donc entreprendre la construction d'un nouveau forum pour désengorger le vieux forum républicain. C'est César qui, le premier, fit faire les agrandissements indispensables (pour le coup à droite de la via dei Fori Imperiali). Il sera suivi par d'autres illustres Romains, pourvus ceux-là du titre d'empereur (Auguste, Vespasien, Nerva et Trajan), d'où le nom de « forums impériaux ».
Utilisés jusqu'au IXe s, ces derniers formaient un ensemble architectural cohérent, continu, aujourd'hui coupé en deux par la via dei Fori Imperiali, inaugurée par Mussolini en 1932 entre la piazza Venezia et le Colisée. Certains vestiges de ces forums sont donc recouverts par cette grande artère. La mairie de Rome a dans ses cartons le projet de fermer cette rue à la circulation et de faire réapparaître tous ces trésors antiques. À suivre...

Mercati di Traiano – Museo dei Fori Imperiali *(marchés de Trajan et musée des Forums impériaux ; plan détachable d'ensemble, D3)* **:** *via IV Novembre, 94. ☎ 06-06-08. • mercatiditraiano.it • museiincomuneroma.it • Tlj 9h30-19h30 (ferme à 14h les 24 et 31 déc). Dernière admission 1h avt. Fermé 1er janv, 1er mai et 25 déc. Entrée : 15 € + 1 € si achat en ligne, majoré en cas d'expo temporaire ; réduc ; tarif familial intéressant ; gratuit - 6 ans, et 2 € pour les Parisiens ;* Roma Pass *accepté. Vidéoguide en français : 6 € (conseillé car les explications du musée sont très réduites !) ; sinon applis à télécharger disponibles en français pour 5 € (voir le site internet).*
Le site vaut vraiment le coup d'œil et constitue un bon complément à la découverte de la Rome antique. Réalisée pour contenir l'excavation de la colline du Quirinal, cette élégante et vaste structure en hémicycle à arcades est constituée de bâtiments et de rues, à l'origine sur 6 niveaux répartis en 2 secteurs avec des rues pavées et piétonnes, ainsi qu'un système complexe d'escaliers. Les étages comptaient près de 150 boutiques et bureaux qui servaient autrefois de centre d'approvisionnement, de répartition et de distribution des produits (les halles de Rungis avant l'heure !). Les échoppes et les entrepôts occupaient principalement le rez-de-chaussée ; le 1er niveau, protégé à toute heure du soleil par une galerie, accueillait les boutiques de denrées périssables ; au-dessus encore, les bijoux, tissus, parfums ; et tout en haut, les locaux administratifs : la Bourse de l'époque en somme.
Assez impressionnant, car c'est l'un des ***rares endroits*** à Rome ***où l'on peut se représenter l'aspect des rues de la ville antique.*** Certaines sections sont parfaitement conservées, avec leurs pavés recouvrant la chaussée et les hautes façades en brique qui les bordent. Pour un peu, on croiserait un centurion au détour d'un corridor ou d'un escalier ! Au Moyen Âge, un couvent occupait le site...
Lors de la visite, on découvre d'abord dans les vestiges des boutiques différentes salles vidéo sur le thème des forums impériaux. Y sont également exposés des ***fragments de statues*** (ceux de la basilica Ulpia du forum de Trajan) et d'autres beaux éléments architecturaux provenant des temples des forums de César et de Trajan. Quelques salles renferment une ***collection importante d'amphores*** quasiment intactes. Enfin, on vous encourage vivement à faire la balade extérieure, un parcours pavé (« via della Torre ») qui grimpe vers une terrasse panoramique offrant une vue extra sur le monument à Vittorio Emanuele II et les forums impériaux, en contrebas.

– Pour le ***forum de César*** et le ***forum de Trajan,*** voir un peu plus loin notre description dans la visite du Forum romain, auxquels ils sont désormais rattachés.

Foro di Augusto *(forum d'Auguste)* **:** *à voir de l'extérieur, sur la gauche de la via dei Fori Imperiali.* La construction de ce forum commença en 31 av. J.-C. Octave, futur Auguste, en rêvait depuis belle lurette. Il avait exprimé le vœu de faire bâtir un temple dès 42 av. J.-C., après avoir défait les armées de Cassius et de Brutus (deux des meurtriers de César). Cerné de 2 hémicycles à colonnes, le *temple de Mars vengeur (Mars Ultor),* inauguré en l'an 2 av. J.-C., se dressait au fond du forum, à l'emplacement de l'enceinte qui séparait le quartier malfamé de ce nouvel ensemble réservé aux édiles (magistrats chargés de la gestion urbaine de Rome). L'épée de César y était conservée comme une relique, ainsi que les insignes des généraux victorieux. Il ne reste aujourd'hui que quelques colonnes et les marches d'accès au sanctuaire...

Foro di Nerva *(forum de Nerva)* **:** *à voir de l'extérieur, sur la gauche de la via dei Fori Imperiali.* Mitoyen du forum d'Auguste, il ne demeure quasiment rien de cet ensemble construit sous Domitien et inauguré après sa mort par son successeur Nerva, en 97 apr. J.-C. Ne subsistent que 2 colonnes et une frise en bas-reliefs dominée par un majestueux Minerve, auquel ce temple était dédié. Il n'en reste actuellement que la base.

Foro della Pace *(forum de la Paix)* **:** on vous en parle pour être complets, mais on ne voit plus rien de ce forum qui s'étendait approximativement de la torre dei Conti (via Cavour) à la basilica dei Santi Cosma e Damiano (ancienne bibliothèque de ce forum convertie en édifice chrétien). La via dei Fori Imperiali le recouvre donc en grande partie. Ce forum tire son nom d'un temple érigé en 75 apr. J.-C. par Vespasien suite à la victoire sur les Hébreux en 70 apr. J.-C. Ce n'était pas un forum au sens strict du terme, car il abritait de nombreux objets et œuvres d'art en provenance notamment du Temple de Jérusalem. De nos jours restent visibles les trous dans le mur de briques qui servaient jadis de scellement aux plaques de marbre de la *Forma Urbis Romae,* un plan monumental de la Rome antique établi sous Septime Sévère entre 203 et 211. La découverte de plusieurs fragments de ce plan d'une grande précision a permis de reconstituer l'aspect de nombreux bâtiments disparus.

Carcere Mamertino *(prison Mamertine ou Tullianum ; plan Forum romain)* **:** *via Clivo Argentario, 1. ☎ 06-698-963-75. • tullianum.org • Au pied du Capitole, juste derrière le forum de César. Tlj 8h30-16h30. Dernière admission à 16h. Entrée : 10 € ; réduc ; gratuit - 6 ans. Vidéoguide en italien et en anglais compris.* Creusée dans la roche de la colline du Capitole dès le VIIe s av. J.-C. et aujourd'hui située dans les sous-sols de la chiesa di San Giuseppe dei Falegnami (XVIe s), cette prison publique, dont il ne reste que 2 petites salles superposées, est tristement célèbre pour avoir hébergé Vercingétorix. Sur place, petit musée archéologique exposant quelques objets découverts *in situ.*

COUP DE TÊTE BÉNI

Une légende du Moyen Âge affirme que les apôtres saint Pierre et saint Paul auraient été enfermés dans la prison Mamertine. Saint Pierre, bousculé par ses geôliers, se serait cogné la tête sur la roche, et l'eau en aurait jailli miraculeusement... Il est vrai qu'une source passe en dessous de la prison. Pas rancunier, saint Pierre aurait quand même baptisé ses geôliers !

Basilica dei Santi Cosma e Damiano *(basilique Saints-Côme-et-Damien ; plan détachable d'ensemble, D4)* **:** *via dei Fori Imperiali, 1. ☎ 06-692-04-41. • cosmadamiano.com • Tlj 10h-13h, 15h-18h.* Datant du VIe s, ce fut la première église à s'implanter dans un édifice antique du Forum romain regroupant la bibliothèque du forum de Vespasien et le temple de Romulus devant lequel se trouvait la statue équestre de César. La mosaïque de l'abside est absolument magnifique ! Remarquez aussi le plafond et les chapelles baroques. Le mur du fond, remplacé par une vitre, permet de découvrir l'intérieur du temple romain d'origine et sa différence de niveau. Sympa, non ? Enfin, en partant, faites le tour du gentil cloître et consacrez quelques instants à la superbe crèche napolitaine *(presepio)* du XVIIIe s.

Museo del Presepio *(musée de la Crèche ; plan détachable d'ensemble, D3)* **:** *via Tor de Conti, 31a. ☎ 06-679-61-46. • museopresepioroma.it • Entrée par l'église SS. Quirico e Giulitta (via Tor de Conti, 23). Ouv 25 déc-6 janv : tlj*

17h-19h30 (dim 10h-12h30) ; le reste de l'année : seulement mer et sam 17h-19h30. ***Fermé en juil-août.*** *GRATUIT.* Les curieux iront jeter un œil à cet étonnant musée, situé derrière les Fori Imperiali, à l'orée des Monti. Dès le XIIIe s, la mise en scène de la nativité du Christ se développe dans le sud de l'Italie (Naples) et en Sicile. Vivantes, pittoresques ou théâtrales, les crèches sont ici de toutes formes. Les petits santons prennent place au sein de décors réalistes, preuves de la parfaite maîtrise des artisans en matière de clair-obscur ou de perspective. Pas moins de 3 000 crèches du monde entier sont rassemblées ici, réalisées avec des matériaux divers (nacre, papier, plâtre, céramique et même des feuilles de maïs !). Parmi elles, ne ratez pas celle insérée dans une coquille de noix, une vraie prouesse provençale !

Le Forum romain et le Palatin *(Foro Romano e Palatino ; plan détachable d'ensemble, D4-5)*

➢ ***Accès :*** *Ⓜ Colosseo (ligne B). Ⓣ nos 3 et 8. Bus nos 60, 75, 84, 85, 87, 117, 175, 186, 271... Le Forum romain et le Palatin se trouvent dans la même enceinte ; les visites s'enchaînent donc sans devoir ressortir ni refaire la queue. Le site compte actuellement (mais ça peut changer !) 4 entrées :* ***via di San Gregorio, 30*** *(la plus pratique pour explorer le Palatin),* ***via della Salara Vecchia, 5*** *(accès par la via dei Fori Imperiali),* ***piazza di Santa Maria Nova, 53*** *(située au niveau de l'Arco di Tito, à 2 pas de l'Arco di Costantino ; c'est l'entrée la plus centrale entre le Colisée, le Forum romain et le Palatin) et par le* ***forum de Trajan*** *(en contrebas de la colonne Trajane).*

– ***Infos :*** *☎ 06-06-08. ● archeoroma.beniculturali.it ● 060608.it ●*

– ***Résas :*** *☎ 06-399-677-00 (tlj sauf dim 9h-18h ; sam 9h-14h). ● coopculture.it ●*

– ***Horaires de visite : identiques pour le Forum romain, le forum de César, le forum de Trajan, le Palatin et le Colisée.*** *Tlj : dernier dim oct-15 fév 8h30-16h30 ; 16 fév-15 mars 8h30-17h ; 16 mars-dernier sam de mars 8h30-17h30 ; dernier dim de mars-31 août 8h30-19h15 ; sept 8h30-19h ; 1er-dernier sam oct 8h30-18h30. Dernière admission 1h avt. Fermé 1er janv, 1er mai et 25 déc.*

– ***Entrée :*** *plusieurs billets sont disponibles. Attention à bien étudier à quoi ils donnent droit avant d'acheter.*

Billet cumulatif classique : comprend le Forum romain, les forums de Trajan et de César, le Palatin et le Colisée *(une seule visite autorisée par site). Tarif : 16 € (+ 2 € de résa) ; réduc ; gratuit - 18 ans et 1er dim du mois ;* Roma Pass accepté. *Valable 2 j. à partir du 1er compostage (exemple : c'est l'hiver, vous compostez pour visiter les forums le jour J1, il faut absolument que vous entriez au Colisée avt 15h30 le lendemain).*

Billet Forum Pass Super : comprend le Forum romain, les forums de César et de Trajan ainsi que tous les sites spécifiques du Palatin *(mais résa obligatoire en arrivant au guichet de l'entrée générale pour la plupart). En revanche, il ne comprend* ***pas le Colisée.*** *Une seule visite autorisée par site. Tarif : 16 € (+ 2 €) de résa ; réduc ; gratuit - 18 ans et 1er dim du mois ;* Roma Pass accepté. *Valable 24h à partir du 1er compostage.*

Billet Full Experience : *le billet le plus complet.* ***Il comprend le Forum romain, les forums de César et de Trajan, le Palatin*** *(y compris les sites réservés aux possesseurs du billet Forum Pass Super, mais toujours sur résa)* ***ainsi que l'entrée au Colisée*** *(sur résa, avec la possibilité de découvrir les souterrains ou d'entrer dans l'arène). Une seule visite autorisée par site. Tarif : 22 € (+ 2 € de résa) ; réduc ; gratuit - 18 ans et 1er dim du mois ;* Roma Pass accepté. *Valable 2 j. à partir du 1er compostage.*

– ***Audioguides en français :*** *pour le Palatin seulement, 5 € (1h) ; pour le Forum romain seulement, 5 € (1h) ; pour le Palatin et le Forum romain, 7 € (2h30). Dernière loc possible à 16h. Attention : obligation de le rendre à l'endroit où on l'a pris.*

– ***Vidéoguides en français :*** *disponibles suivant 2 formules, une formule longue avec 80 points d'écoute et une formule courte pour les touristes pressés. Rens : • coopculture.it •*

– ***Petites astuces :*** ***on peut acheter son billet en ligne*** *sur • coopculture.it •, moyennant un supplément de 2 €/résa effectuée. Un peu cher mais cela permet aussi d'éviter de faire la queue à la billetterie une fois sur place (ce qui n'exclut pas la queue d'entrée au site, malheureusement). Attention, le Forum romain, les forums de César et de Trajan, ainsi que le Palatin étant situés dans la même aire archéologique, il est préférable d'enchaîner toutes les visites sous peine de devoir repayer son entrée.* ***Pour éviter la queue, le Roma Pass permet de couper la file par une entrée séparée (mais uniquement en ayant réservé en ligne au préalable).***

Le Forum romain

• Plan *p. 96-97*

C'est depuis la terrasse intermédiaire du monumento a Vittorio Emanuele II, au chevet de la chiesa di Santa Maria in Aracoeli, qu'on a l'une des plus belles vues d'ensemble du Forum romain. On contemple, non sans un gros pincement au cœur, 12 siècles de civilisation romaine parvenus jusqu'à nous malgré les outrages du temps et des hommes !

– ***Le Forum romain sous la République et l'empire :*** les marécages précèdent Rome et son antique place publique. Coincée entre le Capitole et le Palatin, la dépression du Forum draine d'abord les eaux de ces collines avoisinantes, qui se déversent ensuite dans le Tibre en empruntant la voie tracée par la petite vallée du Vélabre. Menacé constamment par les eaux, ce milieu inhospitalier, où les habitants des collines environnantes installent une nécropole, demeure inhabité jusqu'au début du VIe s av. J.-C., époque où le site est asséché par un important système d'égouts (le *Cloaca Maxima*) réalisé par les Étrusques. Puis Rome, devenue capitale d'un vaste empire après les guerres puniques, se dote d'un centre urbain à sa mesure. C'est César qui, le premier, s'efforce de mettre un peu d'ordre dans ces constructions anarchiques. C'est à lui également que l'on doit le mouvement lancé pour procéder au désengorgement du Forum romain par la construction d'un nouveau forum... suivie de 4 autres !

– ***Le Forum romain du Moyen Âge à la Renaissance :*** faute de place, on cessera de construire dès le début du IVe s. L'instabilité avant l'agonie commence au début du Ve s avec la pression des Barbares. Pillée et détruite, l'antique place publique, témoin des grands épisodes de l'histoire romaine, est abandonnée pendant plusieurs siècles. C'est alors que la christianisation du vieux centre de la Rome païenne par la transformation d'édifices antiques en églises, dès les VIe-VIIe s, sauve une partie de ce patrimoine.

Les querelles médiévales oubliées, le Forum devient un lieu où les troupeaux viennent paître tranquillement. Seules quelques colonnes de temples antiques rappellent qu'à une autre époque ce modeste pâturage, dénommé alors *campo Vaccino,* fut le centre d'un vaste empire ! Mais c'est la Renaissance qui porte le coup fatal au vieux forum. Les besoins en matériaux de construction pour la basilique Saint-Pierre sont alors le prétexte à un pillage systématique de monuments jusqu'ici préservés, comme le temple de Saturne ou celui des Dioscures. Les cris d'alarme de Michel-Ange et de Raphaël ne freinent même pas les carriers. « Pour construire la Rome des papes, on détruisit celle des Césars. »

– ***Les fouilles :*** la fin du XVIIIe s et surtout le XIXe s permettent, avec les fouilles d'une nouvelle génération de chercheurs, de redécouvrir patiemment cette première Rome dont on avait oublié l'emplacement exact des bâtiments.

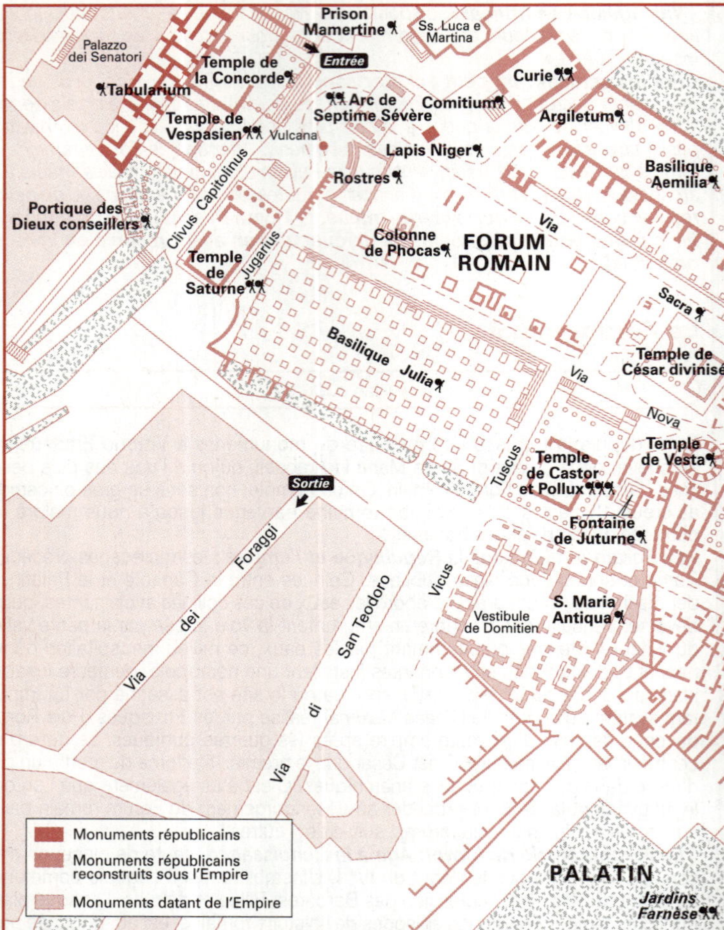

Portico degli Dei consenti *(portique des Dieux conseillers)* **:** sans doute édifié dès le IIIe ou IIe s av. J.-C. et plusieurs fois reconstruit, son allure actuelle date de l'époque flavienne (fin du Ier s). Il abritait les statues des 12 dieux les plus importants de la religion romaine, soit : Jupiter, Junon, Neptune, Minerve, Mars, Vénus, Apollon, Diane, Vulcain, Vesta, Mercure et Cérès.

RÉVOLUTION SATURNALE

Lors des fêtes qui célébraient en décembre le dieu Saturne pour une abondance des récoltes l'année suivante, l'ordre social était inversé ; les riches se mettaient au service des plus modestes durant les banquets !

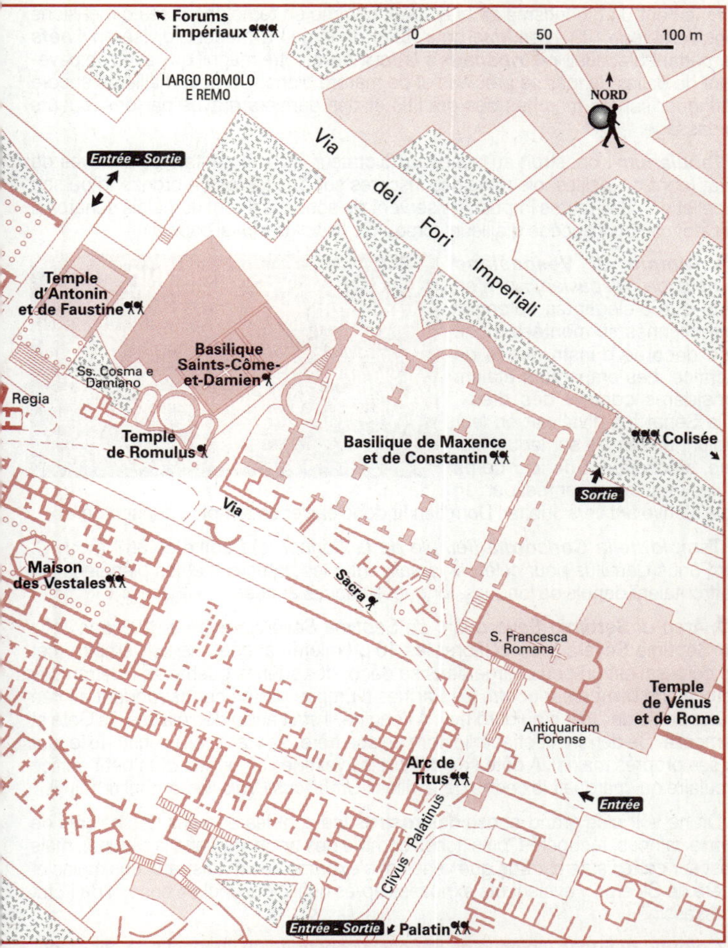

LE FORUM ROMAIN – Zoom

Tempio di Saturno *(temple de Saturne)* **:** il reste 8 colonnes ioniques du plus bel effet. C'est, après celui de Vesta et celui de Jupiter, le plus ancien site sacré de Rome. Il fut construit dans les premières années de la période républicaine (sa consécration oscillerait entre 501 et 498 av. J.-C.), mais les vestiges actuels remontent au IVe s apr. J.-C. Le trésor public était gardé dans le podium du temple. À côté se dressait la colonne du *Miliarium Aureum,* borne qui marquait le point zéro de toutes les distances vers les villes de l'empire. Comme quoi, tous les chemins mènent bien à Rome !

Basilica Julia *(basilique Julia)* **:** entreprise par César sur l'emplacement d'une basilique antérieure *(basilica Sempronia),* ce bâtiment public – certainement utilisé comme palais de justice – est achevé par Auguste en 12 apr. J.-C. Il marque l'avènement du gigantisme architectural, comme en témoignent ses dimensions considérables : 109 m de long pour 40 m de large ! L'intérieur, divisé en 5 ***nefs*** permettant d'accueillir ***4 tribunaux à la fois,*** devait être magnifique avec un pavement de dalles de marbre précieux et de marbre blanc. On peut d'ailleurs encore distinguer sur les marches des graffitis et des damiers gravés par des joueurs de passage.

Tabularium : construit au temps du dictateur Sylla, il abritait les archives de l'État (dont de vieilles lois romaines inscrites sur des tables de bronze, d'où son appellation). Ses restes imposants servent de soubassement au palais sénatorial du Capitole (on y accède d'ailleurs lorsqu'on visite les Musei capitolini).

Tempio di Vespasiano *(temple de Vespasien)* **:** il n'en reste que 3 élégantes colonnes corinthiennes surmontées d'une frise décorée d'instruments de sacrifice. Les empereurs étaient considérés comme des dieux, et le Sénat les divinisait en leur dédiant un temple sur lequel leur âme, s'échappant de leur corps brûlé, était représentée par un aigle s'envolant vers Jupiter. Domitien fit donc élever ce temple pour son père.

TVA : TAXE VESPASIENNE AJOUTÉE

Vespasien décida de taxer... les latrines publiques. Les vespasiennes, vous connaissez ? Il aurait alors déclaré à son fils, Titus : « L'argent n'a pas d'odeur »...

Tempio della Concordia *(temple de la Concorde)* **:** édifié en 367 av. J.-C. par Furius Camillus pour célébrer la paix entre les patriciens et les plébéiens qui s'affrontaient depuis de longues, longues, longues années.

Arco di Settimio Severo *(arc de Septime Sévère)* **:** érigé en 203 apr. J.-C. par Septime Sévère pour célébrer les 10 premières années de son empire, cet arc colossal est un peu chargé dans sa déco, des scènes guerrières illustrant les victoires de l'empereur contre les Parthes (l'Empire parthe correspondant à l'Iran et une partie de l'Irak d'aujourd'hui). À l'origine, il était aussi dédié à ses fils Geta et Caracalla. Ce dernier fit effacer le nom de son frère... à vrai dire, il venait de le tuer de ses propres mains ! À côté se trouvent les vestiges en brique d'un petit édifice circulaire qui marquait le centre de la ville : l'*Umbilicus Urbis* (le nombril urbain !).

On ne voit plus grand-chose des ***rostres*** (ce sont les éperons des navires de guerre vaincus, récupérés, puis fichés comme des trophées dans la tribune), mais c'est sur cette vaste estrade que venaient s'exprimer les magistrats. Les mains et la tête de Cicéron y avaient été exposées après qu'il a été déclaré ennemi de l'État et assassiné.

Colonna di Focas *(colonne de Phocas)* **:** construite en l'honneur de cet empereur d'Orient au VIIe s, la colonne est le dernier monument à avoir été élevé sur le Forum. En fait, on l'avait récupérée sur une autre construction ; bref, l'époque était à la décadence ! Le figuier, la vigne et l'olivier sacrés, symboles de la prospérité de Rome, ont été replantés à côté.

Via Sacra *(Voie sacrée)* **:** venant de l'arc de Titus et passant devant la basilique Aemilia, la Voie sacrée était empruntée par les cortèges des grands triomphateurs qui paradaient au retour de leurs campagnes victorieuses jusqu'au temple de Jupiter sur le Capitole.

Curia Iulia *(curie)* **:** *fermée au public, elle ne se visite que sur rdv. Rens : • ssba.rm.permessipalatino@beniculturali.it* • La curie actuelle n'est pas celle qui dirigeait la Rome républicaine, mais celle qui fut restaurée par Dioclétien au IIIe s apr. J.-C., après un incendie. Ses belles portes en bronze sont des copies, car les originales furent transportées à Saint-Jean-de-Latran au XVIIe s. La curie a été rendue à son état d'origine dans les années 1930.

Ce lieu accueillait 300 sénateurs nommés à vie. Espace consacré par un rituel spécifique, toutes les séances commençaient par une prise des augures (prédictions). Il faut imaginer les murs de brique recouverts de marbre et, dans les parties hautes, de stuc.
Les *bas-reliefs de Trajan,* exposés dans la curie, représentent des scènes où l'empereur apparaît dans toute sa bienfaisance ; les animaux sur l'autre face étant destinés au sacrifice pour les dieux. Ces bas-reliefs ornaient à l'origine la tribune des harangues évoquée plus haut (appelée aussi rostres, de *rostra* : « éperons de navires »).

Comitium : espace devant la curie, où avaient lieu à l'origine les assemblées populaires (les comices). Il s'agissait probablement d'un grand espace circulaire ourlé de gradins.

Lapis Niger *(pierre Noire)* **:** stèle que l'on aperçoit dans une sorte de puits. Elle porte la plus ancienne inscription latine connue (VIe s av. J.-C.). Son texte reste mystérieux, mais la partie traduite (le texte se lit de droite à gauche) atteste de la réalité historique de la période royale de Rome que l'on a longtemps cru être une légende. César fit protéger ces lieux car on pensait que Romulus y avait été tué.

Argiletum : entre la curie et la basilique Aemilia, voie populaire et très fréquentée qui menait au quartier peu recommandable de Suburre, aujourd'hui... les Monti.

Basilica Aemilia *(basilique Aemilia)* **:** en entrant par la via dei Fori Imperiali, vous trouverez sur votre droite les ruines de l'une des 3 basiliques civiles du Forum. Comme toutes les basiliques romaines, elle n'avait pas une fonction religieuse mais servait aux affaires commerciales, financières et judiciaires. Construite en 179 av. J.-C., elle fut restaurée à maintes reprises. Dans son état actuel, elle date du Ier s de notre ère. Ses dimensions – 100 m de long pour 40 m de large – sont comparables à celles de nos cathédrales gothiques, tout comme l'intérieur, naguère décoré de marbre, divisé en plusieurs nefs par des colonnades. On distingue sur les flancs de l'édifice des *tabernae,* ces petits locaux où officiaient jadis les banquiers.

Tempio del divo Giulio *(temple de César divinisé)* **:** édifié par Auguste en 29 av. J.-C. à l'endroit même où le corps de César avait solennellement été incinéré. L'autel circulaire est d'ailleurs régulièrement fleuri par des admirateurs de la dictature de l'empereur, qui sont aussi souvent des nostalgiques de Mussolini...

Tempio di Castore e Polluce *(temple de Castor et Pollux)* **:** avec ses 3 magnifiques colonnes corinthiennes (de l'époque d'Auguste), c'est l'un des clichés les plus célèbres du Forum. On a toutefois bien de la peine à imaginer qu'il s'agissait d'un des temples les plus importants de Rome ; construit au Ve s av. J.-C. après que Castor et Pollux (« les Dioscures ») sont apparus miraculeusement aux Romains malmenés par les Latins confédérés au cours de la bataille du lac Régille. Sachez qu'on trouvait ici à l'époque la liste des taux de change et les conversions des poids et mesures ! Juste à côté se trouve la petite ***fontaine de Juturne,*** où, selon la légende, Castor et Pollux auraient fait boire leurs chevaux après la bataille en annonçant la victoire des Romains au peuple de Rome.

Chiesa di Santa Maria Antiqua *(antique église de Sainte-Marie)* **:** ***accessible uniquement avec les pass Forum Pass Super ou Full Experience.*** *En principe, tlj 13h-15h30 seulement.* Aménagée au Moyen Âge dans des dépendances de palais impériaux, c'est l'un des plus anciens lieux de culte catholiques consacrés à la Vierge au VIe s. Remarquables fresques du haut Moyen Âge (VIe-VIIIe s)... Rarement ouverte à la visite.

Tempio di Vesta *(temple de Vesta ; déesse du Feu domestique)* **:** dans son aspect actuel, il date du IIIe s apr. J.-C., mais son origine remonterait au

VIe s av. J.-C., et donc aux tout premiers temps de Rome. D'ailleurs, la forme ronde du temple – assez inhabituelle – serait le souvenir d'une hutte primitive !

DE LA VESTALE AU LUPANAR

La légende raconte que Rhéa Silvia, vestale et fille du roi d'Albe, fauta en songe avec le dieu Mars. Il en naquit les fameux Romulus et Rémus, qu'elle abandonna sur le Tibre avant d'être emmurée vivante... Toujours selon le mythe, c'est une louve qui recueillit les jumeaux et leur permit de survivre en les nourrissant de son lait. Signalons que « louve » se dit lupa *en latin, signifiant aussi « prostituée » et qui donnera le mot « lupanar ».*

Atrium Vestae *(maison des Vestales)* était une vaste demeure sur 2 étages construite autour d'un atrium ; belle cour entourée de portiques et de statues de vestales, avec un bassin central. Choisies très jeunes dans les grandes familles patriciennes, au nombre de 4, puis 6 et enfin 7, elles devenaient prêtresses pendant 30 ans (10 ans d'instruction, 10 ans de pratique et 10 ans d'enseignement : à la fin, elles méritaient bien leur belle maison !). Chargées d'entretenir le feu sacré de la cité, symbole de la vie éternelle de Rome, elles faisaient vœu de chasteté pour se consacrer entièrement à leur tâche. Gare à celle qui succombait au désir : elle était enterrée vivante ! Toutefois, la vie des vestales n'avait rien de monastique : elles n'étaient pas cloîtrées, jouissaient d'un prestige considérable dans la cité et avaient droit à de nombreux privilèges, comme d'être affranchies de l'autorité paternelle (une femme romaine était alors mineure toute sa vie !), celui de pouvoir gracier un criminel rencontré « fortuitement », ou de bénéficier de places d'honneur dans les lieux de spectacles. Les VIP de l'époque, en quelque sorte...

Tempio di Antonino e Faustina *(temple d'Antonin et de Faustine)* **:** il ne peut manquer de retenir votre attention par sa colonnade massive dressée sur un podium. L'empereur Antonin, inconsolable après la mort de son épouse Faustine, la divinisa et fit construire pour elle un temple magnifique en 141. Vers le VIIIe s, une église (reconstruite au XVIIe s) fut aménagée dans ses murs, d'où la façade baroque en retrait par rapport à la colonnade. La porte verte de l'église donne une idée du niveau du sol au XVIIe s (les fréquentes crues du Tibre, riches en alluvions, ensablaient régulièrement la dépression du Forum). À côté de ce temple transformé en église se trouve une nécropole archaïque datant de l'époque de Romulus...

Tempio di Romolo *(temple de Romulus)* **:** édifice circulaire transformé au VIe s apr. J.-C. en église : la *basilica dei Santi Cosma e Damiano* (accessible depuis la via dei Fori Imperiali ; voir plus haut), ce qui le mit à l'abri du pillage... Le Romulus en question n'est pas le fondateur de Rome mais le fils de Maxence, empereur d'Occident ; c'est d'ailleurs ce dernier qui fit construire le temple. Superbe façade avec 2 colonnes de porphyre encadrant des portes en bronze du IVe s apr. J.-C.

Basilica di Massenzio e di Costantino *(basilique de Maxence et de Constantin)* **:** également destinée aux affaires commerciales et judiciaires, cette basilique civile, commencée par Maxence mais achevée par son rival et successeur Constantin, se différencie nettement des 2 basiliques précédentes par son audace architecturale et son extraordinaire volume intérieur. Du coup, elle a largement influencé l'architecture de certaines grandes structures plus modernes... Sachez que cette basilique colossale à 3 nefs abritait des statues géantes. Les fragments de celle de Constantin, autrefois située dans l'abside ouest, sont visibles dans la cour du palazzo dei Conservatori (voir plus haut « Musei capitolini »)... Autre signe de la rivalité entre les 2 empereurs, le buste de Maxence fut transformé après son règne en buste de... Constantin ! Sachez encore que 8 colonnes corinthiennes étaient adossées aux piliers séparant les nefs (l'une de celles-ci, intacte, se dresse aujourd'hui devant la basilique Sainte-Marie-Majeure). Dernier détail : ce site grandiose fut choisi lors des Jeux olympiques de 1960 pour servir d'écrin aux compétitions de lutte gréco-romaine.

Arco di Tito *(arc de Titus)* **:** érigé par Domitien pour célébrer la prise de Jérusalem (détruite à l'occasion) en l'an 70 par son prédécesseur, l'empereur Titus, cet arc d'une seule arche marque la limite du Forum romain. Il est orné de magnifiques bas-reliefs : au centre de la voûte, *Apothéose de Titus* dont l'âme est emportée au ciel par un aigle ; sur le flanc intérieur de l'arche, *Rome guidant le quadrige impérial avec Titus* et la *Victoire* de ce dernier dans la guerre judaïque. Le peuple est symbolisé par le personnage torse nu, le Sénat par celui en toge, Titus, lui, aux commandes de son char, entre victorieux dans Rome... On voit nettement le célèbre chandelier à 7 branches porté par les soldats romains pendant le triomphe à Rome... Sachez qu'aujourd'hui encore, certains juifs orthodoxes, pour ces raisons historiques, refusent toujours de s'approcher de cet arc...

Fondazione Alda Fendi – Esperimenti – Palazzo Rhinocéros *(plan détachable centre, D5)* **:** *via del Velabro 9.* ☎ *345-178-16-15.* Résidence unique en son genre, le *Palazzo Rhinocéros* a ouvert ses portes en 2018. L'institution occupe trois immeubles historiques réaménagés en lieu hybride, où l'on peut se loger, se restaurer et profiter d'expositions temporaires. On doit ce projet à Jean Nouvel, qui, en collaboration avec la *Fondazione Alda Fendi Esperimenti,* a souhaité conserver les traces du passé, en sauvegardant les façades et en exposant un rhinocéros, animal symbole de la force des Romains pendant l'Antiquité. Dans les 24 appartements aménagés, les cuisines et salles de bains sont en inox mais les murs sont directement inspirés de l'Empire romain, un vrai mélange de tradition et de modernité !

Les forums de César et de Trajan

Foro di Cesare *(forum de César)* **:** *accessible avec l'ensemble des billets, depuis le Forum romain ou le forum de Trajan (via un souterrain).* Ouvrage charnière entre le Forum romain et les forums impériaux, construit avec l'or rapporté des guerres des Gaules, et consacré en 46 av. J.-C. Vous remarquerez surtout les 3 belles colonnes corinthiennes montées sur un podium ; vestiges du temple édifié par César en l'honneur de Vénus Génitrice pour la remercier de l'avoir aidé à battre son rival Pompée lors de la bataille de Pharsale (48 av. J.-C.). L'humble César estimait descendre de Vénus par l'intermédiaire d'Énée... L'édifice renfermait jadis une statue de la déesse et une autre en or de Cléopâtre, ainsi que des peintures grecques.

CÉSAR, SOUVENT IMITÉ, JAMAIS ÉGALÉ

Non, César n'avait pas le titre d'empereur ! Il avait été nommé dictateur à vie par une république qui ne rigolait pas avec les titres. César fut en revanche le premier à revendiquer le titre de « César », qui sera pris ensuite par tous les empereurs romains. Le terme fut même adopté par des langues étrangères comme le « tsar » de Russie ou le « kaiser » en Allemagne.

Foro di Traiano *(forum de Trajan)* **:** *accessible avec l'ensemble des billets, depuis le forum de César (via un souterrain) ou directement par une entrée générale située face à la colonne Trajane.*

Édifié à la demande de l'empereur par Apollodore de Damas, c'était le plus grand et le plus fastueux des forums impériaux, et c'est aujourd'hui le mieux conservé. Délimité par les marchés de Trajan, le forum de César et la basilique Ulpia, il était relié au forum d'Auguste par un arc. Des travaux titanesques de déblaiement furent effectués pour araser la colline qui reliait alors le Quirinal au Capitole et donner ainsi l'espace nécessaire à ce nouveau forum, terminé en 113 apr. J.-C. D'ailleurs, le haut de la colonne Trajane marque le niveau du sol avant travaux !

La ***basilica Ulpia*** (Ulpia était l'autre nom de Trajan) se reconnaît aisément aux vestiges des colonnes de granit gris alignées, hautes de presque 12 m, qui séparaient les 5 nefs. La basilique avait alors un rôle purement administratif (palais de justice...), et non religieux. 2 *bibliothèques* (une grecque, l'autre latine) se trouvaient derrière. Elles encadraient la magnifique ***colonna Traiana*** *(colonne Trajane)*, œuvre géniale et novatrice d'Apollodore de Damas, qui commémore les victoires de l'empereur sur les Daces (habitants de la Dacie, ancien nom de la Roumanie). Trajan est en effet l'empereur qui a repoussé le plus de frontières. Les scènes sculptées s'enroulent sur 200 m autour de cette colonne creuse en marbre de Carrare, flanquée d'un escalier intérieur, qui atteint très exactement 100 pieds romains, soit près de 30 m (40 m avec la base) ! Le spectacle de ces 155 tableaux détaillant, de bas en haut, les 2 campagnes successives de Trajan est grandiose. Mais il faut imaginer l'ensemble quand il était peint et hérissé d'épées ou de lances en métal dans sa partie basse. L'effet devait être saisissant ! La sculpture de Trajan, qui surmontait le monument, a été remplacée par une statue de saint Pierre à la fin du XVIe s. D'ailleurs, notez que ce dernier a le regard tourné vers le Vatican, qu'il tourne résolument le dos aux forums (impie période antique !) et qu'il détourne la tête... pour ne pas voir le Capitole ? L'urne funéraire de Trajan se trouvait dans la base, mais un voleur est passé par là au Moyen Âge (elle était en or...). Certains bas-reliefs ont servi de modèles aux dessins de la célèbre fresque de *La Bataille de Constantin* (dans le salon de Constantin au Vatican), réalisée par les élèves de Raphaël. Et c'est grâce à une église bâtie ici au Moyen Âge que la colonne n'a jamais mis genoux à terre, malgré les séismes (la colonne s'adossait au clocher qui l'a finalement consolidée).

La colonne Trajane a été terminée par l'empereur Hadrien qui y construisit aussi un temple dédié à Trajan et à sa femme Plotine, aujourd'hui détruit.

On aperçoit aussi, dominant le site en forme d'hémicycle, les ***mercati di Traiano*** surplombés par la *maison des chevaliers de Rhodes* (ancien prieuré romain des chevaliers de Saint-Jean de Jérusalem). Des marchés totalement symétriques occupaient la colline opposée (la base actuelle du monument à Victor-Emmanuel II).

NAPOLÉON ? UN COPIEUR

Convoitée par Napoléon, la colonne Trajane, trop grande et trop lourde, échappa au pillage des troupes françaises. Qu'à cela ne tienne, l'empereur des Français en fit ériger un fac-similé, place Vendôme à Paris. La colonne, coulée avec le bronze des canons ennemis, glorifie la bataille d'Austerlitz quand celle de Trajan exalte la conquête de la Dacie. La statue de Napoléon en César y trône, armé d'un globe et d'un glaive (ben voyons !). Quant aux dimensions, elles se tiennent à la culotte : 3,60 m de diamètre pour 40 m de haut, base comprise !

Le Palatin *(Palatino)*

Des 7 collines de Rome, le Palatin est sans nul doute la plus célèbre et la plus mythique, car étroitement liée à la légende de la création de la ville antique. C'est en effet au pied de ce mont – coincé entre le Forum romain et le Circus Maximus – que se serait échoué le panier de Romulus et Rémus, abandonnés à la dérive sur le Tibre. Et c'est là même – dans une grotte – qu'ils auraient été nourris par une louve, avant d'être recueillis et élevés par un couple de bergers. Plus tard, les jumeaux – en rivalité sur la fondation de la ville – s'installent chacun sur une colline différente. Romulus choisit le Palatin, alors que Rémus jette son dévolu sur l'Aventin ; dans l'attente du choix des dieux. Cette dispute coûte finalement la vie à Rémus, tué par son frère après qu'il a franchi la ligne matérialisant l'emplacement futur de Rome, dont l'accès lui avait été interdit. Rome est ainsi fondée le 21 avril 753 av. J.-C. Romulus regrettera plus tard son geste...

Les sceptiques disent que cette histoire est une légende. Mais après la Seconde Guerre mondiale, sur l'emplacement dit de la *maison de Romulus,* des restes de cabanes des VIIIe et VIIe s av. J.-C. furent mis au jour lors de fouilles. Et plus récemment, fin 2007, des archéologues pensent avoir sondé (sans pour autant y avoir accédé), sous le Palatin, la grotte où les 2 frérots auraient été allaités par la louve, le mythique *lupercale,* soit une cavité de 16 m de large ornée de coquillages, de mosaïques et de niches... Mythologie et histoire semblent perpétuellement se rejoindre dans la Ville Éternelle !

Le Palatin, centre de Rome à l'époque des rois, devient un simple quartier résidentiel à l'époque républicaine (pour classes dirigeantes toutefois), puis regagne son prestige lors de l'avènement de l'empire, en accueillant la résidence impériale. Caligula fait alors relier son palais au Capitole par une passerelle géante afin de pouvoir s'entretenir plus commodément avec Jupiter ! Avec la chute de l'empire et la destruction par les Barbares du réseau d'aqueducs qui les alimente en eau, les collines romaines sont finalement désertées. Le Palatin reste alors à l'abandon jusqu'aux XVe et XVIe s, époque à laquelle on se découvre une passion pour les jardins belvédères ! Une fois cette mode passée, le Palatin est de nouveau délaissé. Cela explique l'effort d'imagination que le visiteur d'aujourd'hui doit accomplir pour en retrouver les splendeurs antiques. Car la colline livre un ensemble de ruines de briques s'échelonnant entre les Ier et IVe s, qui, si elles dégagent un charme romantique certain, ne sont plus très « lisibles » au sens historique du terme. Il convient donc d'appréhender le lieu comme une très belle promenade dans un site aménagé verdoyant, qui offre une vue remarquable sur les sites de la Rome antique (Circus Maximus, Forum romain, forums impériaux, Colisée...), la ville moderne et ses collines.

👣👣 ***Stadio palatino*** *(stade palatin)* **:** il s'agit d'une construction superbe, partie prenante du palais de Domitien, qui comprenait en outre 2 autres parties, la ***Domus Flavia*** (la partie publique destinée aux fonctions officielles de l'empereur, qui servit de résidence impériale jusqu'à la fin du IIIe s) et la ***Domus Augustana*** (la partie privée du palais où se trouvaient les appartements des empereurs et ceux de leur famille), toutes deux situées à l'ouest. Le stade proprement dit occupait tout le côté est de la *Domus Augustana.* Son périmètre était autrefois orné d'un portique à 2 étages. Jardins, centre d'exercices sportifs, lieu de spectacles... Voilà quelle devait être l'utilité de cette structure longue de 88 m. Accolés au stade se trouvent les thermes et la maison de Septime Sévère, dont il ne reste pas grand-chose...

👣👣 ***Aula Isiaca et loggia Mattei*** *(salle Isiaque et loggia Mattei)* **:** ***accessibles uniquement avec les pass Forum Pass Super ou Full Experience.*** L'élégante loggia Mattei, construite au XVIe s et décorée de grotesques de la même époque, s'ouvre sur l'Aula Isiaca, un spectaculaire décor de fresques antiques aux motifs égyptiens qui appartenait à la résidence d'Auguste.

👣👣 ***Museo Palatino ou Antiquarium*** *(musée du Palatin)* **:** *situé entre la Domus Flavia et la Domus Augustana.* ***Accessible uniquement avec les pass Forum Pass Super ou Full Experience.*** *Ferme 1h avt le reste du site. Rens : ● coopculture.it ●*

Établi dans un ancien monastère, ce petit musée résulte des nombreuses fouilles du XVIIIe s.

– ***Au sous-sol :*** voir d'abord la vidéo (10-15 mn) retraçant l'expansion de la ville... Sur place, une foule de colonnes funéraires, masques en terre polychromes, jolies céramiques noires, poignées d'amphores, restes d'un ravissant vase du VIe s, urnes funéraires... Également une petite reconstitution de la ville préhistorique et une maquette d'un habitat primitif, qui plaisent bien aux enfants.

– ***Au 1er étage :*** une série d'Hermès, utilisés comme piliers. Intéressants marbres noirs et magnifiques bas-reliefs en terre cuite polychrome (période augustinienne). Très beaux éléments de décor en marbre marqueté et vestiges de fresques de style « grotesques ». À voir aussi, l'importante statuaire : beaux bustes comme cet ***Harpocrate*** avec un doigt dans la bouche ; ou encore une ***Artémis*** en marbre presque transparent, avec un très beau drapé ; puis un Dionysos éphèbe en marbre avec quelques restes de couleur dans la chevelure. On admire aussi une rare statue de Néron, et d'autres bustes d'empereurs. De l'époque d'Auguste, on a retrouvé une belle statue ***d'éphèbe en basalte*** qui ornait le temple d'Apollon. En effet, ce dernier était décoré de 50 colonnes en marbre d'Alep avec, entre chacune d'elles, les 50 Danaïdes qui, selon la mythologie, ont rempli des tonneaux vides en représailles à la mort de leurs 50 cousins. Imaginez un peu le faste de ce temple !

🏛🏛 ***Casa di Augusto e Casa di Livia*** *(maison d'Auguste et maison de Livie)* **:** ***accessibles uniquement avec les pass Forum Pass Super ou Full Experience.*** *Visites guidées (en italien ou en anglais) obligatoires, à réserver pour chacune aux guichets d'entrée ou à celui situé à côté de l'arc de Titus.* Auguste installa sa résidence au sommet du Palatin, dans plusieurs petites maisons patriciennes richement décorées, qu'il rassembla. Ce sont leurs fresques que l'on peut découvrir aujourd'hui, où apparaissent scènes champêtres, guirlandes végétales et trompe-l'œil architecturaux. Et face, une autre de ces *domus* fut aménagée pour Livie, sa femme. Dans les salles du rez-de-chaussée et un *studiolo* supérieur, on découvre de belles fresques agrémentées de décors floraux et de scènes de mythologie, avec griffons et sphinx ; le tout inséré dans des panneaux rouge, jaune et vert éclatants, avec grotesques et motifs en trompe l'œil. Belles mosaïques au sol également.

🏛 ***Tempio di Apollo*** *(temple d'Apollon)* **:** *situé à côté de la maison d'Auguste et de Livie.* Construit par Auguste, il a perdu de sa magnificence. Vous ne pourrez en effet qu'en « apprécier » le podium, alors qu'il s'agissait d'un superbe bâtiment en marbre blanc de Luni.

🏛 ***Tempio della Magna Mater*** *(temple de Cybèle)* **:** bel exemple de la tolérance que les Romains pouvaient entretenir avec les cultes étrangers, voire l'influence que pouvaient avoir ces cultes, et spécialement les cultes orientaux, sur les Romains. En 204 av. J.-C., un oracle avait annoncé que la deuxième guerre punique aurait un dénouement heureux pour les Romains si la *Magna Mater* (la « Grande Mère », déesse phrygienne appelée aussi Cybèle) s'installait à Rome. Le Sénat fit donc venir la pierre noire censée l'incarner (sans doute un morceau de météorite) de Pessinunte (ville qui était située au sud-ouest de l'actuelle capitale turque Ankara), jusqu'à Rome, et on lui construisit ce temple... dont il ne reste rien !

🏛 ***Le village préhistorique :*** au sud du temple de Cybèle se trouve ce village où, selon les Anciens, s'élevait la maison de Romulus. Des emplacements de cabanes datant de l'âge du fer (IXe s av. J.-C.) y ont été découverts...

🏛 ***Palazzo di Tiberio*** *(palais de Tibère)* **:** cette vaste demeure (modifiée par Caligula, Trajan et Hadrien) est en réalité recouverte par les jardins Farnèse. Autant dire que l'on marche dessus ! Il n'en reste donc aujourd'hui plus grand-chose, hormis les arcades de la partie postérieure du palais. De là, autre jolie vue sur le Forum, la ville et ses collines.

🏛🏛 ***Giardini Farnese*** *(jardins Farnèse)* **:** créés au XVIe s pour l'illustre cardinal sur les ruines du palais de Tibère, ils offrent au promeneur une jolie vue : d'un côté sur le Forum et le Colisée ; et de l'autre sur le Tibre et la plaine du Vatican.

🏛 Là, un escalier rejoint le ***Criptoportico nerionano*** *(cryptoportique de Néron)* **:** ***accessible uniquement avec les pass Forum Pass Super ou Full Experience.*** Longue galerie souterraine, qui servait à relier la Domus Aurea de Néron au Palatin. Il faut l'imaginer entièrement peinte de fresques, qu'une animation numérique tente de restituer (bof !). C'est dans cet impressionnant passage que le bien-aimé Caligula fut assassiné par le tribun Cassius Chaerea (41 apr. J.-C.).

Le Colisée
(il Colosseo ; plan détachable d'ensemble, D-E4)

*➢ **Accès :** Ⓜ Colosseo (ligne B). Ⓣ nos 3 et 8. Bus nos 60, 75, 85, 87, 117, 175, 186, 271... L'entrée se situe sur la piazza del Colosseo, côté via dei Fori Imperiali. Près de l'entrée, un ascenseur permet l'accès à la galerie supérieure (♿ seulement).*
*– **Infos :** ☎ 06-06-08. • archeoroma.it • 060608.it •*
*– **Résas :** ☎ 06-399-677-00 (lun-ven 9h-18h, sam 9h-14h). • coopculture.it •*
*– **Horaires de visite : identiques pour le Colisée, le Forum romain, les forums de Trajan et de César et le Palatin.** Tlj : dernier dim d'oct-15 fév 8h30-16h30 ; 16 fév-15 mars 8h30-17h ; 16 mars-dernier sam de mars 8h30-17h30 ; dernier dim de mars-31 août 8h30-19h15 ; sept 8h30-19h ; 1er oct-dernier sam d'oct 8h30-18h30. Dernière admission 1h avt. Visite nocturne mars-déc : 20h-minuit (dernière entrée à 22h50). Parcours de 1h15. Entrée : 20 €. Avr-mai lun-sam ; oct-mai tlj sauf mar et dim ; juin-sept tlj ; nov ven-sam ; déc et mars sam seulement. Fermé 1er janv, 1er mai et 25 déc.*
*– **Entrée : il existe plusieurs billets. Billet cumulatif classique** (valable 2 j., le jour de l'achat et le lendemain du 1er compostage seulement) **valable pour le Colisée, le Forum romain, les forums de César et de Trajan et le Palatin** (une seule visite autorisée par site). Tarif : 16 € (+ 2 € si vous réservez en ligne) ; réduc ; gratuit - 18 ans ressortissants de l'UE, et le 1er dim du mois ;* Roma Pass accepté. ***Billet Full Experience : donne accès au Colisée** (avec visite des souterrains ou de l'arène comprise), **au Forum romain, aux forums de César et de Trajan et au Palatin** (y compris les sites réservés aux possesseurs du Forum Pass Super). Tarif : 22 € (+ 2 € de résa en ligne).*
*– **Audioguides et vidéoguides en français :** respectivement 5,50 € (1h10) et 6 €. Pour les visites guidées en français : réserver en ligne sur le site • coopculture.it •*
*– **Visites guidées en français :** possibilité d'une visite guidée en français comprenant les souterrains + le belvédère (niveaux 3, 4 et 5) ; tlj, durée 1h15. Tarif : 15 € (+ 2 € de frais de résa en ligne, le tt à ajouter au prix d'entrée). Si vous voulez visiter séparément le belvédère et les souterrains, le tarif est de 9 €/visite par pers mais ces visites ne sont proposées qu'en italien, en anglais ou en espagnol.*
*– **Petites astuces :** par mesure de sécurité, le Colisée ne peut accueillir que 3 000 pers en même temps. Les contrôles de sécurité peuvent être longs. **Pour que l'accès au site soit plus facile, il est préférable de réserver en ligne.** Une fois sur place, montrez bien votre résa au personnel chargé de vous orienter. Cela vous évitera de faire la queue dans la mauvaise file. Résas en ligne et à l'avance sur • coopculture.it •, moyennant un supplément de 2 €/pers et par type de résa. Autre solution avantageuse : les billets achetés avec le Roma Pass permettent aussi de couper la file (voir « Musées et sites » dans « Rome utile »), mais il est **désormais obligatoire de réserver** vos places au préalable (en ligne). On peut enfin acheter son billet pour le Colisée à l'une des entrées de la zone archéologique du Forum romain et du Palatin : via di San Gregorio, 30, via della Salara Vecchia, 56, et piazza del Colosseo (au niveau de l'Arco di Costantino ; à 2 pas du Colisée).*

Commencé sous Vespasien en 72 apr. J.-C., inauguré par son premier fils Titus en 80, achevé par son second fils Domitien en 82, c'est ***le plus grand amphithéâtre réalisé par les Romains,*** largement imité par la suite (Arles, Nîmes...). Il occupe l'ancien lac de la fameuse *Domus Aurea* (Maison dorée) de Néron, située à 2 pas. Les Flaviens (nom de la dynastie sous laquelle il fut construit) voulaient à la fois donner à la ville sa première arène en dur et s'attirer les faveurs du peuple romain, échaudé par Néron. Pour acheminer les quelque 100 000 m³ de travertin d'Ostie, il a fallu construire une route de 6 m de large jusque-là. Ce ***véritable symbole de la Rome antique*** ne prit toutefois le nom de Colisée qu'au Moyen Âge, donc finalement bien après qu'Hadrien y a fait déplacer

(à l'aide de 24 éléphants !) la colossale statue de Néron représenté en dieu Soleil (qui se trouvait à l'origine à la Maison dorée). Ce colosse marqua tant les esprits, du haut de ses 35 m, qu'il finit par donner son nom au Colisée *(Colosseo)*... L'édifice, après l'empire, ne sera ménagé ni par les tremblements de terre ni par les nouveaux édiles en quête de matériaux, avant d'être transformé en forteresse par la famille Frangipani au XIIe s.
N'hésitez pas à en faire le tour avant de pénétrer dans le ventre de ce « monstre » !
– La ***façade,*** haute de près de 50 m, compte 4 étages. Des statues de dieux et autres personnages mythologiques ornaient jadis les 160 arcs des 2e et 3e niveaux. Le 4e étage a survécu sur la moitié seulement des 527 m de circonférence du monument. Des mâts y étaient enchâssés, permettant de tendre un auvent *(velarium)* au-dessus de l'amphithéâtre afin de protéger les spectateurs des intempéries ou du soleil. La manœuvre de cette véritable voile était assurée par des marins ! Ne pas manquer la maquette du Colisée datant du XVIIIe s, qui permet de bien appréhender le monument.
Ce superbe squelette en marbre de travertin (à l'époque un matériau peu noble, mais aujourd'hui fort coûteux !) est constellé de trous. On y coula du plomb, destiné à faire tenir les agrafes en fer solidarisant les blocs entre eux. Le pillage eut raison de ces précieuses jointures... Allez, jetons-nous dans l'arène !
L'amphithéâtre pouvait contenir plus de 50 000 personnes (qui prenaient place sur les gradins portés par les colonnes des nombreuses galeries intérieures). Les galeries de circulation (*vomitorium,* parlant non ?) en faisaient le tour et permettaient aux foules de rejoindre leur place. On a d'ailleurs retrouvé sur place des jetons métalliques qui portaient inscription des zones et numéros de placement. On n'a rien inventé ! La plateforme en bois qui servait d'arène (86 m x 54 m) a disparu en laissant apparaître les galeries souterraines, véritables coulisses sur 4 niveaux, accueillant les bêtes, les combattants, une morgue (et pour cause !) et une caserne.

POUCE LEVÉ, POUCE INVERSÉ ?

Cette affabulation qui décidait de la vie des gladiateurs est une pure invention du peintre pompier Gérôme, avec sa toile Pollice Verso *(1873). En fait, le peuple criait «* Mitte *» (« laisse-le ») ou «* Jugula *» (« égorge-le »). L'empereur suivait la décision de la foule !*

L'entrée était gratuite, car les jeux étaient financés par les magistrats et les empereurs pour s'acheter les faveurs du peuple. ***Chacun était ensuite placé selon son rang et son appartenance sociale.*** Les gradins du podium accueillaient les sénateurs, les magistrats et les loges impériales, tandis que la basse *cavea* était réservée aux chevaliers, la moyenne *cavea* à la petite bourgeoisie, et la haute *cavea* au peuple. Les femmes étaient reléguées sur les gradins les plus élevés, hormis les vestales, reconnaissables à leur robe blanche, qui avaient des places privilégiées. Enfin, ***le spectateur romain, après s'être levé pour saluer l'arrivée de l'empereur, pouvait assister au spectacle.***
Les combats de gladiateurs avaient la préférence du public et soulevaient des passions morbides, paris à la clé ! Ils opposaient des hommes plus ou moins armés (des prisonniers de droit commun, des esclaves, mais aussi des professionnels entraînés dans des écoles spécialisées) à des bêtes féroces (tigres ou lions principalement). ***De véritables mises en scène étaient orchestrées*** avec des décors, maisons, arbres, collines, lacs... Un empereur, Commode, fut même assez fou ou passionné pour oser descendre dans l'arène ; les jeux ayant été, semble-t-il, truqués pour l'occasion ! Bref, ces combats constituaient un outil de communication et de propagande pour le pouvoir. ***Ces jeux pouvaient parfois durer plusieurs jours*** (120 jours pour la victoire de Trajan sur les Daces !). On distrayait le peuple et le gouvernement poursuivait son action sans entrave... *Panem et Circenses !*
Les gladiateurs professionnels, attirés par l'appât du gain (et par la gloire, les vainqueurs étaient de véritables héros !), se faisaient engager par les lanistes,

propriétaires de troupes de gladiateurs. En signant leur contrat, ils s'engageaient à supporter « le feu, les chaînes et les coups » ainsi que « la mort par le fer ». Le gladiateur représentait le pouvoir. C'était donc un homme riche, bien payé par les mécènes. ***Les vainqueurs des joutes recevaient des récompenses honorifiques et de l'argent.*** Les esclaves pouvaient même être affranchis. En cas de mort du gladiateur, le mécène en récupérait le sang : dilué avec un peu d'eau, il était vendu sur les marchés où l'on vantait ses vertus, comme une vraie relique !

Les ***combats entre bêtes féroces*** (lions, loups, tigres, crocodiles) permettaient au peuple, d'une certaine façon, d'apprendre à découvrir les animaux de pays exotiques, et certains décors ou mises en scène servaient même de leçon d'histoire naturelle. Quant à la légende des joutes nautiques pour lesquelles l'arène était inondée, elle paraît peu vraisemblable car il y aurait eu un risque évident de noyer les galeries de service souterraines... ***Les combats de gladiateurs se raréfièrent sous Trajan*** (IIe s), pour disparaître complètement avec Constantin, sa conversion au christianisme aidant. On poursuivit les combats de fauves encore quelque temps ; le dernier du genre daterait de 523.

Bien des années plus tard, au XVIIIe s, le pape Benoît XIV le transforma en un lieu sacré en l'honneur des martyrs chrétiens de Rome. Noter, en surplomb de l'arène, cette grande croix qui commémore leur calvaire supposé (aujourd'hui encore, chaque Vendredi saint, c'est ici que le pape célèbre le chemin de Croix).

C'est seulement à la fin du XIXe s que le Colisée fut restauré et protégé. Puis, dans les années 1990, l'État italien entreprit une nouvelle et énergique restauration du monument. En 2011, Diego Della Valle, patron de la célèbre marque *Tod's*, finança à hauteur de 25 millions d'euros les rénovations nécessaires au Colisée (2013-2016).

Quant à la vocation première du lieu – amuser le peuple –, peu de spectacles prennent place de nos jours dans ce cadre grandiose ; les rares derniers à s'y être produits étant Paul McCartney pour un concert de *charity business* et Andrea Bocelli pour venir en aide aux sinistrés du tremblement de terre des Abruzzes...

Depuis le jubilé en 2000, le Colisée s'illumine chaque fois qu'une condamnation à mort est annulée quelque part dans le monde.

GLADIATEUR, L'ANCÊTRE DE LA STAR

Bon nombre de femmes adulaient les gladiateurs malgré leurs balafres et leur faible espérance de vie. Ces combats très masculins avaient, semble-t-il, la faveur d'un grand nombre d'entre elles. Un seul hic : elles assistaient aux spectacles depuis les derniers rangs et ne voyaient donc que des gladiateurs gros comme des fourmis !

AU SUD DU COLISÉE : LE CELIO

Arco di Costantino *(arc de Constantin ; plan détachable d'ensemble, D4)* **:** dressé entre le Colisée et le Palatin, cet arc superbe fut érigé en 315 pour célébrer la victoire de l'empereur Constantin sur Maxence au pont Milvius. Intégré, comme l'amphithéâtre Flavien aux fortifications médiévales, il est remis dans l'état que nous connaissons au début du XIXe s. Le plus grand des arcs romains, constitué de 3 arches, vaut le coup d'œil, non seulement pour ses proportions (hauteur : 21 m ; largeur : 26 m), mais aussi pour son décor provenant en partie de monuments du IIe s de notre ère.

Case romane del Celio *(maisons romaines du Celio ; plan détachable d'ensemble, D-E4)* **:** *clivo di Scauro.* ☎ *06-704-545-44.* ● *coopculture.it* ● *Prendre la rue sur le côté gauche de la basilica dei Santi Giovanni e Paolo ; l'entrée*

se trouve à droite au niveau du dernier arche. Ⓜ *Circo Massimo (ligne B).* Ⓣ *n° 3. Bus nos 60, 75, 81, 175, 673... Tlj sauf mar et jeu 10h-16h. Entrée : 8 € (+ 2 € de résa) ; réduc ; gratuit - 6 ans. Feuillet explicatif en français.*
Ce complexe archéologique fut découvert en 1887 par le recteur de la basilique Saints-Jean-et-Paul, construite par-dessus au Ve s. Incroyable dédale de salles – une vingtaine en tout –, réparties sur 3 niveaux. Là, les fouilles ont montré qu'il s'agissait d'*insulae* – des immeubles d'habitation de l'époque – transformés par la suite en une *domus* fastueuse par une famille fortunée. Cette demeure a conservé de nombreuses fresques, miraculeusement épargnées par le temps et l'Histoire. Dans la ***stanza dei Geni*** *(salle des Génies),* de jeunes gens ailés – les génies – dansent nus parmi des oiseaux, guirlandes de fleurs et de vigne, où des *putti* cueillent du raisin. Si le sujet évoque l'automne, les sexes ont été effacés, sûrement par un propriétaire un peu trop bégueule... Ensuite, dans la ***stanza dell'Orante*** *(salle de l'Orant),* le personnage en prière, les bras ouverts et levés, évoque – c'est une hypothèse – l'époque où le christianisme pénétra les lieux en secret. Puis, on découvre la ***cella vinaria*** *(cellier),* où étaient stockés le vin et le *garum* (condiment à base d'entrailles de poisson). Un escalier monte alors au ***confessio*** *(confessionnal),* qui relate le martyre des saints orientaux et notamment de Giovanni et Paolo, 2 soldats romains qui, selon la tradition, vécurent ici avant d'être martyrisés sous Julien l'Apostat en 362. En descendant, dans ce qui fut le ***giardino*** *(jardin),* voici un nymphée du IIIe s avec des fresques superbes évoquant le rapt de Proserpine (au centre), entourée d'embarcations pilotées par des *eroti* pêchant. De là, on a une vue étonnante sur le volume des lieux. Enfin, dans le ***museo*** *(musée),* on peut admirer – dans un agréable cadre aéré – des céramiques, éléments d'architecture, fragments de statues, et divers objets retrouvés ici.

CARNET SCOLAIRE

À l'époque romaine, il y avait lieu de distinguer le triomphe de l'ovation. Le premier était la récompense suprême qu'accordait le Sénat au général victorieux. Ce dernier défilait en ville avec toute son armée, habillé en Jupiter ; on sacrifiait un taureau, on construisait un arc. L'ovation, elle, était nettement moins fastueuse : on se contentait d'une entrée solennelle à pied ou à cheval et d'égorger un simple mouton (ovis). *Le terme « ovin » vient de là !*

Basilica dei Santi Giovanni e Paolo *(plan détachable d'ensemble, D-E4)* **:** *piazza dei Santi Giovanni e Paolo, 13. ☎ 06-700-57-45. Tlj 8h30-12h, 15h30-18h.* Passé les 2 beaux lions de pierre enchâssés de part et d'autre du portail d'entrée, outre ses proportions et la richesse relative de ses décors baroques, elle présente peu d'intérêt.

Parco della Villa Celimontana *(plan détachable d'ensemble, E4)* **:** *via della Navicella, 12 (entrée à gauche de la Basilica di Santa Maria in Domnica).* Ce jardin, privé jusqu'en 1926, est désormais la propriété de la municipalité de Rome. À 2 pas du Colisée et de la foule, imaginez un petit coin de chlorophylle où il fait bon se détendre entre 2 visites. Petit obélisque égyptien autrefois installé au Capitole, dont une légende raconte que la sphère le couronnant contiendrait les cendres d'Auguste... Festival de jazz sur place en juillet et en août *(● villagecelimontana.it ●).*

Basilica di Santa Maria in Domnica *(plan détachable d'ensemble, E4)* **:** *via della Navicella, 10. ☎ 06-772-026-85. ● santamariaindomnica.it ● Tlj 8h30-12h30, 16h30-19h.* Située à l'emplacement d'un important carrefour routier de la Rome antique, sa première construction remonte au VIIe s. Beau portique de style toscan. À l'intérieur, dans l'abside, magnifique Vierge à l'Enfant avec, à ses pieds, Pascal Ier représenté avec une auréole carrée. Les coquelicots – qui ressemblent étrangement à des pavots dont on tire l'opium – représentent la végétation de l'Éden ! Beau plafond Renaissance à caissons.

QUARTIER DE SAINT-JEAN-DE-LATRAN ET SES ENVIRONS

À quelques pas du Colisée, c'est ici – sur le domaine du Latran – que l'empereur Constantin fit édifier la toute première basilique chrétienne au IVe s. Aussi la basilique Saint-Jean-de-Latran est-elle considérée comme la mère de toutes les églises de Rome et même du monde chrétien ! Cernée par quelques palais et autres édifices religieux majeurs, elle mérite vraiment le détour. Le tout au cœur d'un quartier résidentiel sillonné de grandes artères, avec d'étonnantes enclaves verdoyantes dans sa partie ouest...

Où dormir ?

En complément des adresses ci-après, regardez aussi certaines adresses du chapitre « De la piazza Venezia à la Rome Antique », situées à l'ouest de la basilique de Saint-Jean-de-Latran.

Auberge de jeunesse

Free Hostels Roma *(plan détachable d'ensemble F3-4,* ***30****) : via L. Luzzati, 3. ☎ 06-700-49-78. • info.roma@free-hostels.com • free-hostels.com • Lits en dortoirs 2-6 pers 14-40 €. Doubles 40-100 €. Petit déj 5 €.* Une petite AJ récente, installée dans une maison de 3 étages située dans une rue calme bordée de villas. On y trouve des dortoirs colorés tout neufs, bien tenus et particulièrement fonctionnels : chaque lit, équipé d'une lampe, d'une prise et d'un coffre, se conçoit comme un véritable « nid » que l'on peut refermer comme on l'entend, pour dormir ou lorsqu'on part en vadrouille. Salle de bains dans toutes les chambres. Également des doubles, triples ou quadruples privées, attrayantes et propres. Bar et living room à l'entresol et grande terrasse pour prendre l'air. Un peu excentré, mais le métro Manzoni n'est pas loin. Un très bon plan !

De bon marché à prix moyens

Casa Piccolo Principe *(hors plan détachable d'ensemble par F5,* ***35****) : via Caulonia, 14. 📱 338-457-16-64 ou 338-177-06-30. • casapetitprince@gmail.com • 70 € pour 2 pers, 20 € pour la 3e et la 4e pers ; réduc. Min 3 nuitées.* À 2 pas du *parco archeologico* de la via Appia et à proximité de tous les transports en commun, cet appartement élégant charmera les visiteurs adeptes de confort et de luminosité. Le petit plus ? Le balcon, un vrai havre de repos après avoir arpenté le pavé romain. Le séjour peut s'enrichir de visites culturelles personnalisées (dans un français parfait) puisque Ivano, le sympathique propriétaire, est guide-conférencier officiel de la ville de Rome. Que demander de mieux dans cette rue silencieuse à une enjambée du typique marché de la piazza Epiro ?

Etruria Relais & Wine *(hors plan détachable d'ensemble par F5,* ***32****) : via Etruria, 37. ☎ 06-997-001-08. • etruria.relaisandwine@gmail.com • etruriarelais.it • Doubles 80-150 €.* Cet immeuble ancien cache une belle surprise ! Noyée dans la verdure du jardin à l'arrière, on trouve une maison blanche livrant 5 chambres confortables et douillettes. Déco sobre et un poil design, dans les tons clairs avec marbre au sol. Petite terrasse privée pour certaines ; grande salle de bains avec douche et bains pour d'autres... Accueil gentil et pro. Bref, une oasis inattendue !

Jazz Style B & B *(plan détachable d'ensemble, F4, **33**) : via Fidene, 19 (4e étage). 339-532-06-55. • info@jazzstyle.it • jazzstyle.it • Doubles 60-170 €.* Tout près de la basilique Saint-Jean-de-Latran, un immeuble moderne dans une ruelle tranquille. En tout 4 chambres tout confort, sobres et design. Si la plus chère est dotée d'un jacuzzi, toutes ont vue sur la cour et sa verdure. Accueil sympa.

Rome à Volonté *(plan détachable d'ensemble, F3, **31**) : via Balilla, 13. 339-789-66-59. • soleil@romeavolonte.com • romeavolonte.com • Doubles (2-3 pers) 70-95 € ; apparts (3-7 pers) 80-170 €. CB refusées. Apéritif maison ou café ou digestif offert sur présentation de ce guide.* Dans son petit intérieur surchargé de livres et de bibelots, Sophie – française et guide-conférencière – propose 3 chambres et 2 apparts. Tout ça abondamment décoré et coloré. Certaines chambres, comme l'Étrusque et la Palatine, possèdent un petit balcon sur le jardinet situé à l'arrière. Le grand appart est idéal pour une famille. Accueil au diapason de la maison.

Chic

Profumo – Maison d'hôtes *(plan détachable d'ensemble, E4, **34**) : via San Giovanni in Laterano, 108. ☎ 06-709-60-43. • info@profumomaisonroma.com • profumomaisonroma.com • Doubles 80-180 €.* Juste en face de la basilique San Clemente, dans un quartier connu pour ses beaux vestiges médiévaux, une dizaine de chambres au confort douillet et à l'élégance toute classique. Également 2 suites du même genre. Bref, tout le charme d'une adresse secrète ! Service avec du style.

Où manger ?

Sur le pouce

Alice Pizza *(plan détachable d'ensemble, F4, **220**) : largo Magna Grecia, 24. ☎ 06-770-762-21. • info@alicepizza.it • Tlj 10h30-22h (21h30 lun-mer). Moins de 5 €.* Enseigne d'une chaîne de restauration que nous recommandons pour ses excellentes pizzas à pâte croustillante et ses ingrédients frais de qualité. À dévorer sur des tables et chaises hautes, dans un gentil petit local lumineux. Plusieurs points de vente disséminés dans la ville.

La Casa del Supplì *(plan détachable d'ensemble, F5, **221**) : piazza dei Re di Roma, 20. ☎ 06-704-914-09. • pizzeriarediroma@outlook.com • Tlj sauf dim 10h-23h30. Moins de 5 €.* Des pizzas *al taglio,* fines et bien garnies, mais surtout de délicieux *supplì*, croustillants dessus et fondants dedans. Également des poulets rôtis accompagnés de patates et des légumes frits... Le tout à dévorer pour une bouchée de pain !

Prix moyens

Santopalato *(plan détachable d'ensemble, F5, **243**) : piazza Tarquinia, 4a/b. ☎ 06-772-073-54. • santopalatoroma@libero.it • Tlj sauf lun, midi et soir. Plats 11-20 €, repas env 30 €.* Murs orange et sol carrelé de mosaïques pour cette osteria au look néovintage, tenue par une énergique équipe de nanas, aussi bien en salle qu'en cuisine. Elles réinterprètent ici les grands classiques de la *cucina romana* avec générosité et maîtrise, de la *carbonara* (très riche !) aux *polpette* en passant par un exotique *vitello tonnato,* emprunté à la culture piémontaise. À l'ardoise, quelques suggestions du jour pour coller au rythme des saisons. Vins au verre un peu chers (plusieurs quantités) : optez donc pour le *vino della casa,* bien gouleyant.

Hostaria I Buoni Amici *(plan détachable d'ensemble, F4, **223**) : via A. Aleardi, 4-6-8. ☎ 06-704-919-93. Tlj sauf dim. Plats 7-16 €, repas 20-25 €.* Resto familial mijotant une cuisine simple, bonne et copieuse. Habitants du quartier, cols blancs, et aussi quelques curés viennent s'y repaître avec plaisir ! Large variété de plats romains bien tournés, et aussi des pâtes pour les petits budgets. À dévorer dans une longue salle soignée, avec nappes à carreaux de rigueur. Une adresse efficace et authentique. Excellent accueil.

|●| *Hostaria I Clementini* *(plan détachable d'ensemble, E4, **34**) : via di San Giovani in Laterano, 106. ☎ 06-454-263-95. ● info@iclementini.it ● Tlj. Plats 10-18 €, repas 25-30 €.* Cuisine simple et savoureuse avec quelques envolées créatives, voilà les bons points de cette maison – certes touristique – mais qui tient ses promesses depuis des années. Également de bonnes salades pour garder la ligne. Agréable petite salle voûtée, doublée d'un *cortile*. Une bonne adresse dans le coin.

De prix moyens à chic

|●| *Osteria La Sol Fa* *(plan détachable d'ensemble, F4, **224**) : via G. Sommeiller, 19. ☎ 06-702-79-96. ● info@osterialasolfa.it ● Tlj sauf sam midi et dim. Plats 10-15 €, repas 25-30 €.* Authentique petite adresse de quartier à la déco hétéroclite. À la carte, cuisine romaine bonne et bien ficelée, qui séduit les papilles d'une foule d'habitués. Bon rapport qualité-prix et service tout en douceur.

|●| *Hostaria Bentu & Soi* *(plan détachable d'ensemble, G4, **331**) : via Casalina, 65. ☎ 06-968-430-00. ● lucasardo@hotmail.com ● Ⓜ Lodi. Tlj sauf dim. Repas 25-30 €.* Ne vous fiez pas à la déco banale mais plutôt à Luca, votre hôte jamais avare de bons conseils. La carte fait une large place aux poissons. Pour savourer pleinement, prenez plusieurs plats à partager. L'un des rares et bons restos sardes de la ville, plébiscité par les locaux.

|●| *Roberto e Loretta* *(plan détachable d'ensemble, F5, **225**) : via Saturnia. ☎ 06-772-010-37. ● darobertoeloretta@gmail.com ● Tlj sauf lun. Repas 30-40 €.* À 15 mn à pied de Saint-Jean-de-Latran, cet élégant resto de quartier labellisé *Slow Food* nous séduit d'abord pour son cadre « à l'ancienne », chaleureux et propret... Mais les assiettes ne sont pas en reste, déclinant les recettes romaines au rythme des arrivages du marché. Allez, testez-donc la *cacio e pepe*, réputée dans tout Rome ! Service familial stylé. Une excellente adresse.

Où manger une glace, une pâtisserie ?
Où boire un verre ?

Riva Reno Gelato *(plan détachable d'ensemble, F4, **226**) : via Magna Grecia, 25. ● info@rivareno.com ● Tlj 12h-23h (minuit w-e).* En sortant de la basilique Saint-Jean-de-Latran, rendez-vous ici pour lécher de délicieuses glaces artisanales aux parfums classiques ou aux fruits de saison, sans oublier quelques saveurs originales. Également une adresse à Ostie. À quelques pas, une antenne de la célèbre *gelateria La Romana*, histoire de comparer. Gourmands !

Palazzo del Freddo Giovanni Fassi *(plan détachable d'ensemble, F3, **227**) : via P. Eugenio, 65. ● palazzodelfreddo@tiscali.it ● Tlj 12h-22h (minuit ven-sam, ouvre à 10h dim).* Une institution installée dans une espèce de hall de gare bruyant, à la déco façon années 1950. Forts de leur succès, les proprios ont même ouvert une adresse à Séoul ! Au choix, de bonnes glaces aux parfums de saison, des douceurs lactées, des pâtisseries... Foule à peine croyable le dimanche...

Bar Pompi *(plan détachable d'ensemble, F5, **228**) : via Albalonga, 7b-11. ● info@barpompi.it ● Tlj sauf lun 7h-1h.* Cet immense bar-salon de thé se targue de fabriquer le meilleur tiramisù de Rome, qui se décline en plusieurs versions : chocolat, fraise, noisettes, pistaches... À déguster sur place ou à emporter (dans une barquette). Également de bonnes glaces. Plusieurs autres succursales dans Rome.

Le Foodie Cafè Bistrot *(plan détachable d'ensemble, F4, **641**) : piazzale Appio, 9. ☎ 06-693-682-21. Ⓜ San Giovanni. Tlj 24h/24.* Un endroit étonnant et toujours ouvert, faisant office de bureau de tabac, bar et pâtisserie. Sympa pour avaler un petit déj composé d'un cappuccino et de pâtisseries en tout genre, mais aussi pour profiter de l'*aperitivo*, qui s'accompagne parfois d'un concert. Terrasse bruyante.

Où boire un verre ? Où sortir ?

Gatsby Cafè *(plan detachable d'ensemble, E3, **668**)* **:** *piazza Vittorio Emanuele II, 106. • lacappelleriasrl@gmail.com • Tlj 8h-minuit (2h ven-sam). Menus midi 5,50-9 €. Aperitivo 10 €.* Installé dans une ancienne fabrique de chapeaux planquée sous les arcades de la place Vittorio Emanuele II, c'est un véritable lieu de vie. Et on adore la déco ! À toute heure de la journée, il ravit l'amateur de café ou le travailleur pressé avalant un petit plat ; le soir, il accueille une clientèle amatrice de festivités et de bons concerts de jazz, swing ou soul (3 fois par semaine).

À voir

LE QUARTIER DE SAINT-JEAN-DE-LATRAN

Basilica di San Giovanni in Laterano *(basilique Saint-Jean-de-Latran ; plan détachable d'ensemble, F4)* **:** *piazza di San Giovanni in Laterano. ☎ 06-698-864-33. Ⓜ San Giovanni (ligne A). Bus nos 16, 81, 85, 87, 571, 590, 650... Tlj 7h-18h30. Visite du cloître : 5 €, audioguide en français compris ; ou 10 € la visite du cloître + Sancta Sanctorum (voir ci-après : piazza di Porta San Giovanni).*

Également appelée « archibasilique du Saint-Sauveur », elle fut la première église construite à Rome, et demeure la « mère » des églises du monde chrétien. Édifiée à l'initiative de l'empereur Constantin sur un terrain appartenant à une riche famille de patriciens, les Laterani, elle fut consacrée en 324 par le pape Sylvestre Ier, et s'imposa comme la résidence des évêques jusqu'en 1309, date de son transfert à Avignon. C'est ici qu'ont été signés les accords du Latran le 11 février 1929 dans lesquels le pape Pie XI fut reconnu comme chef d'État. La basilique demeure aujourd'hui la propriété du Vatican, et le siège de l'évêché de Rome, dont l'évêque est le pape lui-même.

Plusieurs fois incendiée et démolie, elle fut renforcée à maintes reprises. Et si la majeure partie de la basilique actuelle date du XVIIe s, elle n'en demeure pas moins magnifique. Superbe nef centrale de 125 m de long. La splendide et fastueuse déco intérieure est signée du grand architecte baroque Borromini (XVIIe s). Admirez aussi les formidables mosaïques dorées (XIIIe s) de l'abside, riches en symboles ; les statues monumentales des apôtres ornant les flancs de la nef (école du Bernin) ; les plafonds à caissons dorés ; le pavement cosmatesque fait de récup' antique...

– Voir absolument le magnifique ***cloître du XIIIe s*** *(9h-18h ; entrée payante),* qui nous charme avec ses gracieuses colonnes dépareillées, parfois recouvertes de mosaïques colorées, et ses petites corniches ouvragées. Sa galerie abrite une collection lapidaire : étonnantes pierres tombales, restes de fresques qui ornaient les murs de l'antique basilique...

PRÉSIDENT CHANOINE !

Chaque président de la République française est chanoine d'honneur de la basilique de Saint-Jean-de-Latran, une tradition héritée des rois de France depuis le XVe s. Tombé dans l'oubli, c'est René Coty qui remit au goût du jour cette tradition en 1957, bientôt suivi par Charles de Gaulle en 1967, Valéry Giscard d'Estaing en 1978, Jacques Chirac en 1996, Nicolas Sarkozy en 2007 et Emmanuel Macron en 2017. Seuls Georges Pompidou, François Mitterrand et François Hollande n'ont pas pris possession de la stalle, sans pour autant refuser officiellement ce titre honorifique.

Piazza di Porta San Giovanni *(plan détachable d'ensemble, E-F4)* **:** ouverte au XVIe s dans l'enceinte d'Aurélien, la **porta San Giovanni** permet d'accéder à la place du même nom : l'esplanade de la basilique. Là, au début de la via Felice, on aperçoit une statue en bronze dédiée à saint François d'Assise, représenté les bras levés dans l'axe de la basilique. Toujours sur cette place, sur la droite quand on fait face à la basilique, on trouve le ***Scala Santa*** *(Saint Escalier ; tlj 6h-13h30, 15h-18h – 18h30 avr-sept)*, dont la légende prétend qu'il aurait été gravi par Jésus dans le palais de Ponce Pilate le jour de son procès. Il fut certainement rapporté ici, depuis Jérusalem, grâce à la bienveillance de sainte Hélène, mère de Constantin. Recouvertes de bois, les 28 marches de cet escalier se gravissent à genoux – pénitence oblige – pour atteindre le ***Sancta Sanctorum*** *(Saint des Saints ; tlj sauf dim 9h30-13h30, 15h-17h10 ; entrée : 3,50 €, 5 € avec l'audioguide en français)*, ancienne et minuscule chapelle privée des Pontifes (XIIIe s), unique vestige du palais du Latran médiéval. Dédié à San Lorenzo, cet oratoire livre colonnes antiques, fresques et mosaïques dorées, sans oublier ce christ en gloire enchâssé dans un retable en argent ouvragé (V[e]-VIe s), largement vénéré. Au-dessus de l'autel est écrit : « Il n'y a pas de lieu plus saint sur terre » (inscription du XVIe s). Le tout dans une ambiance de clair-obscur assez mystérieuse...

Palazzo del Laterano *(palais du Latran ; plan détachable d'ensemble, F4)* **:** *piazza di San Giovanni in Laterano. À voir de l'extérieur seulement, ne se visite pas.* Attenant à la basilique, ce palais date de la fin du XVIe s (pontificat de Sixte V). C'est ici que furent signés en 1929 les accords du Latran entre Mussolini et le pape Pie XI, qui aboutirent à la création de l'État de la Cité du Vatican. Le gouvernement du diocèse de Rome y a établi ses quartiers. Sur le côté, piazza Giovanni Paolo II, jeter un œil à l'***Obelisco Lateranense,*** obélisque d'origine égyptienne (XVe s av. J.-C.), mis au jour au Circus Maximus, puis relevé ici et flanqué d'une fontaine au XVIIe s...

MACCHABÉE, LEVEZ-VOUS !

Saint-Jean-de-Latran fut le siège d'un procès intenté au pape Formose, en 897. Le seul hic, c'est que le pape Formose était déjà mort ! C'est donc son cadavre que l'on présenta, dans ses habits pontificaux, à l'ire de son juge, le nouveau pape Étienne VI (qui devait sa nomination au défunt pape Formose !). L'ingrat condamna tout de même le cadavre et le fit jeter dans le Tibre... Mal lui en prit car, à la sortie de ce procès macabre, Étienne VI fut victime d'une émeute populaire et finalement étranglé !

Battistero Lateranense di San Giovanni in Fonte *(baptistère Saint-Jean ; plan détachable d'ensemble, E-F4)* **:** *piazza San Giovanni in Laterano. ☎ 06-698-864-52. • battisterolateranense.it • Tlj 9h-12h30, 16h-19h.* Bâti en brique, ce baptistère octogonal du Ve s demeure le plus antique des monuments chrétiens de Rome, et servit de modèle pour la construction de tous les baptistères de la chrétienté du haut Moyen Âge... Au centre, les fonts baptismaux en basalte sont entourés de 8 colonnes en porphyre rouge. Ne pas manquer les chapelles attenantes de Saint-Venance et Santa Rufina : plafonds à caissons en bois doré richement sculptés et très belles mosaïques.

À L'OUEST DE SAINT-JEAN

Basilica di San Clemente *(basilique Saint-Clément ; plan détachable d'ensemble, E4)* **:** *piazza di San Clemente. ☎ 06-774-00-21. • basilicasanclemente.com • Lun-sam 9h-12h30, 15h-18h ; dim et j. fériés 12h15-18h. Dernière admission 30 mn avt. Entrée (sous-sol seulement) : 10 € ; réduc ; gratuit - 16 ans.* Installée dans un quartier calme, la discrète basilique Saint-Clément – loin d'être fastueuse – ne manque pourtant pas d'originalité. Dotée de trois niveaux de construction superposés (révélés dans les années 1800), elle mérite largement le déplacement ! En franchissant la porte d'entrée, on découvre d'abord la ***basilique supérieure du XIIe s.*** Ampleur des volumes de la nef centrale, abondance des motifs du pavement, beauté des fresques de la chapelle Sainte-Catherine (à droite en entrant ; la sainte est représentée debout, vêtue d'une robe noire), éclat des mosaïques dorées de l'abside. Là, admirez donc celles du centre, au thème iconographique singulier : sur fond bleu et or, l'arbre de vie déploie ses volutes autour du Christ en croix, lui-même entouré de colombes (symbole de l'Esprit saint) et de 12 brebis (représentant les apôtres)... Toujours à ce niveau, voir le cloître et sa fontaine centrale.

Au 1er sous-sol, la ***basilique inférieure du IVe s*** dévoile de superbes fresques carolingiennes et romanes, riches en couleurs primaires (rouge, bleu, jaune) et retraçant des thèmes bibliques.

Mais la partie la plus sacrée se trouve certainement au 2d sous-sol – le niveau d'origine du site – où l'on pénètre avec étonnement dans la pénombre d'un ***sanctuaire du Ier s dédié à Mithra,*** divinité du Moyen-Orient très populaire dans les armées romaines aux IIe-IIIe s... Celle-ci, souvent symbolisée par un taureau (image de la force et de la vie), serait née d'un rocher (ce qui explique cette curieuse impression d'être au milieu d'une grotte !), apportant au monde vie et fécondité. En lien avec le temps, les saisons, le Soleil et la Lune, ce culte primitif est essentiellement cosmique. Ambiance mystique garantie !

Basilica dei Santi Quattro Coronati *(basilique des Quatre-Saints-Couronnés ; plan détachable d'ensemble, E4)* **:** *via dei Santi Quattro, 20. ☎ 06-704-754-27. • monacheagostinianesantiquattrocoronati.it • Tlj 6h30-12h45, 15h15-20h.* Au cœur du quartier du Celio, qui a conservé son ambiance tranquille et quelques beaux vestiges médiévaux, cette église du XIIe s faisait autrefois partie d'un ensemble fortifié protégeant le palais du Latran, comme en témoigne encore sa tour de défense. La première église date en effet du IVe s, en l'honneur de 4 soldats martyrs qui, refusant de sacrifier au culte d'Asclépios, furent exécutés sur ordre de Dioclétien... À l'intérieur, ne ratez pas l'***oratorio di San Silvestro*** *(oratoire Saint-Sylvestre ; entrée sur la droite dans la 2de cour ; 1 €),* dont les sublimes fresques (XIIIe s) racontent de manière très concrète la conversion de Constantin. Voir aussi l'élégant petit ***cloître*** *(tlj sauf dim et j. fériés 9h45-11h45, 15h45-17h45 ; entrée à gauche dans la nef ; 2 €),* de la même époque et bien dans son jus, toujours fréquenté par les sœurs augustines qui vivent sur place.

Chiesa di Santo Stefano Rotondo *(église Saint-Étienne-le-Rond ; plan détachable d'ensemble, E4)* **:** *via di Santo Stefano Rotondo, 7. ☎ 06-421-191-30. • santo-stefano-rotondo.it • Tlj sauf lun 10h-13h, 15h30-18h30 (14h-17h nov-mars). Audioguide en français : 3,50 €.* La spécificité de cette petite église – située hors des sentiers touristiques – demeure son étonnante rotonde ! Inspirée par l'église du Saint-Sépulcre de Jérusalem, elle fut érigée au Ve s sous le pape Léon le Grand pour Étienne, premier martyr retrouvé en Terre sainte et transféré ici pour y être enterré. Au XVIe s, on y a ouvert une école pour futurs jésuites... À l'intérieur, la rotonde est recouverte de fresques représentant des scènes de martyrs les plus cruelles qu'on puisse imaginer (âmes sensibles s'abstenir !). Bref, tout ce que l'homme a pu inventer pour faire souffrir et trucider son prochain est ici exposé. Viandard à souhait ! Chaque peinture est accompagnée d'une légende. C'était une méthode éducative pour forger l'âme des jeunes missionnaires, plutôt radicale ! Au centre, remarquez l'imposant autel, œuvre de Bernardo Rosselino, artiste florentin. Et poussez jusqu'à la petite *cappella Primus et Felicianus* du XVIIIe s qui a conservé de magnifiques mosaïques.

À L'EST DE SAINT-JEAN

Basilica sotterranea di Porta Maggiore *(basilique souterraine ; plan détachable d'ensemble, F-G4)* **:** *piazzale Labicano. ☎ 06-399-677-00. • coopculture.it/heritage.cfm?id=184 • Ⓜ Vittorio Emanuele II (ligne A), puis 5 mn à pied. Ⓣ nos 3,*

5, 14... Bus nos 105, 649... Visite guidée (sur résa) en italien les 2e et 4e dim du mois à 11h. Entrée : 7,50 €. En surface, il ne reste pas grand-chose de la ***porta Maggiore,*** construite en 52 sous l'empereur Claude, qui supportait l'aqueduc de l'Aqua Claudia, sauf 2 grands arcs en travertin... La ***basilica sotterranea,*** elle, fut construite au Ier s de notre ère, avec trois nefs et une abside couverte de stuc blanc. Elle constituait le lieu de culte d'une secte aujourd'hui oubliée : les néopythagoriciens.

Basilica di Santa Croce in Gerusalemme *(basilique Sainte-Croix-de-Jérusalem ; plan détachable d'ensemble, F-G4) : piazza di Santa Croce in Gerusalemme. ☎ 06-706-130-53. • santacroceroma.it • Tlj 7h-12h45, 15h30-19h30.* Fondée par Constantin au IVe s pour abriter de précieuses reliques liées à la passion du Christ, rapportées de Jérusalem par sa mère, l'impératrice Hélène. À cette époque, le sol de l'église était jonché de terre provenant aussi de Jérusalem... Plusieurs fois transformé au cours de son histoire, ce bâtiment massif baigne aujourd'hui dans une ambiance toute baroque. À l'intérieur, la ***cappella delle Reliquie,*** aménagée en 1930, abrite les fameuses reliques : fragments de la sainte Croix, inscription qui surmontait la Croix du Christ, épines de sa couronne, un clou, le doigt de saint Thomas, et même la « Sainte Éponge » contenant du vinaigre utilisé lors de la Passion ! Bref, la basilique demeure l'une des 7 églises de pèlerinage de Rome.

DES SAINTES RELIQUES POUR L'ÉTERNITÉ

Les reliques avaient pour but d'attirer les pèlerins auxquels des indulgences étaient distribuées. Le plus grand collectionneur du genre fut certainement Frédéric III de Saxe (1463-1525) qui s'en procura 21 441, dont 42 corps de saints intégralement préservés ! Il avait calculé que cela lui permettait d'espérer 39 924 120 années d'indulgence, de quoi tenir le coup en cas de séjour prolongé au purgatoire !

QUARTIER DU QUIRINAL

Le *Quirinale* est la plus élevée des collines de Rome. Coincé entre le dynamique et branché Monti et le secteur plus chic et commerçant de la piazza di Spagna, le Quirinal est un quartier central plutôt tranquille. Dominant le lacis de ruelles qui caractérise cette partie de Rome, se dresse l'un des bâtiments les plus vastes au monde : le palazzo del Quirinale. C'est là que réside le président de la République italienne.
Mais ce que le quartier offre de plus précieux est sans conteste ses fontaines. En premier lieu celle de Trevi, l'un des monuments les plus emblématiques de Rome. Un sublime et imposant chef-d'œuvre baroque qui attire les touristes, pressés d'y venir jeter une pièce à longueur d'année ! Le Quirinal est aussi un quartier de choix pour les amateurs d'art, puisque les *palazzi* Barberini et Colonna recèlent des trésors de peinture : Caravage, Pierre de Cortone, Le Sodoma, le Titien, le Pérugin, Carrache, Guido Reni et bien d'autres...

Où dormir ?

De bon marché à prix moyens

The Rome Hello *(plan détachable d'ensemble, E2,* ***166****) : via Torino, 45. ☎ 06-968-600-70. • ciao@theromehello.com • theromehello.com • Lits en dortoirs 4-10 pers 14-35 €. Doubles 45-150 €. Petit déj buffet 7 €.* Parfaitement placé, impeccablement tenu et animé juste ce qu'il faut... Ce grand *hostel* récent a tout pour plaire ! En entrant, on découvre de vastes espaces communs entre patio au calme, cuisine équipée, salon cosy et pub animé. Pour dormir, une vingtaine de dortoirs (de 4 à 10 personnes) mais aussi près de 40 doubles ou triples privées, toutes bien tenues et aménagées. Salles de bains et clim pour tous, mais aussi prises, lumières et casiers individuels dans les dortoirs. Notre *hostel* préféré à Rome, c'est dit !

Hotel Boccaccio *(plan détachable d'ensemble, D2,* ***40****) : via del Boccaccio, 25 (1er étage). ☎ 06-488-59-62. • info@hotelboccaccio.com • hotelboccaccio.com • À 2 pas de la piazza Barberini. Doubles 60-120 € ; pas de petit déj.* Petite pension toute simple d'une dizaine de grandes chambres (la plupart avec salle de bains commune) propres et pas mal arrangées. Meubles anciens, bibelots et lumière tamisée pour ceux qui aiment. Terrasse donnant sur une jolie courette verdoyante. Accueil charmant de Patrizia quand elle est là.

Hotel Julia *(plan détachable d'ensemble, D2,* ***41****) : via Rasella, 29. ☎ 06-488-16-37. • info@hoteljulia.it • hoteljulia.it • À une encablure du palazzo Barberini. Doubles 65-225 €.* Idéalement placé au cœur des centres d'intérêt du quartier, cet hôtel, d'un classicisme redoutable, possède, outre ses doubles bien agencées, des familiales carrément grandes (28 m² !). Pas de surprise donc. Ceux qui veulent préparer leur petit déj eux-mêmes opteront pour *Domus Julia,* les apparts situés juste à côté. Accueil gentil.

Daphne Boutique Hotel *(plan détachable d'ensemble, D2,* ***40****) : via degli Avignonesi, 20. ☎ 06-893-457-81. 📱 340-960-90-86. • info@daphne-rome.com • daphne-rome.com • Doubles 90-230 €.* Une adresse discrète, à mi-chemin entre l'hôtel et le *B & B.* À dispo, de belles chambres à la déco de magazine réparties sur plusieurs étages. 2 d'entre elles se partagent la même salle de bains, idéal pour les familles. Bon accueil. Dommage que les prix fassent le yo-yo sans arrêt. Surveillez les promos sur le Net !

Trevi 41 Hotel *(plan détachable d'ensemble, D2,* ***42****) : via della Panetteria, 41. ☎ 06-699-212-50. • info@trevi41.com • trevi41.com • Doubles 70-240 €, petit déj servi en chambre.* Tout proche de la fontaine de Trevi, voici une quinzaine de chambres doubles ou triples, bien tenues et plutôt spacieuses, de style classique ou contemporain. Accueil pro et agréable.

De prix moyens à très chic

IQ Hotel *(plan détachable d'ensemble, E3,* ***45****) : via Firenze, 8. ☎ 06-488-04-65. • info@iqhotelroma.it • iqhotelroma.it • Doubles 80-240 €. Petit déj pas toujours inclus selon tarif.* Cet établissement moderne et tendance est situé face à l'opéra de Rome. Les chambres, de belles dimensions et garnies de moquettes chinées, sont ultramodernes, cosy et bien équipées. Avec sauna et salle de fitness au 4ᵉ, bar en terrasse au 5ᵉ, jacuzzi sur le *roof garden*, cet hôtel aux standards « US » ravira une clientèle exigeante, d'autant que le buffet du petit déj est du genre copieux. Accueil très pro.

Quirinale Luxury Rooms *(plan détachable d'ensemble, D3,* ***43****) : via XXIV Maggio, 51 (1ᵉʳ étage). ☎ 06-983-824-02. • info@quirinaleluxuryrooms.com • quirinaleluxuryrooms.com • Doubles 80-240 €.* À 2 pas du palais du Quirinal et de la fontaine de Trevi, dans un immeuble ancien, une huitaine de chambres doubles (possibilité d'un lit d'appoint), à la déco à la fois classique et moderne. Photos d'art en triptyque, papier peint façon toile de Jouy... Certaines possèdent des terrasses bien agréables aux beaux jours.

Trevi Palace Hotel *(plan détachable d'ensemble, D3,* ***44****) : via Mazzarino, 2. ☎ 06-48-37-39. • info@trevipalacehotel.com • trevipalacehotel.com • Doubles 60-300 €.* Bien à l'écart de l'effervescence du quartier, un hôtel aux chambres spacieuses, toutes aménagées sur une note moderne assez neutre. Baignoire à côté du lit pour les plus chères. Sauna. Vu l'élasticité de la grille tarifaire, on y logera plutôt en période creuse.

Où manger ?

Sur le pouce

La Sandwicheria *(plan détachable Piazza di Spagna, D3,* ***240****) : largo del Nazareno, 16-17. • lasandwicheria.roma@gmail.com • Tlj 10h30-20h (16h dim). Sandwichs 4,50-6 €.* Stratégiquement placé sur le sentier du shopping, un petit local recouvert de carrelage métro blanc. Au choix : une trentaine de délicieux *panini* concoctés avec des produits frais et savoureux, préparés à la demande ; à avaler en poursuivant l'exploration du quartier.

L'Antico Forno *(plan détachable d'ensemble, D3,* ***241****) : via delle Muratte, 8. • info@anticoforno.it • Tlj 7h-22h. Moins de 5 €.* Au coin de la place où se dresse la fontaine de Trevi, cette vieille boulangerie-pâtisserie réalise – à la demande – de délicieux sandwichs. Fait aussi épicerie, histoire d'agrémenter le pique-nique. Pour le sourire, on repassera...

De bon marché à prix moyens

Pizzeria Da Michele *(plan détachable d'ensemble, D3,* ***410****) : via dei Lucchesi, 28. ☎ 06-326-00-432. Compter 8-12 € pour une pizza, également des parts à emporter.* Fort du succès depuis des générations napolitaines, voici la famiglia Condurro à l'assaut de la Ville Éternelle. Fidèles à l'enseigne : la déco ne vaut pas tripette et c'est dans l'assiette que tout se joue. Les mêmes recettes avec leurs pizzas copieuses à large bord. C'est toujours un régal ! *Autre adresse : via Flaminio, 82, au nord du quartier « piazza di Spagna ».*

La Rinascente Food Hall *(plan détachable d'ensemble, D2,* ***501****) : via del Tritone, 61. Tlj 9h30-23h.* Au dernier étage du grand magasin *La Rinascente*, quelques restos et bars pour nourrir sainement les clients ou les touristes de passage. Inutile de vous dire que la vue sur Rome est magnifique et qu'il vous faudra jouer des coudes (aux beaux jours) pour boire un verre sur le *rooftop.* Parmi les restos le *MadelTerraneo* propose quelques plats (un peu chers) classiques à la carte ou encore le resto brésilien *Temakhino.* Quelques comptoirs font office d'épicerie fine et de service à emporter.

De chic à très chic

|●| *Colline Emiliane* *(plan détachable d'ensemble, D2,* ***247****) : via degli Avignonesi, 22. ☎ 06-481-75-38. • colli neemilianeroma@gmail.com • Tlj sauf dim soir et lun. Plats 15-20 € ; repas env 35-40 €.* Tout proche de la piazza Barberini, ce resto offre des recettes et des produits venus d'Émilie-Romagne : charcuterie, *tagliatelle e tortellini,* viandes bouillies... et vins du pays pour faire bonne mesure ! Tout est préparé sur place. Qualité régulière, service soigné et cadre moderne épuré en font une adresse plutôt courue qu'il est prudent de réserver à l'avance. Bon accueil.

|●| *Trattoria La Matriciana* *(plan détachable d'ensemble, E3,* ***248****) : via del Viminale, 44. ☎ 06-488-17-75. • info@lamatriciana.it • Face au teatro dell'Opera. Tlj sauf sam. Plats 14-30 € ; repas env 40-50 €.* La famille Crisciotti, établie ici depuis 1870, régale les gourmands sortant de l'opéra. Ces derniers ne s'y trompent pas. Ils viennent s'asseoir dans cette antique *trattoria* aux nappes immaculées, pour se délecter d'un excellent buffet d'*antipasti,* d'une délicieuse *amatriciana* ou d'une spécialité des Abruzzes. Une adresse constante, à l'atmosphère attachante. Service très prévenant.

|●| *Hostaria Romana* *(plan détachable d'ensemble, D2,* ***246****) : via del Boccaccio, 1. ☎ 06-474-52-84. • info@hostariaromana.it • Tlj sauf dim. Résa fortement conseillée. Plat env 15 € ; repas env 35 €.* Une adresse bien connue des locaux avec au programme, une cuisine 100 % romaine qui, sans vous faire décoller les papilles, vous permet de tutoyer la cuisine d'antan. Service bien dans la tradition d'un personnel en nœud pap' qui virevolte entre les tables à touche-touche. Préférez la petite salle couverte de graffitis située en contrebas, vous pourrez toucher 2 mots d'italien avec votre voisin.

|●| *La Cabana* *(plan détachable centre, D4,* ***204****) : via del Mancino, 9. ☎ 06-679-11-90. • info@cabana.it • Tlj sauf dim. Plats 12-25 € ; repas 30-40 €.* Excentré dans une rue perpendiculaire à la via del Corso (partie basse), ce resto tenu par 2 frangins abrite plusieurs salles chaleureuses, où la bonne odeur des fourneaux met l'eau à la bouche ! Belle cuisine savoureuse et maîtrisée, qui fait la part belle à la *carne alla brace* et autre *pesce fresco giornaliero,* selon des recettes romaines ou du pays. Et gardez une place pour les délicieux desserts maison !

|●| *Il Nido del Pettirosso* *(plan détachable d'ensemble, E3,* ***478****) : via Palermo, 89. 📱 388-907-06-00. Tlj sauf dim 19h-22h30. Résa obligatoire. Plats 11-20 €. Café offert sur présentation de ce guide. Cucina gourmet d'autore,* telle est la promesse – tenue – de ce resto installé dans un petit local chaleureux aux allures de cuisine des années 1960 : faïence blanche, vieux frigo et antique cuisinière, mobilier en formica dépareillé... Dans l'assiette, nouvelle cuisine romaine – originale et pleine de saveurs (produits de saison sélectionnés avec soin). Gros appétits s'abstenir en revanche !

Enoteche (bars à vins)

🍷 |●| *L'Antica Birreria Peroni* *(plan détachable centre, D3,* ***550****) : via S. Marcello, 19. ☎ 06-679-53-10. • info@anticabirreriaperoni.it • Tlj sauf dim 12h-minuit.* Est-ce l'Italie ? Est-ce la Bavière ? Le décor en boiseries sombres et l'atmosphère légèrement houblonnée laissent planer le doute. En tout cas, cette adresse réputée dans toute la Botte pour la qualité de sa bière maison, tirée au tonneau, accueille aussi les amateurs de ripailles. Au programme : goulasch et saucisse au kilomètre ! De quoi passer un bon moment, sous les auspices de Dionysos.

Vineria Il Chianti *(plan détachable d'ensemble, D3,* ***551****) : via del Lavatore, 81-82a. ☎ 06-678-75-50. • info@vineriailchianti.com • Tlj 12h-23h. Buffet midi en sem 13 €. Cuisine fermée 15h-19h. Plats 12-25 €.* Touristes et habitués poussent la porte de ce « petit bout de Toscane » chaleureux pour se ruer sur le buffet à l'heure du déjeuner. Le soir, c'est un peu plus sage et surtout plus touristique, mais c'est l'occasion de découvrir les grands crus toscans : chianti, montalcino, montepulciano, etc. Petite terrasse vite prise d'assaut en été.

Où déguster une glace ?

Il Gelato di San Crispino *(plan détachable d'ensemble, D2-3,* ***250****) : via della Panetteria, 42. • info@ilgelatodisancrispino.it • Tlj 11h-0h30 (1h30 ven-sam).* À 2 pas de la fontaine de Trevi, ce glacier artisanal fait fondre les Romains avec ses combinaisons de saveurs originales. Pas de cônes, et les prix sont élevés, quel dommage !

À voir

LE QUARTIER DU QUIRINAL ET DE LA PIAZZA BARBERINI *(plan détachable d'ensemble, D2-3)*

Fontana di Trevi *(fontaine de Trevi ; plan détachable d'ensemble, D3) :* *Ⓜ Barberini (ligne A) ; puis descendre la via del Tritone et prendre la 3e rue à gauche : via di Stamperia.*

La fontaine s'est offert un sérieux lifting ! Pas moins de 2,5 millions d'euros – lâchés par la mairie et la marque Fendi – ont été nécessaires pour nettoyer et restaurer les sculptures, imperméabiliser les bassins et installer un nouveau système de vidéosurveillance. Et le résultat est formidable : la fontaine a retrouvé toute sa beauté !

Pour la petite histoire, « Trevi » est une déformation du latin *trivium* (ou *trivio* en italien), qui signale le croisement de 3 rues. Cette fontaine existait déjà ici sous l'Antiquité ; alimentée par l'*Acqua Virgo* (l'aqueduc de l'Eau-Vierge, visible encore aujourd'hui à gauche de la fontaine). Cet aqueduc doit son nom à une vieille légende romaine. Une jeune fille aurait trouvé la source et l'aurait indiquée aux soldats romains (elle est représentée à droite de la fontaine). Quelle poésie ! Mais certains affirment que la jouvencelle s'appelait Trevi et qu'elle aurait peut-être sauvé ainsi sa virginité... Quoi qu'il en soit, c'est Agrippa, le gendre d'Auguste, qui aurait ordonné la construction de cet aqueduc toujours en fonction. Avec ses 20 km de long, celui-ci prend sa source à Salone, alimentant aussi les jardins et les fontaines du quartier de la villa Giulia...

UN BARBIER RASOIR

Pendant les travaux, Nicolò Salvi, l'architecte de la fontaine de Trevi, se rendait régulièrement chez un petit barbier situé sur la droite du chantier. Ce dernier rasait Salvi au sens propre comme au figuré, le bassinant sur la construction de la fontaine qui, disait-il, lui gâchait le paysage. Excédé, Salvi décida de remédier à son problème. C'est ainsi qu'il fit sculpter le gros vase que l'on peut encore voir aujourd'hui. Lorsque l'on est à l'intérieur du nouveau commerce qui a pris la place du barbier, le vase masque en effet totalement la (superbe) fontaine !

Quant à la fontaine actuelle, elle fut construite au milieu du XVIIIe s, après que le pape Benoît XIV eut décidé de « monumentaliser » la bouche de la fontaine primitive, tout en l'intégrant par un ingénieux trompe-l'œil au palais du XVIe s. Du coup, le bâtiment donne aussi l'impression de sortir du rocher ! Repérez la fenêtre en trompe l'œil ; une autre légende raconte qu'une jeune fille se serait jetée par la fenêtre d'origine, raison pour laquelle on l'aurait murée ! Le moins qu'on puisse dire, c'est que l'architecte, Nicolò Salvi, n'a pas choisi la légèreté... preuve que le baroque romain est bien mort avec le Bernin. Parmi les nombreuses allégories aquatiques représentées, on retrouve la Salubrité et l'Abondance, ainsi que les Quatre Saisons, tandis que les 2 chevaux marins symbolisent l'eau violente et l'eau tempérante. Le personnage musclé au centre du bassin n'est pas Neptune comme on le voit souvent écrit, mais une divinité fluviale.
Tournez-vous et jetez un œil à l'église qui fait face à la fontaine. Ce fut la paroisse du cardinal Mazarin dont la nièce avait épousé un Colonna, riche et influente famille romaine. Sachez que la tradition voulait qu'on y conserve dans le formol les viscères des papes ! Elles y seraient toujours, mais non visibles...
Cette grandiose fontaine de travertin est l'une des icônes emblématiques de Rome. C'est ici même que Fellini tourna la scène la plus célèbre de *La Dolce Vita,* avec Mastroianni le romantique et Anita Ekberg l'ensorceleuse. En pénétrant dans le bassin de nuit pour y échanger un baiser, ils firent entrer définitivement la scène – et la fontaine – dans la mythologie du 7e art en même temps que dans la mémoire collective. Ne rêvez pas, si vous tentez la même chose, vous risquez de finir au poste ! Autre film tourné en partie ici : *Vacances romaines* avec Audrey Hepburn et Gregory Peck.

600 000 EUROS EN PETITE MONNAIE !

C'est en moyenne les sommes récoltées dans la fontaine de Trevi chaque année. Les pièces lancées par les millions de touristes par-dessus leur épaule demeurent une vraie manne financière pour la cité. Depuis 2006, cette somme est remise à l'organisation caritative Caritas, qui finance ainsi un resto associatif pour les nécessiteux. Et si on ajoute que lorsqu'on lance une pièce, cela veut dire qu'on reviendra à Rome... et donc qu'on relancera une pièce... les revenus issus de la fontaine magique ne sont pas près de se tarir !

Aujourd'hui, le cinéma n'est pas terminé car des hordes de touristes viennent sacrifier au rituel qui consiste à jeter une ou deux pièces de monnaie par-dessus l'épaule : l'une pour un premier vœu ; l'autre, juste avant de partir, pour être sûr de revenir un jour à Rome (pour en être bien sûr, se mettre de dos et jeter la pièce de la main droite par-dessus l'épaule gauche, ou l'inverse si vous êtes gaucher). Cette coutume a d'ailleurs essaimé dans le monde entier...

Piazza Barberini *(plan détachable d'ensemble, D2)* **:** Ⓜ *Barberini (ligne A).*
À l'angle de la via Veneto et de la piazza Barberini, vous verrez la ***fontaine des Abeilles*** *(fontana delle Api)* du Bernin, réalisée pour le 21e anniversaire de l'élection d'Urbain VIII à la papauté (3 abeilles ornaient le blason de la prestigieuse famille des Barberini). « Ce que les Barbares n'ont pas fait, les Barberini l'ont fait », disaient de lui ses détracteurs en pensant au pillage des monuments antiques qu'organisait le pape pour achever ses grands travaux.

DU PAIN ET DE L'EAU

Le pape Urbain VIII commanda de nombreuses fontaines sculptées par le célèbre Bernin, qui ne mégotait pas sur les ornements des bassins, comme les dauphins, symboles de générosité princière. Les habitants en eurent assez de voir proliférer les fontaines. Ils descendirent dans la rue en hurlant : « Plus de fontaines ! Du pain ! »

À voir, également, la superbe ***fontaine du Triton,*** également commandée au Bernin par Urbain VIII en 1640. L'œuvre symbolise un triton (l'équivalent masculin des sirènes) en train de souffler dans une conque. Les tritons sont les rejetons du dieu grec Triton, le fiston de Poséidon et de la néréide Amphitrite. Le triton a été utilisé comme symbole de l'immortalité conquise par la littérature. Le Bernin rend ici hommage au pape poète. Les dauphins symbolisaient, eux, la munificence princière ; Urbain VIII étant un grand mécène...

Via Vittorio Veneto *(plan détachable d'ensemble, D2)* **:** la rue la plus célèbre de Rome, immortalisée par *La Dolce Vita* fellinienne. Les Champs-Élysées romains en quelque sorte, avec leurs terrasses de cafés. En réalité, il ne reste plus grand-chose de cette *dolce vita*. C'est aujourd'hui un quartier chic et touristique sans grand charme.

Convento dei Cappuccini *(couvent des Capucins ; plan détachable d'ensemble, D2)* **:** *via Vittorio Veneto, 27. ☎ 06-888-036-95. • cappucciniviaveneto.it • Ⓜ Barberini. Tlj 9h-19h. Dernière admission 30 mn avt. Fermé 1er janv, j. de Pâques et 25 déc. Fermé à 15h la veille de ces j. fériés. Entrée : 8,50 € ; réduc. Audioguide (italien, espagnol et anglais) : 4 €.* En sortant de la station de métro Barberini, on aperçoit d'abord la fière ***église*** *Santa Maria della Concezione dei Cappuccini (tlj 7h-12h, 14h (15h30 lun)-18h ; dim et fêtes 9h30-12h).* Pour y parvenir, monter les escaliers à double rampe. À l'intérieur, de belles peintures du XVIIIe s, et le tombeau du fameux cardinal Barberini... Juste sous l'église se trouve l'ancien couvent du XVIIe s, aujourd'hui reconverti en ***musée.*** Là, dans un cadre assez aéré, voici plusieurs toiles des XVIe-XVIIIe s, quelques vieux bouquins de prière, crucifix, reliquaires, calices, sceaux, etc., évoquant l'ordre des Capucins à travers le monde. Mais le clou de la visite demeure sans conteste la ***crypte*** ! Composée de plusieurs chapelles, elle n'abrite pas moins de 4 000 squelettes de moines capucins transférés par le cardinal Barberini pour débarrasser un ancien cimetière près de la fontaine de Trevi... Certains squelettes endossent l'habit monacal, et 2 tibias suffisent à former une croix... Et côté déco, les lustres sont en os, et les voûtes décorées d'ossements décrivant des formes géométriques, façon moulures ! Lors de son séjour en Italie, le marquis de Sade déclara ne jamais avoir rien vu d'aussi frappant... Et si cette mise en scène macabre est effectivement troublante, elle s'attache à véhiculer l'idéal du *memento mori* (« souviens-toi que tu vas mourir ! » en latin), très ancré dans la culture italienne. Âmes sensibles (et enfants) s'abstenir !

Galleria nazionale d'Arte antica in palazzo Barberini *(galerie nationale d'Art ancien du palais Barberini ; plan détachable d'ensemble, D2)* **:** *via delle Quattro Fontane, 13. ☎ 06-481-45-91. • barberinicorsini.org • Ⓜ Barberini. Tlj sauf lun 8h30-19h. Dernière admission 1h avt. Fermé 1er janv et 25 déc. Entrée : 12 € (billet cumulatif valable 10 j. avec la galleria nazionale d'Arte antica in palazzo Corsini, dans le Trastevere) ; réduc ;* Roma Pass *accepté ; gratuit - 18 ans, et le 1er dim du mois. Audioguide en français : 3 €.*

C'est un magnifique palais, ***construit au XVIIe s par Maderno, Borromini et le Bernin,*** pour le compte de Maffeo Barberini, plus connu sous son nom de pape, Urbain VIII. Le lieu abrite aujourd'hui ***l'une des plus belles collections de peintures d'Italie.*** De part et d'autre du massif bâtiment principal, 2 fabuleux escaliers. Celui de forme carrée, par lequel on grimpe aux étages, est signé le Bernin ; celui de forme circulaire, par lequel on redescend, est l'œuvre de Borromini. Un vrai combat de coqs entre les 2 plus grands architectes du baroque romain !

*– **Au rez-de-chaussée :*** entièrement réaménagé pour accueillir les collections du Moyen Âge ainsi que les primitifs italiens : enluminures, Christ en douleur, Annonciations... Peintures pleines de grâce de ***Fra Filippo Lippi.***

*– **Au 1er étage :*** la visite commence dans la petite pièce de gauche par l'un des chefs-d'œuvre du musée, le *Henri VIII* de ***Hans Holbein.*** Extraordinaire portrait, d'une prodigieuse richesse de détails, où le regard dur et affirmé du roi est

superbement rendu. Il est le pendant de celui d'Anne de Clèves (au Louvre, œuvre de Holbein également), réalisé alors que les futurs époux ne s'étaient pas rencontrés. L'histoire dit qu'Henri VIII fut si déçu à la vue de sa promise en chair et en os que le mariage ne fut même pas consommé et qu'on renvoya la pauvre Anne chez elle ! La visite se poursuit par l'émouvante rencontre avec LE joyau du palazzo Barberini : ***La Fornarina de Raphaël.*** Il y a peint sa maîtresse, la jolie fille du boulanger du Trastevere, quand il travaillait à la villa Farnesina (voir plus loin dans le quartier du Trastevere). On remarque l'œil complice et le minois coquin de cette jeune fille légèrement vêtue et coiffée d'un turban à la mode de l'époque... Remarquez le petit buisson de myrte, symbole de passion amoureuse, et le laurier, symbole de la chasteté. Raphaël devait être très épris (ou très jaloux), car il a pris soin d'apposer son nom sur le bracelet de cette belle au regard ingénu ! Pour la petite histoire, à la mort du peintre, elle est partie au couvent où elle a fini ses jours. On s'attarde ensuite devant ***L'Enlèvement des Sabines du Sodoma,*** dont les mouvements gracieux des personnages sont soulignés par quelques nudités ; puis une *Vénus tentant de retenir Adonis partant à la chasse* du ***Titien,*** montrant un drôle de Cupidon assoupi, son carquois de flèches suspendu dans un arbre, symbolisant l'Amour sans retour. Et juste en face, un *Saint Jérôme pénitent* du ***Tintoret.***

Au fond du couloir, mignonne petite chapelle entièrement décorée par ***Pierre de Cortone*** et ses collaborateurs. Le maître s'est évidemment réservé la *Crucifixion,* au-dessus de l'autel, et toc !

Ne manquez pas ensuite le joli *Portrait de Béatrice Cenci,* par ***Guido Reni*** ; sans oublier 2 œuvres du ***Greco,*** d'une grande violence : *L'Adoration des bergers,* et *Le Baptême du Christ.* Ces dernières annoncent la peinture contemporaine... à l'aube du XVIIe s ! Plus on s'approche, plus les détails sont fascinants.

Étonnant ***Bartolomeo Passerotti,*** qui nous régale ensuite de quartiers de viande rougeoyant dans sa *Boucherie* ; jouxtant sa *Poissonnerie,* où poissons et coquillages exotiques proviennent probablement d'un cabinet de curiosités. Et puis de curieux *Putti* engagés dans des bacchanales, par ***Poussin...*** Enfin, autre temps fort de la visite, ***3 saisissants Caravage*** : *Narcisse,* béat d'admiration devant son reflet dans l'eau ; *Saint François en méditation,* dont le travail de la lumière nous saisit ; et surtout le formidable *Judith et Holopherne,* féroce d'émotion et de réalisme dans un clair-obscur caractéristique du peintre.

On admire ensuite la gigantesque salle au plafond entièrement peint par ***Pierre de Cortone*** présentant *Le Triomphe de la Divine Providence*. Il s'agit du plus grand plafond jamais réalisé en dehors d'une église, 400 m² pour glorifier la famille Barberini. C'est l'un des chefs-d'œuvre du baroque romain, recélant force détails et couleurs !

– Au 2e étage : *quand il est ouvert, se visite en principe dans le cadre d'une visite guidée (pas de frais supplémentaires, mais résa nécessaire).* Des peintures des XVIIe-XVIIIe s, à découvrir dans les appartements de la dernière princesse Cornelia Costanza Barberini (XVIIIe s), une femme cultivée et attentive aux modes et nouveautés de son époque. Dans la salle des Batailles *(sala delle Battaglie),* pas moins de 13 peintures d'artistes de l'école romaine, dont ***Domenico Corvi.*** Dans la *sala dei Silete*, notez les scènes de vie des indiens d'Amérique. Et du baroque en

« SODOMA, SODOMA ! »

Ouvertement homosexuel et provocateur, le peintre Giacomo Bazzi (1477-1549) – grand maître de l'école siennoise – s'entourait de jeunes gens dont il aimait à peindre la sensuelle nudité dans des tableaux religieux dits « sérieux ». Il goûtait aussi volontiers aux charmes de ces mignons. Ce qui lui valut d'être surnommé « il Sodoma » et de s'en glorifier ! Lors d'une victoire de son cheval dans une course à Florence, on raconte que la foule scanda son surnom dans toute la ville, incommodant ainsi les habitants bien-pensants !

veux-tu en voilà : miroirs, grotesques, verre peint tirant parfois sur le rococo, bois d'ébène... Tout ça dans une profusion de dorures, avec de nombreuses références aux symboles de la famille Barberini : les abeilles.

Chiesa di San Carlo alle Quattro Fontane *(église Saint-Charles-des-Quatre-Fontaines ; plan détachable d'ensemble, D2-3)* **:** *via del Quirinale, 23 (angle via delle Quattro Fontane). ☎ 06-488-32-61. • sancarlino.eu • Tlj 10h-13h (12h-13h dim).*

C'est ici la partie la plus haute du Quirinal. L'église doit son nom aux ***4 fontaines*** étonnantes situées aux 4 coins du carrefour de la via del Quirinale et de la via delle Quattro Fontane, près duquel elle a été érigée. Chaque fontaine est agrémentée d'une statue : 2 personnages masculins symbolisant les fleuves Tibre (avec la louve) et Arno (avec le lion) ; et les déesses Diane et Junon (avec le cygne)... Appelée plus communément San Carlino (petit Charles) par les Romains, cette ***église*** – à la façade tourmentée – demeure typique du style de Borromini, grand rival du Bernin (voir l'église ci-après). Considérée comme un grand monument de l'art baroque, elle demeure la première commande personnelle de l'architecte, pour la communauté des frères espagnols de la Trinité. Il réalisa ainsi successivement un couvent, un cloître (utilisé désormais pour des petits concerts de musique en été), et puis cette église qui fut terminée en 1677 par son neveu Bernardo, 10 ans après le suicide du maître... C'était un défi de choix pour un endroit si étroit ! L'autel est dédié à Charles Borromée. L'église appartient désormais à la congrégation Sainte-Trinité.

Chiesa di Sant'Andrea al Quirinale *(église Saint-André du Quirinal ; plan détachable d'ensemble, D3)* **:** *via del Quirinale, 30. ☎ 06-487-45-65. • santandrea.gesuiti.it • Tlj sauf lun 9h-12h, 15h-18h. Entrée dans la sacristie : 2 €.* Avec cette église elliptique, construite au XVIIe s pour accueillir de jeunes jésuites, le Bernin s'enorgueillissait d'avoir atteint la perfection de son art ! Sur la ***façade,*** on observe les armoiries du cardinal Pamphili, qui a soutenu financièrement le projet. ***À l'intérieur,*** coiffé d'une coupole décorée de caissons dorés, les 6 chapelles latérales et le faux portique du chœur donnent l'impression d'un espace plus vaste qu'il n'est réellement. Outre les nombreux ornements en stuc, signés Antonio Raggi (celui-là même qui décora une partie de la façade de l'église San Carlino plus haut), ne ratez pas – au-dessus de l'autel – *Le Martyre de saint André* de ***Jacques Courtois*** ; sans oublier les tableaux de Baciccia... Jetez également un œil à la sacristie (l'une des plus belles de Rome, dit-on...), dessinée par ***le Bernin*** et décorée d'une fresque de ***Jean de La Borde*** représentant saint André en Gloire. À l'étage, les *chambres de saint Stanislas-Kotska,* coquettes et dorées. Accessibles par un escalier à droite du maître-autel, elles renferment un gisant du saint en marbre polychrome, signé Pierre Le Gros.

Palazzo del Quirinale *(palais du Quirinal ; plan détachable d'ensemble, D3)* **:** *piazza del Quirinale (entrée via del Quirinale, au niveau de la via della Consulta). ☎ 06-399-675-57 (résas par tél tlj sauf dim 9h-13h, 14h-17h ; sam 9h-14h). • palazzo.quirinale.it • coopculture.it • Ⓜ Barberini. Fermé autour de Noël et en août. Visite guidée obligatoire en italien, tlj sauf lun et jeu 9h30-16h sur résa au moins 5 j. à l'avance sur le site internet, par tél, ou à l'Infopoint (salita Montecavallo, 15 ; devant le palais ; tlj sauf lun et jeu 9h-17h). Au moment de la résa, se munir d'une carte de paiement (sur Internet ou par tél ; paiement en espèces possible à l'Infopoint) et d'une pièce d'identité. Au choix : petite visite (1h20 ; rdc et 1er étage seulement) : 1,50 € ; grande visite (2h30 ; petite visite + jardins et musée des Carosses) : 10 € ; réduc. Le jour de la visite, se présenter 30 mn avt l'heure du rdv muni du billet imprimé (on peut aussi le retirer à l'Infopoint) et d'une pièce d'identité. Ouf !*

D'abord, sur la grande *piazza del Quirinale,* jolie fontaine bordée de colossales statues antiques des Dioscures (Castor et Pollux) provenant des thermes de Constantin. Au milieu de la place s'élance l'un des 2 obélisques du mausolée d'Auguste.

Les papes établirent leurs quartiers d'été à partir de la fin du XVIe s dans ce palais baroque. Un temps écartés par Napoléon qui souhaitait en faire sa demeure mais ne put jamais en jouir, empêtré qu'il était dans sa campagne de Russie, ils cédèrent la place au roi d'Italie à la fin du XIXe s. C'est aujourd'hui la résidence officielle du président de la République. Avec sa superficie de plus de 110 000 m² et ses 1 200 pièces, ce palais est l'un des plus grands d'Europe.
– ***Le palais :*** la profusion d'œuvres d'art et d'objets précieux exposés dans les salles ouvertes au public est impressionnante : plafonds rococo, tapisseries précieuses, urnes et mosaïques antiques, fresques... La visite passe aussi par le vaste ***hall de Paul V Borghèse*** : sous le complexe plafond à caissons, frappé du blason de la maison de Savoie, un vertigineux trompe-l'œil représente une loggia où se penchent des émissaires de pays lointains, illustrant ainsi l'étendue de l'influence papale. Dans le prolongement, la ***cappella Paolina*** *(chapelle Pauline),* aux mêmes dimensions que la chapelle Sixtine, montre une incroyable voûte de médaillons en stuc, et accueille des concerts chaque dimanche (sur résa aussi). Également la ***salle de bal des Savoie,*** toute en lustres et dorures, dont le plafond est peint d'une fresque représentant une allégorie de l'unité italienne. Sans oublier la ***section céramique et argenterie,*** qui n'intéressera que les fans du genre... Pour finir, quelques salles réaménagées sous Vittorio Emanuele II, avec une ***belle Nativité de la Vierge, par Pierre de Cortone.*** Et des vitrines renfermant d'intéressantes archives et vieux papiers du XIXe s aux années 1940, et des photos illustrant la période allant de l'après-guerre à nos jours...
– ***Le jardin :*** d'une superficie de plus de 4 ha, il est le fruit de plusieurs siècles de chantiers successifs et d'expériences en matière d'aménagement paysager et de botanique. Au XVIe s, il affiche un style classique italien. Le cardinal Hippolyte d'Este, également propriétaire de la villa d'Este à Tivoli, enrichit alors le jardin de sculptures, de fontaines et surtout fait créer le *Boschetto,* sorte de jardin secret où le pape organise banquets et réceptions. C'est sous le cardinal Urbain VIII, vers le milieu du XVIIe s, que le jardin acquiert sa taille actuelle, grâce à l'acquisition de terrains voisins. Au XIXe s, le jardin s'enrichit d'une partie romantique à l'anglaise. Celui-ci fait partie intégrante du palais quand le Quirinal devient la résidence officielle des souverains en 1871. On peut toujours admirer la belle et rare collection de palmiers ainsi que des variétés originales de roses et de cactus.
– ***Le musée des Carrosses :*** importante collection de la famille de Savoie, voulue par Vittorio Emanuele II. Elle rassemble – dans les anciennes écuries – plus d'une centaine de pièces du XVIIe au début du XXe s. Entre autres, les carrosses d'apparat de la cour de Savoie, des chaises à porteurs, une foule de selles décorées... Notez le travail minutieux, et la richesse des fresques décorant certaines cabines.

Palazzo Colonna *(palais Colonna ; plan détachable d'ensemble, D3) : via della Pilotta, 17. ☎ 06-678-43-50. • galleriacolonna.it • Ouv seulement le sam 9h-14h (dernière admission à 13h15) ; les autres j. (y compris le sam ap-m), sur résa et pour les groupes seulement. Entrée de la galerie Colonna : 12 € ; 25 € avec l'appartement de la princesse Isabelle ; 20 € avec le jardin (fermé en cas de pluie) ; 30 € pour la visite complète ; réduc ; gratuit - 12 ans. Visite guidée comprise en français à 10h30, en anglais à 12h ou en italien à 10h, 11h et 12h30.*
Construit dès le XIVe s sur des ruines romaines et fignolé sous l'ère baroque, ce prestigieux palais privé s'étend sur 55 000 m², dont

LA PORTE BONHEUR

Isabelle Sursock Colonna (1889-1984), grand-mère des actuels proprios du palais, hébergeait pendant la Seconde Guerre mondiale des soldats juifs américains. La Gestapo en eut vent. Lors de son interrogatoire, Isabelle prétexta le besoin de se changer pour s'enfuir par une porte dérobée ! Elle put ainsi rejoindre l'ambassade d'Espagne où elle demeura 6 mois... à l'abri des nazis.

20 000 m² de jardins ; le tout en plein cœur de Rome ! Le lieu est toujours habité par l'illustre famille Colonna qui – depuis 32 générations – affiche sa puissance dans la Ville Éternelle, entre grâce, luxe et volupté. Bref, un lieu formidable à visiter, doublé de l'une des plus grandes collections d'art de la ville, avec en point d'orgue : sa fameuse galerie !

– ***La galerie Colonna :*** luxueuse et longue de 76 m, elle fut inaugurée en 1705 pour accueillir la formidable collection Colonna, constituée par le cardinal Girolamo Ier. Cette galerie demeure le symbole de l'âge d'or du palais, et fut immortalisée dans la scène finale du film *Vacances romaines,* avec Audrey Hepburn et Gregory Peck... Parmi les quelque 500 toiles que compte la collection Colonna, 268 sont exposées ici au public. D'abord, *Vénus et Cupidon* et *Aurore,* peints par ***Ghirlandaio,*** distillent mystère et sensualité, tant et si bien que des esprits pudibonds du XIXe s recouvrirent d'étoffe la nudité de leurs corps diaphanes. De même, sur le mur opposé, la *Vénus* de Bronzino connut le même sort ! Au plafond, on découvre la *Bataille de Lépante* peinte par Sebastiano Ricci, puis l'*Apothéose de Martin V* (pape Colonna du XVe s).

Ensuite, remarquez ce boulet de canon encastré dans les escaliers qui descendent dans la grande salle. La faute à l'armée française qui le tira depuis la colline du Janicule en 1849 ! Car la France était venue porter secours au pape Pie IX, malmené par des insurgés républicains qui occupaient le centre historique de Rome à cette période-là... Une fois dans la grande salle, jetez un œil aux ***miroirs de Mario dei Fiori,*** célèbres pour leurs bouquets fleuris et angelots peints. Là, voir le petit Éros potelé qui semble chuchoter à son frère de ne pas faire de bruit, alors qu'il a déposé sur ses fesses un petit crabe ! À l'extrémité de la galerie, on admire 2 remarquables cabinets, dont celui des frères autrichiens Steinhardt – en bois d'ébène et ivoire – qui arbore une reproduction fidèle du *Jugement dernier* de la chapelle Sixtine. L'autre cabinet – en bois de santal et pierres précieuses – représente une villa romaine. Ces 2 cabinets sont soutenus par 2 esclaves, qui figurent les Turcs battus à la célèbre bataille de Lépante, remportée par l'amiral Marcantonio II Colonna... Vers la droite s'ouvrent les appartements du palais, où sont accrochées d'autres toiles précieuses. N'y ratez pas ***Le Mangeur de haricots,*** œuvre de jeunesse de ***Carrache*** (1583), au réalisme inédit à l'époque. C'est un paysan prenant son repas et saisi sur le vif à la manière des impressionnistes qui s'en sont certainement inspirés... 3 siècles plus tard ! Un chef-d'œuvre étonnant qui tranche avec les toiles qui l'entourent, signées le Tintoret, le Guerchin, le Pérugin...

Détail surprenant dans une des pièces : un fauteuil magnifiquement sculpté et curieusement tourné vers le mur, plus exactement vers le portrait du pape ! Il s'agit du trône exclusivement réservé au Saint-Père qui, jusqu'en 1870, avait l'habitude de rendre régulièrement visite à la famille Colonna. Depuis, ses venues sont plus rares, mais la tradition veut qu'on le retourne lorsqu'il se pointe... À côté, poignante ***Madone du Secours de Nicolò Alunno,*** où le diable essaie d'arracher Jésus à sa mère ; mais c'était sans compter l'intervention de ladite Madone ! Plus loin, étonnante *Résurrection du Christ* de Pierre de Cortone, où les défunts Colonna se relèvent de leur tombe, sans oublier ***Saint François en prière de Guido Reni.*** Et puis encore des tapisseries de la série d'Artémise, et un autre chef-d'œuvre absolu : *Moïse et les Tables de la Loi* du Guerchin, tout en clair-obscur.

– ***L'appartement de la princesse Isabelle :*** d'origine libanaise, Isabelle Sursock Colonna (1889-1984), bien connue du Tout-Rome des années 1920, joua un rôle de premier ordre dans la famille, œuvrant notamment à la restauration du palais... Dans ses appartements, un amusant tableau qui représente la belle et charismatique Maria Mancini Colonna flanquée d'un petit singe, incarnant son oncle, le cardinal Mazarin ! Une petite dent contre celui qui arrangea son mariage avec un prince Colonna, alors qu'elle était éperdument amoureuse du roi Louis XIV. Également une riche collection de ***Van Wittel*** montrant les principales villes italiennes avec force détails, couleurs et perspectives. Puis, dans le salon rose, une collection de petits tableaux peints sur cuir par ***Brueghel l'Ancien,*** dont une *Adoration* sublime de micro-détails. Voir encore la *salle de bal* toute décorée de fresques en trompe l'œil symboliques, et puis la fameuse ***salle de la fontaine,*** l'une des plus belles et chargées d'histoire du palais, aux plafonds peints de grotesques. On y découvre une curieuse pendule du XVIIe s, et un magnifique panneau d'un retable attribué à ***Cosmè Tura*** (XVe s), œuvre parmi les plus anciennes du palais.

– ***Le jardin :*** accessible depuis la galerie par un petit pont enjambant la via della Pilotta, ce magnifique et élégant jardin de 2 ha – organisé en terrasses – part à l'assaut de la colline du Quirinal, entre fontaine centrale, cascade monumentale bordée de rampes et d'escaliers, vestiges antiques, orangers, magnolias, haies de buis, de lauriers, de chênes verts... Aménagé dès le XIIIe s à l'emplacement de plusieurs temples antiques, le jardin Colonna vit passer de nombreux visiteurs illustres, dont Pétrarque, Michel-Ange et le Bernin. Bref, un havre verdoyant à 2 pas de l'agitation romaine, pour une vue panoramique sublime sur les monuments de la Ville Éternelle.

AUTOUR DE L'ESQUILIN ET DU QUARTIER DES MONTI

Le bien nommé quartier des Monts englobe les collines du Viminal et de l'Esquilin ainsi qu'une partie du Quirinal et du Celio. Autant dire qu'il n'est que montées et descentes, avec des contours pas faciles à délimiter ! Peut-être trouverez-vous les grandes artères rectilignes des Monti un peu décevantes, tant elles ressemblent à celles de toute grande ville occidentale : ronflement du flot automobile et bourdonnement des scooters y résonnent du matin au soir. Mais il suffit de s'en écarter pour découvrir, entre la via Nazionale et la via Cavour, un lacis de jolies rues pavées, comme la via dei Serpenti, la via Panisperna ou la via del Boschetto ; c'est là que bat le cœur du quartier ! À la tombée de la nuit, quand les commerçants ferment boutique, de joyeux drilles investissent les nombreux bars : chaud devant !

Où dormir ?

Autour de la basilica di Santa Maria Maggiore

Auberge de jeunesse

New Generation Hostel Santa Maria Maggiore *(plan détachable Monti et Esquilin, E4,* ***171****) :* *via dei Quattro Cantoni, 35. 06-902-151-41. Lits en dortoir 10-35 € ; doubles 50-120 €. • santamariamaggiore.newgenerationhostel.it •* Sur les hauteurs du quartier de Monti, une auberge de jeunesse familiale installée dans un bâtiment ancien superbement rénové, qui dispose d'une centaine de lits répartis entre des dortoirs (4-6 pers) et des chambres privées (doubles, triples et quadruples). Le tout est calme, bien équipé (lumière et prises individuelles, casiers) et impeccablement tenu. Très bon emplacement, à la fois proche de Termini et de la Rome antique. Grande cuisine pour faire sa popote et petit jardin pour prendre l'air. Un bon plan dans ce quartier où les prix s'envolent vite.

De bon marché à prix moyens

Casa Monti *(plan détachable Monti et Esquilin, E4,* ***175****) :* *via Domenichino. 347-77-47-725. • cino.elena@gmail.com • Nuit 80-130 € pour 2 pers.* Charmant appartement niché au 5e étage d'un immeuble caractéristique du Monti (avec ascenseur) : grand salon/cuisine, 2 chambres, 2 salles de bains et une terrasse commune sur le toit de l'immeuble aux beaux jours... le tout complètement refait à neuf et aménagé avec goût. Plein de petits détails qui font la différence : machine Nespresso, céramiques dans les salles de bains, fenêtres double vitrage et accueil extra d'Elena, qui est de surcroît guide officielle de Rome et francophone ! Idéal pour une famille ou des couples d'amis.

Hotel Orlanda *(plan détachable Monti et Esquilin, E3,* ***172****) :* *via P. Amedeo, 76 (3e étage). ☎ 06-488-01-24. • info@hotelorlanda.com • hotelorlanda.com • Doubles 50-100 €. Parking 25 €/j. (sur résa). Café ou petit déj offert sur présentation de ce guide.* Pas le charme du grand soir, mais une vingtaine de chambres propres, pratiques et convenables, qui tentent de jouer la carte de la déco classique. Quelques-unes avec clim (à payer en supplément). Accueil souriant et dynamique.

Hotel di Rienzo *(plan détachable Monti et Esquilin, E3,* ***173****) :* *via*

P. Amedeo, 79a (1er étage). ☎ *06-446-71-31.* • *info@hoteldirienzo.it* • *hoteldirienzo.it* • *Doubles 45-80 €.* Petite pension simple et sans prétention, tenue par une famille charmante. Sur 3 niveaux, une quinzaine de chambres régulièrement rénovées, avec ou sans salle de bains selon vos moyens. Propreté à tous les étages !

Hotel Millerose *(plan détachable Monti et Esquilin, E3,* ***174****) : via D. Manin, 58 (6e étage).* ☎ *06-488-08-17.* • *info@hotelmillerose.it* • *hotelmillerose.it* • *Doubles 45-90 €.* Hôtel perché dans un immeuble bourgeois. Chambres fonctionnelles bien tenues, à défaut d'avoir un charme renversant ; toutes différentes, des plus sobres aux couleurs pastel à celles tapissées de mille fleurs, et certaines même avec balconnet sur rue (double vitrage). Accueil gentil.

De prix moyens à très chic

Condominio Monti *(plan détachable Monti et Esquilin, D4,* ***152****) : via dei Serpenti, 109.* ☎ *06-488-58-89.* • *info@condominiomonti.com* • *condominiomonti.com* • *Doubles 70-200 €.* Un superbe boutique hôtel d'une trentaine de chambres, situé au cœur du quartier branché des Monti. Les chambres ne sont pas bien grandes mais joliment décorées, confortables et fonctionnelles. Bon point pour l'enceinte Marshall à disposition. Très joli rooftop au dernier étage, avec vue sur le Colisée (en se penchant un peu, certes). Au rez-de-chaussée, le chouette bistrot *Magasin* permet de s'offrir un *aperitivo,* et le resto *Osteria Olivo* d'engloutir un bon plat de pâtes. Bref, la perle rare !

Happy Home 2c *(plan détachable Monti et Esquilin, E4,* ***170****) : via Rattazzi, 2c.* 📱 *335-836-69-24.* • *happyhome2@gmail.com* • *happyhomerome.com* • *Doubles 100-120 €.* Dans une petite rue pas trop passante, une dizaine de chambres bien équipées, dispatchées dans 2 appartements aux murs immaculés. Une sobriété toute contemporaine, qui tranche avec l'accueil sémillant et chaleureux ! Cuisine commune à dispo. Une excellente adresse.

Princeps Boutique Hotel *(plan détachable Monti et Esquilin, E4,* ***177****) : piazza dell'Esquilino, 29.* ☎ *06-878-118-21.* • *info@princepshotel.com* • *princepshotel.com* • *Doubles 130-250 €.* Charmant petit hôtel au design moderne bien affûté, installé dans un immeuble de caractère. Une vingtaine de belles chambres tout confort et douillettes ; certaines – les plus chères – donnent sur l'élégante place à l'arrière de la fameuse basilica di Santa Maria Maggiore et son obélisque. Pour les autres, de belles vues sur Rome tout de même ! Accueil souriant et pro.

The Fifteen Keys Hotel *(plan détachable Monti et Esquilin, E4,* ***158****) : via Urbana, 6.* ☎ *06-489-134-46.* • *info@fifteenkeys.com* • *fifteenkeys.com* • *Doubles seulement, à partir de 150 €.* Ce boutique hôtel situé sur les pentes de Monti charme dès le lobby avec son salon douillet et apaisant. Les vastes chambres (plusieurs catégories) ne sont pas en reste : parquet ciré, fauteuils cosy et tirages de photos d'artistes distillent une atmosphère raffinée et intime. Balcons pour la plupart des doubles (voire terrasses pour les plus chères), histoire de prendre le pouls de la Ville Éternelle. Le plantureux petit déj-buffet est servi au bar ou dans le mignon petit patio fleuri. Une adresse à privilégier hors saison, les prix s'envolant vite en dehors.

Dans les quartiers des Monti et de l'Esquilin

Ostello Marello *(plan détachable Monti et Esquilin, E4,* ***179****) : via Urbana, 50 (2e et 3e étages).* ☎ *06-488-21-20.* • *hostelmarello@yahoo.it* • *hostelmarello.vpsite.it* • *Doubles 55-64 €, avec ou sans sdb. CB refusées.* À l'exception des couples mariés, hommes et femmes dorment ici séparément dans des chambres de 2-3 lits, plutôt petites et tristounes, mais bien tenues. Avec ou sans sanitaires (impeccables). Frigo et four micro-ondes à dispo. Mon tout est tenu par des bonnes sœurs sympathiques ! Bonne nouvelle, les prix sont les mêmes toute l'année, même en haute saison.

De prix moyens à chic

Casa Santa Sofia *(plan détachable Monti et Esquilin, D4,* ***178****) : piazza Madonna dei Monti, 3. ☎ 06-485-778. • res@santasofiahotel.com • santasofiahotel.com • Doubles 60-150 €, petit déj compris.* Cette ancienne institution religieuse a été joliment reconvertie en hôtel tendance. Le lobby très design annonce la couleur avec ses sofas moelleux, ses luminaires dernier cri et son papier peint à motif. Les chambres, dans le même esprit contemporain, se révèlent à la fois confortables et fonctionnelles, disposant toutes de la clim'. Certaines donnent sur l'adorable placette et ses bistrots : attention, c'est plutôt bruyant ! Généreux petit déj-buffet et accueil tout en gentillesse.

Salotto Monti *(plan détachable Monti et Esquilin, D4,* ***180****) : via della Consulta, 1b (3e étage). ☎ 06-487-44-63. • salottomonti@livinghome.it • salottomonti.it • Doubles 65-150 €.* On est séduit par cette douzaine de chambres confortables, bien équipées et dotées d'une déco vintage sympa, déclinée dans les papiers peints, le mobilier, les objets posés çà et là... Agréable terrasse parsemée de plantes. Accueil très pro.

Il Covo B & B *(plan détachable Monti et Esquilin, D4,* ***181****) : via del Boschetto, 91. ☎ 06-48-48-94. • info@bbilcovo.com • bbilcovo.com • Réception à l'*Hotel Antica Locanda *ci-après (même proprio). Doubles 70-145 €.* À une enjambée du Colisée, un *B & B* d'une quinzaine de belles chambres confortables, au cadre élégant et soigné. Et on déguste le petit déj dans un café sympa sur une petite place à 2 pas, dans une ambiance très *dolce vita* ! Accueil souriant et pro.

Hotel Antica Locanda *(plan détachable Monti et Esquilin, D4,* ***182****) : via del Boschetto, 84. ☎ 06-48-48-94. • anticalocandaroma@gmail.com • anticalocandaroma.it • Doubles 90-180 €.* Dans ce coin agréable des Monti, un petit hôtel d'une quinzaine de jolies chambres tout confort et d'allure classique : parquet, poutres apparentes, lourdes tentures et larges lits. Le petit plus : la terrasse, bien agréable après une journée de visite. Personnel charmant.

Hotel Artorius *(plan détachable Monti et Esquilin, D4,* ***183****) : via del Boschetto, 13. ☎ 06-482-11-96. • info@hotelartorius.com • hotelartorius.com • Doubles 70-220 €.* « Vertu et Travail », telle est la louable devise du chevalier romain qui a inspiré le nom de cet hôtel. Il arbore aujourd'hui un joli décor style 1900, dont l'entrée, l'ascenseur et les vitraux demeurent les fleurons. Une dizaine de chambres plutôt spacieuses, confortables et de style fonctionnel classique. Certaines avec balcon sur le patio à l'arrière (nos préférées), où le petit déj est servi aux beaux jours. Également quelques studios. Accueil efficace.

Très chic

Hotel Duca d'Alba *(plan détachable Monti et Esquilin, D4,* ***185****) : via Leonina, 14. ☎ 06-48-44-71. • info@hotelducadalba.com • hotelducadalba.com • Doubles 80-220 €.* Ce bel hôtel – un bâtiment flanqué de son annexe – dispose d'une quarantaine de chambres élégantes au confort et à la modernité bien d'aujourd'hui. Du bois, du verre trempé, des poutres, des tableaux parfois contemporains, des photos, des tentures, des dorures et des miroirs : tout ça fait bon ménage ! Certaines avec petites terrasses privées. Le petit déj se prend dans une belle salle voûtée du XVIe s. Double vitrage dans toutes les chambres.

Où manger ?

Sur le pouce et bon marché

Zia Rosetta *(plan détachable Monti et Esquilin, E4,* ***470****) : via Urbana, 54. ☎ 06-310-525-16. • info@ziarosetta.com • Tlj 11h-16h (22h ven-dim). Moins de 10 €.* Idéale pour caler une petite faim, cette sandwicherie mouchoir de poche propose des *panini* préparés sous vos yeux. *Speck, bresaola,*

AUTOUR DE L'ESQUILIN ET DU QUARTIER DES MONTI

mozzarella et autres douceurs goûteuses garnissent les petits pains frais tout ronds que l'on boulotte sur la poignée de tables ou dans la rue. À accompagner d'une salade, d'un jus de fruits frais... Une adresse un rien branchée.

Antico Forno Ai Serpenti *(plan détachable Monti et Esquilin, D4,* ***472****) : via dei Serpenti, 122-123 (angle via Panisperna). ☎ 06-454-279-20. • anticofornoserpenti@gmail.com • Tlj 8h-22h. Moins de 10 €.* On vient à toute heure dans cette boulangerie réputée pour un *cappuccino-cornetto* bien crémeux, un sandwich ou une croustillante part de pizza. Également des pâtisseries et quelques petits plats simples et pas chers : pâtes, burgers, salades... Une pause s'impose si vous êtes dans le coin !

Zizzi Pizza *(plan détachable Monti et Esquilin, E4,* ***473****) : piazza di San Martino ai Monti, 5. 366-410-73-76. • zizzipizza@gmail.com • Tlj. Pizze 5-9,50 €.* Vu le monde aux heures de pointe, il faudra jouer des coudes pour une pizza bien croustillante et copieusement garnie. Également des *supplì* et des *crocchette di patate* à tomber ! Quelques tables et chaises hautes pour poser une fesse.

Mariolina Ravioli Monti *(plan détachable Monti et Esquilin, D4,* ***474****) : via Panisperna, 222a. ☎ 06-644-639-59. • info@mariolinaravioli.it • Tlj sauf lun 12h-16h, 19h-23h. Plats 8,50-19 €.* À l'ardoise, de délicieux raviolis maison – la spécialité –, mais aussi des soupes, salades, *polpette,* planches de charcuterie-fromages, etc. Bref, des plats simples, goûteux et abordables, que l'on engloutit dans un petit local au service minimum, façon *street food.*

Prix moyens

Sciue Sciue *(plan détachable Monti et Esquilin, E4,* ***470****) : via Urbana, 56. ☎ 06-489-060-38. • info@sciuesciue.it • Tlj sauf dim 12h30-15h, 19h-22h30. Résa conseillée. Plats 9-18 €, repas 25-35 €.* Dans cette rue bien connue des fêtards, l'enseigne napolitaine s'est fait une belle place : Romains et touristes ont flairé le filon gourmand ! Une carte qui évolue selon le marché, avec d'alléchantes suggestions du jour.

Chic

Urbana 47 *(plan détachable Monti et Esquilin, E4,* ***476****) : via Urbana, 47. ☎ 06-478-840-06. • info@urbana47.it • Tlj 7h30-1h. Plats 8-19 €, repas 25-35 €.* Dans la mouvance locavore, la carte privilégie les produits « km 0 » à travers une petite sélection de plats originaux et savoureux, actualisée au fil des jours et des saisons ; sans oublier quelques spécialités typiquement romaines et un bon choix de vins. À déguster dans une longue salle à la déco bohémo-industrielle, avec vue sur la cuisine. Ambiance branchée et accueil sympa. Si vous aimez l'atmosphère des lieux, sachez que la maison dispose de 4 chambres d'hôtes au-dessus du resto *(doubles 120-160 €).*

Trattoria Monti *(plan détachable Monti et Esquilin, E4,* ***477****) : via San Vito, 13a. ☎ 06-446-65-73. Tlj sauf dim soir et lun. Résa conseillée. Plats 12-18 €, repas 35-40 €.* Une longue salle étroite et saucissonnée par plusieurs voûtes, avec vue sur les fourneaux tout au fond. Savoureuse cuisine de saison, à la fois enracinée dans la tradition romaine mais aussi évolutive. Mon tout mitonné avec de bons produits frais par des mammas dynamiques. Juste quelques plats à la carte et un service aux petits soins. On recommande !

Enoteche (bars à vins)

Bottiglieria Ai Tre Scalini *(plan détachable Monti et Esquilin, D4,* ***681****) : via Panisperna, 251. ☎ 06-489-074-95. • aitrescalini@colosseo.org • Tlj 12h30-1h30. Plats 7-10 €, repas 20-25 €, verres de vin 5-10 €.* Pas plus de 3 marches à gravir (*scalini* en italien) pour entrer dans ce sympathique bar à vins, repérable à sa vigne vierge en façade et à son atmosphère joyeuse. On prend place au comptoir ou parmi les tablées de copains qui discutent bruyamment dans les petites salles chaleureuses bardées d'affiches et de photos anciennes... Et on commande un vin régional en consultant l'ardoise du jour. Simple, bon et servi avec le sourire, on reviendra !

Enoteca La Barrique *(plan détachable Monti et Esquilin, D3-4,* **682***)* **:** *via del Boschetto, 41b. ☎ 06-478-259-53. • labarriquemonti@gmail.com • Tlj sauf sam midi et dim. Plats 10-18 €, repas 25-30 €, verres de vin 4,50-10 €.* Passé le comptoir surplombé de casiers à bouteilles, on s'engage dans une belle enfilade de petites salles intimes, décorées sobrement de toiles contemporaines. Belle sélection de vins italiens à tendance nature, qui font la réputation des lieux. Pour accompagner, *bruschette,* carpaccio, salades, croquettes, ou un bon petit plat de marché.

Enoteca Al Vino Al Vino *(plan détachable Monti et Esquilin, D4,* **683***)* **:** *via dei Serpenti, 19. ☎ 06-48-58-03. Tlj 18h-1h. Fermé 15 j. début août. Plats 5-18 €, verres de vin 5-8 €.* Les 2 petites salles blanches aux murs couverts de casiers à bouteilles abritent juste quelques tables où déguster de gouleyants nectars italiens, servis à prix doux. Également des *grappe* et autres eaux-de-vie du pays... Et pour éponger le tout, de petits plats cuisinés avec goût ou une planche de charcuterie-fromages. Bonne ambiance.

Où déguster une bonne pâtisserie, une glace ? Où acheter du bon chocolat ?

Fatamorgana *(plan détachable Monti et Esquilin, E4,* **480***)* **:** *piazza degli Zingari, 5. • info@gelateriafatamorgana.com • Tlj 13h-23h (minuit l'été).* À l'origine, c'est une jeune femme née dans les Pouilles qui a lancé sa petite entreprise de glaces artisanales bio ; après quelques années, ça marche très fort ! On déguste sur la jolie placette juste devant. Plusieurs adresses dans Rome.

Panella *(plan détachable Monti et Esquilin, E4,* **481***)* **:** *via Merulana, 54 (angle largo Leopardi). ☎ 06-487-23-44. • info@panellaroma.com • Tlj 7h-23h (minuit ven-sam).* Boulangerie-pâtisserie, salon de thé, épicerie fine... Tout-en-un dans cette grande boutique d'angle. Impressionnant choix de *crostini, biscotti* et autres pâtisseries traditionnelles, pains croustillants, *pizze al taglio,* petits plats... On adore la gigantesque machine à café, toute rutilante. Bref, tout pour plaire du petit déj à l'*aperitivo...*

Regoli *(plan détachable Monti et Esquilin, E4,* **482***)* **:** *via dello Statuto, 60. ☎ 06-487-28-12. Tlj sauf mar 6h45-20h30.* Une petite pâtisserie ouverte depuis 1916, plébiscitée pour ses alléchants *martozzi con panna* (énormes pains au lait pleins de crème fouettée !), ses *cannoli siciliani,* ses profiteroles, ses *bavaresi,* ou encore ses merveilleuses *tortine alle fragoline* (tartelettes aux fraises des bois). Également des glaces maison et un comptoir pour prendre un café.

Grezzo Raw Chocolate *(plan détachable Monti et Esquilin, E4,* **483***)* **:** *via Urbana, 130. • info@grezzoitalia • Tlj 10h30-23h (minuit ven-sam).* Glacier bio qui prépare ses *gelati* avec du lait d'amande en guise de lait, de la noix de coco à la place du sucre, et de la noix de cajou pour le côté crémeux ! Un résultat étonnant pour ceux qui aiment le chocolat noir. Également des pâtisseries colorées et des cheesecakes, ainsi que de petits chocolats.

Où boire un verre ? Où sortir ?

La Bottega del Caffè *(plan détachable Monti et Esquilin, D4,* **178***)* **:** *piazza Madonna dei Monti, 5. ☎ 06-474-15-78. Tlj 8h-2h.* Planté devant la charmante fontaine de la place, on est séduit par la terrasse de ce gentil bistrot qui ne désemplit pas de la journée. Un lieu idéal pour un petit déj, une pause-café, un *aperitivo* ou un verre plus tardif, dans une atmosphère amicale et animée. Également des bricoles à grignoter, genre sandwichs, pâtes, salades ou soupes...

Drink Kong *(plan détachable Monti et Esquilin, E4,* ***604****)* **:** *Piazza S. Martino Ai Monti, 8. ☎ 06-234-886-66. • info@drinkkong.com • Tlj 18h30-2h. Cocktails 10-16 €.* Un grand bar au design époustouflant, mis en valeur par des néons clinquants et des éclairages savants. Même soin apporté aux cocktails, présentés dans un menu ultra-graphique qui joue sur les émotions. On peut déguster arrimé au comptoir, face à la bibliothèque de spiritueux, ou lové dans des alcôves plus intimes. Bande son rock et atmosphère animée, en particulier le week-end. Une vraie expérience !

Caffè Bohemien *(plan détachable Monti et Esquilin, E4,* ***684****)* **:** *via degli Zingari, 36. Tlj sauf mar 17h-1h (2h ven-sam).* Canapés et fauteuils dépareillés, lustres faussement baroques, murs en pierres apparentes couverts de livres ; ce café-librairie a des airs de petit salon littéraire. On aime s'y poser, sur des airs jazzy pour profiter de l'ambiance cosy, et siroter sagement. Accueil chaleureux.

Black Market Hall *(plan détachable Monti et Esquilin, E4,* ***685****)* **:** *via Ciancaleoni, 31. • blackmarketmonti@gmail.com • blackmarketartgallery.it • Tlj 18h-1h30. Cocktails env 12 €.* Ce bar planqué dans un réseau de caves joue les galeries d'art en exposant peintures et photos d'artistes locaux, et programme quelques concerts rock et jazz (voir site web). On en oublierait presque l'essentiel : d'excellents cocktails, aussi originaux que maîtrisés.

Charity Café *(plan détachable Monti et Esquilin, D4,* ***686****)* **:** *via Panisperna, 68. • info@charitycafe.it • charitycafe.it • Tlj 19h-2h. Concerts mer-sam. Conso obligatoire, 8 € min.* Charmant petit club de jazz, dissimulé dans une minuscule salle voûtée aux murs couverts de photos et de graffitis. Un bar, une mini-estrade et quelques banquettes sommaires pour apprécier la programmation musicale, toujours de qualité (voir site web).

Bar Monti *(plan détachable Monti et Esquilin, E4,* ***184****)* **:** *via Urbana, 93. Tlj 7h-22h (1h w-e).* Encore un bar dans ce quartier dévolu au monde nocturne ! Celui-ci se démarque par son ambiance paisible et feutrée. On y passe un bon moment à toute heure de la journée, parfois en profitant de la terrasse. Quelques bricoles à grignoter. Concerts à 19h en fin de semaine.

Birreria Marconi *(plan détachable Monti et Esquilin, E4,* ***688****)* **:** *via Santa Prassede, 9c. • birreriamarconi@gmail.com • Tlj 10h-1h30.* Un pub à l'italienne assez touristique, paré de quelques box en bois et d'un bric-à-brac de vieux postes radio, cafetières et affiches anciennes. On sirote des bières à prix doux autour de grandes tablées ; musique rock en fond sonore. Terrasse aux beaux jours. Évitez d'y manger en revanche !

Achats

La Bottega del Cioccolato *(plan détachable Monti et Esquilin, D4,* ***790****)* **:** *via Leonina, 82. • info@labottegadelcioccolato.it • Tlj sauf dim 9h30-19h30.* Ce maître chocolatier est l'héritier d'une longue tradition familiale. Une idée gourmande et originale à rapporter dans vos valises !

À voir

Un peu d'histoire

– ***Antiquité :*** à l'époque des Césars, la plèbe, nombreuse et misérable, élit domicile dans la zone du Viminal et sur les pentes de l'Esquilin, où le quartier de Suburre est connu comme repaire de prostituées et de malfrats. Aussi n'y trouve-t-on guère de monuments publics imposants, mais plutôt des établissements thermaux (thermes de Dioclétien, de Constantin, de Trajan et de Titus ; ces 2 derniers étant

bâtis sur les décombres de la Maison dorée de Néron) et de grandes villas (comme celles de Salluste et de Mécène), reléguées le plus souvent au niveau de la muraille d'Aurélien. Le tout périclite avec l'arrivée des Barbares, et le quartier, déserté, est progressivement gagné par les terres agricoles.
– ***Moyen Âge et Renaissance :*** à l'époque médiévale, d'âpres rivalités opposent les Monti aux autres bourgs romains, à commencer par le *Trastevere.* Au XVIe s, le pape remet ce quartier à l'honneur en y dessinant un véritable chemin de croix, aux 12 stations correspondant à autant de sanctuaires.

VIVE LE MARIAGE GAY !

L'église située piazza della Madonna dei Monti est dédiée aux saints Serge et Bacchus qui se marièrent devant Dieu au IIIe s apr. J.-C. Car, aussi incroyable que cela puisse paraître, la religion chrétienne accepta ces unions jusqu'au Moyen Âge !

Quelques ***rues pittoresques du quartier,*** au gré d'une balade :
– La ***via Panisperna*** prolonge la via di Santa Maria Maggiore (au départ de la basilique) et débouche dans les parages du forum de Trajan. Son nom viendrait des distributions de pain *(panis)* et de charcuterie *(perna)* que les religieuses du monastère de Santa Chiara faisaient aux pauvres le jour de la Saint-Laurent. C'est ici, en effet, que ce saint martyr succomba au supplice du gril. Une église, dont l'origine serait très ancienne, lui est d'ailleurs dédiée, au nº 90...
– La ***via dei Serpenti*** part de la via Nazionale où se trouve, au nº 94, l'énorme ***palazzo delle Esposizioni*** *(☎ 06-399-675-00 ; • palazzoesposizioni.it • ; expos temporaires payantes)* et aboutit via Cavour après avoir traversé le cœur des Monti, tout comme sa parallèle, la ***via del Boschetto.***
– Plus généralement, n'hésitez pas à vous enfoncer dans le dédale des ruelles, en particulier la ***via dei Ciancaleoni,*** la ***via dei Capocci,*** la ***via degli Zingari*** et la ***via Leonina.*** Autrefois parcourues par les caravanes de gitans, elles convergent toutes vers la ***piazza della Madonna dei Monti,*** également appelée *piazza degli Zingari* (« place des Tziganes »). Beaucoup de jeunes se retrouvent aujourd'hui autour de sa fontaine. De là, la ***via della Madonna dei Monti*** et la ***via Baccina*** rejoignent la ***via Tor dei Conti*** où subsiste un pan du mur antique qui protégeait naguère le forum des incendies embrasant régulièrement l'interlope Suburre.

Chiesa dei Santi Domenico e Sisto *(plan détachable Monti et Esquilin, D4) : largo Angelicum, 1. ☎ 06-67-021. Ven 14h-18h40, sam-dim 8h45-12h, 14h-19h.*
Ceux qui auront la chance de trouver porte ouverte graviront les doubles escaliers majestueux de cette église construite au XVIe s par l'architecte Giacomo Della Porta, sur demande du pape Pie V. Située sur l'ancienne église Santa Maria Magnanapoli, on y admire les magnifiques statues en marbre, l'autel polychrome et l'une des chapelles réalisées par le Bernin. Pour la petite histoire, c'est ici qu'a été tournée une scène du film de *La Grande Bellezza,* de Paolo Sorrentino, qui a reçu l'oscar du meilleur film étranger en 2014...

Piazza dell'Esquilino *(place de l'Esquilin ; plan détachable Monti et Esquilin, E3-4) : borde la via Cavour.* L'un des 2 obélisques égyptiens qui ornaient naguère l'entrée du mausolée d'Auguste se dresse aujourd'hui sur cette place adossée à l'abside de la basilica di Santa Maria Maggiore.

Basilica di Santa Maria Maggiore *(basilique Sainte-Marie-Majeure ; plan détachable Monti et Esquilin, E4) : piazza di Santa Maria Maggiore, 42. ☎ 06-698-868-00. • vatican.va/various/basiliche/sm_maggiore/index_it.html • Tlj 7h-19h. Visites guidées payantes de la loggia et du site archéologique souterrain.*
Sur une place ornée de la seule rescapée des 8 colonnes de la basilique de Maxence, c'est l'une des 4 basiliques papales de Rome, avec Saint-Jean-de-Latran, Saint-Pierre et Saint-Paul-hors-les-Murs ; soit les étapes obligatoires pour tout pèlerin qui se respecte !

Depuis sa fondation, Sainte-Marie-Majeure a été maintes fois remaniée et offre aujourd'hui un condensé harmonieux des grandes étapes stylistiques de l'art chrétien. Sa façade, typiquement baroque, est flanquée d'un campanile roman qui demeure le plus haut de Rome (75 m) ! À l'intérieur, la triple nef est ornée d'un riche plafond à caissons Renaissance et d'un élégant pavement cosmatesque. Très belles chapelles latérales, dont la somptueuse ***cappella Paolina*** *(chapelle Pauline)*, réputée pour être l'une des plus richement décorées de Rome (à gauche du chœur). Pauline Bonaparte-Borghèse, très connue pour sa statue réalisée par Canova et conservée à la Galleria Borghèse, y est enterrée. D'ailleurs, le Bernin et sa famille y ont également une sépulture, mais dans une version beaucoup plus sobre et modeste. C'est finalement très people ici !

DE LA NEIGE AU MOIS D'AOÛT

Sainte-Marie-Majeure demeure la plus grande église dédiée à la Vierge. L'histoire raconte que le 5 août 356, pour faire comprendre au pape Libère Ier qu'elle voulait une église, la Vierge fit tomber de la neige. Évidemment, en plein été, c'était un miracle ! À l'époque, on consacra donc l'église « Sainte-Marie-des-Neiges »... Si vous passez par là le soir du 5 août, il y a des chances qu'elle soit recouverte d'un manteau blanc de neige artificielle. Agréable impression de s'imaginer à l'intérieur d'une immense bouboule à neige !

Mais revenons à la basilique, dotée d'un imposant ***maître-autel*** en porphyre, surmonté d'un baldaquin. Le plus remarquable, ce sont les ***36 panneaux de mosaïques*** situés au-dessus des piliers et déroulés le long des murs latéraux de la nef centrale, entre la colonnade et les fenêtres ; parmi les plus belles et les plus anciennes de la ville ! Datant du Ve s, elles reproduisent avec beaucoup de fraîcheur et de naïveté certaines scènes de l'Ancien Testament... Ne pas rater non plus le superbe ***Couronnement de la Vierge*** de Torriti, mosaïque délicate du XIIIe s ornant l'abside. On y retrouve, selon une iconographie répandue à l'époque, la Vierge assise aux côtés du Christ. N'oublions pas que la basilique fut édifiée sous le pontificat de Sixte III, à qui l'on doit aussi l'embellissement de la basilique Saint-Jean-de-Latran... À cette époque, des influences byzantines et orientales se répandent largement en Italie. Le Christ perd alors sa dimension humaine (et terrestre) au profit d'une représentation céleste, exprimant sa nature divine. Parallèlement au culte des martyrs, les poses sont plus hiératiques et, lorsqu'ils ne sont pas surmontés d'auréoles, les visages s'allongent... le tout sur fond bleu ou or. En contrebas de l'autel, dans la ***chapelle hypogée*** toute de marbre marquetée, monumentale ***statue de Pie IX*** en marbre blanc, priant béatement devant la ***sacra culla di Gesù,*** c'est-à-dire une relique du berceau du Christ. Avant de partir, remarquer aussi la belle série de confessionnaux, toujours très fréquentés...

Ⓒ ***Basilica di Santa Prassede*** *(plan détachable Monti et Esquilin, E4)* **:** *via di Santa Prassede, 9. ☎ 06-488-24-56. Tlj 7h-12h, 16h-18h30. Prévoir de la monnaie pour éclairer les mosaïques.* Large nef centrale, flanquée de 2 petites nefs latérales ; le tout soutenu par des colonnes de granit. Presque totalement reconstruite au IXe s par le pape Pascal Ier, c'est à lui que l'on doit aussi les ***mosaïques byzantines exceptionnelles de l'abside*** dont le thème central est le Christ en parousie, c'est-à-dire lors de son retour glorieux et définitif sur terre dans le but d'y établir le royaume de Dieu. Les moutons en frise y symbolisent la communauté des chrétiens... On doit aussi à ce pape la ***cappella di San Zenone*** *(chapelle de saint Zénon)*, ouverte sur le bas-côté droit, et qui était à l'origine un oratoire édifié pour sa mère Theodora... tout simplement. On la découvre elle aussi auréolée d'un nimbe carré. Cette minuscule chapelle est sublime, entièrement recouverte de mosaïques sur fond d'or ; sur la voûte, 4 archanges drapés de blanc soutiennent un Christ Pantocrator, et différents épisodes de la Bible sont illustrés sur les arcs (soutenus par des colonnes antiques de récup) et les parois. Dans une petite salle sur la droite, on trouve une précieuse relique : la ***colonna della Flagellazione di Custo*** *(colonne de la Flagellation du Christ),* où Jésus souffrit sa Passion. Le fragment, à l'origine en marbre noir, a pris des teintes verdâtres. Sa première apparition au Ve s à Jérusalem donna suite à de nombreuses variantes. Pour les pèlerins, elle passa du statut de simple fragment de colonne à celui de relique miraculeuse, où les bras et le visage du Christ y seraient imprimés !

🎭🎭 ***Basilica di San Pietro in Vincoli*** *(basilique Saint-Pierre-aux-Liens ; plan détachable Monti et Esquilin, E4)* **:** *piazza San Pietro in Vincoli, 4a. ☎ 06-978-449-50. Tlj 8h-12h30, 15h-19h (18h oct-mars).* Cette église fut construite vers 440 à la demande de l'impératrice Eudossia, femme de l'empereur Valentiniano, pour préserver les chaînes de saint Pierre (en italien, *vincolo* signifie « le lien », « la chaîne »), toujours exposées dans le reliquaire en bronze doré devant l'autel. Pourtant, l'église doit sa renommée au fantastique et imposant ***Moïse de Michel-Ange.*** C'est la pièce maîtresse du mausolée de Jules II, réalisé par le maître, alors âgé de 29 ans. À l'origine, il aurait dû être placé au Vatican, et ce projet grandiose devait contenir 40 statues que Michel-Ange n'a jamais terminées, suite aux hésitations de son commanditaire. Après la mort de ce dernier, un contrat signé entre Michel-Ange et les héritiers de Jules II a stipulé l'abandon définitif du Vatican et l'ouverture du chantier dans cette église. De chaque côté de la statue de Moïse, dans des niches, allégories de la vie active et de la vie contemplative, évoquées par Lia (mains jointes) et Rachel. Au-dessus de Moïse, Jules II est représenté à demi ensommeillé et allongé. Au plafond, la peinture centrale de Parodi représente *Le Miracle des chaînes* (1706).

🎭🎭 ***Basilica di Santa Pudenziana*** *(basilique Sainte-Pudentienne ; plan détachable Monti et Esquilin, E3)* **:** *via Urbana, 160. ● stpudenziana.org ● Tlj sauf lun 9h-12h, 15h-18h.* La façade largement remaniée au XIXe s ne laisse rien paraître du grand âge de cette petite église. Elle fut ainsi construite au IVe s à l'emplacement de thermes antiques et d'une *domus ecclesiae* (lieu de rassemblement clandestin des premiers chrétiens), dont on peut encore voir quelques pièces enfouies... à 9 m au-dessous du sol actuel ! Mais le point d'orgue de la visite demeure incontestablement la fantastique ***mosaïque de l'abside,*** réalisée au IVe s, et la plus ancienne du genre à Rome. Le Christ en majesté y est entouré des apôtres et des sœurs Prassède et Pudentienne couronnant saint Pierre et saint Paul. Le naturel de chaque figure est saisissant. Dans le ciel, aux magnifiques nuances, les évangélistes sont pour la première fois représentés sous forme symbolique : l'ange pour Matthieu, le lion pour Marc, le bœuf pour Luc et l'aigle pour Jean. Terminer la visite par la luxueuse chapelle Caetani (sur la gauche de la nef), œuvre de Volterra et Maderno...

L'AURÉOLE SOUS TOUTES LES FORMES

L'auréole qui entoure la tête des personnages religieux – symbole de perfection et d'éternité – signifie que ceux-ci ont été admis au paradis. Centrée sur la tête, elle est censée souligner le siège de l'âme. Jusqu'au IVe s, seul le Christ y avait droit. Les saints consacrés en bénéficièrent intégralement dès le IXe s. Une auréole carrée dans une mosaïque, généralement un pape, signifie que le personnage était vivant lors de la réalisation de l'œuvre.

DOMUS AUREA

(Maison dorée ; plan détachable d'ensemble, E4)

– Infos : *l'entrée est située dans le parco Oppio, via della Domus Aurea, 1. ☎ 06-399-677-00. ● coopculture.it ● archearoma.benicultura.it ● Visites guidées (en français à 12h45, sinon en italien, en anglais, ou en espagnol) sur résa*

seulement sam-dim 9h15-16h15. Compter 1h15 de visite. Entrée : 14 € (+ 2 € de résa) ; gratuit - 6 ans ; en cas d'expo temporaire, il faut forcément ajouter 6 € de plus (donc 20 € + 2 € de résa).
– ***La visite :*** en cours de restauration (la fin des travaux est prévue pour 2022), la prestigieuse *Domus Aurea* livre une partie de ses étonnants vestiges lors d'une sorte de visite de chantier guidée, casque vissé sur la tête et surtout avec un gros effort d'imagination pour réaliser l'immensité du lieu !

Après le terrible incendie de 64 apr. J.-C., Néron fait construire une gigantesque résidence, la *Domus Aurea,* occupant un tiers de la ville antique et abondamment parée d'or, d'où son nom. Dominée par un colosse en bronze de plus de 30 m de haut représentant l'empereur, elle renferme un lac artificiel, une multitude de jardins et terrasses aboutissant à de majestueux portiques... et bien sûr, des centaines de salles ! Édifiée en seulement 4 ans, Néron ne l'habita que quelques mois, s'écriant devant la magnificence des lieux : « Maintenant, je peux vivre comme un homme ! » Après son suicide en 68, la *Domus Aurea* fut en partie détruite par le grand incendie de 104, puis remblayée pour faire place au Colisée et aux thermes de Trajan. Tout semble donc à jamais disparu quand, à la fin du XVe s, des fresques antiques aussi délicates qu'élégantes sont découvertes dans ce qui ressemble désormais à des souterrains. S'il ne s'agit que d'une partie infime de la résidence d'origine, voici des volumes grandioses, de hautes salles voûtées aux murs de brique, dont il subsiste çà et là quelques restes d'enduis et de fresques aux motifs dit « grotesques », qui ont largement inspiré de nombreux artistes comme Raphaël et Michel-Ange...

DÉCORATIONS GROTESQUES

Au XVe s, on a redécouvert la Domus Aurea de Néron, totalement enfouie. Ses murs étaient revêtus de dessins dont le style fit alors un tabac. En référence au caractère « souterrain » du lieu, un terme dérivé de « grottes » s'imposa aux esthètes d'alors pour ces motifs Renaissance qu'on surnomma « grotesques »...

La visite débute par une vidéo (en anglais) d'une dizaine de minutes puis le guide passe en revue certaines salles ouvertes au public. Il faut imaginer que les niches existantes étaient ornées de statues grecques (d'ailleurs, c'est ici qu'on retrouva le *Laocoon* au début du XVIe, aujourd'hui exposé aux musées du Vatican). Seul subsiste un unique médaillon d'origine représentant une scène de l'histoire de l'Odyssée. Les architectes ont utilisé le style pompéien caractérisé par le rouge, le vert, le bleu, le blanc et le motif fleuri.
Le clou de la visite, c'est en milieu de parcours : la visualisation de la maison de l'empereur. Assis dans une des salles voûtées, on assiste muni d'un casque à la visite virtuelle en 4D à l'époque de l'empereur. Bluffant ! Un vrai spectacle ! On a vraiment l'impression d'y être. Cet outil high-tech permet de visiter la demeure de l'empereur avec tous les fastes et dorures des salles, ainsi que les jardins luxuriants de la résidence... La visite se termine par l'immense salle octogonale avec sa fontaine monumentale et son élégante voûte ouverte sur le ciel. C'est d'ailleurs le premier exemple de dôme à Rome qui s'appuie sur des arches pour répartir le poids.

AUTOUR DE LA PIAZZA DI SPAGNA ET DE LA VILLA BORGHÈSE

Agrémentée d'une curieuse fontaine baroque – la célèbre *Barcaccia* – représentant un bateau qui coule, la piazza di Spagna s'étend au pied de l'église de la Trinité-des-Monts, à laquelle elle est reliée par un escalier monumental, la fameuse *Scalinata*. Si la place acquit sa notoriété au XVIIe s quand l'ambassade d'Espagne s'y installa, elle demeure aujourd'hui l'épicentre d'un quartier chic – bien connu pour ses boutiques de luxe de marques internationales – qui attire une foule de badauds. Toutefois, le secteur conserve aussi le charme qui en faisait, au XIXe s, le rendez-vous des artistes et des écrivains à Rome. Ses galeries d'art et ses antiquaires y contribuent particulièrement. Tout comme – sur le mont Pincio – la villa Médicis, haut lieu d'art et de culture qui participe au rayonnement culturel de la France à l'étranger. Sans oublier la villa Borghèse et sa formidable *galleria,* renfermant l'une des plus belles collections privées au monde !

Où dormir ?

Institutions religieuses

☗ ***Istituto Immacolata Concezione Nostra Signora di Lourdes*** *(plan détachable Piazza di Spagna, D3,* ***50****) : via Sistina, 113 (entrée discrète). ☎ 06-474-53-24. • sr.sistina@gmail.com • Ⓜ Spagna ou Barberini. Résa très à l'avance par mail conseillée. Simple 60 €, double 85 €.* Judicieusement située entre la Trinité-des-Monts et la piazza Barberini, cette vieille institution catholique nichée dans un beau bâtiment à fenêtres géminées et trilobées propose une grosse quinzaine de chambres à l'ambiance monacale, pratiques et sans fioriture, mais toutes avec salles de bains. Également des triples et des quadruples. Attention, couvre-feu à 23h (23h30 avr-oct) ! Accueil chaleureux.

☗ ***Maison d'accueil Saint-Joseph de la Trinité des Monts*** *(plan détachable Piazza di Spagna, D3,* ***51****) : piazza Trinità dei Monti, 3. ☎ 06-679-74-36. • maison.accueil.tdm@libero.it • trinitadeimonti.net • Ⓜ Spagna. Résa à l'avance conseillée. Doubles 76-84 €. Réduc enfants et étudiants. Parking.* Au sein d'une institution catholique confiée à la communauté de l'Emmanuel, cette maison accueille de nombreux pèlerins francophones, mais pas que. À dispo, une cinquantaine de lits répartis dans une vingtaine de chambres (1-4 personnes), propres et calmes, avec ou sans salle de bains. En bonus, on profite du parc et de la terrasse surplombant la piazza di Spagna. Resto sur place. Accueil francophone. Couvre-feu à 23h et messe en français quasi tous les jours. Ainsi soit-il !

De prix moyens à chic

☗ ***Appartamenti Laurina e Tridente*** *(plan détachable Piazza di Spagna, C2,* ***53****) : via Laurina, 11. ☎ 00-33-1-45-27-56-41 (Loc'appart, en France). • locappart.com • Apparts (2-8 pers) à partir de 90 € (3 nuits min).* Aux 3e et 4e étages de cet immeuble typiquement romain, voici 5 appartements confortables et aménagés avec goût ; certains bénéficient d'une terrasse avec vue sur les toits et les dômes du quartier. Du studio de 25 m² à l'appartement de 110 m², en famille ou entre amis, pour un séjour en immersion qui combine centralité et calme. Accueil pro.

Charme Spagna Boutique Hotel *(plan détachable Piazza di Spagna, D3,* ***59****) : via della Mercede, 37. ☎ 06-839-621-43. • charmespagna@gmail.com • charmespagnahotel.com • Doubles 70-200 €.* Dans les étages d'un solide immeuble du XIXe s, voici un petit hôtel très confortable, au look contemporain. Les chambres, de bonne taille pour le quartier, sont agréablement meublées et décorées, avec parquet, miroirs et papiers peints à motif. Salles de bain en marbre plus classiques. Certaines supérieures disposent d'agréables terrasses. Le tout est bien isolé (double vitrage). Accueil sympa et serviable. Sauna à dispo.

Okapi Rooms *(plan détachable Piazza di Spagna, C2,* ***55****) : via della Penna, 57. ☎ 06-326-098-15. • info@okapirooms.it • okapirooms.it • Accès par la via dell'Oca. Doubles 65-120 €.* À 2 pas de l'élégante piazza del Popolo, cette belle maison du XVIIIe s à plusieurs étages abrite une vingtaine de chambres pas bien grandes et un poil vieillottes, mais entretenues avec soin. Certaines comme la 41, la 42 ou la 62 possèdent quelques marches menant à un agréable balcon. Meubles anciens, vieux carrelage, escalier en bois et ferronneries confèrent un petit côté Art déco sympa. Également des triples et des quadruples. Bref, un bon point de chute, à l'atmosphère intimiste.

Hotel Forte *(plan détachable Piazza di Spagna, D2-3,* ***52****) : via Margutta, 61. ☎ 06-320-76-25. • info@hotelforte.com • hotelforte.com • Doubles 60-180 €.* Cette rue tranquille bordée de boutiques d'antiquaires cache cet hôtel aux chambres de bon confort, plutôt petites mais fonctionnelles, à la déco gentiment cossue non dénuée de charme. Bon accueil pro et des prix qui ne s'envolent pas trop pour le quartier.

Anahi Hotel *(plan détachable Piazza di Spagna, C2,* ***55****) : via della Penna, 65. ☎ 06-321-60-11. • info@hotelanahi.com • hotelanahi.com • Accès par la via dell'Oca. Doubles 70-180 €.* Dans une rue paisible et voisine de la piazza del Popolo, une quinzaine de chambres confortables et toutes différentes. Beaux papiers peints choisis pour une ambiance assez classique, tirant çà et là sur le contemporain. Accueil gentil et pro. Rapport qualité-prix très correct pour le coin.

Hotel San Carlo *(plan détachable Piazza di Spagna, C3,* ***58****) : via delle Carrozze, 92-93. ☎ 06-678-45-48. • info@hotelsancarloroma.com • hotelsancarloroma.com • Doubles 90-240 €.* En plein cœur du quartier, mais dans une rue relativement calme, cet hôtel propose des chambres spacieuses, confortables et pour la plupart rénovées sur une note classique plutôt élégante. Accueil pro.

Chic

Parlamento Boutique Hotel *(plan détachable Piazza di Spagna, C3,* ***54****) : via delle Convertite, 5 (4e étage). ☎ 06-699-210-00. • hotelparlamento@libero.it • hotelparlamento.it • Au fond de la cour à droite par l'ascenseur. Doubles 120-230 €.* Cette adresse installée sur 2 étages d'un vieux palais du XVIe s propose une vingtaine de chambres très agréables, de tailles variables, au look bien dans l'air du temps : papiers peints colorés, mobilier vintage... Côté rue, le quadruple vitrage des doubles fenêtres ne laisse vraiment rien passer ; certaines donnent sur une cour intérieure, d'autres ont accès à une terrasse perchée. Aux beaux jours, on prend le petit déj sur la terrasse qui surplombe le quartier. Bon accueil, vraiment pro. Bref, une très belle adresse.

Hotel Scalinata di Spagna *(plan détachable Piazza di Spagna, D3,* ***57****) : piazza Trinità dei Monti, 17. ☎ 06-456-861-51. • info@hotelscalinata.com • hotelscalinata.com • Doubles 100-260 €.* Difficile de trouver plus charmant que ce cocon pour abriter une nuit d'amour ! Des chambres plus ou moins spacieuses au style très classique, avec un élégant mobilier, tissu broché tendu aux murs et lustres en verre de Murano. Aussi des chambres contemporaines plus récentes et plus chères avec, en prime, une jolie vue panoramique sur les toits ; à vous de choisir ! Très chouette véranda ou terrasse dominant Rome pour prendre son petit déj. Accueil sympa et pro. Une adresse intime et pleine de charme.

Gregoriana 5A Guesthouse *(plan détachable Piazza di Spagna, D3, **56**) : via Gregoriana, 5a. ☎ 06-935-635-10. • info@gregoriana5.com • gregoriana5.com • Doubles 90-250 €.* Cette *guesthouse* super luxe, dont les prix peuvent atteindre les nues au plus fort de la saison, offre quelques chambres meublées dans un esprit contemporain. Grande salle commune avec une belle cheminée, où il fait bon bouquiner tranquille. Une adresse pratique et idéalement placée, qui marie confort et charme.

Où manger ?

Du côté de la piazza di Spagna

Sur le pouce

La Vita è un Mozzico *(plan détachable Piazza di Spagna, C2, **262**) : via Brunetti, 4. ☎ 06-323-66-44. Tlj sauf dim 8h-18h. Sandwich env 5 €.* Minuscule *alimentari* dont l'alléchante vitrine réfrigérée regorge de charcuteries, de fromages et d'*antipasti.* Un lieu idéal pour se faire confectionner sur le champ un *panino* généreux. Testez donc l'excellente *porchetta romana.* Accueil gouailleur sympa.

Grano, Frutta e Farina *(plan détachable Piazza di Spagna, C3, **265**) : via della Croce, 49a. ☎ 06-679-24-61. • info@granofruttaefarina.it • Tlj 8h-22h. Moins de 10 €.* Boulangerie-pâtisserie bio qui grouille de monde à toute heure, et où il fait bon poser un bout de fesse dès le matin pour engloutir un petit déj complet. On y dévore aussi sandwichs et parts de pizza goûteuses toute la journée. Sans oublier les tartes et autres pâtisseries, à accompagner d'un café.

Monte d'Oro Pizza *(plan détachable Piazza di Spagna, C3, **260**) : piazza Monte d'Oro. Tlj sauf w-e 10h-15h. Moins de 10 €.* Un stand qui ne paie pas de mine au beau milieu des étals de ce micro marché. Et pourtant, les Romains le connaissent bien, tant pour ses pizzas et fritures généreuses que pour ses barquettes de bons petits plats : lasagnes, *polpette, baccalà...* Minuscule comptoir pour grignoter sur le pouce.

Pastificio Guerra *(plan détachable Piazza di Spagna, D3, **261**) : via della Croce, 8. ☎ 06-679-31-02. • maxi.my@tiscali.it • Tlj 10h30-21h30. Service des plats chauds à partir de 13h seulement. Compter 4,50 € la portion de pâtes.* Ouverte en 1918, une adresse à l'ancienne et dans son jus, qui détonne dans ce quartier chic. Les habitués viennent y chercher des pâtes fraîches : *fettucine, tortellini* ou spaghettis selon le jour de la semaine ! Le midi, pour ne pas perdre de temps, on repart avec sa barquette, à déguster dans le parc de la villa Borghèse. Le matin, on peut observer la fabrication des pâtes.

Bon marché

La Bottega di Cesare *(plan détachable Piazza di Spagna, C3, **260**) : via dell'Arancio, 60. ☎ 06-890-196-17. • info@labottegadicesare.it • Tlj 12h-16h (22h jeu-sam). Repas env 15 €.* On est séduit par cette petite cantoche d'habitués servant sur des comptoirs et chaises hautes des *panini,* des assiettes de charcuterie-fromages, des salades, des pâtes et d'autres petits plats simples... Le tout mitonné avec des produits de qualité et à arroser d'un verre de vin. Accueil sympa. Une belle adresse authentique, sur fond de musique jazzy.

Il Caffè Dietro l'Angolo *(plan détachable Piazza di Spagna, C2, **53**) : via Laurina, 32. ☎ 06-321-28-24. Tlj 8h-21h. Repas 10-15 €.* Le petit café de quartier aux allures de caverne, discret et pas cher, où les habitants se succèdent tout au long de la journée pour siroter un café avec une viennoiserie ou avaler un petit *panino* ; également un honnête menu du jour à midi *(14 €).* Accueil gentil.

Gino Sorbillo *(plan détachable Piazza di Spagna, C3,* ***397****)* **:** *piazza Augusto Imperatore, 46. ☎ 06-935-710-50. Tlj 12h-15h, 19h-23h (minuit sam). Pizzas 7,50-12 €.* Après avoir régalé les Napolitains pendant des décennies, la famille Sorbillo est partie à l'assaut de la Ville Éternelle avec ses fameuses pizzas. Pari gagné ! Il n'y a qu'à voir le monde qui s'y bouscule midi et soir. Sortant du four en céramique, de fondantes pizzas à la pâte (bio) ultra moelleuse, garnies d'ingrédients triés sur le volet (*buffala campana* DOP, anchois de Cetara...), le tout à prix doux. Quelques desserts gourmands comme le *babà* ou le *nocciomando-pistacchiato,* pour ceux qui auraient encore de la place.

Prix moyens

Cantina Belsiana *(plan détachable Piazza di Spagna, C3,* ***268****)* **:** *via Belsiana, 15. ☎ 06-699-415-77. Tlj 12h30-23h. Repas 20-25 €.* Un petit local chaleureux et tout en longueur, où l'on sert d'excellentes planches de charcutaille, de fromages et des *bruschette*. Également des pâtes maison et autres *polpette* en guise de plats du jour. Et pour le vin, laissez-vous guider par le maître des lieux. Idéal pour l'*aperitivo* ou pour une dînette sans façons le soir... et sans se ruiner !

Antica Osteria Brunetti *(plan détachable Piazza di Spagna, C2,* ***262****)* **:** *via Angelo Brunetti, 10. ☎ 06-645-210-62. • info@osteriabrunetti.it • Fermé dim soir et lun midi. Compter 25-30 € pour un repas.* Une adresse un peu cachée, pourtant à 2 pas de la piazza del Popolo. Une bonne découverte nichée dans une rue peu passante. On retrouve une carte bien fournie en plats romains, servis avec gentillesse. Un petit verre de vin pour accompagner tout ça et vous passerez un moment agréable !

Trattoria dal Pollarolo 1936 *(plan détachable Piazza di Spagna, C2,* ***283****)* **:** *via di Ripetta, 4. ☎ 06-361-02-76. • info@dalpollarolo1936.it • Tlj. Repas 20-25 €.* Comme l'atteste la farandole de photos noir et blanc qui court aux murs, des célébrités du petit et du grand écran sont venues lustrer les chaises en bois de ce resto populaire ouvert depuis 1936. On s'y régale de bonnes pizzas, mais surtout de plats typiquement romains, goûteux et copieusement servis. Faites comme les locaux, demandez la salle du fond, vous y serez plus à l'aise !

Trattoria Otello alla Concordia *(plan détachable Piazza di Spagna, C3,* ***273****)* **:** *via della Croce, 81. ☎ 06-679-11-78. • trattoriaotello@libero.it • Tlj. Repas 25-30 €.* Au fond d'une cour pavée, le lieu est ouvert depuis 1948. Quand Fellini vivait dans le quartier, il en avait fait une de ses cantines. Les petites salles à l'ancienne sont restées plus ou moins dans leur jus avec leurs arcades. Dans l'assiette, une tambouille familiale très honnête ; service rapide et accueil cordial. Et puis, ces quelques tables sous la tonnelle...

Hostaria al 31 *(plan détachable Piazza di Spagna, D3,* ***275****)* **:** *via delle Carrozze, 31. ☎ 06-678-61-27. • hostariaal31@gmail.com • Tlj sauf dim. Plats 9-20 €. Repas 25-30 €.* Voici 2 petites salles en enfilade à la déco banale, où l'on sert des classiques de la cuisine romaine et quelques spécialités d'Ombrie. Les suggestions du jour sont inscrites sur une ardoise à l'entrée. Vin de la *casa* très correct. Et de vrais desserts maison. Service discret, parfois bourru et un peu longuet.

Fiaschetteria Beltramme *(plan détachable Piazza di Spagna, C3,* ***268****)* **:** *via della Croce, 39. ☎ 06-697-972-00. • fiaschetteriabeltramme@gmail.com • Tlj midi et soir. Repas 25-30 €.* On aime bien cette cantine de quartier tenue par la même famille depuis 1886. Fellini y aurait écrit le script de *La Dolce Vita,* tandis que Pasolini et De Chirico étaient aussi des clients familiers de ce lieu à l'atmosphère décontractée. N'hésitez pas à piocher dans les suggestions du chef, légèrement plus chères que la carte, mais gages de fraîcheur !

De prix moyens à chic

Matricianella *(plan détachable Piazza di Spagna, C3,* ***288****)* **:** *via del*

Leone, 4. ☎ 06 683 2100. Tlj sauf dim, 12h30-15h et 19h30-23h. Repas 30-40 €. Résa indispensable. Cette élégante trattoria connaît un succès mérité depuis plus de 60 ans. Alors autant vous prévenir, difficile d'obtenir une table sans réservation ! Ainsi, les salles cossues surmontées de plafonds à caissons et décorées d'assiettes en céramique se méritent... La cuisine, romaine en diable, égrène les classiques sans se soucier des modes : à vous les généreux *buccatini all'amatriciana* ou les *rigatoni con pajata ;* il serait toutefois dommage de passer à côté de la *saltimbocca* ou des *polpette.* Solide carte des vins, pas vraiment donnée. Un établissement qui reste une référence.

Il Gabriello *(plan détachable Piazza di Spagna, C3,* ***269****) : via Vittoria, 51 (en sous-sol). ☎ 06-699-408-10. Ts les soirs sauf dim. Repas 35-40 €.* Après avoir descendu quelques marches, on tombe sous le charme des belles voûtes en pierre, des nappes blanches, des casiers pleins de bouteilles et du personnel aux petits soins. Dans l'assiette, voici des incontournables de la cuisine romaine bien menés ! Belle carte des vins. On s'est régalé !

Trattoria La Buca di Ripetta *(plan détachable Piazza di Spagna, C2,* ***277****) : via di Ripetta, 36. ☎ 06-321-93-91. • info@labucadiripetta.com • Tlj midi et soir. Résa conseillée. Repas 25-40 €.* Gentille *trattoria* de quartier dont les prix font le grand écart pour satisfaire tous les budgets. Nos papilles ont aimé la cuisine italienne goûteuse, généreuse et déclinée côté mer et côté terre, des *antipasti* aux *secondi*. Aussi quelques spécialités romaines et une belle carte des vins. Cadre typique et chaleureux, avec un service sympa, mais qui pousse un peu à la conso.

Ginger *(plan détachable Piazza di Spagna, C3,* ***271****) : via Borgognona, 43. ☎ 06-699-408-36. • borgognona@gingersaporiesalute.com • Tlj 10h-minuit. Repas 25-40 €.* Un vaste espace entièrement dédié au bio, entre plantes vertes, corbeilles de fruits, grande verrière et mobilier blanc immaculé... Bref, tous les ingrédients sont réunis pour une pause rafraîchissante à toute heure de la journée. À la carte, *panini* gourmets, salades, mais aussi des plats plus sérieux : pâtes, viandes ou végétariens. Et puis une foule de bons jus de fruits frais et de milk-shakes, à siroter en terrasse aux beaux jours.

Dillà *(plan détachable Piazza di Spagna, C-D3,* ***270****) : via Mario de'Fiori, 41. ☎ 06-697-977-78. • labuvette-dilla@hotmail.it • Tlj 12h-minuit. Repas 35-45 €.* Beau bistrot rustico-branché, avec de la vaisselle dépareillée et le mobilier itou ; pour une ambiance à la fois chic et détendue. Côté fourneaux, cuisine italienne soignée et bien ficelée, mais pas donnée.

De chic à très chic

Il Margutta *(plan détachable Piazza di Spagna, C2,* ***276****) : via Margutta, 118. ☎ 06-326-505-77. • info@ilmargutta.bio • Tlj 10h-23h30. Menus 35-60 €, à la carte 35-50 €.* Réputé pour la cuisson maîtrisée de ses légumes, ce vaste resto végétarien lumineux propose des plats créatifs et savoureux, à consommer avec un œil sur les œuvres d'art qui courent un peu partout sur les murs. Intéressantes formules de petit déj. Une bonne adresse, chic sans être guindée.

Babette *(plan détachable Piazza di Spagna, C2,* ***278****) : via Margutta, 1d. ☎ 06-321-15-59. • babette@babetteristorante.it • Tlj sauf lun. À la carte 40-55 €, buffet déj w-e 28 € (18 € pour les - de 8 ans).* Nous le citons notamment pour son alléchant buffet très fréquenté par les familles le week-end, qui permet de goûter bien des délices salés et sucrés, suivant le rythme des saisons. Lové dans le coude d'une élégante petite rue, *Babette* offre une belle salle chaleureuse et bohème, ainsi qu'un patio agrémenté de citronniers, à l'arrière.

Ristorante Clotilde *(plan détachable Piazza di Spagna, C3,* ***267****) : piazza Cardelli, 5a-5b. Tlj sauf lun 12h30-15h30, 19h-23h. Compter 35-50 € à la carte. Moins cher à midi, env 25-30€.* Un endroit sobre et contemporain, avec d'élégants meubles dans les tons jaune et bleu. Ici, on mise autant sur la déco que sur la cuisine, particulièrement bien mise en scène. La carte fait la part belle au poisson, qui est travaillé de mille manières par le chef. Quant au service, il est souriant et sympathique. Pas donné tout de même, en particulier le soir.

Ad Hoc *(plan détachable Piazza di Spagna, C2,* ***277****) : via di Ripetta, 43.* ☎ *06-323-30-40.* • *info@ristoranteadhoc.com* • *Tlj 19h-minuit. Résa indispensable plusieurs j. à l'avance, avec 10 % de réduc par Internet. Menus dégustation 69-85 € (vins compris ; menu truffe plus cher) ; carte 40-55 €.* Truffe fraîche dans tous ses états et vins de choix, tel est le binôme gagnant qui régule la cuisine de ce resto très prisé des gastronomes au portefeuille bien garni ! Décor sobre et cosy, couleur lie-de-vin et murs recouverts de bouteilles pour rester dans le thème. Service pro sans faille. Pour fêter quelque chose.

À l'est de la villa Borghèse

De bon marché à prix moyens

Pro Loco Pinciano *(plan détachable d'ensemble, E2,* ***281****) : via Bergamo, 18.* ☎ *06-841-41-36.* • *info@prolocopinciano.it* • *Tlj midi et soir. Repas 20-30 €.* Joli local rustico-vintage, tout en voûtes, brique et carrelage blanc. Sans compter cette longue et insolente vitrine réfrigérée où sont stockés les alléchants ingrédients qui proviennent, tous sans exception, de la région du Latium. À la carte, assiettes de charcuterie et de fromages, pâtes, *polpette,* mais aussi de bonnes pizzas cuites au feu de bois en soirée. Aussi local que délicieux.

Pizzeria Gaudì *(plan détachable d'ensemble, E1,* ***279****) : via Ruggero Giovannelli, 8-12.* ☎ *06-884-54-51.* • *info@pizzeriagaudi.it* • *Tlj sauf sam midi et dim midi.* Pizze *9-12 €, repas 20-35 €.* Ne pas se fier à sa situation peu glamour, juste à côté d'une station-service ! Voilà une adresse bien pratique après la visite de la galleria Borghese ; réputée pour ses grandes pizzas cuites au feu de bois, à pâte épaisse et bien garnies. Les estomacs les plus affamés auront goûté au préalable les bons *antipasti* aux accents de Campanie. Également un grand choix de viandes, préparées au grill. Sur la terrasse perchée sur le toit, bar branché pour boire un cocktail.

Chic

Marzapane *(plan détachable d'ensemble, E1,* ***280****) : via Velletri, 39.* ☎ *06-647-816-92.* • *info@marzapaneroma.com* • *Tlj sauf lun et mar midi. Résa conseillée. Repas 40-50 €. Menus dégustation 50-65 €.* Une adresse excentrée, mais qui vaut le déplacement ! Francesco Capuzzo Dolcetta, qui a fait ses gammes en France chez Troisgros, tire subtilement son épingle du jeu en proposant une cuisine étonnante et bien sentie, à l'esthétique très maîtrisée. Le tout dans une ambiance chaleureuse mariant le bois, la chaux et la pierre. Une expérience gustative intéressante.

Enoteche (bars à vins)

Vers le Corso et piazza di Spagna

Enoteca Buccone *(plan détachable Piazza di Spagna, C2,* ***560****) : via di Ripetta, 19-20.* ☎ *06-361-21-54.* • *info@enotecabuccone.com* • *Tlj 12h30-15h, plus ven-sam 19h30-22h30. Plats 6-18 €, verres de vin à partir de 6 €.* Le célèbre caviste (voir plus loin « Achats ») sort le grand jeu ! Large choix de vins au verre, à accompagner de quelque plat du jour ou d'une succulente sélection de charcuterie et de fromages. On déguste sur des tables en granit au beau milieu des rayonnages à bouteilles. Une bonne adresse, y compris à l'heure de l'*aperitivo*.

L'Antica Enoteca *(plan détachable Piazza di Spagna, C3,*

561) : *via della Croce, 76b.* ☎ *06-679-08-96.* ● *info@anticaenoteca.com* ● *Tlj 8h30-1h30. Plats 10-24 €, verres de vin 7-9 €.* Ce vieux bar à vins est une institution historique dans le quartier ! Belle enfilade de plusieurs salles séparées par d'élégantes arches, fresques discrètes, vieilles poutres, grand bar en marbre... Dans les ballons, intéressante sélection de vins d'Italie, qu'on agrémente volontiers d'une dînette correcte, sans plus. Une adresse touristique dont les prix flambent un peu.

Où déguster une glace ?

Gelateria dei Gracchi *(plan détachable Piazza di Spagna, C2,* **282**) : *via di Ripetta, 261.* ● *gracchiviaripetta@gmail.com* ● *Tlj sauf lun 12h-22h (jusqu'à minuit l'été).* Déjà réputée pour ses glaces dans le quartier du Vatican, la voici qui régale les gourmands près de la piazza del Popolo, avec des glaces toujours aussi légères et goûteuses, slurp *!*

Où boire un bon café ?
Où déguster une pâtisserie ?

Antico Caffè Greco *(plan détachable Piazza di Spagna, D3,* **566**) : *via dei Condotti, 86b et via delle Carrozze, 58.* ● *info@caffegreco.it* ● *Tlj 9h-21h.* Avec son décor cosy et rétro à souhait, ce très beau café fondé en 1760 est une véritable légende ! Rendez-vous des artistes et des écrivains, il s'enorgueillit d'avoir accueilli Goethe, Stendhal, Baudelaire, Wagner, Orson Welles, Sophia Loren... et même Buffalo Bill. Le mieux, c'est encore de s'installer au bar (moins cher !) pour goûter à un cappuccino d'anthologie ou à un chocolat chaud, à avaler à la petite cuillère tellement il est épais... Sinon, les fans de Fellini demanderont la table du fond, dite « de l'omnibus », qu'affectionnait le *maestro*.

Vitti *(plan détachable Piazza di Spagna, C3,* **285**) : *piazza San Lorenzo in Lucina, 33.* ● *info@vitti.it* ● *Tlj 6h-23h.* Face à l'église San Lorenzo in Lucina, cet autre café historique – ouvert en 1898 – sert une excellente *cioccolata,* à accompagner de délicieuses pâtisseries maison. À déguster debout au comptoir avec les coutumiers de la 1re heure plutôt qu'en salle ou en terrasse (hors de prix !).

Pasticceria Grué *(plan détachable d'ensemble, E1,* **287**) : *viale Regina Margherita, 95-97-99.* ● *pasticceriagrue@libero.it* ● *Tlj sauf sam 7h-21h.* Ce temple de la pâtisserie bien connu des gourmands a de quoi ravir les becs sucrés : pâtisseries savoureuses (comme la fameuse *torta Gruè* ou le baba moelleux), glaces fondantes et chocolats maison constituent les meilleurs atouts de l'établissement. Fait aussi salon de thé à toute heure et *aperitivo* en début de soirée, le tout dans une ambiance contemporaine.

Caffè delle Arti *(plan détachable d'ensemble, D1,* **286**) : *situé dans la galleria nazionale d'Arte moderna ; accessible de l'extérieur, via Antonio Gramsci, 73.* ☎ *06-326-512-36.* ● *info@caffedelleartiroma.it* ● *Tlj 8h-minuit (17h lun).* Après quelques toiles au GNAM, pourquoi ne pas boire un verre ou grignoter un plat de pâtes, une salade ou des *tramezzini* ? Cette élégante *cafeteria,* lumineuse et dotée de quelques œuvres, s'y prête à merveille ! Également des snacks à déguster sur la terrasse fleurie située à l'arrière du musée.

Pompi *(plan détachable Piazza di Spagna, C-D3,* **273**) : *via delle Croce, 82.* ● *info@barpompi.it* ● *Tlj 10h-21h30 (22h30 ven-dim).* Le roi du *tiramisù,* c'est ici ! On le décline en une foule de goûts différents, en particulier aux fruits : fraise, banane-chocolat, pistache... Mais nous, celui qu'on préfère, c'est le *classico* au mascarpone et saupoudré de café. Miam miam !

Où boire un verre ?

La Buvette *(plan détachable Piazza di Spagna, C-D3,* ***270****)* **:** *Via Vittoria, 44/47. • labuvette-dilla@hotmail.it • Tlj 8h (9h w-e)-23h.* C'est le bar du resto *Dillà* (voir plus haut), furieusement animé du cappuccino du matin au dernier verre. On adore son décor de café des années 1950, avec sol carrelé et serveurs à nœuds pap'. En plus, c'est une adresse encore fréquentée par les locaux. Un peu chérot pour y manger en revanche. Délicieuse terrasse sur la rue.

Bistrot Libreria RED *(plan détachable Piazza di Spagna, C3,* ***563****)* **:** *via Tomacelli, 23. • red-roma.tomacelli@afsf.it • Tlj 8h (10h w-e)-22h30 (23h w-e). Plats 10-14 €, formule midi 12 € (15 € w-e), aperitivo 10 € (à partir de 18h).* Quand la librairie *Feltrinelli* se met à la cuisine, ça donne un endroit chic et branché qui régale les habitués du quartier, attirés par la sympathique formule midi ou l'*aperitivo* de début de soirée. On prend aussi plaisir à tourner les pages des 10 000 livres mis à dispo en dévorant burgers, plats de pâtes et salades, tout en sirotant un bon cru ou une bière artisanale. Près de 500 m² répartis sur plusieurs niveaux, avec une belle terrasse. Concerts réguliers (se renseigner).

Salon de thé du musée-atelier Canova-Tadolini *(plan détachable Piazza di Spagna, C2-3,* ***565****)* **:** *via del Babuino, 150a. • canova.tadolini@hotmail.it • Tlj 8h-22h30.* Cette maison fut le dernier atelier du grand sculpteur du XIXe s, Antonio Canova, avant qu'il ne soit repris par son fils spirituel, Tadolini. Reconverti depuis en salon de thé-resto, le lieu est vraiment insolite : on sirote au milieu de dizaines de plâtres de sculpteurs, qui remplissent chaque espace disponible. Effet visuel saisissant ! Atmosphère plutôt chic, l'option la moins chère consistant à prendre un café au comptoir, car les prix flambent dès qu'on s'attable.

Vyta Villa Borghese *(plan détachable d'ensemble, D2,* ***284****)* **:** *dans le parc de la villa Borghèse, à la maison du Cinéma. • info@vytavillaborghese.it • Mêmes horaires que la Casa del Cinema.* On vient surtout ici pour profiter du parc et s'installer sur la vaste terrasse. Idéal pour boire un verre en permettant aux enfants de se dégourdir les jambes.

Bar Stravinski *(plan détachable Piazza di Spagna, C2,* ***567****)* **:** *via del Babuino, 9. Tlj 9h-1h.* Dans le mythique hôtel de Russie. Hors de prix, certes… mais une fois n'est pas coutume ! Un lieu où le temps semble suspendu, parfait pour déguster un apéro chic de fin de journée, à savourer en toute quiétude. Aux beaux jours, préférez la terrasse, *the place to be,* très agréable avec ses citronniers. Une pause très classe.

Où danser ? Où écouter de la musique ?

Gregory's Jazz Club *(plan détachable Piazza di Spagna, D3,* ***564****)* **:** *via Gregoriana, 54a. • info@gregorysjazz.com • Tlj sauf lun 20h-2h.* Entrée discrète. Un chaleureux petit bar à la déco boisée et aux murs couverts de photos noir et blanc représentant des *jazzmen in action.* À l'étage, on peut dîner ou boire un verre tout en écoutant des concerts de jazz dans une atmosphère intimiste. Une adresse qu'on affectionne particulièrement !

Achats

Enoteca Buccone *(plan détachable Piazza di Spagna, C2,* ***560****)* **:** *via di Ripetta, 19-20. • enotecabuccone.com • Lun-sam 10h-20h30 (22h30 ven-sam), dim 11h-19h.* Un des cavistes les plus célèbres de Rome. Un beau cadre rustique pour un choix de crus italiens impressionnant. Également des accessoires pour œnophiles distingués, du genre tire-bouchon design, taste-vin, thermomètre... Voir aussi plus haut la rubrique « *Enoteche* (bars à vins) ».

Sapord'olio *(plan détachable d'ensemble, E1, **744**) : via Po, 84. • sapordolio.com • Tlj sauf dim 9h30-20h. À partir de 12 €/l.* Pas moins de 160 huiles d'olive différentes et à tous les prix dans cette oléothèque qui se concentre à 100 % sur la production italienne. Toutes les régions sont représentées, de la Ligurie aux Pouilles en passant par la Toscane ou la Sicile. On précise même quel cultivar (type d'olive) est utilisé. Possibilité de goûter grâce à un comptoir de dégustation. Également des produits dérivés gourmands (pesto, huile aromatisée, etc.) ainsi que des savons et cosmétiques.

Fabriano Boutique *(plan détachable Piazza di Spagna, C2, **741**) : via del Babuino, 173. • fabrianoboutique.com • Tlj 10h-20h.* Une jolie papeterie où, en cherchant bien, on trouve des cahiers et des blocs-notes colorés à des prix raisonnables, ainsi qu'une foule de crayons originaux, bien souvent *made in Italy.* Un grand choix et de bonnes idées de cadeaux !

Campomarzio9 *(plan détachable Piazza di Spagna, C3, **745**) : via di Campo Marzio, 45. • campomarzio9.com • Tlj 10h (11h dim-lun)-19h30 (20h sam).* Ce petit fabricant de chemises – *made in Roma* – pour hommes et femmes est bien connu en ville pour la qualité de ses tissus (classiques ou un poil fantaisie) ainsi que pour l'ajustement de ses coupes et de ses prix.

Paul Taylor *(plan détachable Piazza di Spagna, C3, **745**) : via di Campo Marzio, 32-33. • paultaylor.it • Tlj 10h-20h.* Sous ce nom à consonance anglo-saxonne se cache une élégante petite marque italienne de vêtements pour hommes : chemises cintrées, pantalons près du corps, vestons bien affûtés... Le tout à prix correct.

Sermoneta *(plan détachable Piazza di Spagna, D3, **746**) : piazza di Spagna, 61. • sermonetagloves.com • Lun-sam 10h (10h30 dim)-19h.* Une coquette petite ganterie familiale proposant un grand choix de modèles et de coloris, en cuir ou cachemire...

Bottega del Marmoraro *(plan détachable Piazza di Spagna, C2, **747**) : via Margutta, 53B. Tlj sauf dim.* Une drôle de boutique, dans l'une des rues les plus chics de la ville. Un minuscule cabinet de curiosités où travaille Sandro, un artisan passionné par le marbre. Vous repartirez avec votre petite plaque gravée de la phrase ou de la citation de votre choix pour une vingtaine d'euros.

À voir

AUTOUR DE LA PIAZZA DI SPAGNA
(plan détachable Piazza di Spagna)

Piazza di Spagna *(plan détachable Piazza di Spagna, D3) : Ⓜ Spagna.* Au beau milieu de la place, voici la ***Barcaccia,*** jolie fontaine baroque dessinée au XVIIe s par le père du Bernin et achevée par le Bernin *himself !* Elle est marquée de l'emblème des Barberini et demeure une petite merveille d'ingéniosité. Pour résoudre le problème de la faible pression hydraulique, l'architecte lui donna l'apparence d'un bateau qui coule : muni de canons à chaque extrémité, il fait eau par la poupe et la proue dans un bassin à peine plus grand que lui. Cette drôle d'idée aurait été inspirée par un incroyable fait-divers : à Noël 1598, le Tibre connut une crue exceptionnelle qui noya la piazza di Spagna sous 8 m d'eau, faisant ainsi échouer une embarcation sur les flancs de la colline du Pincio !

UN ÉTAT RIQUIQUI

Avec une surface de 12 000 m², l'ordre de Malte est 36 fois plus petit que le Vatican. Son siège est situé via Condotti, près de la piazza di Spagna. Créé en 1050, l'Ordre soignait à l'origine les pèlerins se rendant à Jérusalem. Aujourd'hui, ses membres luttent activement contre la pauvreté...

Casa-Museo Giorgio de Chirico *(plan détachable Piazza di Spagna, D3)* **:** *piazza di Spagna, 31. Au dernier étage.* ● *prenotazione@fondazionedechirico.org* ● *fondazionedechirico.org* ● *Visites guidées en italien ou en anglais (résa en ligne), mar-sam (plus 1er dim du mois) à 10h, 11h et 12h. Fermé lun et tout le mois d'août. Entrée : 8 € ; réduc. Gratuit moins de 12 ans.* Bienvenue dans l'appartement-atelier de Giorgio de Chirico, l'un des plus grands peintres italiens du XXe s. Né en Grèce d'un père féru d'art et d'une mère chanteuse, l'artiste, qui vécût dans de nombreux pays (Italie, Allemagne, France, États-Unis...), a toujours conservé des attaches à Rome. En 1948, il s'installe dans cet appartement de la piazza di Spagna – qu'il considérait comme le centre du monde – avec sa 2de femme. Il y restera jusqu'à sa mort, en 1978. Ici, rien ne semble avoir changé depuis sa disparition : vous découvrirez ainsi l'intimité du *maestro*, son salon à l'atmosphère baroque, ses meubles et effets personnels, sa chambre (minuscule !), celle de sa femme (avec vue sur la Trinité-des-Monts) et bien sûr son bel atelier, toujours encombré de toiles et palettes. La visite vaut également pour la très large collection de toiles et sculptures présentée, qui donne un bon aperçu de l'évolution de la *maniera* de l'artiste : les années métaphysiques d'abord, avec d'innombrables scènes hantées par des mannequins, puis son retour progressif à un réalisme étrange, où la mythologie n'est jamais loin. Une belle visite, qui mériterait d'être présentée en français.

Scalinata della Trinità dei Monti *(escalier de la Trinité-des-Monts ; plan détachable Piazza di Spagna, D3)* **:** *interdit de s'assoir sur les marches (des gardes vous le rappelleront).* Bien des projets se succédèrent pour relier l'église à la place qui s'appelait encore « piazza della Trinità », mais il fallut attendre 1727 pour que soient inaugurés les célèbres *scale di Spagna,* financés par un conseiller de l'ambassade de France. Fin XVIIIe s, un obélisque importé d'Égypte à l'époque romaine, fut érigé en haut des marches. Si la montée vous fait peur, empruntez l'ascenseur du métro (gratuit).

> **UNE MAISON « MONSTRE »**
>
> *À 2 pas de la Trinité-des-Monts, au n° 28 de la via Gregoriana, le palais Zuccari abrite l'une des façades les plus monstrueuses de la ville ! Mais au sens premier du terme. Ici, porte et fenêtres deviennent les bouches grandes ouvertes de monstres grotesques. À faire frémir les passants ou rire les curieux !*

Chiesa della Trinità dei Monti *(église de la Trinité-des-Monts ; plan détachable d'ensemble, D2)* **:** *piazza Trinità dei Monti, 3.* ☎ *06-679-41-79.* ● *trinitadeimonti.net* ● Ⓜ *Spagna (ligne A ; ascenseur à la sortie « Piazza di Spagna »). Bus n° 117. Église ouv à la visite lun-mar et jeu-sam 10h-20h. Messe en français mar, jeu et ven à 18h30, sam à 12h et dim à 9h30.* Située en haut du célèbre grand escalier de la piazza di Spagna, cette église est fondée en 1495 par le roi de France Charles VIII au bénéfice des Minimes – ordre fondé par saint François de Paule – pour remercier ce dernier du soutien spirituel apporté à son père Louis XI. Sa construction ainsi que celle de son couvent (voir ci-après) durent près de 2 siècles et l'ordre des Minimes y demeure jusqu'en 1828. Sa gestion et son entretien sont confiés à l'État français. C'est pourquoi, au début du XIXe s, la reconstruction de la partie de la voûte qui s'était écroulée provoquant l'abandon de cette église est confiée à Charles-François Mazois, architecte français. Un travail mené en collaboration avec les élèves de la villa Médicis, située à 2 pas de là... Aujourd'hui, depuis la piazza di Spagna, on remarque l'élégance et la parfaite symétrie de sa silhouette, ainsi que son escalier à double volée. À l'intérieur, son unique nef bordée de chapelles vaut la visite surtout pour la *Déposition* de ***Volterra*** (2e chapelle de gauche) et aussi son *Assomption de la Vierge* (3e à droite) ; sans oublier le *Couronnement de la Vierge* par ***Zuccari*** (7e à gauche), à côté des fresques de ***Perin del Vaga...***

*** ⓒ ***Convento Trinità dei Monti*** *(couvent de la Trinité-des-Monts ; plan détachable Piazza di Spagna, D2)* ***:*** *piazza Trinità dei Monti, 3. ● secretariat.tdm@emmanuelco.org ● www.trinitadeimonti.net ● Ⓜ Spagna (ascenseur à la sortie « Piazza di Spagna »). Bus n° 117. Visite guidée en français (1h30) et sur résa par e-mail mar et jeu à 17h. Tarif : 8 € ; réduc ; gratuit - 12 ans.*

Bâti fin XVe-début XVIe s par les rois de France pour la congrégation des Minimes, ce couvent fut, un peu à l'instar de celui de la place des Vosges à Paris, ***l'un des plus hauts lieux du rayonnement scientifique dans l'Europe du XVIIe s.*** Il abrite aujourd'hui la Communauté de l'Emmanuel...

Le ***cloître*** vaut vraiment le détour pour ses fresques restaurées qui évoquent les miracles de saint François de Paule, fondateur de l'ordre des Minimes. Faites-en le tour pour détailler les médaillons où sont représentés tous les rois de France. Une bonne manière de réviser ses cours d'histoire !

À l'étage, la ***chapelle de la Madone du Lys,*** dite « Mater Admirabilis », créée par une novice du couvent, est un véritable petit bijou recouvert de boiseries et riche en ex-voto. Ne pas manquer non plus le réfectoire, ou le frère ***Andrea Pozzo*** a peint les ***Noces de Cana,*** ainsi que la chambre du perroquet, avec ses trompe-l'œil splendides. Plus loin, un ***astrolabe du XVIIe s*** d'une précision raphaélique donne l'heure à tout moment et en tout endroit de la planète. Des chercheurs de la Nasa se sont déplacés pour l'étudier, ils ont été bluffés !

Enfin, le clou de la visite, ce sont les 2 ***anamorphoses*** (déformation de l'image) peintes dans les couloirs, dont l'une est à mettre au crédit du père ***Emmanuel Maignan,*** prof de maths au couvent entre 1636 et 1650. Ces étranges dessins, volontairement déformés, sont des œuvres rares. Le principe est simple, car il s'adapte au champ de vision du spectateur. Vue de face, la 1re représente un paysage désertique ponctué de tours, de personnages, de végétation et de rochers. Mais lorsqu'on pénètre dans le couloir, on peut nettement apercevoir la silhouette d'un vieil homme barbu qui n'est autre que saint François de Paule. La 2de anamorphose où l'on voit de prime abord saint François de Paule traversant le détroit de Messine (il était Calabrais) nous apparaît ensuite sous les traits de saint Jean l'Évangéliste écrivant l'Apocalypse !

*** ***Villa Medici*** *(villa Médicis ; plan détachable d'ensemble et plan détachable Piazza di Spagna, D2)* ***:*** *viale Trinità dei Monti, 1. ☎ 06-67-611. ● villamedici.it ● Ⓜ Spagna (ligne A). Bus n° 117. Visite guidée « historique » en français (1h30) tlj sauf mar à 10h, 11h, 12h, 14h (sauf en été) et 16h (plus 15h, 17h et 18h mars-sept). Entrée : 12 € ; réduc ; gratuit - 10 ans. Roma Pass accepté. Le dim, 2 parcours guidés (1h30) proposés : « Petits Explorateurs à la Villa Médicis », en famille avec des enfants 6-11 ans – mais en italien – à 10h30 (6 €/pers) ; et « Les lieux secrets de la création » à 15h30 (12 € ; réduc) en français. Possibilité d'assister aux manifestations culturelles (Les jeudis de la Villa – gratuits, expos, concerts, etc. ; programme en ligne). Lors des expos temporaires, ouv 10h-19h mer-lun (6 €/pers). Possibilité de louer une chambre (historique ou classique) en réservant 4 mois à l'avance par mail : ● standard@villamedici.it ●*

RÉVEIL EN FANFARE !

En 1655, la reine Christine de Suède, alors à Rome pour se convertir au catholicisme, fit tirer 3 coups de canon depuis sa résidence du château Saint-Ange vers la villa Médicis pour réveiller le maître de maison qui devait l'accompagner à la chasse. Des impacts sur la lourde porte de la villa en témoignent et un de ces boulets est même intégré à la fontaine en face !

Bâtie au XVIe s pour le cardinal Ricci di Montepulciano à l'emplacement des jardins de Lucullus, la villa devint peu de temps après la propriété d'un autre cardinal, Ferdinand de Médicis (1549-1609). Celui-ci la transforma en véritable palais-musée avant de la vider de ses collections à l'occasion de son retour à Florence, en 1587. En 1803, Napoléon Bonaparte en fit l'acquisition et y installa l'Académie de France – qui existait depuis 1666 et avait été fondée par Colbert. Dès lors, le lieu accueille des étudiants en art triés sur le volet, venus parfaire leur apprentissage du « grand art » à Rome. Par la suite, ce seront des artistes confirmés qui seront invités pour réaliser leurs propres projets. ***Entre 1961 et 1977, le peintre Balthus – emblématique directeur de la villa*** – y réalisa d'importants travaux de restauration et d'embellissement... Aujourd'hui, le lieu accueille en résidence une quinzaine ***d'artistes francophones*** – de toutes nationalités – pendant une année consacrée à la musique, à la littérature, aux arts plastiques, au cinéma, à la mode, au design... et même aux arts culinaires ! On les envie d'avoir obtenu le droit de se consacrer à leur passion artistique ou littéraire dans un lieu aussi merveilleux !

La visite

La visite guidée « historique » s'intéresse d'abord à l'architecture des lieux et détaille tout particulièrement la belle ***façade intérieure*** (côté jardin), très théâtrale ; œuvre de l'architecte florentin Ammanati, commanditée par Ferdinand de Médicis. Contrastant avec l'austérité de la façade sur rue, celle-ci est ornée de bas-reliefs antiques récupérés sur des édifices romains des Ier au IIIe s apr. J.-C., dont ***2 superbes guirlandes de pierre*** provenant du fameux monument de l'Ara Pacis (voir plus loin) ! Dans ce contexte, les armes des Médicis – les fameuses 6 boules – paraissent bien isolées au-dessus de l'arche, au centre de la façade... Là, sur le perron des escaliers menant au jardin, le dieu Mercure (protecteur des arts et messager des dieux, mais aussi patron des voleurs et des marchands) déploie son élégance au milieu d'une petite fontaine, œuvre de Jean de Bologne (copie)... La visite se poursuit dans les ***magnifiques jardins à l'italienne de 7 ha,*** découpés en petits bosquets carrés abritant vergers, vignes, potagers, etc., où les heureux pensionnaires de la villa trouvent l'inspiration. Une partie de la propriété accueille un véritable bois, qui était réservé à la chasse du temps des Médicis. Insolite ! Statues et fontaines ne manquent pas, même s'il ne s'agit essentiellement que de reproductions. Idem pour le groupe sculpté des ***Niobides,*** découverts en 1583 dans des fouilles près de Saint-Jean-de-Latran et aujourd'hui exposé à la galerie des Offices de Florence... Au fond des jardins, c'est finalement le petit ***studiolo,*** dont les fondations reposent sur le mur d'Aurélien, qui demeure le clou de la visite depuis qu'une pensionnaire, suivant une intuition géniale, redécouvrit en 1985 de magnifiques fresques cachées sous les enduits... La 1re pièce est animée – au plafond – par la reconstitution d'une treille-volière peinte par l'artiste maniériste ***Jacopo Zucchi*** en 1576 : on y découvre les 1res représentations de certaines espèces venues de pays exotiques, comme le dindon, le pélican ou l'oiseau de paradis ; le tout environné de plantes, de fruits et de légumes, comme le maïs, la tomate et la pomme de terre provenant du continent américain. Également peintes par Zucchi, les fresques de la 2de salle présentent des grotesques sur le thème des 4 saisons, des fables d'Ésope et de Phèdre ; ainsi que d'intéressantes représentations de la villa Médicis à différentes époques... Un peu plus loin, la ***gypsothèque*** abrite une partie des plâtres de l'Académie, moulages de statues et de bas-reliefs censés inspirer les pensionnaires et leur donner des connaissances classiques.

On rejoint enfin la villa pour y traverser l'***appartement du cardinal,*** en fait 3 chambres décorées une fois encore par Zucchi. Jugés obscènes, les plafonds de la *chambre des Amours* furent détruits par le feu en 1700. Ses caissons accueillent désormais des œuvres contemporaines aux tons gris, évoquant les cendres de ce triste événement... Les fresques et plafonds de la *chambre des Muses* ont en revanche été conservés.

Si vous avez de la chance, vous aurez peut-être le privilège de découvrir la ***chambre turque,*** située au sommet de la tour ouest. Sa décoration mauresque, conçue par Horace Vernet dans les années 1830, est sans lien avec le reste de la villa, mais s'avère vraiment étonnante. Balthus a peint un célèbre portrait de sa femme dans cette pièce.

Les expositions temporaires

Un passionnant programme d'expositions temporaires et d'événements culturels anime la villa tout au long de l'année. Ne manquez pas de vous renseigner sur les présentations en cours (entrée comprise dans le billet « visite » de la villa).

Enfin, découvrez le magnifique panorama sur Rome visible depuis le ***Café Colbert,*** situé au 1er étage de la villa : l'occasion de découvrir d'autres salles historiques et de siroter un café dans un cadre privilégié !

Petit itinéraire de la piazza di Spagna à la piazza del Popolo

Si la ***piazza del Popolo*** se rejoint facilement à pied, le long de la ***villa Borghèse,*** depuis les hauteurs boisées de la ***villa Médicis,*** emprunter les axes citadins principaux s'avère aussi très riche sur le plan artistique et culturel. Ces 2 rues parallèles, la ***via Margutta (où vivait le cinéaste Fellini)*** et sa voisine, la ***via del Babuino,*** recèlent bien des trésors ! La 1re devient, au XVIIe s, le repaire des artistes. Dès lors, des générations de peintres et de sculpteurs adoptent cette longue rue étroite pour y établir leurs ateliers et leurs logis de fortune. C'est la bohème à la romaine... Peu à peu, la *via* gagne en cachet. Influencée par l'extraordinaire poussée d'urbanisme (qui donna à la *via del Corso* ses lettres de noblesse), elle se pare de luxueux théâtres et de ***palazzi*** élégants qui attirent les riches mécènes de la ville. Jeter un œil à celui du ***nº 60,*** qui porte en façade le blason d'une riche famille romaine. Le même soin est accordé aux édifices suivants : les 3 grilles en fer forgé formant l'entrée des ***nºs 51-53,*** la petite *loggia* du ***nº 53,*** immeuble richement orné abritant un jardin intérieur. En poursuivant en direction de la ***piazza del Popolo,*** on tombe nez à nez avec la fontaine du quartier, œuvre de l'architecte Pietro Lombardi. Surmontée de la célèbre appellation antique S.P.Q.R., la fontaine fut réalisée en MCMXXVII (allez, on vous aide, en 1927 !). D'allure sévère – nous voici en pleine époque mussolinienne ! –, sa silhouette monumentale met en scène 2 masques dont les têtes hirsutes dépassent de la grille. Celle-ci se compose de divers instruments stylisés rappelant le caractère traditionnel de la rue. Cette dernière s'achève à son extrémité, au ***nº 90,*** par le ***palazzo Boncompagni Cerasi*** dont la charmante façade Renaissance donne sur l'axe parallèle : la ***via del Babuino.*** Surnommé *il Babuino* (soit « le babouin ») par la population romaine, la rue doit son nom à la ***statue d'un satyre*** (ou silène) très laid, qui pose aujourd'hui sur une fontaine située à gauche de l'entrée de l'atelier du *ristorante-museo* Canova-Tadolini au niveau du ***nº 150/A*** de la rue.

BABOUIN À SCANDALE

Si le satyre a fière allure lorsqu'il prend la pose, celui que les Romains surnomment « Babuino » n'a pas la langue dans sa poche ! À croire que sa réputation de statue parlante lui colle à la « pierre ». Et pour cause ! On l'utilisait autrefois pour afficher les babuinate. *Ces lettres anonymes, papiers caustiques qui ne manquaient pas de piquant, s'adressaient aux classes politiques et à l'Église.*

VIA DEL CORSO (ENTRE LA PIAZZA DE PARLEMENTO ET LA PIAZZA DEL POPOLO)

(plan détachable d'ensemble, C2-3 et plan détachable Piazza di Spagna, C2-3)

Basilica San Lorenzo in Lucina *(plan détachable Piazza di Spagna, C3)* **:** *piazza San Lorenzo in Lucina. Tlj 8h-20h.* Construite au Ve s sur l'ancien champ de Mars romain et à proximité immédiate du célèbre Ara Pacis (voir plus loin), l'église fut maintes fois remaniée jusqu'au XIXe s. ***C'est ici que repose le célèbre peintre français Nicolas Poussin,*** qui passa une grande partie de sa vie à Rome, avant d'y mourir en 1665. Sa sépulture, commandée par Chateaubriand en 1828 « pour la gloire des arts et l'honneur de la France », est ornée d'un bas-relief reproduisant l'une de ses plus célèbres œuvres : *Les Bergers d'Arcadie.* Au sous-sol, la ***crypte*** recèle aussi quelques vestiges archéologiques, dont un cadran solaire antique *(visite guidée en italien le sam à 17h, sur résa : • info.inlucina@virgilio.it •).*

Piazza Augusto Imperatore *(plan détachable Piazza di Spagna, C3)* **:** comme tout dictateur qui se respecte, Mussolini a voulu donner à son idéologie une traduction urbanistique et architecturale. Cette place en est l'un des exemples les plus ambitieux et symboliques. Construite autour du ***mausolée d'Auguste*** et bordée à l'est par l'***Ara Pacis,*** autel d'Auguste déplacé à grands frais de son lieu originel, la piazza fut inaugurée le jour de l'anniversaire de l'illustre empereur romain, le 23 septembre 1938. Il s'agissait alors pour le Duce d'établir une filiation entre son régime et la glorieuse époque impériale romaine ! Si la grandiloquence des immeubles fascistes est plutôt glaçante, les vestiges antiques – de tout 1er ordre – intéresseront les amateurs.

Museo dell'Ara Pacis *(plan détachable Piazza di Spagna, C3)* **:** *lungotevere in Augusta. ☎ 06-06-08. • arapacis.it • Tlj 9h30-19h30 (9h30-14h les 24 et 31 déc). Dernière admission 1h avt. Fermé 1er janv, 1er mai et 25 déc. Entrée : 10,50 € (17 € avec l'expo temporaire) ; réduc ; gratuit - 7 ans.* Roma Pass *accepté. Vidéoguide en français : 6 €.*
Construit en 13 av. J.-C. par le Sénat, l'Ara Pacis, originellement situé sur la via Flaminia (l'actuelle via del Corso, au bord du champ de Mars), célébrait la paix instaurée par Auguste après plusieurs années de guerres civiles très meurtrières. Et pour garder ce monument, les Romains faisaient appel aux fameuses vestales qui se relayaient nuit et jour pour garder intacte la mémoire d'Auguste. Elles étaient 6 au total, vierges et choisies entre 6 et 10 ans dans les grandes familles aristocratiques aisées... L'Ara Pacis fut définitivement retrouvé en 1937 lors de fouilles archéologiques et c'est Mussolini qui décida de le déplacer ici, sous une halle, juste à côté du mausolée d'Auguste et le long du Tibre. En 2006, on fit appel à l'architecte de renom Richard Meyer pour lui bâtir un nouvel et remarquable écrin, sobre et lumineux. Construit en marbre de carrare, l'Ara Pacis affiche une forme quasi carrée (11,50 m sur 10,50 m) et se compose d'un ***autel central,*** protégé par un ***mur d'enceinte*** à 2 entrées. Celui-ci est ciselé – à l'extérieur – de bas-reliefs aux scènes mythologiques et politiques ; le tout surmontant une large frise végétale. À droite en s'avançant vers le monument, voici le panneau où l'on voit Énée déjà âgé, représenté en prêtre et tenant une coupe rituelle ; Iule, fils d'Énée se trouve juste derrière. À l'arrière, voir aussi l'autre relief, certainement le mieux conservé du monument : la déesse Vénus (mère d'Énée) est assise sur des rochers avec 2 *putti* goulûment penchés sur ses seins. Une autre interprétation invoque l'image de la Paix... De chaque côté, 2 jeunes femmes, l'une assise sur un dragon et l'autre sur un cygne. Enfin, sur les panneaux latéraux, on trouve les frises politiques montrant l'empereur et sa famille qui conduisent le cortège pour la consécration de l'autel. Enfin, l'intérieur de l'enceinte est décoré de frises végétales entrecoupées de crânes de bœufs (offrandes sacrificielles) ; les mêmes qui – déplacées au XVIe s – ornent aujourd'hui la façade intérieure de la villa Médicis. Le parcours nocturne, ***L'Ara com'era,*** se déroule en plusieurs points stratégiques tout autour de l'autel qui donne alors l'impression de se retrouver sur le fameux champ de Mars au temps d'Auguste. On le découvre intact avec ses ornements originels en couleurs : personnages, divinités, plantes, animaux qui donnent vie à cet immense bloc en marbre. Passionnant et même un poil mystique !

Mausoleo di Augusto *(mausolée d'Auguste ; plan détachable Piazza di Spagna, C3)* **:** *piazza Augusto Imperatore. • mausoleodiaugusto.it •* ***Devrait rouvrir en 2021.*** Au centre de cette place mussolinienne, la forme ronde en brique de 87 m de diamètre constitue les vestiges du fameux mausolée d'Auguste. Élevé en bordure du champ de Mars entre 28 et 23 av. J.-C. pour accueillir les sépultures de l'empereur et de toute sa petite famille, il servit peut-être de modèle au mausolée d'Hadrien, construit une centaine d'années plus tard sur l'autre rive du Tibre... Les 2 obélisques qu'y ajouta Domitien ont été déplacés sur les places du Quirinal et de l'Esquilin. Transformé en forteresse au XIIe s, puis abandonné, le mausolée d'Auguste servit de carrière, de jardin, de palais privé, d'arène tauromachique, de théâtre et même de salle de concert au début du XXe s. Autant d'aménagements détruits en 1934 sous Mussolini, qui voulait redonner au prestigieux monument son aspect originel. Et ainsi exalter et s'accaparer les anciennes gloires de l'Empire romain.

Piazza del Popolo *(plan détachable Piazza di Spagna, C2)* **:** Ⓜ *Flaminio (ligne A).* Cette place monumentale fut agrandie fin XVIIIe-début XIXe s par Giuseppe Valadier, l'architecte bien connu des papes Pie VI et Pie VII. Pour l'anecdote, c'est ici que, sous la domination napoléonienne, les Français érigèrent en 1813 la 1re guillotine romaine. Au centre : un ***obélisque égyptien*** (le 2e de Rome par sa hauteur) datant de Ramsès II (XIIIe s av. J.-C.), convoyé jusqu'à Rome par l'empereur Auguste pour orner le Circus Maximus ; puis déplacé une nouvelle fois au XVIe s par Sixte V, le « pape des obélisques » (rappelons que les obélisques, d'origine égyptienne, symbolisent le rayon de soleil divin). Celui-ci est coiffé d'une croix anachronique – comme tous ceux de la ville d'ailleurs – et encadré de 4 lions crachant chacun de l'eau dans une vasque ; le tout composant l'élégante ***fontana dei Leoni*** (1828). Au nord de cette étonnante fontaine, voici la ***porta del Popolo,*** taillée dans la muraille d'Aurélien ; près de laquelle se trouve l'une des églises les plus intéressantes de Rome, la ***basilica Santa Maria del Popolo*** (voir plus bas). Selon la légende, le mausolée de Néron – qui se trouvait à l'emplacement même de cette église – était surmonté d'un peuplier. Mais, au XIIe s, la population décréta que cet arbre était maléfique et produisait des fantômes qui terrorisaient le quartier ! Le pape Pascal II décida donc de le faire abattre, de jeter la sépulture de Néron dans le Tibre et d'ériger l'actuelle église en lieu et place. Peuplier se dit *pioppo* en italien (*populus* en latin) qui, par déformation linguistique, aurait donné son nom à l'actuelle « place du Peuple ». Aux extrémités est et ouest de la place, l'architecte Valadier ajouta ces ***2 hémicycles ornés de fontaines et de statues allégoriques.*** À l'est, une succession de terrasses rejoint les agréables jardins du Pincio et la villa Borghèse (voir plus haut). Enfin, au sud : ***Santa Maria in Montesanto*** et ***Santa Maria dei Miracoli,*** 2 églises du XVIIe s, d'apparence jumelles avec leur imposant portique d'inspiration antique, mais aux intérieurs assez différents, encadrent de façon magistrale le début de la ***via del Corso*** (voir plus loin « Autour de la piazza Navona et du Panthéon »).

Basilica Santa Maria del Popolo *(église Sainte-Marie-du-Peuple ; plan détachable Piazza di Spagna, C2)* **:** *piazza del Popolo, 12. • smariadelpopolo.com • Au nord de la place. Lun-ven 7h-12h, 16h-19h ; sam 8h-13h30, 16h30-19h30. Visite guidée en italien et en anglais sur résa.* Cette église incontournable date du XVe s. Adossée à la muraille d'Aurélien, elle ne paie pas de mine vue de l'extérieur, mais abrite en revanche des œuvres picturales exceptionnelles et de toute beauté ! Au Moyen Âge, on s'y rendait pour vénérer la relique du Saint-Ombilic, le cordon ombilical du Christ... D'abord, ne manquez pas les *fresques* du ***Pinturicchio*** dans la *cappella della Rovere* (1re à

FASHION CHEZ EMMAÜS

L'église Santa Maria in Montesanto (à ne pas confondre avec Santa Maria del Popolo) recèle dans sa 2e chapelle de droite un étonnant tableau de Ferroni datant de 1981, La Cena in Emmaus (Le Repas d'Emmaüs). *Tableau anachronique car on y voit Jésus discutant avec un jeune portant un jean et des chaussures de sport. À l'arrière-plan, un homme vêtu à la manière de la Renaissance (manches bouffantes). Bref, ici sont représentés 3 époques : l'Antiquité, la Renaissance et l'époque contemporaine. Et sur la table, un journal est déplié !*

droite) : l'*Adoration de l'Enfant Jésus avec saint Jérôme* et l'*Histoire de saint Jérôme* dans la lunette de la voûte. Puis, dans la *cappella Cerasi* (juste à gauche du chœur), prenez le temps d'admirer, sur les murs de droite et gauche, les ***2 formidables tableaux du Caravage*** : la *Conversion de saint Paul* et la *Crucifixion de saint Pierre,* d'un réalisme brutal. Sublime ! La peinture d'autel est quant à elle signée ***Annibale Carracci.*** Voir aussi les ***4 statues du Bernin*** et ses 3 chérubins volants dans la ***cappella Chigi*** (2ᵉ à gauche), elle-même ***dessinée par Raphaël.*** Là aussi, belle œuvre de ***Sebastiano Del Piombo,*** la *Nativité de la Vierge,* au-dessus de l'autel.

LA VILLA BORGHÈSE ET SES ENVIRONS

• Plan *p. 153*

★★ ***Giardini del Pincio*** *(jardins du Pincio ; plan détachable d'ensemble, C-D2) :* de la piazza del Popolo, un escalier situé au niveau de l'hémicycle permet de grimper jusqu'à la terrasse du piazzale Napoleone. Directement connecté au parc de la villa Borghèse, ce belvédère superbe, aménagé en jardins à l'époque napoléonienne, propose une vue splendide sur la place du Peuple, avec en arrière-plan Rome et sa multitude de dômes.

★ ***Bioparco – Giardino zoologico di Roma*** *(plan détachable d'ensemble, D1) : viale del Giardino Zoologico, 1. ☎ 06-360-82-11. • bioparco.it • Bus nᵒˢ 3, 52, 53, 926, 217, 360, 910. Ⓣ nº 19. Avr-oct, tlj 9h30-18h (19h les w-e et j. fériés avr-sept) ; le reste de l'année, tlj 9h30-17h. Fermé 25 déc. Entrée : 16 € ; 13 € jusqu'à 10 ans. Gratuit enfants moins de 1 m.* Une halte pour petits et grands qui change des palais et des musées, parfois fatigants pour les plus jeunes. L'entrée est plutôt chère mais, que voulez-vous, ce n'est pas tous les jours qu'on croise des animaux sauvages dans le parc de la villa Borghèse ! Lémuriens de Madagascar, lions, tigres, guépards et autres gros matous, chimpanzés, éléphants, girafes, tortues des Seychelles et animaux d'Afrique et d'Asie sont accueillis dans ce coin de verdure. Également une balade en petit train pour les pieds fatigués, un auditorium, un espace d'expos, un resto, une aire de pique-nique... Bref, de quoi redonner le sourire aux petits !

★★ ***Villa Borghese*** *(villa Borghèse ; plan détachable d'ensemble, D1) : Ⓜ Flaminio ou Barberini (ligne A). Bus nᵒˢ 52, 53, 63, 83, 92, 223, 360 et 910. Ⓣ nº 19. À pied, compter 15-20 mn depuis la piazza del Popolo en passant par le Pincio.* Juste derrière les parcs de la villa Doria Pamphilj et de la villa Ada, le parc de la villa Borghèse fut initié en 1633 pour agrémenter la propriété du cardinal Scipion Borghèse, neveu « chéri » du pape Paul V. Transformé en partie en jardin d'inspiration anglaise au XIXᵉ s, il est ouvert au public depuis 1902. Romains et touristes s'y promènent seuls, en amoureux ou en famille, dans ce haut lieu de respiration urbaine, doucement vallonné. On y trouve des jeux, des animations et un jardin zoologique (*Bioparco,* au nord-ouest ; voir plus haut) pour les moutards. Toutes sortes de bicyclettes et de véhicules à pédales sont à louer, tout comme des barques pour voguer sur le plan d'eau, le *laghetto,* au milieu duquel s'élève la reproduction d'un temple grec. Projections de films en plein air, théâtre, courses hippiques... Pour ceux qui sont fatigués, agréable café à la maison du Cinéma (voir plus haut « Où boire un verre ? »)

Les musées de la villa Borghèse

★★★ ***Galleria Borghese*** *(galerie Borghèse ; plan détachable d'ensemble, D-E1) : piazza Scipion Borghese, 5. • galleriaborghese.beniculturali.it • ♿ Bus nᵒˢ 52, 53, 63, 83, 92, 223, 360 et 910. Tlj sauf lun 9h-19h (21h jeu). Fermé 1ᵉʳ janv et 25 déc. Résa obligatoire par tél (☎ 06-328-10) ou en ligne (• gebart.it/musei/*

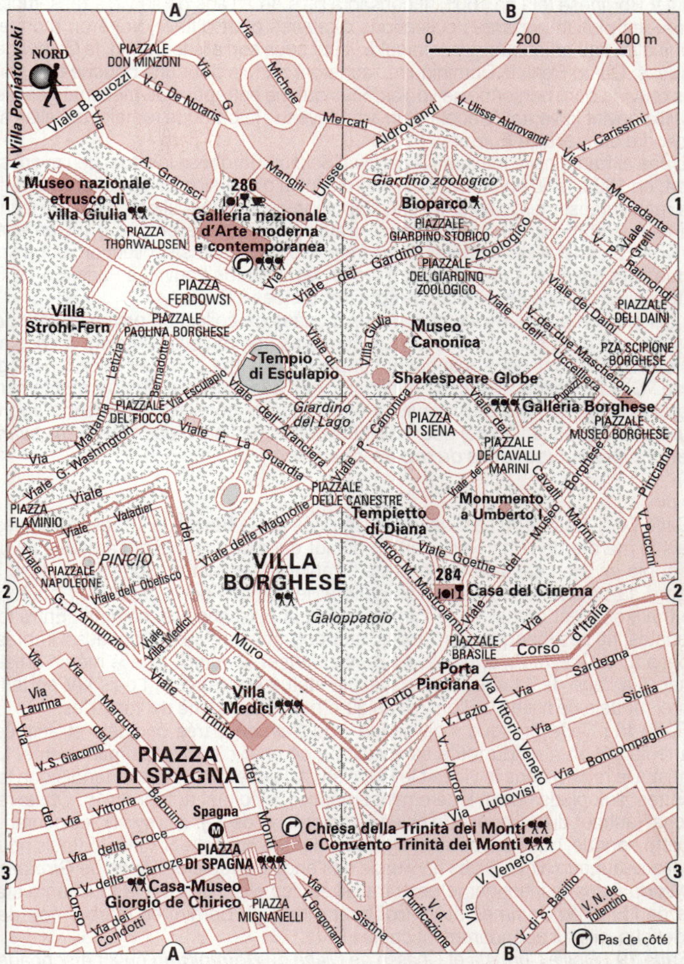

LA VILLA BORGHÈSE

galleria-borghese ●). Se présenter 20-30 mn avt le créneau choisi (9h, 11h, 13h, 15h et 17h ; plus 19h jeu) ; résa conservée pdt 5 mn max après l'horaire ! ***Visite strictement limitée à 2h.*** *Entrée : 13 € (+ 2 € de résa) ; réduc ; gratuit - 18 ans ressortissants de l'UE et pour ts le 1er dim du mois (mais résa impérative : 2 €). Roma Pass accepté (mais résa impérative : 2 €). En cas d'expo temporaire, le tarif augmente mais pas le temps de visite ! Audioguide en français : 5 €.* ***Important : on évite la cohue lors des visites de 9h ou 17h, plus jeu à 19h.***

Construite en 1613, la résidence était à l'origine un simple pied-à-terre « politico-commercial » pour la famille Borghèse, originaire de Sienne ! Elle connut rapidement une tout autre destinée grâce au cardinal Scipion Borghèse, neveu du pape

Paul V Borghèse (élu en 1605). Il consacra plus de 25 ans de sa vie à rassembler l'une des plus importantes collections d'œuvres d'art d'Italie, voire du monde ! Doué d'un flair artistique extraordinaire, il prit sous son aile le Bernin, le Caravage, Rubens, Guido Reni, le Dominiquin... achetant parfois pour une bouchée de pain des œuvres dont personne ne voulait. Plus qu'une entreprise de mécénat géniale, sa villa devint la véritable école d'un art nouveau : le baroque romain, qui allait se répandre dans toute l'Europe.
Par une extraordinaire intuition, le cardinal Scipion Borghèse institua, peu avant sa mort, en 1633, le *fidéicommis,* acte interdisant la dispersion de sa collection. Cela n'a malheureusement pas empêché Napoléon de se servir allègrement. Le jeune Camille Borghèse, qui avait épousé Pauline Bonaparte en 1803, fut en effet « invité » à céder à son impérial beau-frère 695 pièces de sa collection archéologique pour payer les conquêtes et... étoffer le musée du Louvre, à Paris. En 1903, l'État italien racheta l'ensemble des œuvres restées à Rome.
La galerie compte parmi les plus beaux musées de collection privée au monde. Les œuvres d'art sont exposées plus ou moins comme elles l'étaient à l'origine et les visiteurs ont par conséquent l'impression d'être... invités chez les Borghèse ! Devant l'énorme succès public, l'accès à la galerie a dû être strictement réglementé en nombre de visiteurs et en temps. On conseille de ***visiter d'abord la pinacothèque*** (à l'étage) pour saisir les détails des principaux tableaux, ***avant d'enchaîner sur les salles du rez-de-chaussée.***

La pinacothèque (à l'étage)

– ***Salle 14 :*** 2 bustes du cardinal-neveu réalisés par le ***Bernin,*** à 1re vue identiques, mais le marbre de l'un comportait un défaut qui aurait contraint l'artiste à revoir sa copie en 3 jours... selon la légende ! Parvenir à autant d'expressivité dans le regard, la bouche entrouverte, les rides et les détails de la cape (aux boutons de travers), c'est cerner toute l'arrogance et la puissance du cardinal. Entre les 2 bustes, ne pas manquer les 2 toiles, autoportraits du Bernin. Tout aussi impressionnant, la *Chèvre Amalthée avec Zeus enfant et un Faune* que le même artiste sculpta à l'âge de 11 ans ! Noter aussi la statue équestre de Louis XIV en terre cuite, modèle de celle que l'on voit aujourd'hui à l'Orangerie de Versailles.

– ***Salle 15 :*** *Cène* presque « paysanne » de ***Bassano,*** très originale et animée. Sa restauration a rendu toute sa vivacité à ce chef-d'œuvre du maniérisme. Le Christ a le regard dans le vide et le jeune saint Jean est somnolent, tandis que les apôtres, aux pieds nus et légèrement éméchés, s'agitent autour du 1er. Observez le chat (attribut diabolique) et le chien (évoquant la fidélité), des symboles courants à cette époque, que l'on retrouve d'ailleurs dans la chapelle Sixtine... Et puis nous avons beaucoup aimé le très fin visage de l'ange de *Tobie et l'Ange* de ***Girolamo Salvodo*** (sans mentionner le beau travail sur les plis). Quant à la touchante statue de l'*Éros au Sommeil* d'***Algardi*** (grand rival du Bernin) en marbre noir des Ardennes, elle fut abondamment copiée !

– ***Salle 19 :*** *Sibilla Cumana* et *Chasse de Diane* du ***Dominiquin*** où 2 personnages cachés à droite dans les buissons louent, d'un doigt posé sur leurs lèvres, les vertus du silence. Fascinant *Énée fuyant Troie* de ***Barocci,*** qui dégage une impression de force et de puissance remarquable, dans une luminosité et une richesse chromatique qui influencèrent énormément Rubens, dit-on. Superbe buste de vieille femme avec son voile de veuve, signé ***Algardi.***

– ***Salle 20 :*** une remarquable *Vierge à l'Enfant,* peinte en 1510 par un ***Giovanni Bellini*** de 84 ans toujours alerte. Une autre version de ce thème, exécutée à la même époque par le jeune ***Lorenzo Lotto,*** demeure un hommage appuyé à Dürer, qui venait d'effectuer un séjour à Venise. Beau *Portrait d'homme* d'un réalisme saisissant par ***Antoine de Messine*** (1475), l'un des 1ers artistes italiens à utiliser la peinture à l'huile, qu'il découvrit au contact des maîtres flamands. Elle permettait des couleurs plus subtiles et surtout plus durables que les pigments liés au jaune d'œuf qu'on utilisait jusqu'alors. C'était aussi à l'époque la mode du portrait... Autre grand peintre vénitien : ***Véronèse*** et sa *Prédication de saint Jean-Baptiste.*

Mais le must de cette salle, c'est certainement *L'Amour sacré et l'Amour profane* de ***Titien*** (1514), représentés sous les traits de la même femme mais pas dans les mêmes atours : à gauche, elle est vêtue d'une robe de mariée, symbole de l'amour profane ; à droite, sa nudité incarne l'amour sacré. Paradoxal à 1re vue ! Remarquer comme les paysages à l'arrière-plan reflètent ces différences de nature. Une anecdote : en 1899, les Rothschild voulurent s'offrir le tableau pour 4 millions de lires de l'époque (plus que la valeur de la villa avec les autres œuvres d'art !). Mais l'amour pour cette ode à l'Amour fut le plus fort... et il resta à la villa Borghèse, pour notre plus grand bonheur aujourd'hui ! La restauration récente du tableau a permis de découvrir 2 blasons de familles vénitiennes dans la coupe en métal posée au centre de la composition ; ce tableau est donc d'un cadeau de mariage ! Sur le mur opposé, une toile tardive de Titien, sur le thème de Vénus, très représentative de son style et qui témoigne par son effet « impressionniste » de la cataracte qui l'affectait ; à moins que ce ne soit une évolution naturelle de son style !

– ***Salle 9 :*** une des plus belles salles ! Adorable *Vierge à l'Enfant* du **Pérugin,** d'où se dégage une suave douceur voilée de mélancolie. Extraordinaire *Madone à l'Enfant avec saint Jean et anges* de **Botticelli** et ses élèves, où l'on retrouve l'extrême délicatesse des traits et l'élégance des poses qui caractérisent ce peintre. Admirer aussi un des plus beaux ***Fra Bartolomeo*** : une *Adoration* au prodigieux clair-obscur avec, en fond, un paysage à la Vinci. Enfin, 2 ***Raphaël*** majeurs : la *Dame à la licorne* et une fascinante *Déposition* où la posture du Christ rappelle celui de la fameuse *Pietà* de Michel-Ange exposée dans la basilique Saint-Pierre.

– ***Salle 10 :*** *Danaé* du **Corrège,** d'un maniérisme suave et sensuel, en réaction à la Renaissance, baignant dans de subtiles variations de lumière. Ici, Jupiter se transforme en pluie d'or pour conquérir Danaé. Sur le côté, 2 petits angelots préparent la flèche (ce sont les fils de Jupiter). Le *Paysage avec dame et cavaliers* (ou la *Chasse au cerf*) de ***Nicolò Dell'Abate*** nous emmène dans le bucolique fantastique. Dans *Venere ed Amore* de ***Lucas Cranach le Vieux,*** noter cette beauté nordique, ce corps longiligne, peu sexué et voilé d'une délicate gaze. Pour beaucoup, à l'époque, la nudité représentait la pureté. Cependant, l'enfant (représenté par le petit amour) est bien réel avec son gâteau de miel, d'où les abeilles... Superbe plafond rehaussé des aigles et dragons dorés, emblèmes des Borghèse.

– ***Salles 11, 12 et 13 :*** profusion d'œuvres de ***Garofalo, Francesco Francia, Domenico Puligo*** (*Sacra Familia* d'une finesse de traits extraordinaire), ***Vivarini, Lorenzo Lotto*** (*Portrait de Mercurio Bua*), ***Sodoma, Beccafumi, Mazzolino*** (*Saint Thomas*)...

Au rez-de-chaussée

On commence par le *Grand salon d'entrée* : décor époustouflant ! Au plafond, la *Glorification de Rome* associée à la famille Borghèse. Les remarquables trompe-l'œil dans les coins ne vous auront pas échappé non plus. Ni, bien sûr, ce vertigineux cheval qu'on jurerait surgi du mur ! Il date de l'époque hellénistique, mais le cavalier fut ajouté par Pietro Bernini, le père du Bernin. Superbes *Combats de gladiateurs* en mosaïque (Ve s apr. J.-C.). Ces mosaïques sont d'ailleurs un intéressant témoignage, car elles mettent en exergue un type de combat insolite : les gladiateurs sont équipés de bâtons en fer chauffés et sont censés toucher les ceintures métalliques des adversaires...

UNE TÊTE À COUPER

À la suite d'une sombre histoire de meurtre, le Caravage en fuite décide de demander sa grâce au pape. Pour l'amadouer, le peintre offre un tableau intitulé David et Goliath, *aujourd'hui exposé dans la salle 8 de la galerie Borghèse. En fait, la tête de Goliath est un autoportrait de l'artiste qui manifestait là un certain sens de l'humour ou de l'ironie, sa propre tête ayant été mise à prix ! La grâce fut finalement accordée, mais, pas de chance, l'artiste mourut avant de pouvoir profiter de cette liberté.*

– ***Salle 8 :*** un vrai miracle, on y découvre 6 des 12 toiles du ***Caravage*** qui appartenaient à la collection d'origine ! Ce qu'il faut savoir, c'est que les œuvres exposées dans cette salle ont en grande majorité été refusées. Borghèse les rachetait donc moins cher... Malin ! On appelle cette salle la *salle Bacchus* car sa déco évoque les fêtes bacchanales avec des silènes et satyres (créatures mythologiques mi-hommes mi-bêtes) qui ornent le plafond ; levez donc le museau ! Dans ses toiles, le Caravage – maître du clair-obscur – travaille soigneusement la lumière pour suggérer la profondeur. On est aussi frappé par la violence et la qualité dramatique de ses œuvres. Pour la petite histoire, la *Madonna dei palafrenieri* fut retirée rapidement de l'un des autels principaux de la basilique Saint-Pierre. Elle indisposait le clergé et nombre de fidèles, car sainte Anne est représentée en vieille femme et Marie avec un décolleté plongeant ! On raconte que le modèle de la Vierge était une prostituée. Son pied guide celui de l'enfant, afin d'écraser un serpent et lui apprendre ainsi à reconnaître le Mal. Comme si le fils de Dieu avait besoin d'une telle leçon ! Fabuleux *Saint Jérôme* représenté en train d'écrire sur une table couverte de livres. Le patron des traducteurs se concentre en effet sur sa traduction de la Bible du grec au latin, dans une sorte de course contre le temps ; le crâne posé sur la table rappelant la précarité de la vie. Ici, saint Jérôme est représenté comme un homme commun, avec les mains sales.
Scrutez aussi le *Saint Jean-Baptiste,* œuvre considérée comme luxurieuse avec, sur le côté, un bélier symbolisant le Christ. Admirer encore le portrait de *Bacchus* qui n'est autre qu'un autoportrait du Caravage. Pour réaliser cette œuvre de jeunesse, il s'est regardé dans un miroir et s'est peint... Un génie, cet homme ! Enfin, ne manquez pas *David et Goliath,* dont les personnages semblent surgir de la pénombre ; c'est l'ultime tableau du sulfureux peintre, dont on ne sait pas trop comment il est arrivé dans la collection Borghèse...

– ***Salle 7 :*** dite aussi ***salle égyptienne,*** elle lança la mode de ce type de déco. Dans l'Antiquité, l'Égypte devint une colonie romaine et une communauté égyptienne vivait dans la capitale : tout cela facilita les trouvailles quelques siècles plus tard ! Au sol, splendide mosaïque du IIIe s. Grande statue de la déesse Cérès en marbre noir du IIe s apr. J.-C., entourée d'un duo de sphinx faussement identiques (observez le sourire !). Par la fenêtre, on peut admirer le jardin secret de la villa, agrémenté d'une volière du XVIIe s.

– ***Salle 6 :*** intéressant *Énée fuyant Troie* du ***Bernin.*** On racontait dans les salons de l'époque que l'artiste était encore très influencé par la manière du papa sculpteur. On n'en voudra pas au jeune Bernin qui n'avait guère que 21 ans ! Taillée dans un seul bloc de marbre, la sculpture représente les 3 âges de la vie. Énée porte son père Anchise qui conserve les précieuses Pénates (les divinités de la famille), tandis que le petit Ascagne sauve le feu sacré du foyer. Magnifique rendu des corps de ces 3 générations et puissance des regards !

– ***Salle 5 :*** on y trouve l'*Hermaphrodite,* en marbre de Paros, du Ier s de notre ère. Chute de reins sublime. L'original se trouve au Louvre, acheté à l'époque par Napoléon. À noter que le coussin sur lequel s'est assoupi le personnage a été sculpté bien longtemps après par le Bernin, en 1619, sur demande de Scipion Borghèse. Scènes de pêche en mosaïque du IIe s av. J.-C.

– ***Salle 4*** *(salle des Empereurs)* **:** le *Rapt de Proserpine* du ***Bernin.*** Quelle force, quelle sensualité ; quasi perfection ! Se mettre du côté du chien à 3 têtes (Cerbère), d'où l'on ressent le mieux l'incroyable énergie de la scène. En repoussant Pluton, la main de Proserpine déforme son visage, tandis que les doigts du dieu s'enfoncent dans sa cuisse et sa barbe est en plein mouvement au-dessous d'un regard coquin.

– ***Salle 3 :*** un chef-d'œuvre absolu, commandé par Scipion Borghèse au jeune ***Bernin*** : *Apollon et Daphné* (1622-1625). Pour échapper à un Apollon ensorcelé par sa beauté, Daphné se transforme progressivement en laurier (*daphné* en grec). Une nouvelle fois, l'art du Bernin s'illustre par l'incroyable légèreté de ses figures, à l'image du drapé du dieu. En même temps, la douloureuse métamorphose végétale de la déesse est saisissante et on est bouleversé par le spectacle de cet amour impossible. Borghèse, qui attendait d'une œuvre qu'elle provoque *stupore* et *ammirazione* (stupeur et admiration), ne put qu'être comblé par un tel talent. Quant au plafond de la salle, peint du même épisode mythologique, on le doit à un peintre du XVIIIe s.

– ***Salle 2 :*** sculpté en 1624, voici *David,* une œuvre de jeunesse du ***Bernin*** (il avait 25 ans !). Le visage du héros est en fait un autoportrait du sculpteur. Remarquer l'aigle, symbole de la famille des Borghèse. À côté, beaux sarcophages du IIe s. Plafond remarquable.

– ***Salle 1 :*** enfin, tombez sous le charme de la célèbre *Pauline Borghèse* de ***Canova*** (1805) ! Mariée à un Borghèse et déçue par Rome, la sœur de Napoléon ose poser pour l'artiste. Sa posture – à demi nue – est très osée à l'époque pour une personnalité de ce rang ! Quand on demanda à Pauline comment elle avait pu se livrer d'une manière si impudique, elle répondit : « Mais c'était tellement chauffé ! » On a tout dit, tout écrit sur cet archétype de la sculpture néoclassique : la finesse du marbre, l'élégance de la pose, l'attitude décalée des Françaises... Un mécanisme la faisait tourner, permettant à ses admirateurs de la détailler sous toutes les coutures sans se déplacer !

ETRU – Museo nazionale etrusco *(Musée national étrusque ; plan détachable d'ensemble, C1) : piazzale di Villa Giulia, 9. ☎ 06-322-65-71. • villagiulia.beniculturali.it • Ⓜ Flaminio (ligne A). Bus n° 982. Ⓣ n° 19. Sinon, env 15 mn à pied depuis la galerie Borghèse. Tlj sauf lun 9h-20h. Dernière admission à 19h. Fermé 1er janv et 25 déc. Entrée : 10 € ; réduc ; gratuit - 18 ans ressortissants de l'UE et pour ts le 1er dim du mois.* Roma Pass *accepté. Audioguide en français (1h30) : 5 €. Compter largement 2-3h de visite (explications en italien et en anglais).*

Avec ses 40 salles, c'est ***le plus grand musée étrusque d'Italie,*** confortablement installé dans une villa du XVIe s, construite pour le pape Jules II qui en fit sa résidence secondaire tout près du Vatican. ***Michel-Ange*** participa dans un 1er temps à la conception des plans et des jardins. Il fut ensuite relayé par les architectes Vasari, Ammannati et Vignola. À maintes reprises, le projet fut remanié ; son plan actuel datant de 1553. Puis il connut plusieurs transformations successives. Lors de l'administration napoléonienne, ce bâtiment grandiose fut même transformé en écurie pour les chevaux ! En 1889, l'édifice devint à nouveau possession de l'État italien. Celui-ci y créa le Musée étrusque romain, repensé dans les années 2010. Ses collections – de très grande qualité – sont principalement constituées d'objets provenant des sites étrusques majeurs comme ceux de Cerveteri ou Palestrina...

Extérieurs

La bâtisse ne manque certes pas de panache ! Elle a été construite sur un modèle de villa suburbaine (il faut s'imaginer qu'à l'époque de Jules II, le bâtiment était entouré de champs et de vignes !). L'entrée reprend la forme d'un arc de triomphe. Patio exceptionnel notamment, flanqué d'une galerie arrondie rythmée par des colonnes en granit, récupérées sur divers monuments antiques de la ville. Les voûtes sont décorées de fresques envahies d'oiseaux et de *putti* ; elles épousent presque le ciel, donnant un certain sentiment de liberté, ce qu'avait commandé le pape sur les plans.

La collection

La visite commence par une introduction à la civilisation étrusque avec une grande carte explicative. On apprend que l'Étrurie englobait la région de l'Arno (Toscane), du Tibre (Latium) et de l'Adria (Émilie-Romagne). Les Étrusques étaient une population nomade et commerçante qui ne devint sédentaire qu'au VIe s av. J.-C., période à laquelle cette civilisation connut son apogée. Longtemps oubliés, les Étrusques n'ont été redécouverts qu'au XVIIIe s. Davantage même au XIXe s, avec le mariage de Lucien Bonaparte avec l'archéologue Alexandrine de Bléchamp. Et c'est tout naturellement que le résultat de ses fouilles fut entreposé à la villa Giulia, constituant ainsi le début des collections du musée.

La visite

– ***Salles 1 à 4 :*** provenant du site de Vulci, voici des urnes funéraires du IXe s av. J.-C. encore intactes. On peut d'ailleurs admirer une ***urne à cabane en bronze,*** l'une des œuvres les plus raffinées du musée qui reproduit à l'identique la maison étrusque. On retrouve à côté la ***reconstitution d'une tombe,*** avec tous les éléments de la vie quotidienne : plats, assiettes, cruches et bijoux. Puis une foule de céramiques mises au jour dans d'autres tombes, comme ces beaux et prestigieux ***vases grecs attiques*** (Ve s av. J.-C.) à figures noires ou rouges, évoquant aussi les échanges commerciaux des Étrusques...

– ***Salle 5 :*** nombreux ex-voto en terre cuite qui peuvent surprendre le visiteur. On y retrouve des pénis, des seins, et même un utérus ! On les déposait alors au pied de la tombe.

– ***Salle 8*** *(sous-sol)* ***:*** issu du site de Tarquinia, reconstitution d'un ***tombeau décoré de fresques*** représentant un banquet. Le rôle de la femme étrusque était important dans la vie politique et sociale...

– ***Salle 10 :*** admirer le ***magnifique sarcophage en terre cuite surmonté de plusieurs petits lions*** (site de Cerveteri). Et ne ratez pas non plus la collection de mignonnes petites amphores, qui contenaient parfums et onguents.

– ***Salle 12 :*** voici l'une des œuvres phares du musée, le magnifique ***Sarcophage des époux*** (VIe s av. J.-C. ; site de Cerveteri), représentant un admirable couple en terre cuite. Ne semblent-ils pas sereins et amoureux... dans la mort ? Admirer coiffures et chaussures et attardez-vous sur le remarquable travail de la robe de l'épouse. Sachez qu'un *Sarcophage des époux* identique est exposé au musée du Louvre, à Paris...

– ***Salle 13 :*** les fameuses ***feuilles d'or inscrites*** (VIe s av. J.-C.), retrouvées lors des fouilles du sanctuaire de Pyrgi, étaient dédiées à la déesse Astarte. Elles figurent parmi les plus anciennes inscriptions étrusques et phéniciennes de la péninsule.

– ***Salle 14 :*** consacrée à ***l'écriture.*** On constate que les Romains ont incorporé la littérature étrusque dans leurs traditions.

– ***Salle 15 :*** attardez-vous devant le superbe ***Ciste Ficorini,*** coffre de mariage en bronze, la dot d'une mariée, datant du IVe s av. J.-C. (site de Palestrina).

– ***Salles 16 à 20 :*** très nombreux beaux objets en bronze, comme ces statuettes votives de soldats, fines et élégantes, sans compter le fameux ***laboureur d'Arezzo,*** qui nous renseigne sur les techniques agricoles de l'époque. Et puis des vases, brûle-encens, miroirs, strigiles d'athlètes et ce superbe ***casque de soldat,*** associé à ses jambières, aussi en bronze.

– ***Salle 23 :*** encore des céramiques rares, comme cette splendide ***collection de vase attiques*** (Ve s av. J.-C.) à figures rouges ou noires, dont les personnages de la déco racontent des épisodes de la mythologie, mais pas que. Et de nouveau, pléthore de magnifiques ***objets en bronze :*** vaisselle, statuettes votives, miroirs, casques, braséros, boucliers... Exceptionnel !

– ***Salle 27 :*** formidable collection de ***bijoux en or*** finement ciselés et agrémentés de pierres semi-précieuses.

– ***Salle 30 :*** rare et curieux ***braséro sur roulettes,*** décoré de petits personnages (VIIIe s av. J.-C.).

– ***Salle 31 :*** toute aussi exceptionnelle, cette ***coupe décorée d'éléphants de guerre*** ; animaux qui semaient la terreur sur les champs de bataille (IIIe s av. J.-C.).

– ***Salle 35 :*** superbe et célèbre ***buste d'Apollon*** en terre cuite, d'inspiration grecque et provenant du temple de Scasato.

– ***Salle 40 :*** le dieu ***Apollon,*** encore lui, s'affiche ici dans une statue en pied avec la même élégance qu'à sa place d'origine, dans le temple de Portonaccio (site de Véies).

– L'annexe du musée, la ***villa Poniatowski*** *(via di Villa Giulia, 22-32, à quelques mètres du musée ; ouv ven-sam 10h-13h)* n'est ouverte que quelques jours par mois (se renseigner avant d'y aller). Elle abrite encore d'autres objets étrusques du Latium et d'Ombrie.

Galleria nazionale d'Arte moderna e contemporanea *(GNAM ; galerie nationale d'Art moderne et contemporain ; plan détachable d'ensemble, D1)* **:** *via delle Belle Arti, 131. ☎ 06-32-29-81. • lagallerianazionale.com • ♿. Ⓜ Flaminio (ligne A). Bus nos 61, 89, 490 ou 495. Ⓣ nos 3 ou 19. Depuis la galerie Borghèse, env 10 mn à pied. Tlj sauf lun 8h30-19h30. Dernière admission à 18h45. Fermé 1er janv, 1er mai et 25 déc. Entrée : 10 € ; réduc ; gratuit - 18 ans ressortissants de l'UE et pour ts le 1er dim du mois.* Roma Pass *accepté. Audioguide en anglais ou italien : 5 €.*

À l'origine, cet imposant édifice néoclassique a été construit en 1883 pour développer l'art national. On l'appelait alors palazzo delle Esposizioni. C'est en 1911 que l'architecte Cesare Bazzani fut mandaté par l'État pour aménager le lieu afin d'y célébrer le 50e anniversaire de l'unité italienne ; plus récemment, le musée a été entièrement rénové en 2011 pour célébrer les 150 ans du pays. La *Galeria nazionale* rassemble aujourd'hui près de 4 500 peintures et sculptures du XIXe s à nos jours, ainsi que 13 000 dessins et esquisses signés majoritairement d'artistes italiens. ***C'est la plus grande collection italienne d'art moderne,*** dont les accrochages sont répartis dans 5 espaces aérés ; celui du centre étant réservé aux expos temporaires.

On n'aborde pas ici l'art de façon chronologique ou par style, mais par associations d'œuvres, selon un thème, une idée, un événement historique, une technique, etc., ce qui peut parfois dérouter le visiteur. On veut lui suggérer de s'ouvrir, de participer aux œuvres d'art, de chercher finalement l'interaction, s'il en existe une ! Selon les accrochages, qui évoluent régulièrement, à vous donc de trouver les clés, de vous interroger sur la présence et l'importance d'une œuvre dans ce parcours muséal original qui recèle de nombreuses œuvres de maîtres : Courbet, Bourdelle, Degas, Monet, Van Gogh, Cézanne, Klimt, Giacometti, Magritte, Braque, Arp, Dubuffet, Kandinsky, Miró, Ernst, Tàpies, Moore, Mondrian, Pollock, Warhol, Calder, Man Ray... Sans compter les grands artistes italiens, qui raflent une place de choix dans le parcours muséal, tels Modigliani, Burri, Balla, Boccioni, Fontana, Pirri, Carrà, Boldini, De Chirico ou Pirandello... Bref, une véritable orgie artistique !

Pour déjeuner ou boire un verre, faites une pause au *Caffé delle Arti,* le café-restaurant jouxtant le musée qui dispose d'une superbe terrasse. Voir plus haut dans la rubrique « Où boire un verre ? ».

À l'est de la villa Borghèse

Musei di Villa Torlonia *(hors plan détachable d'ensemble par F1)* **:** *via Nomentana, 70. ☎ 06-06-08. • museivillatorlonia.it • Bus nos 62, 66 et 82. Ⓣ nos 2, 3 et 19. Tlj sauf lun 9h-19h (14h les 24 et 31 déc). Dernière admission 45 mn avt. Fermé 1er janv, 1er mai et 25 déc. Entrée : 7,50 € (Casino Nobile et Casino dei Principi) ; 6 € (Casina delle Civette) ; billet combiné 9,50 € (plus élevé en cas d'expo temporaire) ; réduc.* Roma Pass *accepté. Audioguide en français : 4 €.*

C'est un agréable parc à l'anglaise de 13 ha *(tlj 7h-20h30 – 19h oct-mars),* qui a d'abord appartenu à la famille Pamphili, puis aux Colonna, avant d'être racheté en 1797 par Giovanni Torlonia, fondateur de la 1re banque de Rome... Acquise en 1970 par la ville et ouverte au public en 1997, cette propriété – à l'entrée monumentale – livre plusieurs maisons de caractère :

– ***Casino Nobile :*** revue par le célèbre architecte Valadier, cette imposante et prestigieuse bâtisse affiche un style néoclassique d'opérette, inspiré des temples grecs et romains. Le *Casino Nobile* fut la résidence de Mussolini entre 1925 et 1943. À l'intérieur, les salles sont toutes décorées dans un style différent avec force stucs, fresques, trompe-l'œil, copies statuaires en plâtre... Dans la ***salle de bains,*** beaucoup de grotesques et de scènes de mythes. Détail amusant : Anne-Marie Torlonia en fit une chapelle ! Prestigieuse ***salle de bal,*** bordée de colonnes en marbre et ornée des différentes divinités de l'amour. Puis à l'étage, la superbe ***salle de Bacchus*** raconte en image la vie du dieu ; alors que la ***salle d'Alexandre-le-Grand,*** ancienne salle à manger, est dédiée avec fastes au conquérant macédonien. La ***salle égyptienne,*** étonnante, évoque la conquête de l'Égypte de Cléopâtre par les Romains... Au 2e étage, une collection de peintures de la méconnue École de Rome, qui couvrit la période de l'entre-deux guerre. Au sous-sol, une galerie souterraine mène au ***bunker di Mussolini,*** construit pendant la dernière guerre *(visite à part, sur résa seulement : • bunkertorlonia.it •).*

– ***Casina delle Civette*** *(pavillon des Chouettes)* **:** résidence du prince Giovanni Torlonia, c'est une extravagante petite demeure, édifiée au XIXe s. À l'origine, c'était un chalet construit en bordure du parc, avec une jolie serre pour faire pousser les fleurs préférées du proprio. La résidence est ensuite transformée en un bâtiment plus raffiné, agrémenté d'arcades, de tourelles et de vitraux colorés. Quant aux chouettes qui servent d'emblème à la maison, on doit leur présence au prince Giovanni lui-même, qui était passionné d'ésotérisme... L'intérieur, décoré de nombreux éléments de style Liberty réalisés entre 1910 et 1925, permet de découvrir de nombreux dessins, des cartons préparatoires à la fabrication des vitraux, des mosaïques colorées, des meubles et boiseries aux courbes organiques ainsi que des bijoux. Dans le genre de petit musée du vitrail dédié au courant Liberty, on explore le travail de plusieurs artistes de l'époque comme Cambellotti ou Paschetto.

– ***Casino dei Principi*** *(ouvert seulement lors des expos temporaires)* **:** construit début XIXe s dans le style néo-Renaissance et relié au Casino Nobile par une galerie souterraine, il accueillait les fêtes de la famille Torlonia. Très beaux sols en mosaïque d'inspiration romaine.

🍸 ***La Limonaia :*** *tlj sauf lun 9h-22h.* C'est l'ancienne orangerie du parc, dans laquelle se trouve l'actuelle cafétéria. Belle et agréable terrasse aux beaux jours. C'est d'ailleurs là qu'a eu lieu la 1re séance de télévision à Rome...

★ ***MACRO*** *(museo d'Arte contemporanea Roma ; plan détachable d'ensemble, E1)* **:** *via Nizza, 138. ☎ 06-69-62-71. • museomacro.it • ♿ Bus nos 38, 60, 62, 66, 80, 82, 89 et 90. Ⓣ nos 2, 3 et 19. Tlj sauf lun 10h 20h. GRATUIT.* Siège du musée d'Art contemporain romain, dont une annexe a été ouverte au Testaccio dans le Mattatoio, les anciens abattoirs (voir plus loin le chapitre « L'Aventin et le Testaccio »). Nombreuses expos temporaires présentant les travaux d'artistes italiens ou internationaux.

🍽 ☕ 🍸 ⛱ ***Macro 138*** *(plan détachable d'ensemble, E1,* ***266****)* **:** *tlj 12h45-15h.* Ne manquez pas, si vous êtes dans le coin, de déjeuner au resto du musée situé sur la terrasse.

Quartier Coppedè *(plan détachable d'ensemble, E1)*

– **Accès :** *entrée dans le quartier par la via Dora, à quelques mètres de la piazza Buenos Aires. Bus nos 63, 83, 92. Ⓣ nos 2, 3 et 19.*

★★ Conçu par l'architecte Gino Coppedè au début du XXe s, cet ensemble, niché dans le quartier de Trieste à l'est de la villa Borghèse, compte une vingtaine de palais et près de 30 immeubles à l'architecture complètement folle ! On parle de style Liberty, l'équivalent de l'Art nouveau en France.
Bercé par un mélange d'Art nouveau, de touches grecques, de références gothiques et baroques, le promeneur est frappé par l'opulence et l'originalité des lieux. Vous ne pouvez pas manquer la ***grande arche de la via del Tagliamento,*** richement décorée, ornée de peintures et de mosaïques représentant des aigles, sans oublier son impressionnant lampadaire en fer forgé. Elle relie l'imposant palais

des Ambassadeurs. Ne ratez pas le ***palazzo del Ragno*** (palais de l'Araignée), à la façade supérieure ocre ; ni la ***villa delle Fate,*** toute biscornue et aux couleurs incroyables.

Le centre névralgique de cet ensemble est la ***piazza Minzio*** avec sa jolie et imposante fontaine ornée de 12 grenouilles en pierre. D'ailleurs pour la petite histoire, c'est en revenant d'un concert dans un club tout proche que les Beatles se rafraîchirent ici ; une trempette immortalisée par des photographes et des fans comblés !

L'endroit a inspiré de nombreux cinéastes et servi de décor à maintes reprises à cause de ses détails architecturaux complètement fous. Le réalisateur Dario Argento y est venu tourner à 2 reprises, dont son célèbre *Inferno*... Les amateurs de style Liberty parcourront encore la ***via Ticino*** puis la ***via Brenta*** et zieuteront de loin l'adorable petite ***via Olona,*** (privée, on ne peut pas rentrer). Petite curiosité supplémentaire : toutes les rues adjacentes portent le nom de fleuves italiens.

LE VATICAN ET SES ALENTOURS : LE PRATI ET LE BORGO

Les limites actuelles du Vatican ont été définies par les accords du Latran, signés par Mussolini le 11 février 1929. Cette date est donc la fête nationale de l'État. Le Vatican se compose seulement de 20 ha d'immeubles et autant de jardins... doublés de 50 ha de propriétés extraterritoriales dans et autour de Rome. Et qui prétend que le latin est une langue morte ?! C'est la langue officielle du Vatican, du moins pour les textes juridiques. La langue véhiculaire demeure bien évidemment l'italien, tandis que le français s'impose comme la langue diplomatique. Quant aux gardes suisses, ils parlent... l'allemand ! Et puis l'État émet des timbres, possède une imprimerie, une banque, un tribunal, une centrale électrique, une station de radio, une gare ferroviaire reliée au réseau italien et un héliport... N'ayez pas peur de franchir la frontière purement virtuelle de l'État – l'un des plus petits au monde – pour partir à la découverte de ses fabuleux trésors ! Vous serez bienheureux sur la place Saint-Pierre, béat dans l'immense basilique ; et aux anges au sommet de sa coupole où on a le sentiment d'être plus près des cieux ! Des cieux que l'on tutoie aussi – radieux – sous la voûte peinte par Michel-Ange, dans la célèbre chapelle Sixtine... Alléluia !

Où dormir ?

CAMPING

Camping Village Roma *(hors plan détachable d'ensemble par A2,* ***24****) : via Aurelia, 831 (SS1, km 8,2). ☎ 06-662-30-18. • roma@humancompagny.com • humancompagny.com • ♿ À 4 km à l'ouest du Vatican par la SS1. Ⓜ Cornelia (ligne A), puis bus nº 246 ; depuis le Vatican, bus nº 247. Navettes payantes avec le Vatican en hte saison (15 mn). Tte l'année. Compter 25-42 € pour 2 avec tente et voiture ; bungalows et chalets (2-6 pers) 40-140 €.* Bien tenu, supérette, bar-snack, piscine, etc. Gros bémols : très proche de la route, emplacements et bungalows à touche-touche et manque d'ombre en été.

INSTITUTION RELIGIEUSE

Casa per ferie Santa Maria alle Fornaci *(plan détachable d'ensemble, A3,* ***70****) : piazza S. Maria alle Fornaci, 27. ☎ 06-393-676-32. • info@santamariafornaci.com • santamariafornaci.com • Entrée sur la gauche de l'église. Doubles 40-130 €.* Émanation de l'ordre de la Sainte-Trinité qui avait pour mission de libérer les croisés devenus esclaves, ce grand établissement propose une cinquantaine de chambres à l'ambiance monacale, mais propres et dotées de tout le confort. La moitié a été rénovée dans un style moderne ; un poil plus chère mais agréable et pourvue d'une télé. Salle TV, coin canapé et réfectoire du petit déj se partagent un vaste entresol. Accueil charmant et pro. Une bonne adresse à 5 mn à pied de la place San Pietro.

AUBERGE DE JEUNESSE

Colors Hotel *(plan détachable d'ensemble, B2,* ***71****) : via Boezio, 31. ☎ 06-687-40-30. • hotelcolors@gmail.com • colorshotel.com • Résa conseillée. Lits en dortoir 18-30 €/pers (juin-sept seulement et réservé* *aux 18-38 ans) ; doubles 40-130 €.* Un lieu convivial, à l'image de sa clientèle jeune et sympa. Une vingtaine de jolies petites chambres et de dortoirs très colorés, avec ou sans salle de bains ; le tout propre. Terrasse tranquille sur le toit. Important : chaque dortoir n'a qu'une seule clé... et reste donc souvent ouvert pour des raisons pratiques.

HÔTELS ET PENSIONS

De bon marché à prix moyens

Hotel Nautilus *(plan détachable d'ensemble, B2,* ***74****) : via Germanico, 198 (2ᵉ étage). ☎ 06-324-21-18. • info@hotelnautilusroma.com • hotelnautilusroma.com • Doubles 60-120 €.* Au cœur de Prati – un quartier vivant, à la fois résidentiel et commerçant –, ce vieil immeuble renferme une dizaine de chambres pratiques, plutôt spacieuses et de bon confort, arrangées sur une gentille note moderne, sobre et élégante. Excellent rapport qualité-prix-accueil.

Hearth Hotel *(plan détachable d'ensemble, A2,* ***75****) : via Santamaura, 2. ☎ 06-390-383-83. • info@hearthhotel.com • hearthhotel.com • Doubles 60-160 €.* Juste à côté de l'entrée des Musei Vaticani, hôtel discret d'une vingtaine de chambres spacieuses et bien équipées. Déco contemporaine dans les tons gris ou rouges – c'est selon vos goûts ! – chacune avec une photo noir et blanc du vieux Rome. Accueil prévenant et charmant.

The B Place Hotel *(plan détachable d'ensemble, B2,* ***77****) : via degli Scipioni, 239. ☎ 06-811-577-89. • info@thebplacehotel.com • thebplacehotel.com • Doubles 60-120 €.* Hôtel récent d'une trentaine de chambres confortables et suffisamment spacieuses, dispatchées entre le bâtiment principal et l'annexe à 2 pas *(via Ezio, 19).* Agréable déco contemporaine sobre, alliant tons clairs et foncés. Le plus, c'est la belle terrasse du bâtiment principal qui domine le quartier, où est servi le petit déj aux beaux jours. Accueil sympa et pro.

Hotel Paolo II *(plan détachable d'ensemble, A3,* ***72****) : via Paolo II, 3. ☎ 06-393-884-96. • info@hotelpaoloii.com • hotelpaoloii.com • Doubles 60-160 €.* Vision étonnante que cet hôtel installé dans un bâtiment de plain-pied, planté au beau milieu du patio d'un grand immeuble résidentiel. À dispo, une quinzaine de belles chambres contemporaines, confortables et nickel, mais pas franchement lumineuses. Un bon rapport qualité-prix-accueil à seulement 5 mn à pied de la piazza San Pietro.

Hotel dei Quiriti Suite *(plan détachable d'ensemble, B2,* ***74****) : via Germanico, 198 (1ᵉʳ étage). ☎ 06-360-053-89. • quiriti@tiscali.it • hoteldeiquiritisuite.it • Doubles 65-120 €.* Une quinzaine de jolies chambres confortables et d'allure moderne, récemment aménagées sur une note moderne, blanche et sans fioriture. Et sur le même palier, une dizaine d'autres chambres fonctionnelles et petites, bien équipées et propres, à défaut d'avoir un charme renversant.

Hotel Sant'Angelo *(plan détachable d'ensemble, C2,* ***76****) : via M. Dionigi, 16. ☎ 06-324-20-00. • info@hotelsa.it • hotelsa.it • Doubles 55-140 €.* L'accueil serviable ouvre le bal de cette gentille petite adresse répartie entre le bâtiment principal et une annexe toute proche (au nº 43). Déco un brin rétro, plaisante et émaillée de mobilier vintage. Chambres plutôt petites mais bien équipées, et dans l'ambiance générale. Prix raisonnables ; les moins chères se trouvant dans l'annexe.

De prix moyens à chic

Fabio Massimo Design Hotel *(plan détachable d'ensemble, B2,* ***78****) : via G. Cesare, 71 (4ᵉ étage). ☎ 06-321-30-44. • info@hotelfabiomassimo.com • hotelfabiomassimo.com • Doubles 80-200 €.* Dans ce vieil immeuble bourgeois, un appartement reconverti en boutique-hôtel. Une petite dizaine de jolies chambres confortables et aménagées dans un style contemporain plaisant et discret. Certaines donnent sur le *cortile,* les autres, bien isolées, sur le boulevard. Accueil pro et sympa. Rapport qualité-prix intéressant en basse saison.

Villa Laetitia *(plan détachable d'ensemble, C1,* ***80****) : lungotevere delle Armi, 22-23. ☎ 06-322-67-76. • info@villalaetitia.com • villalaetitia.com • Doubles 100-250 €.* Anna Fendi, l'une des filles du créateur, célèbre pour ses sacs, a su créer une ambiance particulière dans cette villa de caractère magnifiquement restaurée. Passé les superbes atlantes entourant la porte d'entrée, accueil chic et courtois, puis de superbes et élégantes parties communes *in style.* Certaines chambres occupent les étages de l'hôtel particulier ; d'autres se trouvent dans la *garden house,* au fond de l'adorable jardin plein de verdure en tous genres et bien en retrait de la rue. Toutes sont confortables, douillettes et magnifiquement décorées dans un style moderne ou ancien. L'ensemble est un véritable bijou d'élégance, de fantaisie et de sobriété. Un lieu pensé avec goût et talent. Bon resto sur place. *Bravissimo !*

Où manger ?

Attention, le quartier hyper touristique autour de Saint-Pierre et des musées du Vatican voit fleurir des pratiques pas toujours très catholiques (service surtaxé, bouteilles d'eau surfacturées). Rien d'insurmontable, n'ayez crainte, mais 1 routard averti vaut 2 bistrotiers filous !

Sur le pouce

Panificio Bonci *(plan détachable d'ensemble, A1,* ***300****) : via Trionfale, 34-36. ☎ 06-397-344-57. • info@bonci.it • Tlj sauf dim 8h30-15h, 17h-20h30 (ven-sam 8h30-20h30). Moins de 10 €.* Boulangerie bien connue dans tout Rome pour ses petits pains moelleux et ses succulentes pâtisseries. Également des *panini,* de délicieuses parts de pizza et encore bien d'autres bonnes bricoles salées à dévorer. Une adresse appétissante à souhait qui vaut vraiment le détour.

Bonci Pizzarium *(plan détachable d'ensemble, A2,* ***301****) : via della Meloria, 43. ☎ 06-397-454-16. • info@bonci.it • Tlj sauf dim 11h-22h. Moins de 10 €.* Le même boulanger que l'adresse précédente avec d'excellentes parts de pizza aux ingrédients de 1re qualité. Et c'est toujours plein ! Quelques tables hautes sur le trottoir pour poser un coude. Une adresse, certes un poil excentrée, mais pratique pour manger à toute heure.

Panino Divino *(plan détachable d'ensemble, B2,* ***302****) : via dei Gracchi, 11a. ☎ 06-397-378-03. • info@paninodivino.it • Tlj sauf dim 10h-21h. Moins de 10 €.* Tout petit local avec un comptoir, 3 chaises hautes et cette insolente vitrine réfrigérée contenant de bons produits frais et goûteux. On choisit, et 2 gaillards se jettent sur la confection de délicieux *panini,* entraînés par une patronne gouailleuse ! Également des salades et des planches de charcuterie et de fromages, qu'on peut accompagner d'un verre de vin. Une adresse assez touristique mais qui tient ses promesses.

Forno Feliziani *(plan détachable d'ensemble, A2,* ***303****) : via Candia, 61. ☎ 06-397-373-62. • r.feliziani83@hotmail.it • Tlj 8h-20h15 (9h-20h dim). Moins de 10 €.* Une boulangerie pour caler les faims – bassement terrestres – après la visite du Vatican, situé à quelques pas. Tout est appétissant, des *panini aux* parts de pizza en passant par des plats de pâtes et autres pâtisseries du jour qu'on déguste *in situ* au comptoir ou sur les quelques tables de la longue salle. Une adresse bien et pas chère, très courue du petit déj à l'*aperitivo.* D'ailleurs, elle ne désemplit pas !

Re-Bìo *(plan détachable d'ensemble, A-B2,* ***304****) : via Germanico, 59. ☎ 06-397-465-10. • lanutibortot@gmail.com • Lun-sam 7h30-18h (23h jeu-sam). Ouv le dernier dim du mois. Repas env 12 €.* Après avoir régalé clients et touristes pendant des années dans sa petite enseigne Fabìo, voici Claudio qui a opté pour un espace plus grand, à 2 pas de l'ancien, pour accueillir et nourrir en nombre les amateurs de végane et de bio. On y retrouve les salades, sandwichs, jus de fruits pressés, plats chauds et même le pain ! Idéal pour un petit déj ou un déj *healthy* dans une belle salle claire et un beau plafond tapissé de plantes grimpantes. Et l'accueil est toujours au top !

***Mondo Arancina** (plan détachable d'ensemble, B2, **305**) : via Marcantonio Colonna, 38. ☎ 06-976-192-13. • info@mondoarancina.it • Tlj 9h-minuit. Env 5-6 €/portion.* Ici, la star c'est l'*arancina,* cette appétissante boule de riz fourrée et frite, d'origine sicilienne ; agrémentée de saveurs classiques ou plus audacieuses, à vous de voir. Aussi de bonnes pizzas à la coupe, légères et croustillantes, à engloutir sur d'étroits comptoirs.

De bon marché à prix moyens

***L'Osteria di Birra del Borgo** (plan détachable d'ensemble, B2, **580**) : via Silla, 26A. ☎ 06-837-623-16. • osteria@birradelborgo.it • Tlj 12h-2h. Repas 15-35 €.* Une taverne branchée, nichée dans un grand espace de type industriel avec, en arrière-fond, de grandes cuves pour le brassage des bières. Vous ne pouvez pas rater l'immense bar où sont alignées des bières issues de petits brasseurs locaux, qu'on veut ici promouvoir. Et pour manger, c'est Gabriel Bonci, LE boulanger incontournable de la ville, qui régale (voir plus haut *Panificio Bonci* et *Bonci Pizzarium*) ! À la carte, les pizzas bien sûr, mais aussi des pâtes et quelques bons *secondi* soignés et goûteux. Ambiance festive le soir.

***Ragno d'Oro** (plan détachable d'ensemble, B2, **580**) : via Silla, 26. ☎ 06-321-23-62. • info@ragnodoro.org • Tlj sauf dim. Repas 15-35 €.* C'est une longue salle à la déco moderne passe-partout. Car ici, l'essentiel est dans l'assiette ! Cuisine italienne des familles simple mais très bonne, avec quelques spécialités romaines en prime. Et côté dessert, idem, très simples et fait maison (panna cotta, granité au café). Excellent accueil. On s'est régalé avec les habitués du quartier !

***Pizzeria La Pratolina** (plan détachable d'ensemble, B2, **307**) : via degli Scipioni, 248-250. ☎ 06-360-044-09. Tlj 19h-1h. Résa obligatoire. Pizzas 7-12 €.* Cette excellente adresse ne doit son succès qu'à elle-même : un cadre chaleureux sous de vieilles voûtes en brique, un accueil souriant, et de délicieuses pizzas ovales – cuites au feu de bois – qui sortent volontiers de l'ordinaire (sans mozzarella ni tomate !). D'allure rustique, elles sont légères et croustillantes... Sans oublier les bons desserts maison.

***Interno 92** (plan détachable d'ensemble, B2, **308**) : via Borgo Vittorio, 92. ☎ 06-688-042-99. • interno92@outlook.it • Tlj sauf dim. Repas 25-35 €.* En plein cœur du Borgo et à 5 mn à pied de la piazza San Pietro, une gentille et accueillante cave voûtée en brique. Cette boucherie fait aussi resto ! Dans l'assiette, bœuf, cochon et poulet déclinés dans des recettes simples et sans chichis, pour mieux en apprécier les saveurs brutes. À déguster sur de solides tables à plateau de marbre. Accueil courtois. Une excellente adresse, plébiscitée par les habitués du quartier, aussi en soutane !

***Solo Crudo** (plan détachable d'ensemble, C2, **312**) : via Federico Cesi, 22. ☎ 06-889-747-93. • info@solocrudo.com • Tlj sauf lun. Repas 20-25 €.* Une adresse pour véganes, servant des plats type burger veggie ou de bonnes salades aux légumes de saison aux envolées toutes méditerranéennes. Tout est frais et coloré. Miam miam ! Et pour la déco, salle lumineuse aux tons vert, mobilier en bois clair et carreaux de ciment. Fait aussi vente à emporter

De prix moyens à chic

***La Berninetta** (plan détachable d'ensemble, C2, **320**) : via P. Cavallini, 14. ☎ 06-320-44-05. Tlj sauf lun 19h30-minuit. Plats 9-22 €.* Une adresse incontournable dans le quartier proposant depuis plusieurs générations une cuisine savoureuse, bien romaine et sans chichis. C'est d'ailleurs ici que se dégusteraient, paraît-il, les meilleurs artichauts grillés de la ville ! Une bonne adresse authentique avec ses serveurs stylés, son accueil adorable et ses conseils avisés.

***L'Arcangelo** (plan détachable d'ensemble, B2, **313**) : via Belli, 59-61. ☎ 06-321-09-92.*

• *ristorantelarcangelo@virgilio.it* • *Tlj sauf sam soir et dim. Plats 18-30 €.* Poussez donc la porte de ce resto aux vitres opaques, pour gagner la chaleureuse salle boisée à l'ancienne, aux murs constellés de vieilles photos noir et blanc. Au menu, les incontournables de la cuisine romaine, savoureux, bien ficelés et doublés de quelques belles spécialités inventives. Une institution dans le quartier.

|●| ***Secondo Tradizione*** *(plan détachable d'ensemble, A2,* ***309****) : via Rialto, 39.* ☎ *06-397-347-57.* • *prenotazioni@latradizione.it* • *Tlj sauf dim. Plats 12-24 €.* C'est la petite table d'Antony Genovese, le grand chef du resto étoilé *Il Pagliaccio*. Un savoir-faire gastro donc, décliné ici en version bistrot. De magnifiques planches de fromages et de charcuterie (sélections pointues vendues dans l'épicerie voisine : *via Cipro, 8e*) côtoient d'excellents plats *di tradizione* sur ardoise du jour. Avec un savoureux dessert et un vin au verre de qualité sommelière, la recette fonctionne bien !

|●| ***Il Matriciano*** *(plan détachable d'ensemble, B2,* ***314****) : via dei Gracchi, 55.* ☎ *06-321-23-27.* • *info@ilmatriciano.it* • ♿ *En hiver, tlj sauf mar midi et mer ; en été, tlj sauf sam et dim midi. Plats 12-25 €.* Installé dans un écrin moderne lumineux et chaleureux, c'est un resto on ne peut plus classique, mijotant une cuisine traditionnelle romaine soignée. Bref, un bon repas en perspective, surtout si l'on dégote une table en terrasse ; la rue étant relativement tranquille.

Où boire un verre ? Où déguster du vin ?

|●| ***Enoteca del Frate*** *(plan détachable d'ensemble, B2,* ***580****) : via degli Scipioni, 118.* ☎ *06-323-64-37.* • *info@enotecadelfrate.it* • *Tlj sauf lun midi et dim. Plats 10-20 €, verres de vin 6-10 €.* Un caviste authentique, aux casiers bien fournis en vins triés sur le volet. Et puis, sur la droite, cette longue et belle salle au cadre élégant combine vieilles voûtes en brique et mobilier contemporain tirant sur l'indus'. Cela dit, lorsque la coupe est pleine, on dresse carrément des tables dans la partie cave ! Idéal pour un *aperitivo* raffiné ou pour prolonger la dégustation autour d'une cuisine de saison soignée, inventive et mitonnée avec des produits de saison de 1re qualité. Bon accueil. Une adresse chic qui a son succès.

Bukowski's Bar *(plan détachable d'ensemble, B2,* ***663****) : via degli Ombrellari, 25.* ☎ *06-683-922-27.* • *bukowskybar@gmail.com* • *Tlj 17h-2h.* Un gentil bar de quartier, bohème et arty, où les habitués – un rien branchés – se retrouvent pour un *aperitivo* animé. Canapés et mobilier vintage dépareillé. Aussi quelques trucs sympa à grignoter (pâtes, tiramisù maison...), histoire de mettre un peu de solide dans le liquide.

Roof Garden – Les Étoiles *(plan détachable d'ensemble, B2,* ***667****) : sur le toit de l'Hotel Atlante Star, via G. Vitelleschi, 34.* ☎ *06-68-63-86.* • *info@atlantehotels.com* • *Tlj 10h-minuit.* C'est une formidable terrasse panoramique d'où l'on observe tout le quartier à 360°, avec en point d'orgue la basilique Saint-Pierre. Le lieu idéal pour prendre l'*aperitivo* au soleil couchant.

La Zanzara *(plan détachable d'ensemble, B2,* ***581****) : via Crescenzio, 84.* ☎ *06-683-922-27.* • *info@lazanzararoma.com* • *Tlj 7h30 (8h w-e)-2h.* Longue salle aux murs recouverts de carrelage blanc, avec tables et banquettes en bois sombre. Bref, une belle ambiance *nera e bianca* qui bat son plein à l'heure de l'*aperitivo*, quand les abonnés branchés lèchent des verres jusque sur la terrasse du trottoir et dans la venelle du côté. Bien aussi pour prendre un verre ou un café sagement à toute heure.

Où déguster une glace, une pâtisserie ?

Mo's Gelaterie Cioccolaterie *(plan détachable d'ensemble, B2,* ***315****) : via Cola di Rienzo, 174.* • *mosgelaterie@libero.it* • *Tlj 11h-20h (minuit sam).* Une accueillante petite affaire familiale et artisanale, réputée pour la grande variété de ses glaces et la fabrication de son chocolat. Les pâtisseries sont tout aussi délicieuses !

Gelateria dei Gracchi *(plan détachable d'ensemble, B2,* ***316****) : via dei Gracchi, 272. • geldeigracchi@virgilio.it • Tlj 12h-minuit (0h30 ven-sam).* Cette autre adresse artisanale fait l'unanimité dans le quartier pour la grande qualité de ses glaces aux parfums crémeux classiques ou aux fruits de saison.

Neve di Latte *(plan détachable d'ensemble, C2,* ***322****) : via F. Cesi, 1. • nevedilatteroma@gmail.com • Tlj 11h-minuit (0h30 ven-dim).* Comment ne pas résister à ces glaces artisanales aux produits frais et aux fruits de saison bio ? Une grande tablée accueille les clients pour les savourer en toute convivialité.

Gelateria La Romana *(plan détachable d'ensemble, C2,* ***317****) : via Cola di Rienzo, 2. • romana-romacoladirienzo@gelateriaromana.com • Tlj 12h (11h ven-dim)-minuit.* Adepte de qualité et de tradition, ce glacier ne cesse de faire des petits dans Rome ! On se régale des parfums classiques ou guidés par les fruits de saison... Également des crêpes et des brioches. Déco un brin industrielle et pas mal de tables et de chaises pour se poser.

Dolce Maniera *(plan détachable d'ensemble, B2,* ***321****) : via Barletta, 27. • info@dolcemaniera.it • Ouv 24h/24.* Une étonnante pâtisserie en sous-sol ! Qualité, fraîcheur et variété sont au rendez-vous. Et d'ailleurs les gens du quartier défilent, défilent...

Hedera *(plan détachable d'ensemble, B2,* ***319****) : borgo Pio, 179. • info@hederoma.it • Tlj 11h-21h.* Un glacier à 2 pas du Vatican, dont la façade est enrobée de lierre. Qualité et gentillesse sont de rigueur. Mention spéciale aux sorbets de saison aux fruits. Aussi des pâtisseries et des crêpes – petit clin d'œil à celles sans gluten au « Notella ». En revanche, évitez de vous asseoir car les prix s'envolent !

Pompi *(plan détachable d'ensemble, B2,* ***323****) : via Cola di Rienzo, 313. • info@barpompi.it • Tlj 9h-22h30 (minuit ven-sam).* Le roi du tiramisù à Rome s'est aussi installé près de Saint-Pierre ! Ce formidable dessert est revisité avec des fruits (fraise, banane-chocolat, pistache...), étonnant ! Les puristes, quant à eux, fondront pour le *classico* au mascarpone, saupoudré de café. Miam miam !

Achats

Où faire le plein de victuailles ?

Mercato Trionfale *(plan détachable d'ensemble, A2,* ***753****) : via A. Doria, 41. Tlj sauf dim et lun 7h-14h.* Un grand marché couvert moderne, réputé pour la variété et la qualité de ses goûteux produits (fromages, charcuteries, pâtes fraîches, huile d'olive...), vendus à prix justes. Une belle adresse vers laquelle on accourt de tout Rome.

Castroni *(plan détachable d'ensemble, B2,* ***306****) : via Cola di Rienzo, 196. • info@castronicoladirienzo.com • Tlj sauf dim 8h (9h30)-20h.* L'une des plus belles épiceries fines romaines ! Amoncellement impressionnant et varié de café, d'huile d'olive, de pâtes, de condiments, sauces, conserves de luxe, biscuits traditionnels, vins, fromages, charcuteries... Également un comptoir pour un café dès l'heure de la *prima colazione*, en grignotant des bricoles. Très cher tout de même

Où trouver des bondieuseries ?

Soprani *(plan détachable d'ensemble, B2,* ***751****) : via del Mascherino, 29. • sopraniarticolireligiosi.com • Tlj 9h30-13h30, 14h30-18h30 (horaires continus mer) ; dim 10h-14h.* Dans le chapelet de magasins spécialisés en articles religieux autour du Vatican, celui-ci se distingue par ses miniprix et son maxichoix. Alléluia !

Où refaire sa garde-robe ?

Aleeza *(plan détachable d'ensemble, C2,* ***754****) : via Cola di Rienzo, 24-26. • aleeza.it • Tlj sauf dim*

10h-19h30. De beaux vêtements et accessoires pour femmes – tendance vintage – bien dans l'air du temps et assez abordables.

Celentano *(plan détachable d'ensemble, B2,* ***752****)* **:** *via Silla, 100. Tlj 10h30 (15h30 lun, 11h dim)-19h30.* De beaux habits élégants pour hommes : chemises cintrées, pantalons près du corps, vestons bien affûtés... La qualité des petites marques italiennes à prix juste.

À voir

LE QUARTIER DU BORGO

(plan détachable d'ensemble, B2)

➢ **Accès :** Ⓜ *Ottaviano San Pietro ou Lepanto.*

Un peu d'histoire

La zone comprise entre les monts du Vatican et le Tibre, l'*Ager Vaticanus,* était à l'époque romaine une zone suburbaine traversée de routes bordées par de nombreuses tombes. On y trouvait aussi de grandes villas qui tombèrent très vite dans le domaine impérial. C'est d'ailleurs dans les jardins de la villa d'Agrippine que le sympathique Caligula fit construire son propre cirque, terminé plus tard sous le règne du non moins charmant Néron. Il occupait le flanc gauche de la basilique Saint-Pierre.

Plus tard, au IIe s apr. J.-C., on bâtit à l'emplacement des jardins de la villa de Domitia le *mausolée d'Hadrien,* ultime bâtiment païen édifié dans le coin à l'époque des Césars. Un pont fut spécialement construit pour le relier à la zone du Champ de Mars : le *pons Aelius,* ancêtre du pont Saint-Ange.

Une 1re basilique fut construite au IVe s suite au martyre de saint Pierre, pendant que les pèlerins se multipliaient au fil des années. Saint Pierre façonna donc d'une certaine façon ce quartier voué au séjour des pèlerins.

Les visites

Via della Conciliazione *(plan détachable d'ensemble, B2)* **:** c'est la voie royale reliant Saint-Pierre au château Saint-Ange. Son nom grave dans le travertin les fameux *accords du Latran,* signés en 1929 entre le Vatican et l'État italien. La via della Conciliazione fut ouverte en 1937, mais les travaux s'étalèrent jusqu'en 1950, entraînant la destruction de nombreuses maisons anciennes du Borgo. Ainsi le projet de Carlo Fontana – créer une artère grandiose débouchant sur la basilique Saint-Pierre – fut-il réalisé bien après qu'il ne l'eut imaginé. Mais que reste-t-il aujourd'hui de ce vieux quartier et de « l'arrivée soudaine sur une place inondée de lumière au sortir d'une ruelle obscure » qui subjuguait tant Augustus Hare et les pèlerins découvrant la basilique Saint-Pierre après avoir traversé le Borgo ? Pour être justes, ajoutons que quelques-unes des plus belles maisons de l'ancien Borgo ont été simplement déplacées sur la via della Conciliazione : c'est le cas, par exemple, des *palazzi Torlonia* (no 130) et *Penitenzieri* (no 33). Autre curiosité, la *chiesa S. M. in Traspontina...*

ROUE D'ABANDON

Au Moyen Âge, les mamans pouvaient confier leur bébé à un hôpital ou à un couvent. Le dispositif, un berceau rotatif, accessible de l'extérieur et caché par une grille, est encore visible dans un petit édifice en brique à droite de l'ospedale (hôpital) Santo Spirito in Sassia sur le lungotevere in Sassia, au bord du Tibre, à deux pas du Vatican.

– ***Au sud de la via della Conciliazione :*** c'est la zone d'implantation des 1ers centres de pèlerins étrangers, souvent anglo-saxons, d'où le surnom de *Burgus Saxonum* donné au Moyen Âge. Elle comprend notamment le Borgo Santo Spirito, ainsi baptisé après la construction par Sixte IV du grand hôpital du Saint-Esprit, un des rares témoignages des débuts de la Renaissance à Rome. Remarquer la *chiesa Santo Spirito in Sassia,* qui lui est attachée. Un peu plus loin, lungotevere Vaticano plus précisément, la délicieuse petite *chiesa Santa Maria Annunziata in Borgo.*
– ***Au nord de la via della Conciliazione :*** c'est ici que transpire l'atmosphère du Borgo d'aujourd'hui. Ailleurs, c'est un quartier sans âme, exclusivement tourné vers le Vatican, mais livrant une gentille petite vie de quartier, notamment dans les *borghi Angelico, Vittorio* et *Pio.* Arpenter ce dernier à pas de sénateur permet d'y découvrir de vénérables maisons des XVIe et XVIIe s et, à côté de quelques boutiques de bondieuseries, des épiceries et autres bars fréquentés par les vieux habitants du coin. On se dirigera ensuite vers *Borgo Vittorio* (son nom rappelle la fameuse victoire de Lépante), dont on apprécie le calme et le charme provincial.

Museo nazionale Castel Sant'Angelo *(château Saint-Ange ; plan détachable d'ensemble, B2) : lungotevere Castello, 50. ☎ 06-328-10. • castelsantangelo.com • ♿ Tlj sauf lun 9h-19h30. Dernière admission 1h avt. Entrée : 15 € ; réduc ; gratuit - 18 ans et pour ts le 1er dim du mois.* Roma Pass *accepté. Visite guidée en français avec l'appli du musée à télécharger gratuitement sur votre smartphone (à démarrer avec le code PIN sur le billet).*
Selon la légende, un ange, apparu au sommet du monument, aurait remis son épée dans son fourreau pour indiquer la fin de l'épidémie de peste qui ravageait Rome en 590 ; d'où son nom de château Saint-Ange. Sa masse imposante se découpe au bord du Tibre, tout près du Vatican. Le château Saint-Ange était à l'origine (en 130) le mausolée d'Hadrien, gigantesque structure ronde en brique plaquée de marbre – de 64 m de diamètre sur 21 m de hauteur – surmontée d'une statue de l'empereur et d'un quadrige en bronze ! Mais, dès le IIIe s, le monument fut transformé en forteresse et intégré à l'enceinte d'Aurélien.

La visite débute par un tour de l'édifice sur le ***chemin de ronde reliant les différents bastions*** qui abritent de vieux canons. Là, on est surpris par sa conception médiévale complètement alambiquée s'appuyant sur la structure antique. Sur celle-ci, notez les trous qui servaient à accrocher le placage de marbre. De nombreux éléments romains furent d'ailleurs intégrés au château... Puis, on pénètre au cœur même de l'ancien mausolée d'Hadrien, impressionnante construction cylindrique en brique, par la ***rampe d'Alexandre VI,*** créée à la fin du XIVe s et qu'on pouvait emprunter à cheval. Au passage, on croise une antique ***chambre funéraire,*** destinée aux urnes contenant les cendres de la famille impériale. Puis apparaît la ***petite cour d'honneur*** sur laquelle veille un ange. Là, un autre ***chemin de ronde intérieur et surélevé*** livre une vue magnifique sur Rome, le Tibre et la cité vaticane. Il borde un ***petit musée d'armes anciennes*** doté de quelques pièces intéressantes, comme ce rare casque de gladiateur du VIe s av. J.-C., ces poires à poudre ouvragées, armures, boucliers gravés, superbes pistolets décorés d'os ciselé, arquebuses... C'est alors qu'on entre dans la ***résidence papale,*** construite au XVe s pour accueillir les souverains

LE PASSAGE DES ANGES

Au XIIIe s, le pape Nicolas III fait aménager sur une ancienne muraille le passetto di Borgo, *un passage surélevé et fortifié d'environ 800 m, qui relie la place Saint-Pierre au château Saint-Ange. La forteresse, réputée l'une des plus sûres d'Europe, devint ainsi le refuge des papes en cas de crise. Lors du sac de Rome de 1527, le pape Clément VII emprunta ce* passetto *pour échapper aux troupes espagnoles de Charles Quint. Il demeura 7 mois au château...*

pontifes en cas de crise. La ***bibliothèque*** y est certainement la pièce la plus prestigieuse, avec de très belles fresques au plafond (1545) et une cheminée monumentale. Puis la petite ***salle du trésor,*** en grande partie lambrissée et équipée de coffres blindés. À l'époque, elle contenait les richesses du pape Sixte V. Autres temps, autres mœurs, au XIXe s elle servit de prison. De là, un escalier étroit mène à la ***terrasse panoramique*** d'où la vue est superbe (c'est ici aussi qu'on tirait les feux d'artifice jusqu'à la Renaissance), avant de redescendre dans la ***salle Pauline,*** aux grandes proportions et particulièrement ornementée. Plafond sculpté doré. Noter ce personnage en trompe l'œil qui semble entrer par une porte peinte ; facétie artistique du XVIe s ! Autre belle fresque représentant l'empereur Hadrien et l'archange saint Michel. Vient ensuite la ***salle Persée,*** décorée de fresques illustrant la vie de Persée et recélant un vieux coffre en bois sculpté, un trône, des tapisseries... Et attenante, voici la ***salle d'Amour et Psyché,*** dont l'histoire cerne – sous forme de frise – cette chambre à coucher papale, occupée dit-on par Paul III au XVIe s. On redescend alors dans les ***salles de Clément VII,*** dédiées aux expos temporaires, avant d'être captivé par la beauté et le raffinement des fresques de style grotesque de la ***salle d'Apollon.*** Ensuite, la ***salle de la justice,*** assez brute, fut aménagée au cœur exact du mausolée d'Hadrien... On sillonne ainsi la forteresse sur un parcours aménagé bien fait, alternant salles prestigieuses, points de vue panoramique sur Rome, escaliers et passages dérobés ; le tout formant un labyrinthe original ! Empruntons enfin l'impressionnante ***rampe hélicoïdale,*** accès d'origine du tumulus, menant en bas à l'impressionnant ***atrium,*** qui était l'entrée principale du monument funéraire. Là, une niche contenait une statue monumentale de l'empereur, aujourd'hui conservée aux musées du Vatican. Sortie par le ***dromos,*** couloir haut de 12 m aligné sur l'élégant *pons Aelius,* pont romain enjambant le Tibre, qui offrait un accès magistral au mausolée d'Hadrien.
– Le pittoresque ***passetto di Borgo,*** passage suspendu et fortifié qui relie – sur près de 800 m – la place Saint-Pierre au castel Sant'Angelo est accessible à la visite et offre une vue spectaculaire *(infos et résa à la billetterie).*

👁👁 ***Ponte Sant'Angelo*** *(pont Saint-Ange ; plan détachable d'ensemble, B2-3)* **:** cet harmonieux pont piéton relie le château Saint-Ange à la rive opposée du Tibre. De l'antique *pons Aelius* ne subsistent que 3 arches. Il est orné de 10 merveilleuses statues d'anges baroques ciselés dans l'atelier du Bernin. Le visiteur qui le traverse est escorté par saint Pierre et saint Paul, avec 4 anges représentant les instruments de la passion du Christ (croix, clous, voile de sainte Véronique, couronne d'épines, etc.).

PRATI *(plan détachable d'ensemble, B-C2)*

➢ ***Accès :*** Ⓜ *Lepanto ou Ottaviano San Pietro (ligne A).*

Un peu d'histoire

« Prata Neronis » (pré de Néron) dans l'Antiquité, puis « Prata Sancta Petri » (pré de saint Pierre) au Moyen Âge et ensuite « Prati di Castello » (en référence au château Saint-Ange), Prati était jusqu'à la fin du XIXe s une zone de jardins parsemée de vignobles. Ces mauvaises terres paludéennes, couramment inondées, se civilisèrent après la construction, en 1876, des murailles contenant le Tibre, pain bénit pour les urbanistes qui y érigèrent des logements aux fonctionnaires de la nouvelle Italie, dont Rome devint capitale à la fin XIXe s. Tout un symbole ! C'est Prati, un promoteur piémontais, qui façonna le visage de cette zone.
Aujourd'hui, très commerçant, Prati offre un aspect radicalement différent des autres quartiers de Rome. Un émule du baron Haussmann semble en effet être passé par là. Les avenues sont larges, les hauts immeubles ont des tons quelque

peu sévères pour Rome, les platanes ont supplanté les pins... C'est au final un agréable quartier résidentiel, peuplé de cadres, d'employés, de retraités... et d'une foule de commerçants.

Les visites

Piazza Cavour *(plan détachable d'ensemble, B-C2)* **:** au centre de cette large place plantée de palmiers trône le monument en bronze de Cavour, datant de 1895. Ce père de l'unité italienne au XIXe siècle est largement dominé par l'imposante façade arrière du palais de justice.

Palazzo di giustizia *(palais de justice ; plan détachable d'ensemble, C2)* **:** pas moins de 22 années ont été nécessaires à son édification (1888-1910). Ses dimensions énoooormes – 170 m de long pour 155 m de large sans les rampes – en font l'un des bâtiments les plus imposants de la Rome contemporaine. L'extérieur est en travertin, comme les grands monuments romains et le style mélange des inspirations antique (notamment le quadrige en bronze surmontant l'ensemble) et baroque.

ARCHI CORROMPU !

Le palais de justice de Rome fut édifié sur un terrain instable. Et sa construction par l'architecte Guglielmo Calderini prit la pente glissante de la corruption. Un comble pour un palais de justice ! Son concepteur n'y survivra d'ailleurs pas : il se suicide en 1916, juste avant de faire l'objet d'une enquête parlementaire. Quant au palais, il a gardé son sobriquet : pour les Romains, c'est il Palazzacio, *le « sale palais » !*

Via Cola di Rienzo *(plan détachable d'ensemble, B-C2)* **:** c'est la plus grande artère commerçante du quartier, avec le petit ***marché couvert de la piazza dell'Unità,*** l'excellent torréfacteur-épicier ***Castroni*** (voir plus haut la rubrique « Achats ») ; en plus des nombreux marchands de vêtements. Un lieu pour faire vos emplettes, donc. Et puis, sur le chemin du retour, vos cabas remplis à craquer, une lancinante question vous taraudera : qui était donc ce Cola Di Rienzo ? Tribun politique, il fut l'instigateur de la révolution républicaine de 1347. Son comportement excessif finit cependant par lui coûter ses appuis traditionnels (la papauté notamment). Jugé coupable d'hérésie, il revint en 1354 à Rome pour être emprisonné. Libéré, il retrouva pour peu de temps le pouvoir. Un matin d'octobre 1354, un ancien collaborateur le liquida. Rideau !

LE VATICAN *(città del Vaticano ; plan détachable d'ensemble, A-B2-3)*

➢ **Accès :** Ⓜ *Ottaviano San Pietro (ligne A). Prévoir 10 mn de marche entre l'entrée de la basilique et celle des musées.*

• ***vatican.va*** • En français. Le site officiel du Vatican (attention, à ne pas confondre avec le site de réservation pour les musées du Vatican, chapelle Sixtine comprise, voir plus loin). Vous vous replongerez dans l'histoire religieuse et saurez tout des papes, de Léon XIII à François. Fonds bibliographique important et visite guidée virtuelle des lieux, en particulier les musées.

Un État dans l'État

Le Vatican gère de nombreux actifs dont des biens immobiliers estimés à plus de 1 milliard de dollars, perçoit des impôts, emploie près de 3 000 personnes et possède une banque dont les activités ont suscité la controverse. En réponse, le

pape François a mis en place un ministère de l'économie et créé une commission pontificale chargée de contrôler les activités de la banque, na !
Aujourd'hui, environ 850 personnes habitent au Vatican. Les résidents possèdent la double nationalité (celle d'origine et celle du Vatican) mais perdent automatiquement la nationalité vaticane à leur départ. Chaque pays, ou presque, possédant une ambassade auprès du Saint-Siège, Rome est la seule ville au monde où l'on trouve 2 représentations diplomatiques par pays. Et, bien sûr, l'État italien a dû y ouvrir sa propre ambassade ! Au fait, le nom du Vatican n'a rien de catholique : soit il provient d'une grande famille romaine, soit il désignait un lieu fréquenté par des... voyantes (de *vaticinare*, soit « prédire »).
Pour visiter le Vatican, pas besoin d'être costumé comme un garde suisse, mais assurez-vous d'être habillé correctement : pantalons pour les hommes, chemisiers « décents » pour les dames ; débardeurs, shorts, minijupes et bermudas étant proscrits !

LA PLUS PETITE ARMÉE DU MONDE

De tous les mercenaires recrutés par le pape Jules II au début du XVIe s, les Suisses furent les plus fidèles et les plus âpres au combat. Ils sauvèrent le trône pontifical en 1512 contre les troupes de Louis XII et mirent Clément VII à l'abri face à Charles Quint en 1527. Devenue l'armée officielle du Vatican, la centaine de gardes suisses se compose aujourd'hui de jeunes célibataires catholiques qui s'entraînent selon des méthodes modernes. Mais elle revêt encore l'élégant uniforme rayé bleu et orange.

ሻሻሻ *Piazza San Pietro* *(place Saint-Pierre ; plan détachable d'ensemble, A-B2-3)* **:** cette place elliptique, éminemment célèbre pour ses rendez-vous religieux, est admirable pour ses proportions un rien démesurées et pourtant si justement adaptées à l'immense basilique qui la borde. Et les 2 volées de portiques en forme de bras accueillants qui entourent la place tout en étant reliés au monumental édifice, semblent en être le vestibule. Pas moins de 284 colonnes massives sur 4 rangs supportent le toit de ces portiques surmontés d'une foultitude de statues (140 en tout !). Représentées en mouvement, ces sculptures adoucissent la rectitude des colonnes. Entre l'obélisque antique (qui ornait le cirque de Néron) et chacune des fontaines, un disque sur la chaussée marque le point d'où vous ne verrez autour de vous qu'un seul rang de colonnes au lieu de 4. Allez, inutile d'être devin pour reconnaître la patte du Bernin dans ce chef-d'œuvre d'harmonie ! Le plus incroyable est que, malgré ses proportions gigantesques, la place était conçue pour être découverte « par hasard », en débouchant des ruelles alentour, selon un procédé en vogue dans l'architecture baroque. Sa perspective actuelle – vraiment très ouverte – n'existe que depuis le percement de la via della Conciliazione sous Mussolini.

ET LE PLUS GROS CONSOMMATEUR DE VIN AU MONDE EST...

... le Vatican, avec 74 l par habitant. Vin de messe, nous direz-vous ?! Les prêtres n'en consomment, en principe, qu'une gorgée. Serait-ce parce que la majorité des 850 résidents du Vatican sont des hommes seuls et donc plus enclins à boire ?! On n'oserait pas... En fait, ce serait plutôt l'exonération de taxes qui permet aux 5 000 employés (retraités compris) du Saint-Siège de faire les courses pour toute la famille, les amis et même les amis des amis...

ሻሻሻ *Basilica San Pietro* *(basilique Saint-Pierre ; plan détachable d'ensemble, A-B2-3)* **:** *piazza San Pietro. ☎ 06-698-837-31. Tlj 7h-19h (18h oct-mars). Visites guidées 10h30-14h30 (15h30 avr-sept) : 15 €/pers. Audioguide en français : 5 €*

basilique seule, 10 € avec le Musée historique ; aborde plutôt les aspects religieux du lieu. Applis payantes à télécharger sur votre smartphone. Lors des audiences du pape, généralement le mer mat vers 10h30, la basilique est inaccessible ; elle rouvre aux alentours de 12h. En période de grande d'affluence, pour éviter de faire la queue, venir entre 7h et 8h.

La plus grande basilique du monde, occupant près de 2 fois la surface de Notre-Dame de Paris ! Sur la façade, œuvre de Maderno, noter la ***loggia des bénédictions,*** d'où le pape s'adresse à la foule à Noël et à Pâques ; le reste du temps, il apparaît à une fenêtre de ses appartements (côté droit), notamment pendant 20 mn lors de l'Angelus du dimanche midi.

ON TROUVE DE TOUT AU VATICAN !

Outre un bureau de poste, une gare ferroviaire, une pharmacie, un supermarché, le Vatican possède – comble du raffinement – un distributeur de billets qui s'exprime en... latin !

En entrant, jeter un œil aux magnifiques portails en bronze. À droite, dans l'atrium, on trouve la porte sainte, qui n'est ouverte qu'une fois tous les 25 ans, pour le jubilé. La porte centrale date du XVe s. Elle raconte les martyres de Pierre et de Paul. Noter, entre leurs pieds, les nombreuses inscriptions en araméen et les références aux mythes antiques. Cela s'explique par une tentative de réconciliation des religions catholique et orthodoxe... La porte de gauche est celle de la Mort, car on y a représenté la mort de Jésus et de la Vierge, mais également la mort dans le monde des hommes.
Entrons ! L'intérieur de la basilique Saint-Pierre ne paraît pas d'emblée démesurée ; peut-être parce que les éléments de décoration sont à l'échelle. Imaginez qu'un seul carreau de la verrière au-dessus de l'entrée mesure 1,50 m de haut, que le moindre angelot fait 2 m et que le baldaquin du maître-autel atteint les 30 m de haut, soit la taille d'un immeuble de 10 étages ! Vous n'êtes pas impressionné ? Alors regardez les indications au sol donnant la longueur des autres églises du monde : Notre-Dame de Paris paraît bien petite avec ses 130 m, comparés aux 193 m de Saint-Pierre !

SACRÉ CHARLEMAGNE !

Rome, 25 décembre de l'an 800. Quoi de mieux qu'une nuit de Noël pour se faire sacrer empereur d'Occident ? Charlemagne est couronné par le pape Léon III dans la basilique Saint-Pierre ; la cérémonie est à l'échelle du lieu : grandiose ! Ça ne l'a pas empêché d'avoir 5 épouses et 9 concubines...

Saint Pierre – que Jésus surnomme *Képhas* (c'est-à-dire « pierre » en araméen : « Tu es Pierre et sur cette pierre je bâtirai mon Église ») – arrive à Rome après maintes tribulations et devient le 1er évêque, avant d'être martyrisé sous Néron en l'an 67. Dès lors, sa dépouille repose au mont Vatican et servira plus tard de fondation primitive à la basilique qui porte son nom. Avec le retour des papes d'Avignon, Rome veut affirmer son rôle et sa suprématie aux yeux de la chrétienté et du reste du monde. Pour cela, quoi de mieux qu'une grandiose basilique. L'année 1506 sera véritablement charnière à bien des égards dans l'histoire du Vatican : Jules II officialise la création de la garde suisse pontificale, crée le musée du Vatican sur sa collection personnelle et, ce qui nous intéresse ici, lance les travaux de rénovation-reconstruction de la basilique sous la direction de l'architecte Bramante. Celui-ci se contentera des 4 piliers du dôme. Dès lors, plusieurs architectes vont se succéder, dont Michel-Ange qui, lui non plus, ne pourra aller au bout de son projet, mais insufflera l'allure générale du glorieux édifice. La basilique qu'on admire aujourd'hui est l'œuvre de Della Porta, de Fontana et de Carlo Maderno, qui tranchera pour un plan en forme de croix latine, censée rappeler la croix de Jésus. On doit le plus gros du travail de décoration au Bernin.

Le sol et les murs revêtent 4 000 marbres différents ! Toutes les œuvres de la basilique sont des mosaïques et non pas des peintures ni des fresques. D'ailleurs, il est quasi impossible de le voir si on ne le sait pas, tant ce travail de mosaïques est fin.
Dans la nef, à l'entrée de la porte centrale, on remarque ce grand ***disque de porphyre*** incrusté dans le sol. C'est sur cette dalle, récupérée devant l'autel de la basilique primitive, que Charlemagne a été couronné empereur par le pape Léon III, le jour de Noël de l'an 800 !
Ne ratez pas la 1re chapelle sur la droite, la ***chapelle de la Pietà.*** Michel-Ange n'avait pas 25 ans lorsqu'il termina cette admirable *Pietà.* La célèbre œuvre est protégée par une vitre depuis qu'un déséquilibré en a cassé la main et le nez en 1972. Juste à côté, dans la *chapelle Saint-Sébastien* se trouve la tombe du pape Jean-Paul II, béatifié en mai 2011 et canonisé en avril 2014.
Les nefs latérales renferment les ***monuments funéraires*** rendant hommage aux différents papes. Parmi les plus beaux, on peut citer celui d'***Alexandre VII*** dans le transept, chef-d'œuvre baroque du ***Bernin,*** ou encore celui de ***Clément XIII par Canova.***
Au centre, impossible de manquer l***a chaire et le baldaquin du Bernin*** qui mesure 30 m de haut. Sur le côté, ***la statue en bronze de saint Pierre sculptée par Arnolfo Di Cambio,*** avec l'index et le majeur de la main droite pointés vers le ciel en signe de bénédiction et son pied complètement usé par les baisers des pèlerins.
Devant le baldaquin, sur la droite, la ***statue de saint Longin*** ciselée par ***le Bernin,*** figure le soldat qui transperça le flanc du Christ de sa lance. Les reliques des divers fragments de cette fameuse lance ont fait l'objet de luttes incessantes au cours de l'Histoire pour leur possession. On en retrouve à Constantinople, Paris, Antioche, Beyrouth, Izmir, Cracovie, en Arménie et à Vienne, ce qui intéressa beaucoup Himmler, chef des SS qui était persuadé que la lance conférait l'invulnérabilité à son possesseur. Quoi qu'il en soit, le fragment conservé à Saint-Pierre de Rome se trouve dans la ***chapelle du Pilier de Sainte-Véronique,*** en compagnie de la Sainte Face et de la Vraie Croix.

Les grottes vaticanes : *entrée discrète sous la coupole. Tlj 9h30-17h (18h avr-sept).* Visite des tombeaux de saint Pierre et de quelques papes, dont Pie XII, Jean-Paul I et Paul VI.

Museo storico Vaticano e tesoro *(Musée historique et trésor du Vatican)* **:** *accès par la nef de gauche de la basilique. Tlj 8h30-18h20 (17h40 oct-mars) ; dernière admission 30 mn avt. Entrée : 5 € ; réduc ; audioguide en français compris.* Possède de très belles pièces d'art religieux provenant de donations généreuses ; une tradition initiée par l'empereur Constantin ! La plupart des objets sont néanmoins relativement récents, en raison des nombreux pillages subis au cours des siècles. Voir tout de même la Croix vaticane de Justin II (VIe s), la dalmatique de Charlemagne, le tombeau de Sixte IV et le sarcophage de Junius Bassus...

Cupola *(coupole)* **:** *accès à droite du porche de la basilique, tlj 7h30-18h (17h oct-mars). Entrée : 8-10 € (sans ou avec ascenseur).* Rénovations extérieures en cours (échafaudages !) mais visite intérieure toujours possible. Elle a été dessinée par Michel-Ange, qui l'a voulu semblable à celle du Panthéon. Giacomo Della Porta et Domenico Fontana finalisèrent le projet et achevèrent la construction du dôme d'après les plans de Michel-Ange. Pour y monter, possibilité de prendre l'ascenseur ; en sortant de l'ascenseur, vue plongeante très impressionnante sur l'intérieur de l'église. Mais il reste tout de même plus de 320 marches pour accéder au sommet du dôme (claustrophobes, cardiaques et sujets au vertige s'abstenir absolument : couloirs étriqués au plafond si bas qu'on ne voit jamais la fin). Puis, de la terrasse du dôme, vue sur toute la ville et les jardins du Vatican !

LES MUSÉES DU VATICAN (*Musei Vaticani*)

• Plan *p. 177*

– **Coordonnées :** *viale Vaticano (à l'entrée nord de la cité du Vatican). ☎ 06-698-846-76 et 06-698-831-45.* • *museivaticani.va* • ♿

– **Horaires de visite :** *en principe (pensez à vérifier !), lun-sam 9h-18h (dernière admission à 16h) ; dernier dim du mois 9h-14h (dernière admission à 12h30) ; nocturnes le ven avr-oct, 19h-23h (dernière admission à 21h30) et par la même occasion assister à des concerts et spectacles nocturnes. Fermé les j. de fête religieuse.*

– **Tarifs :** *17 € ; réduc ; gratuit - 6 ans.* ***Résa billet coupe-file sur Internet très très conseillée : 4 € en sus, mais hyper pratique.*** *Non inclus dans le* Roma Pass. *Audioguide en français : 8 €. Photos interdites dans la chapelle Sixtine, autorisées ailleurs (sans flash ni trépied). Attention, tenue correcte exigée (ni short ni débardeur !). Visites guidées en français (résa en ligne). Possibilité aussi de se rendre au palais de Castel Gandolfo avec le train du Vatican (voir plus loin « les environs de Rome », castelli Romani ; également infos sur le site internet).*

– ***Petite mise en garde concernant la réservation de billets sur Internet :*** méfiez-vous des aigrefins signalés par de nombreux lecteurs (des sites mal intentionnés demandant un prix prohibitif pour l'entrée et la réservation). Pour éviter de vous faire pigeonner, utilisez le site officiel des musées du Vatican : • *museivaticani.va* •

Visite, mode d'emploi

Le site est immense ! Il rassemble différents musées qu'on peut visiter librement en fonction de ses préférences, sans compter la fameuse chapelle Sixtine accessible par un seul chemin.

DÉSHABILLER PIERRE POUR HABILLER PAUL

L'expression vient du fait qu'à Rome on avait pris l'habitude de récupérer tous les matériaux possibles issus des ruines de l'Antiquité pour édifier de nouveaux monuments. Pour construire la basilique Saint-Pierre, on utilisa les marbres des thermes de Caracalla, les bronzes du Panthéon ou encore les briques du Colisée et des forums... Ainsi, les Romains prirent l'habitude de dire « Spogliare Pietro per vestire Paolo » *!*

– ***Conseils malins :*** pour éviter la foule quotidienne (6 millions de visiteurs en 2017, un record !), on recommande de ***venir hors saison et de préférence en semaine.*** La période la plus creuse de l'année serait du 10 janvier (après Befana) au 10 février. Mais cela n'est pas toujours possible. Aussi, si vous souhaitez jouir de la chapelle Sixtine en paix, il est indispensable d'arriver parmi les 1ers ! Cela implique de faire la queue 1h avant l'ouverture et de s'y rendre – directement – sans visiter les autres sites qui attendront un peu (sauf les chambres de Raphaël, car elles se trouvent en chemin). Autre solution, pour éviter les bouchons matinaux ***en saison, arriver après tout le monde,*** c'est-à-dire à l'heure du déjeuner ou en tout début d'après-midi. Ça vous laisse quand même presque 4h pour voir l'essentiel. Si les files d'attente vous insupportent, ***le billet coupe-file – réservé sur Internet – s'avère le choix le plus judicieux.*** À l'heure dite, présentez-vous directement au contrôle et allez retirer votre billet aux distributeurs automatiques à l'intérieur. Pour terminer, sachez que certaines sections mineures sont rarement ouvertes, faute de personnel et que la pinacothèque ferme plus tôt que le musée. Finalement, sur les 7 km de galeries, on n'en parcourt généralement guère plus de 4 ; mais c'est déjà ça !

➢ Une fois arrivé en haut des escalators, tournez à droite pour vous rendre à la ***pinacothèque*** (c'est plus facile de la visiter en 1er que d'y revenir ensuite)...

Pinacoteca *(pinacothèque)* **:** commencée par le pape Pie VI au XVIIIe s, il s'agit de l'une des plus riches collections de peintures d'Italie, reconnue notamment pour la qualité de ses œuvres d'époque Renaissance. Les salles sont organisées chronologiquement, à partir du Moyen Âge... Bref, une belle occasion de suivre l'évolution artistique, l'apparition de la perspective, les allers-retours entre les styles et les époques.

– ***À l'accueil,*** on admire de près une belle copie de la fameuse *Pietà* de ***Michel-Ange*** (quand elle n'est pas en vadrouille dans une expo temporaire extérieure !), que l'on reconnaît à la signature sur le bandeau. L'original se trouve dans la basilique San Pietro, mais quasi inapprochable !

– ***Salles 1 et 2 :*** primitifs religieux. Superbe *Triptyque* de ***Giotto*** à double face (1320, commandé à l'origine pour la basilique) et tous les grands de l'époque : ***Simone Martini, Pietro Lorenzetti, Bernardo Daddi...***

– ***Salle 3 :*** belle *Vierge à la Ceinture* de ***Benozzo Gozzoli,*** une autre de ***Filippo Lippi,*** et les *Épisodes de la vie de San Nicola Di Bari* par ***Fra Angelico.***

– ***Salle 4 :*** fragments de fresques de ***Melozzo Da Forlì*** (1480), provenant de l'abside de la basilique des Saints-Apôtres. L'occasion rare d'observer ce genre de peinture de près, y compris dans les détails : nez déformés que la perspective redresse, etc. Anges musiciens et apôtres aux visages délicats annonçant Botticelli ; leur enchaînement est tout simplement merveilleux ! La plus grande fresque représente le pape Siste IV – à l'origine de la chapelle Sixtine – et son bibliothécaire.

– ***Salle 5 :*** sombre *Pietà* sanguinolente de ***Lucas Cranach le Vieux,*** où pour la 1re fois le Christ n'est pas dans les bras de la Vierge.

– ***Salle 6 :*** notre cœur balance entre les ***2 frères Crivelli.*** Dans *La Madonna col Bambino e Quattro Santi* de Vittore, la technique évoque presque la photo. Cependant, notre préféré, c'est Carlo, dont les visages sont plus expressifs. La douleur est puissamment rendue dans sa *Pietà,* et sa *Vierge à l'Enfant,* à côté, révèle tant d'élégance et de douceur...

– ***Salle 7 :*** très belle *Vierge à l'Enfant et Quatre Saints* du ***Pérugin*** (1495). Comme souvent dans ses tableaux, sa femme sert de modèle. Son air dégage une certaine douceur.

– ***Salle 8 :*** dans cette grande galerie, un enchantement ! 3 grandes toiles de ***Raphaël,*** la *Madone de Foligno* (1511), le *Couronnement de la Vierge* (peint en 1502, il n'avait que 19 ans !) et l'ultime œuvre du maître : la *Transfiguration.* Découverte à sa mort, en 1520, cette composition inachevée suivra en hommage son cortège funèbre. Malgré sa luminosité sans pareille, elle annonce le Caravage : en bas à gauche, l'obscurité semble monter, monter... Quel contraste avec la 1re toile, encore imprégnée de tradition médiévale, avec ses jolis anges-nuages ! Enfin, les nombreuses tapisseries présentées ici ont été réalisées à partir de cartons dessinés par la Scuola Vecchia, soit l'école dite « de Raphaël », sauf une, la *Cène,* attribuée à ***Léonard de Vinci*** (saint Jean à la droite du Christ ne vous évoque-t-il pas un peu la posture de la *Joconde ?!*).

– ***Salle 9 :*** belle histoire du *Saint Jérôme* de ***Léonard de Vinci*** (1480), inachevé – on voit encore les coups de crayon, notamment dans la crinière du lion – et retrouvé en 2 morceaux ! Extraordinaire *Pietà* de ***Giovanni Bellini*** (1473).

PUZZLE

Le tableau inachevé de Léonard de Vinci – Saint Jérôme dans le désert *– fut retrouvé par le cardinal Fesch, l'oncle de Napoléon. Le tableau était coupé en 2. Un brocanteur romain se servait d'une partie comme couvercle d'un coffre et on découvrit la partie haute utilisée comme banc chez un cordonnier, 5 ans plus tard !*

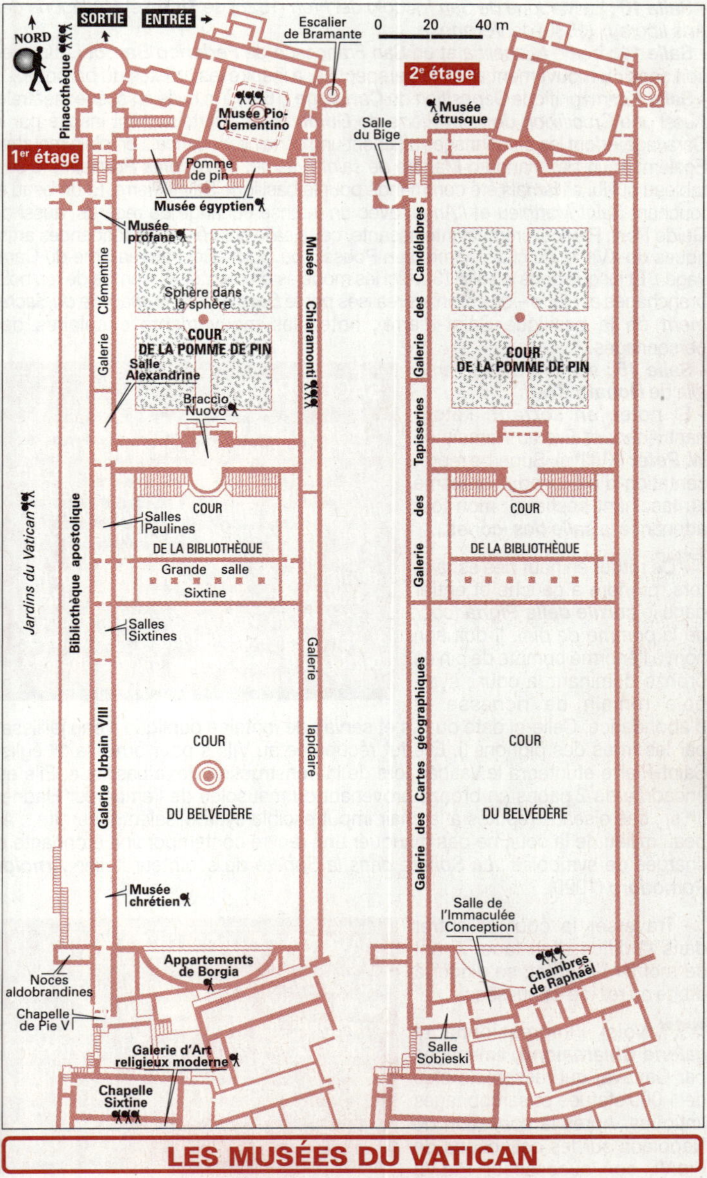

LES MUSÉES DU VATICAN

– ***Salle 10 :*** La *Madone de San Niccolo dei Frari* (1528) de **Titien** et *L'Allégorie des Arts libéraux* (1580) de ***Véronèse.***
– ***Salle 11 :*** béate *Michelina* et un *San Francesco* de ***Federico Barocci*** qui, avec son sens du mouvement et de la perspective, a inspiré les artistes du baroque…
– ***Salle 12 :*** magnifique *Déposition* du ***Caravage*** (1604) à la mise en scène théâtrale. Aussi une *Crucifixion de saint Pierre* de ***Guido Reni*** – certainement inspiré par le Caravage – dont les personnages affichent une certaine élégance… en plein meurtre ! Également un très viandard *Martyre de saint Érasme,* de ***Nicolas Poussin*** ; le seul tableau qui lui ait jamais été commandé pour la basilique Saint-Pierre. Et un beau et touchant *Saint Matthieu et l'Ange,* avec un intense échange de regards, aussi de Guido Reni. Particulièrement intéressante, cette salle concentre les tendances artistiques du XVIIe s, du classicisme d'un Poussin ou Guido Reni au réalisme du Caravage… Et jusque dans la salle 13, voici les modèles préparatoires – en fils de fer, bois, branchages et plâtre – des bronzes réalisés par ***le Bernin*** pour la *chapelle du Sacrement* de la basilique Saint-Pierre ; notez les mouvements circulaires des personnages.
– ***Salle 15 :*** sombre *Sacra Famiglia* de ***Donato Creti.***
– Et noter, ***en sortant,*** l'étonnant *Adam et Ève au Paradis* de ***W. Peter*** (XVIIIe s). Superbe représentation d'un paradis fantasmé au fascinant bestiaire ; mon tout attenant à la ***salle des icônes…***

SACRÉ PAPE !

Le gouvernement italien proposa, le 15 mai 1871, un acte connu sous le nom de « loi des Garanties papales », où l'Italie reconnaissait l'idée d'une Église libre dans un État libre ; la personne du pape étant considérée comme sacrée. Il lui fut accordé annuellement une somme de 3 225 000 lires, les propriétés du Vatican et du palais du Latran, ainsi que la villa de Castel Gandolfo. Il put aussi entretenir une petite force pontificale : les fameux gardes suisses.

➢ De retour en haut des escalators, prendre à gauche et entrer dans le ***cortile della Pigna*** *(cour de la pomme de pin).* Il doit son nom à l'énorme pomme de pin en bronze dominant la cour ; symbole romain de richesse et d'abondance. Celle-ci date du Ier s et servait de fontaine publique (l'eau jaillissait par les trous des pignons !). Elle fut récupérée au VIIIe s pour orner la 1re église Saint-Pierre et intégra le Vatican lors de la construction de la basilique. Elle est encadrée de 2 paons en bronze provenant du mausolée de l'empereur Hadrien (IIe s) ; ces oiseaux réputés à la chair imputrescible symbolisaient l'éternité… Au beau milieu de la cour, ne pas manquer une œuvre contemporaine étonnante et chargée de symboles : *La Sphère dans la Sphère* du sculpteur italien ***Arnoldo Pomodoro*** (1990).

➢ Traverser la cour et entrer dans l'édifice d'en face. Avant de monter l'escalier, se diriger à droite au rez-de-chaussée :

L'AVOCAT DU DIABLE

Au Vatican, lors de la canonisation d'un candidat, on choisissait un prélat qui soutenait des arguments contre cette sanctification. L'avocat du diable (donc du côté de Satan) plaidait à charge, même s'il ne croyait pas en ses propres déclarations, juste dans le but de provoquer un débat contradictoire.

🍴🍴🍴 Voici l'impressionnante ***galerie Chiaramonti,*** aménagée par Canova, qui rassemble plus de 1 000 statues et sarcophages antiques. Après la spoliation de Napoléon sur les collections de Pie VI, son successeur Pie VII interdit la vente d'œuvres. Il lança aussi des fouilles, très fructueuses, comme le prouvent les œuvres que vous êtes en train de contempler ! La galerie s'ouvre – à son extrémité – sur le ***braccio Nuovo*** (pas toujours ouvert), autre galerie livrant de nombreuses statues antiques dans des niches. Son chef-d'œuvre est incontestablement la colossale statue romaine *Le Nil* (Ier s apr. J.-C.), retrouvée au début du XVIe s et identifiée grâce aux figures de sphinx et de crocodiles. Les 16 enfants symbolisent les 16 coudées qu'atteignait le niveau du Nil au moment de sa grande crue...

➢ Ensuite, monter à gauche l'escalier jusqu'au museo Pio Clementino...

Museo Pio Clementino : créé par le pape Clément XIV en 1770, il recèle d'incroyables richesses !

- ***Salle 10 :*** voici l'***Apoxyomène,*** copie romaine du Ier s apr. J.-C. d'un bronze original de Lysippe (célèbre artiste grec du IVe s av. J.-C., protégé d'Alexandre le Grand). Représente un athlète au repos se frottant la peau avec un strigile pour enlever sueur, huile et sable. Sa pose en *contrapposto* (appui sur une jambe, l'autre étant légèrement fléchie) connut une grande postérité dans l'art de la Renaissance.
- Arrivée dans la charmante ***cour de l'Octogone,*** le cœur du musée. On y admire sans compter le fascinant ***Apollon du Belvédère,*** marbre romain – emblématique de l'art antique – sculpté en 130 apr. J.-C. d'après un bronze grec (datant de 330 av. J.-C.). Sa tête inspira Michel-Ange pour croquer le visage de son Christ-juge, personnage central du *Jugement dernier* de la chapelle Sixtine. « Et ses yeux regardent d'un éclat silencieux et éternel », s'était aussi exclamé le grand poète Hölderlin en matant l'Apollon ! Dans une niche voisine, l'exceptionnel ***groupe de Laocoon et ses fils.*** Prêtre d'Apollon, Laocoon avait mis en garde ses compatriotes troyens contre le cheval de Troie abandonné en « offrande » à Athéna par les Grecs. Pour prouver la supercherie, il envoya une lance contre le cheval, provoquant la fureur de la déesse, qui le fit tuer avec ses fils par de monstrueux serpents. Les Troyens, rassurés, laissèrent entrer le cheval dans la cité... Œuvre de 3 sculpteurs rhodiens du Ier s av. J.-C., tout en muscles, en puissance et débordante d'émotion. Déjà très célèbre à l'époque, car Pline l'Ancien en parle comme de la plus belle sculpture du palais de l'empereur Titus. Mise au jour dans les fouilles de la Domus Aurea de Néron sous les yeux de Michel-Ange, aux anges, elle est achetée par le pape Jules II. François Ier, qui voulait l'acheter, obtient l'autorisation du pape d'en faire une copie en bronze (1543), actuellement exposée au château de Fontainebleau. Le *Laocoon* devient par la suite l'œuvre la plus reproduite...
- Puis entrer dans la ***salle des Animaux*** : nombreuses et impressionnantes figures ou groupes d'animaux... Et puis cette belle statue de ***Meleagro,*** copie romaine du IIe s d'une œuvre du sculpteur grec Skopas (IVe s av. J.-C.), représentant un jeune homme avec un chien et une tête de sanglier à ses pieds. Alors que l'attenante ***galerie des Statues*** recèle le superbe *Apollon Sauroktonos,* autre copie romaine du Ier s d'un original grec du génial et célèbre sculpteur Praxitèle (IVe s av. J.-C.), appuyé sur un arbre dans une pause lascive.
- Plus loin, la ***salle des Muses*** avec le célèbre *Torse du Belvédère,* sculpté au Ier s av. J.-C. par l'Athénien Apollonios. Certains pensent qu'il pourrait s'agir d'un Hercule, à cause de la peau de lion... Michel-Ange, qui expertisa la statue, s'en inspira aussi pour donner vie à son Christ du *Jugement dernier,* dans la chapelle Sixtine...
- ***Salle Ronde,*** chef-d'œuvre à coupole de Simonetti qui rappelle un peu le Panthéon. Au centre, ***grande vasque de 4 m de diamètre, taillée dans un seul bloc de porphyre*** ; un exploit car cette pierre prestigieuse demeure l'une des plus dures à travailler ! Provenant elle aussi de la Domus Aurea, c'était une fontaine ornementale. Au sol, mosaïques colorées de centauromachies (combats opposant les hommes aux centaures), provenant de thermes privés proches de Rome. Mais une statue éclipse toutes les autres : le buste d'*Antinoé* – l'amant d'Hadrien – divinisé et beau à mourir ! À sa droite, une statue nettement moins harmonieuse mais néanmoins remarquable : un *Hercule* en bronze doré qui fut foudroyé. Y voyant un mauvais augure, les Romains la mirent de côté sans pour autant oser la détruire, de peur de déplaire aux dieux...
- ***Salle à Croix grecque :*** au milieu, ravissante mosaïque fine aux vives couleurs représentant le buste d'*Athéna* (IIe s). Imposant sarcophage en porphyre rouge de

sainte Hélène, mère de Constantin ; et un autre de Constance, fille de Constantin (IVe s), taillé dans la même pierre et décoré d'enfants cueillant du raisin.

➢ C'est d'ici qu'on accède au ***Musée égyptien*** ou, en grimpant tout en haut de l'escalier, au ***Musée étrusque.*** Pas essentiels, ils recèlent néanmoins des œuvres d'art splendides... À visiter si vous avez plus de 4h devant vous (voir descriptifs plus loin).

Dans le cas contraire, on traverse ***différentes galeries :***
- ***Galleria dei Candelabri*** *(galerie des Candélabres)* **:** ici, tout est du IIe s. Entre autres sculptures, un émouvant ***cercueil d'enfant*** incrusté de scènes de la vie quotidienne d'un gamin de son époque et de sa classe, un chien à ses pieds. Puis une *Artémis Éphèse,* la mère nourricière... Contrairement à ce que l'on croit, elle ne serait pas couverte de seins mais de testicules de taureau, ce qui revient quasi au même, car il s'agit de symboliser la fécondité. Paradoxalement, elle est entourée d'urnes funéraires... Un peu plus loin, un *Satyre avec jeune Bacchus sur les épaules* (pièce n° 40), aux yeux en pâte de verre qui donne une idée de la richesse chromatique de la statuaire antique. Sans oublier la touchante statue du *Vieux Pêcheur* (n° 38), qui fut longtemps prise pour une représentation du philosophe Sénèque se préparant au suicide par noyade !
- ***Galleria degli Arazzi*** *(galerie des Tapisseries)* **:** sur le mur de gauche, les éblouissantes ***tapisseries de Bruxelles*** tissées au XVIe s dans la manufacture de Pieter Van Aelst, sur les cartons des élèves de la *Scuola Nuova* de Raphaël. Hautes de 5 m et initialement exposées dans la chapelle Sixtine, elles illustrent la vie de Jésus. L'*Adoration des mages,* aux couleurs d'une étonnante fraîcheur, révèle une grande richesse dans l'expression des personnages qui s'unissent dans un beau mouvement vers l'Enfant. Plus loin, la saisissante *Résurrection du Christ,* longue de 9 m, est également un chef-d'œuvre d'illusion optique : le Christ suit des yeux le spectateur tout en piétinant le couvercle de son sarcophage, qui se place invariablement dans la bonne perspective. Quant au *Repas d'Emmaüs,* il est prétexte à une remarquable nature morte, où reflets et transparence de la verrerie et de l'eau se mêlent à un jeu d'ombres, mis en valeur par une nappe au dessin complexe... Sur le mur de droite défilent les ***tapisseries de la manufacture Barberini,*** créée par le cardinal Francesco Barberini en 1627 à Rome pour glorifier sa famille et fermée en 1683, à la mort du prélat. Chacune porte les abeilles emblématiques de sa lignée. Et dire que vous ne voyez là qu'un petit échantillon du fonds du Vatican, riche de 3 000 tapisseries flamandes, françaises et italiennes !
- ***Galleria delle Carte geografiche*** *(galerie des Cartes géographiques)* **:** longue de 120 m ; on y découvre 40 cartes topographiques, peintes à la fresque en 1580 à la demande du pape Grégoire XIII, afin d'affirmer son pouvoir temporel. Témoignages exceptionnels de la géographie et de la cartographie de l'époque, du même auteur que le cabinet cartographique du palazzo Vecchio à Florence. Toutes les régions d'Italie et les possessions de l'Église, vues depuis le Vatican : cela explique, par exemple, ***la représentation à l'envers de la Corse !*** Noter également, sur la carte du Latium, l'intéressant plan de Rome, le fameux pont sur celle d'Avignon et, en sortant, les belles cartes de Venise et de Gênes, de part et d'autre de la porte. Quant au plafond du XVIe s, constellé de stucs, il est lui aussi exceptionnel ! Il raconte la vie des saints en correspondance avec les cartes géographiques.

➢ Tout en suivant la direction des chambres de Raphaël, on traverse la ***salle Sobieski*** et la ***salle de l'Immaculée Conception,*** recouvertes de fresques en trompe l'œil. Tourner à gauche.

Stanze di Raffaello *(chambres de Raphaël)* **:** commandées par le pape Jules II qui refusait d'habiter les appartements de son prédécesseur haï, Alexandre VI Borgia, les fresques furent réalisées de 1508 à 1524 (à la mort de Raphaël, ses élèves finirent le travail). Comme les murs étaient déjà parés d'œuvres de peintres illustres tels que Piero Della Francesca, Luca Signorelli, le Pérugin (maître de Raphaël), on dut donc les recouvrir en grande partie ! Garder en tête que si

Raphaël travailla entièrement sur les 1res salles, il n'en est pas de même sur les dernières ; or la visite ne se fait pas dans l'ordre de leur réalisation.

– ***Stanza di Constantino*** *(chambre de Constantin)* **:** c'est la plus grande, celle des cérémonies et des réceptions des ambassadeurs. Pas la plus belle, car il s'agit de la 4e salle, réalisée pour l'essentiel après la mort du maître (à 37 ans, on vous le rappelle) par 2 de ses élèves sur le thème du *Triomphe du christianisme sur le paganisme.* Ce bel exemple de propagande pontificale, soit dit en passant, évoque avec force détails la conversion de Constantin qui, malin, se garda bien de choisir entre 2 camps jusqu'aux derniers instants de sa vie...

– ***Stanza di Eliodoro*** *(chambre d'Héliodore)* **:** 2de de la série ; Raphaël y travailla de 1511 à 1514 et ça se voit ! Ici, la formidable *Libération de saint Pierre* est l'un des rares jeux de lumière de clair-obscur que la peinture italienne offre à cette époque. Le saint, sous les traits de Jules II qui venait de mourir, est emmené hors du cachot par un ange aux ailes bleutées d'une beauté aérienne. Fresques sur les côtés : *Héliodore chassé du Temple* et *Léon le Grand à la rencontre d'Attila.* Au plafond, des scènes bibliques (le *Sacrifice d'Abraham, l'Échelle de Jacob...*). Le patient physionomiste que vous êtes retrouvera 2 fois le même visage : celui de Léon X, élu en 1513.

– ***Stanza della Segnatura*** *(chambre de la Signature)* **:** Raphaël commença ses travaux par ce cabinet de travail-bibliothèque de Jules II, en 1509. Quasi tout est de lui. Éclipsant la voûte quadripartite (personnifications de Poésie, Philosophie, Justice et Théologie) et la fresque de la *Dispute du Saint-Sacrement,* l'***École d'Athènes*** y capte tous les regards ! Raphaël s'est amusé à y mettre en scène les grands penseurs de l'histoire, dont certains (pas tous) ont les traits de ses amis artistes... Au centre, Platon avec la tête de Léonard de Vinci, le doigt pointé en l'air. À côté, Aristote. À gauche, Socrate, en vert et de profil. Allongé sur les marches, Diogène et, en bas à gauche, Épicure, couronné de lauriers ; et Pythagore, en pleine étude. Héraclite, assis, a le visage de Michel-Ange (il travaillait alors à la chapelle Sixtine). Penché sur son compas, à droite, Euclide n'est autre que l'architecte Bramante. Enfin, à droite, contre la colonne, l'homme au béret noir... c'est Raphaël lui-même !

– ***Stanza dell'incidio di Borgo*** *(chambre de l'incendie du Borgo)* **:** peinte *a fresco* de 1514 à 1517, Raphaël n'en assura pratiquement que les dessins. Ici, sous Jules II, se réunissait le plus important tribunal du Saint-Siège. Son successeur, Léon X, la transforma en salle à manger. Dans le *Couronnement de Charlemagne,* ce dernier possède les traits de François Ier (et le pape Léon III, ceux de Léon X). Nette allusion au Concordat signé entre la France et l'Église en 1515. L'*Incendie du Borgo,* éteint (d'un signe de croix, dit-on !) par Léon IV en 847, est ici la seule œuvre réalisée par Raphaël. Autre fresque, la *Bataille d'Ostie* évoquant la victoire de Léon IV (qui a les traits de Léon X) sur les Sarrasins, référence à sa campagne contre les Turcs. Enfin, le *Serment de Léon III* (qui dut se défendre à l'époque de graves calomnies) renvoie au concile du Latran de 1516, qui établissait que le pape n'a de comptes à rendre qu'à Dieu. On notera que le décor de cette chambre est totalement dédié à la gloire de Léon X et à ses ambitions politiques, les hauts faits des Léon antérieurs se mettant astucieusement à son service. Au plafond, une *Trinité* du ***Pérugin*** qu'on n'osa pas recouvrir.

On gagne ensuite les ***appartements de Borgia.*** D'origine espagnole, il est élu pape en 1492 et règne jusqu'en 1503 sous le nom d'Alexandre VI. Sur les 6 pièces privées de son appartement, 2 furent décorées par le fameux ***Pinturicchio*** (salles nos 5 et 6), dont la très belle ***salle des Mystères*** (n° 6 ; dans une des lunettes, une remarquable *Adoration des mages*). Certaines salles, aux carrelages d'origine, présentent aussi de magnifiques plafonds sculptés dorés avec de l'or du Pérou, car on venait de découvrir l'Amérique !

La galerie d'Art religieux moderne : elle abrite la collection d'art contemporain. C'est la dernière étape avant la chapelle Sixtine, mais prenez quand même le temps d'admirer les œuvres de ***Chagall, Léger, Dalí, Matisse, De Chirico, Botero...***

LE VATICAN ET SES ALENTOURS

PRIVÉ DE SORTIE

Du latin cum clave (à clé), le conclave est le lieu où les cardinaux sont « enfermés » pour élire un nouveau pape. En 1274, l'élection dura près de 3 ans et le peuple romain, agacé, décida d'emmurer tous les prélats dans la chapelle Sixtine ! Depuis, la tradition est restée.

Cappella Sistina *(chapelle Sixtine)* **:** silence de rigueur ! Photos et vidéos interdites. Comment imaginer de tels chefs-d'œuvre de délicatesse derrière des murs si épais ? Car cette chapelle médiévale, remaniée de 1475 à 1483 à la demande du pape Sixte IV, demeure soigneusement protégée à l'abri d'une forteresse. Plan très simple : salle rectangulaire sans abside de 40,23 m de long, 13,41 m de large et 20,70 m de haut, inspirée du mythique temple de Salomon... C'est un des rares lieux au monde qui nous plonge dans 60 ans de peinture italienne, des parois peintes par Botticelli au *Jugement dernier* peint par Michel-Ange en fin de vie.

La voûte

Alors que la voûte n'était qu'un beau ciel étoilé, une infiltration d'eau obligea Jules II (neveu de Sixte IV) à commanditer de nouveaux travaux. Il songea à ***Michel-Ange,*** qui tenta bien de se défiler devant l'ampleur du projet, mais dut se résigner à se mettre au boulot en 1508. On raconte que ce refus lui avait été suggéré par Bramante, jaloux de son talent. Un Michel-Ange pas plus élégant lui-même, car il se hâta de licencier ses collaborateurs dès qu'il eut assimilé leurs techniques de peinture à la fresque, qu'il ignorait auparavant. Il travailla donc seul du haut de ses 20 m d'échafaudage, quasi secrètement et dans une demi-pénombre car le niveau des fenêtres était inférieur à sa plate-forme de travail. En 2 ans, il réalisa la moitié de la voûte, mais Jules II, à bout de patience, exigea le 14 août 1511 que Michel-Ange ôtât tous les échafaudages pour vérifier où il en était. On laisse entendre que Raphaël vint en voisin (il travaillait alors sur les chambres) et qu'il en changea sensiblement son style ! En octobre 1512, la voûte était achevée... après 849 jours de dur labeur. On raconte aussi que le pauvre Michel-Ange en redescendit plié en 2 ! Aujourd'hui, il est largement consolé par les millions de visiteurs qui se tordent le cou pour reluquer les admirables séquences de sa Genèse que sont la *Création du Soleil et de la Lune,* la *Création de l'Homme* (l'une des images les plus universelles qui soient), le *Péché originel* (d'une extraordinaire volupté !), le fantastique *Déluge...* Les volumes extraordinaires laissent transparaître le génie du sculpteur derrière celui du peintre.

Le Jugement dernier

Quelques papes plus tard, en 1533, Clément VII de Médicis offrit à son tour à ***Michel-Ange*** la décoration du grand mur de l'autel. Fidèle à lui-même, l'artiste se déroba, finassa, espérant même, à la mort de Clément, qu'on l'oublie un peu. Las, les consignes avaient été transmises et Michel-Ange ne put jouer plus longtemps au chat et à la souris avec Paul III, son successeur. À 25 ans d'intervalle, Michel-Ange aura donc repeint la voûte de la chapelle Sixtine et réalisé le *Jugement dernier.* Pas mal comme CV, sans compter le reste... Cela dit, il est écrit qu'il expédia la corvée (200 m^2 et 391 personnages !) en un temps record : 450 jours (certains spécialistes affirment qu'il fallut 4 ans, voire 7 ans ; quand donc se mettront-ils d'accord ?)... À 60 ans, l'artiste avait atteint le summum de sa maturité artistique. Une anecdote au passage : pour commencer son travail, Michel-Ange dut, excusez du peu, « liquider » les 2 premiers panneaux de la vie du Christ et de Moïse peints par le Pérugin ! Un nouveau mur de brique fut ainsi édifié contre l'ancien, légèrement en pente vers l'intérieur pour éviter l'accumulation de poussière. D'une valeur artistique inestimable, le *Jugement dernier* est sans doute la fresque la plus chère jamais réalisée en raison de l'énorme quantité de poudre de lapis-lazuli utilisée pour le bleu de son ciel tourmenté !

Admirez aujourd'hui ce tourbillon de formes humaines, ce maelström de destins broyés, laminés... On a dit que cette œuvre symbolisait la fin de la Renaissance « optimiste ». L'épouvantable sac de Rome en 1527 avait probablement laissé des traces dans les mémoires et les consciences. En tout cas, elle devait provoquer l'effroi et l'horreur du péché, comme c'était le but de tout *Jugement dernier* dans les églises à l'époque. Honnêtement, ce chef-d'œuvre serait trop long à détailler ici : du Christ, à qui Michel-Ange offrit le torse du Belvédère, au visage de l'artiste figurant sur la peau dépouillée de saint Barthélemy, en passant par le cardinal ayant refusé des sous à Michel-Ange et qui brûle désormais en enfer, c'est une multitude de détails et de scènes époustouflantes !

CACHEZ CES SEXES...

Si le Jugement dernier *suscita l'admiration, il y eut beaucoup d'indignation face à la nudité des personnages. Le pape Paul IV, très incommodé, demanda à Michel-Ange de voiler les sexes, ce que l'artiste refusa (il adorait les corps masculins ; et même ceux des femmes qu'il peint sont étonnamment masculins !). Un moment, on envisagea même la destruction du mur de l'autel. Mais il fallut attendre la mort de Michel-Ange pour qu'on demande à un élève du maître de recouvrir les objets du délit. L'heureux élu y gagna le surnom de* Braghettone, *le « Fabricant de culotte » ! Voilés, dévoilés, revoilés, on ne sait plus à quel « sein » se vouer. Lors de la récente restauration, on a redévoilé certains sexes. C'est Michel-Ange qui doit bien rigoler là-haut...*

La gigantesque opération de rénovation, achevée en 1999, fut sans doute « la restauration du siècle ». Elle ne manqua pas de faire grincer quelques dents, mais on ne se lasse plus aujourd'hui d'admirer toutes ces fresques aux couleurs vives et acidulées. Et si plus personne ne les désavoue, elles étonnent toujours autant chez ce peintre souvent qualifié de « terrible souverain de l'Ombre ». Çà et là, des témoins (petits carrés noircis) ont été laissés : ils permettent de se rendre compte de la crasse qui recouvrait les murs de la chapelle, cachant aux yeux du monde ce chef-d'œuvre absolu. Fin de la polémique ! Pourtant, au fur et à mesure de l'évolution des travaux, d'autres débats ont surgi : fallait-il vraiment conserver les voiles pudiques ajoutés 23 ans après l'achèvement de l'œuvre de Michel-Ange sous prétexte qu'ils ont, eux aussi, une valeur artistique ? Ou bien, au contraire, redonner son aspect premier à l'œuvre, quitte à offusquer les « âmes délicates » ? Chacun se situera comme il l'entend, na !

... ET MONTREZ CES DENTS !

La dernière restauration du Jugement dernier *a révélé plusieurs personnages dotés de 5 incisives au lieu de 4 ! Au XVI*e *s, cette anomalie dentaire était le symbole du mal, des démons, de la bestialité et de la violence. Et Michel-Ange s'en est servi pour désigner quelques femmes et hommes ayant vécu dans le péché avant la révélation du Christ. Mais alors, pourquoi a-t-il aussi représenté le Jésus de sa fameuse* Pietà *(statue exposée dans la basilique San Pietro) avec une ratiche surnuméraire ? Eh bien parce que le Christ, dans sa miséricorde, a pris sur lui tous les péchés du monde !*

Les murs

Le décor des murs latéraux retrace la *vie de Moïse* (mur de droite) et la *vie du Christ* (mur de gauche), où l'observateur attentif remarque différents détails soulignant l'autorité divine des papes, successeurs de saint Pierre. Œuvre pieuse, sans doute, mais aussi outil de propagande pour un pape contesté qui cherchait par ce biais à réaffirmer son autorité. Réalisé de 1481 à 1483 par un incroyable casting d'artistes, ***sous la direction du Pérugin.*** Jugez-en ! À partir du *Jugement dernier,* sur le mur de gauche, on scrute le *Voyage de Moïse vers l'Égypte* du **Pérugin** et du **Pinturicchio,** la *Jeunesse de Moïse* par **Botticelli,** le *Passage de la mer Rouge* et la *Remise des Tables de la Loi* par **Rosselli,** la *Punition des rebelles* par **Botticelli** (noter qu'Aaron est coiffé de la tiare papale), les *Derniers Jours de Moïse* de **Signorelli.** Sur le mur de droite, le *Baptême du Christ* du **Pérugin** et du **Pinturicchio,** la *Vocation des apôtres Pierre et André* de **Ghirlandaio,** le *Sermon sur la montagne* par **Piero de Cosimo,** le *Christ remettant les clés à saint Pierre* du **Pérugin** et la *Cène* de **Rosselli.**

– La ville de Rome a inauguré, en collaboration avec le Vatican, un ***spectacle son et lumière à effets spéciaux : Michel-Ange et les secrets de la chapelle Sixtine.*** Situé dans l'auditorium Conciliazione *(via della Conciliazione, 4 ; infos et résa : ● giudiziouniversale.com ● ; ouv fév-mai. Entrée : 20 € ; réduc. Durée : 1h)* à 2 pas des musées du Vatican, le show retrace l'histoire de Michel-Ange et de la chapelle Sixtine, ainsi que l'explication en musique des fresques. Et le final est chanté en latin par... un certain Sting ! On vous laisse juge...

➢ Tournant le dos au *Jugement dernier,* la **porte de gauche** donne accès aux autres galeries des Musei Vaticani... Alors que ***la porte de droite mène directement à la basilique Saint-Pierre,*** réservée aux visites guidées officielles...

MERCI MOZART

Le Miserere composé par Allegri en 1638 était une œuvre musicale exclusive. Elle se chantait à matines, les mercredi et vendredi de la semaine de Pâques dans la chapelle Sixtine, seulement pour le pape et ses invités. Les castrats qui l'interprétaient avaient interdiction absolue de le retranscrire sous peine d'excommunication. C'est Mozart qui aurait, lors d'une visite au Vatican en 1771, reproduit de mémoire, note par note, cette partition ultra-secrète ! Il avait à peine 14 ans...

🚶 Sortant de la chapelle Sixtine par la porte de gauche, on rejoint alors les ***galeries Urbain VIII*** et ***Alexandrine.*** Là, un petit ***Musée chrétien*** rassemble de jolis objets religieux en ivoire ou d'orfèvrerie, ainsi que des émaux, tandis que les autres salles présentent des papyrus et des statuettes antiques. Dans une des vitrines, petit diptyque avec la louve, Romulus, Rémus et... le Christ ! Ne ratez pas, gravée sur une plaque de bronze, une représentation du monde plutôt farfelue avec quantité de personnages fantasmagoriques. Vous verrez qu'il s'agit de l'ancêtre du *Routard* avec toutes sortes de conseils pratiques. Précisons qu'au XVe s on pensait encore que le monde était plat... Avant d'aller plus avant dans la visite, à gauche en remontant le début des galeries, la ***salle des Noces d'Aldobrandini*** (rarement ouverte). Ses fresques délicates réalisées à l'époque d'Auguste ont pour thème le mariage d'Alexandre le Grand et de Roxane.

➢ On parcourt ensuite le long couloir splendide, bordé d'armoires vides aux portes peintes, en fait la ***bibliothèque Sixtine*** *(biblioteca Sistina),* mais sans livres ! Outre son remarquable plafond peint, on y admire aussi des reproductions de Rome au moment des grands travaux d'urbanisme du pape Sixte V (celui des obélisques)...

➢ Si vous avez le temps et la passion, on ne peut que vous conseiller la visite des sections, salles et musées suivants, accessibles en cours de route pour certains :

🚶 ***Museo egizio*** *(Musée égyptien)* **:** beau petit musée fondé en 1838 par le pape Grégoire XVI, alors qu'une vague d'égyptomanie déferlait sur toute l'Europe, suite à l'expédition d'Égypte française. Ayant intégré l'Égypte à son empire, Rome avait adopté beaucoup de ses cultes. Une foule d'objets furent donc retrouvés dans les villas antiques. Quelques sarcophages peints, plusieurs momies, des vases canopes où l'on conservait les viscères du défunt, du mobilier et des objets funéraires, une collection de papyrus. Sans compter la statuaire de la prestigieuse villa Adriana, ensemble monumental édifié par l'empereur Hadrien (117-138) : statue en marbre d'Osiris-Antinoé, le favori de l'empereur Hadrien, mort noyé dans le Nil en 130 ; Arsinoé II – reine Ptolémée – en granit rose...

Museo etrusco *(Musée étrusque)* **:** abondance de sarcophages, de tombeaux et d'objets exhumés lors des fouilles menées dans des nécropoles d'Étrurie. Vaisselle, coupes et cruches en argent, encriers et syllabaires, amphores et céramiques, une foule d'objets en bronze, miroirs, cistes, braséros, amulettes, nombreux casques, candélabres, riches collections de vases attiques somptueux, superbes bijoux, fibules et diadèmes en or, objets en ambre, sarcophages et urnes funéraires.

Musei profano e pio cristiano *(Musées profane et Pie chrétien)* **:** là encore, souvent fermés. Dommage, car cette galerie lumineuse renferme de splendides mosaïques provenant des thermes de Caracalla, des originaux grecs (comme une tête de cheval du Parthénon) et de nombreuses urnes funéraires et sarcophages paléochrétiens décorés de bas-reliefs, où l'on constate une imbrication évidente des caractères païens et chrétiens.

À voir, s'il vous reste encore un peu d'énergie dans les gambettes : le ***Musée missionnaire ethnologique*** et le ***musée des Carrosses*** consacré aux papamobiles à travers les âges. Ouf ! il y en a bien une qui va nous ramener à l'hôtel !

À l'extérieur

Giardini Vaticani *(jardins du Vatican)* **:** *visite guidée en bus (45 mn, en italien) tlj sauf dim 8h15-12h45 ; tarif : 37 €, réduc. Aussi une visite guidée à pied (2h) en français jeu à 9h30 ; tarif : 34 €, réduc ; entrée aux Musei Vaticani et audioguide en français compris. Et quelle que soit l'option choisie, résa en ligne très en avance conseillée : • museivaticani.va •* Créés à partir de 1279 sous le pontificat de Nicolas III, les jardins du Vatican couvrent une vingtaine d'hectares. Ils sont splendides mais ne se visitent que le matin, l'après-midi étant réservé à la promenade du pape !

LES ARCHIVES SECRÈTES DU VATICAN

Sous les jardins se cache un bunker avec 1 000 ans de documents secrets (du latin secretum, « privé »). On y trouve le procès des Templiers à la suite duquel 54 « hérétiques » furent brûlés vifs, l'excommunication de Martin Luther ainsi que le procès de Galilée ou la demande de divorce d'Henry VIII, roi d'Angleterre.

AUTOUR DE LA PIAZZA NAVONA ET DU PANTHÉON

La piazza Navona, à travers les siècles, n'a jamais perdu son puissant pouvoir d'attraction. Elle est entourée de demeures d'habitation des XVIIe et XVIIIe s, mais aussi d'anciennes résidences papales, sans oublier la chiesa Sant'Agnese et la célèbre fontaine des Quatre-Fleuves, chef-d'œuvre absolu du Bernin. Élégante, extravagante et ensorcelante, la belle piazza Navona est restée l'un des théâtres en plein air les plus captivants de Rome ! Ce sont désormais les touristes qui investissent les terrasses des cafés et assistent en spectateurs à l'animation incessante de ce lieu mythique. C'est dans l'une des habitations de la place (côté nord) que fut tourné le chef-d'œuvre d'Ettore Scola *Une journée particulière,* avec Sophia Loren et Marcello Mastroianni. Et que dire du Panthéon, à 2 pas ? À voir aussi bien de jour que de nuit, tant il est imposant. Et même si ce quartier est éminemment touristique, qu'importe !

Où dormir ?

INSTITUTIONS RELIGIEUSES

■ ***Centre d'accueil Saint-Louis-des-Français*** *(plan détachable centre, C3,* ***90****) : via Santa Giovanna d'Arco, 10. ☎ 06-681-924-64. ● accueilrome@gmail.com ● centreaccueilrome.com ● Tlj sauf ven ap-m et w-e 10h-12h30, 14h30-17h.* Ce centre français (dépendant de l'ambassade de France « près du Saint-Siège ») aide touristes et pèlerins à dénicher un hébergement dans une institution religieuse, une pension ou un hôtel, en échange d'une participation financière. À condition de faire une demande écrite par mail le plus tôt possible ainsi qu'un formulaire à remplir, on trouve des chambres à partir de 45 € par personne la nuit et des doubles à partir de 70 € en institut religieux, avec petit déj et salle de bains privée. Ce service s'adresse à tous, y compris aux familles et aux groupes.

■ ***Fraterna Domus*** *(plan détachable centre, C3,* ***91****) : via di Monte Brianzo, 62 (angle via del Cancello). ☎ 06-688-027-27. ● romacentro@fraternadomus.it ● fraternadomus.it ● Résa bien à l'avance conseillée. Double 95 €. Repas 18-20 €/pers.* Une charmante petite église aux tons ocre marque l'entrée de cette maison d'accueil, dans ce quartier bien fourni en institutions religieuses. Les pèlerins aiment cette ambiance de recueillement où l'on entend l'appel du Seigneur tous les dimanches à 11h. Au programme, une petite vingtaine de chambres (1-3 lits), simples mais très propres et fonctionnelles. Couvre-feu à 23h. Accueil charmant des sœurs, parfois francophones, qui distillent une foule d'infos pour visiter la ville.

HÔTELS ET PENSIONS

De bon marché à prix moyens

■ ***Residenza San Pantaleo*** *(plan détachable centre, C4,* ***92****) : piazza di San Pantaleo, 3 (4e étage). ☎ 06-686-99-13 ou 06-685-802-14. ● info@urbanluxuryinns.com ● urbanluxuryinns.com ● Résa impérative. Doubles 60-170 €, pas de petit déj.* Une douzaine de chambres dispatchées dans 3 appartements coquets, essaimant dans des immeubles de caractère du quartier. Tout confort et déco contemporaine sobre et de bon goût (certaines chambres avec poutres apparentes). Bon rapport qualité-prix-emplacement. Mais attention, ce ne sont pas des chambres d'hôtes : ni petit déj, ni présence des proprios.

Hotel Due Torri *(plan détachable centre, C3,* ***96****) : vic. del Leonetto, 23. ☎ 06-688-069-56. • info@hoteldue torriroma.com • hotelduetorriroma. com • Doubles 55-160 €.* Perdu dans une ruelle tranquille à mi-chemin entre la piazza Navona et la piazza di Spagna, un petit hôtel aux chambres pratiques, bien équipées et propres. Parquet à tous les étages et allure classique générale. Aussi des triples et des quadruples. Terrasse sur le toit pour un agréable petit déj aux beaux jours.

Hotel Primavera *(plan détachable centre, C4,* ***92****) : piazza di San Pantaleo, 3 (1er étage). ☎ 06-688-031-09. • hotelprimaveraroma@gmail.com • hotelprimavera-roma.it • Doubles 45-150 €.* Ici, on est plus proche du *B & B* que de l'hôtel. Réparties sur 2 étages, une vingtaine de chambres fonctionnelles, propres et abordables, mais sans charme. Les moins chères avec sanitaires communs. Avec ou sans vue sur la ville. La situation centrale et la qualité de l'accueil compensent largement les points faibles.

De prix moyens à chic

Navona Street Hotel *(plan détachable centre, B3,* ***99****) : via dei Banchi Nuovi, 54. ☎ 06-457-532-56. • info@ navonastreethotel.com • navonastreet hotel.com • Doubles 90-210 €.* À mi-chemin entre le Panthéon et le Vatican, dans un agréable quartier résidentiel ancien, bien connu pour ses boutiques d'antiquaires. Une petite dizaine de belles chambres confortables et agréablement aménagées sur une note moderne, aux accents vintage bien dans l'air du temps. Accueil sympa et pro.

Hotel Navona Colors *(plan détachable Centre, C3,* ***93****) : via dell'Orso, 38. ☎ 06-683-921-28. • info@hotel navonacolors.it • hotelnavonacolors. it • Doubles 75-220 €.* À 5 mn à pied de la piazza Navona, c'est un petit hôtel d'une vingtaine de chambres joliment contemporaines, confortables et bien tenues. Situation idéale avec les rues voisines qui comptent quelques bonnes tables authentiques.

Pantheon View B & B *(plan détachable centre, C3,* ***95****) : via del Seminario, 87 (3e étage). ☎ 06-679-25-66. • info@pantheonview.it • pantheon view.it • Résa conseillée. Doubles 115-200 €.* Idéalement situé devant le Panthéon, dans un vénérable bâtiment avec sa minuscule entrée un peu baroque, sa poignée de chambres confortables et élégamment décorées. C'est douillet et chaleureux, on s'y sent bien ! Quasi toutes disposent d'un balcon avec vue sur le Panthéon. Le petit déj est servi dans une salle microscopique : parfois, il vous faudra patienter. Loue aussi plusieurs appartements (2-3 personnes) dans le quartier et vers la piazza di Spagna. Accueil affable et bien rodé.

Hotel Navona *(plan détachable centre, C4,* ***94****) : via dei Sediari, 8 (1er étage). ☎ 06-683-012-52. • info@ hotelnavona.com • hotelnavona. com • ♿ Résa très conseillée. Doubles 95-205 €.* Tout près de la piazza Navona et du Panthéon, c'est une demeure du XVe s avec sa belle cinquantaine de chambres, plutôt petites mais bien tenues et confortables. Style global très classique : plafonds décorés de fresques, poutres anciennes, stucs décoratifs...

Très chic

Albergo Abruzzi *(plan détachable centre, C3,* ***98****) : piazza della Rotonda, 69. ☎ 06-679-20-21. • info@hotela bruzzi.it • hotelabruzzi.it • Doubles 120-300 €.* Un peu *caro* mais idéalement situé face au Panthéon ! Les chambres, situées en haut d'un escalier un peu raide (ascenseur à partir du 1er étage), sont plutôt petites mais tout confort (double vitrage...) et décorées de manière classique et élégante. Vue sur le Panthéon pour la plupart. Accueil charmant.

Hotel Teatro Pace *(plan détachable centre, C3,* ***97****) : via del Teatro Pace, 33. ☎ 06-687-90-75. • info@hotel teatropace.com • hotelteatropace. com • Doubles 90-255 €.* Un beau palais de plusieurs siècles auquel on a donné aujourd'hui de beaux atours. Le superbe et généreux escalier à vis mène à la vingtaine de belles chambres aux poutres apparentes, dont certaines dotées d'un petit balcon sur la ruelle (préférez celles-ci à celles au rez-de-chaussée, très sombres). Elles ne sont pas bien grandes mais parfaitement équipées et décorées dans un style très classique. Judicieux équilibre entre tradition et design. Bon accueil pro.

Où manger ?

Vers la piazza Navona

De bon marché à prix moyens

Ciao Checca *(plan détachable centre, C3, **344**) : piazza di Firenze, 25-26. ☎ 06-683-003-68. • info@ciaochecca.com • Tlj 9h30-16h, 18h30-22h30 (en continu mer-dim). Repas 15-25 €.* C'est un endroit dédié au locavore bio. L'enseigne doit son nom à la *checca,* un plat 100 % romain à base de mozzarella. Aussi des pâtes (sans gluten), lasagnes, salades, *polpette,* burgers... C'est frais, c'est coloré et c'est pas cher du tout ! À déguster dans un joli local tout en longueur, aux multiples petites salles cosy et tranquilles. Également de la vente à emporter.

Trattoria da Tonino *(plan détachable centre, C3, **335**) : via del Governo Vecchio, 18. 📱 333-587-07-79. Attention, pas d'enseigne à l'extérieur. Tlj sauf dim. Repas 25-30 €. CB refusées.* C'est un petit resto de quartier sans prétention, servant une bonne cuisine traditionnelle copieuse. La clientèle locale en a fait sa cantine... et nous aussi d'ailleurs ! Le soir, arriver en début de service pour être sûr d'avoir une place. Excellentes pâtes maison, *polpette* et *trippa.* Pour les aficionados de la *baccalà* (morue), c'est le vendredi que ça se passe. Atmosphère sans façons et aucune déco ; on est vraiment là pour l'assiette et *basta !*

Trattoria da Alfredo e Ada *(plan détachable centre, B3, **332**) : via dei Banchi Nuovi, 14. ☎ 06-687-88-42. Résa très conseillée. Tlj sauf dim-lun. Repas 25-30 €.* On est séduit par ce tout petit resto campé dans son jus, qu'affectionnent les gens du quartier, au coude à coude avec les touristes de passage. Car ici, on partage les tables et les discussions ! Côté fourneaux, juste quelques plats du jour détaillés par Ada, la charmante patronne. On se régale de délicieux petits plats familiaux, mijotés simplement dans la plus pure tradition romaine. À arroser de très honnête *vino della casa.* Une belle adresse pour ne pas se ruiner.

Obicà Mozzarella Bar *(plan détachable centre, C3, **337**) : via dei Prefetti, 26A (angle piazza di Firenze). ☎ 06-683-26-30. • parlamento@obica.com • Tlj 8h (9h w-e)-minuit. Repas 20-25 €.* C'est un concept de resto branché... autour de la mozzarella ! Un lieu qui ravit les *tifosi* de la *bufala campana,* de la mozzarella fumée, au goût si fort et particulier ; ou encore la *burrata,* savoureuse en diable ! Mon tout accommodé dans de bons petits plats savoureux à prix justes, déclinés en version piccolo à l'heure de l'*aperitivo.* Déco contemporaine sobre et gentille terrasse sur la placette.

De prix moyens à chic

Il Desiderio preso per la Coda *(plan détachable centre, C3, **333**) : vic. della Palomba, 23. ☎ 06-683-075-22. • info@ildesiderioperlacoda.com • Tlj sauf sam midi et dim. Repas 25-40 €.* Au détour d'une ruelle, c'est une longue salle étroite et blanchie à la chaux, aux murs constellés de toiles contemporaines colorées, régulièrement renouvelées. Clin d'œil artistique à Picasso, car le resto porte le nom d'une comédie théâtrale écrite par le maître de Málaga. Côté assiette, juste quelques plats du jour griffonnés sur un bout de papier, pour une gentille cuisine fraîche, simple et originale, qui fait la part belle aux *risotti.*

Trattoria da Gino *(plan détachable centre, C3, **339**) : vic. Rosini, 4. ☎ 06-687-34-34. Dans une ruelle* *débouchant piazza del Parlamento. Tlj sauf dim. Résa obligatoire. Repas 25-40 €. CB refusées.* Une adresse on ne peut plus typique ; un de ces petits restos familiaux hermétiques aux effets de mode. Cadre à l'ancienne pour une excellente cuisine romaine traditionnelle, simple et généreuse (aussi quelques poissons), qui fait le bonheur des habitués du quartier venant en voisins. Suffit juste qu'ils fassent une petite place aux touristes s'aventurant dans ce lieu authentiquement romain !

Osteria del Pegno *(plan détachable centre, C3, **338**) : vic. di Montevecchio, 8. ☎ 06-688-070-25. • info@osteriadelpegno.com • Tlj sauf mer. Résa obligatoire. Repas 30-45 €.* Un resto à l'atmosphère chaleureuse, où l'on se régale d'une cuisine traditionnelle à base de produits du terroir, frais et soigneusement sélectionnés. Bref, un choix de plats – dont des pizzas à midi seulement – qui convient à tous les budgets. Bon rapport qualité-prix-accueil (en français).

Maccheroni *(plan détachable centre, C3, **340**) : piazza delle Coppelle, 44. ☎ 06-683-078-95. • reservations@ristorantemaccheroni.com • Tlj. Compter 30-50 €.* Encore un resto bien dans son jus et qui mitonne une cuisine romaine dans une ambiance familiale. À travers la verrière indus' de la cuisine, on voit s'activer des cuistots sur de copieuses assiettes d'osso buco, de pâtes maison fumantes ou des viandes plus chères. Service dynamique.

Très chic

Il Convivio Troiani *(plan détachable centre, C3, **342**) : vic. dei Soldati, 31. ☎ 06-686-94-32. • info@ilconviviotroiani.com • Tlj sauf dim, le soir seulement. Résa conseillée. Menus 110-125 € ; à la carte 70-110 €.* Sans contestation possible, l'un des meilleurs restos de la ville : atmosphère moderne, feutrée et raffinée, service irréprochable. On déguste, confortablement assis, une cuisine gastronomique bio, créative et pleine de classe. Une adresse pour nos lecteurs les plus fortunés.

Vers le Panthéon et Argentina

Sur le pouce

Alice Pizza *(plan détachable centre C4, **334**) : corso V. Emanuele II, 35. ☎ 06-679-29-23. • info@alicepizza.it • Tlj 10h-22h. Moins de 5 € la part de pizza.* Bien connue des Romains, cette petite chaîne locale réalise de bonnes pizzas à la coupe avec des ingrédients de qualité. À dévorer en vitesse, un coude posé sur les quelques tables hautes.

Bar Pascucci *(plan détachable centre C4, **355**) : via di Torre Argentina, 20. ☎ 06-686-48-16. • barpascucci@tiscalinet.it • Tlj sauf dim 6h-22h. Sandwich env 5 €.* Ouvert en 1937, c'est un petit bar de quartier bien dans son jus, où les habitués défilent à toute heure. Délicieuse spécialité de jus de fruits fraîchement pressés, qu'on agrémente volontiers d'un petit sandwich. Simplissime et pas cher.

Chic à très chic

Trattoria da Armando al Pantheon *(plan détachable centre, C3, **347**) : salita dei Crescenzi, 31. ☎ 06-688-030-34. • info@armandoalpantheon.it • Tlj sauf sam soir et dim. Résa obligatoire. Repas 30-50 €.* Une *trattoria* familiale qui ne désemplit pas, attirant habitués et touristes depuis 1961. C'est dire si la résa est plus que conseillée ! Savoureuse cuisine de saison, romaine et bien tournée, dans une ambiance bourdonnante et chaleureuse comme on les aime ! Aussi quelques plats végétariens à la carte. Belle carte des vins avec un grand choix de crus de la région. Service virevoltant et pro.

Grano *(plan détachable centre C3, **341**) : piazza Rondanini, 53. ☎ 06-681-920-96. • info@ristorantegrano.it • Tlj. Repas 30-50 €.* Plusieurs petites salles blanches aux murs parsemés de toiles contemporaines acidulées. Dans l'assiette, cuisine à la fois enracinée et originale, qui séduit les papilles. Juste quelques plats à la carte, mitonnés avec des produits frais de saison et servis avec le sourire ; à des prix qui restent raisonnables pour le quartier. Agréable terrasse sur la place.

|●| *Laganà* *(plan détachable centre C3,* ***343****) :* *via dell'Orso, 44.* ☎ *06-683-011-61.* • *ristorantelagana@gmail.com* • *Tlj sauf dim. Repas 30-50 €.* N'hésitez pas à pousser la porte de cette institution locale. *Laganà* est bien connu dans le quartier pour sa cuisine authentique et savoureuse. La carte fait la part belle aux poissons et aux spécialités romaines, dont les *carciofi* (artichauts) cuisinés de mille façons. Le tout accompagné d'un petit vin gouleyant judicieusement choisi.

De chic à très chic

|●| *Retrobottega* *(plan détachable centre, C3,* ***356****) :* *via della Stelletta, 4.* ☎ *06-681-363-10.* • *info@retrobottega.com* • *Tlj sauf lun 12h-23h30. Résa obligatoire. Menus 55-75 € (sans vin), repas 40-60 €.* Un succès fou pour ce lieu étonnant ! Ultra-contemporain, sobre et branché, avec ses grandes tablées et chaises hautes. Raffinement et bonne humeur sont les maîtres mots de cette bande de hipsters qui donne un bel élan de modernité à la cuisine romaine. Et c'est réussi ! Et pour ceux qui veulent des pâtes à emporter (fabrication maison bien sûr) et du pinard, les deux minuscules boutiques voisines vous accueilleront avec plaisir (horaires différents).

Enoteche (bars à vins)

Vers la piazza Navona

Y |●| *Enoteca Cul de Sac* *(plan détachable centre, C4,* ***590****) :* *piazza Pasquino, 73.* ☎ *06-688-010-94.* • *enoteca.culdesac@libero.it* • *Tlj 12h-0h30. Plats 8-13 €.* Une belle référence pour les œnophiles ! Si la terrasse est souvent prise d'assaut aux beaux jours, réfugiez-vous donc dans la longue salle pleine de caractère, qui fleure bon les saveurs du terroir ! À la carte, une liste de crus italiens longue comme le bras, ainsi qu'une belle sélection de vins au verre. Et, pour accompagner ces savoureux nectars, de bons petits plats typiques et bien ficelés, sans oublier les généreuses assiettes de charcuterie et de fromages. Une adresse qui fait l'unanimité depuis 1977.

Y |●| *Enoteca Il Piccolo* *(plan détachable centre, C3-4,* ***592****) :* *via del Governo Vecchio, 74-75.* ☎ *06-688-017-46.* • *enotecailpiccolo@gmail.com* • *Tlj 11h-1h (2h w-e). Plats 8-12 €.* Ce minuscule bar à vins distille une atmosphère cosy-jazzy entre ses étagères débordantes de bouteilles. Quelques guéridons pour déguster de bons crus d'Italie à prix raisonnable. Assortiments de fromages et de charcuterie, sans oublier quelques petits plats simples mais goûteux. Petite terrasse animée. Accueil sympa.

Y |●| *Etablì* *(plan détachable centre, C3,* ***594****) :* *vic. delle Vacche, 9-9a.* ☎ *06-976-166-94.* • *info@etabli.it* • *Tlj 7h30 (9h dim)-1h (2h jeu-sam). Plats 12-24 €.* Une adresse à mi-chemin entre le resto chic et le bar à vins branché. Confortables fauteuils dépareillés qui invitent à la discussion, tout en piochant dans la belle et longue liste des vins, autour de la cheminée qui crépite en hiver. Pour manger, une carte qui fait la part belle aux pâtes et aux viandes de qualité, mais pas vraiment donnée.

Vers le Panthéon

|●| Y *Enoteca Corsi* *(plan détachable centre, C4,* ***346****) :* *via del Gesù, 87-88.* ☎ *06-679-08-21.* • *info@enotecacorsi.it* • *Lun-sam à midi ; mer-ven le soir ; fermé dim. Menu déj 12 € ; plats 13-18 €. Verres de vin 5-8 €.* Un petit établissement à l'ancienne, avec son *enoteca* d'un côté et sa salle de resto, genre cantoche toujours bondée et rugissante, de l'autre. Dans l'assiette, des plats du jour traditionnels, tout simples mais goûteux, qu'on choisit à l'ardoise. Un endroit typique à prix très honnête, dans un quartier éminemment touristique. Service toujours souriant, même aux heures de pointe. Bien aussi pour découvrir les crus du pays à l'*aperitivo*.

La Ciambella *(plan détachable centre, C4,* ***345****)* ***:*** *via dell'Arco della Ciambella, 20. ☎ 06-683-29-30. • info@la-ciambella.com • Tlj sauf lun 12h-23h. Plats 13-22 €.* Un endroit tranquille, à l'image de cette petite rue située à 2 pas du bouillonnant Panthéon. Cette adresse, qui était au départ un lieu cosy où on venait déguster pâtisseries et cafés à toute heure (la *ciambella* est une pâtisserie italienne), s'est reconvertie en bar à vins, toujours aussi cosy, mais mijotant une cuisine soignée et pleine de goûts. Belle sélection de pâtes et de viandes pour accompagner les ballons.

Osteria dell'Ingegno *(plan détachable centre, C3,* ***602****)* ***:*** *piazza di Pietra, 45. ☎ 06-678-06-62. • osteriadel lingegno@yahoo.it • Tlj 12h-minuit. Plats 13-19 €.* Sur cette jolie placette dominée par de vénérables colonnes romaines, un petit bistrot soigné, dans un style « artistico-branchouille », avec ses murs colorés et parsemés de casiers remplis de bouteilles de vin. On y sert un généreux *aperitivo* dans une ambiance décontractée, un brin festive. Aussi des petits plats plus sérieux, originaux et savoureux.

Enoteca e Taverna Capranica *(plan détachable centre, C3,* ***593****)* ***:*** *piazza Capranica, 104. ☎ 06-679-08-60. • tavernacapranica@virgilio.it • Tlj sauf lun 12h-minuit. Plats 10-22 €.* Il s'agit de 2 grandes salles chaleureuses et voûtées, à la déco boisée. Le lieu idéal pour s'initier aux vins italiens, dont pas mal servis au verre. Également des cocktails. Et pour mettre un peu de solide dans le liquide, voici des *bruschette* et des *taglieri* de charcuterie et de fromage. Aussi de bons plats plus sérieux et bien ficelés (pâtes, viandes...), si vous décidez d'y dépasser l'heure de l'*aperitivo.* Atmosphère feutrée, avec parfois un pianiste.

Où déguster les meilleures glaces ?

Gelateria del Teatro *(plan détachable centre, C3,* ***348****)* ***:*** *via dei Coronari, 65. • info@gelateriadelteatro.it • Tlj 11h-22h.* Ici, seuls les produits naturels franchissent la porte du *laboratorio.* Et surtout, on ose des associations un peu particulières : poire-caramel, figue-amande, thym-citron-miel... Et pour les cacaomaniaques, les glaces au chocolat noir, aux amandes ou aux noisettes sont excellentissimes ! Et les sorbets de saison ne sont pas en reste... Quelques chaises pour se poser.

Ice cRome *(plan détachable centre, C4,* ***352****)* ***:*** *via del Governo Vecchio, 85. • icecromenavona@gmail.com • Tlj 10h-2h. Fermé en hiver.* Ne ratez pas l'entrée de ce minuscule local, où sont servies quelques succulentes glaces artisanales aux parfums crémeux intenses ou aux fruits de saison bien choisis.

Grom *(plan détachable centre, C3,* ***349****)* ***:*** *piazza Navona, 1 (angle via Agonale). Tlj 11h-23h (minuit sam).* On ne présente plus cette enseigne piémontaise qui s'est installée sur l'une des plus belles places de Rome ! On goûte avec délectation une *coppetta* aux noisettes du Piémont ou encore aux amandes siciliennes. Parfums du mois affichés sur l'ardoise.

Tre Scalini *(plan détachable centre, C3,* ***351****)* ***:*** *piazza Navona, 28. • info@trescalini.it • Tlj 9h-minuit.* Ouverte en 1946, la maison est réputée pour son *tartufo,* une glace chocolatée incrustée de vrais morceaux de chocolat et inventée ici dans les années 1950. Cela dit, tout est resté dans son jus depuis, du décor à l'accueil. Quant au prix... raisonnable au comptoir, il s'envole en terrasse !

Où boire un bon café ? Où prendre le petit déj ? Où manger des pâtisseries ?

La Casa del Caffè Tazza d'Oro *(plan détachable centre, C3,* ***596****)* ***:*** *via degli Orfani, 84 (angle via dei Pastini). • info@tazzadorocoffeeshop.com • Tlj sauf dim 7h-20h.* Ouvert en 1944, ce vieux café historique revendique le meilleur *espresso* du monde, en toute modestie ! Les fidèles sont en tout cas nombreux à se relayer au comptoir, après être passés par la caisse, bien entendu. Vente en paquet des mélanges maison torréfiés sur place (voir plus loin « Achats »).

Caffè Sant'Eustachio *(plan détachable centre, C4,* ***595****) : piazza Sant'Eustachio, 82. • info@santeustachioilcaffe.it • Tlj 8h30-1h (1h30 ven, 2h sam).* On le repère rien qu'à l'arôme délicieux qui flotte sur la *piazza*... Alors, faites comme les innombrables habitués : prenez votre ticket à la caisse, puis accoudez-vous au comptoir pour déguster – à l'italienne – les différentes spécialités de cette vénérable maison née en 1938. Quelques tables éparpillées en terrasse aux beaux jours. Vente des cafés maison en paquets. Accueil bousculé.

Pasticceria Cinque Lune *(plan détachable centre, C3,* ***353****) : corso Rinascimento, 89. • info@5lune.com • Tlj sauf lun 7h-21h30.* Une adresse minuscule qui ne paie pas de mine, mais bien appréciée des Romains ! On s'y régale de petits desserts individuels et autres spécialités maison comme les *imperatori,* boulettes à la ricotta. Également de bons et gros gâteaux crémeux et des *crostate* maousses pour les estomacs les plus affamés.

Confetteria Moriondo & Gariglio *(plan detachable centre, C4,* ***357****) : via del Piè di Marmo, 21-22. • info@moriondoegariglio.com • Tlj sauf dim 9h-19h30.* LE chocolatier de Rome par excellence mais aussi un vrai voyage dans le temps. Cette bonbonnière semble tout droit sortie du XIXe s, dirigée d'une main de maître(sse) par Mme Minelli depuis plus de 40 ans. Les Romains aiment s'y approvisionner. Fait aussi salon de thé.

Giolitti *(plan détachable centre, C3,* ***350****) : via Uffici del Vicario, 40. • info@giolitti.it • Tlj 7h-1h30.* Ouvert en 1900, ce célèbre glacier romain propose une cinquantaine de parfums, mais hélas pas de saison ! Aussi un comptoir et un salon de thé pour déguster une bonne pâtisserie maison, accompagnée d'un café. Cadre désuet et service guindé, mais un incontournable quand même.

Où boire un verre ? Où écouter de la musique ?

Caffetteria del Chiostro del Bramante *(plan détachable centre, C3,* ***599****) : via Arco della Pace, 5. • info@chiostrodelbramante.it • Tlj 10h-20h (21h w-e).* Fatigué de la foule ? Trouvez refuge dans cette belle cafétéria design qui a investi l'étage de ce superbe cloître du XVIe s signé Bramante. Agrémentée de vestiges de fresques, elle disperse ses tables entre les colonnes de la galerie. Parfait pour reprendre son souffle le temps d'un verre, assis, pourquoi pas dans le salon cosy avec banquettes et fauteuils.

Mons *(plan détachable centre, C3,* ***603****) : via della Fossa, 16. • info@monscrew.com • Tlj 18h-2h (3h w-e).* Lumières tamisées et déco kitsch à souhait créent une atmosphère toute particulière dans ce pub où le rock'n'roll est roi. Graffitis muraux, icônes religieuses, statues multicolores et angelots mélangent les goûts et les couleurs, dans un grand fouillis artistique qui attire une clientèle de tous horizons. Au fond, découvrez la petite fontaine secrète...

Salotto 42 *(plan détachable centre, C3,* ***602****) : piazza di Pietra, 42. • bookbar@salotto42.it • Tlj sauf lun 10h30-2h.* Élégant petit salon design archi cosy, avec canapés et lumière tamisée. Les amoureux s'y blottissent, pendant que les artistes en goguette et autres fêtards viennent siroter un cocktail sur fond de musique tendance. On y brunche le week-end tout en feuilletant des magazines d'art. Et à l'heure de l'*aperitivo,* ça déborde jusque sur la placette, dominée par de vénérables colonnes romaines ! La version chic et sophistiquée de *Rome by night.*

Wisdomless *(plan détachable centre, C4,* ***601****) : via Sora, 33. • wisdomlessroma@gmail.com • Cocktails env 15 €.* Ce bar à cocktails discret renferme un superbe décor de club anglais : boiseries rutilantes, trophées de chasse, verrières à motifs Art déco, luminaires mauresques et fauteuils club, tout y est ! On aime y siroter un cocktail bien balancé dans une atmosphère jazzy. En journée, le lieu fait aussi office de galerie d'art et de salon de tatouage.

Minerva Roof Garden *(plan détachable centre, C4, **600**) : sur le toit du Grand Hotel de la Minerva, piazza della Minerva, 69. • info@grandhoteldelaminerve.com • Ouv avr-oct seulement, tlj 12h-1h.* Ce bar perché au-dessus du fameux Éléphant de marbre du Bernin offre une terrasse avec une vue unique sur le quartier et l'arrière du Panthéon. Le lieu idéal pour boire un verre en amoureux !

Achats

La Casa del Caffè Tazza d'Oro *(plan détachable centre, C3, **596**) : via degli Orfani, 84 (angle via dei Pastini). • tazzadorocoffeeshop.com • Tlj sauf dim 7h-20h.* Créé en 1944, ce vieux café historique, qui revendique le meilleur *espresso* du monde, vend au poids ses cafés en grains ou moulus. Torréfiés sur place, ils font l'objet de mélanges secrets révélant des saveurs incroyables. Et puis, avant d'acheter, on peut s'offrir un *espresso* au comptoir, histoire de se faire une idée ! Voir aussi plus haut « Où boire un bon café ?... ».

Alimentari Ruggeri *(plan détachable centre, C3, **763**) : via della Pace, 29. • alimentariruggeriroma.com • Tlj sauf dim 8h-20h.* Ouverte en 1935, cette alléchante épicerie fine regorge de charcuteries, de fromages et de toutes sortes de bons produits (pâtes, vins, huiles d'olive...) à rapporter dans ses valises.

Officina Profumo – Farmaceutica di Santa Maria Novella *(plan détachable centre, C4, **762**) : corso del Rinascimento, 47. Tlj 10h-19h30.* L'une des plus anciennes et célèbres pharmacies de Florence a installé cette annexe dans la Ville Éternelle. Évidemment, rien à voir avec la version florentine, mais ce sont les mêmes senteurs à base de plantes médicinales dans les eaux florales, les crèmes, les savons ou encore les parfums d'ambiance.

Spada *(plan détachable centre, C3, **764**) : via Uffici del Vicario, 53. • spadaroma.com • Tlj 10h-20h.* Bien connu des romains élégants qui veulent de la qualité sans se ruiner, *Spada* propose de beaux habits pour hommes : chemises cintrées, pantalons près du corps, vestons bien affûtés... ou plus amples.

Gallo *(plan détachable Piazza di Spagna, C3, **761**) : via di Campo Marzio, 69a. • gallospa.it • Tlj sauf dim et lun 11h-19h30.* La célèbre marque italienne de chaussettes colorées. Également une petite ligne de vêtements. Pas donné mais élégant, *certo* !

À voir

PIAZZA NAVONA ET SES ENVIRONS
(plan détachable centre, C3-4)

➢ ***Accès :*** *bus n°s 30, 40, 46, 62, 64, 70, 81, 87, 280, 492, 628, 912...*

Nous sommes ici au cœur du champ de Mars – autre haut lieu de la Rome antique – qui servait de terrain de manœuvres pour l'armée romaine et de lieu de rassemblement pour les comices centuriates (l'assemblée du peuple en armes). Après la suppression de ces derniers sous Tibère, le champ de Mars perd de son importance à l'époque impériale tout en connaissant un développement monumental et artistique extraordinaire, devenant même le véritable quartier de plaisance de Rome... De tout cela, il ne reste quasi plus rien aujourd'hui, à l'exception de la silhouette du stade de Domitien, conservée par la piazza Navona. Partez flâner dans ce quartier alternant palais et maisons modestes, qui porte encore l'empreinte des papes. À la Renaissance, ces derniers en firent un centre financier et commercial, attirant ainsi de riches Romains et quantité d'artisans.

***Piazza Navona** (plan détachable centre, C3-4)* **:** étroite et allongée, elle conserve l'empreinte du stade de Domitien. Construit en 85-86 apr. J.-C., celui-ci affichait des dimensions – 275 m de long pour 106 m de large – très proches de celles de l'actuelle place, dont les immeubles actuels sont directement construits sur les gradins ! Un stade de bonne taille en somme, qui s'étendait à 5 m sous le niveau actuel de la place et pouvait accueillir près de 30 000 spectateurs. L'empereur y organisait des jeux sportifs à la grecque, nettement moins violents que les jeux romains. Populaires et réputés dans tout l'empire, ces jeux étaient pratiqués nus par des athlètes exclusivement masculins ; les femmes étant exclues, tant des épreuves que des gradins ! Le nom de la place serait d'ailleurs un autre héritage de ce passé sportif, car « *in agone* », qui veut dire en latin « en compétition », serait devenu avec le temps Navona. Une autre version affirme que ce nom proviendrait tout simplement de « *nave* », soit « navire », à cause de la forme du site. Délaissée jusqu'au XVe s, la place fut réhabilitée par le pape bâtisseur Innocent X (son palais, sur la place, est actuellement occupé par l'ambassade du Brésil) et métamorphosée ensuite par le génie créatif d'architectes baroques comme le Bernin et Borromini. Hier et parfois encore aujourd'hui, saltimbanques et acrobates y font leurs numéros, les astrologues y prédisent l'avenir ; alors que dans le temps barbiers et autres arracheurs de dents y opéraient en plein air !

Stadio di Domiziano – piazza Navona Underground : *via di Tor Sanguigna, 3.* • *stadiodomiziano.com* • *Tlj 10h-19h (20h sam). Dernière admission 30 mn avt. Entrée : 8,50 € (audioguide en français (40 mn) compris); réduc ; gratuit - 12 ans ;* Roma Pass *accepté.* Situé à 5 m en dessous de la piazza Navona, c'est un petit musée didactique qui retrace l'histoire de la piazza Navona avec moult panneaux explicatifs, un film en 3D, des éléments d'architecture appartenant au stade et une belle maquette pour mieux comprendre la structure de l'une des plus belles places du monde !

***Fontana dei Quattro Fiumi** (fontaine des Quatre-Fleuves)* **:** *piazza Navona.* Chef-d'œuvre du Bernin, elle occupe le centre de la place. La présence de cette fontaine rappelle les jeux d'eau que les aristocrates y organisaient au XVIe s, à l'occasion du carnaval et pendant les canicules d'été. La piazza Navona était alors inondée. D'une grotte de rocailles, ornée d'arbres qui donnent l'impression d'être balayés par le vent, surgissent un lion et un cheval marin. Les grandes statues allégoriques – le Danube, le Gange, le Nil et le Río de la Plata – symbolisent respectivement l'Europe, l'Asie, l'Afrique et l'Amérique. L'ensemble est surmonté d'un obélisque égyptien et coiffé, non pas d'une croix comme à l'accoutumée, mais d'une colombe, emblème familial du pape Innocent X. Le Bernin sort ainsi de sa disgrâce papale et se réhabilite en flattant à outrance le pouvoir du nouveau Saint-Père...

BORROMINI BERNÉ PAR LE BERNIN ?!

La rivalité entre le Bernin et Borromini était si grande qu'elle donna naissance à la rumeur suivante. Sur la fontaine des Quatre-Fleuves (du Bernin), la statue du Nil se cache les yeux car elle serait horrifiée par la laideur de l'église Sant'Agnese in Agone (de Borromini). Quant à la statue du Río de la Plata, elle lèverait le bras par crainte que la façade ne s'écroule ! En réalité, l'église a été construite après la fontaine et le geste du Nil signifie l'ignorance de l'époque sur les sources du fleuve. Et si Borromini s'était vengé ? On dit que la statue qui détourne la tête, en façade de l'église, marquerait son mépris envers la fontaine du Bernin !

De part et d'autre de la fontaine des Quatre-Fleuves se trouvent la ***fontaine de Neptune,*** au nord ; et la ***fontaine du Maure,*** au sud. Dessinées par Giacomo Della Porta bien avant celle – centrale – du Bernin, elles n'ont pas pour autant échappé à l'influence du maître : la statue du Maure – au centre de ladite fontaine – est en effet l'œuvre du Bernin !

Chiesa Sant'Agnese in Agone *(plan détachable centre, C3)* **:** *piazza Navona. Tlj sauf lun 9h-13h, 15h-19h (20h w-e).*
Commandée en 1652 par le pape Innocent X (l'église renferme d'ailleurs sa sépulture) à Girolamo et Carlo Rainaldi, elle fut confiée à Borromini l'année suivante. L'artiste s'est particulièrement occupé de la coupole et de la façade de cet édifice bâti sur un plan en croix grecque. Richement décoré, l'intérieur est un bel exemple de style baroque. Sur les murs, plusieurs hauts-reliefs remarquables sur la vie des saints. Sur la droite, statue de Sant'Agnese. C'est par ailleurs à cet emplacement que sainte Agnès aurait été martyrisée. Âgée de 13 ans, elle fut forcée de se déshabiller sur l'injonction de son patron. Et le miracle arriva : subitement, ses cheveux se mirent à pousser si long qu'ils cachèrent sa nudité ! Après cette histoire tirée par les cheveux, on la décapita quand même pour rire un peu... Dans une pièce latérale (à gauche), on voit d'ailleurs les reliques de la sainte, en l'occurrence son crâne enchâssé dans un reliquaire en argent.

Chiesa Sant'Ivo dei Bretoni *(plan détachable centre, C3)* **:** *vicolo della Campana, 9. Ouv seulement pendant les messes (en français), jeu à 18h30 et dim à 18h.* À peu de distance de Saint-Louis-des-Français – et également propriété de la France – s'élève la petite église Saint-Yves, que les Bretons visitant Rome ne devraient pas manquer d'aller saluer ! Construite de 1875 à 1888 dans le style Renaissance, elle remplace un édifice médiéval qui comprenait une hôtellerie où descendaient les pèlerins bretons arrivant à Rome... Sur la façade, on admire le médaillon en terre cuite émaillée surplombant la porte et représentant la Vierge à l'Enfant, de l'atelier des Della Robbia.

Palazzo Altemps *(plan détachable centre, C3)* **:** *piazza Sant'Apollinare, 46. ☎ 06-399-677-00. • museonazionaleromano.beniculturali.it • Tlj sauf lun 9h-19h45. Dernière admission à 19h. Fermé 1er janv, 1er mai et 25 déc. Entrée : 10 € (13 € si expo temporaire) ; billet combiné (valable 3 j.) avec les terme di Diocleziano, la crypta Balbi et le palazzo Massimo : 12 € (15 € avec l'expo temporaire) ; réduc ; gratuit - 18 ans ressortissants de l'UE et pour ts 1er dim du mois. Roma Pass accepté. Audioguide en français : 5 €.*
Le palais Altemps a été construit et richement embelli au XVIe s par le cardinal Altemps, prélat d'origine autrichienne et neveu du pape Pie IV. Il en fit le cadre de sa vie princière et de ses ambitions curiales... Ce palais était, dit-on, encore plus beau que la villa Borghèse ! Désormais partie intégrante du Musée national romain, le palais abrite les 3 plus importantes collections (Mattei, Ludovisi et Altemps) de sculptures antiques rassemblées au XVIIe s. Elles font la part belle à la fois à la Rome antique et au culte de l'Antiquité qui se développa à partir de la Renaissance. Et certaines restaurations de statues ont tout de même été réalisées à l'époque par des artistes comme le Bernin et l'Algarde !

La visite

– On entre d'abord dans l'imposant ***cortile,*** où se trouvent 4 grandes statues romaines, copies de modèles grecs plus anciens, surmontées d'une superbe ***loggia*** avec fresques et bustes impériaux (voir plus loin, au 1er étage). Là, dominant la petite ***fontaine,*** voici le ***blason de la famille Altemps,*** intégrant un bouquetin. Au fond de la cour, un escalier descend vers un délicieux petit ***théâtre*** (pas toujours ouvert).

– ***Au rez-de-chaussée :*** on découvre bustes et sarcophages en marbre restaurés, dont une imposante tête de ***Marc Aurèle*** avec un étonnant drapé en bronze. Observez aussi le portrait d'***Antinoé,*** favori de l'empereur Hadrien. Lors de leur dernier voyage, le beau jeune homme s'est noyé dans le Nil (accident

ou complot ?). Hadrien, inconsolable, l'a divinisé et lui a dédié plusieurs statues dans sa prestigieuse villa de Tivoli. Il avait aussi fait sculpter le buste de sa belle-mère ***Matidia,*** elle aussi divinisée... Également la tête de l'empereur ***Antonin,*** posée sur un superbe corps d'athlète grec ; celle de ***Giulia,*** fille de Titus ; et puis des philosophes, comme ***Démosthène ;*** sans oublier ***Apollon, Athéna, Vénus, Bacchus...***
Aussi une intéressante ***petite collection de céramiques*** égyptiennes, grecques, étrusques et romaines, exposée dans une aile récemment ouverte.
– ***Au 1er étage :*** dans les ***salles égyptiennes,*** voici le splendide ***Torello Apis,*** dieu-taureau souvent associé à la déesse Isis, en serpentine du Ier s av. J.-C. Puis, la ***salle des perspectives peintes*** montre quelques beaux restes de paysages champêtres et de colonnades en trompe l'œil, peints à la fresque sous un magnifique plafond Renaissance en bois. Un bel écrin pour la statue de l'***Hermès Loghios*** et le très beau ***Satyre*** en marbre vert dont la détresse est si expressive. La ***salle de l'Arès,*** certainement l'une des salles à manger du palais au regard de ses trompe-l'œil, présente une belle statue d'Arès, dieu de la guerre, au repos. Massive tête de ***Junon (Héra),*** dans la ***salle du trône Ludovisi,*** qui représentait pour Goethe une référence dans l'art néoclassique allemand. Là, une frise raconte l'histoire de Moïse. Et ne ratez pas l'autel célébrant la ***naissance de Vénus ;*** le drapé mouillé et le marbre scintillant grec de Paros sont remarquables ! C'est alors qu'on pénètre dans les appartements privés du cardinal aux plafonds colorés et fresques superbes. Étonnante statue d'***Amour et Psyché,*** dont la restauration surprend : une tête de femme sur un corps d'homme ; et un corps d'homme avec des seins rajoutés, sur une base de femme drapée ! Étonnant aussi ce bas-relief en marbre rouge poli associé au culte de ***Dionysos,*** élément d'une fontaine disposé dans la ***chambre du cardinal.*** Mais le clou de la visite demeure certainement la ***salle du galate*** et sa superbe statue tragique du ***Galata Suicida.*** Ce Gaulois se suicidant est une copie commandée par César *himself* au lendemain de la conquête de la Gaule. Il constituait un ensemble avec le *Galate Morante* (exposé aux Musées capitolins) et vraisemblablement un 3e élément aujourd'hui égaré... À côté, un ***sarcophage*** colossal représente l'apogée de l'empire avec les hardis Romains écrasant les vilains Barbares. De là, on accède à la très belle ***chapelle,*** toujours en activité. Dans la foulée, ne manquez pas de traverser la somptueuse ***loggia*** (fin XVIe s) et son alignement de 12 bustes d'empereurs romains, sous un décor de fresques figurant une pergola. Oiseaux et putti y virevoltent parmi fleurs et fruits ! Et enfin la ***salle Mattei*** et son lot de têtes et de bustes antiques, sous de magnifiques lustres de Murano modernes... Remarquer l'étonnant Boxeur.

🎭🎭 ***Chiesa Santa Maria della Pace et chiostro del Bramante*** *(plan détachable centre, C3)* ***:*** *via Arco della Pace, 5. Église, tlj 9h30-18h ; cloître, tlj 10h-20h (21h w-e).*
Cette charmante petite église fut reconstruite au XVe s sous Sixte IV suite aux troubles dus à la conjuration florentine des Pazzi ; puis largement remaniée par le célèbre Pierre de Cortone, conformément à l'esprit baroque du XVIIe s. Et, quitte à bien faire, l'architecte a également redessiné la placette. La façade, toute de courbes et de contre-courbes, s'intègre par conséquent à un décor scénographique harmonieux. À l'inverse, l'intérieur est resté fidèle au plan original du XVe s : une courte nef rectangulaire ourlée de chapelles octogonales à coupoles. L'une d'entre elles recèle un véritable trésor : les *Sibylles* de ***Raphaël,*** juste au-dessus de la voûte de la chapelle Ghigi (1re à droite).
Ne manquez pas non plus de jeter un œil au superbe ***cloître*** du XVIe s réalisé par ***Bramante*** (entrée par la gauche de l'église ; précisez que vous allez voir le cloître, c'est gratuit). Il s'agit là de la 1re œuvre que le grand architecte de la Renaissance réalisa à Rome en 1504. Les salles qui le bordent accueillent aujourd'hui des expos temporaires payantes *(• chiostrodelbramante.it •)* et une agréable ***cafétéria*** à l'étage (voir plus haut dans « Où boire un verre ?... »).

Palazzo Madama *(plan détachable centre, C3) : piazza Madama, 11. ☎ 06-670-621-77. • senato.it • Visite guidée (50 mn) en italien le 1er sam du mois (sauf août) ; retrait des billets dès 11h et départ des visites ttes les 30 mn, 13h30-18h. GRATUIT. Tenue correcte exigée ; photos et vidéos interdites.* Construit au XVIe s pour la famille Médicis, le palais est flanqué d'une façade baroque élevée un siècle plus tard. Le nom de l'édifice date de l'époque où il était la résidence de la fille de Charles Quint, Marguerite d'Autriche. Il demeure aujourd'hui le siège du Sénat italien, d'où une forte présence policière et militaire.

Chiesa San Luigi dei Francesi *(église Saint-Louis-des-Français ; plan détachable centre, C3) : piazza San Luigi dei Francesi. ☎ 06-80-82-71. • saintlouis-rome.net • Tlj 9h30 (11h30 dim)-12h45 (12h15 sam), 14h30-18h30. Messe en français lun-ven à 19h, sam à 12h30 et dim à 10h30 (les œuvres ne sont donc pas visibles pdt l'office, de même qu'à l'occasion d'un baptême ou d'un mariage). Visite guidée en français avec le prêtre dim à 9h15 ; rdv devant l'église.*

Commencée en 1518 et en partie subventionnée par Henri II, Henri III et Catherine de Médicis, elle fut consacrée église nationale des Français de Rome dès son achèvement en 1589. La façade dessinée par l'architecte Giacomo Della Porta est décorée de la salamandre de François Ier et ornée des statues de Charlemagne et de Saint Louis. Restauré au XVIIIe s, l'intérieur de l'édifice est surtout célèbre pour abriter ***3 tableaux du Caravage,*** accrochés dans la 5e chapelle de la nef gauche. Réalisées à la fin du XVIe s pendant la Contre-Réforme, les compositions, très novatrices pour l'époque, évoquent les principales étapes de la vie de saint Matthieu. Dans ***La Vocation de saint Matthieu*** (à gauche), le Caravage prend ses distances avec le symbolisme traditionnel et privilégie un traitement réaliste du sujet (Matthieu est le personnage barbu de face, sur lequel un jeune homme s'appuie). Il s'agit plus d'une scène de genre, dans laquelle chaque protagoniste porte le costume de l'époque, que d'un épisode biblique au sens strict du terme. Une approche audacieuse peu appréciée de ses contemporains, car l'artiste dut reprendre ses pinceaux pour ***L'Inspiration de Matthieu*** (au centre), jugée blasphématoire ! Ce qui ne l'a pas empêché de présenter un ***Martyre de saint Matthieu*** (à droite) tout aussi atypique, où la composition exemplaire met en scène un assassinat d'une rare brutalité. Il faut dire que l'artiste était un rebelle, voire un véritable marginal... En tout cas, ses œuvres sont superbes et les effets de lumière prodigieux.

Admirer aussi dans la 2e chapelle de droite les belles ***fresques du Dominiquin*** racontant la vie de sainte Cécile (XVIIe s), ainsi qu'un ***tableau de Guido Reni*** également consacré à la sainte (XVIIe s). Enfin, pour la petite histoire, c'est dans l'église que Chateaubriand fit enterrer sa maîtresse, Pauline de Beaumont (relire les *Mémoires d'outre-tombe*), dans une tombe décorée d'un bas-relief en marbre blanc...

Basilica Sant'Agostino in Campo Marzio *(plan détachable centre, C3) : piazza Sant'Agostino. Tlj 7h45-12h, 16h-19h30.* Élevée au XIVe s, cette église montre une façade à la fois sobre et élégante, percée de 3 oculus et surplombée d'un fronton triangulaire. Mais ce n'est qu'au XVIIe s, sous Pie IX, que le travertin intérieur fut recouvert de marbres et de fresques. N'y manquez pas la fresque du *Prophète Isaïe* peinte par ***Raphaël*** sur le 3e pilier gauche de la nef, au-dessus d'une statue de la Vierge à l'Enfant et sainte Anne. Autre temps fort de la visite : *La Madone des pèlerins,* touchant tableau du ***Caravage*** (1re chapelle à gauche). Voir aussi le retable signé du ***Guerchin,*** représentant *Saint Augustin entre les saints* (chapelle du transept droit). Enfin, notez la statue de la *Vierge de l'enfantement,* entourée d'ex-voto roses et bleus (juste à gauche en entrant) ! Les femmes enceintes viennent la prier pour leur accouchement, puis la remercier quand tout s'est bien passé...

Museo di Roma – Palazzo Braschi *(plan détachable centre, C4)* **:** *piazza Navona, 2 ou piazza San Pantaleo, 10. ☎ 06-06-08. • museodiroma.it • Tlj sauf lun 10h-19h (14h les 24 et 31 déc). Dernière admission 1h avt. Entrée : 9,50 € (13 € en cas d'expo temporaire) ; réduc.* Roma Pass *accepté. Audioguide en français : 4 €. Gratuit le 1er dim du mois.*
Achevé au début XIXe s pour le compte de Luigi Braschi, neveu du pape Pie VI et maire de Rome, ce prestigieux palais néoclassique est vendu à l'État en 1871, avant d'abriter le ministère de l'Intérieur et de servir de siège à plusieurs institutions fascistes. Après la Seconde Guerre mondiale, il devient musée de la ville et achève une profonde restauration en 2010.
– ***Au 2e étage :*** l'histoire et la vie de Rome sont ici évoquées à travers une foule de peintures (XVIIe-XIXe s) classées par thèmes : le Tibre, les fêtes, la religion, les transformations politiques et sociales... Le tout exposé dans des salles du palais à l'architecture et la déco grandioses !
– ***Au 3e étage :*** fresques, éléments d'architecture, maquettes, photos anciennes et films noir et blanc évoquent la transformation du paysage urbain au XXe s, les fouilles archéologiques de la cité, la démolition de certains quartiers et la transformation des berges du Tibre.

PASQUINO, LA STATUE PARLANTE

Située sur la piazza Pasquino, on accolait sur son socle des pamphlets contre le gouvernement ou le pape. Par ces mots anonymes et souvent humoristiques, le peuple exprimait son mécontentement. Ces critiques étaient un exutoire salutaire pour la démocratie. Encore aujourd'hui, on peut voir à côté de la statue (car elle a été entièrement rénovée et il est désormais interdit d'y coller des papiers), un panneau où il est toujours possible d'afficher ses revendications.

Museo Napoleonico *(plan détachable centre, C3)* **:** *piazza Ponte Umberto I°, 1. ☎ 06-687-42-40. • museonapoleonico.it • Tlj sauf lun 10h-18h (14h les 24 et 31 déc). Dernière admission 30 mn avt. Fermé 1er janv, 1er mai et 25 déc. GRATUIT. Appli à télécharger disponible en français : 2,30 €.* Situé au bord du Tibre, ce musée intéressera les fans de Napoléon et de l'Italie napoléonienne. La collection de Giuseppe Primoli, petit-neveu de Napoléon par sa mère (Charlotte Bonaparte, elle-même fille de Joseph Bonaparte, frère de Napoléon), témoigne essentiellement des rapports de la famille Bonaparte avec Rome, du règne de Napoléon Ier au Second Empire. Tableaux des membres de la famille, mobilier Empire, nombreux objets portant le sceau impérial, robes et uniformes, etc. Lors des expos temporaires, on ressort même la vaisselle, les horloges et les nécessaires en argent doré ! Parmi les curiosités, noter le moule du sein de Pauline Bonaparte, princesse Borghèse, signé Canova, qui servit à sculpter sa superbe *Vénus de Praxitèle* exposée à la galerie Borghèse ; le vélocipède « Ancienne Maison Michaux & Cie » offert par le prince Eugène Napoléon à l'un de ses cousins en 1863 ; et puis cette jolie boîte de jeux en bois laqué avec ses jetons en nacre, possession de Napoléon en exil à Sainte-Hélène.

Museo Mario Praz *(plan détachable centre, C3)* **:** *via Zanardelli, 1. ☎ 06-686-10-89. • polomusealelazio.beniculturali.it • Visites accompagnées (45 mn) en italien jeu et ven 14h30-18h30, sam 9h-13h. GRATUIT.* Le *palazzo Primoli*, élégante demeure romaine, est devenu le siège de l'insolite maison-musée Mario Praz, méconnue des touristes. L'écrivain italien Mario Praz (1896-1982) fut professeur d'histoire de l'art et surtout un collectionneur avisé, spécialiste de la littérature anglo-saxonne. On visite le musée comme un appartement privé avec sa succession de pièces : galerie, atelier, chambres, bibliothèque, salle à manger, vestibule... Bibelots néoclassiques, tableaux romantiques, mobilier en bois, objets d'art en tout genre (et pas toujours de bon goût !) se succèdent. Un endroit original qui vaut bien une petite visite.

LE PANTHÉON ET SES ENVIRONS

Le Panthéon *(plan détachable centre, C3-4)*

– ***Infos pratiques :*** *• pantheonroma.com • Tlj 9h-19h30 (18h dim, 13h j. fériés en sem). Dernière admission 15 mn avt. Fermé 1er janv, 1er mai et 25 déc. Attention, accès fermé lors des messes (car c'est aussi une basilique !) : sam à 17h et dim à 10h30. GRATUIT. Tablette en français : 6 €. Visites guidées en italien et anglais payante (sur résa, voir site internet).*

La visite

Contrairement à ce qu'indique l'inscription gravée sur le fronton du portique, « *M. Agrippa L. F. Cos. Tertium fecit* » (« Marcus Agrippa, fils de Lucius, consul pour la troisième fois, fit ceci »), l'édifice le plus spectaculaire de la Rome antique est principalement l'œuvre d'Hadrien. Le 1er temple, élevé ici par Agrippa en 27 av. J.-C., n'avait pas résisté au terrible incendie de l'an 80 apr. J.-C. Si le bâtiment à l'arrière du Panthéon peut encore lui être en partie attribué, l'imposante rotonde, gloire de Rome, revient bien à Hadrien. Près de 20 siècles se sont donc écoulés depuis la reconstruction de ce temple vers 125... et pourtant, il est toujours debout, dans un parfait état de conservation qui devrait amener les bâtisseurs contemporains à plus de modestie. Dédié à l'origine aux 7 divinités planétaires, le Panthéon (qui doit son nom à la coupole dont la forme évoque le séjour céleste de tous les dieux) fut sauvé de la ruine au début du VIIe s par le pape Boniface IV qui l'a consacré au culte chrétien, le renommant *basilica di Santa Maria ad Martyres.*

Prenez le temps d'en faire le tour pour bien jauger les proportions monumentales du monument et détailler sa façade à l'***imposant portique gréco-romain*** : largeur 35 m ; profondeur 16 m ; colonnes au nombre de 16, de style corinthien et sculptées dans un seul bloc de granit !

L'intérieur du Panthéon est tout aussi exceptionnel. On y pénètre après avoir franchi une ***porte en bronze à double battant*** qui serait d'origine antique. Une fois au centre du monument, vous en découvrirez l'élément le plus génial : ***la plus grande coupole de toute l'Antiquité,*** son diamètre (43,30 m, soit 150 pieds romains) étant égal à sa hauteur (43,30 m également !). Bien sûr, vous noterez qu'elle est ouverte sur le ciel par un oculus central (9 m de diamètre). Quand il pleut, il pleut donc à l'intérieur ! Cette coupole servit de référence à Bramante et à Michel-Ange, qui travaillèrent à la réalisation de celle de Saint-Pierre dont les dimensions ne parviennent pourtant pas à égaler celles du Panthéon... De superbes colonnes précèdent chacune des ***niches latérales,*** dans lesquelles étaient autrefois placées des statues représentant les dieux. Aménagées en chapelles, elles abritent aujourd'hui les sépultures de certains rois d'Italie, notamment le ***tombeau noir de Victor-Emmanuel II,*** assez sévère, en bronze, surmonté de son aigle. On remarque parfois un garde royaliste bénévole en costume qui veille sur ces tombes royales... Situé au fond à gauche et surmonté d'une *Madonna del Sasso,* le ***tombeau de Raphaël*** attire pas mal de monde. Noter son épitaphe, signée du poète Pietro Bembo : « Ci-gît Raphaël, qui toute sa vie durant fit craindre à la Nature d'être dominée par lui et, lorsqu'il mourut, de mourir avec lui. » Bon, malgré ce que dit le panneau sur le côté, il semblerait qu'il n'y ait plus rien dans la tombe depuis bien longtemps... Sur la gauche de la Madonna, le buste en bronze de l'artiste dans sa prime jeunesse.

CES BARBARES DE BARBERINI

Au XVIIe s, le pape Urbain VIII, membre de la famille Barberini, demanda au Bernin de faire fondre les plaques de bronze du Panthéon afin de fabriquer le baldaquin de la basilique Saint-Pierre. En représailles, les mauvaises langues inventèrent le dicton suivant : « Ce que les Barbares n'ont pas fait, les Barberini l'ont fait ! »

Autour du Panthéon

Piazza della Rotonda *(plan détachable centre, C3)* **:** la visite du Panthéon terminée, vous éprouverez peut-être le besoin de prendre un peu de recul sur ce magnifique monument et, pourquoi pas, un verre-bain-de-foule sur l'une des nombreuses terrasses de cette place fort touristique, plantée d'une fontaine surmontée d'un obélisque égyptien, rapporté par les Romains durant l'Antiquité. Malgré le monde, un point de passage incontournable ! Très bel éclairage le soir.

Chiesa Sant'Ivo della Sapienza *(plan détachable centre, C3)* **:** *corso di Rinascimento, 40. Ouv seulement lors des messes : mer à 14h et dim 9h-12h.* On pénètre d'abord dans une cour, de style superbement Renaissance, à laquelle est venue s'accrocher, au fond, une église totalement baroque que l'on doit à Borromini (XVIIe s). L'artiste a dû, dans la largeur de l'espace, inclure la chapelle de l'Université, dédiée à la sagesse *(sapienza).* C'est la juxtaposition des styles qui interpelle le regard ici. La façade alterne des ondulations convexes et concaves entre le 1er et le 2e niveau, qui répond hardiment aux canons de la Renaissance des autres côtés de la cour, composés d'angles droits, de symétrie, de rectitude. En levant encore un peu les yeux vers la chapelle, voir le lanternon qui coiffe l'édifice, en colimaçon, évoquant l'inexorable élévation vers le savoir, la connaissance, bref, vers le ciel !

Basilica Santa Maria sopra Minerva *(plan détachable centre, C4)* **:** *piazza della Minerva, 42. ● santamariasopraminerva.it ● Lun-ven 7h-19h, w-e 10h (8h dim)-12h30, 15h30-19h.* L'église doit son nom au temple de Minerve, qui occupait jadis les lieux. Fondée au VIIIe s, elle connut de nombreuses modifications : reconstruite par les dominicains au XIIIe s dans un style gothique, elle est présentée parfois comme étant la seule église romaine bâtie dans ce style. L'intérieur livre une vaste collection d'œuvres d'art : fresques sur la vie de saint Thomas d'Aquin par ***Filippino Lippi*** (XVe s) dans la *capella Carafa* du transept de droite, tombeaux des papes Léon X et Clément VII, etc. ; sans compter la ***sépulture du célèbre peintre Fra Angelico*** : une simple pierre tombale (XVe s) signée du sculpteur Isaia da Pisa (dans la chapelle à gauche du chœur), qui tranche avec la pompe des tombes papales. Et aussi plusieurs œuvres du ***Bernin*** (XVIIe s). Près de l'autel, à gauche, ne pas rater non plus la statue du *Cristo redentore* – tenant sa croix – commencée par ***Michel-Ange,*** superbe, même si l'artiste chargé d'achever l'œuvre avait manifestement moins de talent. Noter l'élégant cache-sexe doré pas très mode ! Enfin, à la place d'honneur sous le maître-autel, le corps de sainte Catherine de Sienne (XIVe s) repose dans un sarcophage de marbre...

Sur la place de l'église, ne manquez pas l'insolite ***Éléphant en marbre du Bernin,*** portant sur son dos un obélisque égyptien. Une œuvre riche en symboles. L'obélisque s'apparente à un rayon de soleil divin ; quant au pachyderme, par sa force, il évoque la terre. Si le 1er traverse le 2[d], la vie peut avoir lieu ! N'oublions pas que ce sont les Égyptiens qui les 1ers transmirent aux Hébreux, puis aux chrétiens, *Le Livre des morts,* fondé sur le principe de la résurrection de la chair. À la fin de sa vie, l'homme quittera la Terre – donc, l'éléphant – pour ressusciter au Ciel aux côtés du Soleil. Suivez l'obélisque, il indique le chemin ! La croix à son sommet illustre ainsi pleinement la résurrection du Christ. Un autre éléphant-obélisque de ce type trône face au *duomo* de Catane, en Sicile...

Piazza Sant'Ignazio *(plan détachable centre, C3)* **:** adorable et baroque, sa structure évoque celle d'un théâtre à l'italienne, où le parvis de l'église serait la scène, les courbes des belles façades arrondies ocre, les balcons en fer forgé les loges des spectateurs derrière lesquelles on devine les coulisses. Enlevez le conditionnel, car figurez-vous qu'on y donnait effectivement des représentations théâtrales... Devant une église, cela ne manquait pas d'audace, ni de panache !

Chiesa Sant'Ignazio di Loyola *(plan détachable centre, C3)* **:** *piazza Sant'Ignazio. • santignazio.gesuiti.it • Tlj 7h30 (9h dim et j. fériés)-19h.* Élevée au XVIIe s, elle est dédiée au fondateur de l'ordre des jésuites et du Collège romain, Ignace de Loyola. Derrière une imposante façade Contre-Réforme, l'église renferme un vertigineux ***trompe-l'œil décorant la voûte centrale de l'abside,*** signé du père Andrea Pozzo. Faute de moyens, pour créer l'illusion d'une coupole, l'artiste a peint sur une toile tendue, en noir et blanc, des lignes de fuite, un oculus et un lanternon décentrés. Du centre de la nef, posté sur le petit cercle de l'allée centrale, l'effet est prodigieux et l'illusion parfaite. Puis, en s'avançant doucement, on découvre l'incroyable supercherie ! C'est le baroque par excellence qui s'exprime ici. Tant que vous avez le nez en l'air, notez aussi l'admirable plafond avec son effet à ciel ouvert dû aux 4 arcs de triomphe peints et portant les inscriptions des 4 continents où les jésuites ont essaimé la bonne parole. Là, le sentiment d'élévation est intense, presque bouleversant. C'est là que l'artiste se rapproche... du divin ! Ici, on est dans une église réellement jésuite, comme le prouve cette grande nef unique, conçue pour ne pas disperser les ouailles... Dans les transepts, des autels bordés de colonnes torses superbes et de hauts-reliefs en marbre tout aussi remarquables.

Du côté de la via del Corso

La ***via del Corso*** *(plan détachable centre, D3-4 et plan détachable d'ensemble, C-D2-3),* reliant en droite ligne la piazza del Popolo à la piazza Venezia, c'est la seule artère d'époque romaine qui ait traversé le temps avec son tracé d'origine et sa vocation commerçante toujours active. Bordée de nombreux palais, son nom actuel provient des courses de chevaux que le pape Paul II y organisait...

Palazzo Doria Pamphilj *(plan détachable centre, D4)* **:** *via del Corso, 305. ☎ 06-679-73-23. • doriapamphilj.it • Tlj 9h-19h (17h 24 déc). Dernière admission 1h avt. Fermé 3e mer du mois, 1er janv, lun de Pâques et 25 déc. Entrée : 12 € ; réduc ; audioguide (2h) en français compris. Visite guidée (en italien ou en anglais) payante des appartements privés (se renseigner).*
C'est par la via del Corso qu'on pénètre dans l'un des plus grands et prestigieux palais romains privés. Il faut dire que la présence d'un pape dans la famille (Innocent X) a contribué – comme pour les Colonna – à la fortune de celle-ci ! Datant du début du XVIe s, ce palais, qui compte près de 500 pièces, fut néanmoins largement transformé jusqu'au XIXe s. Certes, on s'attendait à un riche décor intérieur, mais là, cette accumulation d'œuvres d'art dépasse toutes les espérances ! C'est en toute simplicité la plus importante collection privée d'Italie et probablement même d'Europe ! La visite habituelle passe par la partie du palais où sont exposés tous les chefs-d'œuvre. Mais, en fonction de l'humeur des princes, il peut arriver qu'on laisse ici ou là une porte entrouverte... On découvre alors pleinement le faste de la décoration, le luxe de l'ameublement, ce qui permet de se faire une petite idée de la vie que menaient autrefois les aristocrates romains. Car, il faut bien le reconnaître, les palais de la capitale italienne sont plutôt austères de l'extérieur. Les papes rechignaient en effet à exhiber leurs richesses. Mais à l'intérieur, quel contraste ! On se défoule, les richesses affluent et c'est partout débauche de moulures, de dorures, de miroirs, de plafonds peints... Si vous avez de la chance donc, vous apercevrez un échantillon de ces appartements privés. Sachez d'ailleurs que les familles ayant eu l'honneur d'avoir l'un des leurs élu pape font partie de ce que l'on appelle l'« aristocratie noire ». Ils reçoivent automatiquement le titre de prince – à vie et en héritage – et profitent des privilèges dus à ce rang. Par exemple, chaque pape nouvellement élu rencontre en 1er lieu ces princes romains.
La visite du palais peut être à géométrie variable. Quoi qu'il en soit, voici quelques salles qui sont généralement toujours visibles. L'audioguide, réalisé par l'un des descendants de la famille, permet de faire une visite passionnante.

– ***Au rez-de-chaussée :*** avant de monter à l'étage, on peut (mais pas toujours) jeter un coup d'œil à la salle des bains, datant du XIXe s et couverte d'un décor inspiré par Pompéi.
– ***Salle Pussino :*** elle doit son nom au Pussino, surnom de Gaspard Dughet, beau-frère du peintre Nicolas Poussin et ancien... boulanger. Dughet, qui fut l'un des grands peintres paysagistes à Rome au XVIIe s, était aussi l'un des artistes préférés de la famille Pamphilj. Dans cette salle où les tableaux (véritables papiers peints de l'époque) se touchent presque, bord à bord d'une façon impressionnante, on peut admirer, entre autres, des toiles peintes conjointement par le paysagiste Dughet et le figuriste Guillaume Courtois, qui y ajoutait les personnages.
– ***Salle des Velours :*** tendue de velours de Gênes, certains datant du XVIIe s. Au plafond, l'aigle des Doria et le lys des Pamphilj. Belles consoles de marbre aux pieds sculptés dorés du XVIIIe s et sol original en terre cuite du XVIIe s.
– ***Salle du Trône :*** utilisée pour recevoir le pape ; à noter que le trône est tourné dos aux visiteurs, pour signifier que le pape est absent.
– ***Salle de Bal :*** créée en 1903. Beaucoup d'appliques en cristal. Haendel y composa son 1er *oratorio.* Noter, dans un angle, la petite alcôve où prenait place l'orchestre, éclairée par de vieilles ampoules à filament de platine (fin XIXe-début XXe s) !
– ***Chapelle :*** ravissants trompe-l'œil très chargés de la fin du XVIIe s, admirable plafond et reliques de saint Théodore et d'un autre saint appelé « le centurion ». Rappelons que les papes avaient le droit de rapporter des reliques chez eux. Par conséquent, la momie du saint est toujours en bonne place !
– ***Galerie Aldobrandini :*** les tableaux y tapissent littéralement les murs, de manière dépareillée. Voici plusieurs toiles du ***Lorrain,*** de ***Bruegel le Jeune*** *(Bataille dans le port de Naples),* mais aussi de ***Guido Reni,*** d'***Annibale Carracci*** et de ***Hermann Swanevelt.*** Sans oublier un buste en marbre du pape Innocent X du ***Bernin.***
– ***Cabinet Vélasquez :*** occupé par un portrait de Giovan Battista Pamphilj, pape de 1644 à 1655 sous le nom d'Innocent X, signé ***Vélasquez.*** Noter son regard, presque photographique. Sa position est inspirée du portrait de Jules II peint par Raphaël et devenu une référence pour croquer les papes. Également un buste du même Pamphilj sculpté par le ***Bernin.***
– ***Galerie des Glaces :*** elle donne sur la via del Corso et sur le patio. La lumière y pénètre de partout, baignant les statues rafistolées (les restaurateurs de l'époque empruntaient des morceaux à d'autres œuvres pour remplacer les bouts manquants !). Les fresques de la voûte illustrent quelques travaux d'Hercule. Parmi les nombreuses œuvres exposées ici, remarquer cette étonnante petite composition de Tempesta, peinte directement sur une plaque de marbre, afin d'utiliser les veines de la pierre dans le traitement des couleurs.
– ***Galeries Pamphilj et Doria :*** elles abritent encore leur lot de chefs-d'œuvre provenant des collections privées de la famille. On salue au passage Olimpia Maidalchini Pamphilj, dont le buste a été sculpté par ***Alessandro Algardi*** (écoutez bien l'audioguide, il vous contera les arcanes du pouvoir et de la fortune familiale... croustillant !). Parmi les toiles les plus intéressantes : *Suzanne et les Vieillards* d'***Annibale Carracci,*** un *Saint Jean-Baptiste,* copie d'un tableau du Caravage. Thème récurrent de la peinture de l'époque, la *Madeleine pénitente* encore et toujours représentée, souvent troublante. De ***Jan Bruegel le Jeune*** également, la série des 4 éléments : le feu, la terre, l'eau et l'air.
– ***Salle Aldobrandini :*** la cerise sur le gâteau, dans une salle qui ressemble à un simple dépôt d'antiquités ! Voir d'abord le centaure en marbre polychrome (très rare), le petit Bacchus enfant en porphyre et quelques autres belles statues provenant de la villa Doria Pamphilj. Puis, aux murs, voici 34 tableaux dont ***3 magnifiques Caravage*** : la *Madeleine pénitente,* le *Repos durant la fuite en Égypte* (sachez qu'ici même a été rejouée une moitié de la partition lisible tenue par Joseph dans ce tableau !) et *Saint Jean-Baptiste ;* les 3 toiles datant de l'arrivée de l'artiste à Rome. Et encore une *Salomé* de ***Titien,*** une *Déposition* de ***Giorgio Vasari*** et le double portrait de ***Raphaël.***

Piazza Colonna *(plan détachable centre, C3)* **:** cette place doit son nom à la ***colonne de Marc Aurèle,*** inspirée de celle de Trajan (son ainée de 80 ans) et dressée en son centre. Au sommet de celle-ci se trouvait naguère une statue de l'empereur Marc-Aurèle, mort de la peste. Fin XVIe s, le pape Sixte V, pensant sans doute que la statue devait être également pestiférée, la remplaça par une autre, celle de saint Paul. Bordant cette place au nord, le ***palazzo Chigi*** (XVIe-XVIIe s) abrite aujourd'hui la présidence du Conseil des ministres.

Piazza di Montecitorio *(plan détachable centre, C3)* **:** derrière la piazza Colonna se trouve cette autre place prestigieuse, où se dresse depuis la fin du XVIIIe s un ***obélisque*** toujours debout malgré son grand âge. Il daterait en effet du VIe s av. J.-C. et servait jadis d'aiguille à un cadran solaire tracé sur le sol. Le ***palazzo di Montecitorio,*** qui domine cette place, est le siège de la Chambre des députés. Le palais *(entrée libre le 1er dim du mois, sauf août),* agrandi au début du XXe s, donne aussi sur la piazza del Parlamento, située juste derrière.

QUARTIERS DU CAMPO DEI FIORI ET DU GHETTO

Qu'attendez-vous donc pour partir à la découverte du campo dei Fiori, cet ancien quartier populaire dont les maisons aux façades disparates accusent le poids des siècles ? S'il s'est aujourd'hui largement embourgeoisé, il offre encore quelques boutiques d'artisans, dont la grande majorité se sont muées en ateliers de créateurs et jalonnent aujourd'hui la via di Monserrato pour le plus grand plaisir des amateurs de belles choses.
Le Ghetto quant à lui est l'un des plus anciens quartiers de Rome. Populaire et profondément ancré dans la culture hébraïque, il attire aujourd'hui les férus de poésie urbaine. Clins d'œil architecturaux insolites, vieilles façades et passages secrets, au détour desquels apparaissent une fontaine, un *palazzo* décrépi... Autant de vieilles pierres autant de lieux chargés d'histoire où viennent aujourd'hui se nicher un resto, un bar, une terrasse pour laisser filer les heures en été... Et puis n'hésitez pas à plonger votre main (à la manière d'Audrey Hepburn) dans la gueule du lion de la *Bocca della Verità*... pour un vrai moment de vérité !

Où dormir ?

Dans le campo dei Fiori – corso Vittorio Emanuele II

De prix moyens à chic

☗ **Navona Essence Hotel** *(plan détachable centre, C4,* ***114****) : via dei Cappellari. ☎ 06-876-05-186. • booking@navonaessencehotel.it • Doubles 120-220 € (attention, les prix s'envolent aux ponts de mai).* On ne peut plus centrale que cette adresse nichée dans cette ruelle à 2 pas du campo dei Fiori. Un hôtel bien sous tous rapport avec des chambres confortables et plutôt grandes vu l'étroitesse de la façade. Préférez les chambres en étage élevé, qui ont plus de lumière.

☗ ☂ **Hotel Smeraldo** *(plan détachable centre, C4,* ***111****) : via dei Chiavari, 20. ☎ 06-687-59-29. • info@smeraldoroma.com • smeraldoroma.com • ♿ Doubles 110-220 €.* Hors saison, probablement l'un des meilleurs rapports qualité-prix du quartier. Un ensemble d'une cinquantaine de chambres pas bien grandes mais classiques et élégantes. Le petit plus ici, c'est la terrasse du dernier étage, avec vue sur les toits.

☗ **Casa Banzo** *(plan détachable centre, C4,* ***117****) : piazza del Monte di Pietà, 30. ☎ 06-683-39-09. • elptomas@tin.it • casabanzo.it • Doubles 100-135 € ; également des apparts.* Ce superbe palais des XVe-XVIe s organisé autour d'une cour offre quelques chambres en version *B & B*, toutes très différentes. Celles du rez-de-chaussée sont bien agréables mais pas très lumineuses et peu aérées. Celles à l'étage sont plus claires. Toutes joliment meublées. Bon accueil.

De chic à très chic

☗ **Hotel Damaso** *(plan détachable centre, C4,* ***119****) : piazza della Cancelleria, 62. Doubles 120-200 €.* Un hôtel dans un beau palais XVIIIe s entièrement rénové hyper central. Une petite touche déco design années 1950 (papier peint, fauteuils aux pieds compas) avec bien sûr tout le confort actuel. Literie de qualité et pour les chanceux qui sont dans les étages élevés, chambres avec petits balcons (en enfilade) embrassant les toits et les dômes de Rome. Salle de petit déjeuner très agréable même si elle donne directement sur la bouillonnante via Vittorio Emanuele II. Et en plus, le personnel est aux petits soins et saura répondre à vos attentes avec gentillesse... et avec le sourire.

Maison Giulia *(plan détachable centre, C4,* ***112****) : via Giulia, 189a. ☎ 06-688-083-25. 388-921-12-00. • info@maisongiulia.it • maisongiulia.it • Doubles 70-150 €. Également une suite et des apparts dans le quartier.* Dans la très calme et élégante via Giulia abritant de nombreux palais, voici un petit hôtel avec une poignée de chambres seulement, assez petites mais très confortables, bénéficiant d'une déco sans fioritures. Préférer celles situées côté cour, moins bruyantes. Une jolie adresse donc, qui devient particulièrement attractive en basse saison. Seul hic : la salle du petit déj est au sous-sol. Accueil chaleureux.

Hotel Teatro di Pompeo *(plan détachable centre, C4,* ***116****) : largo del Pallaro, 8. ☎ 06-683-001-70. • booking@hotelteatrodipompeo.it • hotelteatrodipompeo.it • Doubles 80-220 €.* Cette maison étroite occupe une partie de l'emplacement exact de l'ancien théâtre de Pompée... On apprécie l'endroit pour son atmosphère calme et intime, le confort de ses 12 chambres lumineuses, parfois mansardées avec poutres apparentes, et les caves voûtées pleines de cachet où est servi le petit déj. Préférer les chambres du bâtiment principal à celles de l'annexe *Sogiorno di Pompeo* (même confort, mais un peu moins de charme). Accueil agréable.

Hotel Campo de' Fiori *(plan détachable centre, C4,* ***118****) : via del Biscione, 6. ☎ 06-687-48-86. • info@boutiquehotelcampodefiori.com • hotelcampodefiori.com • Doubles 100-500 € (compter 160-180 € en moyenne et basse saisons pour les chambres les moins chères). Également quelques studios et apparts.* Ce bel édifice, vieux de 2 siècles, dont la façade est mangée par la vigne vierge, a été superbement restauré. On compte à présent des chambres réparties sur 6 étages. Les plus chères, qui sont les plus haut perchées mais surtout les plus grandes, disposent en outre d'une terrasse privative. Déco baroquisante, meubles anciens, plafond à caissons pour certaines, le décorateur a soigné l'ambiance. Terrasse-jardin sur le toit.

Argentina Residenza *(plan détachable centre, C4,* ***115****) : via di Torre Argentina, 47. ☎ 06-68-80-95-33. • info@argentinaresidenzastylehotel.com • argentinaresidenza.com • Doubles 140-300 €.* On a l'impression de se retrouver dans une maison privée à l'ambiance confidentielle. Côté déco, c'est vu et revu, gage sans doute d'un confort standard, d'autant que les chambres sont plutôt généreusement dimensionnées. Excellent petit déj. En revanche, vous n'y ferez pas la grasse matinée, car il faut lever le camp avant 10h du mat !

Où manger ?

Aux alentours du campo dei Fiori

Sur le pouce

Forno Campo de' Fiori *(plan détachable centre, C4,* ***361****) : piazza Campo dei Fiori, 22 (pizzeria). ☎ 06-880-66-62. • info@fornocampodefiori.com • Sandwicherie juste à côté, vicolo del Gallo, 14. Lun-sam 7h30-14h30, 16h45-20h pour la pizzeria ; 10h30-17h pour la sandwicherie. Fermé dim.* C'est une institution. D'un côté une sandwicherie : bon choix de pains fantaisie, *focacce*, biscuits secs, pâtisseries, etc., au poids ou à la pièce. De l'autre, *panini* et *pizze.* Si c'est possible, préférez la fin de matinée ou le début d'après-midi car le service est bousculé le midi...

QUARTIERS DU CAMPO DEI FIORI ET DU GHETTO

Forno Roscioli *(plan détachable centre, C4,* ***362****) : via dei Chiavari, 34. ☎ 06-686-40-45. • roscioliforno@gmail.com • Lun-sam 7h-20h, dim 8h30-19h.* Cette alléchante boulangerie de quartier propose de nombreux pains, viennoiseries, et de belles parts de pizza et de tarte à se mettre sous la dent, le coude posé sur des tout petits comptoirs.

Il Fornaio *(plan détachable centre, C4,* ***363****) : via dei Baullari, 5-7. ☎ 06-688-039-47. Tlj 7h-20h.* Une boulangerie qui voit défiler Romains et touristes pour déguster ses biscuits secs artisanaux. On y vient aussi pour son délicieux pain et ses tartes qu'il décline en sandwichs le midi. Goûtez à la tartelette à la pistache, vous nous en direz des nouvelles...

Supplizio *(plan détachable centre, B4,* ***360****) : via dei Banchi Vecchi, 143. 📱 345-425-70-13. • suppliziocoroma@gmail.com • Tlj sauf dim ap-m.* Qu'est-ce qui fait courir les Romains jusqu'ici ? Le *supplizio,* cette boulette frite garnie de viande ou de légumes (un proche cousin de l'*arancino* sicilien). À déguster sur place, affalé sur le canapé ou en équilibre sur les tabourets, le nez dans un verre de vin bio.

Monte Forte Pane e Vino *(plan détachable centre, B4,* ***397****) : via del Pellegrino, 129. ☎ 06-253-995-50. • info@fornomonteforte.com • Tlj 7h30-22h.* Cette appétissante boulangerie idéalement placée propose une foule de pains et de délicieux sandwichs à grignoter le midi, idéal quand on n'a pas trop de temps dans la journée ! Et pour ceux qui en ont plein les pattes, il y a quelques tables hautes quand même.

Bon marché

|●| ***Filetti di Baccalà*** *(plan détachable centre, C4,* ***364****) : largo dei Librari, 88. ☎ 06-686-40-18. Tlj sauf dim 17h-22h30. Plat env 6 €.* Contournez l'armée d'impatients qui fait le pied de grue devant cette gargote minuscule en attendant leur commande, il se pourrait bien que vous dégotiez une place quand même. Ici, la spécialité ce sont les beignets de morue. Dès les premiers frimas, on l'accompagne d'une salade de *puntarelle,* une sorte de gros pissenlit qui aurait fricoté avec une asperge... C'est délicieux !

|●| ***Osteria Orbitelli*** *(plan détachable centre, B3,* ***368****) : vicolo Orbitelli, 13A. ☎ 06-687-68-42. Tlj sauf dim. Menu du jour 6 € ; plats 5-12 €.* La radio locale parfume l'atmosphère franchement surannée de cette adresse familiale où viennent se restaurer les habitués. Dans une enfilade de petites salles aux murs carrelés ou gaufrés, les tables garnies de grandes assiettes et de serviettes brodées voient les commandes arriver au rythme du monte-plat. Cuisine efficace, simple et très correcte.

|●| ***Tiberino*** *(plan détachable centre, C4,* ***379****) : via Ponte Quattro Capi, 17-18. ☎ 06-687-76-62. • info@tiberinoroma.it • Tlj 6h30-23h30, mais cuisine 12h-15h30, 19h-23h30. Compter env 25 €.* À une enjambée du ponte Cestio menant au Trastevere, ce petit resto touristique mené tambour battant par Giuseppe propose une cuisine sans chichis. Un petit moment agréable sur l'île Tibérine, encore plus si vous vous dégotez une place à l'extérieur, sur la piazza San Bartolomeo all'Isola.

De prix moyens à chic

|●| ***Hosteria Grappolo d'Oro*** *(plan détachable centre, C4,* ***475****) : piazza della Cancelleria, 80. ☎ 06-689-70-80. • info@hosteriagrappolodoro.it • Tlj sauf mer midi, 12h30-15h (15h30 dim), 18h30-23h. Menu dégustation 32 €. Carte 25-30 €.* On adore cette élégante *osteria* proche du Campo dei Fiori, qui s'attache à servir une cuisine romaine subtile et parfumée, réalisée avec des produits de qualité (certifications Slow Food). Les pâtes sont certes à tomber, mais il serait dommage de ne pas goûter aux *polpette,* à l'osso buco et même à la *parmigiana.* Allez, si vous n'arrivez pas à vous décider, optez donc pour le gargantuesque menu dégustation ! Et guettez aussi les suggestions du jour, originales et gourmandes, à accompagner d'un bon (promis !) *vino della casa.* C'est sûr, on reviendra...

Osteria La Quercia *(plan détachable centre, C4,* ***366****)* **:** *piazza della Quercia, 23. ☎ 06-683-009-32. • osterialaquercia23@gmail.com • Tlj sauf lun midi. Plats 12-18 € ; repas 35 €.* Adresse nichée sur une placette pavée, juste derrière le palazzo Farnese (ambassade de France). On apprécie la déco chaleureuse et l'accueil sympathique du patron qui n'hésite pas à vous expliquer la carte. La cuisine y est bien savoureuse et de qualité. Une bonne adresse.

Emma *(plan détachable centre, C4,* ***336****)* **:** *via Monte della Farina, 28-29. ☎ 06-647-604-75. • info@emmapizzeria.com • Tlj 7h-21h. Repas 20 €.* Ne pas vous fier à la devanture minuscule. Une fois à l'intérieur, un couloir vous mène jusqu'à une grande salle lumineuse accueillante (sous une immense verrière). Carte valsant entre des dizaines de pizzas, un choix cornélien de mozza et *buffala* et des *foccace* pour les petits appétits. Accueil virevoltant et parfois longuet (et bruyant) quand Italiens et touristes se sont donné le mot pour venir en nombre à l'heure du déjeuner. Excellent rapport qualité-prix en revanche.

Ristorante Ditirambo *(plan détachable centre, C4,* ***367****)* **:** *piazza della Cancelleria, 74-75. ☎ 06-687-16-26. Tlj sauf lun midi. Plats 14-17 € ; repas env 30 €.* Cuisine italienne parfaitement maîtrisée. Les produits sont de saison. Ici, les plats de poisson sont au même prix que les viandes. La *pasta fresca* se fait devant vous. La salle est petite et chaleureuse (plancher et plafond de bois, expo photos sur les murs...). Dans l'assiette, pâtes et soufflés en recettes originales font merveille et poussent au dithyrambe. Carte des vins.

Osteria da Fortunata *(plan détachable centre, C4,* ***411****)* **:** *via Pellegrino, 11. ☎ 06-606-673-91. Tlj. Résa préférable en hte saison. Compter 25 € le repas.* La devanture ne paie pas de mine et on se demande pourquoi il y a autant de monde. À l'intérieur, brouhaha et tables à touche-touche dans un joyeux mélange d'habitués et de touristes. On a vite compris qu'ici on vient se régaler d'un solide plat de pâtes ou autres *secundi* typiquement romains.

Chic

Luciano – Cucina Italiana *(plan détachable centre, C4,* ***365****)* **:** *piazza del Teatro di Pompeo, 18. ☎ 06-515-314-65. • info@lucianocucinaitaliana.com • Tlj. Compter 35-40 € le repas.* Après avoir passé quelques années comme chef cuisinier de l'ex-resto étoilé *Piperno* dans le quartier Termini, le voici qui a pris son envol dans ce quartier central. Luciano mise sur la *pasta* et c'est réussi ! Une carte courte mais appétissante fait la part belle aux *primi* aux accents diablement romains. Les desserts ne sont pas en reste non plus. Longue vie à la *cucina* de Luciano !

Taverna Lucifero *(plan détachable centre, C4,* ***382****)* **:** *via del Monte Farina, 43. ☎ 06-688-055-36. • tavernalucifero@gmail.com • Tlj le soir seulement 19h-0h30. Plats 18-23 €. Compter 40 €.* Tout près du campo dei Fiori, une façade sous d'épais rideaux et pourtant... Les rayonnages de vins et les photos aux murs vous mettent d'emblée dans une ambiance propice à la détente et à la gourmandise. Cuisine bien ficelée accompagnée d'une bonne bouteille bien conseillée.

Pianostrada *(plan détachable centre, C4,* ***381****)* **:** *via delle Zoccolette, 22. ☎ 06-895-522-96. • pianostrada@gmail.com • Tlj sauf lun 13h-16h, 19h-minuit. Plats 21-28 € ; compter 40-50 €.* En quittant le Trastevere, les filles ont laissé le local mais elles ont gardé le nom du resto qui les a fait connaître. On y retrouve leur cuisine élégante, ouverte sur le monde tout en cultivant les produits typiques de la région.

Dans le Ghetto

Sur le pouce

Dispensa *(plan détachable centre, C4,* ***380****)* **:** *via Paganica, 8 (en face de la fontaine des Tortues). ☎ 06-683-38-53. • dispensacibourbano@gmail.com • Tlj 10h-22h. Compter 15-20 €.* Petite épicerie sans prétention qui propose une dînette aux produits frais et à tendance végétarienne. Perché sur des tabourets autour d'une table commune, on pioche au gré de ses envies dans un large choix de plats de légumes aux pâtes. Bon accueil.

De bon marché à chic

Sora Margherita *(plan détachable centre, C4,* ***370****) : piazza delle Cinque Scuole, 30. ☎ 06-687-42-16. • soramargherita@gmail.com • Pas d'enseigne : entrée juste à droite de l'église S. M. di Pianto. Ouv le midi (sauf dim, plus sam en juil-août) et ven-sam soir. Résa conseillée le soir. Compter 25-30 €.* Connue de longue date, cette petite cantine fait toujours salle comble. La carte se résume à une simple feuille gribouillée au feutre : chaque jour de la semaine a ses spécialités maison (goûter, entre autres, aux *fettuccine al agnello*). Également du poisson (sole et friture notamment), mais facturé au poids, alors ça grimpe vite ! Accueil en v.o., on s'y accommode... ou pas !

Al Pompiere *(plan détachable centre, C4,* ***372****) : via Santa Maria dei Calderari, 38. ☎ 06-686-83-77. Tlj sauf dim. Plats 15-18 € ; repas 40 €.* Après avoir franchi l'entrée et grimpé l'escalier, on découvre une enfilade de belles salles. Un cadre très Renaissance romaine pour savourer une cuisine tout aussi romaine : artichauts à la juive, tripes bien relevées, délicates fleurs de courgette en beignet ou *saltimbocca*. Cette adresse du circuit gastronomique du Ghetto reste très valable.

Très chic

Piperno *(plan détachable centre, C4,* ***371****) : monte dei Cenci, 9. ☎ 06-688-066-29. • info@restaurantepiperno.it • Tlj sauf dim soir et lun. Fermé en août. Résa conseillée. Plats 18-24 €. Carte 50 € (poisson au poids, beaucoup plus cher).* Sur une placette du Ghetto faisant le lien entre la piazza dei Cenci et la piazza delle Cinque Scuole, ce resto, chic et cher, sert le meilleur de la cuisine hébraïco-romaine. On y découvre – ou retrouve – tous les classiques (à commencer par les fritures) ainsi que les fameuses tripes à la romaine. Cadre élégant et service irréprochable.

Enoteche (bars à vins)

Il Vinaietto *(plan détachable centre, C4,* ***611****) : via del Monte della Farina, 37-38. ☎ 06-688-069-89. • marco.maccione@tin.it • Tlj sauf dim 10h-15h, 18h-23h. Verres de vin 4-7,50 €.* Dans son petit monde à lui, Marco propose une belle sélection de crus italiens pour toutes les bourses, servis avec gentillesse et bons conseils. Une adresse authentique, hautement fréquentée par des habitués.

Enoteca Il Goccetto *(plan détachable centre, B4,* ***612****) : via dei Banchi Vecchi, 14. ☎ 06-686-42-68. • ilgoccetto@tiscalinet.it • Tlj sauf lun midi et dim, 12h-minuit. Plat env 10 € ; verres de vin à partir de 5 €.* Cet ancien *vino e olio* demeure l'un des bars à vins les plus chaleureux du quartier. Des murs de bouteilles, quelques tables pour accueillir une clientèle d'habitués, et puis ce vieux comptoir en bois, contigu à la vitrine garnie de fromages, charcuteries et *antipasti*. Vins de qualité à prix abordables.

Enoteca L'Angolo Divino dal 1946 *(plan détachable centre, C4,* ***613****) : via dei Balestrari, 12-14. ☎ 06-686-44-13. • angolo.divino@tiscali.it • Tlj 17h-1h30, ouvre aussi 10h30-15h mar-sam. Plats 8-18 € ; verres de vin à partir de 5 € ; on mange pour env 25 €.* L'enseigne de ce bistrot – planté à l'angle de 2 rues – est une amusante entrée en matière : « angle divin » ou « angle du vin » ? Les deux, mon colonel, car un bon cru est toujours un petit miracle ! Fond jazzy et mobilier en bois, pour une ambiance intime, un tantinet chic. À la carte, vins italiens, charcuterie et fromage. Également des plats, plus chers. Un lieu tranquille.

Salumeria e Vineria Roscioli *(plan détachable centre, C4,* ***610****) : via* *dei Giubbonari, 21-22. ☎ 06-687-52-87. • info@salumeriaroscioli.com • Tlj sauf dim 8h30-minuit. Plats 18-25 € ; verres de vin 7-12 € ; cocktails 10-12 €.* Cadre original avec quelques tables parmi les cochonnailles et les rayonnages de bouteilles, le tout dans les effluves de fromages dont regorge l'étal. Cette orgie de saveurs sublime des vins italiens de bonne tenue, mais peut aussi accompagner les bons cocktails maison. Une sélection de plats bien goûteux, un poil chers mais tellement délicieux. Venez tôt !

Où manger une glace ? Où déguster une bonne pâtisserie ? Où boire un bon café ?

Günther – Il Punto Gelato *(plan détachable centre, C4,* ***373****) : via dei Pettinari, 43 (angle via Zoccolette). • info@puntogelato.info • Tlj 11h-minuit.* Une bonne surprise ! Le jeune patron revendique sa région d'origine : les Dolomites. D'ailleurs, il travaille les ingrédients de là-bas (lait, eau...). Pour le reste, ce sont les fruits du Latium et de Campanie. Quelques pâtisseries, aussi. 2 autres adresses dans le centre.

Gelateria Fatamorgana *(plan détachable centre, C4,* ***376****) : via dei Chiavari, 37A. • info@gelateriafatamorgana.com • Tlj 12h-22h30 (minuit ven-dim).* Des saveurs à vous faire perdre la boule chez ce glacier lancé par Maria Agnese, originaire des Pouilles : avocat-citron-vin blanc, pecorino-miel-orange, noix-raisins de Corinthe... Par ici le cornet ! Plusieurs adresses dans Rome.

Pasticceria de Bellis *(plan détachable centre, C4,* ***374****) : piazza del Paradiso, 56. ☎ 06-686-14-80. • pasticceriadebellis@gmail.com • Tlj 9h-20h.* Après avoir fait ses classes chez les plus grands, notamment en Espagne (Ferran Adrià, les frères Rocca), Andrea s'est posé sur cette petite place, au nom prédestiné, avec son frère Marco. Les becs sucrés se lécheront les doigts en dégustant les pâtisseries réalisées par les 2 frangins : framboisier, tarte au citron, éclair au chocolat...

I Dolci di Nonna Vincenza *(plan détachable centre, C4,* ***375****) : via Arco del Monte, 98a. ☎ 06-925-943-22. Tlj 7h30 (8h dim)-20h30.* Impossible de résister à ces pâtisseries siciliennes plus appétissantes les unes que les autres. Le choix est cornélien ! Petit salon de thé attenant très agréable où l'on peut également déguster quelques *arancini.* Un vrai petit coin de Sicile !

Roscioli Caffè *(plan détachable centre, C4,* ***383****) : piazza Benedetto Cairoli, 16. ☎ 06-891-653-30. • info@roscioli caffe.com • Lun-sam 7h-23h, dim 8h-18h. Fermé 1 sem à la mi-août.* Après la boulangerie et l'*enoteca,* voici le café, qui ne désemplit pas quelle que soit l'heure de la journée. Une adresse plutôt chicos, bien connue des adeptes du shopping sur le sentier de la guerre. Pâtisserie quand tu nous tiens...

Où déguster une bonne pâtisserie juive ?

La Dolceroma *(plan détachable centre, C4,* ***377****) : via del Portico d'Ottavia, 20b. ☎ 06-454-703-03. • dolceste@yahoo.it • Tlj sauf lun 8h30-13h30, 15h30-20h (10h-18h dim). Fermé en juil-août.* Depuis plus de 20 ans, cette pâtisserie viennoise fait l'unanimité avec ses excellents gâteaux traditionnels juifs (*sachertorte, apfelstrudel,* tartes au yaourt, etc.). Petite terrasse ensoleillée, bien agréable le matin.

Boccione *(plan détachable centre, C4,* ***378****) : via del Portico d'Ottavia, 1. ☎ 06-687-86-37. Tlj sauf sam (shabbat), 7h-19h (15h ven et 17h dim).* Connue aussi sous le nom de *Il forno del Ghetto.* Le meilleur de la pâtisserie juive gérée exclusivement par des femmes (accueil frisquet parfois !). Goûter la *crostata ricotta-visciole* (tarte à la ricotta et à la cerise, pas vraiment légère !) ou les *bruscolini.* Fameux !

Où boire un verre ?

Barnum Cafe *(plan détachable centre, C4,* ***615****) : via del Pellegrino, 87. ☎ 06-647-604-83. • barnumcafe@gmail.com • Tlj sauf dim 8h30-16h, 18h-1h30. Réduc de 10 % le soir seulement, à condition d'y dîner et sur présentation de ce guide.* Une adresse vintage sympa, à l'écart des sentiers touristiques, où l'on vient prendre un bon cappuccino accompagné d'un croissant ou se délecter d'un plat du jour inscrit sur l'ardoise. Programme musical étudié et parfois de petits concerts. Bonne *vibe* comme on dit chez Shakespeare. On regrette juste l'absence de terrasse.

Open Baladin *(plan détachable centre, C4,* ***616****) : via degli Specchi, 5-6. ☎ 06-683-89-89. • openbaladincomunicazione@gmail.com • Tlj 12h-2h.* Une grande salle orange avec des rangées de tables mange-debout et, tout au fond, le comptoir de la soif avec plus d'une centaine de bières artisanales italiennes. En annexe, quelques petites salles avec de vieux fauteuils, qui garantissent une dégustation plus intimiste. Clientèle de trentenaires qui accompagnent les binouzes de petits plats simples et pas chers.

Jerry Thomas *(plan détachable centre, B4,* ***617****) : vicolo Cellini, 30. ☎ 06-968-459-37. • info@thejerrythomasproject.it • Tlj 22h-4h (2h30 lun). Résa obligatoire par tél 14h-18h au 📱 370-114-62-87.* Une fois le rendez-vous fixé, ne cherchez pas d'enseigne mais une simple porte sombre avec plaque gravée. Soufflez le mot de passe à l'interphone et pénétrez chez le mystérieux professeur Thomas. Oubliée Rome, bienvenue dans l'Amérique des années 1920 ! Dans l'esprit *speakeasy,* les initiés sifflent des cocktails dans les canapés Chesterfield, et les barmen, au style dandy, font virevolter les bouteilles derrière le bar. Pas si secret que ça finalement !

Taba Café *(plan détachable centre, C4,* ***605****) : piazza dei Fiori, 13-14. Tlj 8h-2h.* Un café parmi tous ceux de la place mais celui-ci nous a charmé par sa déco dépareillée, son *aperitivo* et sa bonne ambiance. Propose aussi des petits plats simples pour éponger.

Achats

Cooperativa Latte Cisterno *(plan détachable centre, C4,* ***770****) : vicolo del Gallo, 18-19. Tlj sauf sam ap-m et dim 8h-14h, 17h-20h.* Petite boutique de quartier tenue par Gianni et Paola où l'on se réunit à la fois pour papoter entre voisins et pour acheter de bons produits laitiers ou du vin.

Enoteca Il Goccetto *(plan détachable centre, B4,* ***612****) : via dei Banchi Vecchi, 14. Tlj sauf lun midi et dim 12h-15h, 18h-minuit.* Des vins gouleyants à un bon rapport qualité-prix.

BEC *(plan détachable centre, C4,* ***772****) : piazza Benedetto Cairoli, 9. ☎ 06-688-060-35. • becstore.com • Tlj sauf dim 10h-20h.* Un *concept store* de vêtements et accessoires au style décontracté. On y découvre de jeunes marques italiennes qui misent sur des matières souples, colorées et fleuries. On pourrait vite acheter tout le magasin si certains articles n'étaient pas si chers... ! Accueil gentil.

Ibiz Roma *(plan détachable centre, C4,* ***773****) : via dei Chiavari, 39. ☎ 06-683-072-97. • ibizroma.it • (Elisa Nepi). Tlj sauf dim 9h30-19h30.* L'un des derniers ateliers de cuir à Rome où tout est encore artisanal. Cette petite entreprise familiale privilégie depuis 1972 le cuir souple aux couleurs naturelles ou coloré. Bon choix d'accessoires : sacs, porte-monnaie, pochettes, ceintures, qui peuvent faire un joli cadeau à rapporter dans ses bagages... ou à s'offrir !

Banchi 141 *(plan centre détachable, B4,* ***765****) : via dei Banchi Vecchi, 141. Lun 12h30-19h30, mar-sam 10h-19h30.* Magasin de céramiques très réputé. La famille Fasano, originaire de Grottaglie (Pouilles), a acquis une solide réputation de savoir-faire depuis 50 ans. À Rome, elle a aussi ses adeptes qui ne se lassent pas de leurs plats, assiettes, vases et divers objets de décoration à l'éventail de couleurs infinies.

À voir

LE QUARTIER DU CAMPO DEI FIORI
(plan détachable centre, C4)

➢ **Accès :** *Ⓣ nº 8. Bus nos 23, 40, 46, 62, 64, 116 (ce dernier, électrique, s'aventure dans les rues piétonnes).*

Campo dei Fiori : comme son nom l'indique, le campo dei Fiori fut d'abord un champ de fleurs. Nettement moins printanier, il devint ensuite un macabre lieu d'exécutions publiques, comme celle du frère dominicain défroqué et néanmoins philosophe Giordano Bruno, mort sur le bûcher en 1600, à l'époque de la Contre-Réforme, après avoir été déclaré athéiste et hérétique. Depuis, il a quand même été réhabilité. Les francs-maçons lui érigèrent une statue au XIXe s au grand dam du Vatican (dont le palais de la chancellerie est juste en face... damnation !). Il devint le symbole de toutes les révoltes estudiantines et le point de départ de nombreuses manifestations. Aujourd'hui, la place accueille du lundi au samedi un grand marché alimentaire, jusqu'à 13h30. Mais sa plus grande particularité est sans doute d'être l'une des rares grandes places de Rome à ne posséder... aucune église. C'est suffisamment original ici pour qu'on vous le signale !

Palazzo Farnese *(palais Farnèse ; plan détachable centre, C4)* **:** *piazza Farnese, 67. ☎ 349-368-30-13. • visite-farnese@inventerrome.com • inventerrome.com • Visite guidée (45 mn) en français lun et ven à 15h et 16h,* ***à réserver obligatoirement en ligne min 1 sem à l'avance*** *(aussi des visites en anglais et en italien, se renseigner sur le site). Tarif : 11 € (25 pers max). Visite couplée palais Farnèse + École française de Rome, en italien seulement, le ven à 17h. Tarif : 13 €. Âge min 10 ans (les 10-17 ans devant être accompagnés) ; se munir d'une pièce d'identité (carte d'identité ou passeport, à l'exclusion du permis de conduire), cette même pièce d'identité vous sera demandée le jour de votre visite au moment du contrôle de sécurité – qui n'a rien d'une formalité – car le palais Farnèse héberge aussi l'ambassade de France (penser à arriver en avance pour les différentes fouilles de sécurité). Photos et films interdits.*
Construit en 1513 par Alexandre Farnèse, élu pape en 1534 sous le nom de Paul III, ce fastueux palais est l'œuvre de plusieurs architectes et artistes renommés. Déjà représentation diplomatique de Louis XIV auprès du Saint-Siège, le palais Farnèse abrite l'ambassade de France en Italie depuis 1874 et l'École française de Rome depuis 1875. Acquis par le gouvernement français en 1911, le bâtiment est racheté par l'Italie en 1936, sous Mussolini. Depuis, ***la France loue cette formidable bâtisse pour l'euro symbolique annuel*** ; et cela jusqu'en 2035, année d'expiration de ce bail de 99 ans ! Pour l'anecdote, l'ambassade d'Italie en France, à Paris, est louée pour la même somme... En attendant, les coûteuses restaurations du palais demeurent à la charge de l'État français.

LE PAPE AIME LE ROUGE !

Paul III Farnèse, élu pape en 1534, fêta son élection en tant que pape romain en faisant jaillir du vin rouge des fontaines. Démagogique mais efficace ! Les Romains étaient aux anges et la cote du pape très élevée, jusqu'au jour où il leva un impôt spécial en faveur de la veuve de Charles Quint. Les Romains dessoûlèrent bien vite, et le pape perdit tout son crédit.

L'extérieur

Si vous n'avez pas pu réserver une visite guidée parce que vous vous y êtes pris trop tard, allez au moins admirer la ***façade*** du palais. Large de 57 m pour 29 m de haut et faite de travertin et de brique, c'est ***Michel-Ange*** qui en réalisa la corniche, composée d'une large bande de fleurs de lys, juste sous le toit ; sans oublier la fenêtre centrale cernée de 4 colonnes et surmontée des armoiries papales, au 1er étage. Mais pas de méprise, les motifs en fleurs de lys omniprésents sur le bâtiment sont l'emblème des Farnèse ; les rois de France n'ont pas le monopole de ce symbole très couru chez les puissants ! Sur la place trônent 2 énormes et ***magnifiques vasques antiques*** provenant des thermes de Caracalla et reconverties en fontaines.

HABEMUS PAPA !

Au XVIe s, les cardinaux s'encombraient peu des questions de célibat du prêtre. Ils avaient femmes et enfants ; leur charge n'étant souvent que politique, noblesse oblige. C'est ainsi que le cardinal Alexandre Farnèse eut plusieurs fils, dont un... excommunié pour avoir pris les armes contre le pape. Le même Alexandre, devenu pape (Paul III), nomma son petit-fils cardinal, à l'âge de... 14 ans. Un cardinal, ça ne perd point le nord !

L'intérieur

– D'abord, l'étonnant ***vestibule,*** conçu par Sangallo (l'un des architectes de la basilique saint-Pierre), est bordé de colonnes antiques en granit rose, récupérées aux thermes de Caracalla. Inspiré des sites antiques, il adopte le plan d'une église à 3 nefs, dont la voûte centrale est superbement décorée de stucs chargés de symboles. Ensuite, la ***cour d'honneur*** demeure somme toute assez classique. Michel-Ange l'égailla d'une frise fleurie émaillée de masques au niveau du 1er étage ; tout en fermant certaines voûtes, ouvertes à l'origine. De l'autre côté de la cour, on gagne le ***jardin,*** dont les proportions ont été réduites au tiers de sa taille initiale ; il s'étendait jusqu'au Tibre ! Là, côté droit, un mur – récemment percé de fenêtres – constituait l'amorce d'un pont censé rejoindre le Trastevere, de l'autre côté du fleuve. Ce mur était dédié au jeu de paume !

– Prenons l'***escalier d'honneur*** pour rejoindre le 1er étage. De conception moderne pour l'époque, où l'escalier à vis était la norme, il offre une progression impérieuse, même à cheval ! En haut, voici le ***salon d'Hercule,*** conçu par Michel-Ange en prenant les volumes de 2 étages. C'est un cube de 18 m de côté, aux remarquables plafonds en bois à caissons. Aux murs, des tapisseries des Gobelins (XVIIe s) reprenant certaines fresques des Chambres de Raphaël, au Vatican. Et puis une cheminée en marbre polychrome encadrée de sculptures de femmes nues, symbolisant la charité (à gauche) et l'abondance (à droite). Dans cette salle, impossible de manquer la copie en plâtre du célèbre *Hercule Farnèse,* imposante et superbe statue attribuée au génial sculpteur grec Lysippe (IVe s av. J.-C.), qui faisait partie de la collection du palais et se trouve aujourd'hui au musée archéologique national de Naples...

On traverse ensuite 3 salons et cabinets : le plafond de celui du milieu, le ***Camerino,*** a été décoré par ***Annibal Carrache.*** On y découvre un cycle de fresques sur le thème des histoires d'Hercule. Satisfait du résultat, Édouard Farnèse va demander au peintre de réaliser l'incroyable fresque de la ***galerie des Carrache, que l'on découvre ensuite.*** Construite pour y exposer les statues antiques amassées par les Farnèse, grands collectionneurs d'art, c'est assurément le clou de la visite ! Originaires de Bologne, les frères Carrache décorèrent de fresques la voûte de cette galerie entre 1597 et 1608, inspirés par les grands maîtres de la Renaissance comme Raphaël ou Michel-Ange... Et c'est une réussite totale ! Un vrai chef-d'œuvre qui renouvelle le genre en instaurant une nouvelle dimension, entre peinture et poésie. Ces fresques, inspirées par les célèbres *Métamorphoses* d'Ovide, ont pour unique thème l'amour, auquel sont soumis les dieux et, par

projection, les humains. Parmi les scènes les plus remarquables, *Le Mariage de Bacchus et d'Ariane* (au centre du plafond et célébrant ainsi le mariage de Ranuccio Farnèse avec Marguerite Aldobrandini, nièce du pape Clément VII âgée seulement de 11 ans...) et *Les Vertus de Percée.* On compatit à la tristesse du cyclope Polyphème qui tente de séduire en vain Galatée, elle-même éprise du bel Acis. Le tableau représentant les amours de Vénus et d'Anchise (qui engendrèrent Énée, géniteur de Rome) conquit les Romains à l'époque. Entre ces scènes, des Hermès, des Atlantes, des *putti* chamailleurs et autres statues en grisaille et en trompe l'œil, ainsi que des médaillons verdâtres, imitant avec réussite le bronze. Les murs, quant à eux, sont l'œuvre des élèves des Carrache, dont faisait partie le Dominiquin, auteur de *La Vierge à la licorne,* fresque située au-dessus de la porte d'entrée. Formidable !
– Le 2e étage du palais est occupé par l'***École française de Rome,*** que l'on peut découvrir lors de la visite spéciale du vendredi, qui complète celle du palais décrite précédemment. Ce prestigieux centre de recherche et de formation, qui existe depuis 1873, se consacre à l'étude des histoires romaines et italiennes, mais aussi à celle de l'Église. Il enregistre chaque année près de 20 000 entrées de chercheurs et doctorants ! La visite permet de découvrir sa magnifique bibliothèque contenant 230 000 documents papier et formant quelques 6 km de rayonnages. Tout ou presque est à la disposition des étudiants, qui peuvent travailler ici avec vue sur les toits de Rome. Le rêve ! On découvre ensuite quelques cabinets et salons d'apparat de styles divers, en particulier d'époque Empire. Dernier moment fort, la pause sur la loggia à l'arrière du bâtiment, offrant une vue extraordinaire sur le Tibre et le Janicule.

Via di Monserrato *(plan détachable centre, C4)* **:** de la piazza Farnese, une rue monte en pente douce vers le nord-ouest, égrainant un chapelet de boutiques, de galeries et de *palazzi* dont on devine le faste d'antan. C'est la via di Monserrato, tristement célèbre pour avoir abrité une prison réservée aux juifs.
Aujourd'hui, la via di Monserrato est un but de promenade agréable. On y découvre quelques ateliers-boutiques dignes d'intérêt comme ***Antichi Kimono*** *(43b-44 ; ☎ 06-681-358-76 ; tlj sauf dim et lun mat 10h-13h, 16h-20h)* de Gloria Gobbi, avec ces fascinants kimonos des années 1920 ainsi qu'une très belle collection de bijoux de créateurs japonais, des vêtements, des vieux tissus des Indes...
Plus haut au n° 106, la ***librairie Nardecchia*** *(106 ; ☎ 06-686-93-18 ; tlj sauf dim et lun mat 10h-13h, 16h-19h30),* active depuis 1895, est spécialisée dans les livres rares, les cartes anciennes, les lithographies originales et les reproductions.
Son voisin ***Hollywood*** *(107 ; ☎ 06-686-91-97 ; tlj sauf dim 10h-19h30)* s'est spécialisé, lui, dans ***les affiches de cinéma et les photos de tournage des années Cinecittà*** (entre autres), les films de la grande époque du cinéma italien, etc.
Plus loin encore, au n° 35, ***Chez Dédé*** *(35 ; ☎ 06-827-729-34 ; tlj sauf dim et lun mat 10h-19h30)* présente d'intéressants objets, de la petite bagagerie et des accessoires de mode du monde entier ainsi que des livres d'art, dans une ***délicieuse atmosphère vintage.*** Qui sait, vous y croiserez peut-être Alessandro Michele, le designer de Gucci, à la recherche de l'inspiration !
Enfin, hormis quelques galeries d'art, boutiques d'ameublement et de déco vintage, la via Monserrato recèle aussi quelques élégantes demeures, tel le ***palazzo Rocci*** (au n° 25) construit au XVIIe s puis revendu par la famille aux carmélites déchaussés (beau portail), ou encore de somptueuses maisons de courtisanes comme celle de la célèbre Imperia Cognati (la muse de Raphaël), située à l'angle de la via del Pellegrino. Une promenade qui se termine largo Tassoni, à la rencontre du corso Vittorio Emanuele II, à moins que vous ne préfériez emprunter la via Giulia...

Via Giulia *(plan détachable centre, C4)* **:** derrière le palais Farnèse et surnommée le « salon de Rome », cette rue longue de 900 m, qui joint le ponte Sisto à l'église San Giovanni dei Fiorentini, recèle elle aussi plusieurs curiosités, quand bien même la construction des murs du Tibre, à partir de 1870, a bouleversé l'aspect de cette rue qui fut longtemps la plus longue de la capitale. Comme point d'intérêt, citons la ***fontana del Mascherone,*** qui marque le début de la rue éponyme et date du XVIIe s. Le mascaron en question remonte à l'époque romaine. Au XVIIIe s, quand les Farnèse faisaient la bringue, ladite fontaine crachait du vin à la place de l'eau. La légende rapporte qu'elle déversa du vin pendant 3 jours d'affilée quand Marc'Antonio Zondadari accéda au titre de Grand Maître de l'ordre de Malte. Un peu plus haut se dresse la façade austère de la ***chiesa Santa Maria dell'Orazione e Morte,*** une église destinée à recevoir les corps repêchés dans le Tibre. Elle était malheureusement fermée pour rénovation lors de notre dernier passage. Sur la façade, remarquez le carré de marbre gravé sur lequel figure la Mort confortablement assise sur un banc, un sablier ailé à la main, en train de contempler un cadavre gisant sur le sol. Il porte la mention « Mendier pour les pauvres qui sont pris dans la campagne » et s'avère daté de 1694, tout un programme ! Plus haut, le ***palazzo Falconieri,*** construit à l'origine pour les nobles Ceci (de la famille de Béatrice), puis racheté par les Farnèse, avant de finir dans l'escarcelle des Falconieri (notez la tête de faucon dans l'arc du balcon). Le relookage du bâtiment a été confié à ***Borromini.***

De l'autre côté de la rue se dresse la chiesa Santa Caterina de Siena, à la façade concave. Notez l'inscription SPQS, avec un S à la place de R pour Sienne à la place de Rome.

Plus haut dans la rue, au niveau de l'intersection avec la via Moretta, se trouve la ***chiesa S. Filippo Neri*** (XVIIe s) avec, au-dessus du portail, un médaillon en stuc figurant le saint reçu au ciel par la Vierge. Presque en face, les grosses grilles en fer marquent ce que furent les anciennes prisons (en remplacement des anciennes geôles de Corte Savella – voir plus haut la via di Monserrato). Elles servirent jusqu'en 1931.

Galleria Spada *(galerie Spada ; plan détachable centre, C4)* **:** *piazza Capo di Ferro, 13. ☎ 06-683-24-09. • galleriaspada.beniculturali.it • Tlj sauf mar 8h30-19h30 (dernière admission à 19h). Fermé 1er janv et 25 déc. Entrée : 5 € ; réduc ; gratuit - 18 ans et pour ts le 1er dim du mois ;* Roma Pass *accepté. Le jeu, entrée par le vicolo del Polverone, 15b (sauf en août). Le 1er sam du mois, 3 visites guidées (en italien) des salles du Conseil d'État à 10h30, 11h30 et 12h30, à réserver par tél ; rajouter 6 € au prix de l'entrée.*

Ce magnifique palais datant de 1540 est ouvert au public depuis 1927. Il est racheté en 1632 par le cardinal Spada, originaire de Ravenne et collectionneur comme tant d'autres cardinaux de l'époque. Il abrite aujourd'hui le Conseil d'État. Façade copieusement ornée d'empereurs romains et de personnages importants. La cour présente une intéressante frise de centaures et de divinités romaines (Hercule, Minerve, Junon, Mars...) et abrite surtout l'***étonnante perspective de Borromini*** (voir encadré). 4 salles qui intéresseront les visiteurs qui veulent parfaire leurs connaissances dans un contexte feutré et intime. On associe souvent cette visite à celle de la villa Corsini dans le Trastevere. Tous les sols sont d'origine. Noter l'importance des encadrements de portes, une façon de tapisser les murs à cette époque. Descriptif des salles en français.

BORROMINI, MAIS IL FAIT LE MAXIMUM !

L'œuvre la plus saisissante de la galleria Spada est sans conteste la fameuse perspective de Borromini. Le grand artiste a conçu ici une galerie de colonnes aboutissant à une statue posée sur un piédestal et précédée de quelques buissons. Vue de la cour, elle paraît être longue de 25 m, mais en réalité ce trompe-l'œil ne mesure que 11 m de long, la statue fait 80 cm de haut et les buissons sont des blocs de marbre. Qui a dit que l'absence de moyens développait le talent ?

– *Salle 1 :* portrait de Bernardino Spada peint par Guido Reni en 1631 ainsi que 2 autres ***peintures de l'école de Bologne.*** Le cardinal est venu s'installer à Rome pour la rénovation du *palazzo Farnese.* Également, un portrait de son petit-neveu sur le mur de gauche ainsi qu'un portrait de saint Jérôme traduisant la bible, symbole de pénitence et de souffrance, ce saint en général est toujours présent dans la maison des cardinaux.
– *Salle 2 :* belle frise de Vaga, un disciple de Raphaël. Remarquer aussi un ***portrait de musicien inachevé du Titien.*** Dans cette salle sont conservées les peintures les plus anciennes de la collection, notamment une belle *Visitation* d'Andrea del Sarto et un portrait du pape Jules II de Sermoneta.
– *Salle 3 :* cette salle était à l'origine la seule pièce qui accueillait la collection de peintures de Bernardino Spada. Au plafond, allégorie des 4 continents et, sur les murs, scènes mythologiques. Également peinture (assez violente) de ***Pietro Testa*** représentant le Massacre des Innocents. Remarquer aussi une peinture rendant hommage aux astronomes et plus particulièrement à Galileo Galilei avec les représentations du globe terrestre et de la lunette astronomique. Au bout du couloir, peinture de Giovan Battista Gaulli qui ressemble à la fresque du plafond de la *chiesa del Gesù* (dans le quartier du campo dei Fiori).
– *Salle 4 : David con la testa de Golia* d'Orazio Gentileschi (peintre et ami du Caravage). Sur le mur d'en face 2 peintures de sa fille ***Artemisia Gentileschi,*** une des rares femmes peintres aux XVIe-XVIIe s.

Sur l'adorable ***piazza Capo di Ferro,*** outre la galerie Spada, vous trouverez aussi le ***palazzo Ossoli*** du XVIe s. En face, la petite ***chiesa Santa Maria della Quercia.*** Plan en croix carrée, coupole, marbres et fresques. Tribune d'orgue en bois sculpté. Plus au sud, en direction du Tibre, la ***via delle Zoccolette*** abrite un singulier bas-relief au ***n° 22.*** Encastré dans le mur rose, un large médaillon en bronze représentant 2 bébés rappelle l'existence d'un ancien orphelinat. Le nom de la rue fait aussi écho à l'établissement. En dialecte romain, *zoccolette* signifie « enfants abandonnés ». Et pour les Napolitains, le terme désigne plus largement les prostituées. Voici donc un bien triste présage pour nos 2 fillettes emmaillotées !

Palazzo della Cancelleria *(palais de la Chancellerie ; plan détachable centre, C4)* **:** *à l'angle nord-est du campo dei Fiori. Le palais en lui-même ne se visite pas.* Cette demeure, propriété du Vatican, abrite les services de la chancellerie pontificale. Le palais (Renaissance) a une façade régulière et plate comme une limande (elle est malheureusement en réfection totale). En empruntant l'entrée n° 1, vous découvrirez une cour rectangulaire réalisée par Bramante, à 3 niveaux, dont 2 d'arcades, épousant les canons parfaits de la Renaissance. Les colonnes sont des remplois de monuments antiques. Au sous-sol, une ***exposition des machines inventées par Léonard de Vinci*** : ☎ *06-698-876-16.* ● *mostradileonardo.com* ● *Tlj 9h30-19h30. Entrée : 9 € ; réduc.* Une expo chère mais assez intéressante à condition d'aimer la lecture (heureusement, les cartels sont en français). Elle présente les différentes machines inventées par le papa de la Joconde dans des domaines aussi variés que la guerre ou les sciences. Quelques hologrammes permettent de comprendre certains de ces tableaux. Vite vu quand même.

UNE AFFAIRE RONDEMENT MENÉE

À l'intérieur du palais de la Chancellerie, la salle des 100 Jours est appelée ainsi car elle fut couverte de fresques par Vasari en ce délai record. Fier de sa prouesse, l'artiste s'en vanta auprès de Michel-Ange qui lui répondit du tac au tac « tant que ça ! ». Les génies sont parfois mesquins.

En ressortant, filez plutôt vers l'entrée n° 2, en empruntant le portail reconstruit par ***Vignola*** dans la 2de moitié du XVIe s. Vous entrerez dans la ***basilica di San***

Lorenzo in Damaso : *lun-sam 7h30-12h, 16h30-19h30 ; dim 8h30-13h, 17h-20h.* C'est l'une des églises les plus secrètes de Rome puisqu'elle se trouve à l'intérieur de la Chancellerie. Les troupes de Bonaparte l'avaient même transformée en écurie ! Elle est caractérisée par une structure à 3 nefs datant du XVe s à mettre au crédit de **Bramante.** Riche en marbres et en dorures du XIXe s, les œuvres remarquables semblent être :
- dans la 1re chapelle à droite, une Vierge accueillant Filippo Neri d'*Il Cavaliere* (pas Berlusconi mais le maître de l'école napolitaine **Sebastiano Conca**) ;
- dans la nef de gauche, appuyées contre 2 piliers, les statues de **Stefano Maderno.**

Le presbytère a été arrangé par **le Bernin.** Au-dessus du maître-autel, un retable représente le Couronnement de la Vierge, les saints Pierre, Paul et Laurent du maniériste **Federico Zuccari,** tandis qu'à gauche de celui-ci, au fond de la nef, les fresques sont de **Pierre de Cortone.**

Museo Barracco *(plan détachable centre, C4)* **:** *corso Vittorio Emanuele II, 166a. ☎ 06-06-08 ou 06-682-141-05. • museobarracco.it • Tlj sauf lun : oct-mai 10h-16h (14h les 24 et 31 déc), juin-sept 13h-19h. Fermé 1er janv, 1er mai et 25 déc. GRATUIT. Audioguide en français : 4 €.* Petit musée à visiter après les grands, mais qui charmera les amateurs d'archéologie par la qualité des pièces exposées et le joli cadre Renaissance. Il est abrité dans un palais de 1523, surnommé « la Piccola Farnesina », qui arbore toujours quelques beaux plafonds. La façade côté *corso* date du début du XIXe s ; la « vraie » se situe à gauche : c'est l'entrée. Le palais abrite sur 2 niveaux le legs fait à l'État par le baron Giovanni Barracco, grand collectionneur éclairé (de vieilles photos montrent les objets de la collection intégrés aux pièces de vie du baron) : des pièces d'archéologie égyptienne, des fragments de sarcophages, des pièces étrusques et médiévales, une collection de bustes grecs et des exemples de la statuaire romaine (entre autres, de belles statues de Bès et de sa sacrée trogne – du Ier s av. J.-C.). Au dernier étage, pour les amateurs de curiosités, 2 hermaphrodites en marbre : l'un était issu d'un fragment de vasque (salle VIII), l'autre servait de pied de table du Ier s (salle IX).

Chiesa Sant'Andrea della Valle *(plan détachable centre, C4)* **:** *tlj 7h30-19h45. Audioguide en français.* Commencée en 1591 mais terminée seulement en 1667, elle suscite l'attention pour sa remarquable façade baroque. Ne vous contentez pas de passer devant, mais entrez pour apprécier l'une des plus belles coupoles romaines (16,61 m de diamètre, quand même ! et **peintures de Lanfranco,** pour les apprécier, un miroir est à disposition) ainsi que la décoration de l'abside. On y trouve même les dépouilles de Pie II et Pie III : les 2 catafalques sont perchés à gauche et à droite, juste avant la coupole. Pour les mélomanes, c'est dans la 1re chapelle à gauche que se déroule l'acte I de *Tosca* de Puccini.

AUTOUR DU LARGO TORRE ARGENTINA
(plan détachable centre, C4)

Largo Torre Argentina *(plan détachable centre, C4)* **:** *grand carrefour routier encombré mais pratique pour attraper l'un des nombreux autobus qui s'y arrêtent (n°s 30, 40, 46, 62, 63, 64, 70, 81, 87, 186...). Également le n° 8 vers le Trastevere.*
Pas de grande réalisation architecturale à signaler, en dehors peut-être du *théâtre Argentina* et de la *torre Argentina*

HONNI CHAT QUI MAL Y PENSE !

Les lois de protection des chats pullulent en Italie. Article 2 de la loi nationale 281 d'août 1991 : « Les chats vivant en liberté sont protégés : il est interdit de les maltraiter et de les éloigner du lieu dans lequel ils vivent... » En souvenir de l'époque où les chats tuaient les rats infectés par la peste.

(à l'angle du corso Vittorio Emanuele II). La star du lieu est indéniablement l'***Aire sacrée du largo Argentina.*** Le site n'est pas accessible, mais on le découvre facilement depuis la rue. Cet espace consiste en 4 temples (3 carrés et un circulaire) datant de l'époque républicaine (IIIe ou IVe s av. J.-C.), profondément enfouis à 8 m sous terre, soit le niveau du sol à l'époque antique. Dégagés à l'occasion de la prolongation d'une rue en 1926, ce seraient les seuls vestiges de l'antique campus Martius (le champ de Mars).

On surplombe donc ces belles ruines, communément surnommées par les Romains le « sanctuaire des Chats ». Inaccessibles aux humains, ils les ont colonisées. De fait, le lieu est devenu un vrai refuge officiel pour les matous, que des bénévoles nourrissent, soignent, vaccinent... On a déjà recueilli 300 chats. C'est un vrai spectacle que de les voir se prélasser au soleil.

Ensuite, poursuivez le corso Vittorio Emanuele II jusqu'au niveau d'une petite place, la piazza del Gesù, où se dressent l'église du même nom... et le siège du parti démocrate-chrétien.

LE BARBIER DE ROME

Le théâtre Argentina fut témoin de la désastreuse première du Barbier de Séville, *en février 1816, dirigée par Rossini lui-même. Le chanteur incarnant Don Basilio chuta sur scène. Au moment de son grand air, le sang dégoulinait encore de son nez, qu'il tamponnait avec un mouchoir. Puis un chat noir entra sur scène en miaulant, au beau milieu du final. Éclat de rire général ! Fiasco total et protestations de l'auditoire. En retour, Rossini insulta tout le monde ! Furieux, le public poursuivit le compositeur dans le théâtre, puis jusque dans les rues alentour. Le lynchage ne tint qu'à un cheveu... Au final,* Le Barbier *deviendra un succès pas du tout rasoir !*

ጂጂጂ ***Chiesa del Gesù*** *(plan détachable centre, C4)* **:** *piazza del Gesù. • chiesadelgesu.org • Tlj 7h-12h30 (7h30-13h dim), 16h-19h45.* C'est le principal édifice religieux des jésuites à Rome, qui fut reproduit avec plus ou moins de fidélité aux quatre coins de l'Europe de la Contre-Réforme. Une référence, donc, qui se signale tout d'abord par sa façade caractéristique du premier mouvement de la Contre-Réforme (sobriété-humilité), sur laquelle ont planché Vignola dans un premier temps, puis Giacomo Della Porta.

Mais l'intérieur est tout autre, très baroque, d'une richesse inouïe, avec tous ses stucs dorés. C'est certainement, à Rome, l'église la plus représentative de ce style architectural, dégoulinant d'une déco particulièrement chargée. Malgré tout, les lieux donnent une impression de légèreté, car les innombrables trompe-l'œil nous entraînent dans un tourbillon vertigineux. Les ***fresques de Baciccio*** (dit *Baciccia,* voûte, coupole et chœur), sont les éléments les plus intéressants. Au centre de la nef, un miroir grossissant permet d'admirer le plafond en évitant le torticolis !

Ne pas manquer la chapelle de saint Ignace de Loyola (dans le transept gauche), un véritable feu d'artifice baroque d'Andrea Pozzo (pour la petite histoire, Giacomo Della Porta et Pierre de Cortone avaient préalablement bossé sur le sujet). La statue du saint fondateur de l'ordre se dresse à l'intérieur d'une grande niche dorée, encadrée par des colonnes en lapis-lazuli ornées de marbres précieux. Chaque jour, à 17h30, une voix off raconte l'histoire du saint, tandis que les projecteurs éclairent les différentes parties de cette chapelle. À la fin, coup de théâtre, le tableau de Pozzo au-dessus de l'autel s'efface, cédant la place à une statue de saint Ignace ! En outre, l'église recèle des œuvres de Pierre de Cortone, de Bassano et de Federico Zuccari.

ጂ ***Crypta Balbi*** *(crypte Balbi ; plan détachable centre, C4)* **:** *via delle Botteghe Oscure, 31. ☎ 06-399-677-00. Tlj sauf lun 9h-19h ; dernière admission à 18h. Entrée : 10 € ; 12 € si expo temporaire (billet combiné avec les palazzo Massimo,* *terme di Diocleziano et palazzo Altemps, valable 3 j.) ; réduc ; gratuit - 18 ans et pour ts le 1er dim du mois ;* Roma Pass *accepté. Possibilité de résa en ligne sur* • *coopculture.it* • *moyennant 2 € de supplément/résa. Audioguide en italien ou en anglais : 5 €. Visite de la crypte proprement dite le w-e seulement, à heures fixes (se renseigner avt).*

2 maisons médiévales accolées, elles-mêmes installées sur des vestiges antiques, accueillent un musée original destiné à faire comprendre le développement de la ville et de ses quartiers. « De la cave au grenier », on voit ainsi les strates successives de l'urbanisation républicaine puis impériale et jusqu'aux grandes percées « haussmanniennes », en passant par la désertification du Moyen Âge. Plans, gravures, maquettes, vidéos et bornes interactives illustrent cette évolution. On assiste également à d'intéressantes tentatives d'explication et d'interprétation du monde romain. Au passage, les vitrines présentent des poteries, monnaies, bijoux... aussi bien antiques que médiévaux.

Pour l'intéressante visite de la crypte, on descend sous le bâtiment. Au programme, fondations et vestiges du théâtre et de la crypte Balbi, construite sous Auguste par un Espagnol de Cadix connu sous le nom de Cornelius... Balbus.

LE QUARTIER DU GHETTO *(plan détachable centre, C4)*

Un peu d'histoire

La communauté juive de Rome est la plus ancienne d'Europe. Les premiers juifs arrivent en 161 av. J.-C., ambassadeurs de Judas Macchabée pour demander aide et protection contre les menées d'Antiochus IV. Dans les années qui suivent, beaucoup leur emboîtent le pas, du fait de la position prépondérante de Rome dans le commerce en Méditerranée. Différents de ceux des séfarades et ashkénazes, qui arriveront plus tard, leurs rites sont encore appelés aujourd'hui de « tradition italienne ». Après la destruction du second temple par Titus, en l'an 70, de nombreux juifs sont amenés à Rome comme esclaves. Une partie d'entre eux s'installe dans un premier temps dans le Trastevere, puis migre, au début du XIIIe s, de l'autre côté du Tibre, où le pape Innocent III leur intime l'ordre de porter un signe distinctif, en l'occurrence un rond de couleur jaune. Déjà !

> **POUR TOUT L'OR DE ROME**
>
> *Les Allemands intimèrent l'ordre à la communauté juive de Rome de réunir dans les 36h 50 kg d'or en échange de quoi ils ne seraient pas inquiétés. Les juifs s'exécutèrent et parvinrent – avec l'aide de quelques catholiques – à réunir en hâte dents en or, bracelets, bagues, etc., pour le poids escompté et dans les temps. Mais cela n'empêcha rien. Un mois après, dans la matinée du samedi 16 octobre 1943, plus d'un millier de juifs furent raflés, puis déportés, principalement à Auschwitz. Il n'en reviendra que 16. La guerre terminée, l'or sera retrouvé intact dans le bureau du général Kalterbrunner qui avait orchestré cette abomination.*

À partir de 1492, la petite communauté se trouve renforcée par les juifs séfarades chassés d'Espagne par Isabelle la Catholique, tant et si bien qu'en 1555, quand le pape Paul IV ordonne la création du Ghetto, ces derniers totalisent près de 2 000 âmes sur une population totale romaine qui flirte à l'époque avec les 60 000 habitants (rappelons qu'à son apogée sous les Antonins, au IIe s, Rome, alors ville la plus peuplée au monde, en comptait plus de 1 million !). À la différence de celui de Venise, qui n'était pas fermé, ce Ghetto est vite ceint de murs percés de 5 entrées seulement.

Ainsi parqués, ses habitants sont sommés d'y retourner chaque soir, avant que les portes ne se referment. Insalubre en raison des fréquentes crues du Tibre, les conditions de vie y sont particulièrement sordides. De plus, seuls quelques métiers leur échoient, tels ceux de brocanteur, de chiffonnier, de cordelier ou d'usurier. Avec la création du Ghetto, ceux qui avaient acquis un bien immobilier doivent le vendre aux catholiques. Rappel leur est fait aussi d'assister aux messes (il paraît qu'ils se mettaient des bouchons de cire dans les oreilles pour échapper aux prêches du curé). Leurs conditions de vie particulièrement humiliantes ne vont pourtant pas les empêcher de croître. En 1870, quand Cadorna fait son entrée triomphale dans Rome et que Pie IX se réfugie dans le Vatican, la population totale des juifs romains avoisine les 5 000 âmes (20 000 aujourd'hui). Les murs du Ghetto sont abattus après la réunification, quand la Ville Éternelle devient la capitale du pays. En 1907, son 1er magistrat, en la personne d'Ernesto Nathan, sera même juif ! On connaît la suite... En 1938, des lois discriminatoires frapperont à nouveau la communauté. La rafle du 16 octobre 1943 lui portera un coup fatal.

Petit itinéraire dans le Ghetto

Comment ne pas commencer à visiter ce vieux quartier juif par... la synagogue, plantée au bord du Tibre, en limite de l'ancien Ghetto.

Grande Sinagoga di Roma e Museo ebraico di Roma *(Grande Synagogue de Rome et Musée hébraïque ; plan détachable centre, C4)* **:** *lungotevere dei Cenci, 15. ☎ 06-684-006-61. • museoebraico.roma.it • Musée ouv avr-sept dim-jeu 10h-18h, ven 10h-16h ; oct-mars 10h-17h, ven 9h-14h ; dernière admission 30 mn avt fermeture. Fermé sam et lors des fêtes juives. Entrée : 11 € ; réduc ; gratuit - 10 ans ainsi que pour les personnes handicapées ;* Roma Pass *accepté. Visite en groupes de la synagogue à partir du musée (en principe ttes les 30 mn). Depuis le sanglant attentat de 1982, les mesures de sécurité sont draconiennes.*
De style assyro-babylonien, la construction de la synagogue s'acheva en 1904. Ce fut la première synagogue d'importance : les précédentes n'avaient pas le droit d'être plus hautes que les églises. Celle-ci, à l'instar de la basilique Saint-Pierre, se veut visible d'un peu partout. Belle galerie de style Liberty (l'Art nouveau italien). Le musée présente de riches collections d'art et d'histoire. Quelques pièces originales : un *schofar* (corne pour solliciter l'attention des fidèles), des amulettes, des jetons *(token)* pour les pauvres (le jeton donnait droit à un poulet), un marteau rituel pour marquer la viande, ou encore des instruments pour la circoncision. Beaux livres, dont plusieurs à couverture d'argent du XVIIIe s, de l'orfèvrerie religieuse, une collection de *yad,* qui servaient à suivre les textes des rouleaux de la Torah. Noter le *Sefer ha-Sorasim,* le « Livre des Racines » de 1537 (c'est ici une réédition) et celui, authentique, de Bologne de 1469. Beau coffre à Torah d'Ispahan en bois polychrome. Au 1er étage, tapisseries, dont de superbes exemplaires du XVIe s. Gravures du Ghetto, vêtements liturgiques et manuscrits. Décret du pape Innocent III interdisant les exactions contre les juifs dans les synagogues (c'est Pie XII qui aurait dû faire la même chose !). Enfin, divers reçus pour la fameuse collecte des 50 kg d'or pendant la Seconde Guerre mondiale (voir encadré).

Museo della Shoah *(musée de la Shoah ; plan détachable centre, C4)* **:** *via del Portico d'Ottavia, 29 (en face de l'entrée du Museo ebraico). ☎ 06-681-395-98. • museodellashoah.it • Dim-jeu 10h-17h, ven 10h-13h. GRATUIT.* Un musée pour perpétuer la mémoire de l'Holocauste avec des expositions temporaires très intéressantes voire nécessaires. Ici, on met l'accent sur la transmission des informations. Il est forcément utile de savoir ce qu'il s'est passé mais encore plus de comprendre comment une telle horreur a pu arriver. C'est ce qu'essaie de retracer ce musée par un renouvellement constant d'expos et d'interventions.

Portico d'Ottavia *(portique d'Octavie)* **:** au bout de la rue du même nom, on voit de beaux vestiges de ce monument qui marquait l'entrée aux temples jumeaux dédiés à Junon et à Jupiter et fut édifié par l'empereur Auguste (qui s'appelait

Octave, puis Octavien en fait, ils sont fous ces Romains !) en hommage à sa sœur Octavie en 23 av. J.-C., qui mesurait 138 m de long (le monument, pas la sœur !). Mais rien que ce petit morceau demeure impressionnant. Tiens, une colonne plantée dans le trottoir ; or des cartes postales du début du XXe s en révèlent beaucoup plus (preuve qu'on pillait encore à l'époque !). Dans le portique, une petite église, ***Sant'Angelo in Pescheria,*** fut construite au Moyen Âge. Elle rappelle le grand marché aux poissons qui se tenait là, juste devant.

Continuer sur la via del Portico d'Ottavia et emprunter (à droite) la minuscule via Sant'Ambrogio au niveau d'une maison qui date du XIIe s. Elle débouche sur la piazza Lovatelli, puis sur ***l'une des plus belles églises Renaissance de Rome : la chiesa Santa Caterina dei Funari*** *(ou Sainte-Catherine-des-Cordeliers ; plan détachable centre, C4)* : *via dei Funari, 31. Malheureusement souvent fermée.* Notez au passage les 2 colonnes de granit de remploi dans la façade. Sur le côté de l'église, au n° 9 de la via Michelangelo Caetani, une plaque commémorative : c'est ici, dans le coffre d'une Renault 4, que fut retrouvé le corps d'Aldo Moro, tué par les Brigades rouges le 5 mai 1978.

Juste en face, l'entrée du ***palazzo Mattei*** *(palais Mattei ; plan détachable centre, C4).* Il date de la fin XVIe-début XVIIe s. Une vraie surprise dans ce quartier. Conçu par ***Carlo Maderno,*** le bâtiment est bardé d'œuvres de remploi, notamment des sarcophages et des médaillons qui figuraient sur d'antiques tombes. Au-dessus de la 3e porte, à droite quand on rentre par la via Michelangelo Caetani, prendre le temps de détailler le ***bas-relief dédié au culte de Mithra.*** On voit le dieu terrassant un taureau pour le saigner et ainsi initier le cycle de la vie. Abondance de bas-reliefs, médaillons, bustes dans des niches et dans la loggia. Une dizaine de statues sur piédestal dans la cour. Notez la ***profusion d'aigles sur les socles*** (rien d'anormal, les Habsbourg, dont c'est l'emblème, étaient des parents par alliance de la famille Mattei). Levez les yeux pour détailler les ***bustes des empereurs.*** Dans la cour du fond, un authentique sarcophage est surmonté d'un macaron grotesque.

À un jet de pierre du palais, la piazza Mattei sert d'écrin à l'une des plus jolies fontaines de Rome, la ***fontana delle Tartarughe*** *(fontaine des Tortues),* construite en 1581 par Landini sur un projet de Jacopo della Porta. On y voit 4 éphèbes portant la vasque, le pied sur un dauphin. Les tortues seraient arrivées plus tard. Ce sont des copies, car elles ont été volées peu après avoir été posées (un chiffonnier les aurait retrouvées en 1944, les tortues originales sont aujourd'hui exposées aux musées du Capitole). C'est sur cette place et plus précisément au bar-resto *La Tartarughe* que Woody Allen tourna une scène du film *To Rome with Love* avec Roberto Benigni et Penelope Cruz. De là on regagne facilement la via del Portico d'Ottavia en empruntant la via della Reginetta, avec, au niveau du n° 30, l'ancienne porte d'accès au ***palazzo Costaguti*** (murée quand le Ghetto fut agrandi par ordre du pape Léon XII).

POURQUOI JETER DES PIÈCES DANS LES FONTAINES ?

Ce rite est très ancien. Avant le christianisme, chaque fontaine était dédiée à une divinité païenne (Jupiter, Mercure...). Ces pièces leur rendaient hommage. Le christianisme, en supprimant ces dieux antiques, a dû trouver une autre explication puisque le rite perdurait. On prétend désormais que jeter une pièce signifie que l'on souhaite revenir dans les lieux.

Chiesa Santa Maria in Campitelli *(plan détachable centre, C4)* **:** *piazza dei Campitelli.* Construite par un élève du Bernin ; tous les Romains y contribuèrent financièrement pour remercier la Vierge d'avoir mis fin à la peste de 1656. De fait, l'édifice est grandiose, à hauteur de leur gratitude. Façade monumentale, colonnes corinthiennes, voûte en berceau, pas de transept et une belle coupole.

Le plus époustouflant reste l'autel principal et son tabernacle contenant l'image miraculeuse de la Vierge. Des anges portent une tribune dorée avec colonnes torses. Des dizaines de rayons d'or en jaillissent, couvrant tout le fond du chœur. On sent le triomphe de la Contre-Réforme. Quelques peintres baroques ornèrent les chapelles, dont Luca Giordano. En sortant de l'église, allez jeter un œil au ***palazzo Albertoni Spinola,*** du XVIe s.

LES BORDS DU TIBRE

✪✪ *Teatro di Marcello* *(théâtre de Marcellus ; plan détachable centre, C4)* **:** *via del Portico d'Ottavia, 29. Visible depuis l'extérieur. Passage gratuit avec quelques explications entre le Ghetto et la via del Teatro di Marcello, tlj 9h-18h (plus tard en été). On ne visite pas le théâtre (c'est une résidence privée !).* Les travaux, initiés par César, seront achevés par Auguste, qui dédie l'édifice à Marcellus, l'un de ses neveux. On raconte que le théâtre, destiné à 15 000 spectateurs, était doté d'une excellente acoustique et qu'il inspira les plans du futur Colisée. Dès l'empire, il sert de carrière... Au Moyen Âge, les Savelli, cette famille qui fut mêlée aux grands événements de l'histoire romaine, s'y installent et le transforment en forteresse, le sauvant ainsi de la démolition. Au début du XVIe s, l'architecte Baldassare Peruzzi construit, pour les nouveaux occupants, les Orsini, un palais qu'il greffe littéralement au théâtre.
Sur les côtés, on trouve 3 colonnes du temple d'Apollon (les fragments du fronton sont à la centrale Montemartini). Au pied, un jardin archéologique a été aménagé. En s'y promenant, on peut voir la différence de niveaux architectoniques (qui atteint jusqu'à 20 m à Rome).

✪ *Chiesa San Nicola in Carcere* *(plan détachable centre, C4)* **:** *tlj 10h30-18h (17h le w-e ; 1h plus tard en été). Souterrains : visite libre 3 € ou commentée 6,50 €. • sotterraneidiroma.it • sinopie.it • (association qui assure les visites guidées).* Cette église fut construite au VIIe s avec les restes de 3 temples païens selon une technique particulièrement courante à l'époque. Ce qui est intéressant ici, c'est que les ruines souterraines de 2 de ces temples sont encore accessibles. On accède à la crypte à travers rues, boutiques et cellules (puisque les lieux servirent de prison – *carcere* – au VIIIe s, ce qui donna son nom à l'église). Une petite chapelle paléochrétienne contient des restes d'ossements humains. Pas grand-chose à voir, mais c'est une des rares occasions de visiter la Rome souterraine, profitez-en !

✪✪ *Piazza Bocca della Verità* *(plan détachable centre, D4-5)* **:** la zone, autrefois marécageuse, abritait les installations du premier port de Rome, le *Portus* ; aussi n'est-il pas surprenant d'y trouver un *temple rectangulaire dédié à Portunus,* la divinité des Ports. Il tient toujours debout malgré son grand âge (l'édifice actuel date, en effet, du Ier s av. J.-C., mais sa fondation remonte au IVe ou au IIIe s av. J.-C.). Un autre temple, circulaire celui-là, s'élève également dans les parages. C'est le *temple d'Hercule vainqueur,* longtemps dédié, à tort, à Vesta. Son âge n'est pas moins vénérable, car il fut construit au IIe s av. J.-C. mais, dans son aspect actuel, il est davantage le fruit d'un remaniement dû à Tibère après l'inondation de l'an 15. Le Tibre, en effet, est tout proche. Vous y apercevrez la dernière arche de l'ancien *pons Aemilius* construit en 181 av. J.-C. Aujourd'hui, on le nomme *ponte Rotto* (« pont cassé »). Il est ainsi depuis 1598, date de son dernier effondrement.

✪✪ *La Bocca della Verità* *(la Bouche de la Vérité ; plan détachable centre, D5)* **:** *plaquée dans le vestibule de Santa Maria in Cosmedin. Tlj 9h30-17h50.* Un des symboles de Rome, qui date du Ier s apr. J.-C. et dont les fonctions – fontaine ou bouche d'égout – restent incertaines. Elle fut rendue célèbre par une scène du film *Vacances romaines,* où Audrey Hepburn s'amuse à y mettre sa main... car la légende voue aux pires affres qui y glisse sa mimine avec quelque chose sur la conscience. Les touristes s'y pressent, prévoir de l'attente, même hors saison.

Chiesa Santa Maria in Cosmedin *(plan détachable centre, D5)* **:** *piazza della Bocca della Verità, 18. Tlj 9h30-17h50. Visite de la crypte d'Adrien tlj 9h30 (12h dim)-17h30. Une petite pièce est bienvenue.* On la repère de loin à son haut et élégant clocher roman du XIIe s. Une élégance que ne détrompe pas l'intérieur, riche sous plusieurs aspects. Cette église grecque-melkite catholique accueillit, dès son origine, une communauté religieuse grecque. On y trouve donc quelques vestiges d'ornements byzantins de cette époque : une mosaïque du VIIe s dans la sacristie et l'abside du chœur parée de jolis restes de peintures. C'est d'ailleurs à la richesse de son décor que Santa Maria doit son épithète « Cosmedin » (*kosmidion* signifiant « richement orné » en grec). Autres vestiges notables, les colonnes avec chapiteaux corinthiens qui séparent les 3 nefs, récupérées d'édifices antiques du forum Boarium (le « marché aux bœufs »), qui s'étendait jusqu'à l'Aventin et sur lequel l'église a été bâtie au Ve s. Les chapiteaux les plus proches de l'entrée sont richement sculptés. Quant au pavement cosmatesque d'origine (XIIe s), il est envoûtant avec ses motifs en marqueterie de marbre polychrome. Détail amusant : l'autel est dressé sur un ancien bassin en marbre.

Chiesa di San Giorgio al Velabro *(plan détachable centre, D4)* **:** *via San Giorgio al Velabro. Ouv mar, ven et sam 10h-12h30, 16h-18h15 ; fermé mar mat en juil-août.* Construite entre les Ve et IVe s av. J.-C., dans le quartier du Vélabre, au bord du Tibre, l'église Saint-Georges-de-Vélabre est une des premières églises chrétiennes. Elle a subi maintes restaurations qui lui ont rendu son aspect médiéval. On découvrit alors des fresques primitives (que l'on aperçoit cachées sur la gauche). Dans cette église construite de bric et de broc, la récupération des matériaux est particulièrement flagrante, avec un choix de colonnes antiques des plus hétéroclite.

L'ÎLE TIBÉRINE (isola Tiberina ; plan détachable centre, C4)

Il s'agit de la seule île de Rome, reliée à la terre ferme par les plus anciens ponts de la ville, les *ponte Cestio* et *Fabricio*. Géographiquement, on serait tenté de faire une analogie avec l'île Saint-Louis, à Paris, mais rien à voir car le quartier est loin d'être aussi bourgeois ! Contrairement à ce qui s'est passé dans les autres cités, l'île ne fut pas habitée avant le Moyen Âge (le berceau de Rome étant, est-il besoin de le rappeler, le Palatin et les collines dominant le Forum). Elle resta longtemps isolée du fait des crues violentes du Tibre. Un temple dédié à Esculape, le dieu de la Médecine, y fut néanmoins édifié dès le IIIe s av. J.-C. Plus tard, on y mit les malades en quarantaine, et on y a construit depuis le grand hôpital... À l'époque romaine, l'île avait l'allure d'un bateau et on peut voir en avant, au niveau de la « proue de l'île », un reste de cette étonnante décoration (sous les bureaux de la police). En été, on y aménage un cinéma en plein air, et de nombreuses terrasses s'installent face au « pont cassé ».

LA FAUSSE MALADIE QUI SAUVA LES JUIFS

En 1943, le Dr Borremeo annonce aux autorités nazies que le soi-disant syndrome K, ultra contagieux, frappe durement les malades de son hôpital. Résultat, aucun soldat allemand n'a le courage d'y pénétrer pour débusquer d'éventuels patients juifs. Des centaines d'entre eux eurent ainsi la vie sauve.

LE TRASTEVERE

Il est loin le Trastevere décrit par Moravia dans ses *Nouvelles romaines* ! Certes, le quartier a gardé un petit côté populaire, avec ses *caffè* où l'on vient déguster son *espresso* au comptoir et ses *trattorie* typiques, où locaux et touristes se font désormais voisins de tablée. Mais à contrario, toute une frange du quartier appartient désormais à la catégorie des bobos !
Les voyageurs font souvent ici une incursion de quelques heures, parcourant ses ruelles à la découverte de quelques jolies pépites : la basilica di Santa Maria in Trastevere, la villa Farnesina, le palazzo Corsini... Les plus courageux grimperont sur la colline du Janicule pour une agréable balade au vert, récompensée par l'un des plus beaux panoramas sur la ville. Mais c'est surtout le soir que le quartier s'anime, vibrant une bonne partie de la nuit, au grand dam des habitants ! Le Trastevere, c'est aussi un quartier agréable et pratique pour résider, stratégiquement placé pour partir à la découverte de Rome à pied.

Où dormir ?

Auberges de jeunesse

☗ ***Hostel Trastevere 1*** *(plan détachable d'ensemble, B5, **143**) : via Francesco Benaglia, 11. À partir de 10 € dans un dortoir, 65-90 € pour une double avec sdb privée. Petit déj 5 €.* Une nouvelle adresse d'*hostel* située au sud du Trastevere et qui dispose d'une trentaine de chambres agréables et parfaitement entretenues, réparties entre dortoirs et doubles privées. Ici, on mise sur la convivialité : des soirées festives ou des visites guidées rythment la semaine. Bar et salon commun très vivants, cuisine toute équipée, terrasse sympa à l'arrière... Tout pour passer un excellent séjour !

☗ ***Orsa Maggiore*** *(plan détachable centre, B4, **140**) : via Francesco di Sales, 1a. 2e étage (ascenseur). ☎ 06-689-37-53. • maggioreroma@gmail.com • orsamaggioreroma.com • Lits en dortoir (3-7 lits) 13-28 € ; doubles 32-75 €. Pas de petit déj.* Cette agréable AJ exclusivement réservée aux filles est installée dans une ancienne prison... pour femmes. Le bâtiment, qui date du XVIIe s, abrite également la *Casa Internazionale Delle Donne,* un centre socio-culturel féministe très actif. Côté chambres, les dortoirs sont confortables et parfaitement tenus (pas de lits superposés), tout comme les chambres privées. Jolis sols et plafonds d'origine et vues sur le jardin. Pas de clim en été (brasseurs d'air), mais chauffage en hiver. Salles de bains à partager nickel. Pièce commune agréable et entièrement équipée. Excellent accueil.

De bon marché à prix moyens

☗ ***Villa Riari*** *(plan détachable centre, B4, **131**) : via dei Riari, 44. ☎ 06-688-061-22. • info.villariari@hh-hotels.it • villariari.it • Doubles sans ou avec sdb 45-120 €.* Au pied du jardin botanique, cet ancien couvent réhabilité en hôtel est idéalement situé, à une portée de cloches du Vatican. Sur 3 étages, une trentaine de chambres (1 à 4 personnes) pratiques, épurées et propres ; les plus chères avec salle de bains et TV. Aux beaux jours, on apprécie de prendre son petit déj dans le jardin de curé. Accueil gentil et pro.

☗ ***Casa di Santa Francesca Romana*** *(plan détachable centre, C5, **130**) : via dei Vascellari, 61. ☎ 06-581-21-25. • istituto@sfromana.it • sfromana.it • Doubles 88-120 €.* Située dans l'ancien palais de la famille Ponziani, c'est la version luxe des institutions religieuses ! Belle cour aux tons orangés parsemée justement... d'orangers. Les

37 chambres (1-4 personnes) sont un peu inégales et la déco un rien désuète, mais le tout reste bien tenu et le confort général très correct. Bon accueil.

B & B Villa Urbani *(plan détachable d'ensemble, B4,* ***132****) : viale Trenta Aprile, 2. 333-481-73-13. • info@villaurbani.it • villaurbani.it • Fermé en août. Doubles 100-160 € (60-70 € pour la simple).* C'est dans l'hôtel particulier bâti par ses aïeux, au début du XXe s, que Laura Urbani, mélomane à ses heures, reçoit ses hôtes, en français et en musique ! Une poignée de vastes chambres climatisées aux volumes généreux, décorées avec retenue et bien équipées. En saison, tartes et confitures maison agrémentent le petit déj, à prendre dans un salon contemporain ou dans le jardin. Une excellente adresse !

Domus Tiberina *(plan détachable centre, C5,* ***134****) : via in Piscinula, 37. ☎ 06-581-36-48. • info@hoteldomustiberina.it • hoteldomustiberina.it • Doubles 65-130 €.* Dans cette vieille maison *trasteverina,* une huitaine de chambres, certes petites, mais à la rénovation réussie : meubles peints, jolies étoffes... Celles du rez-de-chaussée ont même conservé leurs carrelés du XVIIIe s. Accueil souriant.

Hotel Trastevere *(plan détachable centre, C5,* ***133****) : via L. Manara, 24a-25. ☎ 06-581-47-13. • info@hoteltrastevere.net • hoteltrastevere.net • Doubles 85-115 €.* On trouve ici une poignée de chambres fonctionnelles et bien équipées, quoiqu'un peu tristounettes. Au 1er étage, elles donnent pour la plupart sur la vivante piazza San Cosimato. Celles du rez-de-chaussée, plus sombres, se contentent, elles, d'un vasistas. Une adresse simple mais régulière en qualité.

Villa della Fonte *(plan détachable centre, C4,* ***135****) : via della Fonte dell'Olio, 8. ☎ 06-580-37-97. • info@villafonte.com • villafonte.com • Doubles 80-250 €. Appart 4 pers 170-350 €. Sur présentation de ce guide et de nov à mars, réduc de 10 % sur les doubles.* Charmante petite structure installée dans un bâtiment du XVIIe s, bordée par une ruelle paisible. Au choix, 5 chambres proprettes, tout confort, sobres et bien arrangées. Cerise sur le gâteau, le petit déj est servi sur une jolie terrasse verdoyante. Accueil souriant.

De prix moyens à très chic

Horti 14 *(plan détachable centre, B4,* ***142****) : via di S. Francesco di Sales, 14. ☎ 06-688-062-89. • info@horti14.com • horti14.com • Doubles 130-260 €. Parking 25 €/nuit.* Voilà un bien bel hôtel, installé dans un bâtiment industriel habilement restructuré. La quinzaine de chambres, qui s'ouvrent sur une agréable cour décorée de fresques de street art, se donne des airs de lofts cosy. Le tout est meublé dans un style contemporain avec miroirs en laiton, fauteuils colorés et salles de bains aux lignes épurées. On prend le petit déj sur le toit (couvert en hiver) avec vue sur le grand solarium, idéal pour buller. L'endroit est d'un calme absolu car bordé par le jardin botanique de la ville.

Hotel Santa Maria *(plan détachable centre, C4,* ***136****) : vicolo del Piede, 2. ☎ 06-589-46-26. • info@hotelsantamaria.info • hotelsantamaria.info • ♿ Doubles 100-260 €.* Un ancien couvent du XVIe s réhabilité en hôtel de charme, organisé autour de 2 adorables patios plantés d'orangers (on y prend le petit déj aux beaux jours). En tout, une vingtaine de jolies chambres bien fraîches, certaines plus lumineuses que d'autres. Toutes profitent de l'incroyable quiétude des lieux, pourtant à 2 pas de l'animation du quartier. Une suite mansardée peut accueillir jusqu'à 6 personnes. Vélos à dispo. Accueil sympa.

Hotel San Francesco *(plan détachable d'ensemble, C4,* ***137****) : via Jacopa de' Settesoli, 7. ☎ 06-583-000-51. • info@hotelsanfrancesco.net • hotelsanfrancesco.net • ♿ Doubles 85-150 €. Petit déj 12,50 €. Loc vélo 15 €/j.* Un bel hôtel récent, aménagé dans un bâtiment du début du XXe s qui appartenait au couvent San Francesco. Les chambres sont modernes, élégantes et chaleureuses, avec tout l'équipement attendu. Certaines permettent d'apercevoir l'élégant cloître contigu. Large toit-terrasse au dernier étage, où l'on peut boire un verre en été avec vue sur le Trastevere, le Janicule et l'Aventin. Au rez-de-chaussée, un restaurant et un bar design, tous deux ouverts en soirée (et pour le brunch dominical). Bref, un établissement plaisant et bien situé car proche de tout mais au calme. Une belle découverte !

Relais Le Clarisse a Trastevere *(plan détachable centre, C5,* ***138****) : via Cardinale Merry del Val, 20. ☎ 06-583-344-37. • info@leclarissetrastevere.com • leclarissetrastevere.com • Doubles 60-250 €.* Dans cet ancien couvent, une poignée de chambres spacieuses, paisibles et de bon confort s'organisent autour de la courette, formant un ensemble élégant. Également une dizaine d'autres chambres du même tonneau, mais moins tranquilles malgré le double vitrage, car aménagées dans une aile donnant sur l'artère principale du Trastevere. Accueil charmant.

Voi Donna Camilla Savelli Hotel *(plan détachable centre, B4,* ***139****) : via Garibaldi, 27. ☎ 06-58-88-61. • info.savelli@voihotels.com • voihotels.com • Doubles 140-330 €.* À 2 pas du cœur du Trastevere, cadre enchanteur et apaisant pour cet ancien couvent reconverti en hôtel de luxe. L'ensemble résulte d'un habile mélange entre modernité et tradition : luminaires design, meubles chinés, sols d'époque, miroirs dorés... Une centaine de chambres confortables et d'allure très classique, dont les plus chères s'ouvrent sur un jardin. Terrasses panoramiques surplombant la ville. En entrant, jetez un œil à la délicieuse église baroque du couvent, toujours en activité. Une belle adresse.

Little Rhome Suites *(plan détachable centre, C5,* ***141****) : via Ripense, 4 (escalier B, 3e étage). ☎ 06-588-58-09. • info@littlerhomesuites.com • littlerhomesuites.com • Doubles avec sdb env 140 €.* Dans les étages d'un immeuble des années 1930, une poignée de chambres joliment aménagées et de grand confort : minibar, bouilloire à dispo, etc. Salle de petit déj lumineuse avec balconnet. Une adresse agréable et très bien placée.

Où manger ?

L'un des quartiers de la ville les plus riches en restos et bars en tout genre... Beaucoup de monde et d'ambiance les soirs de fin de semaine, lorsque certaines rues se trouvent engorgées par des embouteillages de piétons !

Sur le pouce

I Supplì *(plan détachable centre, C5,* ***391****) : via San Francesco a Ripa, 137. ☎ 06-589-71-10. Tlj sauf dim et j. fériés 10h-22h. Moins de 5 €.* On concocte dans cette minuscule échoppe de délicieux *suppli,* ces boulettes gourmandes fourrées au riz et à la mozza, ainsi que des *pizze al taglio.* Ambiance assez géniale, avec une tripotée d'anciens qui discutent autour de leurs fritures du midi. En début de soirée, il faut tenir bon pour atteindre le comptoir !

Giselda *(plan détachable d'ensemble, C4,* ***406****) : viale di Trastevere, 52/58. ☎ 06-4566-5090. • giseldasrl@gmail.com • Tlj 7h-21h (23h ven-dim). Moins de 10 €.* Cette boulangerie réputée, située sur l'artère principale du Trastevere, est le lieu idéal pour s'accorder une petite pause, et ce à toute heure de la journée. On y passe pour une part de pizza, un *panino* ou un plat du jour, mais aussi plus simplement pour un café, à accompagner d'une douceur. Quelques tables pour s'installer devant une jolie fresque de street art.

Mammò *(plan détachable centre, C4,* ***390****) : via Benedetta, 47. Tlj 8h-2h. Sandwichs et bagels 5-7 €.* Côté pile, une rangée de bières artisanales ; côté face, la famille charcutaille et fromton, impatiente de finir en rondelles. Mon tout forme une adresse spécialisée dans les sandwichs et bagels bien garnis, à dévorer entre potes sur un coin de comptoir. Attention, c'est vite plein !

La Prosciutteria Trastevere *(plan détachable centre, B-C4,* ***388****) : via della Scala, 71. Tlj 11h30-minuit. Panino 4-6 €. Planches et petits plats 5-13 €.* Sous une pluie de jambons, une poignée de tables et quelques convives le sourire jusqu'aux oreilles, le nez dans un verre de pif, émerveillés par le plateau de charcuterie, de fromages et d'*antipasti* que l'on vient juste de préparer devant eux. Beaucoup de monde et très touristique, mais le lieu reste sympa.

Bon marché

Pizzeria Ai Marmi *(plan détachable centre, C5,* ***393****) : viale Trastevere, 53-59. ☎ 06-580-09-19. Tlj sauf mer 18h30-2h. Pizza et plat env 7 €. CB refusées.* Grande cantoche vivante, dans une salle fonctionnelle à l'ancienne, crûment éclairée, qui représente un vrai condensé de la Rome populaire ! On y va pour les pizzas au feu de bois, énergiquement pétries par une armée de pizzaiolos ! Alors que d'autres se régalent de *supplì, filetti di baccalà* (filets de morue) et *fiori di zucca* (beignets de fleurs de courgette)... Grande terrasse bruyante sur l'artère la plus passante du Trastevere.

Luna e L'Altra *(plan détachable centre, B4,* ***389****) : via S. Francesco di Sales, 1a. ☎ 06-895-108-70. • lunaelaltra.info@gmail.com • Lun 8h-16h30, mar-sam 8h-22h30, dim 9h-15h30. Plats 7-10 € ; repas du soir 20-25 €, verre de vin bio compris.* Gérée par une coopérative sociale pour le soutien aux femmes en difficulté, cette adresse installée dans une cour verdoyante propose d'excellentes formules buffet pour une cuisine bio (petits producteurs) 100 % maison, à dominante végétarienne (mais pas que). À consommer dans la grande véranda ou en terrasse. Accueil très gentil.

La Tavernetta 29 *(plan détachable centre, C4,* ***394****) : via della Pelliccia, 29-30. ☎ 06-902-147-65. • info@latavernetta29.it • Tlj sauf lun. Plats 8-25 €, pizza 7-9 €.* Poutres apparentes, nappes à carreaux, tables à touche-touche, patron qui mate, bidoche sous cellophane, des plats romains qui se tiennent et une pizza d'au moins 40 cm de diamètre... Une bonne étape du midi.

Prix moyens

Da Enzo al 29 *(plan détachable centre, C5,* ***395****) : via dei Vascellari, 29. ☎ 06-581-22-60. • info@daenzoal29.com • Tlj sauf dim. Résa possible uniquement pour le dîner (conseillée 2 j. avt en hte saison). Plats 10-18 €, repas env 30 €.* Dans un coin du quartier resté authentique, une clientèle d'habitués et de touristes vient s'entasser dans cette minuscule gargote pour déguster une délicieuse cuisine familiale. Spécialités locales exclusivement de saison, préparées avec les légumes bio de la ferme du proprio. Le tout est à arroser d'un verre de vin du Latium. Petite terrasse prise d'assaut aux beaux jours (chauffée en hiver). Accueil souriant.

Proloco Trastevere *(plan détachable centre, B5,* ***404****) : via Goffredo Mameli, 23. ☎ 06-455-961-37. • info@prolocotrastevere.it • Tlj 12h-15h, 19h30-23h (1h pour boire un verre). Plats 12,50-25 €. Repas 25-35 €. Résa conseillée.* Ici, tous les produits – sans exception – proviennent du Latium. Pour les déguster, vous avez le choix entre le confortable lounge-bar de l'entrée, le bistrot coloré près du four à pizza ou la chaleureuse trattoria, planquée dans une cave voûtée. À la carte, la quintessence de la cuisine régionale : outre les pâtes et viandes, on recommande la *baccalà* (morue) maison, parfaitement assaisonnée. Sinon, on peut aussi y boire un verre de vin ou un cocktail, à accompagner d'une généreuse planche de charcuterie-fromage.

Eggs *(plan détachable centre, C5,* ***508****) : via Natale del Grande, 52. ☎ 06-581-72-81. • glistrapazzi@gmail.com • Tlj 12h-16h, 19h-23h. Résa conseillée. Plats 10-25 €. Repas env 30 €.* Déco contemporaine, avec plancher et brique blanchie, pour ce petit resto qui fait l'unanimité depuis son ouverture. Il faut dire que son concept est plutôt étonnant : ici, la vedette c'est l'œuf (bio) ! Il est donc préparé de bien des façons, mais le must reste encore la *pasta alla carbonara* maison, déclinée en de multiples versions et servie dans de petits bocaux. En dessert, dur dur de faire son choix entre sabayon et *tiramisù*... Carte des vins bien fichue, tout comme celle des cocktails.

Seu Pizza Illuminati *(plan détachable d'ensemble B-C5, **510**) : via Angelo Bargoni, 10-18. ☎ 06-588-33-84. • seuensrl@gmail.com • Ts les soirs 19h-minuit, plus le midi en sem 12h-15h. Résa conseillée.* Certes, le quartier n'a rien de séduisant, même si vous n'êtes ici qu'à 15 mn du cœur de Trastevere. L'adresse vaut cependant largement le détour ! On y sert des pizzas napolitaines exceptionnelles, avec pâte moelleuse et trottoirs bien épais. Le pizzaiolo, Pier Daniele Seu, est devenu une vrai rockstar depuis qu'il a gagné un titre de... meilleure pizza de l'année 2019. Plus que les grands classiques, essayez donc les créations originales du maestro, particulièrement surprenantes et savoureuses. Une belle expérience, malgré un service parfois débordé.

La Tavernaccia *(plan détachable d'ensemble, B-C5, **509**) : via Giovanni da Castelbolognese, 63. ☎ 06-581-27-92 • latavernaccia.roma@gmail.com • Tlj sauf jeu et lun midi. Plats 10-18 €. Repas 25-30 €. Résa conseillée.* Cadre propret de brique et pierre pour cette osteria traditionnelle et familiale, fréquentée essentiellement par les gourmands du quartier. Carte aux accents rustiques : les *parpadelle* au ragoût de sanglier sont plébiscitées, tout comme les raviolis au lapin ou la généreuse *bistecca* (steak). Nous, on avoue un faible pour la *parmigiana !* Également des pizzas le soir. Service aimable et tranquille : ici, on prend le temps de vivre...

Meridionale *(plan détachable centre, C5, **396**) : via dei Fienaroli, 30a. ☎ 06-589-71-96. • meridionaletrastevere@gmail.com • Tlj sauf lun, en sem le soir seulement, plus le midi le w-e. Résa conseillée. Plats 9-20 €, repas env 30 €.* La belle glycine de la façade cache un resto discret aux accents de l'Italie méridionale – le patron est napolitain, sa femme calabraise –, qui revendique la fraîcheur de sa cuisine de saison mijotée avec soin. À déguster dans une salle blanche au look très sixties, parsemée de tables en formica. Accueil chaleureux et sincère. *Andiamo !*

Dar Sor Olimpio al Drago *(plan détachable centre, C4, **399**) : piazza del Drago, 2. 📱 339-885-75-74. • sorolimpioaldrago@gmail.com • Ts les soirs à partir de 18h, plus dim midi. Résa très conseillée. Plats 13-25 €, repas env 35 €. Apéritif maison offert sur présentation de ce guide.* Resto à l'atmosphère chaleureuse et un brin raffinée. À la carte, bel éventail de spécialités romaines, sans pour autant bouder les autres régions italiennes ; mon tout revisité avec maîtrise. Quelques tables à l'extérieur. Une belle adresse pour un dîner à 2.

Roma Sparita *(plan détachable centre, C5, **401**) : piazza Santa Cecilia, 24. ☎ 06-580-07-57. Tlj sauf dim et lun midi juin-août, sauf lun et dim soir le reste de l'année. Résa très conseillée le w-e. Plats 10-18 €, repas 30-35 € (moins si pizza).* Tables nappées et serveurs stylés qui semblent avoir grandi dans les murs pour cette adresse classique du quartier, ouverte sur une place bien tranquille. Spécialité de *tagliolini cacio e pepe* servies carrément dans une croûte de parmesan, et saupoudrées de pecorino. Superbe ! Également d'autres plats typiquement romains et des pizzas.

De chic à très chic

Hostaria Luce *(plan détachable d'ensemble, C4, **402**) : via della Luce, 44. ☎ 06-581-48-39. • info@hostarialuce.it • Tlj sauf sam midi et dim soir en hiver, sauf dim midi en été. Plats 12-22 €, repas env 50 € min.* Un bel accueil, un service pro, de bons vins, et puis une salle blanche, élégante et chaleureuse, flanquée d'une petite terrasse. On élabore ici une cuisine créative à base de produits bio savamment cuisinés. De la mise en bouche au dessert, les papilles et les yeux sont en émoi ! Bien pour un dîner en amoureux.

Hybris Art Gallery *(plan détachable centre, C4, **392**) : via del Lungaretta, 164. ☎ 06-943-763-74. • hybrisartgallery@gmail.com •* Un peu à l'écart du flot touristique, ce lieu branché propose un bon choix de plats italiens revisités, à déguster en admirant les tableaux de jeunes artistes talentueux. On peut aussi venir pour déguster un petit café, à toute heure. Concerts de musique live de temps en temps.

Osteria Le Mani in Pasta *(plan détachable centre, C5, **400**) : via dei Genovesi, 37. ☎ 06-581-60-17.*

• info@lemaniinpasta.net • Tlj sauf lun. Plats 13-26 €, repas 35-40 € (plus si poisson). Des pâtes cuisinées à toutes les sauces, c'est la spécialité de la maison. Mais on travaille aussi les poissons et les viandes. La salle n'est pas bien grande, voûtée de brique et même dotée d'une minuscule mezzanine.

*Ai Bozzi (plan détachable centre, C4, **398**) : piazza Giuditta Tavani Arquati, 107. ☎ 06-581-66-40. Tlj midi et soir. Plats 12-22 €. Compter 35-40 € pour un repas.* C'est frais, bien cuisiné, avec une large place donnée aux poissons, de l'*antipasti* au *secondi*. Le pain fait maison est un délice. Bonnes suggestions sur la carte des vins. Un service aux petits oignons et une déco soignée et aérée. Et la grande terrasse, qui finira de vous convaincre !

Enoteche (bar à vins)

***Enoteca Ferrara** (plan détachable centre, C4, **630**) : piazza Trilussa, 41 (angle via del Moro). ☎ 06-583-339-20. • info@enotecaferrara.it • Ts les soirs, plus dim midi. Plats 5-15 € ; verres de vin 7-15 €.* À l'entrée, sous les vieilles poutres du bar, ce resto gastronomique sert un bel *aperitivo* copieux et abordable : quantité de *torte, crochette* et autres délicieux beignets, à accompagner par l'un des vins indiqués à l'ardoise. N'hésitez pas à demander conseil ! Atmosphère rustico-chic pas coincée pour un sou. Quelques plats de pâtes ou des planches pour prolonger l'*aperitivo*.

***Latteria Trastevere** (plan détachable centre, B4, **507**) : Vicolo della Scala, 1. ☎ 06-5833-2008. • latteriatrast@gmail.com • Tlj 10h30-1h30. Plats 10-18 € ; verres de vin 5-8 €.* Ce bar à vins très animé, qui se déploie entre un joli comptoir, une salle voûtée en brique et une large terrasse, s'est spécialisé dans les flacons nature(ls) et sans souffre ajouté. On y fait de chouettes découvertes, éduquant son palais à des nectars surprenants. Pour accompagner, de bonnes petites choses à grignoter, préparées avec des produits de qualité, mais pas toujours très copieuses (planches, tartares, salades, etc.). Accueil très sympa.

Où déguster une bonne pâtisserie ?

***Biscottificio Innocenti** (plan détachable centre, C5, **405**) : via della Luce, 21. ☎ 06-580-39-26. • biscottificioinnocenti@gmail.com • Lun-sam 8h-20h, dim 9h30-14h.* Une biscuiterie typique et à l'ancienne, où exerce la 3e génération d'artisans. On se régale de délicieux macarons à la noisette, de *tozetti* à l'anis, de *cantucci* aux amandes, de *straccetti* (biscuits aux fruits secs), ou encore de *brutti ma buoni* (« moches mais bons » !). Goûtez donc aux *castagnole* si vous êtes là au moment du carnaval.

***Pasticceria Valzani** (plan détachable centre, C4, **407**) : via del Moro, 37. ☎ 06-580-37-92. • pasticceriavalzani@libero.it • Tlj sauf lun 10h-20h.* *Panpepato, Pangiallo* et *Mostacciolo* sont les 3 mamelles de cette pâtisserie historique capable de vous mouler n'importe quoi en chocolat ! La déco sans âge ajoute au charme de l'endroit.

Où fondre devant une glace et autre *grattachecca* ?

***Gelateria Giuffrè** (plan détachable d'ensemble, B5, **479**) : viale Trastevere, 255. • info@gelateriagiuffre.it • Tlj 11h-23h (minuit l'été).* Du côté de la Porta Portese, une délicieuse *gelateria* au look contemporain, qui puise son inspiration dans le terroir sicilien. Sabayon au marsala, sorbet à la pistache, crème glacée noisette-amande toastée, difficile de faire son choix ! Les gourmands endurcis craqueront aussi pour les chocolats ou les pâtisseries.

Gelateria Fior di Luna *(plan détachable centre, C4, **403**) : via della Lungaretta, 96. • gelato@fiordiluna.com • Tlj (sauf lun nov-Pâques) midi-minuit en été. Congés : 2e quinzaine de janv.* Ici gastronomie rime avec éthique : produits naturels, bio et de saison. Le sucre, lui, provient du commerce équitable. Au final, les sorbets et les granités ont un goût succulent. Testez donc le « *duetto* » pistache-chocolat ou le *« fred »* (crème pâtissière-biscuits), vous nous en direz des nouvelles !

Grattachecca : aux beaux jours, il y a foule autour de plusieurs kiosques (fermés en hiver) proposant cette spécialité très prisée des Romains : sur de la glace grattée, on ajoute des fruits frais et le sirop de son choix : griotte, orange, citron, fraise, lait d'amande... Rendez-vous aux 2 adresses du coin : ***Sora Mirella*** *(plan détachable centre, C4, **408** ; à côté du ponte Cestio qui file sur l'île Tibérine),* ou encore **Fonte d'Oro** *(plan détachable centre, C4, **409** ; à côté du ponte Garibaldi, à l'angle de la piazza G. Belli).*

Où boire un bon café ? Où prendre le petit déj ?

Bar San Calisto *(plan détachable centre, C4, **631**) : piazza San Calisto. Tlj sauf dim 6h-1h30.* On se sent vite chez soi dans ce café populaire aux tables antiques posées sur cette jolie place, où rien n'est cher, depuis le *cappuccino-cornetto* du petit déj à la bière sirotée en soirée au beau milieu d'une faune vivante, joyeuse et diverse. Terrasse très agréable, même en hiver.

Bar Lillo *(plan détachable centre, C5, **632**) : via dei Genovesi, 39. 339-234-99-11. • barlilotrastevere@gmail.com • Lun-sam 6h-21h, dim 12h-15h30. Plats 5-12 €.* Un petit troquet de quartier, où les habitants se retrouvent pour prendre un petit déj, boire un excellent café, ou grignoter un petit plat.

Caffè Lungara 1940 *(plan détachable centre, B4, **633**) : via della Lungara, 14-15. ☎ 06-687-56-26. • info@lungara1940.com • Tlj 6h30 (7h30 sam)-22h.* Accueil énergique et tout sourire dans ce café qui remet au goût du jour les couleurs des années 1970. Il fait bon s'y poser à toute heure pour un café, qu'on accompagne volontiers d'une bricole sucrée à grignoter. Également quelques petits plats du jour tout simples, genre lasagnes ou salades...

Où boire un verre ? Où sortir ?

Aussi appelé *l'ombelico di Roma* (« le nombril de Rome »), le Trastevere est plébiscité par les noctambules pour la qualité de l'ambiance. Et ça commence de bonne heure, car les bars ont presque tous adopté la gourmande tradition de l'*aperitivo !*

Bar San Calisto *(plan détachable centre, C4, **631**) : piazza San Calisto. Tlj sauf dim 6h30-2h.* Voir plus haut « Où boire un bon café ? Où prendre le petit déj ? ».

Freni e Frizioni *(plan détachable centre, C4, **635**) : via del Politeama, 4-6. ☎ 06-454-974-99. • info@freniefrizioni.com • Tlj 18h30-2h.* Il fallait bien cette placette face aux quais du Tibre pour soulager *Freins et Embrayages !* Car, chaque soir, dès l'heure de l'*aperitivo,* la bibliothèque, le bar, les fauteuils de récup et les photos d'artistes exposées aux murs disparaissent dans un joyeux tourbillon de têtes souriantes et de bras tendus vers le bon et copieux buffet de légumes. Après, ça danse !

Mr Brown *(plan détachable centre, C4, **638**) : vicolo de' Cinque, 29. Tlj 17h-2h.* Un petit bar coloré, dont la clientèle jeune et braillarde envahit largement la ruelle dans une atmosphère de fête débridée. Excellent choix de bières, locales comme étrangères. Déco amusante. Quelle santé, *Mr Brown* !

Ma Che Siete Venuti a Fà *(plan détachable centre, C4, **634**) : via Benedetta, 25. • info@football-pub.com •*

Tlj 11h-2h. Ni glamour ni branché – loin de là ! –, c'est un vrai bar de copains, sans chichis ni tralala. Dans les cuves, la sélection rigoureuse de très bonnes bières artisanales fait l'unanimité chez les habitués, serrés dans les petites salles voûtées ou largement étalés sur le trottoir. Au moins 16 bières à la pression, quel succès !

Santo Trastevere *(plan détachable centre, B4,* ***636****) : via della Paglia, 40. ☎ 06-583-770-20. • santotrastevere@gmail.com • Tlj sauf lun 18h-2h.* Cet élégant bar-resto est niché dans les contreforts du Janicule. Déco néotropicale très réussie, avec des plantes qui descendent du plafond et de longs comptoirs en bois brut. Belle sélection de spiritueux, avec une place de choix donnée aux amers italiens. Pas de carte de cocktails à proprement parler, on préfère ici le sur-mesure. Très sympa à l'heure de l'*aperitivo* ou en fin de soirée. Également des tapas originales et raffinées, mais pas données.

Où écouter de la musique ?

Alcazar Live *(plan détachable centre, C5,* ***637****) : via Cardinale Merry del Val, 14b. 339-127-83-54. • info@alcazarlive.it • alcazarlive.it • En principe, événements jeu-dim.* Cet ancien cinéma du Trastevere accueille désormais un club hyperactif. Toutes les fins de semaine, on programme de nombreux concerts de qualité (funk, soul, hip-hop...) suivis de soirées DJ's, parfois relayés par des pièces de théâtre ou du stand-up. À l'étage, resto avec vue directe sur la scène (brunch musical le dimanche). Une belle découverte !

Big Mama *(plan détachable d'ensemble, C4,* ***640****) : vicolo S. Francesco a Ripa, 18 (repérez les yuccas, le vicolo en question part juste en face du n° 64 de la via di S. Francesco a Ripa). ☎ 06-581-25-51. • bigmama.it • Mer-sam 21h-1h30. Carte de membre 10 €. Programmation sur leur site.* Une petite scène musicale avec laquelle il faut compter dans la nuit romaine. Programmation éclectique de qualité (rock, soul, funk, blues...) que l'on écoute – un verre à la main – assis dans une agréable salle en sous-sol, flanquée d'un grand bar. Ambiance chaleureuse distillée par les habitués, appartenant à toutes les générations !

Lettere Caffè *(plan détachable d'ensemble, C4,* ***640****) : via di S. Francesco a Ripa, 100-101. ☎ 06-972-709-91. • letterecaffe.org • Tlj 17h-2h.* Un lieu polyvalent, à la fois café-concert et café littéraire, constitué de 2 petites salles et pourvu d'une scène. Plusieurs fois par semaine *musica in vivo* (dans le genre blues, jazz ou chanson), mais aussi expos photo, lectures de poésie et autres happenings culturels. *Aperitivo* veggie. Un bar qui bouge, très apprécié des quadras.

Achats

Antica Caciara Trasteverina *(plan détachable centre, C5,* ***780****) : via di S. Francesco a Ripa, 140a. ☎ 06-581-28-15. • annachieruzzi@gmail.com • Tlj sauf dim 7h-20h.* Ouverte dans les années 1900, cette épicerie fine de haute volée est célèbre pour son magnifique étal de fromages : pecorino, mais aussi *castelmagno,* ricotta... le tout de première qualité. On peut même vous sceller vos achats sous-vide pour les rapporter en France. Accueil charmant (parfois en français). Également des charcuteries, pâtes, vins, etc.

À voir

➢ **Accès :** *du centre historique, il y a juste le Tibre à enjamber. En cas de fatigue du jarret : Ⓣ n° 8 (depuis la piazza Venezia), tlj 5h10-minuit. Sinon, bus nos 23* *(depuis le Vatican), 44, 280, H (depuis Termini)... Le minibus électrique n° 125 fait le tour du Trastevere. Depuis l'aéroport de Fiumicino, train FR1 arrêt Trastevere, puis* Ⓣ *n° 8.*

Un peu d'histoire

– ***À l'époque de la République romaine :*** la « région » transtibérine ne s'urbanise qu'à l'époque de César. La proximité du port de Rome (vers la piazza Bocca della Verità d'abord, puis sur les rives du Testaccio) y est pour beaucoup et donne immédiatement au Trastevere un caractère populaire. Une foule d'artisans y élisent domicile, logés dans de vilaines masures.
– ***À l'époque impériale :*** le Trastevere fait partie, comme le Janicule et le Vatican, de la dernière des 14 régions augustéennes. De riches villas y voient le jour (villa Farnésine, jardins de César, puis naumachie d'Auguste notamment). Il faut cependant attendre le IIIe s et le mur d'Aurélien pour que le quartier soit totalement intégré à la ville de Rome. Tout au long de la période impériale, d'importantes colonies étrangères s'y implantent. C'est d'ailleurs ici que migrent les juifs de l'Antiquité au Moyen Âge, avant que le pape Paul IV ne leur assigne en 1555 la zone actuelle du Ghetto pour seul lieu de résidence.
– ***Le port de Ripa Grande :*** depuis ses origines, et jusqu'à la fin du XIXe s, le Trastevere prendra l'allure d'un bourg portuaire dont les places et les ruelles (notamment sur l'actuel lungotevere Ripa) déborderont d'embarcations en tout genre. Pendant cette période, un grand arsenal voit le jour. La démolition de cette zone portuaire interviendra à la fin du XIXe s, au moment de la construction des quais du Tibre.
Au fil des siècles, le quartier gardera son caractère populaire, voire populeux, ainsi qu'un habitat propre – architecture distincte de celle que l'on rencontre ailleurs dans Rome. Le Trastevere conservera longtemps son aspect de faubourg. Aujourd'hui encore, à certaines (mais rares) heures, on a l'impression de se retrouver en province, ce qui n'est pas le moindre de ses charmes.
– ***Le Trastevere aujourd'hui :*** au fur et à mesure des siècles, et malgré la pression immobilière, le quartier conservera son caractère populaire. Pour s'en persuader, il suffit de se promener dans les artères situées derrière la via della Scala, telles les *vie* del Mattonato et Leopardo, toujours hautes en couleur (avec le linge suspendu aux fenêtres) et pleines de senteurs émanant des cuisines du quartier. Une ambiance saisie après-guerre par des cinéastes du cru.

Les visites

Que l'on vienne à pied, en tram ou en bus... en traversant le Tibre (passez donc par l'isola Tiberina avec ses ponts les plus anciens de Rome), c'est forcément à l'huile de genoux qu'on visite le Trastevere. Une bonne balade, pour le plaisir des yeux, avant de s'engouffrer dans un resto ou un bar. Car vous découvrirez ici à la belle saison l'*immancabile mangiata all'aperto.*

À l'ouest du viale di Trastevere

Basilica di San Crisogono *(plan détachable centre, C4) : piazza Sydney Sonnino, 44 (angle viale di Trastevere). Tlj 7h-11h30 (8h-13h avr-oct), 16h-19h30. Crypte : 3 €.* Basilique de fondation ancienne, flanquée d'un campanile antique et remaniée au goût du jour en 1624. L'intérieur se distingue notamment par ses colonnes antiques en granit rose d'Assouan, son magnifique pavement cosmatesque et son imposant plafond doré à caissons. Tapissant l'abside du chœur, stalles sculptées au XIXe s.

Via della Lungaretta *(plan détachable centre, C4)* **:** elle relie les parties orientale et occidentale du Trastevere, entre la piazza in Piscinula, à l'est, et la piazza di Santa Maria in Trastevere, à l'ouest. C'est une portion de l'antique via Aurelia qui poursuit – bien vivante – son petit bonhomme de chemin, passant par le Vatican et filant l'air de rien jusqu'en... France.

Piazza di Santa Maria in Trastevere *(plan détachable centre, C4)* **:** c'est l'épicentre du Trastevere, où convergent les 2 grandes voies historiques du « *rione* » : la via della Lungara (et son prolongement la via della Scala), et la via della Lungaretta. L'une des plus anciennes fontaines de Rome y occupe un premier plan parfait pour photographier la superbe basilique Santa Maria in Trastevere ou la non moins belle façade du palazzo San Calisto. L'ambiance y est très animée, entre touristes en balade, enfants s'adonnant aux jeux de leur âge, et familles du quartier en quête de fraîcheur.

Basilica di Santa Maria in Trastevere *(plan détachable centre, C4)* **:** *piazza Santa Maria in Trastevere. Tlj 7h30-21h. Visites interdites durant les messes (plus nombreuses le dim).* Cette église, bâtie au IIIe s par le pape Calixte Ier puis consacrée à la Vierge au Ve s, fut probablement l'un des tout premiers lieux de culte chrétien officiellement ouvert au public. Flanquée d'un campanile roman en brique (tout en haut, petite mosaïque de la Vierge du XVIIe s), la basilique actuelle date du XIIe s, construite sous le pape Innocent II avec 3 nefs et des matériaux récupérés dans les thermes de Caracalla... En façade (si vous la voyez), mosaïque de cette époque montrant le Christ, la Vierge et Innocent II *himself* présentant son projet de basilique ! On le retrouve d'ailleurs à l'intérieur, dans l'abside... À l'entrée, fragments lapidaires et 3 fresques, dont 2 *Annonciation,* assez abîmées, du XVe s. À l'intérieur, nef bordée de colonnes antiques à chapiteaux ioniques ou corinthiens. C'est le Dominiquin qui dessina le superbe plafond à caissons dorés et réalisa l'*Assomption de la Vierge* au milieu. Voir aussi le beau pavement cosmatesque, mélange de marbres et porphyres antiques ; encore de la récup ! Remarquables mosaïques aux reflets dorés dans l'abside, où, dans sa partie supérieure, le Christ et la Vierge – côte à côte sur le même trône – surplombent une frise de moutons que nous sommes ! Dans la partie inférieure, 6 panneaux illustrent la vie de la Vierge ; œuvre de **Pietro Cavallini** du XIIIe s. À droite, sous le podium de l'autel, le *fons olei* fait allusion au miracle à l'origine de la construction de la première église : du pétrole aurait jailli à cet endroit en 38 av. J.-C., interprété plus tard comme une annonce de la venue du Messie ! Dans la nef latérale de gauche, la dernière chapelle est signée Gherardi ; baroque en diable, avec des effets de perspective évoquant Borromini. Plus loin, juste à gauche du chœur, la chapelle Altemps est décorée d'une peinture du VIe s (la *Madonna della Clemenza*) et d'une belle fresque du XVIe s représentant le concile de Trente.

Via della Scala *(plan détachable centre, B-C4)* **:** commençons par la ***chiesa di Santa Maria della Scala*** *(tlj 10h-13h, 16h-19h ; juin-sept 11h-13h, 17h-19h30),* achevée en 1610 pour abriter l'image miraculeuse d'une *Vierge à l'Enfant* peinte... sous l'escalier (*scala* en italien !) d'une maison qui se tenait ici. L'intérieur vaut le coup d'œil, notamment pour ses nombreux marbres polychromes importés d'Orient. En sortant de l'église, juste à gauche, une belle ***pharmacie*** du

LES RAVAGES DU CARAVAGE

L'église Santa Maria della Scala refusa une des peintures les plus connues du Caravage, La Mort de la Vierge. *Celle-ci, représentée les pieds nus, les jambes enflées et le corsage délié en compagnie d'une femme du peuple, avait en effet de quoi froisser les carmélites. Surtout, la prostituée qui avait servi de modèle fut retrouvée dans le fleuve, suicidée et enceinte... Ça fait vraiment beaucoup d'outrages, M. le Caravage ! Cette toile se trouve aujourd'hui au musée du Louvre.*

XVIIe s, l'Antica Farmacia Santa Maria della Scala, occupe une ancienne dépendance des carmélites (se visite seulement sur rdv). Les plantes médicinales poussaient en effet dans les jardins attenants à l'église. On retiendra le nom de frère Basilio, à l'origine de l'*Acqua della Scala,* un remède miracle censé soigner différents types de peste ! N'hésitez pas à entrer pour jeter un œil à la verrière, aux peintures, mobilier en bois, vases remplis d'herbes, alambics... L'entrelacs des *vicoli* (ruelles) situés entre la via della Scala et la via G. Garibaldi permet de découvrir un visage plus populaire du Trastevere.

Via della Lungara *(plan détachable centre, B4)* **:** autrefois connue sous le nom de via Sancta par les pèlerins qui la parcouraient pour rejoindre la basilique Saint-Pierre, son nom actuel évoque sa longueur, inhabituelle pour Rome : plus de 1 km ! Elle court ainsi à flanc de colline le long du Tibre, de la porta Settimiana à la porta San Spirito. Son caractère suburbain, autrefois très marqué par l'omniprésence de jardins et de villas, est encore bien présent (voir plus bas la promenade du Janicule et le jardin botanique). Au-delà de la porta Settimiana (un vestige du rempart d'Aurélien), on pénètre dans une zone radicalement différente, qui regarde déjà vers Saint-Pierre et le Vatican...

Villa Farnesina *(plan détachable centre, B4)* **:** *via della Lungara, 230. ☎ 06-680-272-68. • villafarnesina.it • Tlj sauf dim et j. fériés (plus certains j. à vérifier sur l'agenda) 9h-14h ; ouv le 2e dim de chaque mois 9h-17h. Dernière admission 20 mn avt. Entrée : 10 €, audioguide en français inclus ; réduc ; gratuit -10 ans et personnes handicapées. Plan en français gratuit. Visites guidées (jardins compris) : sam, en italien (à 12h30) et en anglais (à 10h), plus 2e dim du mois en italien (à 15h et 16h) : 12 €. Visite guidée accompagnée de musique* in vivo *: 18 € (2e dim du mois seulement, 12h30).*
En 1509, Agostino Chigi, le banquier des papes, commanda au célèbre architecte Baldassare Peruzzi (qui construisit le palais Orsini, sur le théâtre Marcellus) cette magnifique maison de campagne dans le but d'accueillir sa promise. Homme prévoyant, tel un personnage de Molière, il avait fait éduquer celle-ci depuis l'enfance, enfermée dans un couvent, afin d'en faire une « épouse parfaite », aucunement distraite ni pervertie, en tout point conforme à ses goûts... Sebastiano Del Piombo et Raphaël ont, eux aussi, participé à la déco de la villa. Il faut dire que Raphaël était le protégé de Chigi et du pape Léon X. Après la mort en cascade des 3 hommes (Raphaël et Chigi en 1520, puis Léon X en 1521), la villa fut rachetée par Alexandre Farnèse vers 1580, prenant alors le nom de Farnesina.
– ***Le rez-de-chaussée :*** Baldassare Peruzzi y a peint bon nombre des fresques. C'est le cas des voûtes de la ***loggia di Galatea*** *(loggia de Galatée)* sur le thème des constellations et des signes du zodiaque. Elles représentent en réalité l'horoscope d'Agostino Chigi. Au fond, l'émouvante tête de jeune homme aux subtiles nuances de gris est également signée Peruzzi et non Michel-Ange, comme on l'a longtemps cru. Quant à ***Raphaël,*** il a peint ici l'un de ses plus grands chefs-d'œuvre : ***Le Triomphe de Galatée.*** Il représente la nymphe, à moitié nue et surmontant un char marin, entourée de monstres et de créatures mythologiques. C'est la seule fresque entièrement peinte de la main du maître ! Dans les nombreuses lunettes situées au-dessus des fresques, Sebastiano Del Piombo a représenté de petites scènes inspirées des *Métamorphoses* d'Ovide, ainsi que *Polyphème,* le cyclope amoureux de Galatée.
La salle suivante, la ***loggia di Amore e Psiche*** *(loggia d'Amour et de Psychée),* est largement ouverte sur le parc grâce à de grandes baies vitrées. Les plafonds, qui retracent les épisodes des amours de Psyché, sont cette fois l'œuvre de l'atelier de Raphaël. Noter que l'on peut reconnaître dans les guirlandes végétales de nombreux légumes en provenance du Nouveau Monde... Remarquer aussi les étonnants drapés en trompe l'œil de la petite salle d'angle de la ***stanza del Fregio*** *(chambre de la Frise),* dont l'étroite et fameuse frise de Peruzzi – en haut des murs – représente les travaux d'Hercule. On emprunte ensuite de superbes escaliers, dont les murs sont tapissés de marbres fins...

– ***Le 1er étage :*** également recouvert de fresques, certes plus tardives, mais toujours sur des thèmes mythologiques. Là, dans la ***salla delle Prostettive*** *(salle des Perspectives),* Peruzzi a peint un incroyable ***décor en trompe l'œil,*** qui, en s'ouvrant sur Rome et sa campagne, nous apporte une fascinante représentation de la Ville Éternelle telle qu'elle s'offrait aux yeux de Chigi et de sa jeune épousée ; avec quelques scènes mythologiques en prime. Noter les perspectives qui s'ouvrent sur les côtés, avec les colonnades en trompe l'œil. Et puis, les forgerons nus, juste au-dessus de la cheminée, évoquant les forges de Vulcain. Les graffitis sur les murs sont des souvenirs laissés par les troupes de Charles Quint lors du sac de Rome en 1527. Et n'oubliez pas non plus de lever les yeux vers le monumental plafond à caissons avant d'aborder la ***stanza delle Nozze di Alessandro Magno e Roxane*** *(chambre des Noces d'Alexandre le Grand et de Roxane).* Il s'agit là d'un tableau entier célébrant les noces de 2 tourtereaux : Alexandre le Grand et Roxane. ***Les fresques sont signées du Sodoma,*** ami de Raphaël, qui représente ici quelques hommes efféminés – comme à son accoutumée ! Pour finir, jetez un œil à l'étonnante ***galerie des Grotesques.*** Bref, voici un superbe ensemble, remarquable de cohérence. L'agréable jardin ombragé de la villa n'est accessible que pendant les visites guidées.

LE TRASTEVERE

🚶🚶 Ⓡ ***Galleria nazionale d'Arte antica di palazzo Corsini*** *(galerie nationale d'Art antique du palais Corsini ; plan détachable centre, B4)* ***:*** *via della Lungara, 10. ☎ 06-688-023-23. ● barberinicorsini.org ● Tlj sauf mar 8h30-19h. Dernière admission à 18h30. Fermé 1er janv et 25 déc. Entrée : 12 € (billet cumulatif avec le palazzo Barberini valable 10 j.) ; réduc ; gratuit - 18 ans ; Roma Pass accepté. Gratuit le 1er dim du mois en avr, oct, nov et déc et le 1er jeu du mois mai-sept.*

Ce palais fut au XVIIe s la propriété du cardinal Neri Corsini, neveu du pape Clément XII. Il est aussi célèbre pour avoir accueilli – à la même époque – la fantasque reine Christine de Suède lors de son séjour à Rome. En 1797, c'est également ici que s'installa Joseph Bonaparte, frère de Napoléon, en tant qu'ambassadeur du Directoire. Le général Duphot, qui l'accompagnait, tomba sous les balles d'émeutiers italiens exigeant une intervention française contre le gouvernement du pape... En entrant dans le porche, l'escalier monumental renseigne sur l'ampleur de l'édifice et sa richesse. La sobriété de la pierre nue contraste néanmoins avec la richesse des ornements peints sur les murs, portes et plafonds des pièces du palais.

– ***Avertissement :*** il n'est pas toujours évident de s'y retrouver parmi les innombrables œuvres d'art présentées ici, encombrant littéralement les murs et pièces du palais. Les tableaux ne disposent d'aucun cartel de présentation permettant de les distinguer les uns des autres ; il faut donc utiliser les planches de présentation disposées dans chaque pièce. Le musée travaillerait au lancement d'un audioguide pour faciliter la visite... Pas du luxe !

La visite

Elle commence dès l'antichambre (où se trouve la billetterie) avec une grande toile de ***Luca Giordano :*** *La Dispute de Jésus avec les docteurs du Temple.* En face, à droite de la porte, un triptyque de ***Beato Angelico*** représentant *L'Ascension, le Jugement dernier* et *la Pentecôte.*

Dans la ***prima galleria*** *(première galerie),* on est tout de suite attiré par la *pietà* de ***Francesco Cozza.*** Dans la même salle, une toile de ***Giovanni Lanfranco*** ; et s'il n'y a pas trop de reflets, on peut admirer le *Triomphe d'Ovide* de ***Poussin,*** où les personnages lumineux et colorés se détachent admirablement du fond.

À droite, c'est la ***galleria principale,*** avec de superbes bronzes représentant *L'Enlèvement des Sabines* signés ***Jean de Bologne,*** un *Saint Jérôme* de ***Guido Reni*** et, sur le mur intérieur, un tableau de l'***école de Véronèse*** et un autre de celle du ***Guerchin*** représentant le Christ et la Samaritaine.

Dans la ***camera del Camino*** *(chambre de la Cheminée),* surprenante *Salomé* portant sur un plateau la tête de saint Jean-Baptiste, peinte par Guido Reni, et juste à côté le portrait d'un vieux par ***Rubens.*** Cette salle reste malgré tout

majoritairement dominée par des œuvres de ***Benedetto Luti.*** Dans la salle contiguë, les plafonds tout en motifs grotesques de la ***camera dell'Alcova*** *(chambre de l'Alcôve)* sont impressionnants. On y trouve aussi plusieurs petites toiles en médaillon de Guido Reni ainsi qu'un saint Sébastien en train de se faire retirer une flèche par un ange, que l'on doit à Rubens. Dans le ***gabinetto verde*** (cabinet vert), belle urne cinéraire de l'époque impériale, ainsi que des polyptiques *a tempera* des écoles toscanes, florentines et d'Ombrie (XIVe-XVe s).
Enfin, dans la ***camera verde*** *(chambre verte),* un saint Jean-Baptiste de toute beauté du ***Caravage,*** un Van Dyck, un ***José de Ribera*** ainsi que la très belle statue de marbre figurant une danseuse avec le doigt au menton de ***Luigi Bienaimé.*** Et pour terminer, la ***sala dei quadri di Canonizzazione*** (la salle rouge en fait), où sont exposées les plus grandes toiles de la collection dont la superbe ***extase de sainte Catherine de Ricci d'Agostino Masuci.*** Z'avaient du goût, les Corsini !

Orto botanico *(jardin botanique ; plan détachable centre, B4)* **:** *largo C. di Svezia, 24. ☎ 06-499-171-07. Tlj 9h-18h30 (17h30 nov-mars). Entrée : 8 € ; réduc ; gratuit - 6 ans et personnes handicapées.* On vient ici – sur les pentes du Janicule – pour se mettre au vert, dans un agréable environnement de bambous, arbres de Judée, jolis jardins japonais et méditerranéen. Et pour agrémenter la découverte, escalier monumental, fontaines et quelques édicules classiques rappellent que ce parc fut celui du tout proche palazzo Corsini.

À l'est du viale di Trastevere

Torre degli Anguillara *(plan détachable centre, C4)* **:** *viale di Trastevere, face au pont Garibaldi. À voir de l'extérieur, ne se visite pas.* Attenante à un palais du XVe s, cette tour du XIIIe s demeure un vestige de la Rome médiévale...

Piazza in Piscinula *(plan détachable centre, C4)* **:** une des places les plus authentiques du Trastevere où s'élevait jadis l'édifice le plus grand du quartier – la *naumachie* –, grand bassin de 536 m sur 357 m, construit pour les joutes navales sous Auguste (Ier s av. J.-C.). Il servit jusqu'au IVe s, mais il n'en reste plus aucune trace. Côté Tibre, les très belles et vieilles maisons du XIVe s appartenaient à la famille Mattei, les potentats locaux. Les murs laissent apparaître des colonnes et autres éléments d'architecture antique de récup', et aussi quelques fenêtres à meneaux Renaissance. Côté opposé, une toute petite église romane est imbriquée dans les habitations. C'est ici qu'habitait Benoît de Nursie avant qu'il n'embrasse la vie monastique et ne crée le célèbre ordre des Bénédictins.

➢ De la piazza in Piscinula, dos au Tibre, prendre ***via dell'Arco dei Tolomei.*** On apprécie surtout le côté pittoresque du coin et l'omniprésence de la vigne vierge, qui semble avoir colonisé les façades du quartier. Juste avant la ***via dei Salumi,*** le passage voûté est justement un vestige de l'arco dei Tolomei... On continue tout droit jusqu'à la via dei Genovesi.

Chiostro della Confraternità di San Giovanni Battista dei Genovesi *(cloître de la Confraternité de Saint-Jean-Baptiste-des-Génois ; plan détachable centre, C5)* **:** *via Anicia, 12 (sonner à Spositi). ☎ 06-58-12-46. Mar et jeu 14h-16h (15h-18h en été). Fermé en août.* Ce très joli cloître du XVe s, construit sur 2 niveaux, demeure un véritable havre de paix. Les colonnes orthogonales, le jardin du cloître planté d'orangers et de rosiers avec son puits au milieu, les murs recouverts d'un très bel ocre, tout est ravissant dans ce lieu oublié des touristes. C'est le port de Ripa Grande qui engendra une forte présence commerciale des Génois dans le quartier, lesquels, naturellement, firent édifier à la fin du XVe s une église et son hospice voisin pour leurs compatriotes. L'église attenante ne se visite que sur rendez-vous.

➢ En reprenant la via dei Genovesi vers le Tibre, noter à gauche le charmant ***vicolo dell'Atleta.*** Son nom vient de la statue d'Apoxiomenos de Lisippe – aujourd'hui aux musées du Vatican – découverte en morceaux ici en 1849. Il s'agirait, en fait, d'une copie de la statue en bronze qui se trouvait dans les thermes d'Agrippa... C'est ici que se situait la première synagogue. Très belle maison médiévale au nº 14, et des bornes en pierre le long des façades permettant aux piétons de l'époque de se protéger des charrettes. On reprend la via dei Genovesi puis, dans le prolongement, la via A. Jandolo. Tout au bout, avant de prendre à droite le pittoresque ***vicolo di Santa Maria in Cappella,*** l'église éponyme serait la plus petite de Rome. Sérieusement remaniée en 1875, elle date de 1090.

Santa Maria in Cappella e giardini di Donna Olimpia Maidalchini Pamphilj *(plan détachable centre, C5)* **:** *au bout du vicolo di Santa Maria in Cappella. Visite tlj 9h-19h. Entrée : 6 €.* Cette église, consacrée en 1090, serait la plus petite de la ville. À l'époque, elle était accolée à une auberge qui servait d'étape aux pèlerins qui arrivaient à Rome par la via Francigena. Elle fait partie d'un complexe beaucoup plus grand qui fut longtemps un monastère, et qui comprend notamment un jardin de plus de 5 000 m², appelé « le jardin des délices ». Cet ensemble fut, au XVIIe s, la résidence d'Olimpia Maidalchini, femme ambitieuse au tempérament bien affirmé (voir encadré). À l'époque, on la surnommait « la papesse Olimpia » eu égard aux relations qu'elle entretenait avec le pape Innocent X, son beau-frère par alliance puisqu'elle s'était remariée en secondes noces avec un Pamphilj. Paraît qu'elle faisait un peu la pluie et le beau temps et menait le pape par le bout du nez ! C'est à elle que l'on doit la restructuration de la piazza Navona, par exemple. Son jardin, au centre duquel trônait une fontaine dessinée par le Bernin, était flanqué d'un portique-belvédère et d'un accès au Tibre qui permettait à la noble beauté d'embarquer quand ça lui chantait.

Pour accéder à l'église, on suit un « parcours muséal » (un bien grand mot !) qui grimpe au-dessus du cloître et traverse une partie du monastère, permettant de découvrir une chapelle et un dortoir. On pénètre dans l'église proprement dite par un petit escalier à vis secret, qui ne manque pas de charme. Pendant la restauration de l'église, les chercheurs ont eu le bonheur d'y trouver de précieuses reliques de saint Pierre, un crucifix ainsi qu'une rare peinture de Borromini.

FEMME VÉNALE, FEMME FATALE !

À la mort du pape Innocent X en 1655, Olimpia Maidalchini était pleine aux as. Elle avait raflé au pape tout ce qu'il possédait. Elle était tellement radine qu'elle a même refusé de participer aux frais funéraires. Ainsi, le temps qu'on réunisse les fonds pour lui acheter un cercueil, le pape resta une journée entière dans une pièce, exposé au risque d'être mangé par les rats. C'est son majordome qui, par pitié pour son ancien maître, mit la main à la poche pour payer l'enterrement !

Piazza dei Mercanti *(plan détachable centre, C5)* **:** *au bout du vicolo di Santa Maria in Cappella.* Son nom est directement lié au port voisin de Ripa Grande. Armateurs, capitaines, commerçants et autres contrebandiers se retrouvaient ici pour traiter leurs affaires. Aujourd'hui, quelques restos touristiques ont investi le rez-de-chaussée de ces vénérables demeures. Absolument superbe à la belle saison, quand les façades sont éclairées le soir par des torches. Dans la journée, on y apprécie aussi le calme, et les infinies nuances d'ocre de ces vieilles maisons enrobées de verdure.

Basilica di Santa Cecilia in Trastevere *(plan détachable centre, C5)* **:** *piazza di Santa Cecilia, 22. ☎ 06-589-92-89. 📱 331-409-32-53 (résa visite guidée). • benedettinesantacecilia.it • Lun-sam 10h-12h30, 16h-18h, dim 11h30-12h30, 16h-18h.*

Le dernier dim du mois, visite guidée en italien de l'ensemble du complexe pour 5 €. Rdv à 10h. Compter 1h30 de visite.
Accès au jardin clos devant l'église par un portail monumental, survolé par d'immenses *putti*. Campanile en brique rouge du XIIe s. Portique soutenu par des colonnes antiques dépareillées. À l'intérieur, plan à une seule nef. Plafond baroque ouvragé. Sous l'autel, le gisant de sainte Cécile en marbre, sculptée par Stefano Maderno dans la position exacte où l'on retrouva son corps. Fort beau ciborium. Dans l'abside, superbes mosaïques dorées du IXe s. Possibilité de visiter la ***crypte*** *(entrée : 2,50 €, à payer à la sœur de service)* livrant vestiges lapidaires antiques, silos cylindriques, mosaïques des Ier-IIe s et une mignonne petite chapelle à la déco colorée, soutenue par une forêt de colonnettes.
Occupant la tribune, ne pas rater le ***chœur monastique*** *(tlj 10h-12h30, à partir de 11h dim ; entrée : 2,50 € ; sonner à la porte à droite de la sortie de l'église)* : réservé aux nonnes du couvent, qui participent aux offices, cachées des regards par des stores ajourés. Ce chœur abrite aussi les fresques du *Jugement dernier* peintes par Pietro Cavallini au XIIIe s.

Chiesa di Santa Maria dell'Orto *(église Sainte-Marie-du-Potager ; plan détachable centre, C5)* ***:*** *via Anicia, 10 (angle via Madonna dell'Orto). ☎ 06-583-018-74. • santamariadellorto.it • Tlj sauf sam ap-m et dim, 9h30-13h, 14h-18h. Fermé en août.* Édifiée au XVIe s, cette église arbore une déco rococo, importée au XVIIIe s par des artistes napolitains, comme Raguzzini. Ce qui en fait quasiment la seule du genre à Rome, avec Saint-Louis-des-Français... Déco caractéristique, essentiellement végétale, avec guirlandes de plantes et autres légumes ; d'où le nom de l'église ! Coupole et chœur couverts de dorures, et rehaussées de nombreux *putti* en marbre blanc. Plafond de la nef tout aussi chargé avec, au centre, une ascension de la Vierge. Nombreuses fresques dans les 2 transepts. Bref, le tout contraste avec la façade dépouillée de l'édifice. Si vous êtes à Rome le Jeudi saint, ne manquez pas l'illumination de la « machine des 40 heures », une structure devant l'autel sur laquelle sont disposées 213 bougies. À cette occasion, l'église reste ouverte jusqu'à minuit. Magique !

Chiesa di San Francesco a Ripa *(plan détachable d'ensemble, C4)* ***:*** *piazza di San Francesco d'Assisi, 88. ☎ 06-581-91-20. Tlj 8h-13h, 15h-18h.* Le surnom *a ripa* (« sur la rive ») signifie qu'on se situait ici au bord du Tibre. Se trouvait naguère ici une église, San Biagio, et un monastère bénédictin du Xe s. Saint François d'Assise y serait venu à 3 reprises lors de visites rendues à la papauté. Rebaptisé et transformé plusieurs fois entre les XVIe et XVIIIe s, il se fit même caserne entre 1873 et 1943. À l'intérieur, dirigez vos pas vers la dernière chapelle de gauche, où se trouve le gisant de la *bienheureuse Ludovica Albertoni,* une merveille en marbre blanc signée le Bernin. C'est également ici qu'est enterré Giorgio de Chirico.

Mercato di Porta Portese *(plan détachable d'ensemble, C4)* ***:*** *piazza Porta Portese. • portaportesemarket.it • Dim 8h-15h.* C'est le plus grand marché de Rome. Il commence porta Portese et file le long de la via Portuense, en parallèle du Tibre, sur plus de 1 km, avant de rattraper le viale di Trastevere par la via Ippolito Nievo. Immense marché aux puces. Tout ce qui se vend et s'achète est ici, avec des prix à faire pâlir les magnats de la grande distrib' ! De la fripe à moins de 1 € ! Une paire de chaussures à 0,50 €, des accessoires, des gadgets, de la brocante (à l'intersection de la via Ipolito Nievo et du viale Trastevere surtout). Sans oublier les as du bonneteau, les diseuses de bonne aventure et les camelots qui vendent l'épluche-légumes du siècle ! C'est aussi là que les Romains qui se sont fait piquer leur vélo ont des chances de le retrouver (à condition d'arriver de bonne heure, bien sûr !).

Les hauts du Trastevere et le Janicule

En guise de mise en jambes, les ruelles perpendiculaires à la via della Lungara (comme la via degli Orti d'Aliberti) livrent leur pesant de recoins secrets et de charmantes demeures. La via Garibaldi amorce notre ascension, ouf !

Chiesa di San Pietro in Montorio *(plan détachable centre, B4-5)* **:** *piazza di San Pietro in Montorio, 2 (accès par via Garibaldi, 33b).* ☎ *06-581-39-40.* • *sanpietroinmontorio.it* • *Tlj sauf dim ap-m 8h30-12h, 15h-16h.* Au IXe s, on racontait que saint Pierre avait été crucifié en ces lieux. Il n'en fallait pas moins pour construire une église ! Remaniée à la fin du XVe s, celle-ci fut bombardée le 3 juin 1849 par les Français lors de la bataille les opposant aux troupes de Garibaldi. Voir, dans la 1re chapelle à droite, la *Flagellazione di Gesù* de Sebastiano Del Piombo (XVIe s) ; puis la 5e chapelle de droite, décorée par Vasari ; et enfin la 2e à gauche, conçue par Le Bernin. Sur le parvis, magnifique vue panoramique sur le Trastevere et les monuments de Rome.

Tempietto del Bramante *(plan détachable centre, B4-5)* **:** *à droite de la chiesa di San Pietro di Montorio, à l'intérieur de la Real Academia de España. Tlj sauf lun 10h-18h. GRATUIT.* Ce petit temple, situé dans l'ancien cloître du monastère San Pietro in Montorio, fut commandé au XVIe s par le pape Jules II en hommage à saint Pierre. Financé par la couronne d'Espagne et conçu par Bramante, l'édifice est considéré comme LA toute première œuvre de la Renaissance italienne ! Tout petit qu'il est, il inspira la basilique Saint-Pierre de Rome... rien que ça !

Fontana Paola *(plan détachable centre, B4)* **:** *via Garibaldi, au-delà du grand monument aux morts, sur la gauche.* Impossible de rater cette fontaine monumentale commandée par le pape Paul V à l'occasion du prolongement de l'aqueduc de Trajan vers les jardins du Vatican. Le souverain pontife voulait que le monument soit un « théâtre d'eau » : c'est réussi ! Ne manquez pas, juste devant, le superbe panorama sur Rome qui fond dans les roses au soleil couchant.

Passeggiata del Gianicolo *(promenade du Janicule ; plan détachable d'ensemble, B3)* **:** *débute à droite juste après la fontana Paola.* Dominant la ville, la colline du Janicule tire son nom du dieu Janus, dont l'un des enfants s'appelait Tiber, d'où le nom donné au Tibre... Cette promenade est une véritable bouffée d'oxygène ! Magnifiques points de vue sur Rome, depuis le jardin botanique, en contrebas, jusqu'à la « Machine à écrire » (le monument à Vittorio Emanuele II). Les panoramas s'enchaînent d'ailleurs le long de la *passeggiata* bordée de bustes garibaldiens, et ce jusqu'à la grande place (piazzale G. Garibaldi) où se trouve la statue de Garibaldi à cheval, le regard tourné vers le Vatican (il voulait soumettre le pape !). Là, on n'a plus assez d'yeux sur la Ville Éternelle, et l'heure du coucher de soleil peut se révéler magique ! Les bustes garibaldiens continuent jusqu'à la statue, cette fois, d'Anita Garibaldi (piazzale A. Garibaldi), montant son cheval en amazone, un enfant porté sur un bras et un pistolet dans l'autre main. Ce monument représente le combat qu'elle menait en Uruguay auprès de son mari. Passer ensuite l'anachronique phare offert en 1911 par les Italiens d'Argentine, et prendre à droite la rampa della Quercia, un escalier qui aboutit aux restes laborieusement étayés du chêne sous lequel le Tasse venait méditer... Ceux qui ont encore

QUAND LE PAPE FAIT PARLER LA POUDRE...

Si par hasard vous vous promenez sur la colline du Janicule à la mi-journée et que soudainement vous sursautez à cause d'une déflagration, pas de panique, c'est qu'il est midi pile. En effet, tous les jours depuis 1847, un coup de canon est tiré pile-poil à l'heure. C'est le pape Pie XI qui l'imposa afin que toutes les cloches de Rome sonnent à la même heure ! Seule exception, pendant la Seconde Guerre mondiale. Faut dire qu'à l'époque, ça tirait de partout, alors...

QUARTIER DE LA GARE TERMINI

La gare de Termini demeure le nœud ferroviaire le plus important d'Italie ! Construite au XIXe s et modernisée dans les années 1930, elle a été rénovée à l'occasion du jubilé de l'an 2000... Le quartier est animé mais plutôt d'un intérêt secondaire si ce n'est pour ses nombreux hôtels, dont certains vraiment bon marché. Bref, la providence du routard ! Et si l'on n'y réside pas, une petite incursion s'impose pour visiter le *palazzo Massimo,* musée archéologique doté d'une collection formidable (un très beau musée, riche et curieusement peu fréquenté), ainsi que les vestiges des *thermes de Dioclétien,* qui furent les plus grands de l'Antiquité romaine... Les amateurs apprécieront !

Où dormir ?

AUBERGES DE JEUNESSE

The Beehive Hostel *(plan détachable d'ensemble, E-F2,* ***151****)* **:** *via Marghera, 8. ☎ 06-447-045-53. • info@the-beehive.com • the-beehive.com • Selon saison et confort, lits en dortoir (3-6 pers) 15-35 €/pers ; doubles 50-120 € ; petit déj en sus.* Dortoirs et chambres se partagent les premiers niveaux, le jardinet et les salles de bains de cet immeuble récent. Belle déco chaleureuse et colorée, pour une clientèle jeune et internationale. Ambiance sympa. Également d'autres chambres confortables dans un bâtiment séparé (sanitaires complets et clim). Propreté et philosophie écolo sont de mise. Chouette café au sous-sol, où est servi un bon petit déj. Accueil bienveillant (parfois en français). Une excellente adresse !

The Yellow Hostel *(plan détachable d'ensemble, E-F2,* ***156****)* **:** *via Palestro, 51. ☎ 06-446-35-54. • questions@the-yellow.com • yellowsquare.it • Lits en dortoirs 9-45 €/pers ; doubles 35-150 € ; petit déj à la carte (2-10 €).* Cet *hostel* très populaire ne cesse de s'étendre dans le quartier, investissant immeubles et pas de porte. On y trouve absolument tout pour le routard : des dortoirs confortables (avec salles de bains, lumière et prises individuelles, coffre), des chambres privées, une cuisine équipée, un bar ultra-festif (voir plus bas), un resto (le *Mamma Angela*), un glacier, une laverie, un loueur de vélos, un salon de coiffure et même... un *escape game !* Les chambres, toutes différentes,. se répartissent entre divers immeubles de la rue. Pas vraiment l'endroit idéal pour se reposer mais génial pour faire des rencontres et s'amuser.

Generator *(plan détachable d'ensemble, F3,* ***150****)* **:** *via Principe Amedeo, 257. ☎ 06-49-23-30. • info.rome@staygenerator.com • staygenerator.com • Lits en dortoirs 3-6 pers 10-30 € ; doubles 40-100 € ; petit déj 5,50 €.* Une AJ dernier cri, à 2 pas de la gare et du métro Vittorio Emanuele II. Cet ancien palais accueille désormais 78 chambres confortables, joliment décorées et bien équipées (lumières et prises individuelles, casiers), le tout dispersé sur 6 étages. Les parties communes sont vraiment agréables, à l'image du bar très tendance. Clientèle essentiellement jeune et baroudeuse, mais l'établissement n'oublie pas les couples et les familles. Un bon plan et un rapport qualité-prix imbattable hors saison.

Roma Meininger *(plan détachable d'ensemble, E-F2,* ***194****)* **:** *via San Martino della Bataglia 16. • welcome@meininger-hotels.com • Lit en dortoirs 4-6 pers 18-40 € ; doubles 45-90 €. Petit déj 6,90 €.* Une AJ installée dans un imposant *palazzo* entièrement restauré et proche de tout. Les chambres sont toutes mignonnes, colorées et gaies, généralement décorées de scènes de films tournées à Rome. Les dortoirs (4-6 personnes) sont aussi fonctionnels que propres, et affichent des couleurs acidulées. Et on ne parle pas des à-côtés (wifi, petit déj, cuisine, bar, laverie), qui permettent de passer un séjour agréable. Accueil jeune et vraiment sympa.

HÔTELS ET PENSIONS

– ***Important :*** beaucoup de pensions et de petits hôtels, parmi les moins chers de la ville, colonisent ce quartier où il convient d'être vigilant, comme aux abords de toutes les gares du monde ! Le nord de Termini est plus aéré et agréable que le sud, qui présente toutefois l'avantage d'être plus proche du centre historique...

De bon marché à prix moyens

☗ ***Dharma Style Hotel*** *(plan détachable d'ensemble, E3,* ***157****)* ***:*** *via del Viminale, 8. ☎ 06-482-44-60. • booking@dharmastylehotel.it • dharmagroup.it • Doubles standard 70-130 €.* Dans les étages d'un immeuble avenant et réparti sur 3 niveaux, voici un hôtel récemment rénové et parfaitement situé entre la gare Termini et l'opéra de Rome. Les chambres confortables sont décorées dans un style contemporain un peu tape à l'œil, mais qui reste plaisant. Salles de bains plus classiques. Excellent confort pour le prix ! Bon accueil, très pro.

☗ ***Hotel Virginia*** *(plan détachable d'ensemble, E2,* ***155****)* ***:*** *via Montebello, 94 (1er étage). ☎ 06-445-76-89. • hotelvirginiaroma@libero.it • hotelvirginiaromatermini.com • Doubles 40-90 €.* Excellent rapport qualité-prix pour ces petites chambres régulièrement rénovées, fonctionnelles et de bon confort. Têtes de lit dorées dans le genre kitsch, pour se la jouer un peu ! Accueil bonhomme.

☗ ***Camelia Hotel*** *(plan détachable d'ensemble, E2,* ***155****)* ***:*** *via Goito, 36. ☎ 06-443-613-80. • info@hotelcameliarome.com • hotelcameliarome.com • Doubles 60-160 €.* De jolies chambres confortables et plutôt grandes, plaisamment décorées dans un style classique discret. Certaines sont mansardées. Parties communes nettes et fonctionnelles. Accueil prévenant pour cette adresse sérieuse.

☗ ***Hotel des Artistes*** *(plan détachable d'ensemble, F2,* ***159****)* ***:*** *via Villafranca, 20. ☎ 06-445-43-65. • info@hoteldesartistes.com • hoteldesartistes.com • Selon saison et confort, lits en dortoir 12-24 €/pers ; doubles 50-120 € ; petit déj-buffet 12 €.* Établissement à double visage : côté pile, un hôtel plutôt élégant, aux doubles coquettes et tout confort ; côté face, une AJ aux dortoirs corrects, répartis dans des chambres bien tenues, avec plusieurs salles de bains à partager et une salle commune. Tout le monde se retrouve sur le toit-terrasse, avec transats, fleurs et auvent : l'irrésistible bonne surprise de la maison ! Accueil plaisant.

☗ ***Hotel Welrome*** *(plan détachable d'ensemble, E2,* ***161****)* ***:*** *via Calatafimi, 15-19. ☎ 06-478-243-43. • welrome1@gmail.com • welrome.it • ♿ Résa conseillée. Double env 110 € ; pas de petit déj.* Petit hôtel aux 7 chambres immaculées, fonctionnelles et bien dotées. Également des familiales. Cerise sur le gâteau : l'accueil de Maria, la patronne francophone, toujours soucieuse du bien-être de ses hôtes et de bon conseil. Prix un peu surestimés, mais bonne adresse quand même !

De prix moyens à très chic

☗ ***The Guardian*** *(plan détachable d'ensemble, E2,* ***153****)* ***:*** *via Palestro, 13. ☎ 06-811-536-33. • theguardian@aghotels.it • aghotels.it • Doubles standard 108-160 €.* Cet hôtel au design soigné se trouve dans la partie la plus tranquille du quartier Termini. Rénové de fond en comble, il offre d'agréables chambres contemporaines, habillées de parquet et décorées sobrement, où quelques touches de couleur s'invitent. On a beaucoup aimé les chambres situées dans la petite dépendance au fond de la cour, en particulier celle disposant d'une terrasse. Petit déj dans une salle lumineuse ou en terrasse. Accueil souriant et pro. Une excellente adresse !

Dharma Hotel & Luxury Suites *(plan détachable d'ensemble, E2-3,* ***162****) : via Torino, 122 (5e étage). ☎ 06-481-40-85. • info@dharmahotel.it • dharmahotel.it • Doubles standard 130-220 €.* Nichées dans ce vieux bâtiment de caractère, une trentaine de suites spacieuses et tout confort. Déco contemporaine sobre, égayée par quelques tableaux colorés. Hammam et jacuzzi privés pour les supérieures. Accueil pro et très gentil.

Leon's Place Hotel in Rome *(plan détachable d'ensemble, E2,* ***164****) : via*

XX
• i
ceh
bout
culai
tres e
imposa
facettes
ment da
du XIXe s
neau, légè
douillettes ... ant
sur le patio, ... pa et centre
de remise e... sur place. Bref, du luxe cousu main ! Accueil poli et aux petits soins. Une très belle adresse.

Où manger ?

Sur le pouce

Il Mercato Centrale *(plan détachable d'ensemble, E-F3,* ***421****) : via Giolitti, 36. ☎ 06-929-499-16. • info.tvd.mercatocentrale@ilmercatocentrale.it • Dans la gare ; entrée sur le côté sud. Tlj 9h-minuit. À partir de 5 €.* Un large *food court*, installé dans un magnifique espace moderne. Stands gourmands tenus uniquement par des institutions romaines réputées, à l'image des *pizze al taglio* de *Bonci.* Sandwichs, assiettes d'*antipasti,* burgers ou fritures, mais aussi des plats du jour plus sérieux ainsi que, pour les becs sucrés, l'incontournable glace. Tables et chaises où les habitués se pressent pendant leur pause déjeuner. Bien aussi pour casser une graine avant de grimper dans le train !

Pinsere Roma *(plan détachable d'ensemble, E2,* ***420****) : via Flavia, 98. ☎ 06-420-209-24. • pinsere.roma@alice.it • Tlj sauf w-e 9h-21h. Part de pizza env 5,50 €.* Vous ne pouvez pas rater cette adresse plébiscitée par les Romains ! *Pinsere,* c'est autant de monde dehors que dedans, à toute heure de la journée. Les pizzas individuelles (de petite taille) y sont alléchantes, généreusement garnies et délicieuses ! Sans parler des bonnes salades, pour faire plus light... Une excellente adresse pour manger sur le pouce.

Alimentari Ghezzi *(plan détachable d'ensemble, E2,* ***422****) : via Goito, 32. ☎ 06-494-12-15. Tlj sauf dim 7h30-19h30 (8h-13h30 sam). Moins de 5 €.* Une épicerie de quartier dont l'insolente vitrine réfrigérée regorge de jambons, de saucissons, de fromages et d'*antipasti !* De quoi se faire confectionner à la demande un succulent *panino.* Bien aussi pour faire le plein de produits italiens avant de reprendre le *Leonardo Express...*

De bon marché à prix moyens

Trattoria dell'Omo *(plan détachable d'ensemble, E2,* ***448****) : via Vicenza, 18. ☎ 06-490-411. • info@trattoriadellomoroma.com • Tlj sauf dim, midi et soir. Plats 10-17 €. Repas 20-25 €.* Rien ne semble avoir changé depuis l'ouverture du restaurant, au cœur des années 1960. La *mamma* est toujours là, veillant sur l'organisation du service et sur la qualité de la cuisine. À la carte, une ode à la gastronomie romaine populaire, où la généreuse carbonara répond à la *saltimbocca alla romana,* que l'on accompagne de *puntarelle* amères. Beaucoup d'habitués à midi, qui aiment plaisanter avec les serveurs. Une vraie tranche de vie !

Regina *(plan détachable d'ensemble, E-F2,* ***424****) : via dei Mille, 46. ☎ 06-445-38-34. • eqteke@tinm.it •*

s : 5-25 août. 6-14 €. Café et sur présentation de ite salle à la déco vieil- soignée dans ce resto de r concoctant une bonne cui- e familiale romaine, copieuse et sans chichis. Plein comme un œuf le midi, avec une large clientèle d'habitués et un accueil gentil. Bon rapport qualité-prix.

Meid in Nepols *(plan détachable d'ensemble, F2, **423**)* **:** *via Varese, 54. ☎ 06-447-041-31. • info@meidinnepols.it • Tlj sauf dim midi. Pizzas 4,50-12,50 € ; plats 9,50-17 € (propositions 8-9 € à midi). Digestif offert sur présentation de ce guide.* Petite pizzeria de quartier tenue par de vrais Napolitains, confectionnant de bonnes pizzas cuites au feu de bois avec des ingrédients de qualité. À engloutir dans plusieurs salles chaleureuses – briques et pierres apparentes – tirant sur l'industriel. Accueil pro et souriant.

Ippokrates *(plan détachable d'ensemble, E2, **425**)* **:** *via Piave, 30. ☎ 06-648-241-79. • info@ippokrates.it • Tlj sauf lun et sam midi. Formule midi 10-13 €. Plats 7-16 €. Repas env 25 €. Résa conseillée le soir.* On quitte l'Italie mais on reste sur les rives de la Méditerranée avec cette authentique taverne grecque, située juste en face de l'ambassade de France près le Saint-Siège. Au menu, de succulents *gyros* (viande de porc à la broche), des *souvlakis* bien grillés (brochettes), une généreuse moussaka et une farandole de *mezze*, à accompagner d'un ouzo bien frappé. Un lieu très agréable, à l'accueil attentionné.

Fiaschetteria Marini *(plan détachable d'ensemble, E2, **426**)* **:** *via R. Cadorna, 9. ☎ 06-474-55-34. • toninet2003@libero.it • Lun-mer le midi seulement et jeu-sam midi et soir. Fermé dim. Plats 7-16 € ; repas 20-25 €.* Plébiscité par les gens du quartier depuis 1913 – intarissables sur son excellent rapport qualité-prix –, c'est un endroit typiquement romain, encore dans son jus ! Carrelage à l'ancienne, murs blancs, boiseries vertes et casiers à bouteilles. Assiette à l'image du lieu : simple, traditionnelle, généreuse et aussi un brin rustique.

De prix moyens à chic

Downing Square *(plan détachable d'ensemble, E2, **431**)* **:** *piazza Sallustio, 15. ☎ 06-883-766-10. • downingsquare@gmail.com • Tlj sauf sam midi et dim. Compter 25-30 €.* Une bonne surprise que ce bar à tartares ouvert par 3 copains, transfuge d'un *Downing Street* dans le quartier des Parioli. Ambiance cosy et cuisine d'une grande fraîcheur, le tout dans la bonne humeur et sur fond de musique jazzy.

Da Vincenzo *(plan détachable d'ensemble, E2, **428**)* **:** *via Castelfidardo, 6. ☎ 06-48-45-96. Tlj sauf dim. Plats 12-16 € ; repas 30-45 €. Limoncello offert sur présentation de ce guide.* Resto familial de quartier, réputé depuis plus de 40 ans ! Cadre un peu daté mais soigné – nappes immaculées et serveurs en veston – pour une sérieuse cuisine italienne bien tournée, mijotée avec des produits frais de qualité, qui fait la part belle aux pâtes, poissons et fruits de mer. Également un coin de menu pour les viandards. Bon rapport qualité-prix-accueil.

Très chic

Chinappi Ristorante *(plan détachable d'ensemble, E2, **427**)* **:** *via Valenziani, 19. ☎ 06-481-90-05. • chinappi@chinappi.it • Tlj sauf lun. Menus 39 (3 plats)-99 € (8 plats). Résa conseillée.* S'il est un endroit où il faut manger du poisson à Rome, c'est bien chez *Chinappi*. S'appuyant sur une livraison quotidienne de produits de la mer issus des pêcheries familiales (à Formia, au sud de Rome), Stefano et son équipe réalisent une cuisine de haute volée, fine et aromatique, qui rend hommage à Neptune ! Parmi les plats emblématiques, le *polpo a la plancha* ou la *spigola fritta* démontrent une belle maîtrise du chef. Sinon, une foule de petits plats créatifs se succèdent tout au long des menus, que l'on recommande vivement. Quant aux pâtes (aux fruits de mer, forcément), elles arrivent... en fin de menu ! Gardez de la place car les desserts séduisent tout autant. Le cadre est feutré, le service pro, et la clientèle chic. Une table de fête, en somme.

Enoteca (bar à vins)

Trimani – Il Wine Bar *(plan détachable d'ensemble, E2,* ***650****) : via Cernaia, 37b. ☎ 06-446-96-30. • ilwinebar@trimani.com • Tlj sauf dim 11h30-15h, 17h30-minuit. Plats 10-18 € ; aperitivo 5 € ; verres de vin 4-14 €.* C'est l'une des enseignes les plus prestigieuses de Rome, à ne pas négliger si l'on se trouve dans le coin ! Ouvert en 1821, le bar à vins de la famille Trimani affiche désormais un cadre contemporain sobre et agréable. Excellente sélection de crus d'Italie et d'ailleurs, doublée d'une petite carte d'amuse-gueules pour l'*aperitivo* ; sans compter les plats du jour, pas toujours copieux mais goûteux et évoluant au rythme des saisons. La ***boutique*** située à 2 pas vaut largement la visite : *via Goito, 20 ; ☎ 06-446-96-61 ; • trimani.com • ; tlj sauf dim 9h-20h30.* Incontournable pour tous les œnophiles romains !

Où boire un bon café ? Où déguster une glace ?

Caffè Faro *(plan d'ensemble détachable, E2,* ***451****) : via Piave, 55. • hellofaro@email.it • Tlj 7h (8h w-e)-21h30 (17h w-e).* Pour les amateurs de café 100 % arabica, c'est ici qu'il faut venir le déguster. En relation directe avec une plantation d'Amérique du Sud, vous l'apprécierez d'autant plus que les *baristas* hyper pros sont rodés à des techniques pointues. Quelques viennoiseries fraîches pour accompagner. Accueil jeune et jovial.

Come il Latte *(plan détachable d'ensemble, E2,* ***429****) : via S. Spaventa, 24-26. • info@comeillatte.it • Tlj 12h-23h (11h-minuit l'été).* Gros coup de cœur pour cette *gelateria* artisanale ultra gourmande, installée dans un joli local enrobé de carrelage blanc. Succulentes saveurs crémeuses, comme la mascarpone-biscuits Gentilini ou la pistache, mais aussi de délicieux parfums aux fruits de saison, en particulier les agrumes. C'est sûr, on repassera !

Gelateria La Romana *(plan détachable d'ensemble, E2,* ***317****) : via XX Settembre, 60 (angle via Piave). • romana-romaventisettembre@gelateriaromana.com • Tlj 11h-minuit.* Un glacier actif depuis 1947, qui essaime désormais dans tout Rome, connu pour la qualité de ses produits et ses recettes traditionnelles. On se délecte d'un choix impressionnant de parfums classiques ou de sorbets de saison. Également des crêpes et des brioches, à déguster dans une longue salle chaleureuse avec quelques tables et chaises. Une bonne pause gourmande en perspective !

Où boire un verre ? Où écouter de la musique ?

The Yellow Bar *(plan détachable d'ensemble, E-F2,* ***156****) : via Palestro, 40. • questions@the-yellow.com • Tlj 24h/24.* C'est le pub de l'inénarrable *Yellow Hostel* (voir plus haut), qui attire les routards-fêtards du monde entier. Atmosphère forcément internationale et chaleureuse, où les hôtes se mêlent joyeusement aux Romains. Tous les soirs ou presque, concerts de groupes locaux ou internationaux, qui prennent place sur une petite scène perchée. Ambiance délirante en fin de semaine.

À voir

Palazzo Massimo – Museo nazionale romano *(palais Maxime – Musée national romain ; plan détachable d'ensemble, E3) : largo di Villa Peretti, 1. ☎ 06-399-674-50. Tlj sauf lun 9h-19h45 (17h les 24 et 31 déc). Dernière admission 1h avt. Fermé 1er janv, 1er mai et 25 déc. Entrée : 10 € (13 € quand expo*

QUARTIER DE LA GARE TERMINI

temporaire). Billet combiné (valable 3 j.) avec les terme di Diocleziano, la crypta Balbi et le palazzo Altemps : 12 € (15 € si expo temporaire) ; réduc ; gratuit - 18 ans ressortissants de l'UE et pour ts 1er dim du mois ; Roma Pass *accepté. Audioguide en français : 5 €.* Prévoyez du temps pour visiter ce fabuleux musée installé dans un vaste palais de la fin du XIXe s, qui fut longtemps une école jésuite. Vous découvrirez ici ***la plus importante collection d'Italie consacrée au monde romain.*** Pourtant, celle-ci ne concerne « que » les fouilles réalisées à Rome et dans ses environs proches ! Le 2d et dernier étage, présentant la section des fresques et mosaïques, est certainement la cerise sur le gâteau du musée. Autant commencer par la croquer ; alors grimpez vite par l'ascenseur !

Au 2e étage

Les remarquables pièces présentées ici permettent d'imaginer la richesse et l'élégance des villas des dignitaires romains.

Au sortir de l'ascenseur, on commence par de superbes frises issues d'un *columbarium* (niches où étaient déposées les urnes funéraires) du Ier s av. J.-C., retraçant la fondation de la cité. Sur la gauche, salle à manger reconstituée de la ***villa de Livie*** *(sala I),* troisième femme d'Octave-Auguste (Ier s av. J.-C.) : magnifique fresque bucolique (jardin idyllique, oiseaux, fruits...) aux couleurs admirablement conservées et à la fascinante impression de profondeur et de paix.

En sortant vers la *galleria I,* on accède aux vestiges des fresques de la ***villa della Farnesina*** (30 av. J.-C.), retrouvés en 1879 sur les rives du Tibre. La muséographie restitue la distribution originelle des pièces de la résidence d'Agrippina (mère de Néron) : couloirs, chambres à coucher, patio... Là, on admire la finesse du trait des artistes de l'empire encore rayonnant. Celles du mur de gauche du *triclinium* C (salle de banquet) détaillent la scène cocasse où une femme amène son mari impuissant devant le juge et démontre cette... incapacité !

Dans la *galerie III* et salles contiguës sont présentées de sublimes mosaïques. Celles provenant de la ***villa Ruffinella*** (IIIe s) et sa voisine ressemblent à s'y méprendre à des fresques tant l'ouvrage est raffiné. Également d'autres mosaïques fines découvertes à la ***villa di Baccano*** (IIe-IIIe s), et montrant des ambiances thermales... Et puis une étonnante mosaïque nilotique (à la gloire du Nil ; IIe s) avec son lot d'hippopotames et de crocodiles ; témoin de l'époque des conquêtes au-delà de la *mare nostrum.*

Au passage, belles fresques aux tons bleus, représentant des animaux marins et des embarcations, provenant de Porto fluviale di San Paolo *(sala 9).* Sans oublier les curieuses marqueteries de marbre, porphyres, pâtes de verre et or ; technique appelée *opus sectile,* en vogue à l'époque dans l'empire d'Orient. On y observe ainsi la décadence de l'Empire occidental avec une période de « mégalographie ». En ce IVe s apr. J.-C., le savoir-faire se perd : les personnages se font disproportionnés, le trait moins fin...

Au 1er étage

À droite en descendant l'escalier, salles consacrées à Hadrien, le premier empereur à avoir lancé la mode de la barbe : les hipsters n'ont rien inventé ! *(sala 2).* Puis c'est Antonin qui est mis à l'honneur *(sala 3)* et Marc Aurèle, *(sala 4),* l'empereur-philosophe. Très beaux bustes féminins aux coiffes et coiffures détaillées. Noter les *Province fedeli,* représentation allégorique des provinces de l'Empire romain, vestiges des bases du temple d'Hadrien. Ici, on touche du doigt l'importance qu'avait la statuaire des empereurs et de leur famille dans la « communication » de l'empire. On voit d'ailleurs, peu à peu, le pouvoir déifié dans les représentations des régnants... Encore d'autres bustes d'empereurs aux traits évocateurs de leur caractère, et de leurs épouses.

Ensuite, la grande salle des *splendore delle ville residenziali* (splendeurs des villas patriciennes, *sala* 5) présente une superbe collection de statues de dieux gréco-romains : Aphrodite, Apollon, Dionysos, Athéna, Hermès... Il s'agit essentiellement de copies romaines, réalisées aux Ier et IIe s, à partir d'originaux grecs du Ve s av. J.-C., dont le magnifique ***Discobole*** (lui-même !), à l'anatomie tellement parfaite qu'il fut confisqué par les nazis... mais restitué après la guerre... Ouf !

Puis, dans la section consacrée à ***Dionysos et au théâtre,*** un fabuleux ***Dionysos de bronze*** (IIe s) et un troublant ***hermaphrodite assoupi*** (IIe s). Et juste au fond, voici les vestiges en bronze retrouvés dans le lac de Nemi et provenant de la décoration des bateaux utilisés par Caligula lors de fêtes somptueuses. Là, un intéressant film raconte leur découverte.
On arrive ensuite devant le remarquable ***sarcophage de Portonaccio*** (IIe s) du chef militaire Aulus Julius Pompilius, dont les superbes bas-reliefs évoquent la guerre contre les tribus germaniques. Foisonnement de détails et mouvement fort bien rendu ! Noter les visages apeurés des Barbares terrassés par le Romain victorieux. D'autres sarcophages occupent la salle suivante, dont celui de Marcus Claudianus, avec des scènes de l'Ancien et du Nouveau Testament (330 apr. J.-C.). Et un dernier, le superbe ***sarcophage aux muses,*** est orné de masques (IIIe s). Belle série de têtes, dont un aurige (IIIe s).

Au rez-de-chaussée
Après être passé devant une ***mosaïque de Minerve*** faite de plusieurs sortes de pierres, les salles latérales exposent, entre autres, un panthéon de têtes de notables, de philosophes, d'empereurs, etc., dont un Alexandre le Grand en bronze doré (IIe s).
À l'angle de la galerie, séduisante Artémis au non moins séduisant plissé de la tunique. Puis salle consacrée à l'idéologie du pouvoir d'Auguste. Il légitimait son autorité par de nombreuses références à la fondation de la ville : statue d'Auguste en habit de ***Pontifex Maximus,*** la tête couverte, et magnifique autel sculpté retraçant les origines de Rome avec Romulus, Rémus et leur mère, la vestale Rhea Silva...
Dans les salles voisines, 2 bronzes FA-BU-LEUX, importés de Grèce, dont un impressionnant ***boxeur assis (sala VII),*** au visage durement balafré ! L'autre statue représente sans doute un ***prince hellène,*** nu et appuyé sur son javelot. Ces 2 œuvres magnifiques sont inspirées du travail de Lysippe, célèbre sculpteur grec du IVe s av. J.-C., et illustrent l'influence grecque sur les artistes romains.
En se dirigeant vers l'escalier, voici la *Tazza con scena di corteggio marino* (IIe s av. J.-C.), un tripode à pieds d'animaux qui servit de fontaine, et encore de belles sculptures, dont quelques autels funéraires...

Au sous-sol
Vous pénétrez maintenant dans le coffre-fort du musée. On y trouve une séduisante expo de petits objets d'art, bijoux, réticules en or, verrerie, petits bronzes, etc., sur le thème des « signes du pouvoir » : ici, le luxe ! Voir notamment un filet d'or (IIIe s) servant à retenir les cheveux, en bon état malgré son grand âge, et ces curieuses statuettes articulées en bois... Également une momie romaine d'enfant, sans oublier les insignes du pouvoir absolu : des sceptres ornés de boules de verre. Enfin, les numismates sont particulièrement à la fête ! Derrière d'impressionnantes portes blindées sont conservées de fabuleuses collections de monnaies, datant de l'Antiquité au XIXe s. Et pour mieux les observer, chaque panneau est équipé d'une loupe !
– Faites un petit tour au café ***Al Massimo*** en sortant, histoire de reprendre des forces après tant de merveilles *(accès par le musée ou par la via Amendola).*

★ ***Piazza della Repubblica*** *(plan détachable d'ensemble, E2) :* Ⓜ *Repubblica (ligne A).* Construite à la fin du XIXe s, cette place s'appelait autrefois la « piazza dell'Esedra » (exèdre) en raison de sa forme, calquée sur le tracé curviligne de la muraille des anciens thermes. Les 2 palais qui l'encadrent évoquent l'architecture sévère de Turin, la capitale piémontaise. À remarquer également, au centre, la fontaine des Naïades dont les nymphes lascives firent scandale lors de son inauguration, en 1901.

★★ ***Terme di Diocleziano – Museo nazionale romano*** *(thermes de Dioclétien – Musée national romain ; plan détachable d'ensemble, E2) : viale E. De Nicola, 79.* ☎ *06-47-78-81.* • *archeoroma.beniculturali.it* • *Tlj sauf lun 9h-19h30 (17h les 24 et*

31 déc). Dernière admission 1h avt. Fermé 1er janv, 1er mai et 25 déc. Entrée : 10 € (13 € avec l'expo temporaire). Billet combiné (valable 3 j.) avec le palazzo Massimo, la crypta Balbi et le palazzo Altemps : 12 € (15 € avec l'expo temporaire) ; réduc ; gratuit - 18 ans ressortissants de l'UE et pour ts 1er dim du mois ; Roma Pass *accepté. Audioguide en français : 5 €.*
Musée installé dans une partie des anciens thermes de Dioclétien qui, construits entre 298 et 306, furent les plus grands de l'Antiquité romaine ! Couvrant 13 ha et capables d'accueillir 3 000 personnes, ils comptaient jusqu'à 900 bains alimentés par 24 aqueducs ! L'arrivée des Barbares entraîna leur abandon, puis leur démantèlement. Aujourd'hui, il en demeure quelques beaux vestiges, voire des pans entiers intégrés à divers bâtiments du quartier ; à commencer par l'étonnante chiesa Santa Maria degli Angeli (voir plus loin), et les sous-sols de la gare (Termini tire son nom du mot « therme »... pas de « terminus » !).
Ce musée est essentiellement consacré à l'épigraphie – la science des inscriptions –, indispensable à la connaissance de l'histoire antique. De l'épitaphe à l'incantation rituelle en passant par les contrats et règlements, tout était matière à écrire sur des objets et matériaux variés : stèles, autels et sarcophages, tablettes, ex-voto, urnes funéraires, briques, canalisations, objets rituels, bases de statues... Présentés chronologiquement – du VIIIe s av. J.-C. à la fin de l'empire –, ils témoignent par leur belle facture de la vie politique, sociale, administrative et, bien sûr, religieuse de la Rome antique. On y trouve, parmi moult pièces exposées, l'équipement complet (rarissime !) d'un soldat du Ve s av. J.-C. ou une belle série de figurines en terre cuite (IIIe-IIe s av. J.-C.), dont une étonnante déesse filiforme. Et d'une période plus tardive (IIe-IIIe s apr. J.-C.), de belles urnes funéraires et des autels ouvragés, ainsi qu'une magnifique statuette en bronze doré figurant une divinité immobilisée par un serpent.
Au dernier étage, accès à la section évoquant les premiers groupes humains, dits « protohistoriques », établis dans le Latium. On y découvre de nombreuses céramiques, des armes, bijoux en bronze et urnes funéraires en terre cuite, de la vaisselle rituelle en bronze, etc. ; le tout provenant de nécropoles, dont on observe quelques maquettes...
Enfin, terminer la visite par l'élégant grand cloître dessiné par Michel-Ange pour les Chartreux, doté d'une fontaine centrale cernée d'arbres et de têtes monumentales d'animaux, probablement issues du temple de Trajan... Et partout dans la galerie du cloître, belles statues antiques ou sarcophages décorés de bas-reliefs...

Aula Ottagona – Museo nazionale romano *(tour octogonale – Musée national romain ; plan détachable d'ensemble, E2)* **:** *via G. Romita, 8.* ***Fermé jusqu'à nouvel ordre.*** Construite en 298 apr. J.-C., cette impressionnante rotonde en brique faisait partie des thermes de Dioclétien jusqu'en 537, lorsque le roi des Wisigoths détruisit en partie les aqueducs. Quand le bâtiment est accessible, une vitre au sol donne un aperçu des bains... Cette *aula* servit au fil du temps de gymnase, d'entrepôt de cinéma puis de planétarium, avant d'abriter quelques statues provenant des thermes.

Basilica di Santa Maria degli Angeli *(basilique Sainte-Marie-des-Anges ; plan détachable d'ensemble, E2)* **:** *piazza della Repubblica. ☎ 06-488-08-12. • santamariadegliangeliroma.it • Lun-sam 7h30-18h30 (19h mai-sept), dim et j. fériés 7h30-20h.* La singulière façade concave de cette église est un vestige antique des thermes de Dioclétien, qui occupaient tout le quartier. Quant aux inquiétantes portes modernes en bronze, elles ont été réalisées par le sculpteur franco-polonais Igor Mitoraj (1944-2014)... Les thermes étaient en ruine depuis longtemps lorsque l'expansion de la ville vers la porta Pia entraîna le réaménagement du quartier, dans la 2de moitié du XVIe s. La reconversion d'une partie des bains en église fut confiée à ***Michel-Ange,*** déjà octogénaire. Sa décision de conserver la structure antique explique le plan en croix grecque et l'insolite vestibule circulaire sous sa coupole d'origine (l'ancien *caldarium*), précédant la salle basilicale (logée quant à elle dans le *frigidarium*). Les impressionnantes colonnes de granit rose qui soutiennent l'édifice appartenaient elles aussi aux bains antiques. Étonnants décors en trompe l'œil, dans chacune des 2 chapelles. Plus curieuse encore, remarquer au sol la *méridienne de Bianchini*, du nom de son inventeur, astronome et mathématicien. Cette bande de marbre rehaussée d'une baguette de bronze graduée et des signes du zodiaque est une sorte de cadran solaire, commandé par le pape Clément XI à la fin du XVIIe s...

Chiesa di Santa Maria della Vittoria *(église Sainte-Marie-de-la-Victoire ; plan détachable d'ensemble, E2)* **:** *via XX Settembre, 17 (angle largo Santa Susanna). ☎ 06-427-405-71. • santamariavittoriaroma.it • Tlj sauf dim mat 8h30-12h, 15h30-18h.* Cette église sublime – tout en stucs, moulures et dorures – marque l'apogée du baroque en Italie. On y trouve l'un des chefs-d'œuvre du ***Bernin :*** une statue de marbre blanc représentant *Sainte Thérèse en extase.* La petite amie de l'artiste servit de modèle ! Cela explique peut-être pourquoi son ravissement ne semble pas exactement de même nature que celui qui transporta la sainte... Dans la sacristie, de vastes fresques de style flamand retracent la victoire de Ferdinand II sur les Protestants durant la bataille de la Montagne Blanche. En ressortant et de l'autre côté de la rue, dominant la place, monumentale et bruyante ***Fontana dell'Acqua Felice*** dédiée à Sixte V, le « pape des obélisques ».

POURQUOI DES MÉRIDIENNES DANS LES CATHÉDRALES ?

Afin d'optimiser leurs relevés, les astronomes avaient besoin d'édifices hauts de plafond pour y percer une petite ouverture par où la lumière pénétrait et marquait le sol. Plus c'était haut, plus c'était précis ! L'Église s'y intéressait particulièrement, car les calculs permettaient de déterminer avec exactitude la date de Pâques.

Villa Bonaparte – Ambassade de France près le Saint-Siège *(plan détachable d'ensemble, E2)* **:** *via Piave, 23. • visite-villabonaparte@inventerrome.com • inventerrome.com • Visite guidée (45 mn) en français le jeu à 16h,* ***à réserver obligatoirement en ligne min 1 sem à l'avance*** *(aussi une visite en italien, se renseigner sur le site). Tarif : 10 €. Âge min 10 ans (les 10-17 ans devant être accompagnés) ; se munir d'une pièce d'identité (carte d'identité ou passeport, à l'exclusion du permis de conduire), cette même pièce d'identité vous sera demandée le jour de votre visite au moment du contrôle de sécurité – qui n'a rien d'une formalité – car la Villa Bonaparte héberge aussi l'ambassade de France près le Saint-Siège (penser à arriver en avance pour les différentes fouilles de sécurité). Photos et films interdits.*

Insoupçonnable depuis la rue, ce beau palais néoclassique du XVIIIe s accueille aujourd'hui l'ambassade de France près le Saint-Siège, chargée des relations avec le Vatican. Le bâtiment fut à l'origine construit pour l'usage de Silvio Valenti Gonzague, un noble cardinal passionné d'art et de sciences, qui souhaitait se doter d'une résidence de prestige pour entreposer ses richissimes collections personnelles. À sa mort en 1756, il lègue près de 830 tableaux et 40 000 volumes à sa famille (qui en revendra une grande partie, bande d'ingrats !). La villa passe ensuite aux mains de la famille Colonna puis à celles de Pauline Bonaparte, qui acquiert cette propriété en 1816 (elle avait dû quitter la France à la chute de son frère Napoléon et s'était réfugiée à Rome en compagnie de sa mère). La sulfureuse princesse, connue pour ses mœurs très libres pour l'époque, ne manque pas de défrayer la chronique romaine. Une réputation en grande partie suscitée par la sublime et célèbre sculpture de Canova, qui la représenta en séduisante Vénus à moitié nue en 1806. Pauline meurt en 1825 après avoir durablement imprimé sa marque dans la villa, lançant de nombreux travaux d'embellissement. Par la suite, la résidence devient la propriété du Vatican, qui finit par la vendre à la France en 1948.

La visite

On entre dans le bâtiment par l'élégante loggia à colonnade, quelque peu austère. Sur la gauche, la chapelle personnelle du cardinal Valenti Gonzague n'a guère changé depuis le XVIIIe s. Après avoir pénétré dans le vaste vestibule, on découvre sur la droite un splendide salon égyptien, illustrant la puissante vague égyptomaniaque qui saisit l'Europe au début du XIXe s. Vient ensuite la découverte de la chambre du Général (elle a accueilli De Gaulle), qui possède un joli plafond représentant Hippomène et Atalante. On accède au 1er étage par un magnifique escalier d'apparat, qui s'ouvre sur le grand salon de l'étage noble. Ses dimensions impressionnent, tout comme son plafond couvert de grisailles et son gracieux ameublement. Remarquez les merveilleux fauteuils de style Empire, dotés de têtes de sphinx (ils sont paraît-il très inconfortables !). Quelques consoles ayant appartenu à la famille Murat également. Et puis, encore quelques salons et antichambres décorés dans le même goût.

Pour finir, on entame une agréable balade dans le parc. Outre de spectaculaires massifs de camélias, on y découvre les vestiges de la brèche ouverte dans une section du mur d'Aurélien, en septembre 1870, par les troupes combattant pour l'unification italienne. La baignoire en marbre de Pauline Bonaparte a été installée dans une fontaine.

Porta Pia *(plan détachable d'ensemble, E2)* **:** *piazzale Porta Pia, à l'extrémité est de la via XX Settembre.* Intégrée dans l'enceinte d'Aurélien située plus au nord, c'est la dernière œuvre architecturale de ***Michel-Ange,*** par laquelle les troupes piémontaises victorieuses firent leur entrée dans la ville en septembre 1870.

QUARTIERS SAN LORENZO ET IL PIGNETO

• Plan Il Pigneto *p. 251*

Un peu excentrés, ces 2 quartiers présentent la similitude d'attirer les oiseaux de nuit. Situé à l'est de Termini, San Lorenzo n'a rien d'antique ni de médiéval. C'est un ancien quartier populaire qui regorge aujourd'hui d'adresses pour faire la fête et de lieu alternatifs. Quant au triangle du Pigneto, situé à 20 mn de marche de là, il est du même tonneau. On ne s'y rend pas pour faire du shopping mais plutôt pour découvrir un autre visage de Rome. Pas celui des vieilles pierres tournées vers le passé, mais plutôt celui d'une capitale bouillonnante encline à voir émerger, dans le secret de ses cafés littéraires et engagés, des idées pour demain.

UN PEU D'HISTOIRE

L'urbanisation du quartier de San Lorenzo remonte à la fin du XIXe s, dans la période qui suit l'unification de l'Italie. Un paysage jusque-là essentiellement agricole se transforme alors en cité-dortoir pour accueillir les cheminots et les ouvriers qui prennent part à la construction de la nouvelle capitale de l'Italie. Un quartier prolétaire voit le jour, historiquement ancré à gauche. C'est d'ailleurs le seul quartier de la capitale qui a tenté d'arrêter la « Marche sur Rome » orchestrée par Mussolini en octobre 1922. San Lorenzo paiera d'ailleurs très cher sa position antifasciste.
Sérieusement amoché par les bombardements alliés pendant la Seconde Guerre mondiale, le quartier perd une partie de ses habitants au lendemain de la guerre et, tandis qu'il tombe dans la petite criminalité, se défait petit à petit de son caractère prolétaire au profit d'une population plus engagée politiquement. Quelques années plus tard, San Lorenzo jouera même un rôle primordial pendant les années de protestation étudiantes, où il deviendra un fief de l'extrême gauche. Affluent alors artistes, écrivains et intellectuels de tout poil, Pasolini en tête.
Aujourd'hui San Lorenzo est un vrai laboratoire d'idées, et ses rues grouillent des jeunes étudiants de la fac de sciences toute proche, venus s'encanailler autour d'une bière dès l'heure de l'*aperitivo.* Le quartier a retrouvé de la couleur, à la faveur de ses œuvres de street art qui courent sur ses murs. Et partout des bars, des pubs, des petits restos où l'on s'arrache une pizza pour 3 francs 6 sous, sans oublier les lieux de retrouvailles où se produit la scène alternative du moment.
Il Pigneto, lui, a suivi plus ou moins le même chemin. Et si la banlieue sale et pittoresque portée à l'écran par Pasolini s'est petit à petit transformée, elle a su garder encore aujourd'hui un véritable esprit de village, avec ses petites rues plantées d'arbres, ses marchés, ses associations de quartier. Bon à savoir : c'est surtout la nuit qu'il vibre le plus, en particulier en fin de semaine.

Où dormir ?

On vous déconseille de dormir au cœur même de l'animation nocturne. En revanche, à une dizaine de minutes de marche de là, on dort nettement plus au calme (voir adresses dans le quartier de Termini et, à l'est, dans celui de Saint-Jean-de-Latran).

De bon marché à prix moyens

Hotel Villa San Lorenzo *(plan détachable d'ensemble, G3,* ***167****) : via dei Liguri, 7. ☎ 06-446-99-88. ● info@hotelvillasanlorenzo.it ● hotelvillasanlorenzo.com ● Doubles 50-100 €. Parking gratuit (1er arrivé, 1er servi, impossible de réserver).* Un hôtel cossu, aménagé dans une ancienne maison de maître. Situé à 2 pas de l'animation nocturne, il n'en subit pas les désagréments. Au menu : de belles chambres, arrangées dans un style pseudo-Grand Siècle, cosy et confort. Certaines donnent sur un petit patio intérieur. Les salles de bains sont petites en revanche. Terrasse avec solarium (sans vue). Accueil très pro.

Où manger ?

À San Lorenzo

Sur le pouce

Al Forno Ottavi dal 1921 *(plan détachable d'ensemble, F3,* ***440****) : via dei Dalmati, 3-5-7. ● alfornoottavi@libero.it ● Tlj sauf dim 7h30-minuit. Moins de 5 €.* Point de ralliement des étudiants de la fac de Sciences, cette délicieuse boulangerie-pâtisserie concocte de savoureuses pizzas et *focacce*, vendues *al taglio*. Également des sandwichs et des gâteaux, à engloutir sur place ou à emporter. Et le soir, place à l'*aperitivo* !

De bon marché à prix moyens

Pizzeria Formula Uno *(plan détachable d'ensemble, F3,* ***441****) : via degli Equi, 13. ☎ 06-445-38-66. Tlj sauf dim 18h30-0h30. Pizze 4-8 €, repas 15-20 €. CB refusées.* Véritable institution locale rassemblant toutes les générations débarquant en famille ou entre copains, cette grande taverne toute simple porte bien son nom : affiches à la gloire des coureurs automobiles pour un service ultra-rapide ! Ambiance chaleureuse et animée. Vraiment bon marché.

Osteria dei Colli Emiliani *(plan détachable d'ensemble, F3,* ***442****) : via Tiburtina, 70. ☎ 06-445-36-22. ● colli.emiliani@libero.it ● Tlj sauf dim 12h-15h, 19h30-22h30. Plats 8-12 €, repas 20-25 €.* Derrière une large devanture vitrée, un resto populaire sorti d'un autre temps. Accueil gentil en blouse blanche le midi, dans 2 salles style cantoche avec marbre aux murs et nappes à carreaux recouvertes de papier blanc. À la carte, plats traditionnels sans grande fantaisie mais goûteux, bien servis et très abordables.

Pommidoro *(plan détachable d'ensemble, F-G3,* ***443****) : piazza dei Sanniti, 44. ☎ 06-445-26-92. Tlj sauf dim. Plats 10-18 €, repas 25-35 €.* Dans ce *ristorante* chaleureux tenu par Aldo, où Alberto Moravia et Pasolini avaient leurs habitudes, on déguste les produits que le patron rapporte de son village natal : huiles, vins, fruits, légumes, gibier... Tout cela constitue la base d'une cuisine familiale et généreuse, servie en terrasse, dans l'agréable salle où crépite une cheminée en hiver, ou dans les chaleureuses caves voûtées du sous-sol.

I Fratelli *(plan détachable d'ensemble, F3,* ***444****) : via degli Umbri, 14-18. ☎ 06-446-98-56. ● info@ristoranteifratelli.it ● Tlj sauf dim midi. Formules déj 8-10 €, pizze 6,50-10 €, repas 25-35 €.* Lumineuse salle voûtée sur 3 niveaux. Chaque jour, les habitués investissent l'espace dans un joyeux brouhaha. Il faut reconnaître

QUARTIERS SAN LORENZO ET IL PIGNETO

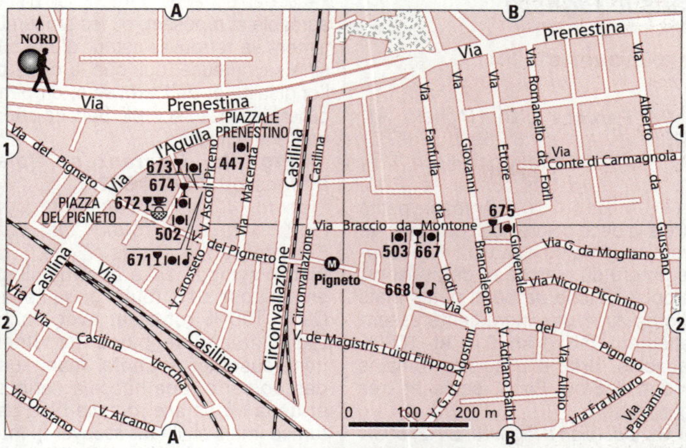

IL PIGNETO

Où manger ?	675 Enoteca SO2 (B1-2)
447 Dar Parucca (A1)	**Où boire un verre ? Où sortir ?**
502 Pigneto Quarantuno (A1-2)	**667** Necci dal 1924 (B2)
503 Va. Do. (B1-2)	**668** La Santeria et Sparwasser (B2)
***Enoteca* (bar à vins)**	**672** Tuba (A1)
671 Il Tiasò (A1)	**673** Club 55 (A1)
	674 Lo Yeti (A1)

qu'on y mange plutôt pas mal : salades, pizzas, pâtes, et aussi de bons petits plats du cru goûteux, bien ficelés et pas chers. Le midi, leur assiette complète est un bon plan. Accueil sympa et pro. On recommande !

De prix moyens à chic

Trattoria Tram-Tram *(plan détachable d'ensemble, G3,* ***445****)* **:** *via dei Reti, 44-46. ☎ 06-49-04-16. • info@tramtram.it • Tlj sauf lun (et dim midi l'été). Fermé 1 sem en août. Résa très conseillée. Plats 10-18 €, repas 30-35 €.* On adore cette *osteria* à l'ancienne campée le long des rails du tramway, qui se déploie entre 2 chaleureuses petites salles. Authentique cuisine familiale où les pâtes *alla romana* sont reines, à l'image de l'exquise *cacio e pepe* ou des *mezze maniche alla gricia.* Également quelques plats à tendance canaille, comme les *polpette* ou la queue de bœuf au lard. Le tout est à arroser d'un gouleyant vin du sud, à choisir parmi la belle sélection maison. Accueil gentil et service tranquille.

Pinsa & Buoi dei... *(plan détachable d'ensemble, F-G3,* ***446****)* **:** *viale Scalo San Lorenzo, 15-17. ☎ 06-445-66-40. • pinsabuoi@gmail.com • Tlj 12h-minuit (0h30 ven-sam). Résa obligatoire. Plats 12-26 €, repas 30-60 €.* À la lisière de San Lorenzo, dans un coin vraiment pas folichon, voici pourtant une table réputée. Dans l'assiette, d'abord une foule de pâtes mais on vient surtout ici pour piocher dans l'interminable liste de spécialités typiquement romaines. N'hésitez pas à demander la carte en italien, elle est beaucoup plus complète, car nombre de plats sont intraduisibles. Cadre et atmosphère vraiment séduisants. Un classique !

Dans le Pigneto

Prix moyens

Dar Parucca *(plan Il Pigneto, A1, **447**) : via Macerata, 87-89. 324-086-83-61. • darparucca@gmail.com • Tlj sauf lun. Résa très conseillée. Plats 8-11 €, repas env 30 €.* Agréable petite salle à la déco colorée où l'on se régale avec les gens du quartier ! Renouvelée au gré du marché et des saisons, l'ardoise affiche de bons petits plats mijotés avec des ingrédients essentiellement bio, « km 0 », et 100 % traçables. Bref, une cuisine romaine tendance *Slow Food,* saine et très abordable.

Va. Do. *(plan Il Pigneto, B1-2, **503**) : via Braccio da Montone, 56. ☎ 06455-535-82. • vadoalpigneto@gmail.com • Tlj sauf lun 18h-minuit, plus dim midi. Plats 9-20 € ; repas env 30 €.* Un bistrot agréable et reposant, où les amoureux aiment se retrouver autour d'une cuisine savoureuse, qui joue la carte de l'originalité et de l'exotisme, en particulier dans les *secondi.* Service attentionné et efficace.

Pigneto Quarantuno *(plan Il Pigneto, A1-2, **502**) : via del Pigneto, 41. • info@pignetoquarantuno.it • Ts les soirs plus dim midi. Résa conseillée. Repas env 25 €.* Un bistrot sympa, jeune et dynamique, envahi par une foule gouailleuse. Carte 100 % romaine, avec l'habituelle litanie de pâtes forcément généreuses et *al dente,* mais aussi des *polpette,* une *baccalà* sérieuse et de la *trippa alla romana* bien parfumée (mais si, il faut essayer !). Intéressantes propositions à l'ardoise, histoire de capter l'air du temps. Bon accueil malgré le monde.

Enoteche (bars à vins)

À San Lorenzo

Ciacco & Bacco *(plan détachable d'ensemble, F3, **670**) : via dei Ramni, 28. ☎ 06-310-518-57. Tlj sauf dim 8h-23h30. Plat env 10 €, verres de vin 4-6 €.* Un bar à vins de poche qui regorge de bons produits (charcut', fromage, tapenades, etc.), servis accompagnés d'un excellent pain au levain tout chaud. Côté vins, une sélection à bon prix. Un peu d'attente, car tout est préparé à la commande. Quelques tables sur le trottoir. Accueil jeune et dynamique.

Il Sorì *(plan détachable d'ensemble, F3, **660**) : via dei Volsci, 51. 393-431-86-81. • info@ilsori • Tlj 18h-2h. Plats 5-20 €, verres de vin 5-9 €.* Atmosphère intime et plaisante dans ce petit bar à vins élégant, où il fait bon s'accorder une pause. Au verre, c'est un véritable *giro d'Italia* qui vous attend : n'hésitez pas à demander conseil pour trouver votre bonheur. À l'ardoise, de bonnes planches de charcuterie et fromage, mais aussi des petits plats taillés pour accompagner la dégustation.

Dans le Pigneto

Il Tiasò *(plan Il Pigneto, A1, **671**) : via Ascoli Piceno, 25. 345-830-81-06. • iltiaso.com • Tlj 18h-2h. Verre de vin 5 €.* Tenu par Andrea et Michele, ce petit comptoir pour épicuriens propose d'excellents vins des Abruzzes, de Toscane et du Latium (choisis par les patrons chez de petits producteurs). Charcuterie et fromage pour faire passer. Le tout à consommer en musique, et plus particulièrement durant le live du jeudi à 22h. Chouette terrasse sur la rue.

Enoteca SO2 *(plan Il Pigneto, B1-2, **675**) : via Ettore Giovenale, 62a. 346-749-85-68. • so2distribuzione@gmail.com • Tlj sauf lun 18h-minuit (2h ven-sam), plus 11h-13h sam-dim.* Une *enoteca* perdue aux confins du quartier du Pigneto, qui vaut néanmoins le détour. Sélection de vins nature réjouissante, source de très nombreuses découvertes, le tout à prix doux. Quelques petites choses à grignoter, genre planches de fromages fermiers, *parmigiana* ou raviolis ricotta-épinards. Beaucoup d'ambiance le week-end, quand un DJ vient mettre le feu aux ballons de rouge. Très bon accueil.

Où déguster une bonne glace, une bonne pâtisserie ? Où manger du bon chocolat ?

À San Lorenzo

Gelato San Lorenzo (*plan détachable d'ensemble, F3,* **318**) *: via Tiburtina, 6. Tlj 9h30-0h (1h en été).* Certainement l'une des meilleures adresses glacées de Rome. Et vraiment, on pèse nos mots ! Les parfums 100 % naturels mêlent parfois fruits de saison et herbes aromatiques (le basilic notamment) ; la pistache de Bronte (en Sicile) est à tomber. Également quelques tables pour se poser devant une pâtisserie, une gaufre ou du chocolat maison.

Said (*plan détachable d'ensemble, F3,* **450**) *: via Tiburtina, 135. ☎ 06-446-92-04. • said@said.it • Tlj sauf lun 10h (11h sam-dim)-0h30 (1h30 ven-sam, minuit dim).* Depuis 1923, on savoure leur chocolat chaud crémeux réputé dans tout Rome ! On aime siroter – jusque tard en soirée – dans les salles cosy de l'arrière-boutique, entre les cuves et moules à chocolat, un œil sur le *laboratorio,* où s'activent les préparateurs ! Des pâtisseries, cocktails, et un resto plus classique.

Pasticceria Paci (*plan détachable d'ensemble, F3,* **449**) *: via dei Marsi, 35. Tlj sauf lun 7h30-20h30 (14h dim).* La file d'attente des week-ends en dit long sur la réputation de cette institution locale ! Pâtisseries italiennes traditionnelles, d'une grande fraîcheur...

Où boire un verre ? Où écouter de la musique ? Où sortir ?

Temps fort de la nuit romaine, les ruelles de ce quartier étudiant livrent une foule de petits bistrots en tout genre, vraiment sympa pour sortir entre amis. Une ambiance démente et bien arrosée dans les bars, les salles de concert et même sur les trottoirs !

À San Lorenzo

Luppolo 12 (*plan détachable d'ensemble, F3,* **504**) *: via dei Marrucini, 12. Tlj 17h-2h. Bières 40 cl : 5 €. Happy hour avant 21h : 3,50 €. Boutique tlj 15h-minuit.* Ce bar à bières et microbrasserie ne désemplit jamais, débordant sur le trottoir à toute heure. Large sélection de pressions, de la *pils* à la *stout* en passant par la *saison* ou l'IPA, à déguster sur de grandes tablées envahies d'étudiants. Quelques bretzels, *focacce* et planches pour éviter le delirium tremens. Juste à côté, la boutique propose un large choix de bières artisanales, italiennes ou internationales. Un incontournable !

ZeroZero 100 (*plan détachable d'ensemble, G3,* **505**) *: via del Verano, 27. • info@zerozero100.it • Tlj 12h30-16h et 18h30-1h (2h w-e). Aperitivo 10-14 €. Menu midi 10 €.* Ce bar-resto planqué aux confins de San Lorenzo propose l'un des *aperitivi* les plus généreux de Rome. Les étudiants ne s'y trompent pas, envahissant les lieux dès l'ouverture pour engloutir pizzas qui sortent du four, salades de pâtes et assortiments de légumes grillés. L'été, quand la véranda s'ouvre sur les étoiles, c'est encore plus sympa. Si vous loupez l'*aperitivo,* il y a aussi quelques plats à tendance marine sur la carte. Un bon plan !

Officine Beat (*plan détachable d'ensemble, F3,* **661**) *: via degli Equi, 29. • officine.beat@gmail.com • Tlj 18h-1h (2h ven-sam).* Agréable atmosphère vintage pour ce repaire d'étudiants. Le mobilier de récup est pris d'assaut dès l'heure de l'*aperitivo* par de joyeux drilles piochant une bière artisanale à la carte ou un cocktail original à l'ardoise. Ajoutez un accueil souriant et des airs de rock qui balancent et c'est parti pour une bonne soirée !

Bar Celestino (*plan détachable d'ensemble, G3,* **662**) *: via degli Ausoni,*

62-64. • thecelestinossince1904@gmail.com • ♿ Tlj sauf dim 7h30-2h. Ouvert en 1904, ce vieux bistrot n'a gardé de ses débuts que quelques planches de parquet et des lustres décalés. Aujourd'hui, on l'assimilerait plus à un PMU, qui ne désemplit jamais. Une adresse incontournable, bohème et fraternelle.

🍷 ***Bar dei Brutti*** *(plan détachable d'ensemble, F3,* ***666****) : via dei Volsci, 71. Tlj 17h-2h.* Les tarifs modiques de ce « Bar des Moches » lui valent un succès fou ! Avec ses murs en brique brute et sa clientèle qui déborde copieusement sur la rue dans un joyeux tapage, voici l'un des incontournables de la vie étudiante du quartier.

🍷 ***Giufà libreria-caffè*** *(plan détachable d'ensemble, F3,* ***664****) : via degli Aurunci, 38. ☎ 06-443-614-06. • info@libreriagiufa.it • ♿ Tlj 10h (15h dim)-22h (1h ven-sam).* Avec une fac dans les parages, on n'est pas surpris de trouver ce café-bar-librairie aux rayonnages remplis de bouquins d'art, B.D., romans, jeunesse... Quasi tous en italien, mais l'atmosphère et le cadre hétéroclite (beau carrelage à damiers, étagères colorées...) se moquent bien de la barrière de la langue !

🍷 ♪ ***Le Mura*** *(plan détachable d'ensemble, F3,* ***506****) : via di Porta Labicana, 24. • info@lemuramusicbar.com • Tlj jusqu'à 2h (4h ven-sam). Entrée env 5 €.* Une petite scène et un long bar pour l'un des meilleurs cafés-concerts du quartier, qui s'anime presque tous les soirs. Indie, rock, electro, groove ou jazz, tous les styles musicaux sont représentés. Ambiance alternative bien sympa, à mille lieues de la Rome touristique.

🍷 ♪ ***Wishlist Club*** *(plan détachable d'ensemble, G3,* ***665****) : via dei Volsci, 126b. 📱 349-749-46-59. • wishlistclub@libero.it • Jeu-dim 21h30 (21h dim)-2h (4h ven-sam). Entrée 5-10 €.* Hendrix, Sting, les Rolling Stones et les plus grandes figures du rock affichent ici leurs portraits ! Une petite scène jazz-blues-rock de quartier, où se produisent des groupes de qualité dans une salle à taille humaine, avec bar et petit salon sans fioritures.

Dans le Pigneto

🍷 🍽 ***Lo Yeti*** *(plan Il Pigneto, A1,* ***674****) : via Perugia, 4. ☎ 06-702-56-33. • info@loyeti.org • Tlj sauf lun 16h-1h (ouvre à 11h w-e).* Dans le cadre charmant d'une librairie-café plutôt engagée, cette adresse gérée par une coopérative sociale collaborative propose une dînette concoctée exclusivement avec des produits bio issus de petits producteurs. On y passe un bon moment.

🍷 ☕ 🧺 ***Tuba*** *(plan Il Pigneto, A1,* ***672****) : via del Pigneto, 39A. ☎ 06-703-994-37. • libreriatuba@gmail.com • Tlj sauf dim-lun 8h-0h30 (2h ven-sam). Tuba,* c'est un espace dédié à l'imaginaire des femmes, qui propose une librairie, un bar à vins et un salon de thé. Le local, agréable et coloré, est géré par des femmes et plutôt pour les femmes étant donné la littérature et les accessoires qu'on y trouve. Cependant, tout le monde est bienvenu, car ici, c'est la tolérance qui prime ! Terrasse animée dans la rue piétonne. Une adresse qui signe avec élégance le bouillonnement intellectuel du quartier.

🍷 🍽 ***Club 55*** *(plan Il Pigneto, A1,* ***673****) : via Perugia, 14. 📱 348-936-45-07. • club55pigneto@gmail.com • club55.it • Mer-dim 19h-2h. Fermé lun-mar.* À la fois resto, salon de thé, café, espace de *coworking* et salle de spectacle, ce petit lieu meublé vintage, géré par une association culturelle, est un véritable caméléon. Selon la programmation (théâtre, lectures, musique), il se métamorphose à la demande. On y mange des plats simples à dominante bio, en sirotant un vin du Latium. Programmation sur leur page Facebook.

🍷 🍽 ⛱ ***Necci dal 1924*** *(plan Il Pigneto, B2,* ***667****) : via Fanfulla da Lodi, 68 (angle Braccio da Montone). ☎ 06-976-015-52. • info@necci1924.com • Tlj 8h-1h (2h ven-sam).* Dans un décor rétro ponctué de luminaires tout droit sortis des seventies et de quelques plaques émaillées, les Romains squattent la salle branchée en feuilletant le journal, ou s'installent sur la terrasse verdoyante pour siroter un bon verre de vin ou un cocktail. Ancien QG du célèbre cinéaste-écrivain Pasolini, le *Necci* est désormais un repaire de hipsters. Fait aussi resto.

🍷 ***La Santeria*** *(plan Il Pigneto, B2, **668**) : via del Pigneto, 213. ● lasanteriaroma@gmail.com ● Tlj 18h30-1h30.* Face à un grand immeuble en brique, ce petit bistrot à l'allure très parisienne attire une jeunesse romaine branchée. Élégant carrelage à damiers, comptoir flanqué de quelques tabourets hauts et tables de bistrot servent d'écrin à des libations endiablées. Au programme : quelques plats simples et du vin nature à vous défriser Dionysos. Beaucoup de monde ! À quelques pas, l'adresse s'est dédoublée et a ouvert un resto spécialisé dans les produits de la mer.

🍷 ♪ ***Sparwasser*** *(plan Il Pigneto, B2, **668**) : via del Pigneto, 215. ● eventi@sparwasser.it ● Ouv tlj 19h-2h. En principe, entrée gratuite pour les étrangers.* Un bar-club associatif très remuant qui organise de nombreuses soirées musicales, entre concerts de cumbia, *jam sessions, live* rock et nuits électro. Parfois un karaoké le dimanche, histoire de pousser la chansonnette dans la langue de Dante. Voir leur Facebook pour connaître toute la programmation.

À voir à San Lorenzo

➢ ***Accès :*** situé au sud-est de la cité universitaire et bordé par les fortifications qui longent les voies de la gare de Termini, San Lorenzo est desservi par les transports publics. *Ⓜ Vittorio Emanuele II (compter ensuite 10 mn de marche, soit par le sottopasso Turbigo, soit par la via Santa Bibiana) ; bus nº 71 (et N11 la nuit). Éviter d'y aller un dim, tt est fermé, et c'est vraiment très (trop) calme.*

Basilica di San Lorenzo fuori le Mura *(basilique Saint-Laurent-hors-les-Murs ; plan détachable d'ensemble, G2) : piazzale del Verano, 3. ☎ 06-49-15-11. ● basilicadisanlorenzo.com ● Ⓜ Policlinico (ligne B) puis descendre la via Regina Elena ; ou bus nºs 71, 93, 163... ou 492 depuis le métro Barberini (ligne A). Tlj 7h-12h, 16h-19h.* Saint Laurent de Rome, comme vous l'aurez sans doute deviné, est un autre martyr de la chrétienté, qui connut, dit-on, le supplice du gril en 258 ! La foule se pressant à l'emplacement de sa tombe, on décida d'y construire un édifice religieux. L'église de Pélage II surplombant le tombeau – bâtie sous Constantin en 330, puis reconstruite au VIe s – vit pousser à côté d'elle une autre église, celle d'Honorius III, au XIIIe s. L'intérêt de la visite tient justement au contraste entre les 2 églises qui, réunies au niveau de leurs absides, donnèrent naissance à la basilique actuelle. Remaniée de nombreuses fois, celle-ci fut en partie détruite par la pluie de bombes qui s'abattit sur San Lorenzo le 19 juillet 1943, avant d'être restaurée sous son aspect du XIIIe s. Une histoire tourmentée donc, pour cette basilique excentrée qui n'en vaut pas moins le détour...

La visite

Une fois franchi le portique de la façade dominée par un petit campanile du XIIe s, où l'on peut détailler les ***fresques représentant la vie de saint Laurent*** ainsi qu'un beau sarcophage (sans doute celui du pape Sixte III ; Ve s), vous pénétrez dans cet édifice austère, dont on constate l'absence de transept. La nef ne compte pas moins de 22 colonnes antiques, à chapiteaux ioniques de Pietro Vassalletto. Au sol, le pavement cosmatesque nous déroute quelque peu, en raison de ses 2 axes. Ces derniers correspondent aux 2 anciennes églises : celle d'Honorius III, où il faut observer les 2 ambons (ou chaires ; dont une incrustée de mosaïques, qui est l'œuvre des frères Cosma) ; celle de Pélage II, reconnaissable par sa très belle chaire pontificale (XIIIe s)... Au niveau du chœur, l'arc triomphal du VIe s, surplombant le tombeau de saint Laurent, est magnifié par un Christ trônant sur les nuées du Ciel (symbolisé ici par un globe bleu) à l'aube du Jugement dernier. À l'époque médiévale, ce curieux baldaquin de pierre aux couleurs vives fascinait, à la manière d'un arc-en-ciel, bon nombre de pèlerins... Avant de rejoindre d'autres cieux, jetez un coup d'œil au beau cloître roman qui abrite en son centre un petit jardin médiéval (accès au niveau de l'arc par une petite porte). L'ensemble, quasi vierge de tout décor, semble vivre hors du temps !

Cimitero monumentale del Verano *(cimetière du Verano ; plan détachable d'ensemble, G3)* **:** *piazzale del Verano, 1. ☎ 06-492-363-31. • cimitericapitolini.it • Tlj 7h30-19h (18h oct-mars). Dernière admission 1h avt.* Jouxtant la basilique (entrée à sa droite), ce cimetière demeure un lieu de sépulture très ancien qui, sous terre, abrite les catacombes *Santa Ciriaca,* où repose saint Laurent. L'emplacement de sa tombe correspond exactement à celui de la basilique actuelle... Avec ses 4 statues allégoriques, l'entrée du cimetière – sur la droite de la basilique – se révèle vraiment monumentale ! La Méditation, l'Espérance, la Charité et le Silence vous ouvrent donc les portes d'un océan de calme et de verdure. Dans le prolongement de l'entrée, au milieu, un immense cloître bordé des mausolées grandiloquents et poussiéreux des grandes familles bourgeoises et aristocratiques du XIXe s. Chemins musardant parmi buissons et cyprès, tombes monumentales, chapelles de prestige, mausolées pompeux, angelots moussus et éplorés, profusion de bustes et de médaillons, etc. ; le tout dans un esprit 100 % baroque. Le cimetière porte bien son nom, « Verano » pour les *veri romani,* soit les personnes d'un certain standing. Cherchez donc conseil auprès des gardiens si vous voulez partir à la découverte des tombes de célébrités, comme Goffredo Mameli, à qui l'on doit l'hymne national ou encore Maria Montessori, la pédagogue d'avant-garde. Du côté des comédiens et réalisateurs, Vittorio Gassman repose près du *Quadriportico* ; sont enterrés également ici Alberto Sordi, Bud Spencer... quant à Roberto Rossellini, Vittorio de Sica ou Marcello Mastroianni, trouver leur tombe est un vrai jeu de piste !

L'AVENTIN ET LE TESTACCIO

Loin des quartiers touristiques de la piazza di Spagna, du campo dei Fiori ou du Panthéon, à des années-lumière de la ferveur religieuse du Vatican ou des vieilles pierres des forums et du Colisée... Le Testaccio – l'ancien emporium de la Rome antique, où se trouvaient jadis les abattoirs de la ville – a gardé son âme populaire. On y mange particulièrement bien, mais c'est aussi l'un des points de rendez-vous des noctambules.
L'Aventin, lui, verte colline saupoudrée d'églises, est beaucoup plus sage. En journée, il fait bon y flâner, tandis que le soir, c'est un lieu de villégiature apprécié, à 2 pas des centres animés du Trastevere ou du Testaccio. Un endroit surtout connu des touristes pour les thermes de Caracalla, dont on découvre toute la démesure grâce à un casque de réalité virtuelle.

➢ ***Accès :*** *ligne B du métro (Circo Massimo, et Piramide vers les sites plus au sud). Ⓣ n° 3 depuis le Colisée, interconnecté au bus n° 3 vers le sud du Trastevere. Bus n° 23 depuis le Vatican et Trastevere, n° 60 depuis la piazza Venezia et Termini, n° 175 depuis la piazza Venezia...*

Où dormir ?

Foresteria S. Scolastica Sant'Antonio Abate *(plan détachable d'ensemble, D4,* ***190****) : clivo dei Pubblici, 2. ☎ 06-574-55-28. • foresteria.santonio@yahoo.it • Chambre simple 40 €, double 70 € (7h30-9h). À réserver à l'avance.* Dans cette institution religieuse gérée par les sœurs bénédictines de l'ordre des Camaldules (de Camaldoli, un village à côté d'Arezzo en Toscane), 36 lits sont prévus pour accueillir les pèlerins de passage. Ambiance toute monacale (on s'en doute) pour des chambres dénudées et très propres, disposant toutes d'une salle de bains. Agréable jardin. Possibilité de dîner (à condition de respecter les horaires). Pas de couvre-feu. Bon accueil, parfois en français.

De bon marché à très chic

B & B Testaccio *(plan détachable d'ensemble, C5,* ***191****) : piazza di Santa Maria Liberatrice, 4. ☎ 06-572-895-62. • bandbtestaccio@gmail.com • Doubles 60-80 €, petit déj à prendre au café d'en bas.* Un *B & B* perché (ascenseur) dans un immeuble de belle facture situé au cœur du Testaccio. Au menu, 3 belles chambres (2 à 4 personnes), très lumineuses, hautes sous plafond, sobres et joliment décorées. La quadruple (2 petits lits plus 1 grand) donne sur une place et possède un balcon. On s'y sent bien. Bel accueil francophone de Flavien qui vous refilera plein de bons tuyaux.

Hotel Domus Aventina *(plan détachable d'ensemble, D4,* ***192****) : via Santa Prisca, 11b. ☎ 06-574-61-35. • info@hoteldomusaventina.com • hoteldomusaventina.com • Doubles 60-190 €.* Accolé à la belle église Santa Prisca, cet hôtel de bon confort dispose de chambres pouvant accueillir 2 à 4 personnes. Cosy (moquette) avec balcon pour les plus chères (terrasse pour celles du rez-de-chaussée), elles sont décorées dans un style classique (vieilles lithos sur les murs). Le petit déj se prend dans la salle en demi-sous-sol, et l'accueil est très aimable.

Hotel Villa San Pio *(plan détachable d'ensemble, C-D5,* ***193****) : via Santa Melania, 19. ☎ 06-57-00-57. • info@aventinohotels.com • aventinohotels.com • Doubles 65-250 €.* Avec force marbre, lustres à pampilles, stucs voluptueux et miroirs dorés, cet établissement ravira les romantiques. En fait, il s'agit de 3 magnifiques villas réunies autour d'un jardin luxuriant planté d'agrumes et d'arbustes à fleurs odorantes. Meubles Empire, tapis d'Orient, plafonds voûtés, lourds voilages, la déco vous en met plein les mirettes. Alors quitte à guetter les promos, optez pour une catégorie supérieure. Cela dit, ça reste un bon plan hors saison, d'autant que le petit déj-buffet, servi sous la verrière, est un moment très agréable.

Où manger ?

Sur le pouce

Mercato Testaccio *(plan détachable d'ensemble, C5,* ***500****) : plusieurs entrées. Via B. Franklin, via A. Volta, via A. Manuzio, via L. Ghilberti. • mercatoditestaccio.it • Tlj sauf dim 7h-15h30. Moins de 10 €.* Pléiade de stands plus ou moins réputés mais dans l'ensemble toujours pleins à l'heure du coup de feu. Ici, on déjeune « *al bancone* », c'est-à-dire au coude à coude sur de petits comptoirs, ou sur les quelques tables et bancs posés au milieu de l'animation. Un excellent moyen de faire le tour de la gastronomie romaine à moindre coût.

Trapizzino *(plan détachable d'ensemble, C5,* ***490****) : via G. Branca, 88-90. ☎ 06-434-196-24. • info@trapizzino.it • Tlj sauf lun 12h-15h, 19h-minuit (pour l'enoteca) ; 12h-1h pour la sandwicherie. Env 5 €.* La foule se presse au comptoir de ce petit snack, réputé dans tout Rome pour sa spécialité : les *trapizzini.* On plie de la pâte à pizza en forme de cône, que l'on remplit de légumes, de viande ou même de poulpe. Vraiment consistant et délicieux !

De bon marché à prix moyens

Pizzeria da Remo *(plan détachable d'ensemble, C5,* ***492****) : piazza Santa Maria Liberatrice, 44a. ☎ 06-574-62-70. Tlj sauf dim 19h-1h. Plats et pizzas 6-10 €.* Une formule conviviale et populaire qui plaît ! Ici, comme à la maison, les habitués choisissent leur table, changent eux-mêmes les nappes en papier et inscrivent leur commande comme des grands. Évidemment, pas d'intimité possible dans cette longue salle voûtée où l'on mange au coude à coude ! Excellentes pizzas au feu de bois mais pas que... puisque la maison fait aussi dans le beignet de fleur de courgette, la morue et la *puntarelle* (chicorée de Catalogne). Une adresse typiquement romaine, pas touristique pour un sou.

Prix moyens

Osteria degli Amici *(plan détachable d'ensemble, C5,* ***493****) : via N. Zabaglia, 25. ☎ 06-578-14-66. • info@osteriadegliamiciroma.it • Tlj sauf mar 12h30-15h, 20h-23h. Résa conseillée le w-e. Plats 10-20 €, repas env 35 €.* Un cadre chaleureux, une ambiance un poil intime le soir avec des lumières tamisées et des tables espacées, propices à un tête-à-tête tranquille (un peu plus bruyant en fin de semaine quand même !). À la carte, bons classiques, romains ou non, dont une tripotée de déclinaisons d'abats à s'en faire péter la sous-ventrière ! Également des viandes grillées et des poissons. Une adresse constante.

Agustarello *(plan détachable d'ensemble, C5,* ***495****) : via G. Branca, 98. ☎ 06-574-65-85. Tlj sauf dim. Plats 13-18 €, repas 30 €.* N'affichant que son nom sur la devanture, on ne peut pas dire qu'Alessandro, le patron, cherche à attirer le chaland ! Pourtant, pour s'attacher sa clientèle, fidèle et gourmande, il a tout compris : des recettes simples et authentiques, de ce qu'on appelle dans le quartier le *quinto quarto* (le cinquième quart !), c'est-à-dire la partie de la bête que d'ordinaire on jette. Une envie de tripes ? D'une bonne queue de bœuf ?

Trattoria da Bucatino *(plan détachable d'ensemble, C5,* ***494****) : via L. della Robbia, 84-86. ☎ 06-574-68-86. • info@dabucatino.it • Tlj sauf lun. Plats 12-24 € ; pizzas 5-12 € ; repas 20-40 €.* Une *trattoria* typique, dont les nombreuses salles ne désemplissent pas ! Beau buffet d'*antipasti* savoureux, joli choix de *pasta* et de *secondi* à dominante romaine... Également des *pizze* et *bruschette* (mais le soir seulement). Quelques problèmes d'accueil en revanche !

De chic à très chic

Taverna Volpetti *(plan détachable d'ensemble, C5,* ***491****) : via A. Volta, 8. ☎ 06-574-43-06. • info@volpetti.com • Tlj sauf lun 12h-16h, 19h-23h. Plats 13-26 € ; repas 30-40 €.* L'épicerie *Volpetti* (voir plus loin « Où acheter de bons produits italiens et du bon vin ? ») dispose également, dans la rue attenante, d'une élégante *osteria*. La déco est charmante avec ses étagères encombrées de bouteilles, son sol pavé de mosaïques et ses jambons pendus au-dessus du bar. Cuisine volontiers rustique, à l'image des pâtes au salmis de canard ou du sanglier mariné dans le vin, accompagné de potimarrons. Également des planches de charcuteries et/ou de fromages d'exception. Une étape très gourmande !

Felice a Testaccio *(plan détachable d'ensemble, C5,* ***496****) : via M. Giorgio, 29. ☎ 06-574-68-00. • info@feliceatestaccio.it • Tlj 12h30-15h30, 19h-23h30. Plats 14-26 €, repas 40-50 €. Résa indispensable.* Une *trattoria* bondée le soir ! Murs en brique, poutres métalliques et vitres opaques pour s'affranchir de la rue, nappes en tissu, serveurs stylés... Une atmosphère sophistiquée qui tranche avec la palette de plats traditionnels figurant à la carte ou sur l'ardoise du jour. Une valeur sûre du quartier, qui n'est tout de même pas donnée.

Flavio al Velavevodetto *(plan détachable d'ensemble, C5,* ***497****) : via di Monte Testaccio, 97-99. ☎ 06-574-41-94. • info@ristorantevelavevodetto.it • Tlj 12h30-15h, 19h-23h. Plats 12-18 €, repas env 35 € (plus cher le soir). Résa indispensable.* Une excellente étape pour se délecter d'une tranche de saveurs à la romaine ! Dans une série de pièces voûtées aveugles – taillées dans la colline –, on se repaît des succulents classiques. Le tout servi en portions généreuses. Une autre bonne adresse !

Enoteche (bars à vins)

Oasi della Birra *(plan détachable d'ensemble, C5,* ***710****) : piazza Testaccio, 38-41. ☎ 06-574-61-22. Lun-sam 17h-1h (ouvre à 18h30 dim). Plats à partir de 10 €, verres de vin à partir de 5 €. Aperitivo généreux : 10 €.* Un endroit étonnant où l'on s'attable au beau milieu de la boutique, entre les rayonnages de bouteilles, ou en terrasse aux beaux jours. Dans les verres, pléthore de vins italiens de qualité, ainsi qu'une belle sélection de bières du monde entier. Le tout accompagné d'un choix de *bruschette*, d'assiettes de charcuterie-fromage et autres petits plats goûteux.

Masto *(plan détachable d'ensemble, C5,* ***671****) : via Galvani, 39-41. ☎ 06-952-158-16. • mastotestaccio@gmail.com • Tlj 10h-23h30 (12h-23h dim). Plat env 10 €, vins au verre à partir de 6 €.* Une *enoteca* minuscule, qu'on aurait vite fait de rater si elle n'était pas estampillée du label *Slow Food*. Parmi une belle maçonnerie de bouteilles, quelques tables mange-debout pour socialiser entre amis devant tartinades, petits plats mijotés, pâtes ou plateaux de charcutaille et de fromages... Tout ça d'une grande fraîcheur et qualité. Typique et sympa.

Où déguster une pâtisserie ?

Pasticceria Linari *(plan détachable d'ensemble, C5,* ***499****) : via N. Zabaglia, 9. • info@pasticcerialinari.com • Tlj sauf mar ap-m, 6h30-21h30.* Secs, crémeux, croustillants ou moelleux, derrière leur insolente vitrine bien garnie, les gâteaux et biscuits sont rois. Ceci dit, on y trouve aussi de quoi grignoter à midi (*pizza al taglio* et *suppli*). *Aperitivo* en début de soirée.

Où boire un verre ? Où écouter de la musique ? Où danser ?

Les soirs de week-end, une folle animation gagne ce quartier fréquenté par la jeunesse romaine. Ça se déroule surtout autour de la colline artificielle du monte Testaccio, un amas de tessons antiques, colonisé par les bars et clubs. Les adresses évoluant au gré des saisons et des modes, on ne vous liste ici que les valeurs sûres.

Trentatre *(plan détachable d'ensemble, C5,* ***712****)* **:** *via di Monte Testaccio, 33. ☎ 06-575-51-42. Tlj 8h-2h. Aperitivo 9 €.* Un des grands classiques du quartier, très fréquenté en fin de semaine. On y vient aussi bien pour profiter du généreux buffet d'*aperitivo* que pour assister à un concert *(jeu-sam).* La déco post industrielle confère une chouette atmosphère à cette cave branchée. Le rendez-vous parfait avant de filer danser dans les clubs voisins.

Alibi Club *(plan détachable d'ensemble, C5,* ***711****)* **:** *via Monte Testaccio, 44. ☎ 06-574-34-48. Ven-sam 23h30-5h. Entrée sur résa.* Un grand classique du circuit *gay friendly* romain ; on danse ici dans une large cave voûtée, parsemée d'alcôves. Drôle de décor ? En fait les murs abritaient auparavant... une église ! On choisit son *dance floor* entre house, reggaeton et musiques commerciales et, pour se rafraîchir les idées, on grimpe sur la jolie terrasse. Soirées à thème pas banales, histoire d'épicer le tout !

Où acheter de bons produits italiens et du bon vin ?

Volpetti *(plan détachable d'ensemble, C5,* ***491****)* **:** *via Marmorata, 47. ☎ 06-574-23-52. • info@volpetti.com • Tlj sauf dim 8h30-14h, 16h30-20h (en continu jeu-sam).* Fameuse épicerie fine-*salumeria,* réputée dans tout Rome, avec ses hardes de jambons suspendus, ses roues de fromages, ses pâtes fraîches... miam ! Les produits proviennent pour la plupart d'Ombrie, d'où les Volpetti sont originaires. Sans compter un éventail de bonnes bouteilles à tous les prix ! Assez cher mais, nom d'une pizza, que c'est bon !

Eataly *(hors plan détachable d'ensemble par D6,* ***800****)* **:** *piazzale XII Ottobre 1492. ☎ 06-902-792-01. • eatalyroma@eataly.it • Depuis le métro « Piramide », prendre à gauche la via Ostiense, passer sous le pont ferroviaire et encore à gauche via P. Matteucci ; c'est en haut de la rue. Tlj 9h-minuit. Stands de restauration au choix : viande, poisson, pizzas, pâtes, il y en a pour ts les gouts et ttes les bourses.* À vous de choisir entre les traditionnels petits commerces toujours vivaces à Rome et ce célèbre supermarché branché bobo-bio de 3 étages, orienté *Slow Food.* Pour les amateurs, sachez que c'est le plus grand *Eataly* du pays. Une débauche d'excellents produits, venus de toutes les régions de la Botte : vins, miel, fromages, pâtes, charcuterie... Une vraie caverne d'Ali Baba culinaire ! Plusieurs restos à l'intérieur : brasserie, pizzeria, trattoria spécialisée dans le poisson, etc.

À voir

LE TESTACCIO (plan détachable d'ensemble, C-D5)

➢ **Accès :** *Ⓜ Piramide (ligne B). Ⓣ nº 3. Bus nºˢ 23, 30, 75, 95, 170, 280, 673, 716...*

Cette petite plaine, coincée entre le Tibre, la colline de l'Aventino et celle du Testaccio, est sortie de l'ombre à l'aube du IIᵉ s av. J.-C. avec l'installation de l'Emporium, port antique de la ville impériale assorti de nombreux entrepôts ou magasins. À la fin de l'empire, l'Emporium ne cessant de décliner, la population en quête d'activité se transporta ailleurs, et la plaine du Testaccio retomba dans l'oubli. Une certaine vie put malgré tout s'y maintenir, grâce notamment à la proximité de la basilique Saint-Paul-hors-les-Murs qui constituait, tout au long des périodes médiévale et moderne, un grand lieu de pèlerinage. Il fallut néanmoins attendre la fin du XIXe s pour voir revivre ce coin de Rome.

Piazza dell'Emporio *(plan détachable d'ensemble, C4-5)* **:** dominée par la colline de l'Aventino avec ses basiliques et le drapeau de l'ordre de Malte qui flotte sur la *villa del Priorato di Malta,* cette place présente surtout un intérêt lié au souvenir de son lointain passé. Car c'est ici que naquit au lendemain des guerres puniques, à l'aube du IIe s av. J.-C., le nouveau complexe portuaire : l'*Emporium.* Le premier port antique de Rome, le *Portus,* situé dans les parages du *forum Boarium* (l'actuelle piazza Bocca della Verità) était devenu trop petit, du fait du développement de la ville. Au plus fort de son essor, l'Emporium s'étirait sous la forme d'un quai d'environ 500 m le long du Tibre, où les navires arrivant d'Ostie débarquaient leurs marchandises en provenance des quatre coins de l'empire.

Piazza e chiesa di Santa Maria Liberatrice *(plan détachable d'ensemble, C5)* **:** ce quartier, dont la population était jadis mélangée, se mua en une zone d'habitat populaire à la fin du XIXe s, pour devenir un quartier d'artisans et d'ouvriers. La *chiesa di Santa Maria Liberatrice,* qui domine la place éponyme, est construite en brique et en travertin dans un style roman, avec un portail à arcades rondes surmonté d'une fenêtre à ouvertures multiples et d'une mosaïque représentant la Crucifixion. Elle est malheureusement souvent fermée. Sur la place voisine, la piazza Testaccio, on admire la ***fontana alle Anfore,*** une fontaine construite en 1927, qui pointe la vocation commerciale antique du quartier... Et à quelques pas de là, voici le très vivant ***mercato di Testaccio*** *(voir ci-avant la rubrique « Où manger ? »),* idéal pour faire le plein de provisions comme au bon vieux temps de l'Emporium !

Monte Testaccio *(mont Testaccio ; plan détachable d'ensemble, C5)* **:** dominant la plaine du Testaccio de ses 54 m de haut, c'est une colline artificielle formée par l'accumulation de tessons d'amphores pendant de nombreux siècles. Les vestiges de ces dernières sont étudiés par les archéologues car ils renferment, à eux seuls, une tranche importante de l'histoire économique et commerciale du monde romain. Le nom même du quartier provient de ce lieu, le *mons Testaceus* (autrement dit, « la colline des Tessons »). Un spectacle traditionnel depuis longtemps oublié s'y déroulait, à la grande joie de la jeunesse romaine : des cochons étaient lâchés sur le haut du monticule qu'ils dévalaient à toute allure... avant d'être pourchassés par des cavaliers arborant les couleurs de leur quartier respectif et qui, munis de lances, se les disputaient à l'embrochage !

Mattatoio *(plan détachable d'ensemble, C5)* **:** *piazza O. Giustiniani, 4 • mattatoioroma.it • Accès libre au site, 24h/24.* Situés entre la colline artificielle du Testaccio, le mur d'Aurélien et le Tibre, les anciens abattoirs de Rome *(mattatoio),* construits en 1892 – au moment de la transformation de la zone du Testaccio –, ont peu à peu été convertis en une vaste friche culturelle et associative. On y trouve notamment une antenne du MACRO, le musée d'art contemporain établi à l'est de la Villa Borghèse *(voir le chapitre « Autour de la piazza di Spagna et le Villa Borghèse).* Venez découvrir ce site étonnant – quasi tout est resté en l'état, notamment le système de rails permettant d'acheminer les carcasses animales d'un bâtiment à l'autre – à l'occasion des importantes manifestations culturelles, biennales, festivals et expos qui se succèdent ici.
– ***Museo d'Arte contemporanea Roma – Future*** *(MACRO Future)* **:** *☎ 06-853-568-92. • museomacro.it • Ouv seulement lors des expos temporaires, vérifier avant de venir. En principe, entrée gratuite.*

Cimitero acattolico *(cimetière des non-catholiques ; plan détachable d'ensemble, C-D5)* **:** *via Caio Cestio, 6. ☎ 06-574-19-00. • cemeteryrome.it • Tlj 9h-17h (13h dim et j. fériés). Dernière entrée 30 mn avt. Visite guidée payante possible.* À l'abri des pins et des cyprès, ce cimetière, parfois appelé cimetière protestant, fut aménagé pour recevoir les dépouilles des non-catholiques étrangers résidant à Rome ainsi que celles des catholiques qui se sont suicidés. Son origine remonte à 1738. Ainsi, ci-gît John Keats (1795-1821), considéré comme l'un des plus grands poètes anglo-saxons, mort de la tuberculose piazza di Spagna, où se trouvait son modeste logis devenu le musée *Keats-Shelley House.* Il rejoignit le Créateur dans les bras de son ami peintre Joseph Severn, également enterré ici. Tout comme Percy Bysshe Shelley (1792-1822), grand poète qui se noya dans le golfe de La Spezia (Ligurie)... Le cimetière abrite encore d'autres pensionnaires célèbres : Julius August Goethe (1789-1830), le fils illégitime du célèbre poète allemand ; Antonio Gramsci (1891-1937), premier dirigeant du Parti communiste italien, qui accepta, dit-on, de se séparer de ses lunettes cerclées pour le grand sommeil !

Piramide di Caio Cestio *(pyramide de Caius Cestius ; plan détachable d'ensemble, C-D5)* **:** *via R. Persichetti. • coopculture.it • Visite guidée obligatoire sur résa les 3e et 4e sam-dim du mois à 10h et 12h. Fermé en août. Résa en ligne ou au ☎ 06-399-677-00. Bus nos 23, 76, 280 et 716. Entrée : 5,50 € (+ 2 € de résa). Gratuit moins de 12 ans.* Elle offre une vision étonnante ! Juste à côté des remparts de la Porte-Saint-Paul, cette pyramide abrite le tombeau de Caius Cestius, un riche Romain qui parcourut allègrement, à la fin du Ier s av. J.-C., la carrière des Honneurs. Ce n'est donc pas le tombeau de Rémus (connu sous le nom de *meta Remi),* comme on a pu le croire à une époque. Haut de 36,40 m et recouvert de marbre, l'édifice nous rappelle qu'au moment de la conquête de l'Égypte (30 av. J.-C.), l'égyptomanie était très en vogue à Rome...

L'AVENTINO *(l'Aventin ; plan détachable d'ensemble, C-D4-5)*

➢ **Accès :** Ⓜ *Circo Massimo ou Piramide (ligne B). Bus nos 3, 23, 30, 44, 81, 95, 170...*

Enserrée dans la muraille Servienne, cette colline demeura longtemps à l'écart du *Pomoerium,* la limite sacrée de la Rome antique à l'intérieur de laquelle il était interdit de paraître en armes, sauf pour un triomphe. C'est seulement sous le principat de Claude (41-54 apr. J.-C.) que cette région devint partie intégrante de la ville. À cette époque-là, la population du quartier avait bel et bien changé, l'aristocratie ayant chassé la plèbe, qui émigra dans la plaine du Testaccio et dans le quartier du Trastevere. Des thermes particulièrement raffinés s'y trouvaient, permettant aux habitants de l'*Aventino* de tuer le temps agréablement sans quitter leur auguste colline... C'est aujourd'hui un quartier résidentiel vert, paisible et agréable, y compris pour y loger, car il offre une vue panoramique sur les monuments du centre de Rome tout en étant à une portée de mollet des bonnes tables de la capitale.

Chiesa di Santa Prisca *(plan détachable d'ensemble, D4)* **:** *via di Santa Prisca, 11. ☎ 06-574-37-98. • santaprisca.it • Tlj 7h30-12h, 17h-18h30.* Cette église, fondée au début de la chrétienté (IIe s), fut reconstruite aux XVIIe-XVIIIe s et dédiée à la première femme ayant subi le martyre à Rome. Celle-ci aurait été, dit-on, baptisée par saint Pierre en personne ; toujours mieux que le curé du village ! De la nef de l'église, un escalier conduit vers un sanctuaire consacré à Mithra, une divinité perse rapportée dans le paquetage des légionnaires romains et très en vogue à Rome à l'époque impériale. Intéressante pour les peintures décorant ses murs.

Basilica di Santa Sabina *(plan détachable d'ensemble, C4)* **:** *piazza P. d'Illiria, 1. ☎ 06-579-406-00. Tlj 6h45-20h.*

À la fin du Ve s, Sainte-Sabine est l'une des 5 églises que comptait l'Aventin. L'époque voit l'iconographie chrétienne s'émanciper totalement de la tradition antique... Malgré une structure « on ne peut plus » classique (nef centrale à abside demi-circulaire et 2 nefs latérales), la basilique nous dévoile – sur une des portes principales – la première représentation connue du Christ crucifié ! Un tel climat religieux est favorable aux dominicains, qui vénèrent sainte Sabine dès le XIIIe s. En 1222, la règle de l'ordre des frères prêcheurs est présentée dans l'édifice par saint Dominique au pape Honorius III.
De l'extérieur, on aperçoit un joli campanile. Avant d'entrer par une porte latérale, allez admirer la belle porte principale en bois de cyprès dont les panneaux (du Ve s pour la plupart) illustrent des scènes de l'Ancien et du Nouveau Testament. Depuis, l'église a connu bien des changements. Le dernier en date remonte à 1914, quand une restauration radicale rendit à l'église son aspect primitif. Un regret, celui d'arriver trop tard pour apprécier les mosaïques (aujourd'hui presque toutes disparues) qui couvraient autrefois tout l'espace compris entre les fenêtres et les élégantes colonnes corinthiennes. Une seule, située au-dessus de la porte d'entrée, subsiste encore ; cette frise du Ve s de la nef centrale amoindrira ce regret !

Giardino degli Aranci *(parc des Orangers, appelé aussi parco Fiorenzo Fiorentini, plan détachable d'ensemble, C-D4)* **:** *accolé à la basilica di Santa Sabina. Tlj 7h-18h (20h mars-sept, 21h juil-août).* Ce parc, coupé en deux par la via Nino Manfredi, offre une vue magnifique sur la basilique Saint-Pierre. Il constitue avec le Pincio et le Janicule ***l'un des points de vue sur Rome les plus prisés.*** Il occupe aujourd'hui un espace où se trouvait jadis l'ancienne forteresse construite par la famille Savelli, à laquelle appartenait le pape Honorius III (1216-1227), qui y fixa sa résidence. Le château, dont on aperçoit quelques ruines, fut ensuite donné à l'ordre des Dominicains qui le transformèrent en monastère, aménageant le parc en verger. La légende veut que saint Dominique en personne y ait planté le premier oranger et que sainte Catherine de Sienne (sans doute de passage dans le coin) y soit venue y faire des confitures pour le pape Urbain VI. Quoi qu'il en soit, aujourd'hui, l'endroit est très apprécié des Romains et des Romaines, et ils ont raison ! Si vous passez par là en mai ou juin, poussez donc jusqu'à la roseraie toute proche.

Roseto di Roma Capitale *(roseraie de Rome Capitale ; plan détachable d'ensemble, D4)* **:** *via di Valle Murcia, 6. ☎ 06-574-68-10. Ouv seulement fin avr-fin juin tlj 8h30-19h30. GRATUIT.* Superbe jardin dominant la ville. On n'y dénombre pas moins de 1 100 variétés de roses anciennes ou modernes en provenance du monde entier. Certaines espèces existaient déjà il y a 40 millions d'années. Un parcours olfactif et visuel déstressant au possible.

Basilica dei Santi Bonifacio e Alessio *(plan détachable d'ensemble, C4)* **:** *piazza di Sant'Alessio, 23. ☎ 06-574-34-46. Tlj 8h30-12h30, 15h30-20h (ferme à 18h30 en hiver).* Parti en pèlerinage en Orient après s'être converti au christianisme, Alessio, fils de sénateur, revint un beau jour chez ses parents comme simple mendiant. Humble jusqu'au supplice, il demanda juste l'autorisation au vieux sénateur de l'accueillir, à l'abri précaire de son escalier. Le patricien, qui ne l'avait pas reconnu, l'y autorisa volontiers en échange de prières pour que lui revienne son fils aimé... Entendant chaque jour les larmes de ses parents, Alessio vécut 17 ans sous l'escalier parental et y mourut. Ce dernier, devenu une véritable relique, est à l'origine de l'église (sans grand intérêt par ailleurs si ce n'est son jardin avec une superbe vue panoramique sur Rome), dédiée au « Pauvre de l'escalier » (à gauche en entrant).

Piazza dei Cavalieri di Malta *(plan détachable d'ensemble, C5)* **:** surplombant la colline de l'Aventino, cette place abrite le prieuré de l'ordre de Malte, la fameuse ***villa del Priorato di Malta*** *(visite sur résa : ☎ 06-577-91-93 ou • granprioratodiroma@orderofmalta.int •).* Autrefois se tenait ici un château fort qui fut remplacé par un monastère bénédictin. Les travaux de transformation furent confiés au XVIIIe s à Piranèse, qui réalisa ici sa seule œuvre architecturale. Devenu un palais résidentiel à part entière avec ses jardins et son église, la villa est toujours la propriété et l'ambassade de l'Ordre auprès du Saint-Siège et de l'État italien. Les réunions du Conseil, elles, se tiennent dans le *palazzo di Malta,* près de la piazza di Spagna... Au n° 3, attendez votre tour (la queue est longue en saison !) et faites comme les touristes de passage, allez zieuter par le trou de la serrure du grand portail vert, vous y apercevrez la basilique Saint-Pierre. Pour la photo, mieux vaut cependant disposer de l'optique adéquate, car avec un smartphone, rendre ce que l'on voit en photo n'est pas gagné...

UN ÉTAT SOUVERAIN SANS TERRITOIRE

L'ordre de Malte, autrefois Ordre souverain et militaire des Hospitaliers de Saint-Jean de Jérusalem, chassé de Rhodes par les Turcs en 1523, conserve la particularité de posséder les prérogatives d'un État à part entière. Il entretient des relations diplomatiques avec 93 pays, et ses ambassades (dont la Villa del Priorato di Malta) bénéficient de l'extraterritorialité. On compte aujourd'hui 11 000 chevaliers et dames choisis pour leur foi, leur moralité et leurs mérites vis-à-vis de l'Église.

CIRCO MASSIMO *(plan détachable d'ensemble, D4)*

➢ ***Accès :*** Ⓜ *Circo Massimo (ligne B).* Ⓣ *n° 3. Bus nos 60, 75, 118, 175...*
Ce vaste espace tout en longueur occupe un vallon coincé entre le Palatin et l'Aventin, parfaitement dimensionné pour accueillir le Circus Maximus, le Grand Cirque romain. ***L'enlèvement des Sabines eut lieu ici*** au cours de jeux organisés par Romulus et pour lesquels avaient été conviées les populations alentour. À un signal donné, les Romains maîtrisèrent les hommes et enlevèrent les jeunes filles, qui étaient principalement des Sabines (Rome manquait alors de femmes pour assurer son avenir !). Il s'ensuivit une guerre entre les 2 peuples. Les Sabines calmèrent les passions belliqueuses de leurs pères et frères, ainsi que celles de leurs nouveaux maris, en se jetant au milieu de la mêlée ! Depuis la plus haute Antiquité, des courses de chevaux eurent lieu ici, mais il fallut attendre les dernières années de la république et l'empire pour que le Grand Cirque prenne son aspect monumental. César y fit exécuter de grands travaux, dont il ne reste plus rien. Le feu, en effet, n'épargnera guère ce monstre qui connut en un demi-siècle pas moins de 3 incendies, dont le terrible de 64 apr. J.-C., qui se propagea justement à partir du Grand Cirque. À chaque fois, les Césars le reconstruisirent, tout en l'agrandissant. C'est au IIIe s qu'il devait atteindre ses limites maximales : pour plus de 600 m de longueur, sa largeur avoisinait les 140 m ; on dit que 385 000 personnes – un chiffre sans doute exagéré – pouvaient prendre place sur les gradins en bois aménagés tout autour de la piste.
Tout ce beau monde accourait ici pour les courses de chars (et plus spécialement de quadriges, tirés par 4 chevaux) organisées pour le peuple par l'empereur. 12 attelages (comme le nombre de mois) répartis en 4 équipes (comme le nombre de saisons) se lançaient dans une course effrénée qui s'achevait après 7 tours de piste (comme le nombre de jours de la semaine). Tous les chars tournaient autour de la *spina* (l'épine dorsale), laquelle était autrefois décorée d'obélisques égyptiens, aujourd'hui disséminés un peu partout, notamment piazza del Popolo, piazza Colonna, piazza San Giovanni in Laterano et piazza San Pietro. Néron, qui ne manquait pas d'imagination, fit même organiser des courses de dromadaires. Des paris engagés à l'occasion de ces jeux ne manquaient pas de déchaîner les passions, qui dégénéraient parfois en pugilat. Aujourd'hui, il ne reste plus guère qu'une grande pelouse, bien calme, suggérant la forme et les dimensions du site antique. C'est du haut du Palatin que le site impressionne le plus.

Circo Maximo Experience *(plan détachable d'ensemble, D4) : piazza di Porta Capena. • circomaximoexperience.it • Tlj sauf lun 9h30-16h30 (19h l'été). Visite avec casque 4D : 12 € ; réduc. Gratuit moins de 6 ans. Forfait famille : 22 €. Compter 40 mn env. Entrée sans casque 4D : 5 € ; réduc.* À l'extrémité orientale de l'esplanade marquant les limites de l'ancien cirque, un nouveau parcours avec casque 4D, très réussi, permet de découvrir la longue histoire du *circus maximus,* avant de revivre une course de char en réalité virtuelle. Le petit parcours, qui se compose de 8 étapes, parvient à faire renaître et à animer les maigres vestiges encore présents sur le site. On apprend un tas de choses étonnantes, par exemple qu'on avait installé ici au début du XXe s un immense gazomètre ; ou encore que Mussolini avait choisi ce lieu pour ériger un pavillon à la gloire des Sciences et Techniques (ce qui détruisit une grande partie des vestiges encore debout). Les enfants seront forcément séduits par cette amusante attraction.

TERME DI CARACALLA

(thermes de Caracalla ; plan détachable d'ensemble, D-E5)

– **Coordonnées :** *via delle Terme di Caracalla, 52. ☎ 06-399-677-00. • coopculture.it • ♿ Ⓜ Circo Massimo (ligne B). Ⓣ n° 3. Bus nos 118, 160, 628...*
– **Horaires de visite :** *lun 9h-14h (dernier billet à 13h), mar-dim 9h-19h15 (dernier billet à 15h30 de fin oct à mi-fév, à 17h de mi-fév à mi-mars, à 17h30 de mi-mars à fin mars, à 19h en sept et à 18h30 en oct). Sortie max 1h après l'heure de la dernière admission. Fermé 1er janv et 25 déc.*
– **Entrée :** *8 € + 2 €/pers si* ***résa en ligne, d'ailleurs conseillée*** *(billet simple valable 7 j. ; incluant l'accès à la villa dei Quintili et au mausoleo di Caecilia Metella, sur la via Appia Antica) ; réduc ; gratuit - 18 ans et 1er dim du mois ;* Roma Pass *accepté. Audioguide en français (très conseillé ; env 1h de visite) : 5 € ; casque de réalité augmentée 7 € + 2 €/pers de frais de résa en ligne ou par tél ; visite guidée gratuite ts les dim et j. fériés à 15h (en italien seulement).*
Bon à savoir : les thermes de Caracalla sont interprétables en 3D grâce à un casque de réalité virtuelle. Ce dispositif permet de les voir tels qu'ils étaient lors de leur inauguration en 216 apr. J.-C. Il s'agit d'un guide vidéo virtuel, une visionneuse dans laquelle est glissé un smartphone disposant d'un logiciel spécifique, qui, par géolocalisation instantanée, permet au spectateur une immersion totale. La visite, organisée en 10 étapes dont 6 en « réalité augmentée », est basée sur les connaissances acquises ces 30 dernières années. ***Il est plus que recommandé de le préréserver*** en ligne en raison du nombre réduit de casques...

Les thermes de Caracalla, remarquable réalisation architecturale du début du IIIe s, sont l'un des plus grands complexes thermaux de l'Antiquité ! Leurs vestiges sont encore très impressionnants, quand bien même les pillages se sont succédé au fil des siècles et en particulier au Moyen Âge. À l'origine, ce gigantesque complexe était orné de marbres précieux, de statues somptueuses, de fines mosaïques que le vidéoguide de réalité augmentée, mis à disposition des visiteurs, permet d'apprécier. Certaines de ces œuvres sont aujourd'hui conservées aux musées du Vatican.
Avant de pénétrer sur le site proprement dit, un peu d'histoire. Sortis de terre entre 206 et 216 apr. J.-C., les thermes de Caracalla furent, à l'époque de leur construction, les plus grands thermes jamais réalisés jusqu'alors. Ils dépassaient de loin ceux construits par Néron (60-64 apr. J.-C.) et par Trajan (104-109 apr. J.-C.), lesquels avaient fixé un modèle immuable, qui tenait compte à la fois d'une orientation sud-ouest, afin de profiter au maximum du soleil, et d'un ordonnancement savant des différentes pièces autour d'une salle basilicale elle-même entourée d'une grande enceinte. Ce modèle canonique, qui comprenait outre l'architecture du corps central, des jardins et des exèdres (des salles où l'on se retrouvait pour papoter ou philosopher), se retrouvera dans le complexe thermal

de Dioclétien (298-306 apr. J.-C. ; voir le chapitre « Quartier de la gare Termini », plus haut), qui s'étendra sur 14 ha contre 13 ha pour les thermes de Caracalla.
Les dimensions des infrastructures qui permettaient aux thermes de fonctionner étaient impressionnantes. Capables de satisfaire l'alimentation en eau de 6 000 à 8 000 baigneurs en même temps, des citernes de 80 000 l stockaient l'eau acheminée par un aqueduc de 91 km de long. Le système de chauffage était assuré par du bois ; des fourneaux, dits ***hypocausis,*** alimentaient en air chaud ***tubulli*** (canalisations murales) et ***hypocauste*** (chauffage par le sol posé sur des piles en brique). Évidemment, la maintenance de toute cette machinerie revenait aux esclaves !
L'entrée des thermes proprement dite se trouve du côté de la via delle Terme di Caracalla, de part et d'autre de ce qui fut autrefois une vaste piscine d'eau froide. L'itinéraire que l'on parcourait ne devait rien au hasard, il était prévu pour profiter pleinement des bienfaits des bains. À défaut de pouvoir le suivre de nos jours, imaginons-nous un Romain, que nous appellerons Claudius, décidé à entreprendre ses ablutions...
Une fois dans l'entrée qui s'ouvre sur un grand bassin, le ***natatio,*** Claudius pénètre dans l'***apodyterium,*** salle carrée située sur la droite et servant de vestiaire, où il se sépare de ses effets personnels qu'il range dans l'une des nombreuses niches aménagées dans les murs. Craignant les vols, il confie volontiers ceux-ci à un esclave. Entièrement nu, il se dirige ensuite vers la ***palestre,*** une grande cour rectangulaire (mesurant 50 m x 20 m) que bordait naguère sur 3 côtés un portique décoré de mosaïques (certaines sont encore en place). Des salons, où s'activaient probablement masseurs et épileurs, donnaient sur le côté opposé par rapport à l'exèdre. C'est ici, dans ce vaste ensemble, que notre Romain s'échauffe le corps (opération indispensable pour se préparer aux bains) en pratiquant différents exercices (lutte, jeu de paume, escrime, haltères...).
De la *palestre,* Claudius passe alors dans les salles du fond (côté opposé par rapport à l'entrée). La première d'entre elles, située dans le prolongement de la *palestre,* est un hammam, appelé ***laconicum*** ou ***sudatorium.*** Progressant en empruntant les 2 salles suivantes (la seconde étant à une température plus élevée que la première), notre Romain, transpirant maintenant abondamment, arrive au niveau du ***caldarium*** (aujourd'hui en grande partie ruiné).
C'était autrefois une grande salle circulaire de 34 m de diamètre, couverte d'une coupole reposant sur 8 grands pilastres entre lesquels étaient disposées de petites vasques, une grande vasque circulaire occupant le centre de la pièce. Le soleil pénétrait dans le *caldarium* par de grandes fenêtres disposées sur 2 niveaux, l'éclairant ainsi jusqu'au crépuscule. La température atteignait ici 55 °C pour une hygrométrie de 80 %.
Après s'être débarrassé, au moyen du *strigile* (un racloir recourbé en métal), de la sueur, de la poussière et des différentes huiles dont il s'était oint préalablement, notre Claudius s'asperge d'eau chaude. Une fois ses ablutions terminées, il passe dans la salle d'eau tiède – ***tepidarium*** – et suit à partir de là l'axe central jusqu'au niveau de la salle d'eau froide, ***frigidarium*** ou ***natatio.*** Le ***tepidarium,*** flanqué de 2 vasques, offre une transition entre les bains chauds et froids que notre bon Claudius n'atteint qu'après avoir traversé la ***aula,*** grande salle basilicale. Mesurant 58 m x 24 m, couverte d'une triple voûte, elle était bordée de 2 salles rectangulaires au centre desquelles se trouvaient 2 autres vasques remplies d'eau froide. Avant de quitter cette salle, et bien qu'habitué des lieux, il ne manque jamais d'apprécier les nombreuses œuvres d'art qui s'y trouvent.
La salle d'eau froide se trouvait dans le prolongement de la ***aula.*** C'est là, à l'air libre, que s'accomplissait la dernière phase du bain dans un cadre grandiose par ses dimensions et aussi par sa décoration faite de niches superposées contenant des statues, de magnifiques colonnes...
Ce rituel terminé, Claudius, après avoir récupéré ses vêtements, va se promener dans les jardins, faire un brin de causette sous les portiques ou encore profiter d'une des nombreuses installations culturelles du complexe (auditorium,

bibliothèques...). Et tout ça en boitant (ben oui, Claudius : « qui boite » en latin, d'où « claudiquer »), alors chapeau Claudius !

– ***Des vestiges dissimulés et disséminés :*** un véritable réseau de souterrains se trouve sous vos augustes pieds si vous êtes encore dans le corps central du bâtiment. Au niveau supérieur, ce sont des pièces destinées aux services dans lesquelles l'animation était intense. Au niveau inférieur, le drainage des eaux se faisait au moyen de canalisations convergeant vers un grand égout. Il faut savoir qu'une partie des eaux chaudes usagées ainsi que les cendres étaient récupérées par les laveries qui avaient pris l'habitude de s'installer dans les sous-sols des différents thermes.

Si l'essentiel des vestiges des thermes de Caracalla se trouve ici, il est des éléments de décoration que l'on retrouvera, non sans émotion, ailleurs : la *mosaïque des Athlètes* provenant de l'exèdre d'une des 2 palestres est exposée aux musées du Vatican ; les 2 énormes baignoires de granit gris servent aujourd'hui de fontaine sur la piazza Farnese ; sans parler du formidable *Hercule Farnese* et du *Taureau Farnese,* aujourd'hui au Musée archéologique national de Naples...

ROME HORS LES MURS

Après avoir arpenté le centre-ville, n'hésitez pas à sortir des sentiers battus en franchissant les portes historiques de la ville. Au sud, ce sont les quartiers ouvriers de la *Garbatella* et de la *via Ostiense,* remis au goût du jour par le cinéaste Nanni Moretti dans son *Journal intime (Caro diario).* Un univers de lignes de chemins de fer et d'immeubles tagués en partie squattés par des discothèques, qui attirent les fêtards jusqu'au bout de la nuit. Le jour, ne pas rater la *centrale Montemartini,* étonnant musée où statues antiques et vieilles turbines se marient dans une remarquable composition artistique à quelques minutes de marche de la superbe *basilique Saint-Paul-hors-les-Murs.*
L'étonnant quartier de l'*EUR,* enfin, qui met le cap sur les bâtiments mégalomaniaques de l'époque fasciste. Un peu plus loin encore, le berceau du cinéma italien, les studios *Cinecittà,* ouverts au public.
Et au nord ? Et à l'est ? Des lieux qui font rimer Rome avec modernisme. Les amateurs d'architecture contemporaine iront admirer le magnifique *Auditorium* de Renzo Piano ou le musée *MAXXI,* un molosse architectural contemporain, sans oublier la Grande mosquée de Rome ; le tout planté à 2 pas de l'étonnant complexe sportif fasciste *Foro Italico.* Et à l'est de Rome, on s'émerveille enfin devant l'église du Jubilé, toutes voiles dehors !
➢ ***Accès :*** voir plus loin les transports publics desservant chacun des quartiers. À noter que la ***Garbatella*** et l'***EUR*** se trouvent sur la ligne de métro B, alors que la ***via Appia Antica*** et ***Cinecittà*** se rejoignent en empruntant la ligne A ; la connexion entre les 2 lignes de métro se faisant dans le centre, à la station Termini.

LES QUARTIERS D'OSTIENSE ET DE LA GARBATELLA

• Plan Ostiense et Garbatella *p. 269*

Malgré les inévitables mutations sociales de ces dernières années, vous sentirez qu'il existe encore ici une vraie vie de quartier. Les murs eux-mêmes, couverts d'affiches, de graffitis et de slogans politiques, témoignent du fait que les débats et contradictions du quartier sont encore bien vivaces. Car le quartier de la Garbatella était à l'origine un modèle de ville ouvrière. Aujourd'hui, c'est un quartier branché, à quelques kilomètres du centre, de plus en plus prisé par les jeunes parents en quête de chlorophylle. N'hésitez pas à visionner le film de Nanni Moretti *Journal intime (Caro diaro),* sorti en 1994, dont les premières scènes ont été tournées justement à la Garbatella.
➢ ***Accès :*** Ⓜ *Garbatella ou San Paolo (ligne B). De nombreux bus aussi, dont les nos 30, 170, 671, 714, 764 et 791.*

Où manger ? Où déguster une glace ?

Pizzeria Ostiense *(plan Ostiense et Garbatella, A1,* ***510****)* ***:*** *via Ostiense, 56b.* ☎ *06-573-050-81.* • *valerio.bellucini@gmail.com* • *Tlj sauf mar 18h30-1h. Pizze 7-10 €.* Cette pizzeria familiale mitonne de très bonnes pizzas, toujours généreusement garnies de produits de qualité, pour le plus grand plaisir d'une foule compacte d'habitués. Une adresse efficace et populaire.

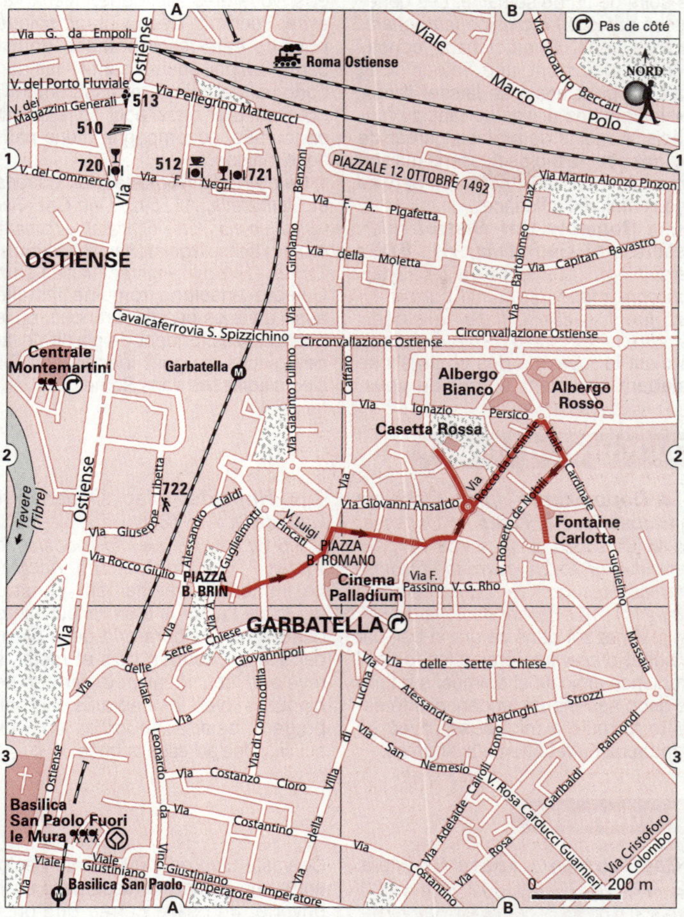

L'OSTIENSE ET LA GARBATELLA

Où manger ?
Où déguster une glace ?

510 Pizzeria Ostiense (A1)
512 Romeow Cat Bistrot (A1)
513 Gelateria La Romana (A1)

Où boire un verre ?
Où danser ?

720 Doppiozeroo (A1)
721 Hopside (A1)
722 Goa Club, Rashomon et Circolo degli Illuminati (A2)

Osteria Fratelli Mori *(plan détachable d'ensemble, C5,* ***511****) : via dei Conciatori, 10.* *331-323-43-99. • info@osteriafratellimori.it • Tlj sauf sam midi 12h30-14h30, 19h30-23h. Plats 10-18 € ; pizzas 9-12 €. Résa conseillée le soir.* Cette *osteria* branchée, qui prend ses aises dans un vaste espace où cohabitent brique et pierre, est littéralement prise d'assaut les soirs de fin de semaine. Les généreuses pâtes à la romaine *(carbonara, cacio e pepe, amatriciana...)* constituent évidemment une valeur sûre, mais on peut aussi se laisser tenter par les bonnes pizzas sortant du four à bois. À moins de préférer garder de la place pour le trio de desserts maison (*tiramisù,* mousse et ricotta) ? Service joyeux malgré l'affluence.

Romeow Cat Bistrot *(plan Ostiense et Garbatella, A1,* ***512****) : via F. Negri, 15. ☎ 06-572-892-03. • info@romeowcatbistrot.com • Tlj sauf lun 11h-23h30 (cuisine à partir de 13h). Plats 12-17 €.* Avant tout, ici c'est le royaume des chats, ils se baladent librement autour de vous, et si vous êtes allergique, mieux vaut éviter l'endroit. Déco vintage soignée pour ce café-resto branché dont la carte – un poil orientalisante – fait dans l'original, le coloré, et assurément le goûteux. Bien aussi pour boire un café en journée, accompagné d'une pâtisserie maison.

Gelateria La Romana *(plan Ostiense et Garbatella, A1,* ***513****) : via Ostiense, 48 (angle via Porto Fluviale). • romanaromaostiense@gelateriaromana.com • Tlj 12h (11h dim)-minuit (1h ven-sam).* Célèbre enseigne romaine installée aussi dans ce quartier branché, où les noctambules fondent de plaisir devant ces glaces au goût inégalable ! Plusieurs adresses dans Rome.

Où boire un verre ?

Doppiozeroo *(plan Ostiense et Garbatella, A1,* ***720****) : via Ostiense, 68. ☎ 06-573-019-61. • info@doppiozeroo.it • Tlj 7h-2h (ouvre à 12h dim). Intéressantes formules buffet* aperitivo *(18h-21h) : 10 €. Buffet midi : 16 € (20 € dim).* Venez tôt dans ce grand bar, car le buffet d'*aperitivo* draine les foules ! Ambiance amicale et animée, sur fond de déco néo-indus' tendance. Intéressante formule à midi aussi, avec un plantureux buffet offert aux affamés.

Hopside *(plan Ostiense et Garbatella, A1,* ***721****) : via F. Negri, 39. ☎ 06-693-130-81. • info@hopside.it • Tlj 18h-minuit (1h ven-sam).* Accolé à un immeuble fraîchement construit qui signe l'amorce d'un renouveau du quartier, ce « *laboratorio delle birre e del gusto* », tout en bois et métal, se révèle le lieu idéal pour siroter des binouzes avec les habitués. De bons burgers, salades, *noodles* ou woks aussi... Une adresse animée.

Où danser ?

Goa Club *(plan Ostiense et Garbatella, A2,* ***722****) : via G. Libetta, 13. • goaclub@mclink.it • goaclub.com • Ⓜ Garbatella. Jeu-sam 23h-5h. Entrée payante ; résa en ligne conseillée.* Dans une rue réputée chez les noctambules pour ses bars et discothèques, cette énorme boîte à la déco industrialo-orientalisante est l'une des scènes électro les plus réputées de la ville ! Une adresse incontournable dans la nuit romaine. Ce vaste club de 1 000 m^2 se déploie entre une grande terrasse avec scène ouverte, une salle carrée où l'on se trémousse sur des sons groovy et une halle accueillant les amateurs d'électro. Également un bar-resto à l'entrée, où se déroulent parfois des concerts en début de soirée. Souvent la queue !

I Circolo degli Illuminati *(plan Ostiense et Garbatella, A2,* ***722****) : via G. Libetta, 1. • info@circolodegliilluminati.it • https://circolodegliilluminati.it • Ⓜ Garbatella. Club ouv jeu-sam seulement, minuit-5h ; bar-resto ouv tlj sauf dim-lun. Entrée payante ; vérifier la programmation avant de venir.*

Rashomon *(plan Ostiense et Garbatella, A2,* ***722****) : via degli Argonauti, 16. • info@rashomonclub.com • rashomonclub.com • Ⓜ Garbatella. Ven-sam minuit-5h. Entrée payante ; résa en ligne conseillée.* Des trois clubs d'Ostiense cités ici, le *Rashomon* est celui qui plaira le plus aux amateurs de techno pure et dure. Programmation de grande qualité, avec de nombreux DJ's berlinois ou américains en vedette.

À voir

🎭 ⓒ **Centrale Montemartini** *(hors plan détachable d'ensemble par C6)* **:** *via Ostiense, 106.* ☎ *06-06-08.* • *centralemontemartini.org* • Ⓜ *Garbatella (ligne B). Du métro (sortie « Via Ostiense »), prendre la passerelle qui franchit les voies (10 mn à pied). Sinon, bus n° 23. Tlj sauf lun 9h-19h (14h les 24 et 31 déc). Dernière admission 30 mn avt. Fermé 1er janv, 1er mai et 25 déc. Entrée : 11 € (expo temporaire comprise) ;* Capitolini Card *billet jumelé avec les Musei capitolini (valable 7 j.) : 17 € (expos temporaires comprises) ; réduc ; gratuit - 6 ans et Parisiens ;* Roma Pass *accepté.*
Un mélange détonnant ! Des objets antiques exceptionnels – provenant des réserves des Musées capitolins – ont investi la première usine électrique construite en 1912 chargée d'éclairer la Ville Éternelle. Et ça fonctionne ! Les turbines à charbon et les tuyauteries soulignent la blancheur immaculée du marbre et les courbes des statues. On y admire sans compter un nombre important de sculptures, résultat des fouilles entreprises au XIXe s sur le mont Esquilin ou lors des travaux du métro dans les années 1940...
– ***Au rez-de-chaussée,*** tout droit après avoir passé la billetterie, ne pas manquer le sarcophage de ***Crepereia Tryphaena,*** ainsi que les objets et bijoux en or qui l'accompagnaient dans son repos éternel. Poursuivre ensuite par la belle enfilade de bustes datant pour la plupart de la dernière décennie du Ier s av. J.-C., avant de jeter un œil aux restes ouvragés d'un très beau lit funéraire en os (Ier s av. J.-C.) ainsi qu'aux mosaïques fines superbement conservées représentant des scènes du Nil avec des poissons, ou encore ce lion cerné de cupidons (fin du Ier s av. J.-C.). Ces mosaïques témoignent du développement du luxe dans la sphère privée consécutif à l'annexion de la Grèce par Rome. Et puis une foule de têtes de statues, sarcophages, bustes... Dans la ***sala Colonne*** *(salle des Colonnes),* belle collection de mobilier funéraire ainsi que toute une nécropole de l'Esquilin (IIIe s av. J.-C.), puis une belle série de statues du IIe s av. J.-C. retrouvées près de la basilique San Lorenzo... Sans oublier, dans la ***sala del Treno di Pio IX,*** les 3 somptueux wagons du train du pape Pie IX (XIXe s), dont l'un se révèle être une chapelle (belle Vierge à l'Enfant de Jean-Léon Gérôme), un autre la voiture-trône et le dernier le balcon des bénédictions !
– ***Au 1er étage,*** formidable ***sala Macchine*** *(salle des Machines),* dont l'ambiance est digne du film *Les Temps modernes* de Charlie Chaplin ! On y admire les délicates statues de Zeus, Hercule, Diane, Apollon, Aphrodite, etc., qui contrastent étonnement avec la force des machines et l'acier froid de l'architecture industrielle du début du XXe s. Une complémentarité réellement fascinante ! Une passerelle permet même d'admirer en mezzanine, dans la ***sala Caldaie*** *(salle des Chaudières),* de superbes mosaïques du Ve s montrant des scènes de chasse à l'ours, au sanglier et à la gazelle. Également des statues grecques (Athéna, Dionysos...) de toute beauté et des fragments de frises affichant la richesse de la résidence de César, retrouvés lors de fouilles... Là encore, statue de la muse Polymnie songeuse et enveloppée dans son manteau (IIe s av. J.-C.). Quant à la magnifique statue de Pothos, fils d'Aphrodite, l'admirer de dos : on pourrait penser qu'il s'agit d'une femme... étonnant, non ?

🎭 ⓒ **Balade dans la Garbatella** *(plan Ostiense et Garbatella A-B2-3)* **:** *départ de la balade depuis le métro Garbatella ; entrez dans le quartier par la piazza Benedetto Brin, en haut de la via A. Guglielmotti. N'hésitez pas à visiter ce quartier accompagné d'un guide, par exemple ceux de* ***Visiterome*** *(• guidesvisiterome@gmail.com • visiterome.com •) ou de l'association* ***Inventer Rome*** *(• inventerrome.com •).*
Cet étonnant quartier populaire, construit en 1920 par l'architecte Sabbatini, est inspiré des cités-jardins de Londres, sorties de terre au début du XXe s. L'idée était de concevoir ici un lieu de vie agréable, avec des logements confortables et sains, pour héberger les ouvriers qui travaillaient dans les usines et industries de la ville. Son nom de « Garbatella » proviendrait d'une aubergiste, qui aurait

tenu ici un établissement au moment de la construction du quartier. La zone, assez pentue, est jalonnée de collines, ce qui lui donne beaucoup de charme. Les constructions, pas à proprement parler de style italien, présentent des profils hétéroclites et variés, avec des éléments néogothiques, néo-médiévaux, néo-Renaissance ou plus modernes. Pas de grands immeubles, mais plutôt un ensemble de petites unités, alternant avec des maisons plus cossues, destinées à accueillir les « notables » de la Garbatella, comme le médecin ou le notaire. En réalité, tous les immeubles du coin ont été construits en béton, mais cela reste dissimulé sous les crépis et ornements. Les jardins communs, dispersés au milieu des immeubles, permettent de traverser agréablement d'une rue à l'autre.

La visite

Depuis la ***place Benedetto Brin,*** passez l'arche d'entrée et descendez doucement la via L. Orlando vers le ***cinéma Palladium*** *(piazza B. Romano, 8),* qui fait face aux anciens bains-douches, reconvertis aujourd'hui en bibliothèque. Vous êtes ici au cœur du quartier : c'est le moment de vous accorder une petite pause-café à la terrasse du sympathique ***Bar Foschi*** *(au n° 3).* Plus loin, après avoir grimpé les escaliers de la via G. Obbizzo, puis redescendu la pente à travers une zone de jolies maisons colorées, on découvre la ***Casetta Rosa*** *(via G. Battista Magnaghi, 14 ; tlj sauf lun),* un super resto associatif engagé, installé dans un paisible jardin. On rejoint ensuite un autre emblème architectural du quartier, l'***Albergo Rosso*** *(piazza M. de Carbonara),* immeuble de style fonctionnaliste construit en 1927 qui a reçu des prix d'architecture. Le régime mussolinien y installait des opposants afin de les surveiller. L'horloge du bâtiment est restée bloquée à l'heure d'un bombardement allié de 1943. En face l'***Albergo Bianco,*** de même style, abritait une maternité. Remontez ensuite vers la célèbre ***fontaine Carlotta*** *(via Angelo Orsucci),* qui précède de jolis escaliers fréquentés par les amoureux. Une balade étonnante et dépaysante.

Basilica San Paolo Fuori le Mura *(basilique Saint-Paul-hors-les-Murs ; hors plan détachable d'ensemble par C6)* **:** *piazza San Paolo, 1. ☎ 06-698-808-00. • basilicasanpaolo.org • Pour réserver une visite guidée (basilique, cloître et pinacothèque, durée : env 1h) : ☎ 06-698-963-79. Ⓜ Basilica San Paolo (ligne B) ou bus n° 23 depuis le Vatican (via le Trastevere et le Testaccio). Tlj 7h-18h30 (cloître 8h30-18h ; entrée : 4 €).*

Originaire de Tarse, Saul – c'était alors son nom – participa aux persécutions contre les premiers chrétiens. Mais, touché par la grâce de Dieu – sur le chemin de Damas (d'où l'expression !) –, il se convertit et devint l'apôtre Paul, pour courir le monde et prêcher la bonne parole. C'est ainsi qu'il arriva à Rome où il fut décapité par Néron. À l'emplacement de sa tombe, on construisit une première basilique (consacrée en 324) en périphérie de la ville, comme toutes les catacombes chrétiennes de l'époque. Elle fut détruite au profit d'un ensemble plus conséquent, mais en grande partie réduit en cendres lors du terrible incendie de 1823. Seul le beau cloître du XIIIe s demeure debout...

La basilique fut donc reconstruite sur son plan d'origine avec des matériaux offerts au Vatican par toute la chrétienté, et même au-delà (Méhémet Ali, vice-roi d'Égypte, offrit ainsi de l'albâtre...). Cette nouvelle église est la plus grande de Rome après la basilique Saint-Pierre ! De sa façade imposante, on remarque la très belle porte en bronze des années 1930, niellée d'argent et incrustée de lapis-lazuli ; de part et d'autre de la croix qui la scinde, saint Pierre et son martyr sur la gauche, et saint Paul à droite. Quant à la porte à l'extrémité droite de la façade, il s'agit de la Porte sainte : ouverte seulement lors des jubilés, et surmontée du nom du dernier pape à en avoir franchi le seuil.

L'intérieur est plus remarquable encore, avec sa « forêt de colonnes » qui délimitent les 5 nefs. En levant les yeux, on voit le ciborium – espèce de grand baldaquin du XIIIe s – qui abrite le maître-autel, au pied duquel se trouve l'entrée de la catacombe abritant la dépouille de saint Paul. À côté, le candélabre pascal

(XIIIe-XIVe s) en marbre, illustré sur 3 niveaux par la passion du Christ. Tout autour de l'église courent 266 médaillons en mosaïque : les portraits des 266 papes (certains sont assez stylisés, car l'incendie de 1823 détruisit les originaux, et on ne retrouva pas toujours de modèle pour représenter fidèlement les plus anciens)... Le dernier en date – François – se trouve au fond à droite de l'autel, au-dessus de la dernière colonne de la nef de droite... Vous le repérerez facilement : c'est le seul mis en valeur par un rai de lumière ! Et, en routard sagace, vous remarquerez qu'il reste un certain nombre de médaillons vides : c'est pour accueillir les futurs papes. Il aurait été inconcevable de ne pas leur prévoir des emplacements, la fin des papes signifiant la fin de la chrétienté ! Enfin, ne manquez pas le baptistère d'origine (suivre le fléchage « Sagrestia »).

– ***Le cloître*** *(chiostro) : tlj 8h30-18h. Entrée : 4 € ; réduc.* Magnifique avec ses colonnes doubles ! Toutes sont différentes et sont des œuvres à part entière : torsadées ou sculptées, incrustées de pierres semi-précieuses (lapis-lazuli, corail, etc.)... On remarque cependant que ce traitement d'exception a été réservé aux colonnes des déambulatoires longeant la basilique, les côtés les plus sacrés, donc. N'hésitez pas à vous approcher de la fontaine centrale, dans le jardinet, pour pouvoir admirer la belle frise qui surmonte les colonnes. À l'intérieur du cloître se trouve l'accès à la *pinacothèque* qui vaut surtout pour les gravures représentant la basilique avant l'incendie de 1823. On y trouve aussi le trésor : calice, crucifix, peintures, images pieuses...

QUARTIER DE L'EUR (EXPOSITION UNIVERSELLE ROMAINE)

• Plan *p. 275*

Ce quartier au sud de la ville tient son nom (prononcer « Éour ») de l'Exposition universelle qui aurait dû se tenir à Rome en 1942 (pour célébrer les 20 ans du fascisme), annulée pour cause de guerre. Construit principalement entre 1937 et 1941 sous l'impulsion de Mussolini et confié à Marcello Piacentini, il donne une assez bonne idée de la folie des grandeurs du Duce. Son but était de construire un quartier futuriste de la ville, réunissant ministères, ambassades, musées novateurs, mais aussi des espaces verts (70 ha). Il a choisi d'établir une « nouvelle Rome », l'ultime forum de la ville... mais c'est aussi la voie vers la mer, vers Ostie. Et, pour s'inscrire dans la tradition antique (toujours ce besoin d'asseoir sa légitimité), il utilisa les mêmes matériaux : marbre, travertin, brique et tuf sans utilisation de récup comme on le faisait dans l'Antiquité. Il s'inspira également de l'architecture : le palais des Congrès est une sorte de faux Panthéon, le palazzo della Civiltà del Lavoro évoque le Colisée (en moins elliptique) et la piazza Marconi est dominée par un gigantesque obélisque (45 m) dédié à Guglio Marconi (inventeur du télégraphe) réalisé pour les Jeux olympiques de 1960. On y présente l'Italie et la vie en images de la vie de Marconi. Cet obélisque est entouré de 2 hémicycles rappelant les thermes romains. Même les plaques d'égout ont leur propre sceau ; ce n'est pas l'habituel SPQR indiqué mais E.42 pour indiquer « Europa 1942 ». Quant à la via Cristoforo Colombo, qui traverse le quartier de part en part, évidemment issue du modèle des voies romaines, elle se voulait la plus large du monde. De dimensions démesurées à l'époque, elle se révèle bien pratique en ce XXIe s vrombissant... La *Terzia Roma* (la Rome fasciste) va donc s'étendre le long du fleuve sacré jusqu'aux plages de la mer tyrrhénienne.

Aujourd'hui, outre son intérêt architectural, ce quartier n'est pas désagréable avec ses espaces verts, son lac artificiel, et quelques musées pour ceux qui n'en ont pas eu assez en centre-ville. Le quartier est géré par une association privée. De nombreux films ont été tournés ici dont *La Dolce Vita,* de Fellini, *Rome, ville ouverte,* de Roberto Rossellini, ou *La Dixième Victime,* de Petri. Le cinéaste Antonioni y tourna son film *L'Éclipse,* avec Monica Vitti et Alain Delon.

➢ ***Accès :*** *Ⓜ EUR-Palasport ou EUR-Fermi (ligne B). De nombreux bus aussi, dont les nos 30, 170, 671, 714, 764 et 791.*

Où manger ? Où boire un verre ? Où déguster une glace ? Où danser ?

Move Natural Food *(plan L'EUR, A1,* ***520****) : viale Europa, 1. ☎ 06-591-15-83. Lun-sam 8h (10h sam)-22h. Fermé dim. Repas 15 €.* Dans la rue principale, en face de l'impressionnante chiesa SS. Pietro e Paolo, un endroit cosy au service rapide parfait pour avaler un sandwich aux ingrédients bio, des soupes véganes ou le smoothie du jour, le tout dans une ambiance de bois et de chlorophylle. Excellent *espresso.* Accueillant jeune et souriant.

Caffè Palombini all'EUR *(plan L'EUR, A1,* ***521****) : piazzale K. Adenauer, 12. ☎ 06-591-17-00. • info@palombini.com • Tlj sauf lun 8h-minuit.* La maison Palombini est bien connue des Romains. Depuis 6 générations, les habitués savourent ses délicieuses pâtisseries ainsi que ses petits plats classiques mais fort bons. Terrasse aux beaux jours avec vue sur l'imposant palazzo della Civiltà italiana.

Giolitti *(plan L'EUR, A2,* ***522****) : viale Oceania, 90. ☎ 06-592-45-07. Tlj 7h-23h (horaires restreints en hiver).* Situé dans la Casina dei Tre Laghi, au bord du lac artificiel de l'EUR. Le célèbre glacier romain est installé ici dans ce coin de verdure depuis les années 1960. Aire de jeux pour les enfants. Terrasse extérieure extra aux beaux jours avec un plantureux buffet pour l'*aperitivo.* Le dimanche, c'est brunch !

Room 26 *(plan L'EUR, A1,* ***730****) : piazza Guglielmo Marconi, 31. • room26.it • Ⓜ EUR-Fermi. Ven-sam 23h30-4h30. Entrée chère.* Au rez-de-chaussée d'un gros bâtiment fasciste, ce night-club est réputé pour ses DJs de renommée internationale. Bonne programmation éclectique (disco, techno, rock, etc.), qui déchaîne des clubbers de tous âges dans différents espaces.

À voir

Palazzo della Civiltà italiana *(palais de la Civilisation italienne ; plan L'EUR, A1) : quadrato della Concordia.* Encadré par Castor et Pollux, le palais bâti sous Mussolini, entre 1938 et 1940, évoque un Colisée cubique en travertin, avec ses 7 rangées de baies en arc en plein cintre, celui-ci étant considéré comme l'origine de la construction du quartier de l'EUR. La folie du Duce est à la démesure de ce bâtiment : les 6 lettres de son prénom correspondent aux 60 m de hauteur du bâtiment (et donc 6 arches) et les 9 lettres de son nom correspondent à la longueur. Mégalo, non ? Le fronton est frappé d'un message plein de modestie sur le peuple italien (tiré d'un discours de Mussolini en 1935) : « Un peuple de poètes, d'artistes, de héros, de penseurs, de scientifiques, de navigateurs et de migrants. » Sous les arches au rez-de-chaussée, 28 statues illustrent les vertus du peuple italien représentant, entre autres, l'histoire, la géographie, la philosophie, le théâtre, la musique, etc. Ironie du sort, le palais restera inoccupé jusqu'en 1953. Après travaux, Fendi, la célèbre marque de couture italienne, a installé depuis 2015 ses bureaux sur 7 étages. Au rez-de-chaussée, centre d'exposition temporaire *(lun-sam 10h-20h).*

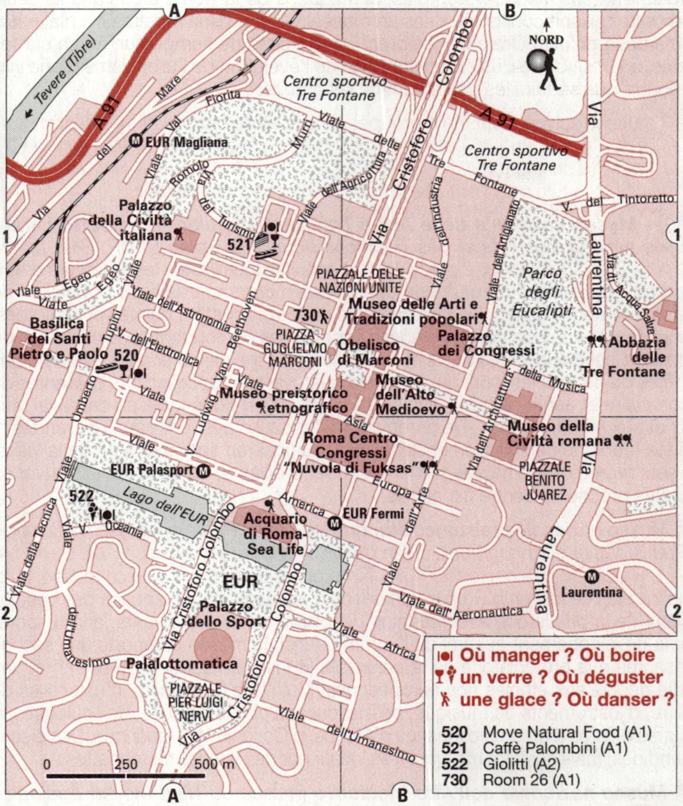

L'EUR

Museo della Civiltà romana *(musée de la Civilisation romaine ; plan L'EUR, B1-2)* **:** piazza G. Agnelli. ☎ 06-06-08. ● museociviltaromana.it ● ♿ ***Devrait rouvrir courant 2021.*** On parle de déplacer le musée dans les ateliers de l'Opéra de Rome, qui eux-mêmes seront déplacés à l'extérieur de la ville. À suivre.
Inauguré en 1955 dans un gigantesque bâtiment achevé après la guerre, ce vaste musée permet de mieux appréhender la civilisation romaine. Au gré d'une muséographie vieillotte, on y trouve une synthèse historique de Rome (depuis l'origine jusqu'au VIe s apr. J.-C.), ainsi qu'un ensemble de reproductions grandeur nature de fragments d'édifices, d'œuvres (statues, reliefs...) et d'objets qui illustrent la Rome antique. Les aspects les plus divers y sont évoqués, des structures juridico-administratives aux loisirs en passant par l'habitat et l'alimentation. Bien intéressante série de maquettes impressionnantes de précision, reconstitutions de scènes (les Gaulois retrouveront Alésia) et monuments mal en point ou disparus : le théâtre de Marcellus, l'arc d'Auguste, etc. Le clou de cette collection (dans l'autre aile du bâtiment, en traversant le parking) : l'***incroyable maquette de la Rome impériale au 1/250*** (soit une surface de 240 m²), qui mérite à elle seule le

détour. À ne pas manquer non plus, la maquette de la Rome archaïque (la seule au monde qui soit conservée dans un musée), ainsi qu'une moulure « à plat » des reliefs de la colonne Trajane (célébrant les victoires de l'empereur Trajan sur les Daces, au IIe s). Cette illustration concrète de l'évolution de l'urbanisme d'une ville ne pourra que séduire les petits comme les grands.

Les 3 musées suivants ont été regroupés en une seule organisation. *Désormais, le billet unique à 10 € (réduc) permet de visiter les 3 musées et a une validité de 3 j. • museocivilta.beniculturali.it • ♿ Tlj sauf lun 8h-19h (billetterie jusqu'à 18h30). Fermé 1er janv et 25 déc. Gratuit le 1er dim du mois oct-mars.*

– ***Museo nazionale delle Arti e Tradizioni popolari « Lamberto Loria »*** *(musée national des Arts et des Traditions populaires ; plan L'EUR, B1) : piazza Marconi, 8. ♿ En face des 2 précédents.* Le musée intéressera les amateurs d'ethnographie italienne. Il offre un bon aperçu des mœurs et traditions populaires de toutes les régions italiennes. Des carrioles et des charrettes, peintes et sculptées, étourdissantes de beauté, des crèches napolitaines confondantes de naïveté et de précision, sans oublier les outils et instruments de travail, ou encore les costumes de fêtes ou de tous les jours aux couleurs chatoyantes. La collection, présentée de façon claire et aérée, semble infinie. Une section est consacrée au carnaval, aux jeux et aux marionnettes... De prime abord, les salles peuvent paraître grandes et froides (quoique ce soit bien chauffé) mais au final, on sort enchanté de la visite. Un seul regret, que le musée soit si excentré. D'ailleurs, on parle de lui trouver un lieu plus proche du centre historique...

– ***Museo nazionale preistorico etnografico « Luigi Pigorini »*** *(musée national de la Préhistoire et d'Ethnographie ; plan L'EUR, A-B1) : piazza Marconi, 14. ☎ 06-54-95-21. • museocivilta.beniculturali.it • ♿* Le projet du fondateur de ce musée, Luigi Pigorini, était de rassembler un maximum de documents pour comparer des peuples italiens de la préhistoire avec certains peuples encore bien vivants, afin d'apprécier le développement culturel de l'homme. Ainsi, le musée comporte une section consacrée à la protohistoire de la péninsule (du Néolithique à l'âge de fer) et une partie dédiée aux ethnies non européennes. Multitude d'artefacts, d'ustensiles de guerre, d'instruments de musique, de masques, d'objets de culte, de sculptures et d'autres œuvres d'art en provenance d'Afrique, d'Océanie et d'Amérique. Des pièces splendides, mais souvent mal mises en valeur par des vitrines tristounettes.

– ***Museo nazionale dell'Alto Medioevo*** *(musée du Haut Moyen Âge ; plan L'EUR, B1) : viale Lincoln, 3. ♿ Situé à 2 pas du précédent.* Musée qui rassemble les vestiges italiens les plus représentatifs du haut Moyen Âge. On y découvre divers objets de l'Antiquité tardive, des restes de nécropoles lombardes, des bijoux, des marbres et céramiques de l'époque carolingienne, ou encore des tissus et reliefs coptes.

Roma Centro Congressi « Nuvola di Fuksas » *(centre de congrès Nuvola di Fuksas ; plan L'EUR, B2) : viale Asia, 44. ☎ 06-545-137-10. • romanoconvention group.com • Visites possibles.* Un projet fou de l'architecte italo-français Massimiliano Fuksas. Cette structure originale de 55 000 m² repose sur 3 parties, dont la principale, le Nuage *(Nuvola)*, qui est le nouvel auditorium (1 800 places) connecté par une passerelle à la *Teca* (Vitrine), la structure en acier et en verre de 40 m de haut, qui englobe aussi la Lama, un nouvel hôtel de plus de 400 chambres. Cette construction innovante plaira aux amoureux d'architecture et de design.

Acquario di Roma Sea Life *(plan L'EUR, A2) : viale America, 93. • visita life.com •* ***En cours de rénovation.*** En projet depuis de nombreuses années, l'aquarium de Rome a entrepris des travaux pharaoniques... qui s'éternisent. Sur 14 000 m², 5 000 m² seront consacrés aux aquariums qui recueilleront des centaines d'espèces. À côté, l'Expo, un espace futuriste, accueillera un tunnel où l'on aura l'impression de plonger et de vivre dans la mer. Expos, salle en 3D. Se renseigner avant d'y aller. On attend toujours son ouverture...

Abbazia delle Tre Fontane *(abbaye des Trois-Fontaines ; plan L'EUR, B1) : via Acque Salvie, 1. • info@abbaziatrefontane.it • En venant du centre-ville par le métro (ligne B), arrêt Laurentina. Puis bus n° 761 (direction San Paolo). Tlj 6h-20h30.* Si vous visitez le quartier et que vous êtes motorisé, vous n'avez aucune excuse pour ne pas vous y arrêter ! À l'origine, c'était un marais que les cisterciens trappistes ont en grande partie asséché en plantant des tilleuls. L'histoire veut que lors de la décapitation de saint Paul, le 29 juin 67, sa tête a fait 3 rebonds, et sur ces rebonds ont jailli 3 sources (d'où le nom de l'abbaye). C'est la seule abbaye à Rome ; elle a d'abord été grecque, puis cistercienne et enfin trappiste.

– **Monastero SS. Vincenzo e Anastasio alle Tre Fontane** *(monastère Saints Vincent et Anastase aux Trois-Fontaines) : ☎ 06-540-16-55. Lun-sam 8h30-12h30, 15h-18h.* Il a été construit par Giacomo Della Porta, élève de Michel-Ange, mais a été très retouché car il a souffert des bombardements durant la Seconde Guerre mondiale. Belle charpente en bois. Vitraux du XIXe s. Joli cloître jouxtant le monastère mais fermé au public.

– **Chiesa Santa Maria alla Scala Coeli** *(église Sainte-Marie Scala Coeli) : tlj 8h-13h, 15h-18h.* Construite d'après une vision de saint Bernard de Clairvaux qui priait pour une amie et a eu une apparition de la Vierge. Della Porta a construit l'église octogonale et érigé une crypte à l'endroit où saint Paul était emprisonné. Pour la petite histoire, quand Dioclétien a fait martyriser ses militaires parce qu'ils s'étaient convertis, c'est ici même qu'ils se sont réfugiés. C'est ici aussi qu'on a planté les premiers eucalyptus qui ont assaini les terres au XIXe s. Les moines s'y sont alors installés.

– **Chiesa di San Paolo al Martirio** *(église de Saint-Paul Martyre) : tlj 9h-12h, 16h-18h.* L'église la plus sacrée de l'endroit puisque c'est le lieu de décapitation de saint Paul en 67 (et non du lieu de sa tombe qui est à Saint-Paul-hors-les-Murs). Belles mosaïques romaines du IIe s, qui décrivent les 4 saisons (retrouvés à l'origine dans Ostia Antica). Également la colonne brisée à laquelle Paul a été enchaîné pendant son martyre. On peut encore apercevoir aujourd'hui les 3 fontaines à égale distance situées dans la nef, même si aujourd'hui elles ne sont plus accessibles. Elles ont été scellées dans les années 1950.

À la fin de la visite, boutique des produits des frères cisterciens : savon, miel, confiture, liqueur et aussi une très bonne bière *(tlj 9h30-13h30, 15h30-19h30).*

LA VIA APPIA ANTICA

• Plan *p. 279*

Construite en 312 av. J.-C. pour relier Rome à Capoue, puis Brindes, la voie Appienne demeure l'une des routes romaines les mieux conservées d'Italie. Bordée de pins parasols ombrageant son vieux pavage marqué par le passage des chariots, elle offre LA vision romantique de la décadence antique ; image amplifiée par la présence de part et d'autre de beaux monuments pathétiques dans leur décrépitude, et puis d'impressionnantes catacombes chrétiennes. Car la Rome des adorateurs de Jésus s'est d'abord développée – discrètement – en périphérie de la ville ; à commencer par le domaine de Latran, avant de gagner les abords de la via Appia Antica...

Pour pouvoir profiter pleinement du lieu, classé *parco regionale dell'Appia Antica,* on conseille de s'y promener en famille, à pied ou à vélo, le dimanche de 9h à 18h (16h octobre-mars), lorsque la via Appia Antica se transforme en vaste zone piétonne. Car en semaine, on est souvent frôlé par les voitures ! Et ce, jusqu'au tombeau de Cecilia Metella, au-delà duquel la *via* devient totalement piétonne et... paisible à souhait dans son écrin de verdure.

➢ **Accès :** *par le métro (ligne A), arrêt Colli Albani, puis bus nº 660. Sinon, de la piazza Venezia, bus nº 118 ; ou encore le bus nº 218 depuis la piazza San Giovanni in Laterano. Attention, bus peu nombreux.*

Adresses utiles

Infopoint Appia Antica *(plan La via Appia Antica)* **:** *via Appia Antica, 58-60. ☎ 06-513-53-16. • puntoappia@parcoapiaantica.it • infopointappia.it • parcoappiaantica.it • Lun-ven 9h30-13h, 14h-18h30 (17h30 nov-mars) ; w-e 9h30-19h30 (17h30 nov-mars).* Se procurer leur plan-dépliant avec tous les monuments au bord de la *via,* décrits en français ; infos sur le ***parco regionale dell'Appia Antica,*** sa géographie, sa faune et sa flore, ses édifices antiques sur la *via* ou en retrait, ses possibilités de découvertes, ses visites guidées *(par groupe de 15 pers en français ; 10 € à pied, 18 € à vélo).* Arrêts des bus nos 218 et 118 juste devant l'*Infopoint.*

■ ***Location de vélos :*** *à l'****Infopoint Appia Antica*** *(voir ci-avant). Également chez* ***BKS*** *(via Appia Antica, 175 ; à l'Appia Antica Caffè, à 100 m au sud de la tomba di Caecilia Metella ; ☎ 06-898-795-75). Compter 4-6 €/h, et 16-20 € la journée.*

Où manger ? Où boire un verre ?

De bon marché à plus chic

Qui Nun Se More Mai *(plan La via Appia Antica)* **:** *via Appia Antica, 198. ☎ 06-780-39-22. Tlj sauf dim soir et lun.* Ici, on ne meurt jamais... voilà, tout est dit ! Un petit resto agréable qui ne paie pas de mine, côté route pour boire un verre et côté verdure sous les canisses pour un plat typiquement romain.

L'Archeologia *(plan La via Appia Antica)* **:** *via Appia Antica, 139. ☎ 06-788-04-94. • info@larcheologia.it • Tlj. Repas 14-25 €.* Installé dans un ancien relais de poste antique, c'est la bonne table de la via Appia Antica. Cadre chic et cosy, voire un brin romantique ; le tout flanqué d'une véranda sur le jardin. Dans l'assiette, on se délecte des délicieux plats de saison, mitonnés selon des recettes traditionnelles qui font honneur aux *carnì alla brace.* Pas donné et un peu touristique, mais plébiscité par les locaux !

À voir

Catacombe di San Callisto *(catacombes de Saint-Callixte)* **:** *via Appia Antica, 110. ☎ 06-513-01-51. • catacombe.roma.it • Tlj sauf mer 9h-12h, 14h-17h. Fermé 1er janv, fév, Pâques et Noël. Visite guidée en français : 8 € ; réduc.* Dispersées sur 15 ha, ces catacombes comptent 20 km de galeries sur 4 niveaux, pour atteindre 25 m de profondeur. Elles demeurent le premier cimetière officiel de la communauté chrétienne de Rome, avec quelque 500 000 personnes ensevelies du IIe au Ve s. Célèbres pour abriter les sépultures des papes de Rome du IIIe s dans une crypte particulière, les catacombes de saint Callixte conservaient également la tombe de sainte Cécile, environnée de fresques du Ve s encore visibles aujourd'hui. Voir

POURQUOI CROISE-T-ON LES DOIGTS ?

La croix est le symbole du christianisme. Croiser les doigts était un signe discret de reconnaissance. Lors des persécutions, c'était une chance de rencontrer un autre chrétien. Aujourd'hui, ce signe conjure le mauvais sort et porte aussi bonheur.

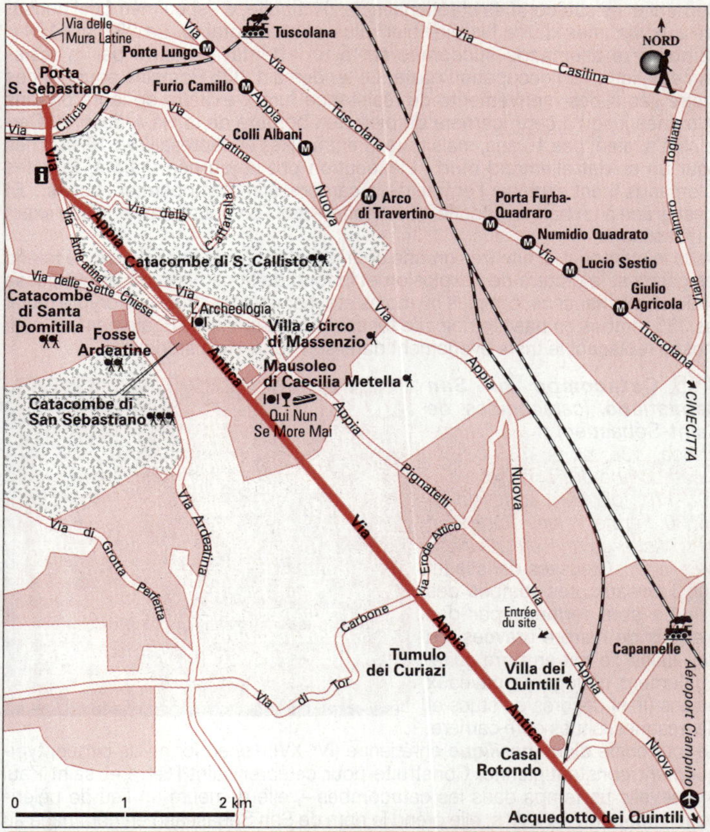

LA VIA APPIA ANTICA

aussi des caveaux de riches familles, décorés de fresques bibliques et des symboles chrétiens primitifs. Également plusieurs chapelles où sont célébrées des messes...

Catacombe di Santa Domitilla *(catacombes de Sainte-Domitille)* **:** *via delle Sette Chiese, 282. ☎ 06-511-03-42. • domitilla.info • Tlj sauf mar 9h-12h, 14h-17h. Fermé janv-fév. Visite guidée : 8 € ; réduc.* Encore un immense labyrinthe de 15 km de galeries superposées sur 4 niveaux ! Tous les types de sépultures : le *loculus,* tombe individuelle en longueur, l'*arcosolium,* sorte de caveau commun dont la profondeur permettait d'accueillir jusqu'à 15 personnes, surmonté en général d'une voûte, et le *cubiculum,* une véritable pièce qui faisait fonction de caveau familial en combinant un *loculus* et un *arcosolium* (ce sont plutôt les familles riches qui en disposaient).

Fosse Ardeatine : *via Ardeatina, 174. ☎ 06-513-67-42. • mausoleofosseardeatine.it • Tlj 8h15-15h15 (16h45 le w-e). Fermé 1er janv, Pâques, 1er mai, 15 août et 24-26 déc.*

Cerné par les catacombes chrétiennes de l'Antiquité, c'est un mémorial consacré aux victimes d'une histoire bien plus contemporaine. Le 23 mars 1944, 33 policiers allemands succombèrent à un attentat perpétré par la résistance italienne à l'occupation nazie. Le lendemain, 335 Romains soupçonnés d'être liés à des mouvements de résistance furent extraits de leurs prisons et menés jusqu'à cette carrière de pierre en bordure de la via Ardeatine. Certains n'avaient pas 16 ans, mais tous furent fusillés en représailles : 10 victimes pour un soldat allemand mort ! L'exécution prit la journée entière. Puis les Allemands firent exploser l'entrée de la carrière, afin d'en obstruer l'accès... Et c'est grâce à un berger – caché à proximité – que l'on put retrouver le lieu exact du massacre.
Dans le mémorial, d'une très grande sobriété et servi par des artistes de talent, les galeries, le cratère de l'explosion et le fond de la carrière, où une veilleuse brûle en permanence, ont plus ou moins été réaménagés. Puis une crypte réunit les 335 tombes en basalte noir ; l'effet est impressionnant ! Également un petit musée replaçant le triste événement dans son contexte historique...

Catacombe di San Sebastiano *(catacombes de Saint-Sébastien)* **:** *via Appia Antica, 136. ☎ 06-785-03-50. • catacombe.org • Tlj sauf dim 10h-17h ; dernière admission à 16h30. Fermé 1er janv, Pâques et déc. Visite guidée en français : 8 € ; réduc.* Creusées dans le tuf sur 3 niveaux, ces tombes des IIIe-Ve s sont fermées par des plaques de marbre gravées, ou des tuiles de toit en terre cuite. Également d'élégants caveaux païens (IIe s) décorés de stucs et de fresques, situés côté carrière.

QUO VADIS

Proche de la porta San Sebastiano, l'église du Quo Vadis marque le lieu où, selon la légende, saint Pierre rencontra le Christ. « Domine, quo vadis ? » lui demanda-t-il (en v.f. : « Seigneur, où vas-tu ? »), et le Christ répondit : « À Rome, me faire crucifier de nouveau. » Saint Pierre, qui fuyait les persécutions ordonnées par Néron contre les chrétiens, comprit le message et fit demi-tour. Finalement, il fut arrêté et mis en croix.

Le tout coiffé d'une ***basilique*** chrétienne (IVe-XVIIIe s) en forme de cirque, typiquement constantinienne. Construite pour célébrer saint Pierre et saint Paul – ensevelis un temps dans les catacombes –, elle demeure un lieu de pèlerinage important. Au XVIe s, elle prend le nom de San Sebastiano en hommage au troisième patron de Rome – soldat romain chrétien exécuté au IVe s – dont les reliques se trouvent toujours sur place... Mais le clou de la visite, c'est certainement ce buste du *Cristo Salvatore,* dernière statue du Bernin au crépuscule de son existence, et aussi la seule représentation du Christ qu'il ait ciselée dans sa vie d'artiste.

Villa e circo di Massenzio *(villa et cirque de Maxence)* **:** *via Appia Antica, 153. ☎ 06-06-08. • villadimassenzio.it • Tlj sauf lun 10h-16h (14h les 24 et 31 déc) ; dernière admission 30 mn avt. Fermé 1er janv, 1er mai et 25 déc. GRATUIT.* En 312, l'empereur Maxence fait bâtir ce complexe comprenant un palais, un ***mausolée*** circulaire en l'honneur de son fils défunt, Valerius Romulus, et un cirque réservé à la famille impériale et ses nombreux intimes. Bâti tout en brique, ce ***cirque*** mesurait 513 m de long pour 91 m de large, et pouvait accueillir 10 000 personnes (contre 150 000 au Circus Maximus de Rome intra-muros). La partie centrale, autour de laquelle tournaient les chars, était garnie de l'obélisque égyptien qui coiffe à présent la fontaine des Quatre-Fleuves, piazza Navona. Agréable promenade au milieu des ruines et, pourquoi pas, petite sieste dans les herbes en rêvant de Ben Hur !

Mausoleo di Caecilia Metella *(mausolée de Cecilia Metella)* **:** *via Appia Antica, 161. ☎ 06-784-42-71. • archeorama.beniculturali.it • Tlj sauf lun 9h-19h30 (16h30* *de fin oct à mi-fév ; 17h de mi-fév à mi-mars ; 17h30 de mi-mars à fin mars ; 19h en sept ; 18h30 en oct). Dernière admission 1h avt. Entrée : 5 € (billet, valable 2 j., incluant l'accès à la villa des Quintili et aux thermes de Caracalla) ; réduc ; gratuit - 18 ans ;* Roma Pass *accepté. Gratuit le 1er dim du mois oct-mars.* Imposant mausolée circulaire de 20 m de diamètre, datant de la fin de la République. Pas grand-chose à y admirer, sinon son élégante architecture. Datant du Moyen Âge, le bâtiment attenant livre quelques statues et autres beaux éléments d'architecture antique...

🚶 ***Capo di Bove :*** *expo gratuite.* Permet de comprendre l'histoire de la via Appia Antica et, surtout, sa préservation et « restauration ».

🚶 ***Villa dei Quintili*** *(villa des Quintili)* **:** *via Appia Nuova, 1092. ☎ 06-712-91-21. • archeorama.beniculturali.it • Mêmes horaires et tarifs que le mausoleo di Caecilia Metella.* Cette villa appartenait aux consuls Quintili en 151 apr. J.-C. avant d'être agrandie pour devenir propriété impériale sous Commode, qui y appréciait son calme champêtre et ses thermes. Elle était alors la plus grande et la plus somptueuse des résidences de la banlieue de Rome. Émergeant de la verdure, ses élégants vestiges, quelques structures, pavements et autres restes des thermes privés, ont inspiré nombre d'artistes...

– Pour qui souhaiterait poursuivre ou approfondir le sujet ou même se lancer à l'assaut de la via Appia Antica jusqu'à Brindisi, nous ne pouvons que recommander l'ouvrage *Appia* de Paolo Rumiz (2016 ; Arthaud). L'auteur, un puits d'érudition à la plume pleine d'humour, a lui-même parcouru cette voie mythique menacée par l'oubli. Il pose sur son pays un regard à la fois plein d'amour, mais aussi ô combien lucide et critique.

À voir dans le prolongement de la via Appia Antica

CINECITTÀ *(hors plan détachable d'ensemble par F5)*

– ***Infos :*** *via Tuscolana, 1055. ☎ 06-722-932-65. • cinecittasimostra.it • À 9 km au sud-est du centre-ville. Ⓜ Cinecittà (ligne A). Tlj sauf mar 9h30-18h30. Dernière admission à 16h30. Fermé 24-25 déc. Visite libre (expo seulement) 15 € ; visite guidée (expo + lieux de tournage) en français (à 12h) ou en anglais (à 11h30 et 15h15) 20 € ; réduc - 26 ans ; gratuit - 6 ans. Petite brochure en français.*

🚶🚶 On a forcément un petit pincement au cœur en entrant dans ces studios mythiques ; un ensemble de bâtiments bas Art déco entourant une pelouse, plantée de la grosse tête émergeant du Grand Canal de Venise dans le *Casanova* de Fellini ! La visite raconte déjà la naissance des studios en 1937, comme outil de propagande fasciste. Avant de rendre un bel hommage à Federico Fellini et ses rapports étroits avec Cinecittà (documents filmés, dessins, extraits de films, objets et costumes emblématiques). Le maestro avait investi le *Teatro 5,* avec piscine pour les scènes aquatiques, et même une chambre pour y passer ses nuits durant les gros tournages... On découvre ensuite l'histoire de Cinecittà et de ses grands tournages qui ont marqué le 7e art, à travers photos, extraits de films, costumes et décors : films de propagande des années 1940 ; néoréalisme des années 1950 ; péplums américains des années 1950-1960 qui voient débarquer les stars à « Hollywood-sur-Tibre ». C'est l'âge d'or de Cinecittà qui accompagne aussi l'essor du cinéma italien, emmené par Fellini, Visconti, Rossellini, Zeffirelli, De Sica, Scola... et leurs plantureuses actrices vedettes : Sophia Loren, Gina Lollobrigida, Claudia Cardinale... Sans compter les westerns spaghettis de Sergio Leone qui renouvellent le genre ; et les nouvelles comédies à l'italienne de Roberto Benigni ou de Giuseppe Tornatore des années 1980-1990.

En poussant plus loin, la visite guidée des installations – loin de tenir toutes ses promesses – permet d'effleurer un peu la légende ! C'est une balade en plein air, au milieu des décors : forum romain cerné de bâtiments antiques en toc ; grande piscine de la bataille navale de Ben Hur ; rue de Broadway de *Gangs of New York* ; cour médiévale avec maisons et église ; sans oublier le temple de Jérusalem de *Christ the Lord : Out of Egypt,* l'une des dernières grosses productions à avoir vu le jour ici. Aujourd'hui, Cinecittà concentre surtout ses efforts sur les séries télé et s'ouvre aux événements ponctuels, tels les défilés de mode...

LE FLAMINIO ET LE PONTE MILVIO

Longtemps boudée par les Romains et les touristes, l'architecture contemporaine commence à se faire une petite place dans la Ville Éternelle. L'essentiel des réalisations de ce type est concentré dans le nord de Rome, du côté du quartier Flaminio. Nos lecteurs amateurs prendront ainsi le tramway nº 2 au nord de la piazza del Popolo pour rejoindre la zone, là même où le MAXXI, conçu par Zaha Hadid, et l'Auditorium, orchestré par le génial Renzo Piano, ont choisi de s'implanter, à proximité du complexe sportif fasciste du Foro Italico. Sans oublier la grande mosquée de Rome, œuvre de Paolo Portoghesi et Vittorio Gigliotti. Plus à l'est, on pourra admirer l'église du Jubilé, toutes voiles dehors : une réalisation signée Richard Meier. De l'autre côté du Tibre, le Ponte Milvio est un quartier de sortie apprécié par une jeunesse romaine bruyante. On y trouve de très bonnes adresses, pour une atmosphère 100 % locale.

Où camper ?

Une bonne alternative aux hôtels du centre, aux prix souvent exagérés, d'autant que les campings suivants sont vraiment bien tenus et reliés au centre-ville par un système de navettes bien rodé.

⛺ ***Camping Flaminio :*** *via Flaminia Nuova, 821.* ☎ *06-333-26-04.* • *info@villageflaminio.com* • *village flaminio.com* • ♿ *À 8 km au nord de Rome, sur la route de Terni (c'est le plus proche du centre). En voiture, prendre la sortie d'autoroute Rome Nord, suivre la direction Flaminia/Salaria, puis emprunter la sortie nº 6 (Centro/Flaminio) et faire 3 km env. En bus, depuis Flaminio, prendre le train et s'arrêter à Due Porti ; bus nº 24N à partir de minuit. Entrée face au centre commercial* Euclide. *Passerelle pour traverser la 4-voies. Ouv tte l'année. Pas de résas pour les tentes. Selon saison, 35-42 € pour 2 avec tente et voiture, bungalows (2-6 pers) 25-170 €.* Un vrai coin de campagne vallonné, largement ombragé et vraiment à l'écart de la route. Vastes sanitaires rutilants. Épicerie, laverie, resto, bar, piscine et navette.

Où manger ? Où déguster une glace ? Où boire un verre ?

Autour du MAXXI

🍴🍸 ***Caffetteria Palombini du MAXXI*** *(hors plan détachable d'ensemble par B1) :* *via Guido Reni, 4a.* ☎ *06-320-72-30. À l'intérieur du musée. Mar-dim à partir de 8h.* On retrouve ici les lignes grises et blanches très épurées du MAXXI. Agréable pour avaler un *tramezzino* entre 2 visites ou boire un café.

Neve di Latte *(hors plan détachable d'ensemble par B1)* **:** *via L. Poletti, 6. ☎ 06-320-84-85. Tlj 12h-23h (minuit l'été).* Juste à côté du MAXXI, dans une ambiance néo-indus, on lèche de délicieuses glaces aux parfums aussi crémeux que savoureux. Sans compter les sorbets aux fruits de saison. Plusieurs adresses dans Rome.

Vers Ponte Milvio

À 2 pas du MAXXI et du complexe sportif fasciste Foro Italico, c'est un agréable petit quartier – tout sauf touristique – planté au bord du Tibre. L'animation y bat son plein en soirée dans les quelques restos et bars autour du piazzale Ponte Milvio, central et face au pont. Les noctambules romains en ont fait un de leurs *hotspots* !

Panificio Nazzareno *(hors plan détachable d'ensemble par B1)* **:** *piazza Ponte Milvio, 35. ☎ 06-332-207-20. • info@panificionazzareno.it • Tlj 7h-2h. À partir de 5 €.* La bonne boulangerie-pâtisserie du quartier, avec son lot de délicieux *crostate, biscotti* et viennoiseries, sans oublier les *panini, pizze al taglio...* Quelques tables et chaises à l'intérieur, et une gentille terrasse sur la place, idéale à l'heure de l'*aperitivo* ou pour le brunch du dimanche.

Charlie Vini & Cucina *(hors plan détachable d'ensemble par B1)* **:** *Via Flaminia, 450/452/454. ☎ 06-6401-0535. • info@ilovecharlie.it • Cuisine ouv tlj 12h-15h, 18h-minuit (2h ven-sam). En continu pour boire un verre ou grignoter. Plats 7-13 €.* C'est la boulangerie *Nazzareno* (voir précédemment) qui a imaginé ce bistrot labyrinthique à la déco très réussie, entre murs de bouteilles, caves voûtées et comptoirs design. Planches de charcuterie et de fromages, salades, *bruschette* et pizzas croustillantes, toutes les envies peuvent être satisfaites. Beaucoup de produits proviennent de l'exploitation agricole familiale (biologique), à l'image de l'excellent vin nature maison. Également une longue carte de crus issus de toute l'Italie. La belle adresse !

Lo'steria *(hors plan détachable d'ensemble par B1)* **:** *via dei Prati della Farnesina, 61. ☎ 06-332-187-49. • info@lo-steria.it • Tlj sauf lun. Plats 8-15 €, repas 25-30 €.* Cuisine romaine certifiée *Slow Food,* savoureuse et mijotée avec de bons produits frais. Juste quelques plats à la carte, suivant le rythme des saisons, pour le plus grand plaisir d'une clientèle locale. Déco sobre, tirant sur l'industriel. Accueil gentil. Assurément la bonne table du quartier, avec un rapport qualité-prix tout à fait remarquable !

Macelloroma *(hors plan détachable d'ensemble par B1)* **:** *via Flaminia, 451. ☎ 06-333-70-20. • info@macelloroma.it • Tlj 19h30-2h (3h ven-sam), plus sam-dim midi.* Une grande terrasse couverte et animée par une foule de gens qui se pressent un verre à la main et le verbe haut ! Grillades et grandes salades pour éponger. Une adresse très populaire auprès de la jeunesse romaine.

À voir

MAXXI *(Museo nazionale delle Arti del XXI secolo ; hors plan détachable d'ensemble par C1)* **:** *via Guido Reni, 4a. ☎ 06-320-19-54. • maxxi.art • Ⓜ Flaminio, puis Ⓣ n° 2. Ou bus n°s 53, 217 ou 280 (plus long). Tlj sauf lun 11h-19h (22h sam). Dernière admission 1h avt. Fermé 1er mai et 25 déc. Entrée : 12 € ; réduc ; gratuit - 14 ans, et pour ts (seulement pour collection permanente – galleria 4) mar-ven (sauf fêtes) et 1er dim du mois et le jour de votre anniversaire ; Roma Pass accepté. Audioguide : 5 €.* Le MAXXI est, avec le MACRO, l'un des rares musées contemporains de Rome. Après des années de tribulations administratives, cet énorme bâtiment de 30 000 m^2 a été inauguré en juin 2010. Construit sur les anciennes casernes de la ville, le musée, aux courbes strictes et ambitieuses d'acier et de béton, dénote avec ce quartier résidentiel de Flaminio. Construit sur 4 niveaux, il se dédouble : d'un côté le MAXXI Architettura et de l'autre le MAXXI Arte. À l'intérieur, on est frappé par ses imposants escaliers noirs et ses murs immaculés... et penchés ! Certes, l'architecte anglo-irakienne Zaha Hadid a vu les choses en grand : 7 grandes salles d'expos mais plus qu'un musée, le MAXXI se veut un lieu de culture, d'échanges et d'expos temporaires. Également un centre d'archives et une bibliothèque.

Auditorium Ennio Morricone *(hors plan détachable d'ensemble par C1) : viale P. de Coubertin, 30. ☎ 06-802-412-81. • auditorium.com • Ⓜ Flaminio (ligne A), puis Ⓣ nº 2, arrêt Piazzale Flaminio. Sinon, bus nº 910 depuis Termini. Visite guidée (1h) w-e et j. fériés, ttes les heures 11h30-16h30 ; en sem, seulement sur résa (10 pers min). Visite en français sur résa par tél ou • visiteguidate@musicaperroma.it • Tarif : 9 € ; réduc. Horaires du parc 11h (10h dim)-20h (18h oct-mars).* En 1946, la salle de concert de Rome, l'auditorium Augusto, a dû être démolie pour réaliser les fouilles de la fameuse tombe d'Auguste, qui la jouxtait. Et il s'est passé près d'un demi-siècle avant que Rome ne puisse retrouver une installation musicale digne de ce nom ! L'auditorium, inauguré en 2002, est l'œuvre de Renzo Piano, architecte réputé, père du Centre Georges-Pompidou à Paris et de nombreux bâtiments en Italie et dans le monde. Il intègre 3 amphithéâtres, qui ressemblent à de gigantesques insectes endormis sur le gazon. Ces 3 salles – Santa Cecilia, Sinopoli et Settecento – sont reliées par l'intermédiaire de gradins extérieurs qui peuvent se transformer en caveau de jazz. À l'intérieur, un foyer accueille une expo d'œuvres contemporaines (Calder, Klee...) et peut également se prêter à des séances musicales. Les salles de concert sont de véritables œuvres technologiques ! Rien n'a été laissé au hasard, du choix des matériaux utilisés (brique, ardoise oxydée à l'acide, cerisier d'Amérique...) à la disposition des rangées, en passant par la climatisation sous chaque fauteuil... Laissons à nos routards mélomanes le plaisir de découvrir les lieux... Et pourquoi pas à l'occasion d'un concert ?! Petit musée des instruments de musique à découvrir, le ***MUSA*** *(tlj sauf jeu 11h-17h ; gratuit).*
Également, un petit ***musée archéologique,*** installé sur les vestiges d'une villa romaine du Vᵉ s avant notre ère qui ont été mis au jour lors du chantier.

Foro Italico *(hors plan détachable d'ensemble par B1) : lungotevere Maresciallo Diaz (angle du ponte Duca d'Aosta). Ⓜ Flaminio (ligne A), puis Ⓣ nº 2, arrêt Mancini ; là, traverser le Tibre par le ponte Duca d'Aosta. GRATUIT.* Au pied du monte Mario, c'est un complexe sportif de 80 ha, construit dès la fin des années 1920 pour former la jeunesse aux valeurs fascistes. D'abord, dominant le Tibre, un ***obélisque*** gravé « Mussolini Dux » (Mussolini chef) nous plonge dans cet univers trouble, conservé en l'état pour mieux montrer ses excès. Derrière, le ***forum central*** et son sol recouvert de mosaïques de style romain à la gloire du fascisme, et cette inscription répétée : « *Duce a noi* » (notre chef). Là se dresse le ***stadio olimpico,*** stade de foot des années 1930, transformé pour répondre aux exigences modernes et accueillir les matchs des 2 équipes de Rome. Puis à droite, le ***stadio delle marmi,*** inauguré en 1932, est une piste athlétique bordée d'une foule de statues allégoriques en marbre de Carrare. Même concept pour le ***terrain de tennis*** de 1933, jouxtant son pendant moderne de 2010. Également une ***piscine couverte*** de style rationaliste, aux murs recouverts de mosaïques... Cet étonnant lieu de mémoire – qui accueillit une partie des Jeux olympiques de 1960 – abrite aujourd'hui la faculté de sport-étude, le Comité national olympique, et continue d'accueillir des manifestations sportives internationales...

Grande moschea di Roma *(Grande mosquée de Rome ; hors plan détachable d'ensemble par C1) : viale della Moschea, 85. ☎ 06-808-22-58. Pour s'y rendre, prendre le métro ligne A, direction Batistini, puis descendre à l'arrêt Flaminio. En sortant du métro, à droite, aller à la gare et prendre un billet en direction de Montebello-Viterbo, descendre à Campi Sportivi (ouf !). Visite guidée (sur résa) mer et sam 9h-12h30 (prévoir un foulard pour les femmes). Fermé pdt le mois du Ramadan, les fêtes religieuses musulmanes et italiennes ainsi qu'au mois d'août.* Avec son minaret de 43 m et l'accueil possible de 12 000 fidèles, cette mosquée est la plus grande d'Europe ! C'est en 1975 que la ville de Rome a offert à la communauté musulmane un terrain de 3 ha. À l'origine du financement du projet : le roi d'Arabie Saoudite et plus de 23 pays arabes ! Ces derniers ont fait appel en 1984 aux architectes contemporains italiens Paolo Portoghesi et Vittorio Gigliotti, qui ont utilisé les matériaux propres à Rome, comme la brique et le travertin. À travers cette construction, la symbolique immortalise l'harmonie des religions : la tradition du christianisme occidental avec l'islam oriental, et c'est plutôt bien pensé. L'inauguration a eu lieu en 1995. Le lieu abrite aussi le Centre culturel islamique italien.

Et plus à l'est...

*Chiesa di Dio Padre Misericordio** (église du Jubilé ; hors plan détachable d'ensemble par G4) : piazza Largo Terzo Milllennio, 8. ☎ 06-231-58-33. • diopadremisericordio.it • À 10 km à l'est du centre de Rome, dans le quartier Tor de Treste.*

Inaugurée en 2003, suite à un concours organisé par le Vatican pour le jubilé de l'année 2000, cette église a été construite par l'Américain Richard Meier. Adepte du modernisme architectural, il est reconnu pour ses recherches sur la plastique de la lumière et la souplesse du béton armé. On lui doit la nouvelle structure de l'Ara Pacis à Rome en 2006 (voir plus haut le chapitre « Autour de la piazza di Spagna et de la villa Borghèse »), le Getty Center à Los Angeles ou le Macba à Barcelone...

Cette église est reconnaissable par sa structure particulière. Les voiles d'abord, un bon moyen de prendre le large et donc de s'élever vers Dieu ! Les coquillages ensuite, symbolisant la Sainte-Trinité, l'eau (le baptême pour les croyants) et la vie. Enfin, la forme générale de coquille ouvre l'édifice vers l'infini... L'atout de cette église : sa luminosité ! Un sacré pari pour l'art sacré, relevé d'une main de maître !

LES ENVIRONS DE ROME

• Carte *p. 287*

OSTIA ANTICA (00119)

Fondée au VIIe s av. J.-C. par le roi Ancus Martius, Ostie est la première colonie de Rome, un poste avancé en quelque sorte, dédié à sa défense. Placée à l'embouchure (*ostium* en latin) du Tibre, elle devient vite le port commercial et le principal entrepôt à marchandises de Rome. Ses eaux peu profondes obligent pourtant les embarcations lourdes à rester au large, les cargaisons étant transbordées sur des bateaux plus légers jusqu'aux entrepôts du port. Évidemment, en cas de tempête, le site d'Ostie n'est pas le plus idéal... C'est pourquoi l'empereur Claude entame la construction d'un nouveau grand port à 3 km au nord de l'embouchure. Trajan complète l'ouvrage par un bassin profond accueillant les gros navires et facilitant leur déchargement. De là, des chalands remontent le Tibre sur 35 km pour gagner le centre de Rome...
Ostie connaît une grande période de prospérité du Ier au IIIe s, et compte jusqu'à 150 000 habitants à l'époque d'Hadrien (117-138). En déclin dès le IVe s avec la chute de l'Empire romain, la ville est abandonnée au Xe s. Ses derniers habitants créent un petit bourg médiéval – Gregoriopoli – juste à l'est. Peu à peu, Ostia Antica s'ensable, et une inondation en détourne même le cours du Tibre au XVIe s.
Aujourd'hui, le site se trouve à environ 5 km de la côte. Sa visite représente une très agréable promenade bucolique au beau milieu des pins parasols et des nombreux vestiges antiques, classés parmi les mieux conservés d'Italie. Peut-être un peu moins facile à comprendre que Pompéi, Ostie présente tout de même beaucoup de charme ; la première s'est figée d'un seul coup, la seconde s'est éteinte tout doucement... Une chose est sûre : la visite s'impose dès lors que l'on reste plus de 4 jours à Rome, d'autant que l'accès est facile et rapide.

Comment y aller ?

➢ ***En train :*** prendre un train Roma-Lido à la gare Porta San Polo, accolée au métro Piramide *(plan détachable d'ensemble, D6)*. Départs ttes les 15 mn ; descendre à la gare « Ostia Antica ». Un simple ticket de métro – soit 1,50 € – suffit pour l'ensemble du trajet aller. Durée : 20 mn. En été, éviter les heures de pointe du w-e : les Romains vont à Ostie-plage (l'arrêt suivant) et les trains sont bondés... Une fois arrivé à « Ostia Antica », prendre la passerelle bleue face à la gare ; le site archéologique est un peu plus loin sur la gauche, à 5 mn à pied.

➢ ***En voiture :*** quitter Rome en suivant le Tibre par la via Ostiense, sortie no 28 du GRA. Sur place, parking payant *(3 €/j.)*.

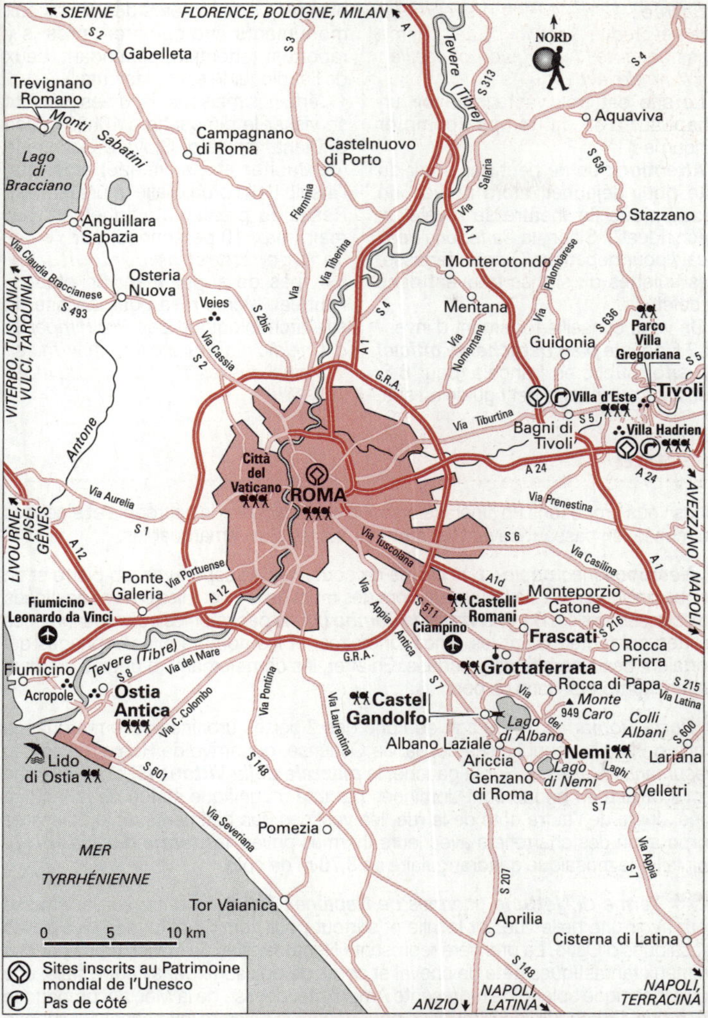

LES ENVIRONS DE ROME

Infos utiles

– **Infos** (en italien) **:** *via dei Romagnoli, 717, 00119 Ostia Antica. ☎ 06-563-502-15. ● ostiaantica.beniculturali.it ●*

– **Horaires d'ouverture :** *tlj sauf lun ; fin oct-fin fév 8h30-16h30 ; mars 8h30-17h15 ; début avr-fin sept 8h30-19h. Fermeture de la billetterie 1h avt. Fermé 1er janv et 25 déc ; gratuit le 1er dim du mois ainsi que 20 journées gratuites dans l'année (dates à vérifier sur le site).*

- **Entrée :** *12 € + 1 € en prévente sur Internet ; réduc ; gratuit - 18 ans ;* Roma Pass *accepté. Audioguide conseillé : 6 € (à rendre avt 16h).*
- Le site est très vaste : prévoir un chapeau... et du temps (compter ½ journée) !
- **Attention :** on ne peut pas sortir du site pour déjeuner, alors prévoir un pique-nique (le théâtre se révèle un décor idéal !). Sinon, la *Caffetteria degli Scavi* pour dépanner. Grande terrasse. Les toilettes du site se trouvent dans la cafétéria.
- On vous conseille fortement d'investir 2 € pour le ***plan détachable officiel du site,*** publié en français (pour 6 €, vous avez en plus le petit guide du site, bien fait). Les numéros des principaux monuments indiqués ci-après s'y reportent (attention, cependant, ceux de l'audioguide sont différents !).
- Certaines maisons décorées peuvent se visiter le dimanche à 10h30 : casa di Diana, insula di Giove e Ganimede (de Jupiter et Ganymède) ainsi que l'insula delle preti Gialle (murs jaunes). Résas au préalable uniquement par mail (max 10 personnes) sur • *pa-oant.domusostia@beniculturali.it* • (pas de supplément en plus de l'entrée). Même résa pour la visite du site archéologique des *Porti imperiali di Caludio e di Traiano (ouv janv-mars : jeu, ainsi que les 1er et 3e dim du mois, 10h-16h).*

Le site

Nous vous proposons un itinéraire en boucle qui débute à la nécropole et s'achève au musée, en passant devant les monuments les plus remarquables.

Necropoli *(nécropole ;* ***1*****) :** comme de coutume, les sépultures, en pierre et en brique polychromes, se trouvaient hors des murs de la ville. Elles étaient destinées aux classes aisées. Dans la ***via delle Tombe (2),*** ne pas rater les *columbarium,* ces cavités qui renfermaient les urnes funéraires, et les nombreux sarcophages qui portaient des inscriptions grecques. En effet, les commerçants d'origine grecque étaient nombreux dans ce port.

Porta Romana (3) : il s'agit de l'une des 2 portes urbaines ; elle marquait la limite de la ville républicaine. Ici, la via Ostiense, qui arrive de Rome, devient le *Decumanus Maximus.* Sur la gauche, le ***piazzale della Vittoria (5)*** et sa fontaine rectangulaire en brique sont dominées par une magnifique statue de la Victoire ailée. Juste de l'autre côté de la rue, les vestiges des bâtiments de la puissante corporation des charretiers avec leurs thermes privés, les ***terme dei Cisiarii (4).*** Voir la belle mosaïque quadrangulaire de 8,70 m de côté.

Terme di Nettuno *(thermes de Neptune ;* ***7*** *et* ***8*****) :** monter sur la terrasse pour avoir une belle vue sur la ville et surtout pour admirer deux des plus belles mosaïques d'Ostie. La première représente Neptune, dieu de la Mer, traîné par des animaux fantastiques (tête de cheval et corps de poisson). Dans l'autre salle, une autre mosaïque splendide représente Amphitrite, déesse de la Mer, accompagnée de tritons. Descendre de la terrasse pour gagner la *palestre* (gymnase). Elle donne sur des galeries de service en bon état, où l'on observe notamment un *hypocauste,* foyer à bois installé en sous-sol et alimentant un astucieux système de chauffage à air chaud (il existait une vingtaine d'établissements thermaux à cette époque).

Caserma dei Vigili *(caserne des Vigiles ;* ***9*****) :** les vigiles en question étaient les pompiers et policiers de l'époque. Ils surveillaient l'activité portuaire ainsi que la vie nocturne de la cité. À l'époque, ils étaient 400 hommes répartis dans des logements sur 2 étages autour de la cour centrale. Tous militaires, ils étaient tenus d'honorer le culte impérial. Voir par conséquent l'*Augusteum* (sanctuaire consacré au culte impérial), et cette formidable mosaïque montrant le sacrifice d'un taureau. La composition est encadrée à droite et à gauche par la même scène, où un personnage s'apprête à dépecer l'animal : il en taillera une part pour les dieux et une part pour les hommes. Au centre, de gauche à droite : le bouvier, aiguillon en main, vient d'amener la bête. Le taureau, attaché par une corne, n'est pas content du tout : il s'arc-boute, tire la langue et bat l'air de sa queue. À sa droite se tient le sacrificateur, hache levée, prêt à frapper, puis l'autel est allumé (fragmentaire), un joueur de flûte et le prêtre semblent mettre de l'encens et du vin sur l'autel...

Horrea d'Hortense *(entrepôt d'Hortense ;* ***12****)* **:** de forme rectangulaire avec une cour centrale cernée de colonnes, entre lesquelles s'ouvraient les salles où étaient entreposées les marchandises fraîchement débarquées au port d'Ostie. C'est un bâtiment portuaire typique ; la cité en comptait de nombreux. S'ils ne sont pas fermés, voir aussi les entrepôts ***Epagathiana et Epaphroditiana*** *(****42****)*, mieux conservés et dotés d'un beau portique d'entrée.

Teatro *(théâtre ;* ***13****)* **:** construit à l'instigation d'Agrippa, gendre et fidèle conseiller d'Auguste, célèbre promoteur et mécène qui avait déjà commandité les grands monuments publics de Rome, dont le Panthéon. Agrandi par la suite par Commode puis restauré sous Septime Sévère, il finit par accueillir 4 000 spectateurs. En bas, derrière la scène, belles sculptures de masques. Testez l'acoustique : elle est loin d'être mauvaise ! D'ailleurs, en été, on y donne des concerts, pièces de théâtre et autres spectacles de danse (se renseigner).

Foro delle Corporazioni *(forum des Corporations ;* ***14****)* **:** un must d'Ostie ! Réalisé sous Auguste, c'était un lieu de passage mais aussi un abri pour se protéger de la pluie. C'était le noyau des activités commerciales de la ville, surtout du trafic maritime, comme en témoignent les splendides mosaïques, noir et blanc, des 60 salles qui, jadis, cernaient la place. Regarder d'ailleurs cette mosaïque représentant des motifs marins (poissons, bateaux), certainement des armateurs. Ces différents espaces appartenaient à autant de corporations de négociants et d'armateurs, représentant les grands ports de l'empire. Au centre de la place, un podium surmonté d'un temple, probablement dédié à Cérès, protectrice des moissons.

Mithreum delle Sette Sfere *(sanctuaire de Mithra ; mithreum des Sept-Sphères ;* ***15****)* **:** c'est l'un des 18 *mithreum* d'Ostie, temple consacré à la divinité solaire Mithra, d'origine perse, qui connut un immense succès dans le monde romain. On dit même que si le monde n'était pas devenu chrétien, il serait devenu – ou plutôt resté – mithriaque. Les 2 religions ont d'ailleurs de nombreux points communs : monothéisme, grâce accordée à tous et à toutes (et non en fonction des offrandes !), culte intimiste dans un local simple (alors que les cultes traditionnels romains n'avaient lieu que devant le temple grandiose), etc. D'ailleurs, bizarre, bizarre, Mithra serait né un 25 décembre... Le point clé de l'histoire de Mithra est le moment où il sacrifie un taureau pour régénérer le monde, en en soustrayant les éléments vivifiants : un scorpion pince les testicules de l'animal, un chien et un serpent lèchent la plaie, un bouquet s'épanouit de la queue. On retrouve cette iconographie ici, dans le bas-relief situé au fond du *mithreum* des Sept-Sphères. Les décorations des banquettes où s'asseyaient les fidèles font référence aux 7 étapes (ou sphères, d'où le nom du sanctuaire) que l'âme devait franchir pour accéder à la connaissance.

Fullonica *(atelier des teinturiers ;* ***17****)* **:** un petit espace original avec ses cuves qui contenaient les différentes couleurs destinées à teindre les peaux et les tissus.

Domus della Fortuna Annonaria *(****21****)* **:** située dans le quartier résidentiel d'Ostie, près des grands thermes et du forum. Les vestiges de cette villa privée du IIe s donnent une bonne idée de ce à quoi pouvait ressembler une demeure romaine : patio entouré de colonnes, où donnaient les pièces de la maison, le salon avec ses 2 piliers orientalisants en marbre, et au fond à gauche... les latrines privées bien sûr !

Terme del foro (*thermes du forum ;* ***30***) **:** le plus grand établissement thermal d'Ostie. On y remarque ses canalisations en terre cuite qui permettaient de diffuser l'air chaud dans les murs de certaines pièces, à partir d'un foyer central alimenté en bois, appelé *hypocauste.*

Latrine pubbliche (*latrines publiques ;* ***29***) **:** il s'agit de 2 salles, jadis séparées par un mur délimitant les zones hommes et femmes, et bordées d'une banquette en marbre blanc percée d'une vingtaine de sièges. Vraiment étonnant !

Foro (*forum ;* ***34***) **:** c'était ici le cœur d'Ostie, grande place à la croisée de toutes les activités administratives quotidiennes, politiques et religieuses. Au fond du forum se dressent les restes du ***capitole*** *(****38****)*, temple dédié à la triade capitoline : Jupiter, Junon et Minerve. Architecture massive et impressionnante. Du haut des marches, point de vue extraordinaire sur la ville.

Les étals des marchands de poissons *(****56****)* **:** on peut encore y voir les tables en marbre, les viviers, le système d'évacuation des eaux, et ces jolies mosaïques figurant des poissons.

La maison des Auriges, la maison de Sérapis et les thermes des Sept-Sages *(****52, 53*** *et* ***54****)* **:** cet îlot incontournable constitue l'un des coins les plus charmants et les mieux préservés du site. Accès par le portique de la maison de Sérapis *(****52****).* Voir absolument la mosaïque représentant des scènes de chasse, dans la grande salle circulaire, et, au-dessus d'une petite piscine, une fresque de Vénus sortant de son bain, escortée par 2 Éros. La maison des Auriges abrite également de jolies fresques de scènes de char...

La maison d'Amour et de Psyché *(****45****)* **:** une villa tardive (IVe s), parée de décorations en marbre polychrome où l'on peut voir, notamment, une représentation du groupe *Amour et Psyché,* dont la sculpture est conservée au musée.

Thermopolium *(****28****)* **:** traduire « vente de boissons et nourritures chaudes ». Un genre de resto où l'on servait une restauration rapide, du genre galettes, saucisses, soupes, etc., mais aussi le p'tit vin frais de la cave... Admirer les superbes comptoirs en marbre, dont l'un est surmonté d'une fresque représentant des olives dans un pot, des légumes et un fruit ; certainement les aliments qui devaient y être posés. On y voit également une fresque représentant des cymbales qui accompagnaient les repas. Les clients pouvaient aussi consommer « en terrasse », dans la cour intérieure ornée d'une fontaine.

La maison de Diane *(****27****)* **:** un immeuble du IIe s, qui faisait quand même, sur 3 étages, ses 18 m de hauteur (le maximum autorisé sous Trajan)... Si le rez-de-chaussée sur rue était réservé aux commerces (boulanger...), les étages supérieurs abritaient, eux, les gens des classes moyennes. Cette *insulae,* la mieux conservée du site, nous projette dans l'environnement des habitants de l'époque.

Le quartier des meuniers *(****23****)* **:** différentes échoppes où le grain était broyé renferment encore des meules en pierre volcanique. Et les bœufs qui les faisaient tourner ont laissé les traces de leurs sabots dans certaines dalles du sol.

Museo (*musée ;* ***24***) **:** *tlj sauf lun 9h30-18h (16h nov-fév). Même billet que pour le site.* Installé au rez-de-chaussée dans un ancien dépôt de sel du XVe s, ce petit musée contient une belle partie des statues et sculptures originales mises au jour par les archéologues sur le site d'Ostie, et dont vous n'avez vu que certaines copies en le visitant. Voir absolument la statue de la fameuse *Victoire ailée* (l'originale du piazzale della Vittoria ; **5**), le groupe en marbre représentant le sacrifice du taureau à la divinité Mithra, une série de portraits impériaux (Septime Sévère, Maxence) et de personnalités, sans oublier quelques beaux bas-reliefs, comme celui provenant du temple d'Hercule.

À voir. À faire dans les environs d'Ostia Antica

Le bourg d'Ostie : *juste à l'entrée du site archéologique d'Ostia Antica.* Édifié à partir du Xe s par les derniers habitants qui abandonnèrent le site antique d'Ostie, c'est un petit bourg de style Renaissance assez charmant, surplombé par son **castello di Guilio II** *(☎ 06-563-580-13 ; ouv sam 8h30-13h30 et dim 8h30-18h30 ; visites par groupes de 20 pers d'une durée de 1h, à partir de 10h ; entrée gratuite).* Ce château fort du XVIe s contrôlait l'entrée du Tibre, sur un méandre qui fut détourné suite à une inondation... Voir aussi la charmante petite **chiesa Sant'Aurea,** dans ce bourg qui compte aussi 2 restos, à la cuisine plus élaborée, mais aussi plus chers que la cafétéria du site archéologique.

La plage Lido di Ostia : *pour y aller en train, prendre le même itinéraire que pour Ostia Antica, mais descendre après, à la station « Lido Centro ».* Beaucoup de monde en été, notamment le week-end. Pour trouver une plage plus tranquille et assez sauvage, un bus dessert la côte en été à partir de la dernière station de train.

Achats dans les environs

Castel Romano Designer Outlet : *via Ponte di Piscina Cupa, 64, 00128* **Castel Romano.** *☎ 06-505-00-50. • mcarthurglen.com • À env 20 km au sud de Rome. Depuis le périphérique de Rome (GRA ; sortie no 26), prendre la via Pontina (voie express S 148) et sortir à « Castel Romano ». Navette possible partant de la gare de Termini à 9h30, 9h55, 10h30, 11h30, 12h30 et 14h30 ; retour à 11h30, 13h30, 15h30, 16h30, 17h30, 18h30 et 20h (15 € A/R). Tlj 10h-20h (21h ven-dim).* Un énorme magasin d'usine dédié aux grandes marques de la mode italienne et internationale (Geox, Calvin Klein, Roberto Cavalli, Liu Jo, Missoni, Salvatore Ferragamo, Stefanel, Benetton, Patrizia Pepe...). Les prix, de 30 à 80 % inférieurs aux boutiques classiques, valent vraiment le déplacement.

TIVOLI

56 560 hab. IND. TÉL. : 0774

La région de Tivoli est réputée pour son environnement vert. Déjà, l'empereur Hadrien s'y sentait mieux qu'à Rome, et les romantiques aimaient y peindre la nature resplendissante. Cette grosse bourgade, assise sur une colline surplombant la campagne périphérique de Rome, doit sa notoriété aux villas d'Este et Adriana (d'Hadrien), toutes deux classées au Patrimoine mondial de l'Unesco en 2001. Si la première est un chef-d'œuvre Renaissance situé dans la ville même, la seconde demeure un grandiose amoncellement de ruines antiques étalées au pied du bourg. À visiter dans la foulée l'une de l'autre ! Une chose est sûre, Tivoli mérite le détour par beau temps, quand la découverte des villas est enrichie par de superbes points de vue sur Rome et la campagne des alentours.

Comment aller aux villas d'Este et d'Hadrien ?

Situées à respectivement 33 et 29 km du centre de Rome, il faut prévoir 40 mn en voiture (par l'A 24), et au minimum 1h30 en transports en commun. Et vu l'éloignement des 2 sites, l'un de l'autre, et la déclivité du terrain, pas de balade à pied possible entre les 2 villas.

En bus

➢ De Rome, prendre le métro (ligne B) jusqu'à Ponte Mammolo. À la sortie, départ des bus *Cotral (☎ 800-17-44-71 ; • cotralspa.it •).* 3 possibilités : ***bus rapides*** (départs ttes les heures, passent par l'autoroute) ou ***classiques*** (ttes les 15 mn, empruntent la nationale et omnibus), arrêt via Tiburtina (à 1 km de la villa d'Hadrien), puis à Tivoli (villa d'Este) ; autre ***ligne classique*** (ttes les heures), arrêt plus proche de la villa d'Hadrien (à 300 m), puis à Tivoli. Intervalles plus longs dim. Env 5 € A/R.

Conseils

– Les 2 villas sont reliées entre elles par les bus locaux *CAT* (n° 4x ou le n° 4 ; • *catbustivoli.it* •). À Tivoli, départ de la grande place.
– La villa d'Hadrien est beaucoup moins fréquentée que la villa d'Este car plus difficile d'accès et gigantesque à explorer. Sa visite – véritable petite rando archéologique – est également propice au pique-nique. En revanche, elle se fait quasi exclusivement à découvert ; en été, l'idéal est donc de la découvrir tôt le matin ou en fin d'après-midi (en ayant dans ce cas prévu son retour sur Rome).

En train

➢ ***Train régional Roma-Tivoli-Pescara :*** la gare de Roma-Tiburtina se trouve sur la ligne B du métro. La gare de Tivoli (ne pas descendre à « Bagni di Tivoli ») se situe à 1 km du centre et de la villa d'Este (15 mn de marche ou bus). Nombreux départs quotidiens dans les 2 sens (dim, compter un train ttes les 2h). *Env 3 € A/R. Durée : 1h.*

Adresse utile

ℹ ***Ufficio turistico :*** *piazza Nazioni Unite. ☎ 0774-45-31. Tlj sauf lun 10h-13h, 16h-18h.* Plans et petites brochures, dont un circuit (version française théoriquement disponible) couvrant les principaux sites de la ville, infos transports... Attention, l'office de tourisme est peu visible. Ouvrez bien vos yeux !

Où manger ? Où déguster une glace ?

|●| Une très bonne option consiste à ***pique-niquer*** dans un coin tranquille de Tivoli, le parc de la villa Gregoriana par exemple, ou bien dans la verdure des vestiges archéologiques de la villa d'Hadrien.

Alice Pizza : *piazza Garibaldi, 2. ☎ 0774-33-15-93. • info@alicepizza.it • Tlj. À partir de 6 €.* Une chaîne de restauration bien connue à Rome pour ses excellentes pizzas croustillantes, garnies d'ingrédients frais de qualité. À engloutir sur quelques tables et chaises dans un local lumineux ouvert sur la place.

|●| ***L'Angolino di Mirko :*** *via della Missione, 3. ☎ 0774-31-20-27. • info@angolinodimirko.com • Tlj sauf dim soir et lun. Plats 12-25 €, repas 25-40 €.* Une institution depuis 1912 ! Bonnes pâtes maison et plats typiques à base de viande ou de poisson. À déguster dans la salle rustique, ou en terrasse sur la placette. Un poil cher, dommage !

À voir

LA VILLA D'ESTE

– ***Infos :*** *piazza Trento, 5. ☎ 0774-33-29-20. • villaadriana.beniculturali.it •* ***Attention,*** avant de s'y rendre en hiver, se renseigner si les fontaines sont en service. Car la villa d'Este sans eau, c'est plus que décevant !
– ***Horaires d'ouverture :*** *tlj sauf lun mat 8h30-19h45 (19h30 avr, 19h sept, 18h15 oct, 18h mars, 17h15 fév, 16h45 fin oct-janv). Dernière admission 1h avt. Fermé 1er janv, 1er mai et 25 déc.*
– ***Entrée :*** *10 € ; réduc ; gratuit - 18 ans et pour ts 1er dim du mois. Audioguide en français : 5 €.*

★★★ La villa d'Este est avant tout célèbre pour ses vastes jardins à l'italienne, savant mariage de géométrie, de flore et de fantaisie aquatique débridée, illustrée par plus de 50 fontaines !

Un peu d'histoire

En 1550, Hippolyte II vint prendre ses fonctions de gouverneur de Tivoli. En digne fils de la sulfureuse Lucrèce Borgia, il dut trouver bien austère son logement, un vieux monastère bénédictin, car il chargea l'architecte Pirro Ligorio de le transformer en l'une des plus somptueuses villas de l'époque. Pour ce faire, et notamment pour agrandir son jardin, il fit expulser 400 familles ! Mais comme cela ne lui faisait que 4 ha de verdure, le brave Hippolyte demanda également la destruction des 2 églises voisines ; un comble pour un homme d'Église ! Dieu merci, le Vatican refusa. Autre preuve du charmant caractère du personnage : comme Pirro Ligorio était aussi l'archéologue en titre de la villa d'Hadrien, ce cher Hippolyte lui demanda de s'en inspirer largement... et même de se servir directement dans ladite villa pour égayer sa propriété, ce qui fut fait. C'est vrai, quoi, pourquoi se gêner ?

ITINÉRAIRE D'UN ENFANT TROP GÂTÉ

Hippolyte II, petit-fils du pape Alexandre Borgia, hérita du siège d'archevêque de Milan à l'âge de 10 ans. Il fut ensuite archevêque, puis le plus riche cardinal de son époque. Logiquement, il voulut devenir pape. C'était même une obsession ! Il se présenta 4 fois à l'élection au trône pontifical mais ne fut jamais élu en raison des nombreuses intrigues et tentatives de corruption qu'on lui attribuait... À la fin, on ne lui permit même plus de se présenter : il fut exclu de la curie pontificale !

La villa

Si la villa doit surtout à ses jardins de figurer au Patrimoine mondial de l'Unesco, on prendra tout de même le temps de visiter le palais, aux fresques magnifiques.

– Le ***1er étage*** (au niveau de la cour d'entrée, dite « de Vénus ») renferme les appartements privés du cardinal. Dans sa chambre, 16 figures féminines personnifiant les vertus composent une frise surmontée d'un plafond à caissons très élaboré. On y découvre les armes d'Hippolyte, l'aigle et la fleur de lys, ainsi que sa devise, allusion aux fruits du jardin des Hespérides, et par là à Hercule, omniprésent dans toute la déco de la villa. Une preuve que le cardinal s'identifiait à ce dieu antique fort ! Au-delà de la chambre, on remarque encore une chapelle privée quasi entièrement décorée par Zuccari, maître du maniérisme romain, parée d'éléments architecturaux en trompe l'œil, comme la plupart des pièces du palais, et les belles chambres de Moïse et de Noé.

– Au ***rez-de-chaussée,*** un étonnant corridor à la voûte couverte de mosaïques et agrémenté de 3 fontaines conduit aux pièces de réception. Parmi elles, le *salon de la Fontaine,* où sont représentés les jardins de la villa, encadrés de colonnes torsadées, s'ouvre sur la loggia d'où la vue sur le vieux bourg de Tivoli et sur les jardins est absolument superbe !

Les jardins

Ah les jardins ! Hippolyte les obtint de bien cruelle façon (voir encadré), mais quel incroyable jeu d'optique et de perspective ! Il faut savoir que ces *giardini delle meraviglie (jardins des merveilles)* n'ont jamais cessé d'évoluer depuis le XVIe s. Et si l'on est frappé par leur apparente homogénéité, s'y côtoient en réalité des éléments Renaissance, baroques, voire rocaille... certaines fontaines datant même de 1927 ! Vous serez certainement ébloui par la profusion de jets d'eau, bassins et cascades qui inspirèrent aussi bien Montaigne que Fragonard ou Maurice Ravel. Ce qui frappe, c'est la fusion entre ces ouvrages et la nature magnifique. Au gré des allées soigneusement entretenues, on croise des cyprès vieux de 400 ans qui inspirèrent une sonate à Franz Liszt (c'est à la villa que ce dernier reçut les ordres mineurs pour devenir l'abbé Liszt) ou encore des rosiers centenaires...

Les fontaines

Pour acheminer l'eau de la rivière voisine (l'Aniene), Pirro Ligorio fit construire un aqueduc, mais comme cela ne suffisait pas, il fit creuser sous la ville un gros tunnel, mit à profit la dénivelée du terrain et calcula la pression naturelle de l'eau pour l'utiliser au maximum. Bref, tous les jeux d'eau sont obtenus à partir du principe des vases communicants, sans aucun recours à une force motrice. Génial, non ?

Parmi nos fontaines préférées, ne ratez pas les ***Cento Fontane*** *(Cent Fontaines),* soit une centaine de jets d'eau sortant de masques grotesques, le tout formant une superbe allée symbolisant la voie (royale ?) qui mène à Rome et donc au trône de pape, vainement convoité par Hippolyte. Elle conduit à l'est à la belle ***fontana dell'Ovale*** *(fontaine de l'Ovale),* qui doit son nom à l'énorme vasque où une Sibylle est entourée de personnages masculins benoîtement allongés, représentant le Tibre et l'Aniene (la rivière locale). À l'ouest, elle s'achève par l'immense ***fontana della Rometta*** *(fontaine de la Romette),* soit une Rome en miniature. Vous y verrez la louve et les jumeaux, la barque symbolisant l'île Tibérine, l'obélisque de la piazza del Popolo (le premier rapporté d'Égypte), la basilique Saint-Jean-de-Latran, de petits temples représentant les 7 collines de Rome, ou encore, dans une grotte artificielle, ce personnage de dos qui, soutenant le monde, incarne le Tibre et l'ambition de l'ancien proprio des lieux. Au-delà de ce véritable paysage aquatique, petite vue sur Rome, au loin, et sur les carrières de travertin.

En contrebas, la ***fontana della Civetta*** *(fontaine de la Chouette)* produit, grâce à un subtil mécanisme séparant l'air de l'eau connu dès l'Antiquité, un doux gazouillis ; mais elle n'est pas en fonction ! À l'origine, de petits jets d'eau dissimulés dans le sol arrosaient par surprise les spectateurs ébahis ! Plus bas, une large allée rythmée par 3 grands bassins, d'anciens viviers où s'ébattaient autrefois des cygnes et des canards, conduit aux grands jets d'eau de la ***fontana di Nettuno*** *(fontaine de Neptune),* surmontée de l'étonnante ***fontana dell'Organo*** *(fontaine de l'Orgue).* Son mécanisme, analogue à celui de la fontaine de la Chouette – les deux ont été conçues par le même ingénieur français – émet un madrigal de Palestrina *(à 10h30, 12h30, 14h30 et 16h30).* Son esthétique n'est pas forcément la plus réussie, mais ses cariatides torsadées sont des plus sexy, non ?

Enfin, si vous voulez rendre hommage à la fécondité artistique de ce jardin, cherchez donc la statue d'Artémis, dont on vous rappelle qu'elle ne serait pas couverte de seins mais de testicules de taureau ! Cette statue antique provient comme beaucoup d'autres de la villa d'Hadrien...

LA VILLA ADRIANA *(villa d'Hadrien)*

– **Infos :** *largo M. Yourcenar, 1. ☎ 0774-38-27-33. • villaadriana.beniculturali.it • Possibilité de monter en voiture jusqu'au site (parking env 3 €).*

– **Horaires d'ouverture :** *tlj 8h30-19h30 (19h sept et fin mars-avr, 18h30 mars et oct, 18h fév, 17h fin oct-janv). Dernière admission 1h30 avt. Fermé 1er janv, 1er mai et 25 déc.*

– **Entrée :** *10 € ; réduc ; gratuit - 18 ans et pour ts 1er dim du mois oct-mars. Audioguide en français : 5 € (bien fait, il permet aussi d'orienter la visite).*

Cette villa somptueuse fut construite de 117 à 134 apr. J.-C. pour Hadrien qui y vécut les dernières années de son règne. Il fut d'ailleurs le seul empereur à

élire domicile hors de sa capitale. Se trouver en pleine nature, à 2h de cheval de Rome, permettait selon lui d'élever l'esprit et de mieux réfléchir. Ne partageant pas cette opinion, ses successeurs restèrent au Palatin...
Rappelons que « villa » désigne en latin une propriété et non une maison. Ici, résidence impériale oblige, elle se distingue par ses dimensions colossales – près de 200 ha –, mais aussi par le nombre et la qualité des bâtiments qui en font une véritable ville ! Ainsi, à côté des logements de l'empereur et de son personnel, on trouvait une caserne, des thermes grandioses (les vestiges de fresques et de pavements en témoignent), un stade, un hippodrome et un gymnase, 2 théâtres, 2 bibliothèques et un temple. Passionné de culture hellénistique et grand voyageur, Hadrien voulut créer une sorte d'album de souvenirs géant, garni de nombreux monuments qu'il avait tant admirés en Grèce, en Asie Mineure et en Égypte. Évidemment, la *villa Adriana* est aujourd'hui en ruine, victime des Barbares, mais aussi d'esthètes et de marchands qui s'emparèrent sans vergogne des nombreuses sculptures, fresques, mosaïques et matériaux bruts.
L'ensemble des vestiges forme en tout cas un paysage de ruines très bucolique et encore riche de secrets, car la villa n'a jusqu'à ce jour jamais fait l'objet de fouilles systématiques... La maquette exposée dans une petite bâtisse en haut de l'allée d'accès (avant le *pecile*) donne une idée de ce qu'elle pouvait être à son apogée. Une idée seulement, car si les fondations permettent d'en deviner le plan, l'élévation réelle des bâtiments reste beaucoup plus hypothétique, en l'absence de descriptions précises.
Parmi les éléments les plus remarquables, citons le ***pecile,*** vaste quadriportique (97 m x 232 m) se déployant autour d'une piscine, lieu de promenade à l'origine couvert. Puis en prenant à gauche, le ***théâtre maritime,*** un îlot entouré d'une superbe colonnade sur lequel Hadrien aimait se retirer. Au-delà des thermes, il ne faut surtout pas louper le ***canope.*** Ensemble monumental le plus connu de la villa, ce superbe bassin entouré de colonnes et de statues antiques reproduit, en miniature, un bras du delta du Nil. En été, Hadrien profitait de cette vue exotique depuis un ***triclinium*** (salle à manger) aménagé dans un bâtiment semi-circulaire ouvert sur la nature.

PARCO VILLA GREGORIANA

Largo Sant'Angelo : *☎ 0774-33-26-50. • fondoambiente.it • Ouv tlj : juil-août 9h-20h ; 23 mars-juin 10h-18h ; 1er sept-15 oct 10h-18h30 ; 1er-22 mars 10h-17h ; nov-déc 10h-16h. Entrée : 8 € (tarif famille).* Parc situé à Tivoli, au nord-est de la ville, au pied de l'ancienne acropole, où dominent les vestiges de 2 temples, dont le temple de Vesta. Le pape Grégoire XVI en 1835 a fait détourner la rivière proche pour en faire un parc de toute beauté ! Un véritable havre de paix, à l'image d'un jardin aquatique de l'époque, avec cascades spectaculaires, bois et chemins de promenade. Tombé en désuétude puis en ruine, il a rouvert au public en 2005 grâce à la FAI, association qui préserve les monuments et sites italiens. On peut dès lors se promener dans cet immense parc arboré et voir la grotte de Neptune et celle des Sirènes. Également les vestiges de la villa luxueuse d'un consul romain.

LES CASTELLI ROMANI

Située au sud-est de Rome et aussi connue sous le nom de *colli Albani,* c'est une région campagnarde et montagneuse, parsemée de lacs volcaniques. Les riches Romains de l'Antiquité s'y faisaient construire des villas où ils venaient se reposer de la capitale, au frais. Mais attention, les « châteaux

romains » n'en sont pas ! C'étaient à l'origine plusieurs villages fortifiés au Moyen Âge, qui ont finalement contribué à l'appellation de la région tout entière.
Si les collines des Castelli Romani se montrent verdoyantes à souhait, elles sont néanmoins assez construites, et la circulation automobile y demeure importante, même en semaine. Toutefois, certains sites conservent un caractère simple et authentique. Ce sont ceux-là que nous allons vous faire découvrir, mais ne comptez pas y trouver un cachet qui puisse donner le change aux monuments de Rome !

➢ ***Pour y aller :*** la voiture est, de loin, la meilleure solution, d'autant que la via dei Laghi (la route des Lacs) offre de belles échappées.

Où manger ?

À Frascati (00044)

|●| *Cantina Il Pergolato :* *via del Castello, 20. ☎ 06-942-04-64. • ilpergolato@hotmail.it • Dans la rue qui descend derrière la halle du marché. Tlj 11h-23h. Menus 18-25 € ; carte 20-25 €.* Cette grande taverne typique et populaire, à la déco kitschouille, propose un généreux self-service (légumes grillés, *porchetta,* charcuterie, fromages). Puis, on montre du doigt la viande désirée, ou on commande pâtes et pizzas. Ensuite, on partage les grandes tablées et, pendant qu'on se régale des *antipasti,* la viande grille sur le barbecue... Le vin local descend tout seul. Un endroit vraiment insolite.

À Grottaferrata (00046)

|●| *Ristorante Peppa e Nando :* *via Roma, 4. ☎ 06-945-99-89. • hello@peppaenando.com • Tlj. Carte 35-40 €. Menu 35 € qui change chaque mois.* Ce resto étale un cadre et une ambiance rustico-chic (parquet, mobilier dépareillé). Dans l'assiette, fine cuisine de saison avec des recettes savoureuses et surprenantes où, à chaque étape, on choisit entre la mer et la terre. Pour le vin, on vous laisse découvrir la cave... Accueil avenant.

|●| *Al Buco :* *via Giovanni Amici, 3. ☎ 06-000-44-85. • albuco.digrottaferrata@gmail.com • Tlj sauf lun, midi et soir. Pas beaucoup de place, résa indispensable ou venir dès 19h30. Pâtes autour de 10 € ; plats 15-20 €.* Salle aux dimensions restreintes, tables nappées de carreaux. La *nonna* est aux fourneaux. *Antipasti* gargantuesques (1 pour 2 suffit). Le reste est à l'avenant : cuisine romaine de saison authentique, plats succulents, variés et originaux à prix modérés. Un festival de saveurs inédites. Vous pouvez y aller les yeux fermés, vous ne serez pas déçu. Accueil courtois.

|●| *Antica Fontana :* *via Domenichino, 24. ☎ 06-941-36-87. • info@anticafontana1989.it • Tlj sauf lun et mar midi. Congés : janv. Carte 20-40 €.* Un resto-pizzeria où la verdure s'insinue partout dans la salle principale et jusqu'en terrasse. Côté fourneaux, on se régale des spécialités typiques, avec les produits locaux et des pizzas qui se défendent. Une adresse pour toutes les bourses.

À Castel Gandolfo (00040)

|●| *Bar Carosi :* *piazza della Libertà, 22-23. Tlj sauf dim-lun 6h30-20h.* Un bar plutôt banal, mais qui a l'originalité de proposer le cappuccino avec le fameux lait estampillé « Fattoria Ville Pontificie » qui provient donc de la ferme pontificale tout à côté. Accueil souriant.

|●| *Antica Pasta all'uovo Innocenzio :* *corso della Repubblica, 40. ☎ 06-839-064-82. Compter 15 € pour un repas.* Un local dans l'unique rue principale de Castel Gandolfo où toute la famille déploie énergie et gentillesse depuis 1980 ! Délicieuses pâtes à un prix démocratique à piocher parmi les 3-4 choix proposés. Pâtes savoureuses et en quantité ! Vente à emporter.

À voir. À faire

– ***Goûter aux bons vins de Frascati :*** les vins du Latium sont essentiellement des blancs élevés sur les collines des Castelli Romani. Ensoleillé à souhait et jouissant de sols volcaniques fertiles, le terroir de Frascati assure le gros de la production. On conseille donc aux amateurs la découverte du *frascati superiore,* un étonnant petit vin blanc à la fois vif et fruité, qui se savoure volontiers de l'*aperitivo* aux *dolci.*

Monastero esarchico di San Nilo a Grottaferrata *(abbazia greca di San Nilo)* **:** *corso del Populo, 129, 00046* ***Grottaferrata.*** *☎ 06-945-93-09. • abbaziagreca.it • Tlj 7h-19h30 (20h30 au printemps et en été).* Cette abbaye fut fondée en 1004 sur les ruines d'une ancienne villa romaine, par une poignée de moines venus de la Calabre byzantine, et guidés par San Nilo de Rossano. Fortifiée au XVe s, elle demeure le dernier des nombreux monastères byzantins essaimés dans le sud de l'Italie et jusqu'à Rome. À l'origine, l'église était dédiée à la Vierge. On y pratique depuis l'origine le culte catholique de rite byzantin-grec. Sa déco intérieure brille notamment par la mosaïque byzantine du XIIe s, placardée derrière l'autel, représentant les apôtres à la Pentecôte. Le plafond, lui, a été commandité au XVIe s par le fameux cardinal Farnèse ; preuve du soutien et de la bonne entente avec l'Église de Rome. Le maître-autel du XVIIe s est signé du Bernin. Une visite qui vaut le détour.

Nemi : notre village préféré avec son point de vue formidable ! Accroché à la montagne verdoyante qui surplombe littéralement ce lac volcanique, c'est un charmant patelin médiéval de caractère, dominé par le donjon cylindrique de son château. Plusieurs terrasses de cafés et de restos, avec une vue à couper le souffle. Les Italiens s'y retrouvent le week-end pour manger des glaces... à la fraise, bien sûr ! Car le lieu est aussi réputé pour ses fraises des bois, qui sont, il faut bien le reconnaître, sacrément bonnes (et sacrément chères aussi !)... Des fêtes orgiaques se déroulaient ici du temps de Caligula, et ce dernier faisait même voguer des navires fabuleux sur les eaux du lac de Nemi. On peut en admirer quelques épaves – repêchées au fond du lac – exposées au palais Massimo, à Rome.

CASTEL GANDOLFO

Situé à 20 km au sud-est de Rome. Si la cité antique d'Alba Longa – rivale de Rome en son temps – a été localisée à Castel Gandolfo, on vient ici pour musarder sur la jolie place du village, visiter ses jardins de 55 ha et depuis l'arrivée du pape François le fameux palais d'été du pape. Le château fut édifié au XVIIe s par Maderno sur une agréable place dessinée par le Bernin, avec son église, sa fontaine, ses bistrots et autres magasins de souvenirs. Observez sur la piazza della Libertà la première boîte aux lettres au monde datant du 23 novembre 1820 à votre droite quand vous êtes face au palais. En contrebas du village, le lac volcanique d'Albano (le plus profond des lacs italiens) offre une vue plaisante. C'est ici qu'Hannibal a débarqué avec ses éléphants. Pour la petite histoire, sachez que Castel Gandolfo est jumelé avec... Châteauneuf-du-Pape !

Comment y aller ?

➢ ***En train :*** prendre un train à la gare de Termini. Départ ttes les 2h de 6h à 22h. Compter 40 mn de trajet. Billet : 2,10 €. Pour le retour, trains directs à 11h51 (arrivée à 12h34) ; 13h51 (arrivée à 14h34) puis ttes les heures à partir de 14h51 jusqu'à la fin de la journée.

➢ Programme Vatican *Full Day* : après avoir visité la chapelle Sixtine et les musées avec une entrée coupe-file à

8h, rdv à la gare du Vatican (située à l'arrière de la basilique), à bord de la navette électrique à destination de Gandolfo pour la visite des villas pontificales et du jardin Barberini. Retour au Vatican 17h30. Prix : 43 €. Tarif Famille. Rens sur • *museivaticani.va* •

Infos utiles

– ***Infos :*** *site officiel pour réserver les billets* • *museivaticani.va* •

– ***Horaires d'ouverture :*** *palais et jardins ouv le mat seulement durant la sem : 8h30-14h (dernière entrée à 13h) ; le sam 9h-17h30 (dernière entrée à 16h30). Fermé le dim sauf en avr (à l'exception du dim de Pâques), mai, juin, sept et oct. Attention aussi aux fêtes religieuses, le site étant fermé ces jours-là.* ***Le mieux est de consulter le site plus haut, très à jour.***

– ***Entrée*** *(comprenant l'audioguide) :* *11 € pour le palais ; 20 € pour les jardins et la balade dans le petit train (seulement le sam) ; 25 € le billet cumulé (possible seulement le sam) ; tarif famille (parents + 2 enfants 6-18 ans). Également un billet* Full Day *à 43 € (voir plus haut).*

À voir

Acquis à la fin du XVIe s à la famille Savelli, le palais a subi d'importants travaux sous le pape Urbain VII en 1626 afin de le rendre agréable et vivant pour les séjours d'été des papes. À la suite de l'annexion de l'Italie, le bâtiment fut fermé pendant 60 ans ; il retrouva son statut de palais d'été pontifical après les accords de Latran en 1929. C'est sous le pape Pie XI, dans les années 1930, qu'a été fondé un domaine agricole d'une vingtaine d'hectares qui alimente en partie le Saint-Siège (avec quelque 500 poules, une vingtaine de vaches, des ruches, un potager et des oliviers). D'ailleurs, quelques restaurants du village en ont la primeur !

Le bâtiment, vu de l'extérieur, est imposant. On distingue une horloge à la romaine avec les 6 chiffres indiquant les heures de prière ainsi que le balcon où Benoît XVI fit sa dernière apparition officielle.

– La visite débute par la cour des Audiences où sont exposées les papamobiles (les plus anciennes sont au musée des Carrosses au Vatican), notamment celle dans laquelle circulait Jean-Paul II le jour de son attentat le 13 mai 1981. Les plaques sont toujours frappées de l'écusson du pape en place ainsi que le sigle SCV1 (Stato de la Città del Vaticano). Belles statues de saint Pierre et de saint Paul.

– ***Au 1er étage,*** la visite continue avec la galerie des Papes, où sont accrochées des copies de peintres. Admirer aussi certaines chasubles exposées dans les vitrines comme celle de Scipion Borghèse. Beaux portraits de papes marquant l'histoire de la papauté comme ceux de Jules II, Léon X de Médicis (mécène de Raphaël), Sixte V (pape des Obélisques), Paul III (famille Farnèse), Urbain VIII (mécène du Bernin), Pie XI. Ce dernier a la particularité de n'être pas sorti pendant 59 ans de Castel Gandolfo pour protester pacifiquement contre la réunification de l'Italie... Jusqu'aux accords du Latran !

– ***Au 2e étage,*** l'appartement privé avec plusieurs salons dont la salle des papes avec les

HOSPITALITÉ PAPALE

Pie XII, pape durant la Seconde Guerre mondiale, a ouvert les portes du palais permettant à quelque 12 000 Italiens d'être à l'abri des atrocités du régime nazi. Savez-vous qu'il y a eu une recrudescence de bébés nommés Pio ou Pia pendant cette période ? Tout simplement parce que la chambre à coucher du pape a été provisoirement transformée en pouponnière. Une quarantaine d'enfants y sont nés.

portraits des souverains pontifes du XIXe s. Admirer le salon vert, utilisé comme salle d'attente pour accéder au salon du trône. De la salle de musique, on peut voir le train qui relie le Vatican à Castel Gandolfo. Jolie chapelle, contiguë à la chambre à coucher, construite pour Jean-Paul II. D'ailleurs la peinture de 1920, relatant l'épisode de la Vistule entre les Bolcheviks et les Polonais, témoigne de l'attachement de celui-ci à son pays d'origine. Enfin, la galerie Alexandre VII Chigi est une galerie de passage transformée en nurserie pendant la Seconde Guerre mondiale !

– ***Les jardins :*** le palais fut construit sous Domitien au Ier s sur 14 ha. Aujourd'hui, une partie de cette résidence est occupée par les jardins pontificaux, dessinés à l'italienne. Quelques vestiges de l'époque de Domitien (théâtre romain, voies romaines) et surtout d'antiques cryptoportiques dont une fontaine très bien conservée. Les jardins ont été redessinés dans les années 1930.

HOMMES, CULTURE, ENVIRONNEMENT

BOISSONS

Les vins du Latium *(I vini laziali)*

Amateur de vin ou non, n'oubliez pas le proverbe romain : « *Buon vino fa buon sangue !* » Fort de cette recommandation, vous voilà maintenant déculpabilisé pour partir à la découverte des vins du Latium, qui représentent près de 5 % de la production nationale. En tout, ce terroir compte ***5 IGT*** (*indicazione geografica tipica* ; vins de pays portant une indication géographique), ***24 DOC*** (*denominazione di origine controllata* ; l'équivalent de nos AOC, conformes à des critères stricts) et ***3 prestigieuses DOCG*** *(denominazione di origine controllata e garantita),* vins produits sous une réglementation encore plus contraignante...

– Les routards se souviendront sans doute du ***blanc des Castelli Romani,*** région au sud de Rome. Appellation générique qui regroupe 2 DOCG : *frascati superiore* et *cannellino di frascati,* et plusieurs DOC, dont les fameux *colli albani, colli lanuvini, marino* et *montecompatri colonna...* Les 2/3 de la production totale de DOC et DOCG du Latium se font ici, sur des terres ensoleillées et fertiles qui favorisent notamment les cépages trebbiano et malvasia.

– En dehors des ***blancs*** fruités des Castelli Romani, qui se boivent comme du petit-lait (vins de 10,5° à 11,5° seulement), le Latium produit dans la région de Viterbo un blanc fort réputé de Montefascione. Pour clore le chapitre sur le blanc, on oublie parfois de mentionner – parmi les vins de la région – l'*orvieto* (*classico* ou non), que l'on retrouve dans la province de Viterbo... Dernière remarque : on note que le Latium produit essentiellement des vins tranquilles (sans bulles), vifs et fruités. Faciles à boire, en somme !

– Les ***rouges*** abondaient naguère dans la région des Castelli Romani, avant la crise du phylloxéra qui détruisit les vignes dans la 2de moitié du XIXe s. Aujourd'hui, les rouges y font figure d'exception, provenant pour la plupart du sud de Rome (Castelli Romani, Frosinone) : *velletri, cesanese del piglio* (la 3e DOCG du Latium)... ou de Cerveteri (au nord de Rome). Les principaux cépages sont le merlot, le sangiovese, le montepulciano (au nord) et le cesanese.

– Enfin, parmi les ***vins de table*** *(vini da tavola)* et autres IGT, on débusque de très bons rouges, à commencer par le *torre ercolana* (un des meilleurs rouges d'Italie ; région d'Anagni), le *colle picchioni* et le *vigna del vassalo,* provenant tous 2 du même producteur (dans les Castelli Romani)...

Suivez donc nos conseils

– Pour goûter un bon vin blanc des Castelli Romani, prenez une bouteille de *frascati superiore* (5-10 € la bouteille).

– À Rome, les ***bars à vins*** *(enoteche)* sont, avec les producteurs, un endroit privilégié pour goûter aux vins italiens et en particulier à ceux du Latium. On vous en indique dans chaque quartier...

– Si vous ne voulez ni vous spécialiser dans la dégustation ni grever votre porte-monnaie trop lourdement, sachez que la plupart des restos propose aussi du vin au pichet ou au verre *(vino della casa),* en général très correct et à prix démocratique.

La sambuca

C'est ***LE digestif traditionnel des Romains à base d'anis,*** auquel une marque est naturellement associée : ***Molinari,*** nom de la fabrique familiale fondée à Civitavecchia qui produit cet alcool. Il se boit frais et à toute heure, souvent servi avec 3 grains de café *(con mosca).* Sur la côte adriatique, on met un peu de *sambuca* pour corriger son café *(caffè corretto).* À Rome, on le corrige non pas avec de la *sambuca...* mais avec de la *grappa* !

Le café

On le commande et on le boit généralement au comptoir en 2 gorgées, à l'italienne ! Le fait de vous asseoir peut en tripler le prix. À vous maintenant de faire le tri parmi toutes les sortes de cafés. Il y a le simple ***espresso :*** certains le souhaitent ***ristretto*** (serré), ***lungo*** (allongé), ***doppio*** (double) ou encore ***macchiato*** (« taché » d'une goutte de lait froid, tiède ou chaud). Le café au lait se dit ***caffè latte.*** À ne pas confondre avec le fameux ***cappuccino*** **:** avec de la mousse de lait et parfois saupoudré d'une pincée de poudre de cacao, qu'on boit généralement matin (seuls les touristes le boivent l'après-midi).

Le chocolat

La ***cioccolata calda*** est pour certains meilleure que le cappuccino qui, dans bien des endroits touristiques, se transforme de plus en plus en un banal... café au lait. Ce chocolat chaud réalisé dans les règles de l'art est extrêmement onctueux, voire très épais (la cuillère tient quasiment toute seule !)... Un vrai régal à déguster à la petite cuillère et une foule de calories qu'il faut ensuite dépenser !

L'eau

L'eau du robinet est potable et son goût demeure plutôt agréable, mais elle n'est malheureusement jamais servie dans les restaurants, où l'on vous propose toujours de l'eau minérale (qui vous est facturée). Précisez ***aqua naturale*** si vous souhaitez de l'eau plate, ***aqua minerale*** ou ***frizzante*** si vous préférez l'eau gazeuse. Si vous y tenez absolument, demandez l'*acqua del rubinetto,* mais c'est plutôt mal vu ! Enfin, n'oubliez pas qu'il existe environ 300 fontaines publiques dans Rome, unique ville au monde à proposer une telle distribution d'eau potable dans ses rues. Surnommées « *nasoni* » pour leur forme courbe ressemblant à un gros nez, ces fontaines vous seront bien utiles – à défaut d'être écologiques – pour remplir la gourde ou la bouteille en plastique pour la journée...

CINÉMA

Filmographie

Le cinéma naît en Italie comme en France en 1895. Cette année-là, un certain ***Alberini*** fait breveter une machine qu'il nomme *Kinetografo Alberini,* destinée à prendre, tirer et projeter des films. Alberini réalise la 1re fiction italienne, *La Presa di Roma,* diffusée à l'occasion de l'anniversaire de la prise de Rome, justement, le 20 septembre 1905. Le film a même été projeté sur la porta Pia ! La même année, on célèbre à Rome l'ouverture du *Moderno,* le 1er cinéma du monde. On assiste aussi à la naissance des 1res sociétés de production, telle la Cinès, créée en 1906 et ancêtre de la fameuse Cinecittà.

En tant que thème cinématographique et lieu de production, Rome joue déjà un rôle majeur dans le cinéma italien, même si Turin est considérée comme la capitale du cinéma à cette époque. Les studios de production fleurissent à Rome et à Turin à partir de la 2de moitié des années 1900, bien que les techniciens spécialisés se fassent rares. On les fait venir de l'étranger, surtout de France. C'est aussi le cas pour les acteurs, comme le célèbre ***André Deed,*** qui était déjà connu en France en tant que 1er acteur comique. Son personnage burlesque, Boireau, a inspiré celui de Cretinetti en Italie, que Deed a incarné lui-même. Les courts films mettant en scène Cretinetti, star du cinéma burlesque muet, étaient très populaires à l'époque. En 1908, le 1er film historico-épique italien est diffusé : *Les Derniers Jours de Pompéi.* Ainsi, en Italie, de plus en plus de salles de projection stables ouvrent leurs portes, une première en Europe. Ces salles sont mieux adaptées au format du long-métrage, qui s'installe en Italie avant la France.

Jusqu'aux années 1910, le cinéma italien connaît une période faste. Entre 1912 et 1914, Rome et Turin deviennent 2 centres de production des 1ers films épiques et historiques. Les films notables dans l'histoire du cinéma sont *Quo vadis ?* du très romain ***Enrico Guazzoni,*** et le colossal péplum *Cabiria* de ***Giovanni Pastrone,*** tourné et diffusé pour la 1re fois à Turin. C'est le 1er film de 600 m de pellicule à être diffusé sans interruption !

La Première Guerre mondiale vient mettre un terme à cette ascension spectaculaire. Durant les années 1920, le cinéma italien traverse une terrible crise. L'arrivée du cinéma parlant, au début des années 1930, n'arrange rien : seuls 13 films sont produits en Italie en 1931 ! La relance s'opère grâce au soutien de l'État, avec la création à Rome de 2 institutions sacrées du cinéma italien : l'école *Centro Sperimentale* en 1935 et les immenses studios de Cinecittà en 1937. Les écrans italiens offrent alors essentiellement des produits aseptisés, les seuls tolérés par le régime fasciste, que certains films glorifient. Les années 1930 sont cruellement dépourvues de créativité artistique, malgré le nouvel élan économique donné par l'État fasciste.

Il faut attendre les années 1940 pour qu'apparaissent les signes d'un renouveau, lorsque des écrivains, journalistes et cinéastes appellent de leurs vœux une autre manière de concevoir le cinéma. Les films néoréalistes sont les 1ers à être tournés, non pas dans un décor de théâtre, mais dans les rues et les campagnes. L'Italie se distingue alors mondialement avec ce mouvement qui révolutionne l'histoire du cinéma. C'est à la Libération, avec *Rome, ville ouverte* (1945) de ***Roberto Rossellini*** (avec Federico Fellini comme assistant et coscénariste), que s'opère la révélation du néoréalisme. Le film met en scène la capitale occupée. Il est le 1er du genre à traiter de l'histoire immédiate sous forme de fiction, en choisissant de surcroît la voie du témoignage distancié. Plusieurs films illustrent ce courant novateur, dont *Le Voleur de bicyclette* (1948) de ***Vittorio De Sica,*** une histoire terriblement ancrée dans le réel misérable de la Rome de l'après-guerre et un film puissamment néoréaliste, car tourné en décors naturels et avec des comédiens non professionnels. Côté potins, la belle ***Gina Lollobrigida*** *(Fanfan la Tulipe ; Pain, Amour et Fantaisie...)* arrive 2e au concours de Miss Rome en 1947. L'année précédente, ***Silvana Mangano*** *(Riz amer ; L'Or de Naples...)* remportait la 1re place...

Au début des années 1950, les producteurs américains s'entichent de la petite « Hollywood-sur-Tibre » et viennent y tourner nombre de péplums et autres films en costumes. Sans oublier le must des comédies romantiques : *Vacances romaines* (1953) de l'Américain William Wyler, avec Audrey Hepburn et Gregory Peck.

Au début des années 1950 les réalisateurs italiens montrent leur volonté de se démarquer. Après les films traitant d'histoire ou de problèmes sociaux, le cinéma italien devient plus existentialiste. Dans cet esprit de remise en question, ***Michelangelo Antonioni, Federico Fellini, Luchino Visconti*** et ***Pier Paolo Pasolini*** sont les réalisateurs les plus reconnus.

En parallèle, le climat politique nouvellement conservateur appelle à la légèreté. Il tend à faire basculer le cinéma italien vers des films destinés uniquement à divertir le public. Des genres nouveaux apparaissent. La comédie est très populaire auprès du grand public. Le « néoréalisme rose » est une sorte de sous-catégorie de comédies romantiques, avec des personnages issus de la classe populaire et un réalisme certain. La fameuse ***commedia all'italiana*** naît à la fin des années 1950, avec son humour noir et cynique. Ce genre-là traite de sujets comme le rôle de la morale au cœur du boom économique italien, les problèmes de la classe moyenne, la politique... Quelques exemples en sont *Divorce à l'italienne* (1961) de ***Pietro Germi,*** *Les Monstres* (1963) de ***Dino Risi*** ou encore *Le Pigeon* (1958), un petit chef-d'œuvre de ***Mario Monicelli,*** avec ***Marcello Mastroianni*** et ***Vittorio Gassman.*** Un genre bientôt éclipsé dans sa fonction de pur divertissement par le western spaghetti.

Bientôt, le grand ***Fellini*** investit les studios de Cinecittà. Il y tourne LE film qui reste dans les mémoires par-delà tous les autres, tant on a vu et revu ses scènes mythiques : *La Dolce Vita* (1960). Des faubourgs romains à la basilique Saint-Pierre en passant par les rues désertes de Rome *by night,* sans oublier la célèbre scène de la baignade de l'actrice Anita Ekberg et de Marcello Mastroianni dans la fontaine de Trevi... De son côté, ***Pasolini*** reprend dans ses films le thème de ville mère, avec *Mamma Roma* (1962) notamment, l'histoire d'une mère prostituée à Rome, admirablement jouée par ***Anna Magnani*** (actrice romaine par excellence), qui décide de changer de vie pour son fils. Un film qui illustre aussi l'histoire du prolétariat et de sa pénible condition dans la Rome de l'après-guerre.

PAPARAZZO

En 1959, Fellini sort son chef-d'œuvre, La Dolce Vita, *avec Marcello Mastroianni. On y voit un photographe pour vedettes, plutôt sans foi ni loi. Dans le film, il s'appelle Paparazzo. Ce qui donne, au pluriel, « paparazzi » !*

Un certain ***Sergio Leone*** réalise, en 1964, à Cinecittà, son 1er film intitulé *Pour une poignée de dollars,* avec un acteur américain inconnu : Clint Eastwood. La musique composée par ***Ennio Morricone*** contribue aussi pour beaucoup au succès du film. En 1968, Leone écrit *Il était une fois dans l'Ouest...*

Dès la fin des années 1960, le cinéma italien évolue de nouveau, influencé par la *Nouvelle Vague* française. Dans les années 1970, une nouvelle génération de réalisateurs redessine le paysage du cinéma italien. Parmi eux, ***Bernardo Bertolucci,*** célèbre pour *Le Dernier Tango à Paris* en 1972 (un film qui continue de faire polémique aujourd'hui) et ***Marco Bellocchio,*** précurseur de Mai 68 et réalisateur de *Au nom du père* (1971). N'oublions pas de citer ***Liliana Cavani,*** une femme réalisatrice ! Elle a provoqué une forte controverse avec son film *Portier de nuit* (1974), traitant de la relation entre une rescapée des camps de concentration et l'ancien garde nazi de sa prison.

Ettore Scola réalise de nombreux films cultes à Rome, dont le grinçant *Affreux, sales et méchants* (1976) et le magnifique *Nous nous sommes tant aimés* (1974) sur ce qu'a été l'Italie et ce qu'elle est devenue. Sans oublier *Une journée particulière* (1977) dans lequel une mère de famille – ***Sophia Loren*** – et un homosexuel – ***Marcello Mastroianni*** – partagent, par hasard, une journée dans un immeuble déserté de Rome, lors d'une visite de Hitler à Mussolini...

De nombreux films internationaux sont également tournés à Cinecittà, permettant de faire vivre l'usine à rêves : *Spartacus* de Stanley Kubrick, *Jules César* de Joseph L. Mankiewicz, *Le Nom de la rose* de Jean-Jacques Annaud, *Le Ventre de l'architecte* de Peter Greenaway, *La Fureur du dragon* de Bruce Lee, *Gangs of New York* de Martin Scorsese, *Ocean's Twelve* de Steven Soderbergh...

Enfin, plus récemment, ***Nanni Moretti*** nous montre un autre visage de Rome. Observateur lucide du monde qui l'entoure, Moretti, dans la 1re partie de son *Journal intime* (1994), se lance dans une promenade en Vespa, à la découverte de différents quartiers de la Ville Éternelle, en particulier celui de la Garbatella, au sud de Rome.

Aujourd'hui, le cinéma italien n'arrive plus en France qu'à dose homéopathique et, faute d'aller à Rome ou dans les festivals spécialisés comme ceux d'Annecy ou de Villerupt, on connaît peu les nouvelles créations de l'Italie contemporaine. Hormis des films comme *Cinéma Paradiso* de ***Giuseppe Tornatore*** (oscar du

meilleur film étranger en 1990), *La vie est belle* de **Roberto Benigni** ou *Nos meilleures années* (2003) de ***Marco Tullio Giordana,*** superbe épopée sur les années de plomb se déroulant entre Rome et Turin, récompensé à Cannes puis aux César. Citons encore *La Fenêtre d'en face* et *Cœur sacré* de ***Ferzan Ozpetek,*** tournés à Rome dans une veine nostalgico-mystique, et *Juste un baiser* de ***Gabriele Muccino,*** le réalisateur de *Romanzo criminale* (2006), tiré du roman de Giancarlo de Cataldo qui retrace l'histoire d'un gang qui a fait trembler Rome de 1977 à 1992. En 2009, la comédie à l'italienne est revenue sur nos écrans avec la sortie de *Déjeuner du 15 août,* réalisé par ***Gianni Di Gregorio.***
En 2011, *Habemus Papam* de Nanni Moretti, avec un magistral Michel Piccoli, a planté son décor dans les ors feutrés du Vatican (faute d'accord du Saint-Siège, le film fut tourné entre autres au palais Farnèse). ***Woody Allen,*** quant à lui, a choisi les rues de Rome pour son film *To Rome With Love* (2012) avec le génial Roberto Benigni ! Le cinéma italien actuel affiche une belle renommée ; ***Matteo Garrone,*** réalisateur romain et adaptateur de *Gomorra* (2008), remporte, en 2012, le Grand Prix du jury à Cannes pour le drame paranoïaque *Reality.* ***Paolo Sorrentino*** est quant à lui parvenu à remporter l'oscar du meilleur film étranger en 2014 avec son 6ᵉ film, *La Grande Bellezza* (2013). L'année 2015 a été marquée par le film de Nanni Moretti *Mia Madre* et celui de Sorrentino, *Youth.* Autre film italien notable de l'année 2015, *Le Conte des Contes,* de Matteo Garrone. De genre fantastique, le film est adapté d'un recueil de contes du XVᵉ s, *Il Pentamerone,* de Giambattista Basile. Enfin, la comédie *Quo Vado,* satire du monde des fonctionnaires de Gennaro Nunziante, a battu tous les records d'entrées en 2016 en Italie ! L'année 2018 a été marquée par la récompense de Marcello Fonte comme meilleur acteur au festival de Cannes dans le film *Dogman* de Matteo Garrone. Quant aux séries de plus en plus présentes, l'excellente série sur la mafia romaine *Suburra* ou encore sur la papauté *Les deux papes* inspirée de faits réels avec le pape Benoit XVI, représenté par l'excellent Anthony Hopkins et le futur pape François, sont d'excellents témoins de l'histoire romaine.

Cinecittà

Que serait le cinéma national sans Cinecittà ? Nombre de chefs-d'œuvre du cinéma italien ont été tournés dans cet immense complexe romain de 60 ha. Pourtant, l'affaire semblait mal engagée. Dans le but avoué de concurrencer l'hégémonie de Hollywood et de « diffuser plus rapidement la civilisation romaine dans le monde » (dixit le 1ᵉʳ slogan publicitaire), Cinecittà est inaugurée par le régime fasciste en 1937. Jusqu'en 1943, 300 films sont réalisés dans les studios de la *ville du cinéma.* Mais, évidemment, la plupart de ces productions de la période fasciste sont lissées et sans intérêt, visant à divertir les populations pour mieux les endormir. Avec la chute du fascisme, l'essor du néoréalisme plombe les aspirations de la « Hollywood-sur-Tibre » ; le « cinéma-vérité » du néoréalisme ne peut guère s'adapter aux décors carton-pâte de Cinecittà. Celle-ci doit son salut à la venue de nombreux réalisateurs américains au début des années 1950. Véritable Eldorado pour cinéastes (coûts nettement inférieurs à ceux de Hollywood), le filon des péplums, alors en plein boom, y est largement exploité avec des films comme *Quo vadis ?* et *Ben Hur.*
Mais il faut attendre les années 1960 pour que Cinecittà entre dans la légende du cinéma. Le réalisateur le plus emblématique de cette période demeure Federico Fellini. Il y tourne l'impérissable *Dolce Vita* et nombre de ses chefs-d'œuvre *(Huit et demi, Casanova, Les Clowns...),* pour rejoindre le Panthéon du cinéma italien et obtenir par ailleurs une reconnaissance internationale. Des réalisateurs de génie comme Visconti, De Sica, Rossellini (qui furent les chantres du néoréalisme) et Pasolini y posent également leur caméra. La plupart des films bénéficie alors des présences remarquées d'acteurs français tels qu'Alain Delon, Annie Girardot et

Anouk Aimée. Le genre des westerns spaghettis s'implante aussi dans les studios romains avec le crépusculaire *Pour une poignée de dollars,* de Sergio Leone. Bref, c'est l'âge d'or du cinéma italien !
Malheureusement, toutes les bonnes choses ont une fin. Dès le début des années 1980, les studios de Cinecittà commencent à produire des émissions télévisées et des téléfilms, puis accueillent occasionnellement quelques films à gros budget (*Gangs of New York* de Martin Scorsese et *La Passion du Christ* de Mel Gibson). En 2007, un incendie ravage 40 ha des studios mais épargne les décors légendaires de *Ben Hur* ou de *La Dolce Vita...* Même les flammes ne peuvent détruire l'essence de Cinecittà ! Si, en 2016, *Christ the Lord : Out of Egypt* demeure l'une des dernières grosses productions à avoir vu le jour sur place, Cinecittà oriente aussi ses efforts sur les séries télé et s'ouvre aux événements ponctuels, tels les défilés de mode...
Et depuis 2011, le site ***Cinecittà Studio*** a ouvert ses portes aux visiteurs (voir le chapitre « Rome hors les murs »). Sans compter le ***parc d'attractions Cinecittà World,*** qui a aussi ouvert à une quarantaine de kilomètres au sud-ouest de Rome (via di Castel Romano, 200) ; parc qui vous immerge, paraît-il, dans le 7e art italien !

Itinéraires pour cinéphiles

Quartier par quartier, les cinéphiles peuvent partir sur les traces des grands cinéastes (italiens ou non) qui ont pris la Ville Éternelle pour décor.
– ***Quartier du Panthéon – Piazza Navona :*** la rencontre des 2 protagonistes de *L'Éclipse,* de Michelangelo Antonioni, film mythique avec Monica Vitti et Alain Delon, a lieu dans le ***temple d'Hadrien, piazza di Pietra,*** le siège historique de la ***Bourse romaine.*** Sur la ***piazza Navona,*** plusieurs films notables ont été tournés : *Poveri ma belli,* de Dino Risi ; *Ieri, oggi e domani,* de Vittorio De Sica ; *Le Talentueux Mr Ripley,* de Anthony Minghella. Si vous passez par la ***via dei Coronari,*** jetez donc un coup d'œil au ***palazzo Taverna.*** Le *palazzo* est la résidence de l'héroïne de *Portrait de femme* de Jane Campion, une adaptation du roman de Henry James.
– ***Quartier Fontaine de Trevi – Via Veneto – Piazza di Spagna :*** la ***via Veneto*** est la rue mythique du film *La Dolce Vita,* de Federico Fellini. *Vacances romaines* de William Wyler a été tourné sur la ***piazza Barberini,*** où se trouve le ***palazzo Barberini*** qui sert de résidence à la princesse dans le film. Un peu plus loin, au croisement de la ***via del Tritone*** et de la ***via del Traforo,*** arrêtez-vous un instant pour vous rappeler la scène mythique du vol de bicyclette dans *Le Voleur de bicyclette* de Vittorio De Sica. À la ***Fontaine de Trevi,*** on ne compte plus les scènes de films ancrées dans les mémoires. Il y a entre autres *Vacances romaines* et bien sûr, *La Dolce Vita,* avec le fameux passage où Anita Ekberg entre dans la fontaine avec sa robe noire, dans un moment aussi sensuel que symbolique de l'œuvre de Fellini. La ***piazza di Spagna*** a connu le tournage de *Nous nous sommes tant aimés,* de Ettore Scola, ou encore *Le Talentueux Mr Ripley,* de Anthony Minghella. C'est aussi là que se retrouvent les protagonistes de *Vacances romaines,* sur les marches de la ***Trinité-des-Monts.*** *Nous nous sommes tant aimés* compte aussi une scène sur la ***piazza del Popolo.***
– ***Quartier du Colisée – Aventin – Forum :*** le ***Colisée*** a été le théâtre de nombreux films célèbres, italiens ou non. Parmi eux, il y a par exemple *Le Conformiste,* de Bernardo Bertolucci, dont la scène finale se déroule devant le célèbre monument. Non loin, près de la piazza del Campidoglio, le ***palazzo dei Conservatori*** est le décor d'un important dialogue de *Portrait de femme.* La 1re rencontre des personnages de *Vacances romaines* se passe à l'***arc de Septime Sévère,*** avec le ***Forum romain*** en arrière-plan. *Les Nuits de Cabiria* de Fellini, qui raconte l'histoire d'une prostituée rêveuse, compte des scènes à l'***Aventin,*** dans le ***jardin des Orangers,*** où Cabiria se fait faire la cour ; et aux ***thermes de Caracalla,*** où Cabiria aguiche ses clients !
– ***Quartier du Trastevere – Testaccio – Ostiense-Garbatella :*** *Mamma Roma* de Pasolini comprend une célèbre scène dans un restaurant du ***Trastevere,*** une

trattoria de la piazza de'Renzi. C'est dans cette *trattoria* que l'héroïne trouve un boulot de serveur à son fils. Depuis la place, elle l'observe travailler avec fierté Dans *Le Voleur de bicyclette,* une chasse au voleur a lieu à ***Porta Portese*** et ***le long du Tibre.*** *Je la connaissais bien* d'Antonio Pietrangeli a lieu dans un quartier tout près de ***Porta Portese :*** l'héroïne du film vit et meurt dans la rue du ***lungotevere Portuense,*** au n° 158, dans un immeuble moderne représentatif du boom économique italien. Juste en face de cet immeuble, on aperçoit le ***pont Testaccio,*** où a lieu la scène finale de *Accattone,* tout 1er film de Pasolini ! En prenant la ***via Ostiense,*** on arrive ***piazza di Parco San Paolo,*** où a lieu la scène du repas au bord du fleuve de *Bellissima* de Luchino Visconti. Juste en face, on arrive dans le quartier préféré de Nanni Moretti, la ***Garbatella,*** où il tourne *Journal intime* en se promenant de ***via Passino*** à ***via Cavazzi*** sur sa Vespa.

– ***Quartier du Vatican – Pont Sant'Angelo – Piazza Cavour :*** *Accattone* et *Vacances romaines* ont des séquences au ***pont Sant'Angelo,*** d'où Vittorio, personnage d'*Accattone,* effectue son plongeon dans le Tibre sur un pari ; et au ***pont Victor-Emmanuel II,*** sous lequel les protagonistes de *Vacances romaines* échangent leur 1er baiser. La ***coupole de Michel-Ange de la Basilique Saint-Pierre*** a été reproduite par Fellini pour *La Dolce Vita.* D'ailleurs, la place Saint-Pierre a été entièrement reproduite en Californie pour le tournage de *Anges et Démons* de Ron Howard, la fameuse adaptation de l'œuvre de Dan Brown. Le Vatican n'avait pas permis à l'équipe de tourner sur son territoire. En revanche, quelques prises de vue ont été réalisées devant le Panthéon.

– ***Quartier du Flaminio – Salario – Nomentano :*** dans la ***via Pietro da Cortona,*** d'où on peut voir le ***stade Flaminio,*** Vittorio De Sica a tourné la scène finale du *Voleur de bicyclette.* Dans le même quartier, Roberto Rossellini a mis en scène *Europa 51,* où Ingrid Bergman incarne une riche Américaine vivant dans la ***via Caroncini.*** Dans le quartier ***Bologna,*** le film *Une journée particulière* de Ettore Scola a entièrement été tourné dans la ***via Enrico Stevenson.***

– ***Quartier de Pigneto – Tuscolano – Cinecittà :*** dans cette zone à l'est de la ville, Pasolini a en partie tourné ses 2 grands classiques *Mamma Roma* et *Accattone ;* et Rossellini a donné naissance au néoréalisme avec son film *Rome ville ouverte.* Dans une rue perpendiculaire à la ***via Pigneto,*** la ***via Fanfulla da Lodi,*** on trouve le bar fréquenté par Accattone et ses amis. En traversant la via Tuscolana, à l'opposé du ***Quadraro,*** voici la ***piazza San Giovanni Bosco,*** où Fellini a tourné quelques scènes de *La Dolce Vita.* C'est la place que Fellini a utilisée pour toutes les scènes extérieures à l'appartement du professeur Steiner, l'ami de Marcello dans le film. Les scènes en intérieur ont été tournées dans des décors de ***Cinecittà...*** qui se situe au bout de la ***via Tuscolana.*** Ces studios ont abrité des centaines de films italiens, mais aussi d'immenses productions hollywoodiennes. Les plus notables sont *Ben Hur* de William Wyler, *Quo vadis ?* de Mervyn Leroy, *Cléopâtre* de Joseph L. Mankiewicz ou encore *La Chute de l'Empire romain* d'Anthony Mann. C'est aussi à Cinecittà que Jean-Luc Godard a tourné la longue scène d'introduction du *Mépris,* montrant une équipe de tournage au travail. Enfin, *Gangs of New York,* de Martin Scorcese, a entièrement été tourné dans les décors de Cinecittà.

– ***Quartier de l'EUR – Ostie :*** le ***palais de la Civilisation italienne,*** surnommé le Colisée carré, a servi de décor à plusieurs films notables, notamment *Rome ville ouverte* de Rossellini. Fellini y met en scène les tentations surréalistes du docteur Antonio dans l'une des séquences de *Boccace 70.* Le palais apparaît aussi dans *Le Conformiste* de Bertolucci, où il sert de siège au ministère de la police secrète fasciste. Un peu plus loin dans le même quartier, le ***parc central du Lac*** a été le lieu de tournage de 2 scènes, dont la scène finale (qui est un hommage à *Divorce à l'italienne* de Pietro Germi), du film *Juste un baiser* de Gabriele Muccio. *L'Éclipse* d'Antonioni et *La Dolce Vita* de Fellini comprennent 2 mises en scène d'un couple en crise dans la zone résidentielle de l'EUR entre le ***viale dell'Umanesimo*** et le ***viale della Tecnica.*** Non loin du quartier « futuriste » de Mussolini, c'est sur la ***plage d'Ostie*** que l'on aperçoit le personnage d'Adriana pour la 1re fois dans *Je la* *connaissais bien* de Pietrangeli. En sortant d'***Ostie,*** en direction de ***Fiumicino,*** on peut reproduire la scène finale du parcours en Vespa de *Journal intime,* de Nanni Moretti, en passant par le pré où Pasolini fut assassiné, à 200 m de la mer.

Où regarder un bon film ?

Il existe encore quelques salles d'art et d'essai proposant, pour un prix généralement inférieur aux autres cinémas, des classiques du 7e art italien, mais aussi des films récents. La production nationale est en chute libre (moins de 100 films par an, dont un grand nombre de navets !), même si quelques réalisateurs résistent encore et toujours : Nanni Moretti, Marco Bellocchio, Daniele Luchetti, Paolo Sorrentino... La Ville Éternelle compte encore une centaine de salles. On signale notamment le ***cinema Azzurro Scipioni*** *(via degli Scipioni, 82 ; • silvanoagostini.com/cinema-azzuro • ; Ⓜ Ottaviano)* qui, en plus d'être un lieu un peu magique, propose des rétrospectives de grands réalisateurs italiens et étrangers. L'été, des projections en plein air sont données par le ***cinema Nuovo Sacher*** *(largo Ascianghi, 1 ; • sacherfilm.eu •)* qui, pour l'anecdote, appartient au réalisateur Nanni Moretti. En octobre, pendant une dizaine de jours, se déroule la *festa del cinema di Roma (• romacinemafest.it •).* En novembre se déroule le ***Rome Independant Film Festival*** *(• riff.it •),* festival romain de cinéma indépendant avec de beaux films du monde entier en compétition. ***Casa del Cinema,*** à la villa Borghèse *(largo Marcello Mastroianni, 1 ; • casadelcinema.it •),* possède 4 salles, dont une consacrée au cinéma, la salle *Deluxe*. Elle est équipée d'un double système de projection de haute qualité, en pellicule et en digital. On y diffuse grands classiques et films plus récents. Les autres salles peuvent servir à des festivals et des événements divers comme des débats sur le cinéma. Gratuit !

Le ***palais des Expositions*** *(scalinata di Via Milano, 9a ; • palazzoesposizioni.it/pagine/cinema •)* comprend une grande salle de cinéma. Son activité est indépendante du reste du Palais, même s'il diffuse aussi des films et des documentaires en rapport avec les expositions en cours. Grands classiques et films d'auteur. Gratuit !

Enfin, le ***cinema Farnese*** *(piazza Campo de' Fiori, 56 ; • cinemafarnese.it •).* L'un des plus anciens de Rome, ce cinéma diffuse à la fois les films à l'affiche du moment et des films inconnus mais de qualité, qui n'arrivent pas à trouver de grands distributeurs. Une grande salle et un lieu chargé d'histoire. Attention, grande foule !

CUISINE

Caffè ? Trattoria ? Enoteca ? Ristorante ? Où manger ? Comment s'y retrouver ?

- ***Rosticceria :*** correspond au traiteur français. Vend des plats à emporter avec parfois quelques tables et chaises pour soulager les jambes fatiguées.
- ***Alimentari :*** épicerie disposant d'une vitrine réfrigérée regorgeant de bons produits et pouvant vous confectionner un délicieux sandwich sur demande et pour quelques euros.
- ***Tavola calda :*** sorte de cantine où l'on sert une restauration rapide, offrant un nombre assez limité de plats déjà cuisinés à un prix très abordable.
- ***Pizzeria :*** les vraies *pizzerie* possèdent un four à bois, qui n'est généralement allumé que le soir. Aussi de bonnes pizzas dans certaines boulangeries *(panificio),* vendues à la part *(al taglio).*
- ***Trattoria :*** c'est un restaurant à gestion familiale, l'équivalent du bistrot français proposant une cuisine *casalinga* (fait maison). Choix restreint de plats censé garantir une plus grande fraîcheur de la cuisine.
- ***Osteria :*** à l'origine, endroit modeste où on allait pour boire et qui proposait 1 ou 2 plats pour mettre un peu de solide dans le liquide... L'appellation a été

reprise par des restaurateurs (transformée parfois en « *hosteria* » pour faire plus chic !) pour donner un goût d'antan tout en appliquant des tarifs plus élevés. On la compare à nos brasseries.

– ***Ristorante :*** resto gastronomique. Dans cette catégorie, on trouve tout et son contraire, mais surtout une note salée en fin de repas. Attention à ne pas vous laisser appâter par la déco guindée, par la terrasse avec vue plongeante ou par les serveurs-rabatteurs.

– ***Caffè :*** les Italiens consomment plutôt debout au comptoir après avoir acquitté le montant (bien moins cher qu'en France) de leur potion préférée à la caisse. On économise ainsi le service. À table, le prix de la consommation est largement majoré !

– ***Enoteca** (bar à vins)* **:** on y mange et on y boit ! Les œnothèques s'enorgueillissent d'une riche sélection de vins, servis au verre ou à la bouteille, ainsi que d'un excellent choix de fromages et de charcuteries. Certaines se révèlent de véritables restos. D'autres accueillent les œnophiles à l'heure de l'apéro, pour grignoter au comptoir, un ballon à la main. C'est vraiment le meilleur moyen de découvrir les vins de la région et du pays.

Et l'*aperitivo* ?

Originaire de l'Italie du Nord, c'est une formule magique pour marier tous les plaisirs à moindres frais ! À l'heure sacrée de l'*aperitivo* (entre 18h et 21h environ), certains établissements proposent ainsi un buffet de petits plats typiques accessibles dès le 1er verre payé. *Spritz* ou verre de vin, qu'importe le flacon. Très convivial, nourrissant et nettement plus sain qu'un bol de cacahuètes ; bref, une formule qui remporte un beau succès !

Marchés alimentaires

Véritable institution, le *mercato* a lieu une à plusieurs fois par semaine. On y trouve les excellents produits du terroir local : charcuterie, fromages, vins, huile d'olive, miel, fruits, légumes, etc., mais aussi de petits traiteurs qui étalent d'alléchants *antipasti.* Idéal pour se constituer un excellent pique-nique à prix juste, ou rapporter chez vous quelques souvenirs gourmands. Nous indiquons donc le plus souvent possible les jours de marché. Voir plus haut la rubrique « Achats » dans « Rome utile ».

Les spécialités culinaires de Rome

La cuisine romaine se caractérise par ses influences rurales et juives (voir plus loin). C'est une cuisine pauvre à l'origine, mais elle demeure simple, saine, nutritive et savoureuse. Elle est assez variée : spécialités à base de pâtes, de viande (blanche seulement), d'abats divers (les fameuses *trippa alla romana*), de poissons (assez chers à Rome) et quantité de recettes à base de légumes (*carciofi alla romana,* soit les artichauts à la romaine, etc.). Bien que peu raffinée, c'est une cuisine locale qui a su rester proche de la nature et de son terroir.

Les hors-d'œuvre *(antipasti)*

L'*antipasto* est un bel assortiment, que l'on partage généralement. Beaucoup sont à base de poissons et de fruits de mer (attention, ça chiffre vite !) : poulpes marinés, *mazzancolle* (gambas locales), fritures en tout genre... calamars *alla romana, scampi fritti, fiori di zucca fritti* (fleurs de courgette frites). Sans oublier les tartines *(bruschette, crostini...)* et les boulettes et croquettes en tout genre, comme les *supplì di riso* (boulettes de riz frites fourrées de mozzarella) ; spécialités que l'on retrouve en Sicile sous le nom d'*arancini...*

Les charcuteries romaines

Outre les classiques charcuteries italiennes (*prosciutto, salame...* servis avec ou sans melon ou figues), on trouve quelques spécialités romaines comme la *coratella* ou la *mortadella* d'Amatrice (que l'on appelle aussi « couilles de mulet » !). Sans oublier la *porchetta* (un rôti qui se déguste avec du pain) des Castelli Romani (voir un peu plus loin).

Zuppa e pasta !

Au menu en guise de *primi* (1ers plats), des soupes *(zuppe)* ou bouillons *(minestre)* aux légumes secs et céréales : *di fave* (fèves), *di farro* (épeautre), *di lenticchie* (lentilles) ; mais aussi l'irremplaçable *piatto di pasta* ! Les Italiens, 1ers producteurs de pâtes sèches, en sont aussi les 1ers consommateurs avec pas moins de 28 kg par personne et par an ! Les grandes recettes originaires du sud de l'Italie et de la région de Rome sont principalement à base de spaghettis. Surtout, ne vous avisez pas de les couper avant de les manger... De même, quand le Romain recouvre ses pâtes de fromage râpé, il préfère le *pecorino* au *parmigiano reggiano* (ah ! le chauvinisme régional !).

La pasta alla romana

– ***Cacio e pepe :*** de loin la recette la plus simple. Poivre concassé, huile d'olive et *pecorino romano* (beaucoup !). Relevé et piquant, un pur régal ! Les pâtes qui accompagnent cette préparation sont le plus souvent des *tonnarelli,* sortes de *spaghetti* aux œufs.
– ***Spaghetti alla carbonara :*** œufs battus avec du *guanciale* (bajoues de cochon séchées) ou de la pancetta, saupoudrés généreusement de *pecorino romano* râpé (surtout pas de crème : ô sacrilège !).
– ***Bucatini all'amatriciana :*** spaghettis géants avec un petit trou, *guanciale* et sauce tomate relevée d'un peu de piment, le tout saupoudré de *pecorino romano* râpé.
– ***Rigatoni alla gricia :*** plat originaire de Grisciano, un village du Latium proche d'Amatrice, d'où provient la recette précédente. On a d'ailleurs coutume de dire que la *gricia* est l'ancêtre de l'*amatriciana* : elle a pour seul différence de ne pas contenir de tomate, rapportée en Italie après la découverte des Amériques.
– ***Minestra sulla palla :*** spaghettis au chou-fleur ou au brocoli.
– ***Pasta alla chitarra con agnello :*** au ragoût d'agneau.
– ***Fettuccine alla romana :*** genre de tagliatelles aux cèpes, avec de la poitrine de porc ou des abats de poulet.
– ***Spaghetti aglio, olio e peperoncino :*** ail, huile d'olive et piments, recette typiquement romaine. Agrémentée de piments *(peperoncino)* ou non, elle est parfois dénommée la *pasta dei cornuti* (des cocus), car c'est la seule que la maîtresse de maison, revenant de chez son amant, a le temps de préparer pour son mari !
– ***Penne all'arrabbiata :*** à « l'enragée », à la sauce tomate pimentée.
– ***Gnocchi alla romana :*** le jeudi seulement, pour respecter la tradition. Petites galettes gratinées à base de semoule de blé, saupoudrées de *pecorino, parmigiano* ou de *grana* râpé. À ne pas confondre avec les *gnocchi di patate,* à base de pommes de terre.

SPAGHETTI ALLA PUTTANESCA

Cette sauce composée d'ail, de piment, de câpres, de tomates et d'anchois au sel est plutôt relevée. Ce plat permettait aux prostituées de se nourrir rapidement entre deux clients !

POURQUOI TOMATE SE TRADUIT-ELLE PAR *POMODORO* ?

Les grands navigateurs découvrirent la tomate chez les Aztèques, au Mexique. Elle avait bien la forme d'une pomme et valait le prix de l'or parce qu'elle était particulièrement difficile à conserver, d'où son nom de « pomme d'or ».

– ***Rigatoni con la pajata :*** pâtes courtes en forme de polochons, servies avec des boyaux de veau, une des recettes les plus traditionnelles de Rome.
– ***Ravioli ou cannelloni con ricotta romana :*** farcis de ricotta et d'épinards, le plus souvent.

Pasta e basta !

« Plus qu'un peuple, le nôtre est une mosaïque. Et pourtant, quand l'heure du déjeuner a sonné, bien assis face à un plat de spaghettis, les habitants de la péninsule se reconnaissent italiens. [...] L'Unité italienne, si rêvée par les pères du Risorgimento, s'appelle *pastasciutta* aujourd'hui. »
Quando siamo a tavola (Quand on est à table), Cesare Marchi

LES PÂTES COURTES		LES PÂTES LONGUES	LES PÂTES FARCIES
Gnocchi : pâtes courtes de forme oblongue. Préparées avec un mélange de farine et de pommes de terre. 	**Conchiglie** : pâtes concaves et striées en forme de coquillage. 	**Spaghetti** : longues et fines, elles raffolent des sauces à base d'huile, de tomates ou de crème… 	**Ravioli** : carré de pâte poché et farci de viande, de fromage ou de légumes. 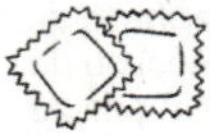
Rigatoni : courtes et creuses. Tubes striés, légèrement courbés. 	**Farfalle** : en forme de nœud papillon, d'où leur nom (*farfalle* signifiant « papillon »). 	**Tagliatelle** : larges et plates, à utiliser de préférence avec des sauces au beurre, à la crème et/ou aux légumes. 	**Tortellini** : plus grands que les raviolis, ils sont farcis avec un mélange de viande et de parmesan. *Tortellini* est le pluriel de *tortellino*, signifiant « petite tarte ». 
Orecchiette : pâtes courtes et grosses, typiques des Pouilles. Elles ont la forme de petites oreilles d'où leur nom. 	**Fusilli** : pâtes en spirale, originaires de Campanie. 	**Pappardelle** : 2 fois plus larges que les *tagliatelle*. 	**Cappelletti** : « petits chapeaux » en italien, ces raviolis farcis sont traditionnellement à la viande, et servis dans un bouillon. 
Penne rigate : version moderne de *maccheroni*, en forme de tubes striés aux extrémités biseautées. Elles représentent ¼ du marché, juste derrière les *spaghetti*. 	**Trofie** : préparées comme les *gnocchi* avec farine et pommes de terre, ces pâtes très fines sont originaires de Ligurie. À consommer avec du pesto, comme le veut la tradition locale. 	**Lasagne** : très célèbres, que l'on fait cuire au four (connues comme *lagane* dans le Sud). 	**Cannelloni** : en forme de larges tubes farcis de viande de 7 à 10 cm de long et de 2 à 3 de diamètre. 

Les « seconds plats » *(secondi piatti)*

Les plats à base de viande

– S'il y a un plat qui caractérise la cuisine du Latium, c'est bien ***l'agneau :*** l'*abbacchio al forno* (rôti au four) ou l'*abbacchio alla cacciatora* (en cocotte), ou bien encore à la poêle. À l'inverse, les côtelettes *(scottadito di abbacchio)* se cuisinent frites, panées ou encore grillées. L'*abbacchio* est un jeune agneau de lait âgé d'à peine 1 mois (bien qu'il y ait une tolérance jusqu'à 4 mois). Ensuite, il devient *agnello,* mais ça n'a déjà plus rien à voir. Quoi qu'il en soit, avant de commander de l'*abbacchio,* soyez sûr de votre coup... Trop de restos l'inscrivent à la carte sans savoir le faire cuire (quand ils ne trichent pas sur l'âge de la bête !). Vous risquez de mâchouiller un décevant bout de carne bouillie !
– Autre spécialité, la ***saltimbocca alla romana,*** qui est une escalope de veau farcie au jambon et à la sauge, le tout arrosé d'un peu de vin blanc.
– ***Pollo alla romana :*** les amateurs de poulet ne sont pas oubliés. Il est cuisiné ici aux poivrons et en cocotte.
– On ne peut, enfin, faire l'impasse sur la ***porchetta*** (cochon de lait désossé et rôti au feu de bois, arrosé de vin blanc et parfumé d'herbes aromatiques) que vous trouverez non pas dans les restos mais vendue en sandwichs, en particulier dans les Castelli Romani (grande fête de la *porchetta* en septembre), où la ville d'Ariccia, qui revendique la paternité de la *porchetta,* a fait classer sa production en IGP (appellation contrôlée)...

Les plats à base d'abats

À Rome, principalement dans le quartier du Testaccio où se trouvaient les abattoirs, nombreuses sont les préparations à base d'abats, qui appartiennent à ce que les Romains appellent le *quinto quarto* (le 5e quart, autrement dit ce que personne ne veut).
La ***trippa alla romana*** demeure un classique (tripes à la tomate saupoudrées de *pecorino romano,* parfumées avec une peu de menthe), tout comme la ***coda alla vaccinara*** (queue de bœuf) ; les plus aventureux iront voir du côté des *testine d'agnello al forno* (têtes d'agneaux au four), et de la fressure *(coratella),* c'est-à-dire poumon, foie et cœur coupés en petits morceaux et sautés. Peu alléchants mais pourtant délicieux ; les amateurs vont bâfrer !

Les accompagnements et légumes *(contorni e verdure)*

– Parmi les légumes, les ***artichauts (carciofi)*** originaires de Sicile sont devenus un produit typique du Latium. Ils sont proposés *alla giudea* (« à la juive » ; voir ci-après) ou *alla romana* (farcis avec une préparation de menthe et d'ail). Un incontournable !
– Autres légumes très prisés : les petits pois *(piselli),* les épinards *(spinacci),* les courgettes *(zucchine)* et leurs fleurs en saison, les aubergines *(melanzane).*
– Enfin, les ***fèves*** *(fave)* sont appréciées ici plus qu'ailleurs en Italie. C'est le plat typique du 1er mai, agrémenté du fromage *pecorino romano.*
– En saison (février-mars), ne ratez pas la ***puntarella,*** une salade typiquement romaine : un genre de chicorée froufroutante, croquante et amère, assaisonnée d'une petite sauce à l'ail et aux anchois.

Alla giudea : les influences juives dans la cuisine romaine

Si les influences juives sur la cuisine romaine sont souvent méconnues, elles n'en sont pas moins fondamentales. Les restaurants du Ghetto se font fort de préserver toutes ces recettes. À commencer par les nombreuses charcuteries à base de bœuf et d'innombrables pâtisseries.

Le plus célèbre exemple est le ***carciofo alla giudia.*** L'artichaut, débarrassé de ses parties les plus dures, est ouvert, aplati puis passé à la friture. Hmm ! Il y a aussi l'*agnello alla giudia,* recette typique de Pâques, avec une sauce à base d'œuf et de citron, la *concia,* des courgettes frites et marinées, ou encore une tourte aux endives et aux anchois.

Les desserts *(dolci)*

Les Italiens ne mangent pas beaucoup de sucreries en fin de repas (ils les préfèrent à l'heure du goûter et plutôt faites maison) et se contentent le plus souvent de quelques fruits frais. La plupart des restos propose néanmoins des pâtisseries pour les touristes et... les irréductibles gourmands italiens ! Sachez qu'à Rome, les viennoiseries souvent appelées *paste* dans le reste de l'Italie sont nommées ici *lieviti* (littéralement, « levures »).

Les desserts et les pâtisseries sont souvent associés à une fête religieuse : on ne les trouve donc pas toute l'année. Voici quand même quelques grands classiques :

– ***Bignè di San Giuseppe*** (beignets de saint Joseph) ***:*** ce sont des choux à la crème anglaise saupoudrés de sucre glace qu'on préparait pour le 19 mars, jour de la Saint-Joseph. Désormais, on en trouve dans les pâtisseries dès la fin février.

– ***Frappè :*** se déguste au moment du carnaval. Ce sont des longues bandes de farine frites et enrobées de sucre et/ou de cannelle.

– ***Budino di ricotta :*** flan en forme de couronne à base de ricotta.

– ***Colomba di Pasqua :*** le gâteau typique, sur toutes les tables familiales au moment de Pâques. C'est une brioche aux fruits confits, aux noisettes et aux amandes en forme de colombe, symbole de Pâques festive et printanière.

– ***Torta di mele :*** tarte typiquement romaine (qu'ils disent !), aux pommes et au miel.

Et enfin, 2 incontournables, pas romains pour 2 sous ; ces 2 desserts jouent néanmoins les vedettes sur tous les menus de la ville (et d'Italie !) :

– ***Tiramisù :*** sublimissime gâteau à base de mascarpone (crème épaisse) et de biscuits imbibés de café et de marsala, le tout saupoudré de cacao. *Tiramisù* signifie « tire-moi vers le haut » ou « remonte-moi le moral », en référence, évidemment, à sa teneur en café et à son haut pouvoir calorique !

– ***Panna cotta :*** crème cuite, nature ou recouverte d'un coulis de fruit.

– Aux beaux jours, vous vous rafraîchirez avec de la ***grattachecca,*** sorte de glace grattée, aromatisée d'un sirop et aux fruits frais. On la trouve un peu partout à Rome, notamment chez *Sora Mirella* et *Fonte d'Oro* (détaillés dans le Trastevere), petits cabanons ouverts de mars à novembre. Autre bonne adresse pour la *grattachecca* : ponte Cavour (côté opposé au Palais de justice).

– Enfin, une denrée très prisée des Romains en fin de soirée et en période estivale : l'***anguria*** (pastèque). Nombreux marchands en ville en été.

Gelati

Pas d'Italie sans glaces... Après la sieste, vers 17h-18h, le rituel immuable de la *passegiata* conduit naturellement le promeneur vers son glacier attitré, pour déguster un *cornetto* de son parfum préféré : *alla stracciatella,* au *mustazzolo, al caffè con panna, al pasticcio...* Les variations sont innombrables et s'enrichissent de succulents sorbets aux fruits de saison.

Les fromages du Latium *(formaggi laziali)*

– ***Le pecorino romano :*** *pecorino* désigne tout fromage de brebis, qu'il soit doux et à pâte molle, ou sec et fort comme le *pecorino romano.* Ailleurs, on rencontre donc des *pecorino toscano, pecorino sardo, pecorino siciliano...* Le *romano* est

sans doute le plus ancien des fromages italiens car les Romains, dans l'Antiquité, en consommaient déjà ! Fromage indispensable à la préparation des fameuses *tonnarelli Cacio e peppe.* Il est aujourd'hui produit principalement en Sardaigne mais reste traditionnellement consommé à Rome.
Le *pecorino* a sa *sagra* (fête), qui se déroule tous les ans à Antrodoco (province de Rieti ; sur la route de L'Aquila en venant de Rieti), le 26 juillet, l'occasion de goûter aux différents *pecorini.*
– ***La ricotta :*** élaboré traditionnellement avec du lait de brebis (mais de plus en plus à base de lait de vache), ce fromage frais d'une blancheur immaculée est indispensable pour la préparation de nombreux plats romains *(maccheroni con la ricotta, ravioli con ricotta romana...)* et desserts. On la retrouve aussi comme fromage de table.
– ***La mozzarella di bufala :*** l'IGP qui la protège (l'équivalent de nos AOC) indique comme origine la Campanie. Elle vous sera souvent servie entière. Quand vous l'aurez goûtée, vous comprendrez le gouffre qui la sépare de l'insipide et caoutchouteuse *mozzarella di vacca* (au lait de vache et non de bufflonne) et vous n'en voudrez plus jamais d'autre malgré son prix plus élevé ! Fondante et délicate, elle se déguste de préférence nature, juste recouverte d'une pincée de sel, d'un filet d'huile d'olive fruitée et, à la rigueur, d'un coup de moulin à poivre... On trouve même un resto-bar spécialisé dans la mozzarella à Rome.
– ***La caciotta :*** c'est un fromage de brebis (¾) et de vache (¼). La *caciotta* du Latium est produite dans l'Agro Romano (campagne romaine) de juin à novembre, ainsi que dans les Castelli Romani et l'Agro Pontina (régions de Pomezia, d'Aprilia et de Latina). Une petite merveille selon Michel-Ange, qui emportait toujours avec lui son chevalet, des pinceaux... et une petite réserve de *caciotta* !

La pizza

Les bonnes pizzas sont uniquement cuites au feu de bois et préparées par un pizzaiolo, responsable de la fabrication de la pâte (les meilleures lèvent jusqu'à une trentaine d'heures), de sa cuisson et de ses ingrédients. Tout un art !
Dans la rue, snacks et boulangeries proposent la pizza *al taglio* ou *al pezzo,* c'est-à-dire à la coupe, au poids ou au morceau. Pratique pour un repas sur le pouce, mais le pire côtoie le meilleur.

PIZZA ROYALE !

C'est en l'honneur de la reine Marguerite de Savoie, l'épouse d'Umbert Ier (fin XIXe s), lors d'une réception à Naples, que l'on prépara une pizza spéciale. Sans ail évidemment, rapport à l'haleine ! On décida alors de rendre hommage à la nation nouvellement unifiée en évoquant le drapeau italien : tomate pour le rouge, mozzarella pour le blanc et basilic pour le vert. La margherita était née.

Le succès du *Slow Food*

Nombreux sont les restaurants romains qui affichent désormais, comme un gage de qualité, l'autocollant « *Slow Food* » (reconnaissable au symbole du petit escargot). Ce mouvement culinaire né dans le village de Bra (Piémont) en 1986 défend les valeurs de la cuisine traditionnelle, notamment celles des petites *trattorie* du terroir.
Ce retour du « bien-manger » et la volonté de préserver la biodiversité sont apolitiques. Le *Slow Food* n'est pas contre la modernisation, à condition qu'elle soit au service du goût. L'idée, c'est de respecter la nature et d'attendre le bon moment pour apprécier un légume ou un fruit. Les restaurants *Slow Food* ne sont pas forcément chers. Pour plus d'informations sur ce mouvement : ● slowfood.it ● slowfood.fr ●

Les interdits dans la cuisine italienne

– Le ***cappuccino*** représente une source de fierté pour les Italiens. Attention, il ne se boit que pendant le petit déjeuner, accompagné le plus souvent d'un croissant ou d'un petit gâteau... On ne verra JAMAIS un Italien siroter du cappuccino pendant ou après les repas ou pire en plein après-midi !
– Servir des pâtes à côté d'autres plats, c'est un sacrilège en Italie : considérée comme ***LE premier plat principal,*** la *pasta* se déguste rigoureusement seule, en sauce (pas de ketchup !), ou avec de la viande, comme dans le cas des *tagliatelle al ragù*.
– ***La pasta doit se manger al dente :*** il n'y a pas d'excuses, la cuisson – bien indiquée sur le paquet – est primordiale. Bon à savoir : on peut même la retirer 1 mn avant, la chaleur finira sa cuisson !
– ***Jamais de crème sur la carbonara !*** De quoi faire chavirer le cœur des *nonne* (grands-mères). Cette institution de nos voisins transalpins ne se prépare qu'avec des pâtes, une petite émulsion d'œuf battu et de *pecorino,* et du *guanciale* (joue de cochon).
– ***Rien de meilleur que le parmesan...*** Et pourtant, les Italiens verront d'un mauvais œil les touristes saupoudrer de parmesan à tout-va sur les pâtes au poisson, ou, pire encore, sur de la pizza. *Mamma mià !*

Petit lexique culinaire

Abbacchio	Agneau de lait
Acciughe	Anchois
Agnello	Agneau
Ai ferri	Grillé
Arrosto	Rôti
Asparagi	Asperges
Baccalà	Morue
Calamari	Calamars
Casalinga	Comme à la maison, « ménagère »
Cipolla	Oignon
Contorno	Garniture de légumes
Dolci	Desserts
Fegatini di pollo	Foies de volaille
Fegato	Foie
Frittura	Friture
Funghi	Champignons
Gamberi	Crevettes
Gelato	Glace
In umido	En ragoût
Maiale	Porc
Manzo	Bœuf
Melanzana	Aubergine
Pasticceria	Pâtisserie
Peperoni	Poivrons verts ou rouges
Pesce	Poissons
Ragù	Sauce à la viande
Riso	Riz
Sarde	Sardines
Seppia	Seiche
Sogliola	Sole
Tortelli	Raviolis farcis d'herbes et de fromage frais
Uovo	Œuf
Verdure	Légumes
Vitello	Veau
Vongole	Palourdes ou clovisses
Zucchine	Courgettes

CURIEUX, NON ?

– Pour le petit déj, les Italiens ont l'habitude le matin de se contenter d'un café et d'un croissant dans leur café préféré, sur le zinc et c'est bien souvent la cohue.
– Si vous voulez prendre un petit café au comptoir comme de nombreux Italiens, le plus souvent, il vous faudra d'abord payer à la caisse avant de consommer.
– Vous passerez pour un touriste si vous commandez un cappuccino après 11h.
– La bouteille d'eau minérale est souvent apportée d'office sur la table, entraînant un supplément de 1-3 €.
– L'addition est traditionnellement majorée du ***pane e coperto*** (1-3 € par personne).
– Dans une grande majorité de restos et de bars, l'addition ne se règle qu'à la caisse (même si vous êtes en terrasse).
– Dans les églises, les sacristains sont souvent remplacés par des tirelires électriques (en général 1-2 €) pour éclairer les chefs-d'œuvre sans forcer la main.
– Dans tous les hôtels, un cordon – signalé par un discret panneau – pend le long du mur de la douche ou de la baignoire. Un dispositif de sécurité imposé par la loi, en cas de malaise : une traction déclenche une sonnerie à la réception. Mais vu le nombre de clients persuadés que c'est le cordon de la ventilation, voire une corde à linge... il est plutôt rare que quelqu'un prenne la peine de se déplacer !
– La sieste (*la pennichella* à Rome) fait partie des traditions depuis l'Antiquité. L'été surtout, la ville s'endort après le déjeuner. Les boutiques ferment, la circulation ralentit et les travailleurs de la 6e heure (sieste vient de *sexta hora*) sont l'exception. Alors, dit le proverbe romain, « Seuls les chiens et les Français se promènent » !
– Au détour d'une place, des plaques en marbre rappellent la montée du Tibre lors de grandes crues historiques.

ÉCONOMIE

Proclamée capitale de l'Italie en 1871 au détriment de Turin, Rome n'a pas bénéficié de la révolution industrielle du XIXe s, qui a consacré Milan comme capitale économique du pays. Longtemps caractérisée par la faiblesse de son secteur industriel, la *Caput mundi* connaît un essor économique important dans le ***secteur des technologies et des communications*** depuis une vingtaine d'années.

TOUTES LES BANQUEROUTES MÈNENT À ROME...

Au Moyen Âge, les prêteurs sur gages travaillaient sur un comptoir (il banco). *C'est l'origine de ces établissements financiers. Quand ils faisaient faillite, ils étaient obligés de casser, de rompre ce comptoir* (banco rotto). *D'où le mot « banqueroute ».*

Mais la valeur sûre du dynamisme économique romain se trouve du côté du ***secteur tertiaire,*** qui occupe près de 75 % de la population active et contribue pour une bonne part au PIB national. Rome occupe ainsi la 1re place des villes italiennes du créneau, largement dopé pour le tourisme. Avec la rénovation et le développement des infrastructures hôtelières et culturelles, le tourisme s'impose comme le ciment de l'économie romaine. Actuellement, le nombre de visiteurs de la capitale s'élève à près de 10 millions par an. De plus, la capitale italienne s'est dotée d'un solide réseau de transport : la gare principale de Termini est l'une des plus grandes d'Europe ; l'aéroport de Fiumicino demeure l'un des plus fréquentés d'Europe... Bref, autant de moyens qui favorisent le tourisme. Car ***l'Italie demeure dans le top 10 des destinations***

touristiques mondiales, fière de son patrimoine culturel et artistique, enrichi par des siècles d'histoire, de l'ère romaine au baroque en passant par la Renaissance.
Étranglé par le poids de sa dette colossale et l'accumulation des plans d'austérité, le pays peine cependant à entretenir son patrimoine et de nombreux monuments tombent en ruine. Cette situation gravissime risque encore d'empirer vu que l'État italien réduit régulièrement son budget alloué à la culture alors que la Botte assure abriter la moitié du patrimoine culturel mondial. À côté de cela, l'économie romaine s'appuie tant bien que mal sur son ***industrie cinématographique*** avec le prestigieux complexe de Cinecittà, qui a certes perdu de sa superbe depuis les années 1960... Puis sur tout le domaine de l'***administration,*** relative à son statut de capitale politique du pays (ministères, entreprises nationales, institutions...). Il ne faudrait pas oublier une importante immigration (venant principalement d'Europe de l'Est) qui constitue une main-d'œuvre essentielle au bon fonctionnement de l'économie de la ville...

GÉOGRAPHIE

L'Italie est un pays au relief morcelé. Les paysages varient du nord au sud de la péninsule. Dans le Latium, le sol est principalement volcanique, la région est d'ailleurs connue pour le massif volcanique des Monts-Albains *(Colli Albani)* à 20 km au sud-est de Rome, qui abrite en son centre le *lago Albano*. Sa capitale est aussi bâtie sur du tuf volcanique, matériau très utilisé depuis l'époque des Étrusques pour diverses constructions, notamment pour la fondation du temple de Jupiter capitolin et pour celle de la muraille Servienne, l'enceinte défensive autour de Rome. La région offre des paysages de collines, de montagnes ou de plaines tout aussi spectaculaires que ses centres urbains.

Rome, une cité bâtie sur des collines

Après la Lombardie, le Latium est la deuxième région la plus peuplée d'Italie, avec plus de 5 800 000 habitants. Sa capitale, Rome, compte plus de 2 250 000 habitants, ce qui fait d'elle la ville la plus peuplée d'Italie. À Rome, la géographie est indissociable de l'histoire et vice versa. La *Città Eterna* s'est construite sur sept collines, d'où le relief de Rome : l'Aventin, le Capitole, le Caelius, l'Esquilin, le Palatin, le Quirinal et le Viminal. La présence de forts dénivelés dans une ville aussi urbanisée que Rome la rend tout à fait exceptionnelle. Nées de l'érosion d'une couche de roches volcaniques, les sept collines attribuent à la ville un rempart naturel. Selon la légende, Remus aurait habité et serait mort sur l'Aventin, tandis que son frère, Romulus, se serait installé en face, sur le mont Palatin. Aujourd'hui classé site antique archéologique, le mont Palatin abrite la célèbre *louve capitoline*, qui aurait recueilli les deux fondateurs de Rome. Le Capitole, constitué de deux sommets écartés par une dépression, représentait la centralité du pouvoir politique, aujourd'hui c'est le centre religieux de la ville. Il s'agit d'une des plus petites collines de Rome avec le Viminal. L'Esquilin, situé plutôt à l'ouest de la capitale, est un plateau composé de petits rehaussements, longtemps occupé par des cimetières. Enfin, le Caelius, quartier plutôt résidentiel sous l'Empire, est la zone qui s'étend jusqu'au Colisée. Le *Septimontium* montre l'importance de la présence des sept collines de Rome, puisqu'il s'agissait d'une fête religieuse où l'on sacrifiait sept animaux près des sept collines.
Les strates de couches historiques sont si importantes, qu'il est difficile de construire un métro dans le centre antique, au risque de détériorer la richesse archéologique de son sous-sol. Alors, aussi original qu'il soit, le relief de Rome a été d'une grande importance dans la culture et l'histoire, et continue aujourd'hui à régir les fondations et les constructions de la ville.

HISTOIRE

Un peu de mythologie

Les anciens avaient sur l'origine de la fondation des villes un regard bien particulier. Pour eux, elles ne pouvaient être fondées que par des dieux ou des héros mythologiques. Rome n'échappe pas à la règle. On raconte que 2 frères jumeaux, Romulus et Rémus, qui vivaient jadis à Albe-la-Longue (l'actuel Castel Gandolfo), s'embêtaient à mourir dans cette ville depuis que leur grand-père Numitor avait été détrôné par son frère, le méchant Amulius. On passe sur les détails qui firent que les frangins, fruit de la rencontre inopportune de Rhéa Silvia (leur mère) avec le dieu Mars, ne doivent la vie sauve qu'à la louve qui les a recueillis tous les 2 après que le méchant Amulius, non content d'avoir d'abord tué leur mère, les eut laissés dériver sur le Tibre.

Bref, plus tard, les jumeaux décident de fonder une ville à l'endroit même où ils avaient été recueillis. Romulus se met alors en tête de tracer les limites de sa ville à l'aide d'une charrue. Mais son frangin, jaloux et moqueur, s'empresse de franchir cette démarcation dérisoire. Mal lui en a pris, car Romulus l'embroche aussitôt avec son glaive. Ça commence bien !

Nous sommes en 753 av. J.-C. Romulus régnera sur Rome jusqu'en 716. Pour la peupler, il fit appel à tous les bannis, les laissés-pour-compte et les esclaves en fuite. Le problème c'est que les nouveaux arrivants étaient tous du sexe masculin. Malin, le Romulus résout le problème en piquant des jeunes filles à ses voisins les Sabins. C'est le fameux « enlèvement des Sabines ».

LE PHALLUS ÉRIGÉ EN CULTE

Les Romains raffolaient du dieu Priape qui était en érection constante. Les petites statuettes, invoquant la fertilité, étaient autant de porte-bonheur, qu'on apposait à l'entrée des maisons ou qu'on portait en amulette, autour du cou. Le sexe dressé se dit en latin fascinus, *d'où vient le mot « fascination »...*

Les Étrusques

Les sceptiques qui auront fait le rapprochement avec Caïn et Abel, et peut-être même aussi avec Moïse dérivant sur le Nil à la place des jumeaux sur le Tibre, savent que les véritables fondateurs de Rome sont peut-être d'origine étrusque. Les Étrusques, qui vivent dans la région depuis la fin de l'âge du bronze, auront une influence importante sur les Romains, notamment en ce qui concerne l'apport d'idées religieuses, les techniques, etc. Ils succèdent aux Sabins, et règnent près d'un siècle avant que les Romains ne détrônent leur roi, le sanguinaire Tarquin le Superbe. Nous sommes en 509 av. J.-C. et le 7e roi de Rome vient de mourir. La République romaine peut voir le jour.

La République romaine

Premiers aspects

Les historiens pensent que l'avènement de la République romaine daterait plutôt de 475 av. J.-C. mais, quoi qu'il en soit, Rome, sortie victorieuse de la guerre contre les villes de la Ligue latine (13 cités du Latium autour d'Alba la Longue, aujourd'hui Castel Gandolfo) en 494 av. J.-C., devient une ville dominante. Apaisés, les Romains peuvent enfin s'organiser. Leur gouvernement républicain repose sur l'équilibre d'un pouvoir partagé entre différentes institutions : Sénat, magistratures et assemblées populaires. Les magistrats

(consuls, prêteurs), élus par le peuple (comices centuriates et comices tributes), exercent le pouvoir exécutif sous la tutelle du Sénat, lequel incarne l'autorité permanente.
Mais Rome n'est pas tirée d'affaire pour autant. Mise à sac par les Gaulois en 390 av. J.-C., la ville, après avoir entrepris la ***conquête de la Botte*** et étendu son influence de la plaine du Pô à la mer Ionienne puis à l'***ensemble du Bassin méditerranéen,*** connaîtra 3 guerres samnites (tribus des régions montagneuses de l'Italie centrale), avant de se heurter à Carthage (l'actuel Tunis) au cours des guerres puniques. Une épopée guerrière dont Rome sortira définitivement victorieuse en 146 av. J.-C., créant alors un véritable empire.

DES MARIÉS QUI ONT DE LA VEINE !

Les Romains ont instauré la tradition de porter l'alliance de mariage à l'annulaire gauche. En effet, ils étaient persuadés qu'une veine reliait ce doigt directement au cœur. Ils l'appelaient d'ailleurs la « veine d'amour ». Cette coutume fondée sur une erreur anatomique perdure depuis 20 siècles.

Un colosse aux pieds d'argile

Rappelons que dans le même temps, dès le IIe s av. J.-C., la nouvelle République romaine opère de profonds changements au sein de la société. Le divorce est autorisé, la femme peut disposer librement de ses biens et la famille perd son autorité. On voit apparaître un nouveau type de Romain, plus cultivé et impliqué dans la vie publique. ***L'influence de la Grèce,*** dans des domaines aussi variés que les arts, la langue, la culture, ainsi que l'enrichissement des élites issues des grandes familles creusent un fossé de plus en plus grand avec le peuple, alors ruiné par des conflits incessants (les révoltes d'esclaves notamment).
Dans le même temps, écartée des bénéfices apportés par les conquêtes territoriales, la classe rurale s'appauvrit. L'idéal de la République n'existe plus que sur les tablettes ! Le Sénat devient l'outil des puissants ; quant aux *optimates* (la tendance politique conservatrice), elles ne défendent que les privilèges des plus forts.
En 91 av. J.-C., consécutivement à l'assassinat d'un tribun qui avait essayé d'entamer des réformes agraires, la guerre sociale est déclarée. Elle durera 10 ans.
Quelques années plus tard, en 60 av. J.-C., 3 consuls (Crassus, Pompée et César) forment le 1er *triumvirat* ; pour César, la route vers le pouvoir est désormais tracée. Nommé proconsul des Gaules en 59, il dirigera avec succès la campagne contre les Gaulois avant de ***franchir le Rubicon*** (petite rivière au sud de Ravenne séparant la Gaule italienne de l'Italie romaine) en 45 av. J.-C., établissant par là même la dictature en grommelant le célèbre *Alea jacta est* (en v.f. : « Le sort en est jeté »). Et quel sort !

MÉCÈNE

Homme politique romain qui finançait et hébergeait tous ceux qui assuraient l'essor des arts et des lettres. Faut dire qu'il n'avait pas grand-chose d'autre à faire, car sa femme était la maîtresse officielle de l'empereur Auguste...

Les derniers soubresauts de la République

En une année, ***Jules César s'impose à Rome puis dans toute l'Italie.*** Vaincu, Pompée fuit vers la Grèce, mais César n'a pas dit son dernier mot et finit par écraser ses troupes lors de la bataille de Pharsale en 48 av. J.-C. Ce sera une bataille décisive. Pompée trouve son ultime refuge en Égypte, où

Les dieux de la mythologie grecque et romaine

Dieu grec	Dieu latin	Fonction	Attributs
Zeus	**Jupiter**	Roi des dieux, maître du ciel et de l'univers	La foudre, l'aigle, le sceptre
Héra	**Junon**	Déesse du mariage et de la fécondité	Le paon, la grenade
Apollon	**Apollon ou Phoebus**	Dieu du soleil et des arts lyriques	La lyre, le soleil
Artémis	**Diane**	Déesse de la lune et de la chasse	Le croissant de lune, la biche, l'arc et les flèches
Poséidon	**Neptune**	Dieu des mers et des tempêtes	Le trident
Athéna	**Minerve**	Déesse de la sagesse et de la guerre (stratégie)	La chouette, le rameau d'olivier, le serpent
Arès	**Mars**	Dieu de la guerre (violence, combat)	Le casque, le bouclier
Aphrodite	**Vénus**	Déesse de l'amour et de la beauté	Le coquillage, le myrte, le cygne
Héphaïstos	**Vulcain**	Dieu du feu, des volcans et de la métallurgie	Le marteau, l'enclume
Hestia	**Vesta**	Déesse du foyer et de la famille	Le feu sacré, la torche
Hadès	**Pluton**	Dieu des Enfers	Le Cerbère, la corne d'abondance
Hermès	**Mercure**	Dieu des marchands et des voleurs, messager des dieux	Le caducée, les sandales ailées, le casque ailé
Dionysos	**Bacchus**	Dieu de la vigne, du vin, des excès et de la folie	Le thyrse, le lierre, la vigne et le raisin
Déméter	**Cérès**	Déesse de l'agriculture et des moissons	La gerbe de blé, la faucille
Perséphone	**Proserpine**	Déesse des Enfers et des saisons	La torche, l'épi de blé, la grenade
Eros	**Cupidon**	Dieu de l'amour et du désir	L'arc, le carquois, le lièvre

il est assassiné par le pharaon Ptolémée XIII. César, apprenant la nouvelle, décide de remplacer Ptolémée par sa sœur Cléopâtre ! Et on connaît la suite... L'immense fortune de Cléopâtre et le prestige des Ptolémée ouvrent à César la conquête de l'Orient et le contrôle de Rome.
De retour à Rome, César entreprend une série de réformes en faveur du petit peuple et des paysans. Nommé dictateur à vie en l'an 44 av. J.-C., il aurait probablement instauré à Rome une démocratie à la grecque s'il n'avait pas été assassiné la même année par une conjuration de jeunes aristocrates dont faisait partie Brutus – son propre fils adoptif ! – qu'il reconnaît avant de s'effondrer, en prononçant sa dernière locution historique (*Tu quoque, mi fili* – « Toi aussi, mon fils »).

PILE OU FACE

À l'époque de César, son effigie était gravée sur le côté face des pièces de monnaie. Le respect voué à l'empereur était tel que bien des décisions étaient liées au lancer de pile ou face. Quand le côté face apparaissait, c'était donc la volonté de... César qui s'exprimait ! Ces décisions étaient donc rarement contestées. Ainsi pouvait-on juger de la culpabilité d'un accusé ou de la victoire d'un gladiateur.

CHAUVE QUI PEUT !

César était très préoccupé par la perte de ses cheveux. Il fit voter par le Sénat une loi l'autorisant à porter en permanence une couronne de lauriers pour cacher sa calvitie. Un attribut certes honorifique, mais surtout esthétique. Il ramenait sur son front les rares cheveux qui lui restaient. Cléopâtre lui préparait une décoction à base de graisse d'ours et de souris grillées. Bonjour le romantisme !

L'Empire romain

Règlements de comptes

Quelque temps après la mort de César, Octave, son neveu et fils adoptif, s'impose face à Marc Antoine, devenu maître de Rome depuis l'assassinat de César. Une fois vaincu à Modène, Marc Antoine se rapproche d'Octave et, avec Lépide (ancien maître de cavalerie de César), ils forment le 2e *triumvirat* en 43 av. J.-C. En commanditant l'assassinat de Cicéron, les *triumvirs* éliminent le parti républicain, avant de se débarrasser des conjurés Brutus et Cassius. L'heure du partage du monde romain a sonné. Octave prend l'Occident ; Lépide, l'Afrique ; quant à Marc Antoine, il épouse la sœur d'Octave et obtient l'Orient en imaginant réunir Rome et Alexandrie.
Mais cette idée n'est pas du tout du goût d'Octave (son beau-frère), désormais maître de l'Occident romain, qui voit en lui un traître. Vaincu en mer à Actium en 31 av. J.-C. par ce dernier, Marc Antoine se donne la mort sur la fausse annonce du suicide de Cléopâtre... Désormais, Octave a le champ libre pour régner seul. Il annexe l'Égypte au passage...

Le Premier Empire : naissance et apogée

Octave reçoit tous les pouvoirs par décret en 27 av. J.-C., tandis qu'il prend le nom d'Auguste (= majestueux). Pour la 1re fois, toutes les terres bordant la Méditerranée appartiennent à un même ensemble politique, laissant à Octave le rêve d'en faire un État unifié. La longueur exceptionnelle de son règne (47 ans !) lui permet d'édifier lentement mais sûrement la nouvelle civilisation impériale, où lui et ses successeurs adoptent en guise de prénom le titre d'*imperator.*
Débute alors une période de stabilité connue sous le nom de Pax Romana. Le « siècle d'Auguste » voit, avec Virgile, Tibulle, Properce, Ovide et Tite-Live, le

triomphe de la littérature latine. Auguste développe les infrastructures et embellit une grande partie des monuments de la ville : amphithéâtres, temples, Panthéon, thermes publics, ponts, aqueducs... Rome connaît à cette époque un rayonnement sans précédent.
À Auguste succèdent Tibère, Caligula et Claude, alors des alliances se font, se défont, on s'empoisonne, on s'assassine (on savait rigoler !). Claude expulse les juifs de Rome (certainement les tout 1ers chrétiens en fait) en 45, alors que dans le même temps, il accorde la citoyenneté romaine aux chefs de la Gaule. Puis Néron lui succède. Il sera le dernier empereur de la dynastie julio-claudienne. L'histoire gardera de lui l'image d'un despote particulièrement cruel et ambitieux. C'est lui qui bâtira la *Domus Aurea* au lendemain du grand incendie de Rome en 64. En 79, Titus succède à son père Vespasien après avoir « régné » en doublon quelques années. De sa prise de Jérusalem en 70 (ce sont ses armées qui ont détruit le 2d temple), Titus rentre victorieux de sa campagne avec 15 000 prisonniers juifs, qui, réduits en esclavage, participeront à la construction du Colisée.
De 96 à 192 s'ouvre l'âge d'or de l'Empire romain. Cette période correspond au règne des empereurs de la dynastie des Antonins, à savoir Nerva, Trajan, Hadrien, Antonin et Marc Aurèle. Prince philosophe, ce dernier instaure une monarchie impériale éclairée et humaniste. Dès lors, la civilisation urbaine est à son apogée. Grâce au ***contact avec la civilisation grecque,*** plus évoluée à l'époque et à l'arrivée à Rome d'esclaves souvent plus cultivés que leurs maîtres, la vie intellectuelle devient brillante, tandis qu'au Sénat affluent – pour y siéger – des hommes en provenance de tous les coins de l'empire...

LE PREMIER LOGO DE L'HISTOIRE ?

Lors de vos déambulations romaines, vous ne manquerez pas de noter sur les plaques d'égout, au coin des rues et sur les monuments et bâtiments publics, le mystérieux sigle S.P.Q.R. C'est en fait l'abréviation de Senatus Populusque Romanus, *qui signifie « le Sénat et le peuple romain ». La République puis l'Empire romain apposèrent leur devise un peu partout, un peu comme une marque de fabrique ou un logo. Même Goscinny, dans Astérix, a détourné la devise de l'empire en :* Sono Pazzi Questi Romani. *Vraiment, « ils sont fous ces Romains » !*

L'empire est débordé

Mais en cette fin de IIe s, l'empire subit les toutes 1res pressions des peuples repoussés vers l'ouest. Les Romains eurent beau construire un *limes* (un mur en fait) pour marquer leur territoire, la menace se fait de plus en plus pressante, tant et si bien que pendant le règne de Marc Aurèle, Rome doit faire face à ses ennemis sur presque tous les fronts.
À partir des années 230, l'empire subit un assaut généralisé de la part des Barbares. À plusieurs reprises, Alamans, Francs, Goths et Perses ravagent les provinces... Puis quelques années plus tard, en 274, le culte de *Sol Invictus* (le soleil invaincu qui marque la date du solstice d'hiver le 21 décembre) est officialisé à Rome.

MAIS QUI SONT CES « BARBARES » ?

Durant l'Antiquité, les Grecs nommaient « barbares » les peuples qui ne parlaient pas leur langue. Puis les Romains (maintes fois envahis) appelèrent « barbares » tous les peuples ennemis de leur empire. Plus tard, la signification évolua encore, car les Berbères furent les habitants d'Afrique du Nord. Aujourd'hui, il s'agit uniquement des populations du Maghreb qui ne sont pas d'origine arabe.

LES EMPEREURS ROMAINS

Les origines de l'Empire :

Jules César (né en 100 av. J.-C. et mort en 44 av. J.-C.) => dictateur, mais considéré comme un empereur par les historiens romains qui lui donnent le titre de Caesar. Grand stratège, très ambitieux et démagogue. Réalise la conquête des Gaules et étend les frontières de Rome au Rhin. Il s'est proclamé « inviolable et sacré » à la fin de sa vie et de son règne politique en tant que consul. Il est assassiné et trahi. Octave, son petit-neveu, sera plus tard Auguste.

Première dynastie : les Julio-Claudiens

Auguste
De 27 av. J.-C. à 14 apr. J.-C.
Premier empereur romain, fondateur du principat. Grandeur, paix et diplomatie. Grands travaux à Rome : aqueducs, fontaines et citernes pour mieux alimenter la ville en eau. Premiers thermes de Rome.

Tibère
De 14 à 37 apr. J.-C.
Accorde un plus grand rôle législatif et judiciaire au sénat. Préservation des frontières instaurées par Auguste.

Caligula
De 37 à 41 apr. J.-C.
Connu comme un « psychopathe ». Règne extravagant et sanglant. Nouvelles réformes religieuses visant à renforcer l'adulation divine de l'empereur. Divinisation de sa propre sœur Drusilla. Assassiné par sa garde prétorienne.

Claude
De 41 à 54 apr. J.-C.
Il a aménagé le nouveau port d'Ostie et construit de nouveaux aqueducs. Il a accordé le droit de cité romaine. Conquête de la Grande-Bretagne et de la Thrace. Annexe la Mauritanie. Il a renforcé les fortifications du Danube. Empoisonné par sa femme.

Néron
De 54 à 68 apr. J.-C.
Autre « empereur fou », fait empoisonner sa mère. Règne en tyran. Incendie de Rome en 64 => accuse des chrétiens qu'il fait exécuter. Se suicide après des révoltes de gouverneurs.

Empereurs proclamés par les soldats en 68-69 apr. J.-C.
Galba, Othon, Vitellius

Deuxième dynastie : les Flaviens

Vespasien
De 69 à 79 apr. J.-C.
Rétablit l'ordre face aux révoltes en Germanie et en Gaule. Lance la construction du Colisée en 75. Restaure la paix.

Titus
De 79 à 81 apr. J.-C.
Culte impérial. Règne marqué par l'éruption du Vésuve => destruction de Pompéi et Herculanum en 79. Travaux => thermes, arc de triomphe, Colisée.

Domitien
De 81 à 96 apr. J.-C.
Règne en tyran. Guerres et empire agrandi, mais défaite contre le roi des Daces qui humilie l'armée. Meurt assassiné.

Troisième dynastie : les Antonins

Nerva De 96 à 98 apr. J.-C.	Rupture avec la tyrannie de Domitien, début du paternalisme des Antonins. Equilibre budgétaire rétabli. Victoire contre la Germanie.
Trajan De 98 à 117 apr. J.-C.	Conquête des Daces et des Parthes. Ordre et sécurité. Construction de nombreux monuments, dont la colonne Trajane. Titre d'« optimus princeps ».
Hadrien De 117 à 138 apr. J.-C.	Retour à la paix romaine. Intellectuel philhellène. De 122 à 127, construction du « mur d'Hadrien » entre l'Angleterre et l'Écosse. Autres constructions : château Saint-Ange, rotonde du Panthéon, temples jumeaux de Vénus et de Rome, Villa Hadriana.
Antonin De 138 à 161 apr. J.-C.	Apogée de la paix romaine. Limite la torture et le temps de prison préventive.
Marc Aurèle De 161 à 180 apr. J.-C.	Philosophe stoïcien.
Commode De 180 à 192 apr. J.-C.	Tyran sanguinaire. Se prend pour Hercule. Combat comme gladiateur. Meurt assassiné.

Après les Antonins : quelques empereurs qui ont marqué les mémoires.

Deuxième dynastie : les Flaviens

Septime Sévère De 192 à 211 apr. J.-C.	Fonde la dynastie des Sévères. Marque l'arrivée au pouvoir de provinciaux non romains. Arc de Septime Sévère. Restaure le temple de la Paix.
Caracalla De 211 à 217 apr. J.-C.	Accorde le droit de cité romaine à tous les hommes libres de l'Empire en 212. Fait ériger les thermes de Caracalla. Règne en tyran. Meurt assassiné.
Aurélien De 270 à 275 apr. J.-C.	Rétablit l'unité romaine. Renforce les lignes défensives du Danube. Construction du mur d'Aurélien autour de Rome.
Dioclétien De 284 à 305 apr. J.-C.	Tétrarchie (gouvernement réparti entre quatre personnes) contre une situation d'anarchie. Construction des thermes de Dioclétien sur le Quirinal. Persécution des chrétiens.
Constantin De 306 à 337 apr. J.-C.	Édit de Milan, 313 : liberté du culte aux chrétiens. Conversion de l'empereur lui-même : **premier empereur chrétien.** Constantinople devient la nouvelle capitale en 324 et rivalise avec Rome.
Julien De 361 à 363 apr. J.-C.	Aide au retour du paganisme.
Théodose 1er De 379 à 395 apr. J.-C.	Officialisation du christianisme et condamnation du paganisme.

La fin de la puissance de Rome

L'essor du christianisme

En l'an 306, Constantin Ier est proclamé 1er empereur par ses légions de Germanie. Au même moment, à Rome, Maxence devient lui aussi empereur ! Le choc final se produit le 28 octobre 312, à Pont-Milvius. Durant cette bataille, Constantin a une vision : une croix apparaît dans le ciel avec les mots *In hoc signo vinces* (« Par ce signe tu vaincras »). ***Il n'en fallait pas moins pour que Constantin scelle le destin de l'empire en se convertissant au christianisme par l'édit de Milan (313).*** La religion chrétienne sort alors du cadre domestique où elle était jusqu'alors confinée. On bâtit les 1res églises (en récupérant le plus souvent temples païens et basiliques romaines). Dans le même temps, les incursions des peuples germaniques portent un coup fatal à l'empire.

Pour mieux répondre à la menace, les Romains sont contraints de ***scinder leur empire en 2.*** D'un côté la *pars occidentalis* (Empire romain d'Occident) qui, sous le joug des invasions destructrices, vivra ses dernières heures au siècle suivant et, de l'autre, la *pars orientalis* (Empire romain d'Orient) qui donnera l'Empire byzantin et subsistera jusqu'à la prise de Constantinople par les Ottomans en 1453. Rappelons que c'est en 484 que les églises de Rome et de Constantinople se séparent.

LA SCISSION DE L'EMPIRE ROMAIN

L'énormité du territoire romain le rendait ingouvernable. À la fin du IIIe s, Dioclétien le sépara en 2 avec 2 capitales (Rome et Constantinople) et 2 empereurs concurrents ; ce qui permit sa survie. En effet, l'Empire romain d'Occident disparut en 476, envahi par les Barbares. En revanche, l'Empire romain d'Orient survécut 1 000 ans de plus, jusqu'à la chute de Constantinople en 1453.

La grande dégringolade

Contrairement à l'Empire byzantin qui avait surmonté la ***période des grandes invasions*** de la fin du Ve s grâce à sa diplomatie, l'***Empire romain d'Occident ne se relèvera pas.*** Les Ostrogoths, qui avaient fait main basse sur la ville depuis leur QG de Ravenne, croiseront le fer à plusieurs reprises avec l'Empire romain d'Orient monté prendre Rome en 536 sous le règne de Justinien Ier. Puis de bataille en bataille, de destruction en destruction, Rome s'enfonce dans le chaos. Privée d'une partie de ses aqueducs qui l'alimentaient en eau potable, soumise aux crues dévastatrices du Tibre, Rome redevient la zone insalubre et malsaine qu'elle était avant son avènement. Du million d'âmes que comptait la ville à son apogée, il n'en reste plus que 50 000. Un nombre d'habitants qui sera même réduit de moitié au IXe s...

Mais le pape est là, qui a repris les affaires en main, tentant vainement de chercher des alliances, notamment auprès des Francs en la personne de Pépin le Bref, fils de Charles Martel et futur papa de Charlemagne. Puis c'est carrément la bérézina avant l'heure, toute la période n'étant qu'une succession de luttes d'influence pour s'accaparer le pouvoir. Entre les empereurs du Saint Empire romain germanique d'un côté et la noblesse romaine résiduelle de l'autre. De son côté, les prérogatives du pape augmentent et son rôle politique s'accroît. En 800, le couronnement de Charlemagne dans la Ville Éternelle marque l'avènement du nouvel empire d'Occident, tandis que se constituent les États pontificaux avec Rome pour capitale, désormais centre mondial du christianisme de rite latin.

À la fin du XIe s, Rome ne compte plus ni industries ni commerces. Quelques agriculteurs subsistent, cependant. Seuls les quartiers de l'Arenula, le Trastevere et la

boucle du Tibre sont habités. Les plus nobles vivent dans des tours qu'ils ont fait bâtir avec des colonnes de récup pour se prémunir des crues du Tibre, tandis que les pauvres vivent dans des logis de misère à la merci des inondations.
Le début du XIIe s verra un ***renforcement du pouvoir pontifical*** sur les affaires de la ville. Entre 1187 et 1241, pas moins de 5 papes originaires de Rome n'auront de cesse de favoriser leurs familles. Beaucoup obtiennent de sérieux privilèges et les garderont pour longtemps...

La valse des papes, du XVe s à nos jours

En 1378, 29 ans après le grand tremblement de terre qui ébranla une bonne partie de la ville, détruisant nombre d'édifices, Urbain VI est le 1er pape de nouveau élu à Rome. Mais sa tête ne revient pas aux cardinaux ! Ils élisent Clément VII, qui s'en retourne à Avignon, déclenchant ainsi le Grand Schisme d'Occident. Si vous vous souvenez de vos cours d'histoire, le concile de Pise (1409) n'arrange rien ! Jamais 2 sans 3, il donne lieu à l'élection d'un 3e pape ! Avant que la question soit réglée une bonne fois pour toutes avec l'élection de Martin V (1417), se sont succédé 4 papes à Rome et Avignon et 2 à Pise... de quoi y perdre son latin ! En 1417, le retour des papes à Rome ouvre une époque bénie pour l'art italien. Le pape Martin V fait de la Ville Éternelle le lieu de convergence de tous les artistes du moment. On restaure à grands frais les églises, à commencer par Saint-Jean-de-Latran (cathédrale de Rome) et le palais pontifical, récupérant ce qui reste de temples romains. C'est l'époque des Michel-Ange, du Bernin, de Borromini... Sous l'impulsion des papes, la ville se transforme. À côté de chaque temple de la période antique se construit un four à chaux afin de recycler le marbre. Sixte IV dédie le décor de sa nouvelle chapelle Sixtine à la Vierge Marie. Si le Pérugin et Botticelli commencent le travail, le pape Jules II fait appel à Michel-Ange pour la voûte et le grand mur de l'autel... Au fil des siècles, les papes forgeront l'âme catholique de Rome, tandis qu'affluent dans la Ville sainte les juifs chassés par Isabelle de Castille (le Ghetto sera créé en 1555).

JEANNE LA SOUS-PAPE

Selon une légende, au IXe s, une certaine Jeanne fit des études pour devenir moine. Elle était tellement brillante qu'elle se fit élire pape autour de 855. Elle cacha bien sûr sa féminité jusqu'à être démasquée. Les dominicains répandirent alors l'idée qu'avant chaque élection le pape faisait l'objet d'une vérification génitale. D'ailleurs, de nombreuses gravures en témoignent. Ce n'est qu'au milieu du XVe s que l'Église démentit formellement cette pratique.

La Renaissance

Le pillage de Rome

Le 6 mai 1527, les troupes de Charles Quint mettent Rome à sac. Pendant près d'un an, Rome vit au rythme sanglant des viols, des meurtres, des saccages... et les morts se comptent par milliers. Le pape se réfugie in extremis au château Saint-Ange, seul fortifié à proximité du Vatican. Il y reste cloîtré jusqu'à une certaine nuit de décembre où, déguisé en domestique, il parvient à s'enfuir. Il s'installe à Viterbe, pour ne rentrer à Rome qu'en 1528. Le pillage de Rome ainsi que les terribles inondations qui frappent la ville dans la 2de moitié du XVIe s n'empêcheront pourtant pas les adeptes de la Contre-Réforme de construire à tout-va. Rome prend alors un autre visage. La ville est remplie de statues exhumées, de colonnes, de chapiteaux, de fragments d'architraves (sorte de gros linteau reposant sur les colonnes), autant de matériaux antiques susceptibles d'être incorporés aux nouveaux édifices.

Rome à l'âge baroque

Le ***concile de Trente*** (1545-1563) va changer l'aspect de la ville. Initié par le pape Paul III, il est la ***réponse de l'Église catholique face aux revendications protestantes de Martin Luther.*** Les papes reprennent la main et lancent la Contre-Réforme. Sixte V remodèle le centre de la ville selon un plan en étoile dont chaque pointe est marquée par un obélisque. En chantier permanent au XVIIe s, Rome multiplie les constructions nouvelles autour du campo dei Fiori, comme la galerie Spada et le palais Farnèse. Michel-Ange donne à la place du Capitole l'aspect qu'on lui connaît aujourd'hui. La ville abrite une population cosmopolite où cohabitent Allemands, Espagnols, Français, Florentins et Grecs. Les pèlerins y affluent en masse et repartent avec des souvenirs : là un buste, ici une statue antique... Paul V puis surtout le jésuite Urbain VIII mènent une politique artistique intensive et déploient l'opulence du style baroque. L'achèvement de la basilique Saint-Pierre est confié au Bernin, qui en fait le lieu de faste écrasant que l'on connaît. Il dote aussi la piazza Navona de sa célèbre fontaine des Quatre-Fleuves et coiffe le château Saint-Ange de ses statues. Le baroque italien, né à Rome, est adopté par les souverains européens et s'exporte même jusqu'au Nouveau Monde.

Rome à l'orée des Lumières

En 1798, les armées françaises envahissent Rome et la Suisse en même temps, entraînant simultanément la constitution des républiques romaine et helvétique. Les États du pape Pie VII sont confisqués et ***Rome s'impose comme le chef-lieu d'un département français*** (le département du Tibre, qui deviendra ensuite le département de Rome) de 1809 à 1814. Cependant Napoléon n'y mettra jamais les pieds. Pourtant le palais du Quirinal avait été choisi comme 2e résidence impériale pour accueillir toute la famille : Napoléon, Marie-Louise d'Autriche et leur rejeton, le petit « Roi de Rome ». À cette époque-là, la Ville Éternelle abrite une population qui vit essentiellement de l'afflux continu des pèlerins attirés par la basilique Saint-Pierre. Quant aux plus riches campés dans leur train-train, leurs revenus dépendent essentiellement du bon vouloir des gens d'Église. Ils n'attendent plus que le retour dans la Ville sainte du pape Pie VII en 1814, lequel en profite pour rétablir l'ordre jésuite évincé en 1792. L'idée d'une Italie unifiée fait son chemin...

De 1870 à nos jours

Les acteurs de l'Unité

À partir du XVIe s, l'Italie est devenue la proie des grandes puissances européennes. En 1805, un royaume d'Italie est créé par Napoléon. Mais cette entité n'occupe pas tout le territoire, car une partie de la Botte est encore rattachée au royaume de Naples gouverné par les Bourbons. L'Italie se trouve alors prise en étau entre Autrichiens au nord et Bourbons au sud, le tout sur fond d'un cafouillage d'idées entre République, monarchie et souveraineté papale... À l'époque, la plupart des villes italiennes connaissent une certaine agitation. Seul le royaume de Piémont-Sardaigne gouverné par Charles-Albert Ier reste stable, mais le souverain semble bien trop timoré pour entreprendre quoi que ce soit tout seul. Pourtant, en 1848, ce dernier déclare la guerre à l'Autriche contre l'avis du pape Pie IX.
Dans leur quête d'indépendance et de liberté, les Italiens doivent apprendre à marcher ensemble. En 1847, Camillo Benso Di Cavour, devenu maître de la politique piémontaise, rencontre Garibaldi. Ce dernier sera de retour au pays 1 an plus tard à la tête des Chemises rouges (son armée) pour combattre l'ennemi autrichien aux côtés de Cavour, avant de s'emparer de Naples et de la Sicile. Dix ans plus tard, la ***France prêtera main forte à Cavour*** en lui fournissant 200 000 hommes, en échange de la Savoie et du comté de Nice (qui dépendait alors du royaume de Sardaigne). Cette idée est loin de plaire à Garibaldi (et pour cause, Nice est sa ville natale !), mais en signant un armistice avec les Autrichiens, les Français se retirent.

En 1860, Cavour, qui s'était éclipsé, revient sur le devant de la scène en déclarant l'annexion du Piémont et des états de l'Italie centrale.
De son côté, Garibaldi, parti de Gênes, débarque le 11 mai 1860 en Sicile avec son armée de volontaires (la fameuse expédition des Mille) ce qui contraint le roi des Deux-Siciles, François II, à abdiquer. Sur sa lancée, Garibaldi monte sur la Calabre, puis c'est au tour de la Campanie. Le 17 mars 1861, l'Italie est unifiée et Victor-Emmanuel II proclamé roi d'Italie avec Turin pour (éphémère) capitale. Ce n'est que le 1er juillet de la même année que Rome devient capitale du nouvel État. Après l'indépendance, le *Risorgimento* favorisera l'essor d'autres capitales régionales comme Milan.

La montée du fascisme

Au terme de la Grande Guerre, les nombreux mouvements de grèves fragilisent durablement le pays. L'Italie est en crise et l'État affaibli. La maison de Savoie, qui a joué un rôle important dans l'unification italienne, donne pourtant un blanc-seing au parti fasciste. Mussolini et ses Chemises noires en profitent pour marcher sur Rome (28 octobre 1922) dans le but d'impressionner le mouvement libéral alors au pouvoir. Finalement élu, Mussolini ***instaure la dictature*** et donne un temps l'illusion d'une prospérité (qui profite surtout à la petite-bourgeoisie).
Engagé dans la conquête éthiopienne et rejeté par les démocraties occidentales, Mussolini trouve en Hitler une âme sœur. Beaucoup plus faible que son alter ego allemand, le régime fasciste italien rencontre dès 1941 une résistance ouverte. Littéralement occupée par les Allemands, l'Italie est la 1re des forces de l'Axe à subir l'assaut des Anglais et des Américains dès 1943. Le 19 juillet de la même année, 500 bombardiers déversent plus de 1 000 t de bombes sur la gare de fret de Termini, anéantissant au passage le quartier de San Lorenzo. Quant à Mussolini, il est tué en 1945 par des partisans italiens. Encore imprégné de l'esprit mussolinien, le quartier de l'EUR (construit à l'origine pour les Jeux olympiques de 1942) ouvre la voie en matière d'architecture contemporaine...

UN ÉVÊQUE PRONAZI

Aloïs Hudal organisa, dès la fin de la guerre, une filière pour exfiltrer les criminels nazis en Amérique du Sud. Eichmann, Mengele et Klaus Barbie purent s'échapper grâce à des passeports du Vatican tout à fait officiels. En 1947, le scandale éclata grâce à un journal allemand, mais Hudal ne fut jamais inquiété par la justice. Il mourut en 1963 sans jamais avoir regretté ses actes.

Le visage de l'Italie de 1945 aux années 2010

En 1946 quand est proclamée la 1re République, l'Italie est au plus mal : usines, réseau des chemins de fer, villes, tout n'est que ruines. Quand Umberto II quitte le pays en juin 1946, consécutivement à un référendum, l'échiquier politique est totalement recomposé et de nouveaux rapports de forces s'installent. La 1re République rencontre toutes sortes de difficultés : extrémisme de gauche (les Brigades rouges), de droite (type néofasciste), corruption généralisée grippant les rouages de l'État et touchant les plus hauts responsables, scandales divers (la loge secrète P2 et ses relations avec les banquiers du Vatican...), sans parler des remous sociaux, de la crise économique... Dans les années 1990, tout semble prendre une nouvelle tournure avec, enfin, des signes forts de

LE TRAITÉ DE ROME

Signé en 1957, il scelle la création de l'Union européenne. On sait que seules la première et la dernière page ont été imprimées à temps. Entre ces 2 pages, rien que des feuilles blanches ! Outre les retards des fonctionnaires, le personnel d'entretien avait jeté toute la préparation du traité à la poubelle.

l'État : rigueur économique, ***opération « Mains propres »*** conduisant à un grand nettoyage de la vie politique (251 parlementaires mis en examen). L'Italie se débarrasse de ses politiciens corrompus, mais de nouveaux visages apparaissent, dont celui de l'inquiétant Umberto Bossi (leader de la Ligue du Nord), qui cherche à liguer les Italiens du Nord contre ceux du Sud. En 1996, la gauche revient au pouvoir. L'Italie reprend la route vers l'Europe. La fondation du Parti démocrate en 2007, autour de la personnalité de Romano Prodi, tente d'unir les forces de gauche, mais la coalition est divisée. La droite de Silvio Berlusconi reprend les rênes du pouvoir en 2008, avant de ressortir (provisoirement ?) de l'arène politique en 2011, remplacé par Mario Monti.

Face à une Italie mécontente...

Après un court mandat de Monti et une coalition d'unité nationale qui gouvernera en 2013, le résultat du scrutin de février 2014 désigne un nouveau président du Conseil en la personne de ***Matteo Renzi*** (Parti démocrate), le nouvel « homme pressé » de la gauche. Âgé seulement de 39 ans, il est le plus jeune chef du gouvernement jamais nommé ! Le président, lui, laisse sa place en février 2015 à Sergio Mattarella, réputé pour son sens de la justice (il combat ardemment la mafia) et ses bonnes relations avec le gouvernement... Matteo Renzi s'engage – tambour battant – dans un vaste plan pour réformer l'économie et le pays. Surnommé *il rottamatore* (le démolisseur), en référence à sa volonté d'envoyer la vieille classe dirigeante italienne à la casse, Renzi bouscule donc l'Italie et perd sa popularité... Après un peu moins de 2 ans au pouvoir, il démissionne le 7 décembre 2016 suite à l'échec de son référendum visant à réformer la Constitution ; référendum qu'il voulait comme un plébiscite. Malgré sa réélection à la tête du Parti démocrate en avril 2017, c'est un revers cuisant en mars 2018 car il ne rassemble à peine que 19 % des suffrages. Sa démission est inévitable.
La montée en puissance des partis « eurosceptiques » en Italie donne un résultat pour le moins inhabituel aux élections de mars : une incroyable coalition entre le Mouvement 5 étoiles (antisystème) et la Ligue (extrême-droite) ! Ce gouvernement improbable met plus de 2 mois à trouver un président du Conseil. C'est finalement Giuseppe Conte, juriste inconnu et sans précédents politiques, qui est annoncé chef du gouvernement en mai. Il nomme en juin le sulfureux et médiatique ***Matteo Salvini*** de la Ligue d'extrême droite, aux postes de vice-président du Conseil des ministres et de ministre de l'Intérieur. Les positions anti-immigration radicales de ce dernier lui valent une cote de popularité élevée dans le pays. De plus, il refuse l'ajustement du budget national 2019 aux recommandations de l'Union européenne ; à l'heure où l'Italie connaît un ralentissement de son économie qui pourrait la précipiter dans la récession. Enfin, allié des extrêmes droites « eurosceptiques » européennes, Salvini critique aussi régulièrement la vie politique française. Renforcé par les élections européennes de mai 2019, Salvini prend (encore plus) la grosse tête. Il grignote peu à peu l'influence du mouvement Cinq Étoiles de Luigi di Maio, pourtant ministre à ses côtés dans le gouvernement de Giuseppe Conte. En août 2019, il tente le tout pour le tout et fait éclater la fragile coalition au pouvoir, réclamant des législatives anticipées. Il va même jusqu'à déposer une motion de censure contre le gouvernement auquel il participe ! Son objectif ? Diriger seul le pays et obtenir les pleins pouvoirs. Après quelques jours de suspense et d'extrême tension, Giuseppe Conte, toujours président du Conseil, démissionne. C'est alors que le mouvement Cinq Étoiles et le parti Démocrate, qui ont réussi à trouver un accord, forment une nouvelle coalition au nez et à la barbe de Salvini. Retour à l'opposition pour le leader de la Ligue ! Giuseppe Conte redevient président du Conseil. Fin 2019, un mouvement citoyen baptisé les « Sardines » voit le jour en Émilie-Romagne. Ses organisateurs refusent l'omniprésence de Salvini et de ses idées en Italie et occupent bruyamment les places du pays pour le faire savoir. La côte de popularité du leader populiste reste toutefois au plus haut. En attendant un nouveau revirement ?

Un tournant dans la gestion de la Ville Éternelle ?

Ignazio Marino, maire de Rome et de centre gauche, démissionne en octobre 2015 après 28 mois d'exercice. Il est mis en cause dans une énième affaire... Les élections municipales anticipées de juin 2016 voient triompher Virginia Raggi, du ***Mouvement Cinque Stelle, le parti antisystème créé par le comique génois Beppe Grillo,*** élue avec 67 % des voix après une campagne menée sur la lutte contre la corruption. Mais à peine a-t-elle pris en main les rênes de la Ville Éternelle qu'elle est déjà entendue par la justice pour faux témoignages et abus de pouvoir. Dans un autre domaine, l'objectif zéro déchet qui était un fer de lance de sa campagne a vite fait long feu. Rome croule plus que jamais sous les déchets et c'est sans compter les voiries défectueuses et le casse-tête des transports en commun, dans une ville qui affiche un déficit budgétaire record !

Principales dates historiques et artistiques

- ***800 av. J.-C. :*** apparition de la civilisation étrusque.
- ***753 av. J.-C. :*** fondation légendaire de Rome.
- ***616 av. J.-C. :*** Tarquin l'Ancien construit le *circus maximus* avec des gradins en bois, selon la tradition.
- ***509 av. J.-C. :*** naissance de la République romaine.
- ***80 :*** les travaux du Colisée se terminent sous Titus.
- ***118 à 125 :*** construction du Panthéon actuel sous Hadrien.
- ***216 :*** construction des thermes de Caracalla.
- ***326 :*** l'empereur Constantin fait construire, sur le lieu supposé du martyre de saint Pierre, la basilique Saint-Pierre de Rome.
- ***VIe-Xe s :*** Barbares, Byzantins et Lombards. Pendant plus de 15 siècles, l'Italie ne sera qu'un ensemble de territoires disloqués et rivaux, incapables de s'unir pour créer un véritable État.
- ***754 :*** le pape et Pépin le Bref signent un traité qui sanctionne l'existence d'un État du pape.
- ***1378 :*** Grégoire XI est élu pape ; son retour à Rome marque le début du Grand Schisme d'Occident. Un autre pape, Clément VII, s'installe à Avignon.
- ***1499 :*** Michel-Ange termine la *Pietà,* construite en un seul bloc de marbre !
- ***1506 :*** le pape Jules II charge Bramante d'agrandir la basilique Saint-Pierre. Il ne construira que les 4 grandes colonnes.
- ***1512 :*** toile de *La Madone de Foligno* de Raphaël.
- ***1527 :*** sur ordre de Charles V, les troupes espagnoles s'adonnent au grand pillage de Rome pendant un an.
- ***1541 :*** Michel-Ange termine le *Jugement dernier* à la chapelle Sixtine.
- ***1564 :*** mort de Michel-Ange, qui laisse la coupole de Saint-Pierre inachevée.
- ***1591 :*** la coupole de la basilique Saint-Pierre est terminée par Giacomo Della Porta.
- ***1600 :*** *Vocation de saint Matthieu* du Caravage.
- ***1605 :*** *David* du Caravage.
- ***1619 :*** *Apollon et Daphné* du Bernin.
- ***1626 :*** le pape Urbain VIII consacre la basilique Saint-Pierre.
- ***1640 :*** fontaine du Triton, au palais Barberini, du Bernin.
- ***1652 :*** fontaine des Quatre-Fleuves, sur la piazza Navona, du Bernin.
- ***1796-1814 :*** occupation française, au cours de laquelle se répandent les idées d'unité nationale. Joseph Bonaparte puis Murat sont chacun roi de Naples.
- ***1860 :*** c'est la montée du *Risorgimento.* L'expédition des Mille, ou Chemises rouges, conduite par Garibaldi, achève le mouvement de l'unité italienne.
- ***1861 :*** Turin devient la 1re capitale du royaume d'Italie. En mars, Victor-Emmanuel II est proclamé roi d'Italie.
- ***1870 :*** annexion de Rome au royaume d'Italie le 20 septembre (c'est la raison pour laquelle on trouve dans chaque ville ou village une via XX Settembre !). Rome devient la capitale de l'Italie.

- ***1922*** **:** la « Marche sur Rome » de Mussolini et de ses Chemises noires ouvre l'ère fasciste.
- ***1924-1943*** **:** dictature fasciste de Mussolini.
- ***1940*** **:** entrée en guerre de l'Italie.
- ***1945*** **:** exécution de Mussolini et de ses ministres.
- ***1960*** **:** les J.O. à Rome.
- ***1962-1965*** **:** concile de Vatican II.
- ***1970*** **:** « fondation » des Brigades rouges par Renato Curcio.
- ***1978*** **:** Aldo Moro, enlevé par les Brigades rouges, est assassiné. Lois sur le divorce et l'avortement, qui marquent une forte évolution des mentalités. Mort du pape Paul VI, élection de Jean-Paul Ier, qui décède un mois plus tard... Élection de Karol Wojtyla sous le nom de Jean-Paul II. Mort du peintre Giorgio De Chirico.
- ***1981*** **:** tentative d'assassinat du pape Jean-Paul II, le 13 mai. Début des arrestations des chefs historiques des Brigades rouges.
- ***2005*** **:** décès du pape Jean-Paul II le 2 avril (le deuxième pontificat le plus long après celui de Pie IX). Le cardinal Ratzinger devient pape sous le nom de Benoît XVI.
- ***2007*** **:** découverte de la grotte supposée où Romulus et Rémus avaient été allaités par une louve, sur le mont Palatin.
- ***2011*** **:** démission de Berlusconi suite au scandale du *Rubygate* et arrivée de Mario Monti au gouvernement.
- ***2013*** **:** renoncement de Benoît XVI, remplacé par le pape François.
- ***2014*** **:** Matteo Renzi devient, à 39 ans, le plus jeune chef du gouvernement italien. Canonisations de Jean-Paul II et Jean XXIII le 27 avril.
- ***2015*** **:** démission du président Napolitano, remplacé par Sergio Mattarella.
- ***2016-2017*** **:** démission de Matteo Renzi en décembre 2016 après l'échec de son référendum constitutionnel. Il est remplacé par Paolo Gentiloni, son ancien ministre des Affaires étrangères.
- ***2018*** **:** échec du Mouvement 5 étoiles et de la Ligue ! Giuseppe Conte, proche du M5S, élu chef du gouvernement en mai. Il nomme Matteo Salvini de la Ligue d'extrême droite, aux postes de vice-président du Conseil des ministres et de ministre de l'Intérieur ; vite populaire pour ses positions anti-immigration.
- ***2019*** **:** un tour de passe-passe raté fait chuter Salvini en août 2019. Exclu de la nouvelle coalition 5 Étoiles-parti Démocrate, Salvini retourne dans l'opposition.
- ***2020*** **:** le mouvement des « Sardines », hostile à Matteo Salvini et à la Ligue, occupe de nombreuses places dans le pays. Le parti d'extrême droite perd des élections en Émilie-Romagne. L'épidémie de la Covid 19 porte un coup très rude à l'économie locale, très dépendante du tourisme.

MUSSOLINI ET LA FAMILLE

Le Duce eut cinq enfants de sa femme officielle. Lui qui prônait la famille traditionnelle eut en parallèle une autre épouse, Ida, qui lui donna un fils, Albino. Agacé par l'acharnement amoureux d'Ida, il la fit interner, ainsi que son fils. Ils moururent tous les deux en asile. Mussolini eut de nombreuses maîtresses, dont une belle juive qui le rendit fou. Mais ne l'était-il pas déjà ?!

LITTÉRATURE

On peut estimer que la littérature romaine commence avec ***Plaute,*** poète comique de l'Antiquité, qui s'inspira des textes helléniques pour donner à ses contemporains des comédies de mœurs en latin telles que *Amphitryon,* qui influença largement Molière, ou *La Marmite,* qui devint *L'Avare.* La plupart de ses œuvres commençaient par un résumé de l'intrigue (parfois totalement invraisemblable) raconté par le personnage de Prologus, d'où nos « prologues » d'aujourd'hui. ***Horace*** le jugea grossier et préféra, pour sa part, les odes, les épîtres et les satires. Il se cantonna pourtant à des sujets légers, n'ayant pas

un statut social suffisamment élevé pour se permettre de moquer les politiques. On lui doit le fameux « *carpe diem* » (« profite du temps présent »), tant repris depuis.
À 22 ans près, ***Virgile*** manqua Jésus-Christ et, même s'il ne vécut pas beaucoup à Rome, il en a raconté les origines légendaires dans le plus fameux poème épique de toute la littérature latine : *L'Énéide.* Pourtant, il en souhaitait la destruction, comme ouvrage inachevé, ce que ne permit pas l'empereur Auguste, qui le fit publier après la mort du poète.
Grand bond dans le temps pour passer à ***Pier Paolo Pasolini,*** taxé de pornographie à la sortie de son 1er roman, *Les Ragazzi,* tout comme le sera son 1er film, *Mamma Roma.* Il collabore également avec Fellini sur *Les Nuits de Cabiria.* Dès 1955, à l'âge de 33 ans, il fait la connaissance d'Elsa Morante, avec qui il fonde une revue littéraire. Ils voyagent beaucoup ensemble, notamment en Inde. Malgré ses succès cinématographiques, Pasolini ne cesse d'écrire des romans, des nouvelles, des pièces de théâtre, des essais... dont beaucoup choquent. En 1975, il est assassiné dans des conditions restées encore mystérieuses aujourd'hui.
Quant à ***Moravia,*** c'est à l'âge de 22 ans qu'il publie son 1er roman, *Les Indifférents,* une vision déjà très mature de l'existence. En trame de fond, la difficulté pour l'individu de trouver sa place dans une société régie par le pouvoir et l'argent. Son épouse, ***Elsa Morante,*** offre une vision plus mystérieuse du monde en la faisant souvent se répercuter dans les yeux d'un enfant, comme dans le cas de son chef-d'œuvre, *La Storia,* qui retrace avec brio les années 1941-1947 à Rome.
En 1997, la littérature italienne fut à l'honneur lorsque Dario Fo, homme de théâtre mondialement reconnu, reçut le prix Nobel, ce qui n'était pas arrivé à un Italien depuis Eugenio Montale en 1975. N'oublions pas non plus la nouvelle génération d'écrivains comme Niccolò Ammanati qui fait partie d'un mouvement qu'on a surnommé littérature cannibale car la violence et la description de la réalité crue sont ses caractéristiques. Il a obtenu pour son roman *Comme Dieu le veut* le prestigieux prix Strega en 2007.

MÉDIAS

Votre TV en français : TV5MONDE, la première chaîne culturelle francophone mondiale

Avec ses 11 chaînes et ses 14 langues de sous-titrage, TV5MONDE s'adresse à 370 millions de foyers dans 198 pays par câble, satellite et sur IPTV et est présent dans plus de 3 millions de chambres d'hôtels. Vous y retrouverez de l'information, du cinéma, du divertissement, du sport, des documentaires...
Préparez votre séjour grâce à son site voyage • *voyage.tv5monde.com* •, et sur place, restez connecté avec les applications et le site • *tv5monde.com* • Demandez à votre hôtel le canal de diffusion de TV5MONDE et contactez • *tv5monde.com/contact* • pour toutes remarques.

Télévision

Le groupe de la ***Rai*** pour la télévision et la radio d'État est tout-puissant, mais connaît une sérieuse compétition de la part des chaînes privées, comme le ***Groupe Mediaset.*** Notez que *Mediaset* est un groupe associé à la Fininvest, l'empire actionnaire de Silvio Berlusconi...
La ***Sky Italia*** est une plate-forme télévisuelle privée, un peu comme Canal Plus ou SFR Play en France, à laquelle on paie un abonnement mensuel contre un large choix de séries, films, chaînes sportives, culinaires, etc. Un bon nombre des moins de 25 ans ne jure que par cette plate-forme.

Presse

– ***Corriere della sera, Roma :*** il s'agit du 1er quotidien national, politiquement au centre droit. ● *roma.corriere.it* ●
– ***La Repubblica, Roma :*** le 2e quotidien national, plutôt de centre gauche. ● *roma.repubblica.it* ●
– ***Il Messaggero*** est un quotidien romain, le plus vendu dans la capitale. ● *ilmessaggero.it* ●
– ***La Gazzetta dello sport*** est le 1er quotidien sportif italien. ● *gazzetta.it* ●

Radio

– ***La Rai*** reste le principal groupe audiovisuel public, regroupant plusieurs chaînes de styles différents. ● *raiplayradio.it* ●
– ***Radio Italia*** est une chaîne de radio nationale privée. C'est l'une des plus écoutée en Italie, spécialisée dans la musique italienne *(solamusicaitaliana* est son slogan), dans la diffusion de concerts et autres festivals musicaux. ● *radioitalia.it* ●

PATRIMOINE CULTUREL

Aucune ville au monde ne peut s'enorgueillir d'une histoire aussi longue, aussi riche ! Chaque époque s'est superposée à la précédente. Les Romains cultivent depuis toujours ce goût évident pour la récup... Pas un palais, pas une maison, antique ou classique, qui n'ait réemployé les matériaux, les fondations, les plans des époques précédentes ! La piazza Navona reprend ainsi la structure et la forme du stade de Domitien, le château Saint-Ange s'assoit sur le mausolée d'Hadrien, le palais Renaissance des Orsini s'installe dans le théâtre Marcellus, la *via di Grotta Pinta,* toute courbée, se contente de suivre la *cavea* (les gradins) de l'ancien théâtre de Pompée... et quand Michel-Ange dessine les plans de l'église Santa Maria degli Angeli, il se contente finalement de rénover la grande salle des thermes de Dioclétien...
Depuis toujours, Rome fascine ! Comme un aimant, elle attire à elle, de façon quasi viscérale, les artistes. S'il est impossible de tous les citer, on ne peut à l'inverse oublier de mentionner les grands noms de l'art romain qui, de l'Antiquité à la Renaissance, ont façonné la Ville Éternelle à leur manière.

À la manière... antique, d'Apollodore de Damas (env 60-129 apr. J.-C.)

Syrien d'origine (avec un tel nom, ça vous étonne ?), Apollodore de Damas est sans conteste l'un des plus grands architectes de l'Empire romain. Trajan ne s'est pas trompé en l'appelant à ses côtés en 92 apr. J.-C. Il réalise pour lui son chef-d'œuvre : un forum à son nom. Encadré de 2 marchés, le ***forum de Trajan*** est dominé par la fameuse colonne Trajane, à laquelle il doit sa célébrité. Apollodore de Damas est sans conteste un grand novateur. Précurseur, on lui doit la construction de l'***Odéon*** (seule salle de spectacle ronde connue à cette époque) et des ***thermes*** mettant en avant l'utilisation de la coupole. À la mort de Trajan, en 117, Apollodore œuvre pour le nouvel empereur (Hadrien), pour qui il conçoit le célèbre ***Panthéon,*** 1er bâtiment à coupole d'une telle ampleur. Malgré le succès retentissant de l'ingénieuse coupole (qui servit de modèle à bien des monuments : la basilique Saint-Pierre au Vatican, le Sacré-Cœur à Paris, la Maison Blanche à Washington, la cathédrale Saint-Paul à Londres, Sainte-Sophie à Istanbul, le dôme du Rocher à Jérusalem, Notre-Dame-de-la-Paix à Yamoussoukro...), tout cela n'est guère du goût d'Hadrien. Ce dernier aurait tranché la tête de l'imp(r)udent Apollodore, qui (n'en faisant qu'à sa tête !) s'était permis de rayer les plans proposés par son maître !

… de la Renaissance, avec Michel-Ange (1475-1564)

Michel-Ange exprime, voire incarne, ce bouleversement que l'on appellera plus tard la Renaissance. Apprenti sculpteur dès l'âge de 13 ans, il poursuit ses études à Florence, où il copie à loisir les statues antiques de ses maîtres favoris (Giotto, Donatello…) avant de regagner Rome. Sitôt arrivé, il réalise son 1er chef-d'œuvre, la ***Pietà.*** S'ensuivent d'incessants allers-retours entre Rome et Florence… ces 2 villes et leurs mécènes se disputant ses faveurs. C'est une grosse source d'amertume, de frustration pour l'artiste, car cela l'oblige souvent à abandonner ou à bâcler le travail en cours.

Autre problème (et pas des moindres !), c'est qu'il n'aime pas peindre… Lui ne se voit qu'en sculpteur et architecte. Malchance ! En 1508, le même Jules II lui ordonne de repeindre la voûte de la ***chapelle Sixtine.*** Il s'exécute à contrecœur ! On connaît la suite… 20 ans plus tard, le nouveau pape, Clément VII, le fait revenir à Rome pour une nouvelle fresque sur le grand mur de l'autel de la même chapelle : le ***Jugement dernier.*** Ce qui est sûr, c'est qu'en sculpture comme en peinture Michel-Ange continue à nous éblouir et à nous étonner par sa modernité, l'extrême force, voire violence, qui se dégage de ses œuvres… que ce soit par ses éblouissantes connaissances anatomiques ou cette façon dont il contorsionne les corps et fait saillir les muscles…

Si bon nombre de ses œuvres se trouvent au ***Vatican*** (chapelle Pauline, chapelle Sixtine et le mythique *Jugement dernier*) et à la basilique ***Saint-Pierre de Rome*** (*Pietà* et coupole), il dessine également la silhouette (façades, place) de la *piazza Campodiglio* au ***Capitole*** et choisit de conserver la structure antique de la basilique ***Santa Maria degli Angeli.***

… moderne, de Raphaël (1483-1520)

Quand Raffaello Sanzio disparaît à l'âge de 37 ans, le jour de son anniversaire (un Vendredi saint en plus !), c'est toute une ville qu'il plonge dans le chagrin. Car, contrairement à Michel-Ange, Raphaël a su se faire aimer de tous. Pour le constater, il suffit de lire l'épitaphe particulièrement éloquente, inscrite sur sa tombe au ***Panthéon*** : « Ci-gît Raphaël, qui toute sa vie durant fit craindre à la Nature d'être dominée par lui et, lorsqu'il mourut, de mourir avec lui. »

Cet ancien élève du Pérugin quitte Florence pour Rome où travaillent déjà Michel-Ange et Léonard de Vinci. Toute sa vie, il reste influencé par ces grands maîtres. Mais le génie de Raphaël, résolument moderne, réside peut-être dans cette harmonieuse synthèse à laquelle il est parvenu. En plus de la simplicité (don évident pour la composition, l'œuvre semble être accessible à tous…), il se dégage de ses tableaux une beauté, une plénitude rare, une douceur des plus troublante et une expression psychologique intense pour l'époque. Nul besoin d'idéaliser le sujet, seule la vérité compte : témoin discret de la beauté, l'artiste tente de « saisir » la grâce. Voilà pourquoi il ose peindre une Madone (humble parmi les humbles), à mille lieues de l'iconographie officielle.

DEUX GÉNIES AU CARACTÈRE OPPOSÉ

Michel-Ange est un célibataire endurci, fuyant les femmes et les richesses. Pire, il est colérique, violent, sûr de lui et de son génie. De plus, ironie du sort pour celui qui reste associé aux fresques de la chapelle Sixtine, il n'aime pas peindre ! Tout l'inverse de Raphaël, qui se donne entièrement à la peinture et aime les femmes avec excès, en particulier la belle boulangère du Trastevere, la célèbre Fornarina. Une constitution fragile, une vie agitée et le paludisme semblent avoir raison de sa santé, l'opposant à l'ascétisme de son rival Michel-Ange. Ce dernier meurt à l'âge de 89 ans tandis que Raphaël disparaît à 37 ans.

Dès son arrivée à Rome, il réalise la commande de Jules II (une série de fresques dans le palais du Vatican), tandis que Michel-Ange termine le plafond de la chapelle voisine. Raphaël a su très vite s'imposer comme le peintre officiel de la cour pontificale. Grand connaisseur du patrimoine culturel romain, il a donc, plus que tout autre, influencé les goûts de l'époque.
Parmi ses chefs-d'œuvre, bon nombre d'entre eux sont conservés à la ***galerie Borghèse*** *(La Dame à la licorne, La Déposition du Christ),* à la ***pinacothèque du Vatican*** (*La Transfiguration,* ainsi que des retables et des tapisseries), au ***Vatican*** *(Chambre de la Signature, Chambre d'Héliodore, L'Incendie de Burgo).* Quant à la ***galerie Barberini,*** elle abrite la célèbre et sensuelle *Fornarina,* tandis que les murs et les plafonds de la ***villa Farnesina*** sont recouverts de ses sublimes fresques ; parmi elles, *Le Triomphe de Galatée.*

... d'un clair-obscur, avec le Caravage (1571 ?-1610)

Né Michelangelo Merisi, il a été surnommé Caravaggio d'après le village d'origine de sa famille. On sait peu de chose de ce peintre maudit et torturé, à la carrière brève et tumultueuse, un peu à la manière des artistes romantiques. La légende de ses excès, de son caractère violent et belliqueux et de ses déboires avec la justice (qui l'obligèrent à quitter Rome) est bien arrivée jusqu'à nous, mais il s'agit là du caractère de l'homme et non de celui de l'artiste ! Cependant, tous admettent qu'il y a un « avant » et un « après » Caravage. En effet, ses innovations ont bouleversé l'art occidental. Et s'il n'a jamais fondé d'école, nombre d'artistes après lui (Vélasquez, Georges de La Tour, Rubens, Van Dyck, Jordaens... et jusqu'à David et Géricault) se réclameront du caravagisme ou admettront avoir été fortement inspirés par son œuvre.

UN BREF PASSAGE EN CLAIR-OBSCUR

Le Caravage s'exile à Malte en 1607 à la suite d'un homicide commis à Rome. Il aurait mis au point la chambre noire imaginée par Léonard de Vinci. Éclairant ses modèles sous une lumière (d'où son goût du clair-obscur ?), il projetait leur image à travers une lentille sur une toile enduite d'éléments sensibles, le temps de les peindre à grands traits.

Classique ou baroque ? Bien souvent, on oppose ces 2 courants artistiques du XVIIe s. Le 1er se veut modéré et harmonieux, dans le respect des traditions et des règles de composition. Volontiers grandiose, le sujet (abordant des thèmes historiques et mythologiques) se dote toujours d'un sens moral. À l'inverse, le baroque, mouvement amorcé en architecture, naît à Rome vers 1630, dans un contexte politico-religieux des plus mouvementé. Jésuites et partisans de la Contre-Réforme continuent à prôner un art triomphant, limitant la peinture à son caractère monumental ou décoratif. Or, il faut éblouir, surprendre, exacerber les passions, susciter le vertige ! Illusions d'optique et trompe-l'œil brouillent les repères et cassent les limites... En 1600, Annibal Carrache, avec sa voûte de la galerie du palais Farnèse, se pose à la fois en nostalgique de Michel-Ange et de Raphaël et en précurseur du baroque. Pierre de Cortone, le Bernin, Borromini... sont d'autres grands artistes du baroque romain. Quant au Caravage, père de la peinture moderne, il est un courant à lui tout seul ! Et sa technique nous le prouve : absence de dessin préparatoire ; simplicité des compositions ; conception du sacré (quasi iconoclaste, tant elle est révolutionnaire !)... Le tout en totale contradiction avec le maniérisme régnant en cette fin de Renaissance. Sa franchise, son réalisme, son art du clair-obscur dramatique, son goût pour les scènes de vie quotidienne (qui le rapprochent des naturalistes) choquent énormément, d'autant qu'il n'hésite pas à peindre crûment la laideur. De ce point de vue, une rivalité légendaire l'oppose à Annibal Carrache. Pourtant, malgré leurs

conceptions artistiques radicalement opposées, on dit que les 2 maîtres avaient une grande estime mutuelle. Plusieurs protecteurs (fidèles et haut placés) mettront le Caravage à l'abri des querelles et des polémiques. Plusieurs de ses tableaux furent cependant refusés *(La Madone des palefreniers, La Mort de la Vierge)...* pour cause politique (plus qu'artistique), car malgré ses mœurs scandaleuses pour l'époque, ses déboires et sa disgrâce – suite à une accusation de meurtre au cours d'un duel –, il reste, même en pleine polémique, aussi coté que copié !
Avant ses 40 ans, le paludisme l'emporte (à moins qu'il n'ait été assassiné), alors qu'il tente de rentrer à Rome dans les bonnes grâces du pape. Mais la Ville Éternelle a su conserver bien des preuves du génie du Caravage... Un seul guide ne suffirait pas à les citer ! La ***galerie Borghèse*** offre une belle collection de ses chefs-d'œuvre : *Le Jeune Bacchus malade, Le Jeune Garçon à la corbeille de fruits, La Madone des palefreniers, Saint Jérôme à son écritoire, David à la tête de Goliath...* Au ***musée du Capitole,*** ne manquez pas *La Diseuse de bonne aventure* et sa palette lumineuse. Au ***palais Barberini,*** la tension dramatique touche à son comble avec l'impressionnante *Judith décapitant Holopherne,* sans oublier *Narcisse,* puis *François en méditation.* La basilique ***Santa Maria del Popolo*** abrite 2 de ses tableaux : la *Crucifixion de saint Pierre* et la *Conversion de saint Paul.* Puis faites un détour par la ***galerie Pamphilj*** pour voir *Le Repos au cours de la fuite en Égypte,* étonnamment tendre et coloré ; sans oublier l'humble *Marie Madeleine repentante,* tout en finesse et naturel... Et si le Caravage est si cher au cœur des Français, c'est probablement parce que l'église ***Saint-Louis-des-Français*** renferme plusieurs de ses toiles, dont la célèbre *Vocation de saint Matthieu,* où le Christ est représenté comme un simple homme du peuple dans la composition... Pour conclure sur le registre religieux, une *Mise au tombeau* est exposée à la ***pinacothèque du Vatican*** ; et un *Saint Jean-Baptiste* au ***palazzo Corsini.***

... baroque, du Bernin (1598-1680)

Qui mieux que le Bernin pour évoquer l'essor du baroque romain, mouvement artistique qui peu à peu révolutionne l'Europe tout entière ? Gian Lorenzo Bernini est de la même génération que Borromini, son éternel rival, autre grand nom de l'art romain. Très vite, le jeune Bernin intègre l'atelier familial aux côtés de son père (brillant sculpteur de son époque). Puis ses dons prodigieux attirent l'attention du cardinal Scipion Borghèse, collectionneur féru d'art antique, qui lui confie la décoration de sa somptueuse villa, la célèbre ***galerie Borghèse.*** Avec *David, Apollon et Daphné* et *L'Enlèvement de Proserpine,* le Bernin lui offre quelques-unes de ses plus formidables statues. Le duo artiste-mécène fonctionne à merveille, car tous 2 partagent une très haute idée de l'art.
Le Bernin joue un rôle fondamental dans l'histoire de l'art, car il incarne mieux que quiconque l'esprit et la spiritualité baroques. Il sculpte le marbre comme d'autres la pâte à modeler ! Avec l'aide de son ami, Pierre de Cortone, il cherche à faire une synthèse des arts, dans le but avoué de glorifier le pape, d'exalter la magnificence de l'Église et la foi chrétienne. Pourtant, nul sculpteur n'a su transmettre autant de vie à la pierre. L'effet est toujours aussi stupéfiant. On a tout dit de la transparence des marbres, de l'incroyable effet dramatique, du mouvement, aérien, gracieux... Mais à chaque fois, quel choc ! Certains lui reprochèrent le côté théâtral, presque indécent, tant on a l'impression de prendre les personnages sur le vif, en pleine intimité. Mais, encore une fois, son but, c'est de provoquer l'émotion, la ferveur, l'exaltation mystique... Et quelle sensualité !
Si le Bernin bâtisseur est beaucoup moins sensuel, il s'impose comme un véritable architecte, voire un urbaniste. Comment inscrire dans le paysage urbain un projet aussi grandiose que la basilique ***Saint-Pierre de Rome*** ? Pourtant, grâce à la ***colonnade,*** il réussit à conférer une dynamique à l'espace. Le jeu d'ellipses, de perspectives, est un chef-d'œuvre d'intelligence, d'ingéniosité. Bien plus qu'un simple décor, l'architecture agit ici comme une véritable mise

en scène. Toujours au Vatican, on lui doit l'extravagant tombeau d'Alexandre VII à la ***basilique Saint-Pierre.*** L'artiste fut tellement prolifique à Rome qu'il est impossible de citer toutes les églises qu'il a décorées, toutes les fontaines qu'il a dessinées... À choisir (un exemple de chaque) : ce seraient la *fontaine des Quatre-Fleuves* ***piazza Navona*** et l'église ***Santa Maria della Vittoria*** pour son *Extase de sainte Thérèse...*

PERSONNAGES

Cinéma

– ***Federico Fellini :*** né à Rimini en 1920 et mort à Rome en 1993. Quand on lui demande où il aurait aimé vivre, il répond : « Cinecittà » ! Il travaille longtemps avec Roberto Rossellini, en tant que coscénariste, notamment du film *Roma, città aperta (Rome, ville ouverte).* Avec le succès international de *La Strada* en 1954, il passe dans la cour des grands. Il impose définitivement son style et son univers avec *La Dolce Vita* (1960). Suivra une suite ininterrompue de longs-métrages, œuvres audacieuses et éloignées de la narration classique.

– ***Marcello Mastroianni :*** né en 1924 à Fontana Liri (près de Rome) et mort en 1996 à Paris. Il a fait l'histoire du cinéma italien d'après-guerre. De lui, on retient sa collaboration intense avec Fellini, qui nous laissera des films tels que *La Dolce Vita, Huit et demi* (1963) et *La Città delle donne* (*La Cité des femmes,* 1980), mais aussi des films tournés avec son amie Sophia Loren comme *Matrimonio all'italiana* (*Mariage à l'italienne,* 1964) de Vittorio De Sica ou *Una giornata particolare* (*Une journée particulière,* 1977) d'Ettore Scola, qui raconte comment, en une journée de fête pour la venue de Hitler à Rome, se rencontrent dans un immeuble déserté un homosexuel et une femme résignée.

– ***Nanni Moretti :*** né en 1953. Sûr qu'on lui fait plaisir en le comparant à Woody Allen ! À l'exception près que Moretti est un as du water-polo. En 1976, son 1er long-métrage a un titre qui est tout un programme : *Io sono un autarchico (Je suis un autarcique).* Viennent ensuite, entre autres, *Sogni d'Oro* (*Rêves d'or,* 1981), *La Messa è finita* (*La messe est finie,* 1986) et *Palombella Rosa* (1989). On peut se repaître de ses interviews car, dans son pays, il n'est pas très loquace et fuit les journalistes. Ses tergiversations faussement candides d'auteur-réalisateur-acteur dans *Caro Diario (Journal intime)* lui rapportent une palme de la meilleure mise en scène à Cannes en 1994. Nanni Moretti sur sa Vespa est devenu une scène d'anthologie jouissive. Il a fondé sa propre maison de production, la *Sacher Film* et possède un cinéma à Rome, le *Nuovo Sacher* dans le Trastevere. En 1998, *Aprile,* pourtant bien accueilli par la critique, n'a pas produit dans le public les sensations escomptées. La consécration viendra avec *La Stanza del figlio (La Chambre du fils),* film récompensé par la Palme d'or à Cannes en 2001, dans lequel Moretti joue encore mais où il s'éloigne de son propre personnage. En réalisant *Il Caimano (Le Caïman),* en 2006, évoquant la carrière de Silvio Berlusconi, Moretti a pour la 1re fois renoncé à jouer le rôle principal. Acteur dans *Caos Calmo* d'Antonio Luigi Grimaldi (sorti en Italie en 2008), une scène sulfureuse avec sa partenaire Isabella Ferrari lui a valu les foudres du Vatican... En 2011, il réalise *Habemus Papam* avec Michel Piccoli, qui interprète magistralement le pape Célestin VI, Moretti interprétant lui-même le psychanalyste qui suit le pape, dépressif. Ce film a fait partie de la sélection officielle du Festival de Cannes en 2011. En 2012, Moretti passe de l'autre côté et devient président du jury du Festival de Cannes pour la 65e édition. En 2015, sélectionné au Festival de Cannes pour son film (un peu autobiographique) *Mia Madre,* il ne reçoit que le « Prix du jury œcuménique ». Son dernier film en 2018, *Santiago, Italia,* retrace de façon documentaire les relations de l'Italie avec le Chili au moment du coup d'État du général Pinochet.

– ***Isabella Rossellini :*** née à Rome en 1952. Une grande personnalité tout comme son ascendance, Ingrid Bergman et Roberto Rossellini, dont l'idylle fut dénoncée en haut lieu ! Côtoyant Martin Scorsese, David Lynch et Gary Oldman, elle fut mannequin et mène toujours une carrière d'actrice – sans vraiment de planification – à la télé et au cinéma.

– ***Alberto Sordi*** *(Rome 1920-2003)* **:** sans conteste un des monuments de la Ville Éternelle. Avec plus de 200 films tournés à son actif, dont un mémorable *Néron,* Alberto Sordi a incarné mieux que personne le Romain moyen, avec ses qualités mais aussi ses vices et mesquineries (*Un Américain à Rome* de Steno) !

– ***Pier Paolo Pasolini :*** né en 1922 et tour à tour peintre, homme de lettres et poète, puis professeur des écoles et journaliste à Rome. Fasciné par une banlieue à la fois violente et audacieuse, il la dépeint dans les romans *Ragazzi di vita* et *Una vita violenta.* L'originalité de son style et du langage qu'il emploie crée l'intérêt de la communauté intellectuelle, mais aussi de la justice... qui l'accuse de pornographie (il sera acquitté). Pasolini touche à tout, écrit pléthore de scénarios pour le cinéma, entre autres pour Fellini *(Le Prisonnier de la montagne).* En 1960, il enfile la casquette de réalisateur en tournant son 1er film, *Accattone.* Puis viendront *Mamma Roma* (également dénoncé pour pornographie), *La Ricotta, La Rabbia, Edipore, Medea, Il Decameron, Teorema, Salò o le autorenti giornate di Sodomà...* Il écrira également un certain nombre d'ouvrages critiques (notamment *Empirismo eretico,* essai sur la langue et le cinéma) et plusieurs pièces de théâtre. Pasolini est assassiné en 1975, dans des circonstances encore non élucidées.

Littérature

– ***Alberto Moravia*** *(Rome 1907-1990)* **:** définitivement l'une des principales personnalités littéraires et culturelles les plus complexes de l'Italie contemporaine. Écrivain précoce, il publie *Les Indifférents* à l'âge de 22 ans ; un roman qui eut l'effet d'une bombe en pleine Italie fasciste ! Sa ville natale lui inspira plusieurs récits : *La Belle Romaine, Le Conformiste, La Ciociara,* popularisés par le cinéma ; et aussi *Nouvelles romaines* et *Autres nouvelles romaines* qui, en quelque sorte, anticipent sur la Rome des *Ragazzi* de Pasolini (voir « Livres de route » dans « Rome utile »). Dans les années 1960, Moravia commence à voyager. Curieux, il largue les amarres régulièrement, à destination de l'Afrique, de l'Inde, de la Chine et d'autres pays du « tiers-monde », mais voyage peu dans les pays riches. Paris est l'exception à la règle ; l'écrivain s'y sent chez lui. Mais son véritable univers reste finalement celui de l'ailleurs.

– ***Niccolò Ammaniti :*** né à Rome en 1966, cet auteur italien contemporain se démarque à l'internationale par son style épuré et sa vision brute de la société romaine actuelle. Ses ouvrages sont traduits dans plus de 40 langues ! Dans sa jeunesse, il interrompt ses études en biologie pour se livrer à sa passion de l'écriture. Son 1er roman est *Branchies,* publié en 1994, suivi de *Au nom du père,* écrit en duo avec son propre père et publié en 1995, qui traite de problématiques adolescentes. Ammaniti est notamment célèbre pour son roman *Je n'ai pas peur* (2001), qui reçoit le prix Viareggio. Certaines de ses œuvres ont même été adaptées au cinéma, comme la 1re nouvelle de son recueil *Fango* (1996)... avec la célèbre Monica Bellucci ! L'écrivain est d'ailleurs lui-même marié à une actrice, Lorenza Indovina, aussi romaine que lui. En 2007, il obtient le prestigieux prix Strega (l'équivalent du Goncourt français) pour son roman *Comme Dieu le veut,* aussi adapté au cinéma. De même que *Moi et Toi,* coadapté au grand écran avec Bernardo Bertolucci en 2012.

– ***Alessandro Piperno :*** né en 1972 à Rome, cet écrivain romain à la plume narquoise n'hésite pas à se comparer... à Marcel Proust ! En effet, comme le célèbre auteur français (mais à l'envers), Piperno a un père juif et une mère catholique. Cette ressemblance asymétrique le suivra jusque dans son œuvre, qui commence en 2000 avec un essai intitulé *Proust antijuif.* Évidemment, l'ouvrage provoque une forte polémique. Son roman *Avec les pires intentions,* paru en 2005, est un énorme succès, aussi bien en Italie qu'en France. Piperno se démarque toujours par le ton provocateur et décomplexé de ses romans. Il reçoit le prix italien très convoité de *Strega* en 2012 pour *Inséparables.* Et *Là où l'histoire se termine* (2017) demeure son dernier ouvrage traduit en français.

Musique

– ***Ennio Morricone :*** né à Rome en 1928, ce génie contemporain n'est pas seulement compositeur, mais aussi chef d'orchestre. Dans sa jeunesse, il commence par travailler comme arrangeur pour la RAI dans les années 1950, avant de composer pour des grands réalisateurs comme Sergio Leone ou Pier Paolo Pasolini dès les années 1960. Il est connu pour ses musiques de westerns, notamment la bande-son mythique du film *Le Bon, la Brute et le Truand* (1966). En dehors de ses quelque 450 pièces pour films, il a composé pas moins de 100 morceaux de musique absolue. En 2015, Ennio Morricone dirige même une messe composée pour le pape François. C'est cette même année qu'il collabore pour la 1re fois avec Quentin Tarantino pour la bande-son du film *Les Huit Salopards* ; une composition qui lui vaut son 1er oscar à l'âge de 87 ans ! Aussi l'appelle-t-on Maestro Morricone... Et ce n'est pas pour rien !

– ***Francesco De Gregori :*** ce *cantautore* italien naît à Rome en 1951. La discrétion de cet auteur-compositeur-interprète n'a d'égale que son succès, qui lui vaut le surnom du *Principe* (le prince) de la chanson italienne. Il s'inspire de chanteurs tels que Bob Dylan, Leonard Cohen ou Simon et Garfunkel, et compose de jolies ballades aux paroles poétiques. Très connu en Italie mais peu exportable, car ses atouts sont les textes de ses chansons. À écouter pour les italophones...

– ***Eros Ramazzotti :*** né en 1963 à Rome, Eros Luciano Walter, ce séducteur de la variété italienne, a vu le jour à Cinecittà ! Le jeune Eros se présente pour des petits rôles et des apparitions dans des films, tout en rêvant de devenir chanteur. Ce n'est qu'en 1984 qu'il est réellement lancé, avec sa participation au célèbre Festival de Sanremo en tant que « jeune espoir ». Sa chanson *Terra promessa* (qu'il a en partie écrite) est un véritable succès dans toute l'Europe ! Eros Ramazzotti est connu à l'internationale pour ses chansons d'amour et a reçu plusieurs distinctions, dont le prestigieux NIAF Awards de Hollywood. Il a chanté en duo avec Joe Cocker, Luciano Pavarotti, Andrea Bocelli, Tina Turner, Cher... Bref, que du beau monde !

– ***Max Gazzè :*** né à Rome en 1967, ce chanteur-compositeur – « européen d'adoption » – passe son adolescence à Bruxelles, où il commence très tôt la musique comme bassiste et arrangeur dans un groupe anglophone. De retour dans la capitale italienne en 1992, après un crochet par le sud de la France, il s'essaie à son propre style musical et collabore avec d'autres artistes. Son 1er album voit le jour en 1996 : *Contro un'onda del mare.* Il est rapidement remarqué par les critiques. Son style décalé le démarque. Max Gazzè est connu pour ses textes audacieux et délirants, son humour et sa vive critique de la société italienne. Ses derniers tubes en date sont *La Vita com'è* ou encore *Ti sembra normale.*

– ***Zero Assoluto :*** né à Rome en 1999, ce groupe de pop aux sons de guitare acoustique est formé de 2 jeunes p'tits gars du cru : Matteo Maffucci (né en 1977) et Thomas De Gasperi (né en 1978). Ils se sont rencontrés au lycée à Rome, pour ne plus se quitter. Ce n'est qu'en 2004 qu'ils sortent leur 1er album, *Scendi.* Le succès éclate en 2006 lors de leur participation au Festival Sanremo, où ils interprètent la douce chanson *Svegliarsi la mattina.* Elle restera dans le top 10 du classement italien pendant 52 semaines ! Toujours dans une optique romantique, le groupe enchaîne avec *Sei parte di me,* autre énorme succès en Italie. Au fil des années, ils se sont aussi fait connaître à l'international...

Mode

– ***Famille Fendi :*** une maison créée en 1925 à Rome par Edoardo et Adele Fendi, et développée par leurs 5 filles (avec le concours de feu Karl Lagerfeld, qui y a débuté sa carrière dans les années 1960). À l'origine, *Fendi* est spécialisée dans la fourrure et le cuir. Mais le succès de son sac fétiche, créé en 1997 par Silvia Venturini, héritière de la maison et vendu à plus de 600 000 exemplaires, a propulsé *Fendi* dans le peloton de tête des grandes griffes du luxe mondiales.

– ***Laura Biagiotti*** *(1943-2017)* **:** née à Rome pendant la guerre, cette icône de la mode italienne était surnommée « Queen of cashmere » (reine du cachemire) par le *New York Times,* grâce à son travail sur ce noble lainage. Elle réalise son 1er défilé en 1972 et devient l'ambassadrice de la culture italienne dans le monde entier. En 1988, elle a l'immense honneur d'être la 1re créatrice italienne à présenter une collection en Chine ! Sa boutique, située au n° 57 de la via Belsiana, à Rome, est devenue un temple de la haute couture. Elle a été nommée « Chevalier du travail », « Femme de l'année »... que de prix pour cette femme d'exception !

Sport

– ***Francesco Totti :*** né à Rome en 1976, ce joueur de football est légendaire, non seulement dans la capitale italienne, ville de son équipe, mais aussi dans le monde entier. Il débute en 1992 et ne quitte plus jamais l'AS Roma, malgré tous les clubs européens qui se battent pour le compter dans leurs rangs. Fidèle jusqu'à la fin de sa carrière en 2017 (à 41 ans), il dispute 25 saisons professionnelles en tant qu'attaquant et milieu offensif. Totti compte un bon éventail de succès même hors de chez lui : meilleur buteur de l'histoire de la Serie A, meilleur joueur du championnat par 2 fois, « Soulier d'or européen »... Et en Italie, il est sacré meilleur joueur... plutôt 5 fois que 1 !

SITES INSCRITS AU PATRIMOINE MONDIAL DE L'UNESCO

En coopération avec le
Organisation des Nations Unies pour l'éducation, la science et la culture
Centre du patrimoine mondial

Pour figurer sur la liste du Patrimoine mondial, les sites doivent avoir une valeur universelle exceptionnelle et satisfaire à au moins un des 10 critères de sélection. La protection, la gestion, l'authenticité et l'intégrité des biens sont également des considérations importantes. Le patrimoine est l'héritage du passé dont nous profitons aujourd'hui et que nous transmettons aux générations à venir. Nos patrimoines culturel et naturel sont 2 sources irremplaçables de vie et d'inspiration. Ces sites appartiennent à tous les peuples du monde, sans tenir compte du territoire sur lequel ils sont situés. Pour plus d'informations : • *whc.unesco.org* •

– ***À Rome :*** le centre historique, les biens du Saint-Siège (le Vatican...) situés dans cette ville bénéficiant des droits d'extraterritorialité et Saint-Paul-hors-les-Murs (1980-1990), la villa Adriana (Tivoli, 1999) et la villa d'Este (Tivoli, 2001) sont inscrits par l'Unesco.

L'ITALIE, CHAMPIONNE DU MONDE !

Sur plus de 1 000 sites répertoriés par l'Unesco au Patrimoine mondial de l'humanité, l'Italie remporte la 1re place avec 55 monuments ou lieux culturels classés. La France, elle, n'est pas si mal placée avec 45 sites au compteur !

SPECTACLES

– ***Important :*** *Trova Roma,* le supplément du quotidien *La Repubblica,* contient une véritable mine d'infos sur les spectacles du moment.

Le théâtre et l'opéra

– ***Le théâtre :*** les Romains amateurs de théâtre n'affectionnent guère les nouveautés, aussi sont-elles rares. À l'affiche, on retrouve surtout les productions classiques, dont certaines sont jouées au ***teatro Argentina*** *(largo di Torre Argentina, 52 ; • teatrodiroma.net •),* une ancienne salle d'opéra où l'on joue les incontournables Pirandello et autres Goldoni... Les amateurs de théâtre italophone désireux de voir autre chose que des classiques consulteront le programme du **teatro Vittoria,** dans le quartier du Testaccio *(piazza S. Maria Liberatrice, 10 ; • teatrovittoria.it •).*

– ***L'opéra :*** les grands opéras populaires, joués dans la salle du ***teatro dell'Opera di Roma,*** attireront les amateurs d'art lyrique *(piazza B. Gigli, 1 ; • operaroma.it •).* Bon à savoir : les billets les moins chers offrent une faible visibilité. Essayez d'être face à la scène, et non sur le côté.

Les concerts de musique classique

La scène musicale romaine, contrairement à certaines idées reçues, n'est pas des plus brillante. Les salles, peu nombreuses, ont une acoustique qui laisse souvent à désirer et les formations orchestrales n'arrivent pas à la cheville des grands orchestres allemands, notamment.

– Une salle fait néanmoins la fierté de la ville. Il s'agit du magnifique ***auditorium Parco della Musica*** *(viale P. de Coubertin, 30 ; • auditorium.com • ; détails dans le chapitre « Rome hors les murs. Au nord et à l'est : un renouveau architectural. À voir »).* C'est là que se produit la fameuse *Accademia nazionale di Santa Cecilia (• santacecilia.it •).* Plusieurs salles accueillent les concerts, en petite ou grande formation, de l'orchestre le plus couru de Rome et doté du programme le plus riche. L'orchestre de la *RAI (• orchestrasinfonica.rai.it •),* lui, s'affiche à l'***auditorium RAI del Foro Italico*** *(piazza Lauro de Bosis, 5 ; • rai.it •).* Quant à l'*Accademia filarmonica romana (• filarmonicaromana.org •),* elle se produit régulièrement au ***teatro Olimpico*** *(piazza Gentile da Fabriano, 17 ; • teatro olimpico.it •).*

– Les ***concerts d'été*** sont donnés dans les cours des palais, mais aussi dans les ruines antiques (thermes de Caracalla notamment) et sur les berges du Tibre...

– On peut aussi écouter de la ***musique sacrée ou profane dans les églises,*** particulièrement dans celle de ***Sant'Ignazio di Loyola*** *(via del Caravita, 8a).* Sans oublier les *concerti di Natale,* les fameux concerts de Noël, dont celui de la basilique Saint-Pierre, donné traditionnellement par l'orchestre de la *RAI* en présence de Sa Sainteté... Enfin, le magnifique ***oratorio del Gonfalone*** *(via del Gonfalone, 32a ; • oratoriogonfalone.eu •)* propose des concerts de grande qualité. C'est également l'unique occasion de le visiter et d'en admirer les splendides fresques !

Les concerts de rock, jazz...

Les endroits ne sont pas forcément légion, mais voici quelques pistes. Sachez, tout d'abord, qu'il vous faudra parfois acheter une carte de membre *(tessera)* avant de payer, éventuellement, un droit d'entrée supplémentaire.

– Le ***CSOA – Forte Prenestino*** *(via F. del Pino ; • forteprenestino.net •)* est une ancienne prison vibrant désormais au son des concerts rock.

– Les amateurs de jazz, en dehors de la période du ***Roma Jazz Festival*** *(en été ; • romajazzfestival.it •),* trouveront leur bonheur au ***Palladium*** *(via dei Magazzini*

Generali, 20a ; ● romaeuropa.net/palladium ●), à l'***Alexander Platz Jazz Club*** *(via Ostia, 9 ; ● alexanderplatzjazz.com ●)* ou bien encore à la ***Casa del Jazz*** *(viale di Porta Ardeatina, 55 ; ● casajazz.it ●).*
– Pour le blues, ça se passe au ***Big Mama*** *(plan détachable d'ensemble, C4, **640** ; vicolo San Francesco a Ripa, 18 ; ● bigmama.it ●).*
– Pour les sons soul ou groovy, direction l'***Alcazar Live*** dans le Trastevere *(plan détachable centre, C5, 637 ; via Cardinale Merry del Val, 14b. ● alcazarlive.it ●).*

SPORTS

Assister à un match de foot

« Romain, choisis ton camp ! » Ce sont 2 grandes équipes qui évoluent en 1re division : l'***AS Roma*** et la ***SS Lazio.*** Les supporters de la Roma – les *Romanisti* – viennent surtout de Rome, contrairement aux *Laziali,* supporters de la Lazio, qui viennent des *borgate* (banlieues) de la capitale ou de l'ensemble du Lazio (Latium). Vous pouvez donc imaginer la réputation qui est faite aux pauvres Laziali, dédaignés des Romanisti !

VERT ? BLANC ? ROUGE ? NON, BLEU !

Pourquoi les Italiens jouent-ils en bleu, malgré le vert-blanc-rouge du drapeau national ? Historiquement, l'équipe nationale italienne de foot jouait en blanc. Mais en 1911, lors d'un match contre la Hongrie, les joueurs portèrent un maillot bleu, en l'honneur de la famille royale de la maison de Savoie, dont c'est la couleur « officielle ». Depuis cette date, la « Squadra Azzurra » joue en bleu ! Les équipes nationales d'autres sports ont ensuite adopté cette couleur...

Pour assister à la *partita* du dimanche, vous devrez vous rendre au ***stadio olimpico,*** au nord de Rome. Le plus simple est sans doute de prendre, au départ du piazzale Flaminio, le tramway n° 2, qui mène en 10 mn piazza Mancini. À partir de là, vous rejoindrez le stade olympique à pied en traversant le Tibre au niveau du ponte Duca d'Aosta. En arrivant aux abords du stade, buvez comme tous les supporters un *caffè borghetti* (shot de liqueur de café) vendu partout et dont les petites bouteilles rouge et noir jonchent le sol ; ça chauffe ! Selon l'importance du match, il faut se soucier des billets plus ou moins tôt. Achat en ligne sur les sites internet des 2 équipes : *● asroma.com ● sslazio.it ●* Les virages (places les moins chères) se disent *curve* (*curva* nord et *curva* sud). Les tribunes latérales sont dénommées *tevere* (tribune la plus proche du Tibre) et *monte Mario* (nom de la colline verte au pied de laquelle se trouve le stade). La seconde est la plus chère, car elle est à l'ombre au moment du match. À vous de jouer maintenant !

TIBRE (le) – Tevere

Le Tibre est l'un des six fleuves parcourant l'Italie et le 3e plus grand, derrière le Pô et l'Adige. À l'origine nommé Albula, il tient son nom actuel d'un roi d'Albe, Tiberinus, qui s'y noya lors d'un assaut. Il prend sa source au mont Fumaiolo, à 1 268 m d'altitude, dans l'Apennin romagnole. Durant les années 1930, Benito Mussolini y fit placer une antique colonne romaine en marbre sur laquelle une gravure rappelle : « Qui nasce il fiume sacro ai destini di Roma » (Ici naît le fleuve sacré aux destins de Rome). Il s'écoule en direction du sud-ouest, en passant par Pérouse et Rome, avant de se jeter dans la mer Tyrrhénienne, à Ostia.
Comme la Seine à Paris, le Tibre est l'âme de Rome, qui lui doit jusqu'à son existence.

Un peu d'histoire

Légende ou non, le Tibre est intimement lié à la fondation de Rome. Ce n'est pas un hasard si Rome a été construite autour du Tibre. Quelle que soit l'histoire de Rémus et Romulus, c'est bien parce qu'il y avait un fleuve que la ville s'est implantée à cet endroit. Le Tibre permettait alors une irrigation facile des plaines et apportait de l'eau à ses habitants. Grâce à sa situation géographique avantageuse, cette société agraire va développer des liens commerciaux et culturels avec les peuples voisins, notamment les Étrusques au nord et les Grecs au sud. Il faut attendre la fin du VIIe s et la domination des rois étrusques pour que Rome s'étende dans la plaine. Le site, jusqu'alors très marécageux, était fréquemment sujet aux inondations. La connaissance technique des ingénieurs étrusques a permis d'assécher la zone en construisant un canal qui servira plus tard à l'évacuation des eaux de la ville, le fameux cloaca maxima. Le Tibre est une des voies navigables les plus utilisées par les anciens. Au IVe s, la cité est devenue un immense empire méditerranéen et on découvre les grands avantages qu'offre le fleuve pour les relations avec l'intérieur de la péninsule et le monde entier.

Le Tibre, dieu-fleuve

Seuls quelques textes anciens et vestiges archéologiques témoignent de l'importance du Tibre pour les Romains et du culte qui lui était voué. Dans les écrits, le Tiberinus classique, lorsqu'il n'est pas réduit à un symbole géographique, apparaît comme une ***expression de la puissance de Rome.*** Les poètes latins ont mythifié le Tibre, soulignant ainsi la réciprocité entre le fleuve et la ville. Certains, comme Virgile, vont jusqu'à désigner le Tibre comme étant l'âme de Rome, l'âme de la nature qui veille sur le destin de la ville.

Le Tibre, grand oublié de Rome

Au cœur de la capitale et axe principal de communication, le Tibre a longtemps été au centre de la vie urbaine. Pourtant, depuis une centaine d'années, il est ***tombé dans l'oubli*** dans le cœur des Romains. Jusqu'au XXe s, ses inondations sont meurtrières et ses crues engloutissent rues, habitations et population. Les crues étaient si fortes qu'elles emportèrent le Ponte Rotto. Des *Muraglioni,* hauts parapets, sont construits pour protéger la ville de ces débordements destructeurs. La cité est désormais à l'abri mais le fleuve, emmuré, est délaissé. Relégué à l'indifférence de ses quais, où croupissent des embarcations négligées, et aux berges polluées par les déchets que l'on jette d'en haut, il est éclipsé par les palais, les églises et les ruines impériales qui le surplombent. ***La navigation y est rare*** : les compagnies de bateaux-mouches ne transportent que quelques milliers de passagers chaque année, Romains plutôt que touristes. Pourtant, les berges du Tibre offrent un espace propice au calme et à la détente. Certains Romains l'ont bien compris et depuis quelques années des initiatives citoyennes voient le jour afin de se réapproprier le lieu. ***Aujourd'hui, pistes cyclables, cours de yoga, festivals et traditions annuelles*** viennent de nouveau animer les rives du fleuve.

Le Tibre, The place to be

Chaque été, les berges du Tibre reprennent vie à l'occasion du festival *Lungo il Tevere Roma* créé en 2002. Dès le mois de juin et jusqu'à fin août, entre les ponts Sublicio et Sisto, vacanciers et romains peuvent profiter gratuitement d'un ***riche programme théâtral, musical, cinématographique et culturel.*** De plus en plus tournée vers une optique éco-friendly, une des expositions de l'année dernière, *Sos Terra – Planet Earth is a world to save,* était consacrée à la récupération de l'écosystème. Pour l'occasion, une multitude de restaurants et de comptoirs éphémères s'installent sur les quais pour satisfaire les papilles des visiteurs, mais aussi bars, boutiques et artisanats en tout genre, le tout avec vue sur l'île Tibérine. Le long des quais, les plus jeunes se dépensent sans compter sur les aires de jeux (une bonne idée de balade quand on est avec des enfants à cette saison) tandis que les plus grands profitent d'une activité sportive gratuite, d'un coin de terrasse éphémère ou d'une partie de babyfoot.

En juillet et en août, l'île Tibérine accueille également les écrans géants du ***festival de cinéma en plein air*** **L'Isola del Cinema.**

Si ces festivités sont concentrées sur la période estivale, une tradition vieille de 70 ans rassemble la population sur les rives du fleuve tous les 1er janvier. Afin de célébrer la nouvelle année, quelques plongeurs assez courageux pour braver le froid s'élancent du haut du pont Cavour pour piquer une tête dans le Tibre. C'est l'italo-belge Rick de Sonay qui a initié la tradition en plongeant dans le fleuve le 1er janvier 1946, vêtu d'un maillot et d'un haut de forme.

En 2016, l'artiste William Kentridge a réalisé une fresque éphémère sur 500 m, le long du fleuve. Intitulé « Triomphes et Lamentations », elle rassemble plus de 80 dessins retraçant l'histoire de Rome. L'installation ne devant pas durer plus de 5 ans à cause de la patine, les promeneurs pourront admirer l'œuvre jusqu'en 2021.

[illegible]

[illegible]

[illegible]

[illegible]

[illegible]

[illegible]

[illegible]

[illegible]

[illegible] 18/12

[illegible]

[illegible]

4 [illegible]

4 [illegible]

2 [illegible]

4 [illegible] 08/03 [illegible]

4 [illegible]

2 [illegible]

[illegible] STEPHANIE NEGRE

[illegible]

Nous tenons à remercier tout particulièrement Loup-Maëlle Besançon, Thierry Bessou, Gérard Bouchu, François Chauvin, Grégory Dalex, Fabrice Doumergue, Cédric Fischer, Carole Fouque, Nicolas George, Michelle Georget, David Giason, Claude Hervé-Bazin, Emmanuel Juste, Dimitri Lefèvre, Fabrice de Lestang, Romain Meynier, Éric Milet, Pierre Mitrano, Jean-Sébastien Petitdemange, Thomas Rivallain et Jean Tiffon pour leur collaboration régulière.

Brice Andlauer
Jean-Jacques Bordier-Chêne
Agnès Debiage
Coralie Delvigne
Jérôme Denoix
Tovi et Ahmet Diler
Clélie Dudon
Sophie Duval
Alain Fisch
Bérénice Glanger
Adrien et Clément Gloaguen
Sébastien Jauffret
Alexia Kaffès
Augustin Langlade
Jacques Lemoine
Aline Morand
Louis Nagot
Caroline Ollion
Martine Partrat
Odile Paugam et Didier Jehanno
Céline Ruaux
Prakit Saiporn
Nejma Tahri Hassani
Alice Tonasso
Caroline Vallano

Direction : Sidonie Chollet
Direction éditoriale : Élise Ernest
Édition : Matthieu Devaux, Olga Krokhina, Gia-Quy Tran, Julie Dupré, Emmanuelle Michon, Pauline Janssens, Amélie Ramond, Margaux Lefebvre, Ionah Vasseur et Julie Wood
Ont également collaboré : Aurélie Joiris-Blanchard et Arianne Fort
Cartographie : Frédéric Clémençon et Aurélie Huot
Contrôle de gestion : Jérôme Boulingre et Yannis Villeneuve
Secrétariat : Catherine Maîtrepierre
Fabrication : Nathalie Lautout et Audrey Detournay
Relations presse : COM'PROD, Fred Papet. ☎ 01-70-69-04-69.
• *info@comprod.fr* •, Martine Levens (Belgique) et Maureen Browne (Suisse)
Direction marketing : Stéphanie Parisot, Élodie Darty et Charlotte Brou
Couverture : le-bureau-des-affaires-graphiques.com
Silhouette du Routard : Clément Gloaguen (d'après Solé)
Maquette intérieure : le-bureau-des-affaires-graphiques.com, Thibault Reumaux et npeg.fr
Direction partenariats : Jérôme Denoix
Contact Partenariats et régie publicitaire : Florence Brunel-Jars
• *fbrunel@hachette-livre.fr* •

INDEX GÉNÉRAL

INDEX GÉNÉRAL

INDEX GÉNÉRAL

INDEX GÉNÉRAL

LISTE DES CARTES ET PLANS

OSONS LE PAS DE CÔTÉ

Le surtourisme ? Tous concernés. Et pourtant, à l'écart des grands flux touristiques, il existe plein de pépites méconnues, souvent oubliées des circuits trop encombrés. Ici un site ignoré ; là un quartier secret ; plus loin un village caché au charme discret, avec un troquet d'une autre époque. Il existe une infinité de lieux peinards que l'on a envie de mettre en avant avec ce pictogramme. Un vagabondage enfin calme favorisé aussi par les visites aux heures creuses. Vive le *slow trip* !

#osonslepasdecote

IMPORTANT : DERNIÈRE MINUTE

Entre deux parutions du *Routard,* des événements fortuits (conditions sanitaires, catastrophes naturelles, mais aussi formalités, taux de change, conditions d'accès aux sites, fermetures inopinées, etc.) peuvent modifier vos projets de voyage. Pour éviter les déconvenues, nous vous recommandons de consulter la rubrique « Guide » par pays de notre site • ***routard.com*** • et plus particulièrement les dernières ***Actus voyageurs.***

Remarque importante aux hôteliers et restaurateurs

Les enquêteurs du *Routard* travaillent dans le plus strict anonymat. Aucune réduction, aucun avantage quelconque, aucune rétribution n'est jamais demandé en contre-partie. Face aux aigrefins, la loi autorise les hôteliers et restaurateurs à porter plainte.

Avis aux lecteurs

Le Routard, ce n'est pas comme le bon vin, il vieillit mal. On ne veut pas pousser à la consommation, mais évitez de partir avec une édition ancienne. Les modifications sont souvent importantes.
Les réductions accordées à nos lecteurs ne sont jamais demandées par nos rédacteurs afin de préserver leur indépendance. Les hôteliers et restaurateurs sont sollicités par une société de mailing, totalement indépendante de la rédaction, qui reste donc libre de ses choix. De même pour les autocollants et plaques émaillées.

Avec routard.com, choisissez, organisez, réservez et partagez vos voyages !

✓ Rejoignez la plus grande communauté francophone de voyageurs : **plusieurs millions d'internautes.**

✓ Échangez avec les routarnautes : forums, photos, avis d'hôtels.

✓ Retrouvez aussi toutes les informations actualisées pour choisir et préparer vos voyages : près de 300 guides destinations, une centaine de dossiers pratiques et un magazine en ligne pour découvrir tous les secrets de votre destination.

✓ Enfin, comparez les offres pour organiser et réserver votre voyage au meilleur prix.

Les **Routards** *parlent aux* **Routards**

Faites-nous part de vos expériences, de vos découvertes, de vos tuyaux et de vos coups de cœur. Aidez-nous à remettre l'ouvrage à jour. Indiquez-nous les renseignements périmés. Faites profiter les autres de vos adresses nouvelles, combines géniales... On adresse un exemplaire gratuit de la prochaine édition à ceux qui nous envoient les meilleurs courriers, pour la qualité et la pertinence des informations.
Quelques conseils cependant:
– Envoyez-nous votre courrier le plus tôt possible afin que l'on puisse insérer vos tuyaux sur la prochaine édition.
– N'oubliez pas de préciser l'ouvrage que vous désirez recevoir, ainsi que votre adresse postale.
– Vérifiez que vos remarques concernent l'édition en cours et notez les pages du guide concernées par vos observations.
– Quand vous indiquez des hôtels ou des restaurants, pensez à signaler leur adresse précise et, pour les grandes villes, les moyens de transport pour y aller.
Si vous le pouvez, joignez la carte de visite de l'hôtel ou du resto décrit.
En tout état de cause, merci pour vos nombreux mails.

122, rue du Moulin-des-Prés, 75013 Paris

• *guide@routard.com* • *routard.com* •

Routard Assurance *2021*

Enrichie au fil des années par les retours des lecteurs, *Routard Assurance* est devenue une assurance voyage référence des globes-trotters. Tout est inclus : frais médicaux, assistance rapatriement, bagages, responsabilité civile... Avant votre départ, appelez *AVI* pour un conseil personnalisé. Besoin d'un médecin, d'un avis médical, d'une prise en charge dans un hôpital ? Téléchargez l'appli mobile *AVI international* pour garder le contact avec *AVI Assistance* et disposez de l'un des meilleurs réseaux médicaux à travers le monde. *AVI Assistance* est disponible 24h/24 pour une réponse en temps réel. De simples frais de santé en voyage ? Envoyez les factures à votre retour, *AVI* vous rembourse sous une semaine. *40, rue Washington, 75008 Paris.* ☎ *01-44-63-51-00.* • *avi-international.com* • Ⓜ *George-V.*

Édité par Hachette Livre (58, rue Jean-Bleuzen, CS 70007, 92178 Vanves Cedex, France)
Photocomposé par Jouve (1, rue du Docteur Sauvé, 53100 Mayenne, France)
Imprimé par Lego SPA Plant (via Galileo Galilei, 11 38015 Lavis, Italie))
Achevé d'imprimer le 14 janvier 2021
Collection n° 13 - Édition n° 01
46/5219/0
I.S.B.N. 978-2-01-787109-5
Dépôt légal : Janvier 2021

PAPIER À BASE DE FIBRES CERTIFIÉES